浙江省文化研究工程指导委员会

浙江文化研究工程成果文库

浙江省纪念新中国成立60周年专项研究课题成果

光荣与艰辛

——1949-2009 浙江要事录

主编 徐斌　　副主编 王祖强　曾林平

人民出版社

目录

CONTENTS

CONTENTS

目 录

CONTENTS

目 录

后记

浙江文化研究工程成果文库总序

习近平

　　有人将文化比作一条来自老祖宗而又流向未来的河，这是说文化的传统，通过纵向传承和横向传递，生生不息地影响和引领着人们的生存与发展；有人说文化是人类的思想、智慧、信仰、情感和生活的载体、方式和方法，这是将文化作为人们代代相传的生活方式的整体。我们说，文化为群体生活提供规范、方式与环境，文化通过传承为社会进步发挥基础作用，文化会促进或制约经济乃至整个社会的发展。文化的力量，已经深深熔铸在民族的生命力、创造力和凝聚力之中。

　　在人类文化演化的进程中，各种文化都在其内部生成众多的元素、层次与类型，由此决定了文化的多样性与复杂性。

　　中国文化的博大精深，来源于其内部生成的多姿多彩；中国文化的历久弥新，取决于其变迁过程中各种元素、层次、类型在内容和结构上通过碰撞、解构、融合而产生的革故鼎新的强大动力。

　　中国土地广袤、疆域辽阔，不同区域间因自然环境、经济环境、社会环境等诸多方面的差异，建构了不同的区域文化。区域文化如同百川归海，共同汇聚成中国文化的大传统，这种大传统如同春风化雨，渗透于各种区域文化之中。在这个过程中，区域文化如同清溪山泉潺潺不息，在中国文化的共同价值取向下，以自己的独特个性支撑着、引领着本地经济社会的发展。

　　从区域文化入手，对一地文化的历史与现状展开全面、系统、扎实、有序的研究，一方面可以藉此梳理和弘扬当地的历史传统和文化资源，繁荣和丰富当代的先进文化建设活动，规划和指导未来的文化发展蓝图，增强文化软实力，为全面建设小康社会、加快推进社会主义现代化提供思想保证、精神动力、智力支持和舆论力量；另一方面，这也是深入了解中国文化、研究中国文化、发展中国文化、创新中国文化的重要途径之一。如今，区域文化研究日益受到各地重视，成为我国文化研究走向深入的一个重要标志。我们今天实施浙江文化研究工程，其目的和意义也在于此。

千百年来，浙江人民积淀和传承了一个底蕴深厚的文化传统。这种文化传统的独特性，正在于它令人惊叹的富于创造力的智慧和力量。

浙江文化中富于创造力的基因，早早地出现在其历史的源头。在浙江新石器时代最为著名的跨湖桥、河姆渡、马家浜和良渚的考古文化中，浙江先民们都以不同凡响的作为，在中华民族的文明之源留下了创造和进步的印记。

浙江人民在与时俱进的历史轨迹上一路走来，秉承富于创造力的文化传统，这深深地融汇在一代代浙江人民的血液中，体现在浙江人民的行为上，也在浙江历史上众多杰出人物身上得到充分展示。从大禹的因势利导、敬业治水，到勾践的卧薪尝胆、励精图治；从钱氏的保境安民、纳土归宋，到胡则的为官一任、造福一方；从岳飞、于谦的精忠报国、清白一生，到方孝孺、张苍水的刚正不阿、以身殉国；从沈括的博学多识、精研深究，到竺可桢的科学救国、求是一生；无论是陈亮、叶适的经世致用，还是黄宗羲的工商皆本；无论是王充、王阳明的批判、自觉，还是龚自珍、蔡元培的开明、开放，等等，都展示了浙江深厚的文化底蕴，凝聚了浙江人民求真务实的创造精神。

代代相传的文化创造的作为和精神，从观念、态度、行为方式和价值取向上，孕育、形成和发展了渊源有自的浙江地域文化传统和与时俱进的浙江文化精神，她滋育着浙江的生命力、催生着浙江的凝聚力、激发着浙江的创造力、培植着浙江的竞争力，激励着浙江人民永不自满、永不停息，在各个不同的历史时期不断地超越自我、创业奋进。

悠久深厚、意韵丰富的浙江文化传统，是历史赐予我们的宝贵财富，也是我们开拓未来的丰富资源和不竭动力。党的十六大以来推进浙江新发展的实践，使我们越来越深刻地认识到，与国家实施改革开放大政方针相伴随的浙江经济社会持续快速健康发展的深层原因，就在于浙江深厚的文化底蕴和文化传统与当今时代精神的有机结合，就在于发展先进生产力与发展先进文化的有机结合。今后一个时期浙江能否在全面建设小康社会、加快社会主义现代化建设进程中继续走在前列，很大程度上取决于我们对文化力量的深刻认识、对发展先进文化的高度自觉和对加快建设文化大省的工作力度。我们应该看到，文化的力量最终可以转化为物质的力量，文化的软实力最终可以转化为经济的硬实力。文化要素是综合竞争力的核心要素，文化资源是经济社会发展的重要资源，文化素质是领导者和劳动者的首要素质。因此，研究浙江文化的历史与现状，增强文化软实力，为浙江的现代化建设服务，是浙江人民的共同事业，也是浙江各级党委、政府的重要使命和责任。

2005年7月召开的中共浙江省委十一届八次全会，作出《关于加快建设文化大省的决定》，提出要从增强先进文化凝聚力、解放和发展生产力、增强社会公共服务能力入手，大力实施文明素质工程、文化精品工程、文化研究工程、文化保护工程、文化产业促进工程、文化阵地工程、文化传播工程、文化人才工程等"八项工程"，实施科教兴国和人才强国战略，加快建设教育、科技、卫生、体育等"四个强省"。作为文化建设"八项工程"之一的文化研究工程，其任务就是系统研究浙江文化的历史成就和当代发展，深入挖掘浙江文化底蕴、研究浙江现象、总结浙江经验、指导浙江未来的发展。

浙江文化研究工程将重点研究"今、古、人、文"四个方面，即围绕浙江当代发展问题研究、浙江历史文化专题研究、浙江名人研究、浙江历史文献整理四大板块，开展系统研究，出版系列丛书。在研究内容上，深入挖掘浙江文化底蕴，系统梳理和分析浙江历史文化的内部结构、变化规律和地域特色，坚持和发展浙江精神；研究浙江文化与其他地域文化的异同，厘清浙江文化在中国文化中的地位和相互影响的关系；围绕浙江生动的当代实践，深入解读浙江现象，总结浙江经验，指导浙江发展。在研究力量上，通过课题组织、出版资助、重点研究基地建设、加强省内外大院名校合作、整合各地各部门力量等途径，形成上下联动、学界互动的整体合力。在成果运用上，注重研究成果的学术价值和应用价值，充分发挥其认识世界、传承文明、创新理论、咨政育人、服务社会的重要作用。

我们希望通过实施浙江文化研究工程，努力用浙江历史教育浙江人民、用浙江文化熏陶浙江人民、用浙江精神鼓舞浙江人民、用浙江经验引领浙江人民，进一步激发浙江人民的无穷智慧和伟大创造能力，推动浙江实现又快又好发展。

今天，我们踏着来自历史的河流，受着一方百姓的期许，理应负起使命，至诚奉献，让我们的文化绵延不绝，让我们的创造生生不息。

2006年5月30日于杭州

浙江文化研究工程成果文库序

赵洪祝

　　浙江是中国古代文明的发祥地之一,历史悠久、人文荟萃,素称"文物之邦",从史前文化到古代文明,从近代变革到当代发展,都为中华民族留下了众多弥足珍贵的文化遗产。勤劳智慧的浙江人民历经千百年的传承与创新,在保留自身文化特质的基础上,兼收并蓄外来文化的精华,形成了具有鲜明浙江特色、深厚历史底蕴、丰富思想内涵的地域文化,这是浙江人民共同创造的物质财富和精神财富的结晶,是中华文化中的一朵奇葩。如何更好地使这一文化瑰宝为我们所用、为时代服务,既是历史传承给我们的一项艰巨任务,也是时代赋予我们的一项神圣使命。深入挖掘、整理、探究,不断丰富、发展、创新浙江地域文化,对于进一步充实浙江文化的内涵和拓展浙江文化的外延,进一步增强浙江文化的创新能力、整体实力、综合竞争力, 进一步发挥文化在促进浙江经济、政治和社会建设中的作用,具有重要的现实意义和深远的历史意义。

　　改革开放以来,历届浙江省委始终高度重视社会主义文化建设。早在1999年,浙江省委就提出了建设文化大省的目标;2000年,制定了《浙江省建设文化大省纲要》;2005年,作出了《关于加快建设文化大省的决定》,经过全省上下的共同努力,浙江文化大省建设取得了显著成效。

　　浙江文化研究工程是浙江文化建设"八项工程"的重要内容之一,也是迄今为止国内最大的地方文化研究项目之一。该工程旨在以浙江人文社会科学优势学科为基础,以浙江改革开放与现代化建设中的重大理论、现实课题和浙江历史文化为研究重点,着重从"今、古、人、文"四个方面,梳理浙江文明的传承脉络,挖掘浙江文化的深厚底蕴,丰富与时俱进的浙江精神,推出一批在研究浙江和宣传浙江方面具有重大学术影响和良好社会效益的学术成果,培养一支拥有高水平学科带头人的学术梯队, 建设一批具有浙江特色的"当代浙江学术"品牌,进一步繁荣和发展哲学社会科学,提升浙江的文化软实力,为浙江全面建设惠及全省人民的小康社会和实现社会主义现代化,提供强大的精神动力、正确的价值导向和有力的智力支持,为提升浙江文化影响力、丰富中华文化宝库作出贡献。

浙江文化研究工程开展三年来,专家学者们潜心研究,善于思考,勇于创新,在浙江当代发展问题研究、浙江历史文化专题研究、浙江名人研究、浙江历史文献整理等诸多研究领域都取得了重要成果,已设立10余个系列400余项研究课题,完成230项课题研究,出版200余部学术专著,发表大量的学术论文,产生了广泛而深远的社会影响。这些阶段性成果,对于加快建设文化大省提供了新的支撑力和推动力。

党的十七大突出强调了加强文化建设、提高国家文化软实力的极端重要性,并对兴起社会主义文化建设新高潮、推动社会主义文化大发展大繁荣作出了全面部署。为深入贯彻落实党的十七大精神,浙江省第十二次党代会提出"创业富民、创新强省"总战略,并坚持把建设先进文化作为推进创业创新的重要支撑。2008年6月,省委召开工作会议,对兴起文化大省建设新高潮、推动浙江社会主义文化大发展大繁荣进行专题部署,制定实施了《浙江省推动文化大发展大繁荣纲要(2008-2012)》,明确提出:今后一个时期我省兴起文化大省建设新高潮、推动文化大发展大繁荣的主要任务是,在加快建设教育强省、科技强省、卫生强省、体育强省的同时,继续深入实施文明素质工程、文化精品工程、文化研究工程、文化保护工程、文化产业促进工程、文化阵地工程、文化传播工程、文化人才工程等文化建设"八项工程",着力建设社会主义核心价值体系、公共文化服务体系、文化产业发展体系等"三大体系", 努力使我省文化发展水平与经济社会发展水平相适应,在文化建设方面继续走在前列。

当前,浙江文化建设正站在一个新的历史起点上,既面临千载难逢的机遇,也面对十分严峻的挑战。如何抓住机遇,迎接挑战,始终保持浙江文化旺盛的生命力,更好地发挥文化软实力的重要作用,是需要我们认真研究、不断探索的重大新课题。我们要按照科学发展观的要求,全面实施"创业富民、创新强省"总战略,以更深刻的认识、更开阔的思路、更得力的措施,大力推进浙江文化研究工程,努力回答浙江经济、政治、文化、社会建设和党的建设遇到的各种新问题,努力回答干部群众普遍关心的热点问题,努力形成一批有较高学术价值和社会效益的研究成果。

继续推进浙江文化研究工程,是一件功在当代、利在千秋的事业。我们热切地期待有更多的优秀成果问世,以展示浙江文化的实力,增强浙江文化的竞争力,扩大浙江文化的影响力。

2008 年 9 月 10 日于杭州

1. 浙江省人民政府成立

　　1949年7月29日,在浙江省全境大部解放并已建立基层政权的基础上,浙江省人民政府正式成立,谭震林为主席,省人民政府设在杭州市。在省政府召开的第一次会议上,谭震林宣布省政府成立并阐释了其组织分工等问题。省政府下设10厅2处。即办公厅、财政厅、商业厅、实业厅、工业厅、民政厅、司法厅、教育厅、公安厅、卫生厅;秘书处、人事处。8月18日,省人民政府在杭州举行公开成立大会。1951年1月14日,中央人民政府委员会批准任命谭震林为浙江省人民政府委员会主席,谭启龙、周建人、沙文汉、包达三为副主席。

　　中国共产党和各级人民政府是浙江人民翻身解放、当家作主的主心骨。1949年2月,第三野战军第七兵团南下途中,根据中共中央指示,在安徽省蚌埠市成立了中共浙江省准(筹)备委员会,谭震林为书记,谭启龙为副书记。按照总前委的部署,第三野战军副政委谭震林统一指挥第七、第九兵团渡江作战,谭启龙负责筹备接管浙江的组织实施。当时准备南下浙江的干部,主要有鲁中南区党委调配的10个地委及30多个县区委和渤海区党委调配的3个地委及10多个县区委的全套干部,加上随军南下的干部(包括财政干部和济南华东大学的学员),总计9226人。从4月初至5月2日,浙江省准(筹)备委员会研究了中共浙江省委和中国人民解放军杭州市军事管制委员会的组织机构,讨论了随军南下干部的学习及工作分配问题,还编辑了《浙江省概况调查》等资料,为接管浙江做了各方面的准备。

　　5月6日,中共浙江省委员会宣布建立,省委委员有谭震林、谭启龙、王建安、姬鹏飞(吉洛)、杨思一、张登(沙文汉)、林枫、龙跃,书记谭震林、副书记谭启龙,至9月,省委下设办公厅、组织部、宣传教育部(宣传部)、统一战线工作部、社会部、职工部、农村工作部、妇女部、省委党校等办事机构和浙江日报社。

随后,省委在所辖的杭州、宁波、温州3个市委(宁波市委属省委、地委双重领导,温州市委属地委领导)、10个地委(中共浙江省第一、第二、第三、第四、第五、第六、第七、第八、第九、第十地方委员会,1949年10月至12月以数字排列的10个地委相继更名为:嘉兴、宁波、衢州、建德、温州、台州、丽水、金华、临安、绍兴10个地方委员会)、84个县委、市委(县级)相应地设立了党的工作机构及党组(党委),在市、地、县人民政府及其所属机构建立了党组(党委),浙江军区党委也在所辖的10个军分区建立了党委。

与此同时,中国人民解放军解放浙江全境以及在全省范围内实施军事管制,为全省各级人民政权的建立创造了先决条件。

1949年2月17日,三门解放,这是浙江最早解放的县城;5月3日,省会杭州解放,标志着浙江的解放。5月25日,奉华东军区电令,杭州市人民政府成立。同时,全省其他地方也相继成立了人民政府。至7月29日,全省行政区域设置了除杭州外的宁波、温州2个省辖市;嘉兴、宁波、衢州、建德、温州、台州、丽水、金华、临安、绍兴10个专区,及嘉兴、湖州、衢州、金华、兰溪、绍兴6个专区辖市(县级)。在全省城镇、农村也彻底摧毁了国民党政权,废除保甲制度,建立了在中国共产党领导下的县、区、乡各级人民政权。10月30日,随着磐安的解放,浙江大陆全部获得解放。全省共建立了78个县,488个县辖区,2354个乡(镇),人口共计1998.54万余人。各级政权机构都吸收了相当一批民主党派、无党派民主人士、工商界、文教界知名人士参加工作。

为了巩固新生的人民政权,党和政府领导全省军民进行了坚决的剿匪斗争,并迅速开展了镇压反革命的斗争。

镇反运动大致经历了三个阶段:

第一阶段(1950年9月至1951年10月):1950年9月13日,中共浙江省委发出《关于镇压反革命分子破坏秋收土改加强保卫工作的指示》,要求各地根据政务院《关于镇压反革命活动的指示》,坚决镇压匪特活动,严厉制裁破坏分子,预防并及时扑灭一切反革命骚乱和暴动,保证土改的顺利进行。10月30日,省委又发出《关于贯彻执行中央坚决镇压反革命分子的指示》,要求各级党委既要纠正乱捕乱杀的"左"的偏向,又要纠正片面宽大的"右"的偏向,在12月底清理完全部积案。从11月起,全省各地都成立了清理积案委员会、裁判委员会和人民法庭,结合土改运动,依法制裁土匪、特务及不法地主,镇反运动在全省普遍展开。

1951年2月,中央人民政府颁布了《中华人民共和国惩治反革命条例》,使镇反斗争有了法律武器和量刑标准。3月至4月份,在杭州、宁波、温州等几个主要城市,集中搜捕了一批反革命分子和一批惯匪、匪首、恶霸、特务、封建把头。5月至6月份,全省132个有5千至3万人口的城镇也以专区为单位进行了集中搜捕行动。随后,为迅速及时依法审理反革命案件,全省各地纷纷召开人民代表会议和民主人士座谈会,组织各界人民审判委员会或军事法庭,依法制裁反革命分子。同时,在机关、学校、工厂、居民区建立了群众性的肃清反革命委员会组织,通过召开各种形式的群众诉苦会、控诉会、代表会、公审会、展览会,充分发动群众积极参加镇反斗争,控诉、检举反革命分子,形成了镇反高潮。4月底至7月初,仅杭州市人民群众就主动向公安机关检举反革命9070次。在此基础上,省委召开全省5000人口以上城镇镇反工作会议,总结检查前一阶段镇反工作,并将情况和经验向中央作了报告,得到了中央和毛泽东的肯定。

在镇反运动形成全国性的高潮以后,为了巩固已经获得的成绩和避免可能发生的错误,1951年5月,中共中央及时决定立即实行"谨慎收缩"的方针,集中力量处理积案。省委确定此后的镇反方针是:巩固农村、深入城镇、清理积案、清理中层,而以清理中层、清理积案为重点。从6月1日起,捕人权一律收归地委,杀人权收归省委。6月中旬,省政府建立省清理积案委员会,并吸收民主人士组成省裁判委员会,负责审查各地呈省批核的死刑缓刑案件。全省各专区、县的清理积案委员会和裁判委员会也于6月底普遍成立。到12月,全省共清理积案3.25万余件,基本上清理完毕镇反收缩以前的积案。

经过第一阶段的镇反斗争,反革命的残余势力基本上被打掉了,保障了土地改革的顺利进行,保障了赴朝人民志愿军后方的治安,也进一步巩固了人民政权。

第二阶段(1951年11月至1952年11月):这一阶段镇反斗争的主要任务是坚决依靠群众,对一切不彻底的地区、不彻底的方面,以及逃亡躲藏的反革命分子,予以坚决打击。特别是沿海地区,省公安厅要求各边防分局、派出所在半年中将沿海纵深30里范围内的土匪、特务、恶霸、反动党团骨干和反动会道门头子等五方面的反革命分子彻底肃清。在这一阶段中,全省还在省公安厅的统一部署下,取缔了被帝国主义所操纵、藉宗教外衣为掩护进行反共反人民活动的国际性秘密反动组织"圣母军"。1952年7月以后,全省镇反斗争转入以取缔反动会道门为主,其次是打击反动党团骨干和特务分子,扫清残存的土匪、恶霸。

浙江省反动会道门有50余种之多,其中一贯道、九宫道、同善社、大刀会等最为反动,他们为特务和恶霸所操纵利用,以迷信为掩护,欺骗愚弄群众,诈取人民钱财,张贴反动传单,造谣惑众,破坏秋征、土改,甚至暗藏武器,扰乱社会秩序,严重地危害了城乡治安。新中国成立头两年中,各地发生的骚乱或暴动事件,大部分与反动会道门的蛊惑、煽动是分不开的。为取缔反动会道门,省公安厅早在1951年3月10日就发出了关于取缔反动会道门工作的通知,要求深入了解情况,派人打入侦察,搜集各方面材料,做好各种准备工作。经过一段时间的侦察了解,掌握了大量的材料后,省公安厅于1952年7月召开全省治安工作会议,结合镇反斗争,布置取缔反动会道门。11月,省委根据工作进展情况,确定了对反动会道门的政策:坚决惩办操纵反动会道门的反革命分子,登记一般道首和办道人员,教育道徒退道。凡有组织、有系统、有反革命活动的均予取缔。对单纯的迷信组织一律暂不动,对宗教团体则按照《共同纲领》加以保护。

到1951年底,全省共取缔一贯道、同善社等18种(连化名共264种)反动会道门组织,逮捕道首2000多名,登记一般道首和办道人员4.9万多名,退道道徒64.8万多名。取缔反动会道门的工作是镇反运动的重要组成部分,它为镇反斗争的胜利奠定了基础。

经过一年的斗争,全省80%的反革命骨干分子受到了杀、关、管的处理。

第三阶段(1952年12月至1953年10月):这一阶段的镇反斗争以彻底取缔反动会道门、开展沿海内河镇反运动、调查摸底及搜捕漏网的反革命分子为中心。同时,还开展了山区肃清残存反革命分子斗争、镇反"查彻底"工作。全省又逮捕、处理了一批反革命分子,到1953年10月,全省镇反运动基本结束。

此后,浙江军民在党的领导下,一面迅速巩固政权,医治战争创伤,实现国民经济的根本好转,一面逐个解放浙江沿海的敌占岛屿。1955年2月26日,人民解放军攻占南麂山岛,浙江全境宣告解放。

(王祖强 执笔)

2. 剿匪斗争取得胜利

1949年6月21日,为了迅速肃清匪特,稳固新生的人民政权,保障人民生命财产和国家的根本利益,浙江军区遵照中共浙江省委的指示精神,在杭州召开了第一次剿匪会议,命令第二十一军第六十二师和刚从南京归建的第三十五军全力投入作战,公安机关则在杭州等城市大力搜捕潜伏匪特。全省的剿匪斗争由此进入决战状态。

浙江是蒋介石及陈立夫、陈果夫的老家,又是国民党两大特务系统"中统"、"军统"首领戴笠、毛森、毛人凤、毛万里和国民党要员陈诚、胡宗南等人的故乡,国民党的党政军警宪特在浙江有特殊的社会基础,是国民党政府的"模范省"。解放前夕,蒋介石、何应钦等亲自在浙江作了"应变部署",布置了大批潜伏匪特和特务武装。

浙江解放初期,匪患严重,仅武装股匪就有300余股(其中百人以上的116股),约3万余人。1949年5月至6月间,这些股匪慑于解放军大军压境的威力,不敢妄动。7月上半月,野战军大部相继离浙南进,而驻浙野战军下农村的工作队还在组建中,匪特乘隙反扑。7月底至8月下旬,是全省匪患最严重的时期。8月份,匪特人数发展到5.3万余人,一些地区一度出现了匪特占据村镇的严峻局面。他们肆无忌惮地进行反共反人民的破坏活动,从政治上、军事上、经济上疯狂地向新生的人民政权反攻。

在政治上,匪特炮制了《浙江省重建匪区政权方案(草案)》、《现阶段匪后工作纲领》等文件,狂妄地提出了建立党政军特四位一体的地下政权等一系列反动纲领,并委派了专员、县长;叫嚣要"三争四反"(即争地盘、争群众、争力量,反参军、反清算、反征粮、反变革),分三个时期建立所谓"游击区"。到8月份,他们就建立了浙东、浙南、浙北3个"行政公署"和20多个"县政府"。同时,还采取各种手段争取到"合法"地位,控制部分乡村人民政权和群众组织,进行策反、捣乱等破坏活动。匪特还制造和散布国民党要打回来的种种谣言,致使某些群众害怕形势骤变,不敢向共产党解放军靠拢,党和政府的政策法令在农村某些地区无法贯彻执行。

在军事上,国民党当局以盘踞部分沿海岛屿为依托,妄图把浙江作为他们"反攻大陆"的前沿阵地和基地,不断地向浙江内陆派遣武装匪特,给潜伏匪特封官、鼓气,提供武器装备,同时还向内陆空投武装特务。潜伏匪特盘踞各地,扩充武装力量,开始从分散到集中,由小股集为大股,袭击新建立的区、乡人民政府,甚至纠集兵力,攻打于潜、开化、宣平、玉环等县城,到处抢劫,残杀群众。1949年下半年,匪特袭击和破坏县区乡各级人民政府机关达120余次,杀害农村干部和积极分子1165人,其中乡以上干部350人。部分乡村为土匪所控制。

在经济上,匪特竭力破坏党和政府恢复生产、支援全国解放战争的工作,特别是破坏征收公粮的工作。他们乘新解放地区群众尚未充分发动之际,煽动或恫吓群众,策划、组织了一系列抗粮抗税暴动骚乱事件,仅10月至12月,全省就发生各种暴乱事件79起。在他们盘踞的地区,公然派粮派款,敲诈勒索,绑票抢劫。匪特还有计划地套购金银、伪制人民币,扰乱金融市场。同时,还不断骚扰交通线,劫持商车商船,破坏交通要道和桥梁以及各种通讯设施。

匪特的罪恶活动,严重危害着人民和国家的根本利益,妨碍着党和政府的各项工作。肃清匪特,成为全省人民的迫切要求,也是中共浙江省委开展新区农村工作的第一个重要任务。

人民解放军浙江军区在浙江省委的统一领导下,指挥所属部队协同各级地方人民政府,遵照"军事清剿、政治瓦解与发动群众武装自卫三者结合"的方针,在浙江全境内展开了剿匪斗争。

全省的剿匪斗争,大致经历了三个时期。

第一时期(1949年5月至12月底),集中优势兵力,歼灭大股匪特。

从5月初至7月上旬,浙江军区部署第二十一军第六十二师和第三十五军全力投入剿匪作战,公安机关则在杭州等城市大力展开搜捕潜伏匪特的工作。同时,第三野战军前委根据谭震林和谭启龙的建议,决定从第三十五军全军和第七兵团机关及所属其他各军中抽调10个连实行地方化,划归军分区建制,由地方党委实行一元化领导,依靠主力部队整顿地方武装,清剿匪特,巩固政权。据统计,在这3个月内,匪特被歼及大股投降受改编者达2.1万余人。在解放军震慑之下,除被歼投降者外,余则大部隐蔽、分散,躲避解放军的锋芒,妄图死灰复燃。有一部分则向南逃跑或窜踞沿海各岛屿。

7月底,浙江军区再度统一部署全省剿匪作战计划,将全省划分为四个清剿区,以第三十五军、第一军分区、第一○四师和第二十一军分别担任各个清剿区的指挥,投入剿匪的总兵力有9个主力团又3个营和10个军分区的地方武装。省委抽调4000多个干部和老战士组成工作队,下乡发动群众,协同地方党政进行剿匪。军队与地方、主力部队与地方武装密切协同,进行全面清剿。8月份剿匪作战280余次,歼匪30多股共8053人次。9月份,剿匪兵力增至13个主力团又3个营、10个军分区警备团又4个营和76个县大队,共4万余人。

10月至12月,全省的剿匪斗争由全面清剿转入重点驻剿。9月17日,省委和省军区联合颁布了"关于彻底完成浙江地区剿匪任务"的指示,进一步明确了剿匪的方针。在党政军民密切配合下,对纠集在闽、浙、赣边区,台州沿海地区,会稽山、四明山等地区的股匪以歼灭性的打击,先后作战750余次,使浙江大陆除台州、丽水外,85%以上的地区股匪被肃清,国民党当局"组织敌后游击根据地"的企图被彻底粉碎。

第二时期(1950年),分散驻剿,重点消灭小股匪特。

1950年,全省境内残存的匪特尚有几万人。他们的活动方式更加狡猾,由集中转为分散,以小股为主,昼伏夜出,忽东忽西,或伪装为民,潜伏隐藏,暗中破坏;或假投降、假自首,用"合法"与非法、秘密与公开相结合的手法,蒙骗政府,伺机再起,有的匪特还潜伏到当时政府控制较松的中小城市和乡镇。他们活动的主要地区是:宁海以东的象山地区,临海、黄岩、仙居交界的山区,天台、仙居、磐安、新昌交界的山区,景宁、庆元、泰顺与福建交界处,四明山区、天目山以及缙云、丽水、青田等县交界的山区。针对这种情况,省委和浙江军区适时调整清剿部署,以各专区、各县结合部和边沿山区为重点,实施分散驻剿,逐一消灭逃窜和隐蔽的小股匪特。

这个时期的剿匪斗争,共歼匪3.6万多人次(含大队长以上匪首844人),其中击毙2800多人,生俘2万人次,投降自首1.3万人次。

第三时期(1951年),跟踪追剿,肃清残匪。

经过前两个阶段的清剿,浙江大陆成股的国民党残余武装力量和土匪基本被消灭,但仍有残存的少数武装匪特头目和骨干分子,采取潜伏和分散活动的方式,秘密发展地下武装,煽动和组织暴乱,破坏社会稳定,企图东山再起。1951年5月18日,省委、省政府和浙江军区联合颁发了清剿指令,在全省范围内普遍建立各级清剿委员会,并抽调3000多名干部,组成360个武装工作队,统一党政军民力量,采取全面展开和重点清剿相结合,以分散对分散,驻剿对隐蔽,追剿对流窜,"擒贼先擒王,重点捕捉头目"等策略。到年底,共歼匪8500余人次(内含大队长以上600多人),基本肃清了分散隐藏的武装匪特,取得了剿匪斗争的基本胜利。

从1949年5月至1951年底,全省军民对匪特作战3239次,歼灭匪特9万多人(含大队长以上匪首1896人),其中毙伤7112名,俘虏4.87万余名,投降自首3.41万余名,缴获火炮144门、长短枪4.72万余支和电台75部,基本肃清了浙江大陆的武装股匪。

剿匪斗争的胜利,粉碎了国民党企图用一年时间把浙江建为"敌后游击区"的梦想,安定了社会秩序,巩固了人民政权,提高了广大人民群众的政治觉悟,调动了各方的积极性,促进了国民经济的恢复与发展,保障了土地改革、镇压反革命、抗美援朝运动和各项工作的开展,为建设社会主义新浙江奠定了稳固的基础。

(王祖强 执笔)

3. 新中国第一个居民委员会建立

2008年6月28日，新中国第一个居民委员会寻访成果发布会在杭州新侨饭店举行。国家民政部确认并宣布，成立于1949年10月23日的浙江省杭州市上城区上羊市街居民委员会，是新中国第一个居民委员会。确认新中国第一个居民委员会有五项标准，即成立时间为1949年10月1日新中国成立以后、名称为居民委员会、地域为城市、组织性质为基层群众自治、组织结构为民主管理体制和委员会制。

新中国第一个居民委员会之所以最早在杭州建立，主要是由新生人民政权所面对的国民党大后方浙江的复杂局面决定的。1936年3月，杭州市就编制完竣坊、保、甲设置，保甲制实行管、教、养、卫并重原则，清查户口、登记户籍、推行连保连坐，使最基层组织军事化、专制化，在社会最基层形成了一道严密的监视网，加强了对城乡人民的控制和束缚，是民国政府辖制城市的基层支柱。

1949年5月3日杭州解放，国民党散兵游勇四处逃窜，残余势力在杭州的地下活动十分猖獗，很多保甲长心存侥幸，不配合人民政府工作，居民很难发动，也不敢出来工作。新政权的政令传达不下去，防火防盗、卫生防疫、烈军属及困难群众救济等很多工作无法开展，这一切迫使当时的杭州市人民政府果断决定，在杭州废除保甲制度，建立居民委员会、居民小组。1949年10月1日新中国成立，10月11日，杭州市召开第一次各区局长联席会议，市长江华宣布，在12月底前，一律取消保甲制度建立居民委员会、居民小组。由杭州市民政局提出居民委员会的筹建工作方案，经讨论决定在上城、下城和江干区先行试点。10月13日，上城区区公所依照市政府的指示开始废除保甲建立民主的居民委员会的工作，经过半个月的突击，第一个居民委员会宣告成立。10月24日，上城区区长田奎荣在市政府召开的第二次各区局长联席会议上汇报说："上城区已在十八、十九两个保内成立了一个居民委员会……"经查阅有关档案和随访尚健在的当事人,确认十八、十九保即是上羊市街居民委员会所辖区域。

上羊市街在如今的江城路一带,清道光咸丰年间名洋市,清末改称上、中、下羊市街,民国称车驾桥直街、上、下羊市街。其名一直沿用至 1981 年。1953 年全路拓宽,1981 年起,撤销各段名称,统称江城路。

杭州市上羊市街居民委员会成立于 1949 年 10 月 23 日晚上,地点在西牌楼小学会堂。上羊市街有 200 多名居民(包括原来 27 个保的旧保长)代表辖区 2250 户居民,参加了居民委员会选举大会,主持人为上城区区长田奎荣。七点半左右,在田奎荣的带领下,居民代表们起立唱响了刚学会不久的《义勇军进行曲》。田奎荣讲话:取消保甲制,成立居民委员会,就是要建立人民当家作主的无产阶级基层组织。一张张选票发到居民代表手中,选票上共有 21 名由群众推选产生的候选人,要从中选出 9 名居民委员会委员。经过当场唱票,人力车夫陈福林得票最多,有 220 多票;其次是上海法政学校毕业的陈道彰,208 票。选出的 9 名居民委员中,有工人、手工业者、小商人、知识分子、公务员、工厂经理,基本上包括了各个阶层,具有广泛的代表性。公布选举结果时,参加投票的居民代表心中都有一种自豪感,过去的保长、甲长都是上面指定的,从来没有像现在这样由老百姓自己公开选举。

上羊市街居民委员会就这样产生了,陈福林当选为居民委员会主任兼第二消费合作社经理,陈道彰为副主任兼副经理。原来这一带的 27 个保长手里的公章统统交到了陈福林手中,由他拎回家塞进灶里当柴烧掉了,随公章一起"烧掉"的是旧中国的保甲制度。

居民委员会打破原保甲界限,依照街道自然的形态划分。上羊市街居民委员会下辖 2250 户,辖区大致范围为:东到上羊市街;南沿五圣塘、六圣塘到保安桥河下;北到望江门直街;西至中山南路。居民委员会所辖 40 个居民小组,每组约有居民 50 户左右,公推组长 1 人,副组长 2 人,帮助政府传达政令,反映民意,协助处理治安、卫生、生产等工作。同年 12 月 20 日,因不符合杭州市政府关于管辖户数的要求,上羊市街居民委员会被拆分为 13 个居民委员会。其"上羊市街居民委员会"的名称,从 1949 年一直沿用至 2000 年。2001 年起,归属杭州市上城区紫阳街道。

新中国第一个城市居民自治组织——"居民委员会",伴随着新中国民主建政的主旋律在杭州诞生,终结了旧中国几千年的保甲制度。几千年来,中国基层社会延续着一种控制性管理的"编户齐民"制度,北宋后称"保甲制",一直沿用到民国时期。居民委员会取代保甲制，实践了"人民民主管理城市"的理念，标志着基层民主自治走上历史舞台，是中国基层社会的一次深刻变革，是中国公民参与国家和社会公共事务的一种新途径和新形式，是中国基层社会管理制度的重要转折点。

1949年12月1日，杭州市人民政府正式向全市发出《关于取消保甲制度，建立居民委员会的工作指示》，决定市区建立居民委员会，郊区建立乡人民政府、行政村。《工作指示》明确了居民委员会的组织性质为群众自治，居民委员会与小组长应由选举产生。这份指示内容虽然简短，但却是迄今为止发现的中国最早关于在城市建立居民委员会的政令，对居民组织的发展历程产生了重要影响，为后来的立法提供了基础性的决策参考。杭州的做法，被中央政府在全国推广，这是浙江对基层民主政治建设的重要贡献。

新中国成立初期，中国城市居民组织的发展历程，可划分为1949年杭州孕育、1952年华东区试点及1954年全国立法后全面推广三个阶段。居民组织协助人民政府和人民武装，在稳定社会秩序、恢复生产、救助烈军属和市民困难群体、巩固人民政权等方面作出了积极的贡献。它联系、发动、组织和团结群众开展基层工作的优势，是政府机构和其他组织所难以替代的。居民委员会的产生，是中国共产党领导广大基层干部群众，结合本国实际，借鉴国外经验，探索科学执政、民主执政的一项实践成果。

（俞红霞 执笔）

4. 浙江麻纺织厂建成

    1950 年 8 月 1 日,位于杭州拱宸桥的浙江麻纺织厂内张灯结彩,喜气洋洋。浙江省和杭州市举行隆重典礼,宣告浙麻正式建成投产。浙江麻纺织厂是新中国成立后,浙江省新建的第一家麻纺织国营企业,也是远东最大的黄麻纺织基地。

    浙江是全国络麻主产地之一,杭州及附近的杭县、海宁、萧山等地均盛产络麻。据 1948 年统计,全省生产络麻区达 17 万亩,产量 50 万担,品质优良。而当时全国每年需要麻袋 8000 万只,大多依赖进口。为发展浙江麻纺织业,解决麻袋供需矛盾,浙江人民政府对麻纺织业采取大力扶持政策。1949 年 6 月 21 日,杭州市军管会工业部正式接管中国纺织建设公司杭州办事处,并召开全省 10 个大中型企业负责人座谈会,号召大家为振兴浙江和杭州工业献计献策。在一次大会上,谭震林说萧山有黄麻,可以先办一个麻袋厂。据中国纺织建设公司杭州办事处反映,中国银行有一套黄麻纺织设备闲置在中纺公司上海第五棉纺织厂仓库,建议调来杭州创办麻纺织厂。

    浙江省委书记兼杭州市军管会主任谭震林来到杭州前,就知道上海有一套闲置的英国进口麻纺设备,于是马上和上海市军管会主任陈毅联系,要求调这套设备到浙江。陈毅向毛泽东请示,毛泽东批示:"全国尚未解放,在自力更生原则下建厂,同意。"7 月,杭州市军管会派员赴上海具体商量把原中纺公司的设备调至杭州事宜。该套设备共有纺锭 1616 枚,织机 74 台,年生产能力为麻袋 250 万条,麻布 370 万码,吞吐量达精洗麻 4000 吨。国民党买来以后一直没用,战时曾运到香港,后来又运回来,几经折腾已经锈迹斑斑,残缺不全。

    1949 年 9 月,浙江麻纺织厂筹建工作正式开始,成立杭州麻纺织厂(后改为浙江麻纺织厂)筹备委员会。为加强对建厂工作的领导,1950 年 5 月,将浙江制麻公司分为 3 个独立机构,即省公营厂矿联营处、浙江精洗麻场和浙江麻纺织厂,由省工矿厅直接领导,并派杭州市军管会工业部企业处处长翟翕武主持建厂工作,不久被任命为厂长。

翟翕武当厂长,第一件事就是给浙麻厂选址。那时,杭州拱宸桥一带有800亩的前日本租借地。一面是运河,其他三面是河道。翟翕武一看,觉得是个好地方,还不用征用老百姓的土地,厂址就定在这儿了。1950年1月动工兴建。接着翟翕武带着4位老技工,到上海检修这台机器,原先管理这台机器的两位留美工程师也一起帮忙。一位叫陈继善,一位叫罗高华。翟翕武回忆说:"当时国民党没留下什么,根本不能制造成套设备,维修也不行,幸好有陈继善,他原来是美国别克汽车厂的工程师,水平很高,他转了一圈后,心里有数了,这台纺织机在上海可以整修起来。我们安排十几家机械厂配置零部件,由陈继善负责总装,就这样搞起来了。"与此同时,刚刚组建的浙江建筑公司的工程师汤富圻,在杭州负责浙麻厂厂房建设。等机器维修好,厂房也盖上了。

第一期以西厂房为主的基建工程于1950年7月20日建成试车,8月1日投产运行,当年即生产麻袋59.45万条。浙麻厂投产后,翟翕武开始抓质量,决心生产世界上最好的麻袋,他稳抓各项指标,认真检验麻袋质量。不到两年,各项指标超过了绿杠麻袋。但他觉得物理指标超过了还不行,他还设定了两个"土办法"指标:"我们用自己的麻袋和英国进口的绿杠麻袋,装上同样重量的大米,挂在吉普车后面,在马路上拖;还把这样的两只麻袋吊在水塔上扔下来,看哪个不会破。结果,都是我们的麻袋胜出。"浙麻厂的麻袋一时成了公认的好产品。翟翕武回忆:"当时民族资产阶级都不相信,本来等着看笑话的,说共产党打仗可以,搞建设不行。我们不但建起来,而且麻袋的质量,很快达到了当时世界最好的麻袋——英国产的绿杠麻袋的质量标准"。 1951年浙麻厂生产麻袋596万条,基本上满足了国内需要,并有少量出口,结束了我国麻袋依靠进口的历史。

1951年4月,第二期以东厂房为主的建设工程动工,安装1560枚纺锭、100台织机,于1952年5月全部开齐,1952年生产麻袋1528.42万条、纱线1.72吨。第三期工程于1951年12月动工,建成北厂房,计划再扩建4套设备,达到1万纺锭规模。1953年3月,先完成两套机器设备安装,计3660纺锭、198台纺机,4月投产。到1953年底,浙江麻纺织厂全厂设备数为6836枚纺锭、393台织机,职工4526人,工业总产值4266万元。当年麻袋产量2359万条,麻布23万米,麻纱线281吨,麻袋产量占全国40%。1958年,第三期工程的最后两套设备安装完成,达到了预定的1万纺锭规模。当年浙麻产麻袋4434万条,麻布417万米,麻纱线1249吨,工业总产值8279万元,利润3205万元,税金877万元,职工达6728人。

50 年代时,办企业的人都把苏联的企业管理黄皮书奉为经典,但翟翕武另辟蹊径。他回忆,"毛主席说过,科学技术哪个国家的先进,学哪个。当时美国的企业管理最好,陈继善是从美国回来的,我就听他的"。翟翕武顶着舆论的压力,要陈继善用美国的办法管理浙麻厂。当时,浙麻厂实行岗位责任制,每台机器都把负责维修的工人名牌挂在上面。机器坏了就找这个工人修。就连宿舍管理也实行定员管理(解放初期新建厂的工人都是未婚的青年男女,所以都住在厂里)。车间里实行计件工资,大大提高了工人的积极性。

由于浙麻厂生产效率高,麻袋卖两元一只,卖一只可赚一元。而其他省份的同行卖两元价格已经不赚钱了。翟翕武曾想,这不成了暴利了吗?于是,他向中央纺织部报告要降价。结果,上级来电话说"不能降价。如果降价全国的麻袋厂都要关门了"。

当时,浙麻厂效益好是出了名的,厂里对员工也照顾有加。上夜班的工人可以加一杯牛奶。员工食堂的伙食也不错,坊间甚至流传顺口溜:"厂长翟翕武,猪肉当豆腐。"工会的文化娱乐工作也非常活跃。别的工厂上班是迟到早退,浙麻厂恰恰相反,早到迟退。

浙江麻纺织厂建成半个多世纪以来,"浙麻"人艰苦创业,在国内黄麻纺织行业创造了数个第一。生产规模第一:从 1950 年到 1990 年,共生产麻制品 161.5 万吨,其中麻袋 17.37 亿条,麻布 2.6 亿米,麻纱线 6.92 万吨,最盛时年产麻袋近亿条,占全国麻袋总产量四分之一;创利税额第一:1950 年到 1990 年,总投资 3800 万元的浙麻厂,上缴利润共达 14 亿元。所创利税总额可再造 14 座同等规模的黄麻纺织企业,且各类经济指标均名列全国第一;科研水平第一:拥有国内唯一的黄麻纺织科研所,出版权威性的专业杂志《黄麻纺织技术》,执笔起草黄麻制品的国家标准及设备维修标准;产品开发第一:先后研发出黄麻绒面地毯、麻塑混纺纱线、工艺装饰布及工艺品,并试研黄麻纤维改性技术等。所开发的黄麻高支纱一直对外出口,是国内唯一黄麻高支纱生产厂家。"浙麻"人经过半个多世纪的奋斗,使"浙麻"成为中国黄麻纺织的生产和研发基地,多次荣获国家质量奖,1983 年获得麻纺织业唯一的国家银质奖,注册商标"双绿"牌黄麻制品,也成为亚洲乃至世界黄麻制品的品牌产品。在改革开放的新时期,原浙江麻纺织厂成功改制为浙江麻纺织有限责任公司。

浙江麻纺织厂的建成投产,为浙江国民经济的恢复和发展作出了重要的贡献,同时也是新中国初期浙江国民经济恢复发展的历史见证。

(曾林平 执笔)

5. 嘉兴高照乡土改试点

　　为了有计划、有步骤、有秩序地进行土地改革工作,1950年8、9月间,嘉兴高照乡作为华东地区新区土地改革试点乡和浙江土改的第一批试点乡,率先开展了新区的土地改革。

　　土地是农民的命根子,拥有一块属于自己的土地乃农民祖祖辈辈的渴望,也是新解放区农民最为关心的一件大事。改革封建的土地制度,是中国农村完成新民主主义革命的必由之路。根据《土地改革法》规定,土改工作以乡为单位进行。浙江省委在经过剿匪、反霸、减租、征粮,农村初步安定以后,即着手土改的准备工作。

　　土改试点之前,进行了重要而充分的准备。除要求各地区都选择一个乡进行土改试点外,浙江省委直接领导了嘉兴高照乡等土改试点。1949年9月,省委成立省府农村工作团,团长由省实业厅副厅长刘剑担任。工作团在灵隐作短暂集训,即开赴农业大县嘉兴,执行省委部署的剿匪、反霸、减租、征粮、整顿组织,发展生产并为土改做好准备的任务。嘉兴地处沪杭之间,一望平原,江河交叉,盛产水稻、蚕丝,素有鱼米之乡、丝绸之府的美誉。工作团于1949年10月到嘉兴,团部驻地东栅口。工作团在此进行调查研究,召开了各种座谈会,了解各阶层的思想,并向群众宣传政策。由于东栅口地处嘉兴县城郊区,工商杂处,代表性不强,工作团很快转到新塍区高照乡开展调查并进行减租减息的试点。

　　高照乡土地较多,人均占地3.8亩。在出租的2214亩土地中,地主、富农占了1494亩,占出租地的66%,其他为各种形式的土地出租。嘉兴的租额形式繁多,较有代表性。由于租额高、利息重,群众对减租减息要求很迫切。工作团在新塍区委前一阶段工作的基础上,会同当地组织,动员减租减息。由于高照乡在解放前已有党的组织,解放后的反霸斗争先后经过数次,因此工作团动员减租减息,很快得到群众的响应,纷纷向工作团反映租重利高的情况,诉重租额、高利贷者的苦。工作团在各小组诉苦的基础上,以村为单位召开减租减息大会,向地主、高利贷进行控诉斗争。1949 年 11 月 12 日和 13 日两天的《浙江日报》,连续报道了高照乡高照村开展减租减息的情况。

1950 年 3 月省府工作团结束在嘉兴的工作,几百人的队伍返回杭州,仅留两个调研组为土改做准备工作。不久,调研组改为土改工作队,作为省委的试点乡,仍由刘剑领导。高照乡进行土改试点,有利条件是:解放前就有党的地下组织,有党龄近 10 年的党员,群众觉悟比较高,知道共产党是为人民服务的;认识到地主占有大量土地,不劳而食不合理,分他们的田地是应该的;工作队从减租征粮起就在高照乡试点,通过访贫问苦,已与群众建立起比较密切的关系。

土改工作队下乡进村到户,广泛开展宣传教育,大力宣传土地改革的总路线、总政策及其正义性和必要性,引导农民弄懂"谁养活谁"的问题,开展诉苦算账斗地主的活动,充分发动群众,团结了贫农、下中农,中立富农,孤立地主。工作队对全乡各户各阶级的土地占有和使用情况,以及与土地相关联的生产工具和房屋占有情况进行了系统的调查,并向省委写出详尽的调查报告。高照乡的地主大部分在城镇,外籍业主占有土地达到 50%。全村使用土地 3766 亩,外籍业主占 1885.8 亩,30 户地主,27 户在城镇,占地主总户数的 90%。经过调查研究,工作队将土改大致分为五个阶段,即:宣传动员、划分阶级、没收征收土地和家具耕牛及部分房屋、分配土地、总结并转入掀起生产高潮。在五个阶段中,政策性最强的是划分阶级和分配土地阶段。前者要处理好敌我矛盾,掌握好地主与小土地出租者的界限;地主与富农的界限;富农与富裕中农的界限。界限掌握不好,就会扩大打击面,或者把剥削者视为劳动者。如高照村出租土地的 52 户中,除 30 户地主外,还有 22 户属于小土地出租者,这些户的情况很复杂,有自由职业者、独立劳动者、宗教职业者、旧公务员和小商人。在分配土地阶段,主要要处理好如何使贫雇农、下中农分配所得的土地,在水田和桑田,土地肥瘦,水源远近等方面取得大致公平。好在高照乡有党的地下组织,这些同志对本乡土地情况了如指掌,使土地分配作到基本合理,得地的农民基本满意。

省委对高照乡的试点极为重视,除刘剑自始至终蹲点领导外,谭启龙副书记曾两次听取工作队准备情况的汇报,他在出席华东土改会议时,除带刘剑同行外,还要工作队的同志也带材料去汇报情况。省委委员、宣传部长林乎加也专程到高照乡检查土改准备工作。

高照乡等试点单位的土改工作为全省土改工作的开展积累了宝贵的经验，刘剑撰写了《一个乡土改经验的初步总结》，认为"乡的土地改革工作是整个土改工作的基本环节"。9月21日至28日，省委召开了全省土改试验总结会议，研究了高照乡等试点乡的情况和经验。接着，各地委、县委也进行了土改试验。10月份，全省土改试验乡达到150多个，是普遍进行典型试验的一个月。到11月20日止，大部分地区土改试验阶段已告完成，全省84%的县委及50%的区委均已取得土改典型试验的经验。

　　在此基础上，浙江省人民政府土地改革委员会于1950年11月22日成立，谭启龙任主任。委员会负责指导全省的土改工作，并于当月下发了《关于执行中华人民共和国土地改革法补充办法》、《浙江省关于划分农村阶级成分的补充规定》、《浙江省土地改革中山林处理办法》等文件，以保证土地改革依法、有序地进行。

　　12月5日，华东局发出了《关于提早完成土地改革的指示》："决定华东全区应争取1951年4月前基本完成土地改革的任务。"根据华东局的指示和浙江土改准备阶段工作的进展情况，浙江省委决定结束准备阶段，转入全面展开阶段，工作方针由"小心谨慎，稳步前进"改为"放手发动群众，大胆展开运动"。12月25日，《浙江日报》发表文章《充分发动群众，彻底摧毁地主阶级封建统治，消灭地主封建剥削的土地所有制》。全省规模的土地改革运动，先后分为两批，轰轰烈烈地展开了。

（王祖强 执笔）

6. 全国第一代农业劳模陈双田

1950年9月25日,对陈双田来说是个永生难忘的日子。这一天,他作为全国第一代农业劳模出席了在北京召开的全国工农兵劳动模范代表会议,受到了毛泽东的亲切接见。会上,毛泽东说:"你们是全中华民族的模范人物,是推动各方面人民事业前进的骨干,是人民政府的可靠支柱和人民政府联系广大人民群众的桥梁。"领袖的教诲永远记在了这位农业劳模的心里,落实在他的行动上。终其一生的形象是"肩不离锄头,人不离劳动",人们称他为"赤脚书记"、"土地赤子"。

陈双田是浙江金华汤溪县汤溪村人(今为金华市婺城区汤溪镇),1916年2月出生在一个贫穷的雇农家里,他的童年和少年经历了不少艰辛与苦难,做过长工、木工、手拉车工等。1949年12月加入了中国共产党,是农村土地改革的中坚,带头建立了汤溪县第一个互助组和第一个农业生产合作社。1952年4月,中国农民访苏代表团赴前苏联参观集体农庄,他受到了斯大林的接见和嘉奖。1953年,又作为农民代表参加中国人民第三届赴朝鲜慰问团慰问中国人民志愿军。陈双田曾13次进北京,8次受到毛泽东的接见。他是一届、二届、四届全国人大代表,中共十一大代表,曾任生产互助组组长、村党支部书记、金华县委副书记等职。1963年5月9日,毛泽东在《浙江省七个关于干部参加劳动的好材料》上作出批示,其中有一份就是章轶仲写的中共金华县汤溪公社汤溪大队支部书记、老劳模陈双田访问记《怎样才能更多地参加劳动?》。毛泽东充分肯定和赞扬了包括陈双田在内的一批浙江农村基层的干部,使农业劳模陈双田的名字和事迹广为传颂,家喻户晓。

陈双田是带领群众发展农业生产的领头人。1952年,他两次蹲点"落后队",在全村改田造地。几年后,水田面积不断扩大,农田自流灌溉成了一个棘手的难题。陈双田起早摸黑，踏勘地形。经过数十天的不懈努力，一个造渠引库水的方案在他的头脑中形成。陈双田在大队会议上动员大家："筑五里多长的渠坝，工程确实不小，但是人心齐，泰山移，只要大家下定决心，没有做不成的事！"统一了干部思想后，他便带领党员干部动员群众。1962年冬，引水工程破土动工，三年后，这座横贯村南村北名为"高渠道"的水利工程竣工，彻底解决了灌溉难问题，全村农业经济大幅增长。

对人民群众有益的事，陈双田总是毫不犹豫地干到底。不利于群众的事，陈双田便顶住不干。20世纪50年代后期，"大跃进"中的浮夸风也刮到了金华。"人有多大胆，地有多大产"、"不怕做不到，就怕想不到"、"插秧越密越高产"的口号喊得震天响。"放空炮，只能败坏党风，脱离群众，害了国家，苦了农民，这个弯我不能转！"这是陈双田铁铮铮的声音。1958年初，汤溪县召开"创高产，夺丰收"誓师大会，县委派人告诉陈双田，要他第一个上台表态，把粮食亩产指标提到3000斤，打响誓师大会头一炮。但是出乎领导的意料，陈双田并没有按照既定的调子表态。其结果是他被县委点名批评，并被取消了第三届全国人大代表的推荐资格。

县委并未放过这个典型，派工作组到村里放亩产几万斤的"高产卫星"，汤溪村西门畈部分田块的稻子被连根拔起，统一种在树着"×××高产试验田"牌子的田里。陈双田呆立在田埂上，眼里噙满了痛心的泪水。县干部见陈双田没下田，便责问他："你是劳模，是党员，怎么比一个普通社员还落后？"陈双田回答："做事情要从实际出发，一亩田能收3万斤、5万斤稻谷，我不敢相信。不要说是稻谷，就是黄泥巴要深挖一层，也要好多天挖呢。"实话实说的陈双田被县里干部大声训斥。几天后，"高产试验田"里的稻子全都腐烂枯死。

"文化大革命"后期，陈双田重新进入大队领导班子，这时最让他揪心的就是如何发展村里的农业生产和确保社员群众的温饱。经过一次次深入田头，一夜夜苦思冥想，最终他想出了一个改造西门畈，使西门畈真正成为汤溪村的"米粮仓"的计划。这一设想得到多数大队干部的赞同和社员群众的支持。1973年春，陈双田大胆起用一名离职回乡的测绘人员组建测量队，并亲自带队对西门畈的水系、田块、道路、桥梁等进行勘测，随后发动群众实施改田挖渠工程。经过三个冬春的奋战，建成了一条宽3米、长2500米的浆砌排水中心渠，原先的冷水田、烂糊田成了排灌自如的旱涝保收田，平均亩产翻了一番。"田成方、路成行、渠成网"的西门畈，成了多年后农村园田化改造的"样板畈"。

对待原则问题，陈双田有着一颗不为世俗所理解的"冷心"，而在对待困难群众上,他却有着一副"热心肠"。汤溪村是大村,由于多种原因,村民人均收入差距较大。作为村"领头人"的陈双田时时处处把全村人,特别是病、残或是劳力少吃口多的困难户挂在心间。贡双喜做酱出身,不擅田间劳动,工分标准低,而全家却有老小五口人过日子,住着茅草屋,生活艰难。陈双田同大队干部商量,由集体垫资为其购买了母猪和耕牛,增加他家的收入。村民郑志发身体残疾,陈双田便把他安排在农业合作社里做豆腐。数十年来,陈双田真情地帮民困、解民忧,得到了村民的称颂。

"不劳动,还叫什么劳动模范? 我永远是个农民,劳动是我的本色!"这是陈双田时常说的一句话。有一次,陈双田到县城参加会议,会议一结束,他就急匆匆奔向汽车站。但中午时段的班车已开走了。为了能在下午出工,陈双田一路小跑乘火车。汤溪无站点,他在蒋堂站下车,再步行回村。走了十多里路的他,一到家便背上锄头与社员们一道下田。

1975 年 10 月,陈双田被任命为金华县委副书记,仍坚持劳动。每次放假回来,第一件事就是脱掉鞋袜参加队里劳动。生产队要给他记工分,他拒绝说:"我每月有工资交村里,已记满勤,休息日下田是义务劳动,还记什么工分?"有人劝他:"你已经是县里领导了,身体也不是很好,还是歇歇吧。"可他总是说:"我永远是个农民,劳动是我的本色!"他虽担任县委副书记,但他的办公室就在田间,哪有问题他就身背挎包出现在哪里,从未丢弃过农村"赤脚书记"本色。

拿"工资"是那个时代的人梦寐以求的好事情。但当了县委副书记的陈双田却每月拿出部分工资交到村里换记劳动工分,用他自己的话说:"我还是个社员,哪有社员不记工分的? 再说,村里订有外出经商、做手艺等要交钱买工分的制度,我应带头执行。"陈双田以一名普通社员的身份记取工分,直到粮户关系转出为止。

1980 年 10 月,陈双田光荣退休,但他退而不休,发挥余热为村里服务。当村里决定规划开发东南山背,而位于规划区内的部分群众有抵触情绪时,陈双田不辞辛劳,挨家挨户地做思想工作,"老书记"的真情赢得干部群众的理解和支持。现在,东南山背 290 亩的黄土山早已是花果山。当村里筹建砖瓦厂时,陈双田不顾年迈,与村干部一起远涉沈阳、北京等地聘请技术人员、购买机器设备,并和大家一块上工地。经过 5 个月的苦战,砖瓦厂投产。

2000 年 4 月,陈双田离开了热爱他的亲人和故土。直到去世,他一家住的还是土改时分来的旧房子。他心里装的就是人民群众,一生保持普通党员的本色。

人民没有忘记陈双田。在他去世 6 年后,浙江省委宣传部和省总工会等单位组织评选"劳动伟大——浙江最具影响力劳模",陈双田名列榜首。2006 年 4 月 29 日,省人民大会堂的颁奖典礼上,替这位已故劳模领奖的是他的遗孀、75 岁的沈郁庭老人,她饱含深情地说:"双田走了 6 年了,还有那么多的人惦记他,夸奖他,他这一辈子值了。"

（王祖强 执笔）

7. 新登许桂荣农业生产合作社

1951 年 12 月,新登县(今属富阳市)城岭区新堰村许桂荣农业生产合作社宣布成立,这是浙江省第一个农业生产初级合作社。

1950 年春,新登县城岭区新堰村成立了 15 个临时互助组,其中就有许桂荣互助组。1951 年春,许桂荣临时互助组转为常年互助组,共有 11 户农户,互助组先后被评为乡、区、县模范互助组。1951 年 11 月下旬,浙江省委农工部领导在杭州听取了许桂荣的汇报,认为许桂荣互助组已经具备了试办农业生产合作社的条件。此后,省委农工部会同临安地委农工部一起派出工作组,到新堰村具体指导和帮助许桂荣试办农业生产合作社。经过反复向农民宣讲办社宗旨,统一思想,12 月下旬,许桂荣农业生产合作社宣告成立,民主选举了由 7 人组成的合作社理事会,推举许桂荣为理事会主任。

许桂荣农业生产合作社成为全省的典型。许桂荣出席了在杭州召开的浙江省第二届农业劳动模范大会,在大会上介绍了试办农业生产合作社的好处和经验。随后以省特等劳动模范的身份被推荐为华东地区农业增产模范代表大会的模范互助组代表。1952 年 3 月 5 日,《浙江日报》第一版刊登了许桂荣农业生产合作社订出的"爱国增产节约计划",并配发了评论。其后,又陆续刊登了许桂荣农业生产合作社《向全省互助组挑战书》、《庆祝"五一"致全省农民信》等。一时间,各地来参观学习的人络绎不绝,邀请许桂荣介绍经验的更是争先恐后。中央新闻纪录片厂拍摄纪录片,《人民日报》、《人民画报》等报刊记者相继采访,一批著名的文艺工作者也来深入生活搞创作。

1954 年,许桂荣农业生产合作社扩大到 35 户,并改名为新堰村农业生产合作社,1955 年升为高级合作社。1956 年 1 月,新堰农业社等 18 个农业生产合作社合并成松溪高级农业社。至此,许桂荣农业生产合作社几经扩变,最终融入到人民公社中。

许桂荣农业生产合作社是浙江农业合作化的一面旗帜。在许桂荣农业生产合作社建立后,农业合作化运动在全省各地轰轰烈烈地开展起来。

农业合作化运动,是中国共产党发动和领导的、与社会主义工业化相配套的、对小农进行社会主义改造的运动。浙江的农业合作化运动经历了三种形式:

第一种形式,农业生产互助组。农业生产互助组以个体农民为基础,是互助合作组织的最低形式。参加互助组的农户,仍然独立经营,土地和生产资料仍归各户私有,只是在个体经济的基础上,进行某些互助性劳动,并共用一部分牲畜农具。为了尽快恢复农业经济,1950年春,省委、省政府发出了"组织起来、生产自救"的号召,各地涌现了一批从事副业生产的劳动互助组。1951年4月,全省各级干部深入基层,帮助一批劳动模范和积极分子带头组织互助组。这一年秋收前,劳动互助组织有了初步发展。1952年底,全省互助组发展到26.5万个,参加互助组的农户191.9万户,占总农户数的39.4%。1953年到1954年,根据中央精神,全省各级党委注意纠正互助合作工作中出现的急躁冒进和放任自流两种偏向,贯彻执行中央提出的"稳步前进、逐步发展、宁缓勿急"的方针,加强对互助合作的巩固工作。1953年底,全省互助合作组发展到28.1万个,参加互助组农户占到总农户的49.2%。1954年,初级农业生产合作社开始发展,互助组的数量减少。到1955年底,随着农业生产初级社和高级社的普遍建立,互助组这种农业生产互助合作的形式完成了它的历史使命。

第二种形式,初级农业生产合作社。初级农业生产合作社,是农民自愿联合组成的半社会主义性质的集体经济组织,是农民从个体经济过渡到社会主义集体经济的组织形式。它的特点是土地入股,统一经营;生产资料,私有公用;股份基金,按土地公摊;集体劳动,评工计分;收入的主要部分按劳分配,少部分作为土地资料的生产报酬。1952年到1953年,浙江在开展互助组的同时,进行了初级农业生产合作社的试点工作。继全省第一个初级合作社许桂荣社建立后,1952年3月,浙江省委正式批转省农委《关于试办农业生产合作社问题的报告》,要求每个地委试办一两个初级农业生产合作社。当年,全省有6个地区、44个县陆续试办了63个初级社。到1953年底,全省试办初级社231个,自发立社79个,合计310个,95%的县(77个县)、26%的区(184个区)都取得了试办初级社的经验。1954年2月,浙江省委召开全省区委书记以上干部大会,确定1954年全省农业互助合作运动的任务是,"积极发展和巩固提高互助组,大力进行农业生产合作社的试办工作"。到这一年底,全省建社4.06万个,入社农户110.5

万户,占总农户的 22.4%。在合作社的发展过程中,一些地方违反自愿原则,强迫农民入社;在合作社内经济政策的处理上,违反互利原则,严重挫伤了一部分农民的积极性。1955 年 5 月,根据中央农村工作部的指示精神,浙江省委采取了"全力巩固,坚决收缩"的方针,在全省开展巩固和收缩合作社工作。但这一方针受到毛泽东的严厉批评。9 月份以后,全省各地普遍掀起了农业合作化高潮。到年底,全省初级社发展到 10.5 万个,入社农户 301 万户,占总农户的 61%。1956 年 2 月,初级社的规模进一步扩大,入社农户达到 394.7 万户,占全省总农户的 80.1%。至此,浙江省基本上实现了半社会主义的农业合作化。

第三种形式,高级农业生产合作社。高级农业生产合作社,以生产资料集体所有制为基础,生产资料私有制已不复存在。它的特点是生产资料全部归集体所有;股份基金按劳动力分摊;健全生产队,实行"四固定"(劳力、土地、耕畜、农具)、"包产和超产奖励"责任制;完全按劳动日进行分配。1952 年至 1955 年是浙江省高级社的典型试办阶段。1952 年 4 月 8 日,全省第一个高级农业生产合作社——慈溪五洞闸集体农庄建立。1953 年春,在慈溪等 7 个县建立了 11 个高级社。1954 年秋至 1955 年春,全省义办起了 92 个高级社。到 1956 年 2 月底,高级社已发展到 1.3 万个,入社农户占到总农户的 52.22%。由于高级社发展过快,相当一部分高级社只是一个空架子,生产秩序混乱。省委决定在春耕后,一律停止发展合作社,停止并社升级。1956 年 9 月,浙江省委召开全省农村工作会议,又提出在冬季基本上实现高级化。于是,在全省再次掀起了办高级社的高潮。12 月,高级社发展到 2.5 万个,入社农户达 474.4 万户,占总农户的 95.2%。至此,全省基本上完成了对农业的社会主义改造。

浙江农业合作化的实现,把广大农村的个体经济改造成为社会主义集体经济,在一段时期内促进了生产力的发展,对于推进浙江整个社会主义改造事业,对浙江的农业乃至国民经济的发展,具有一定的积极意义。但合作化后期发生了要求过急、工作过粗、改变过快的偏差,遗留下一些"大呼隆"的问题,影响了农民的生产积极性。

(曾林平 执笔)

8. "潘香球事件"与"新三反"运动

1952年10月29日,就在中共中央批准了中央组织部常务副部长、中央纪律检查委员会副书记安子文关于结束"三反"(反对贪污、反对浪费、反对官僚主义)运动的报告,全国"三反"运动正式宣告结束后的第四天,《浙江日报》发表了浙江省人民政府和浙江省委纪律检查委员会处理宁波、于潜(1960年并入临安县)、萧山三个严重案件的新闻,并配发了题为《坚决反对官僚主义作风》的评论,号召全省各地党、人民政府和人民团体的领导机关,认真阅读有关报道,采取有效措施,立即开展一场系统的反对官僚主义的思想斗争。

发生在原于潜县的"潘香球事件",是一起严重的官僚主义、违法乱纪案件。案件发生在全面开展"三反"运动的过程中,实在令人震惊。事情起因于土改时的土地分配不公。由于少数基层干部漠视群众利益,欺上瞒下,歪曲事实,少数领导官僚主义、滥用职权、侵犯人权,致使当事人潘香球被非法关押达86天,最终发展成震惊全省的重大案件。这一事件,充分暴露了部分党政机关干部中存在的严重官僚主义作风和违法乱纪现象,引起了浙江省委的高度重视,从临安专署到于潜县政府,从当地区委到乡村一大批干部受到严厉处分。"潘香球事件"被《浙江日报》公之于众后,成了全国"新三反"(反对官僚主义、反对命令主义、反对违法乱纪)运动的导火索之一,并由此拉开了浙江省"新三反"运动的序幕。

潘香球,原籍温州市永嘉县,1947年随丈夫来于潜县潜东区藻溪乡董家村安家落户,1950年丈夫去世后,潘带着3个孩子(最大的10岁、最小的2岁)依靠农业劳动艰难度日。1951年初,董家村进行土地改革,潜东区委派出王荣星(区委秘书)、欧诸梅(潜东区委书记孔涛之妻)等干部到该村,王荣星任土改工作组组长。土地的分配以组为单位,潘香球所在的第一组平均每人可分田2亩

（旧亩，1亩相当于新亩0.8亩），潘一家4口应分得8亩。该组负责土改的欧诸梅等人认为，潘香球一个寡妇带着3个年幼的孩子，家中没有劳力，田分多了耕不了，于是决定少分点给她。潘香球除了得到原租种的4亩差田外，仅补进3亩中等田，少分了1亩多。为此，潘多次找到王荣星等干部要求补分土地，但均遭拒绝。1951年3月12日晚，该村召开农会小组会议讨论军属田代耕问题，潘香球带着她的3个孩子也来参加会议。会上，潘香球再次要求解决土地问题，遭到拒绝后开始吵闹，影响了会场秩序。主持会议的王荣星拍桌子说："你再吵就把你捆起来。"潘仍未止住，于是民兵林杨根就用绳子将潘捆了起来。经群众劝解，才把绳子解开，随后又将潘家母子4人推出门外，继续开会。潘抱在怀里的3岁小女儿本来正患麻疹，加上受风寒、惊吓，回家第二天就夭亡了。

　　遭此沉重打击，潘香球内心极其悲愤，于是抱着女儿的尸体到潜东区委控告王荣星等人的违法乱纪行为。区委书记孔涛听信王荣星、欧诸梅等人的一面之词，不但不替她申冤，反说她是"疯婆"。有一次竟听任区委通讯员麻保仁将潘捆绑10余分钟。孔涛调到县里工作后，新调入的区委负责人高永泰、明宝才也没有为她处理问题。潘香球要到县里去控告，区、乡里不但不发给通行证，反而限制她的行动自由。直到省政府明令取消通行证后，潘香球才于1952年1月17日得以到于潜县城向县政府控告。当天，副县长兼法院院长吴献祥接待了她，听取了她的陈述，并派两位干部到当地进行调查。王荣星得知潘去县里控告，县里来人调查后，即与部分干部串通封锁事件真相，反诬潘是"无赖"、"疯婆"。调查人员做了一天调查，听信了部分干部的不实之词后，即向县政府汇报说："潘香球是无赖，很坏，民兵没有捆过她。"孔涛亦向县政府反映说潘是"流氓、无赖，有坏分子在背后掌握"。因此，吴献祥认定潘是诬告，未作处理。潘得到吴的答复后，极为不满，当即在县政府大声叫骂，"县政府包庇王荣星"，"吴献祥冒充县长要枪毙"等（潘不知道吴献祥是副县长）。吴献祥经与主持工作的县委副书记、县长梁震商量，决定当场将潘香球关押，潘带在身边的8岁小孩也被一同关押。潘在监中不服，继续叫骂，看管人员又给她强行戴上手铐3个小时。9天后，潘才被释放。

　　潘香球到县里控告未成反遭关押，心中更是悲愤，于是又沿途行乞，多次到专署、省有关部门控告。2月9日和12日，潘香球两次步行到临安，向省人民法院临安分院控告。负责接待的该院审判股长葛天星和司法行政秘书董文德未认真、及时办理，仅把潘的口诉状交由于潜县法院调查处理。吴献祥只在前次歪曲事实的调查报告上签了"潘香球蓄意诬告干部王荣星，为保障干部安全，应依法将潘香球逮捕"的字样报送临安分院。临安分院董文德看了上报材料后,于2月24日擅自向于潜县法院发出批复:潘香球"如屡教不改,无法无天的乱搞下去,也可按普通刑事犯随时惩处之"。据此,梁震在县委扩大会议上宣布:如潘香球继续无理取闹,可随时将其逮捕。4月11日,潜东区委干部以潘继续"闹事"为由将之逮捕,县法院以"妨害公务"罪将其收监。在狱中,潘香球继续抗争,竟遭殴打,并被强制带脚镣两天一夜。

入狱之前,潘香球曾于3月6日一路乞讨,赶到杭州向省人民检察署控告。省人民检察署立即抄附潘香球控诉笔录函告临安分署,要求认真调查处理,并派出干部前往了解情况。5月23日,临安分署根据于潜县法院严重失实的调查材料,报告省人民检察署,称潘是"流氓出身,生活腐化,作风无赖","应严厉教育,强迫其劳动,在群众管制下予以改造","如其屡教不改,得以刑事处分"。6月1日,临安专员公署根据潘香球的申诉材料发出《关于潘香球诉王荣星等侵犯人权一案迅速查清处理的指示》,责成于潜县法院迅速查明真相。6月6日,于潜县法院组成调查组展开第三次调查,查清了大部分案情。6月7日,省人民检察署、省人民检察署临安分署、临安专署公安处、于潜县政府、于潜县法院组成联合调查组赴董家村展开彻底调查,才使整个案情真相大白。

6月25日,临安专员公署根据调查结果发出《关于立即释放潘香球听候指示处理的通知》,指出:潘香球的申诉是正当的,被吊打是事实,扣押是严重官僚主义及侵犯人权的行为,必须立即将其释放。6月27日,潘香球被非法关押77天后重获自由。7月5日,中共临安地委召开全委扩大会议,专门对"潘香球事件"做了研究,认为这是一起官僚主义造成的严重违法乱纪、侵犯人权行为,责成梁震、吴献祥、董文德等人纠正错误,挽回影响。梁震等人虽在群众大会上作了检讨,但对地委指示仍认识不足、执行不力,未能及时、有效消除不良后果。王荣星甚至畏罪潜逃。

当时正值反对官僚主义、司法改革(反旧法观点、反旧司法作风、整顿司法队伍)、整党建党和民主建政的关键时期,浙江省委决定抓住潘香球事件这一典型案例,教育全体党员、干部,推动全省的反官僚主义、司法改革运动。1952年10月5日,浙江省纪律检查委员会调查组到达于潜县藻溪乡进一步调查潘香球事件。10月20日,省纪律检查委员会、省人民政府监察委员会作出《关于于潜县殴打扣押劳动妇女潘香球申诉事件给有关党员干部处分的决定》,对潘香球事件中犯有严重官僚主义、违法乱纪和侵犯人权错误的干部作出严厉处分:撤销梁震的县委副书记、县长职务;给予吴献祥党内警告处分,撤销其副县长、县人民法院院长职务;开除孔涛党籍,撤销其行政职务;给予董文德党内警告、行政记过处分;给予葛天星、高永瑞(于潜县公安局副局长)行政记过处分;对萧方洲(临安专员公署专员兼省人民法院临安分院院长)、高永泰、明宝才免予党内处分,责令其深刻检讨。欧诸梅因系恶霸地主之女,被开除公职,划为"阶级异己分子"。王荣星因问题特别严重,又被查出有参加过国民党的历史,被判处有期徒刑5年。10月28日,于潜县委、县人民政府在藻溪乡召开群众大会,宣布省纪委、省人民政府监察委员会的处分决定,责令犯错误干部在大会上公开检讨,同时补分了潘香球1.7亩土地。

1952年10月29日,《浙江日报》公布了省人民政府、省纪律检查委员会处理的包括"潘香球事件"在内的3件丧失立场、侵犯人权的重大案件,由此拉开了全省"新三反"运动的序幕。

浙江处理这3个案件后不久,1952年11月17日,中央收到山东分局纪律检查委员会《关于反对官僚主义、反对命令主义、反对违法乱纪的意见的报告》,《报告》集中暴露很多党政组织中极端严重地危害人民群众的坏人坏事,进一步引起了中央的高度重视。1953年1月5日,中共中央发出《关于反对官僚主义、反对命令主义和反对违法乱纪的指示》。根据中央指示,各地开展了"新三反"运动。

从两次几乎相连的"三反"运动看,"三反"运动主要解决的是干部中的贪污浪费现象,而"新三反"运动着重在于转变机关干部的工作作风。通过开展"新三反"运动,对党政机关干部中的官僚主义、命令主义和违法乱纪行为等进行了有力的批判和打击,改进了机关工作作风,在一定程度上改善了党群和干群关系。

"潘香球事件"中,有关干部确实犯有官僚主义、违法乱纪的错误,当时对犯错误干部给予处分是完全必要的,但由于受"左"的思想影响,也存在着处分过重、处分面过宽的现象。为此,1981年7月,省纪委、省人民检察院、临安县纪委、法院、检察院根据当事人的申诉,再次组成联合调查组对整个案件进行复查,确认整个案情基本属实,认为"潘为人自私、贪财、不讲理、常与人争吵,品质是不好的",此后也因违法乱纪等问题受到了应有的惩处,但当时她以劳动维持生活,确实是个劳动妇女。1981年10月14日,浙江省委批复:"1952年在处理潘香球事件过程中,梁震、吴献祥、孔涛等同志是有错误的。但当时对梁、吴、孔等有关同志处分过重,面过宽,个别问题的事实情节也有出入。对这个案件应当实事求是予以改正,但不是错案。为此,省委决定:撤销1952年10月省委对梁震同志撤销党内外职务,吴献祥同志党内警告、行政撤职,孔涛同志开除党籍,董文德同志党内警告、行政记过,葛天星同志行政记过,高永瑞同志行政记过的处分决定。并建议临安县委、临安县人民法院对欧诸梅开除公职、王荣星行政撤职、判处徒刑的处理予以复议。"

（王祖强 执笔）

9. 抗美援朝捐资居全国各省之冠

1952年11月20日,浙江省抗美援朝分会召开第二次各界人民抗美援朝代表会议,总结了两年来全省抗美援朝运动所取得的伟大成绩。全省人民爱国增产捐献的款项达到3390多万元,可买战斗机226架,超过原定计划的77%,居全国各省捐献数的第一位。

1950年6月,朝鲜内战爆发,美国进行武装干涉,以其为首的联合国军越过三八线,进入北朝鲜境内。在此危急关头,应朝鲜党和政府的请求,中共中央和中央人民政府决定抗美援朝、保家卫国。10月19日,以彭德怀为司令员兼政委的中国人民志愿军奉命开赴朝鲜战场,承担起履行"国际主义"的历史重任。

抗美援朝战争爆发后,10月25日,中共中央发出了关于开展抗美援朝运动的指示,要求各级党组织进行大规模的宣传教育工作,使全国人民明白抗美援朝的重要性,确立必胜的信心。10月26日,中国人民保卫世界和平反对美国侵略委员会(简称中国人民抗美援朝总会)成立。11月4日,中国共产党和各民主党派发表联合宣言,号召全国人民万众一心,同仇敌忾,积极投入抗美援朝的伟大斗争。浙江人民热烈拥护中央的决策,积极响应联合宣言的号召,掀起了抗美援朝高潮。

浙江的抗美援朝运动,首先在浙江大学等高校以师生集会声援的形式开展起来。之后,成立了"中国人民保卫世界和平反对美国侵略委员会浙江分会"(简称中国人民抗美援朝总会浙江分会)。为了统一认识,澄清思想,增强广大人民群众的爱国主义热情,在全省范围内广泛开展时事宣传教育。省委根据抗美援朝运动在不同时期的发展情况,及时提出宣传重点,使宣传教育活动不断深入。各地党委还在学校、机关、工厂、农村建立了由报告员、宣传员组成的宣传网,使时事教育遍及城乡和社会各界,全省共有5万多名报告员、宣传员深入各地开展时事宣讲活动。同时,还组织志愿军归国代表团、赴朝慰问团到全省各地做巡回报告。

1950年12月2日至6日,浙江省各界人民代表会议召开第一次协商委员会扩大会议,就全省抗美援朝运动的进展情况进行了讨论,一致批判了亲美、崇美、恐美情绪。紧接着,全省各地纷纷举行控诉美帝国主义侵略罪行的大会和示威游行,仅杭州市各学校机关、工厂等各界举行反对美帝国主义暴行的控诉会就达333次,参加者逾7.5万人。全省宗教界也有1万多人举行示威游行。各教会学校还举办了"校史展览",揭露帝国主义文化侵略的真面目。浙江大学专门在"于子三广场"举行"抗美援朝保家卫国大会",参加大会的除浙大300余名师生员工外,还有杭高、浙大附中等校的代表。会上,有的同学以他们在反饥饿、反内战的斗争中被逮捕,在狱中遭酷刑的悲惨事实,控诉了美、蒋对爱国师生实行白色恐怖的罪行。特别是美蒋特务残杀浙大前教务长费巩教授和学生自治会主席于子三的事实,更激起了全场师生的愤怒。各院系学生还纷纷登上讲台,宣读决心书,集体宣誓,表明抗美援朝、保家卫国的坚定决心。会场外,在"于子三广场"四周的"抗美墙"上贴满了各院系师生的抗美宣誓公约,美国侵华百年史的巨幅画刊,以及控诉美国暴行的漫画等,充分展示了抗击美国侵略的信心和决心。据统计,全省各界参加抗美援朝游行的人数达到1500万人,占当时全省总人口的四分之三。签名拥护缔结和平公约及投票反对美国重新武装日本的人数达到1400万。

经过时事宣传教育,广大人民群众提高了对抗美援朝重要意义的认识,增强了民族自尊心和自信心,增强了反侵略战争必胜的信心。全省人民纷纷以各种实际行动投入抗美援朝运动。

参军参战:工人、农民、学生以及技术人员、医务人员踊跃报名参加志愿军,或参加支前运输和前线医疗工作,到处出现妻送夫、母送子、兄弟争相入伍的动人情景。全省共有100多万农民要求参军,其中80%以上适龄青年、90%以上团员报名应征。在校的青年学生则积极报名参加军事院校,浙江大学于1950年12月15日、16日两天连续召开大会和举行报名仪式,动员青年学生加入军事院校。仅16日上午半天,就有637人报名。全省共有4万多名青年学生报考军事院校。医务工作者要求组织志愿医疗队,自动报名者千余人。到1952年6月,杭州市和温州市组织了两批共4个医疗手术队和护士队奔赴朝鲜前线。在两年多时间里,全省共有150多名医务工作者到朝鲜前线。此外,全省还有60多名铁路员工、汽车司机直接参加了抗美援朝战争。驻浙部队指战员更是人人要求参加志愿军,奔赴抗美援朝前线杀敌立功。在朝鲜战场上,浙江儿女浴血奋战,屡立战功。诸暨籍的沈树根被授予"一级英雄",金日成授予他"国际勋章"。

增加生产、捐献飞机大炮:1951年6月1日,中国人民抗美援朝总会发出号召,要求在全国开展推行爱国公约、捐献飞机大炮、优待烈军属的活动。6月15日,浙江省、杭州市协商委员会和省市抗美援朝分会联合举行会议,号召全省人民积极行动起来,捐献飞机大炮。10月9日至11日,省委召开全省第一次各界人民抗美援朝代表会议,通过了捐献计划:战斗机112架、大炮8门、高射炮10门,折合人民币1832万元(按1955年2月后的新人民币计算,下同)。杭州市家庭妇联筹务总会还召开全市家庭妇女代表会,通过了"向全浙江妇女挑战的公开信",号召全市妇女坚决完成捐献"浙江妇女号"飞机的任务。截止11月23日,全省捐款达2814.8万元(折合战斗机187.5架),超额53.6%完成捐献计划。

开展爱国主义生产竞赛:全省人民响应毛泽东关于"增加生产,厉行节约,以支持中国人民志愿军"的号召,将抗美援朝与生产运动紧密结合起来,通过开展爱国主义生产竞赛,提高劳动生产率、增加产量、提高质量、节约原材料、提出合理化建议等, 直接为经济建设和国防建设积累资金。据1951年3月初步统计,全省共有102个基层单位、3.85万余名职工参加了爱国主义生产竞赛。一些地区的职工还开展了向全国劳模马恒昌小组应战活动,杭州、温州、宁波、嘉兴、绍兴五个市就有92个生产小组向马恒昌小组应战,仅杭州一个市就有46个小组。在农村,由著名劳模陈双田、许桂荣等领导的农业生产合作社,联名向全省农民发出农业爱国增产竞赛挑战书。到1952年6月,全省有5万余个互助组、52个农业生产合作社和26万户农民参加了竞赛,85%的乡开展了季节性的增产竞赛。通过生产竞赛,使工农业生产获得了迅速的恢复和发展,为国家增加了财富,为支援抗美援朝战争作出了贡献。

制订爱国公约、拥军优属:从1951年开始,全省城乡开展了制订以爱国增产、捐献武器和优抚工作为主要内容的爱国公约活动,各地自觉订立和执行爱国公约的群众占全省总人口的80%。为帮助军烈属搞好生产,省政府和省民政厅发布了《关于加强优抚代耕工作的指示》,普遍推行固定代耕制度,并布置了代耕任务。全省90%以上的乡村实行了固定代耕制。与此同时,城市中的贫苦烈军属和革命残废军人都优先得到就业机会,解决了生产、生活问题。对于因缺乏劳动力而生活困难的烈军属和残废军人,采取了经济补助办法,并减免他们的医药费和子女学费。全省还开展了向志愿军寄送慰问品和慰问信活动,表达对志愿军战士的关怀和支持。到1952年6月底,共寄送给志愿军慰问袋11万多只、慰劳鞋 12.8 万双、慰问信 16 万多封、书籍 25.5 万多册和书籍代金 6100 多元,还有毛巾、牙刷、学习簿等约 58 万件。

在两年零九个月的抗美援朝运动中,浙江人民在人力、物力、财力方面作出了自己的贡献,支援了前方的战斗,同时也在运动中推进了全省各项工作的开展。

（曾林平 执笔）

10. 马一浮出任省文史馆馆长

1953 年 3 月,年逾七旬的当代大儒马一浮出任浙江文史馆馆长,一时海内外瞩目,被视为新中国尊崇勋老、重视传统文化的一个信号。

马一浮,原名马浮,浙江上虞人,生于 1883 年。16 岁赴府城绍兴参加县试,获第一。青年时游学美国、日本、欧洲,广泛钻研新学。归国后潜心于国学经典,博览众籍,通读《文澜阁四库全书》,兼事译著,并积极参与反帝救亡运动。民国初年,以博古通今,学贯中西,于诸子百家、儒、佛、道学乃至考据学、医学、西学等莫不探究,兼擅诗词、书法,而为士林推重。梁漱溟盛赞马一浮为"千年国粹,一代儒宗"。蔡元培 1912 年出任教育总长时,聘请而立之年的马一浮出任教育部秘书长。中年以后,归本儒学,精研六艺。抗战期间,马一浮应浙大校长竺可桢之聘,以大师名义设"特约讲座"讲授国学。1939 年在四川乐山县创办复性书院,通过讲学、刻书弘扬儒家六艺之学。1946 年春,书院迁回杭州,借用里西湖的葛荫山庄为临时院舍,继续刻书。1948 年秋,复性书院于乱世中结束。为了庋藏旧有书籍,马一浮将书院改设为智林图书馆。此馆先后从葛荫山庄迁到外西湖朱文公祠及花港蒋庄,直至 1949 年新中国建立。

作为一位笃信儒学的大师,马一浮虽然对政治巨变和共产主义的意识形态并不完全理解和赞成,因而在诗文中流露出某些困惑与不解,但作为一位关心民瘼、崇尚社会公平、正义的学者,他看到了新中国的经济发展与社会进步,因而逐步改变了观望立场。这一转变,与陈毅副总理、周恩来总理的"礼贤下士"有着直接的因果关系。

1950 年春末,马一浮正在寓所——杭州西湖蒋庄西楼"香岩阁"休息,忽报有客来访。他的弟子、浙江省人民政府秘书的吴敬生陪着两位客人前来。一位是上海市市长陈毅,另一位是浙江省文教厅长刘丹。陈毅来杭州之前,曾在北京向马一浮的挚友谢无量请教诗词，谢建言陈毅可向马一浮学旧体诗，但须以师礼事之。于是，陈毅专程驱车来杭州蒋庄拜访马一浮。他们谈古论今，说儒说佛。这次倾心交谈，马一浮深为这位儒将的知识、口才、风度所折服，引为知音。陈毅也非常敬重马一浮的道德文章，结为挚友，时常诗文往来。即从此时，马一浮接受了新中国人民政府的公职，于当年出任上海市文物管理委员会委员。1953年3月应聘浙江省文史研究馆首任馆长。

周恩来对马一浮格外敬重，且表现出政治家的气度。1953年9月的政协全国会议上，梁漱溟受到毛泽东严厉批判，但梁坚持己见，顶撞了毛泽东。会议气氛异常紧张，无人敢为缓颊。周恩来于是致电上海找沈尹默先生，托他邀请马先生到北京婉劝梁先生检讨，以保梁过关。马先生断然拒绝，说："我深知梁先生的为人，强毅不屈。如他认为理之所在，虽劝无效。"通过这一事件，周恩来更加敬重马先生的骨气与人品，并对马先生关怀备至。而马一浮则从这件事中感到了周恩来的宽阔胸怀。

1954年起，马一浮被聘为全国政协特邀委员。1956年冬，陈毅视察西藏归来在广东岭南温泉休息，邀马一浮去游览观光。马一浮作五言长律《游岭南归书所感答湖上诸友问》一首，以记其实。

1957年，苏联最高苏维埃主席团主席伏罗希洛夫访华，周恩来陪同他到杭州参观访问。周恩来特意安排了"伏老会见马老"的场面，并向"伏老"介绍说："马先生是当代中国的理学大师。"这在我国外交活动中是罕见的。1958年，全国大办工业，浙江办起了杭州钢铁厂。厂方拟在马氏家族坟墓所在地建造杭钢炼焦车间。马一浮得知后十分忧虑。周恩来了解到这个情况后，即电告浙江有关领导："马先生的先茔墓与自营生圹一定要保护。已砍了的坟头树先设法补种起来！"杭州钢铁厂党委认真落实了周恩来指示，修改了建厂方案，保留了马氏祖墓，同时发动机关干部在马氏墓地植树。马一浮深受感动，衷心感谢周恩来的关怀。1962年是马一浮80寿诞，为了表彰这位国学大师，在当时国家财政比较困难的情况下，周恩来特拨1万元专款作为马先生刻书的基金并以此为寿礼，指示浙江一定要把马先生的生活安排好。为感谢党与政府的关怀，马一浮将唯一的一张宋画献给国家。

马一浮一生作书，除不得已公开鬻字外，自留作品尚有数百件。这些精品，他曾想用缩版影印出来，以贻后学，后因经费无着，无法完成。直至1963年马一浮81岁高龄时，他致信向陈毅表露了多年积郁。于是，在陈毅的动议和积极筹划下，全国政协在会议期间假政协礼堂举行了"马一浮书法作品展览"，参加会议的中央领导以及代表委员,都观看了展出,新闻纪录电影制片厂还摄了短片,在全国各地放映。

1964年,马一浮在赴京参加全国政协会议时,见到毛泽东。马一浮恭书自撰楹联赠送毛泽东与周恩来。赠毛泽东的对联是:"使有菽粟如水火,能以天下为一家。"赠周恩来的联对是:"选贤与能,讲信修睦;体国经野,辅世长民。"深切表达了马一浮先生对新中国领袖的情谊。

周恩来等新中国领导人对马一浮的礼遇,让他度过了一段愉快而满怀希望的时光。20世纪50年代初期至60年代中期,马一浮创作了不少歌颂新社会、新气象的诗篇。他曾说"后人欲知吾者,求之吾诗足矣"。

三台山即事戏占

仆仆前村复后村,传呼邻里问鸡豚。

夜深风雨人初散,今日方知警吏尊。

此诗写于1951年,诗中所谓"警吏尊",正是全诗立意所在。马一浮经历了清王朝、北洋军阀和国民党统治的年代。旧时代的警察官吏,常常是"有吏夜捉人",拉夫抓丁,骑在人民头上作威作福。而人民政府的警察与官吏则是风尘仆仆地为人民服务,关心人民生活是否安定("问鸡豚"),自然受到人民的尊重与爱戴。

1963年,毛泽东向全国人民发出"向雷锋同志学习"的号召,马一浮赞赏雷锋艰苦奋斗、助人为乐的崇高精神,诗曰:

力作皆吾分,心同此理同。

生非营一饱,俛俛学雷锋。

诗后赞语云:"雷锋言行足可咏叹,作此诗以美之。"

1964年10月16日,中国第一颗原子弹爆炸试验成功,饱经时代风雨的81岁老人马一浮听到广播后,兴奋得彻夜不寐,一口气写下了三首总题为《喜闻核试验成功》的庆贺诗。其一云:

立见虚空碎,能消倏忽谋。

神工同铸鼎,小智失藏舟。

一勺沧溟竭,须弥芥子收。
机轮随处转,早晚灭蚩尤!

然而,风云突变,1966 年"文化大革命"灾难降临,马一浮厄运难逃。他被扣上"反动学术权威"的帽子扫地出门,眼睁睁地看着毕生收藏的古书名画被抄家、烧毁,悲痛欲绝。幸亏当时负责花港保卫工作的同志及时报告省府领导,才由省图书馆、博物馆人员赶到现场,从劫火中抢救出一部分珍贵的藏书、文物、字画和手稿。在被限期搬出蒋庄的那天晚上,84 岁高龄的马一浮身穿单衣,久久地倚栏仰观,对天长叹。随之落荒而去,避居安吉路的一间陋室,当有人告诉他,李叔同的学生潘天寿在美院遭受非人待遇时,他连叹"斯文扫地,斯文扫地",从此一病不起。在恶劣的环境里,马一浮时常想念被"奸臣"陷害的陈毅,在 1967年《旧历岁朝口占》诗中,写下了"栋桡方欲折,谁与问鸿蒙"、"道阻音书断,山深草木摧"之句。马一浮后病重住院,自知不久人世,遂在病榻上写下绝笔诗——《拟告别诸亲友》,诗云:

乘化吾安适,虚空任所之。
形神随聚散,视听总希夷。
沤灭全归海,花开正满枝。
临崖挥手罢,落日下崦嵫。

1967 年 6 月 2 日,命运多舛的国学大师,在忧病交加中溘然长逝,终年 85岁。

"文革"结束后,马一浮学术成果的价值为越来越多的人们所看重。如今,浙江省文史研究馆和浙江省儒学学会正在组织专家学者编校和出版《马一浮全集》。马先生泉下有知,当为"花开正满枝"的情景感到欣慰了。

(徐斌 执笔)

11. 毛泽东在杭主持起草《宪法》

1953年12月27日,毛泽东利用自己新中国成立后的第一个长休假率领宪法起草小组到达杭州。之后80余天时间里,他们精研古今中外的宪法,分析、总结利弊得失,在此基础上,数易其稿,形成了一部体现中国革命成果,具有中国社会主义特色的宪法草案。毛泽东逐条逐句地斟酌、修改条文内容,为中华人民共和国的首部宪法倾注了大量心血。宪法的"西湖稿"以其特殊的地位,载入共和国史册。

毛泽东对随行人员说:"治国,须有一部大法。我们这次去杭州,就是为了能集中精力做好这件立国安邦的大事。"1954年1月10日,在他的主持下,起草小组首先制定了起草宪法的工作计划。1月15日,毛泽东致电刘少奇并中央,通报了宪法起草小组的工作计划,并要中央各同志做好讨论宪法草案初稿的准备。

负责接待毛泽东一行的浙江省委书记谭启龙回忆说:"起草宪法工作十分繁重和辛苦。1954年1月9日,宪法的起草工作开始运转。当时毛主席住在刘庄一号楼。每天午后三点,他便带领起草小组驱车绕道西山路,穿过岳王庙,来到北山路八十四号的办公地点。当时北山路八十四号大院三十号是由主楼和平房两部分组成。主楼先前是谭震林一家居住的,谭震林调到上海后,我家搬进去了。我们让出后,毛主席就在平房里办公,宪法起草小组在主楼办公,往往一干就是一个通宵。"

起草小组成员逄先知回忆:"在起草过程中,胡乔木、田家英同陈伯达之间,常常发生不同意见的争论。陈伯达霸道气味十足。由于胡乔木在毛泽东召集的起草小组会议上对陈伯达提出的初稿提出批评修改意见,陈曾经在会后大发雷霆。胡、田为顾全大局,以后凡有意见都事先向陈提出,而胡、田二人意见常常一致或者比较接近。陈伯达驳不倒他们,十分恼火,就消极怠工,多次发牢骚,说要回家当小学教师。所以杭州起草小组拿出的供讨论稿事实上主要出于胡、田之手。田家英除了参加起草、讨论以外,还负责有关材料的收集和整理,提供给毛泽东和小组参阅。"

在这段时间里,毛泽东系统地阅读、研究、比较了中外各类宪法。同时思考着制定宪法的根本指导方针。田家英从北京带了两箱子有关世界各国宪法的书和法学理论著作,很有帮助,但还是远不够参阅,于是,毛泽东在给北京的电报里,又开列了一个关于中外各类宪法的书目,并指定了 10 种,要中央政治局委员和在京的中央委员抽时间阅读。他认为,制定本国宪法,不能不参照别国宪法和中国近代史上有过的宪法。人家好的东西,结合中国国情,加以吸收;不好的甚至是反动的东西,也可以引为鉴戒。他要求参加讨论宪法稿的中央政治局成员也这样看,这样做。

在毛泽东心目中,新中国宪法属于社会主义类型是毋庸置疑的。因此,他借鉴的重点仍是"苏联和人民民主国家宪法中的好东西",具体为 1918 年颁布的《俄罗斯社会主义联邦苏维埃共和国宪法(根本法)》、1936 年颁布的苏联宪法——"斯大林宪法"以及斯大林《关于苏联宪法草案的报告》。

当时为宪法起草小组做资料工作的史敬棠回忆:"社会主义类型的宪法,毛主席看了一九一八年苏俄宪法、一九三六年苏联宪法、东欧国家的宪法。一九一八年苏俄宪法,把列宁写的《被剥削劳动人民权利宣言》放在前面,作为第一篇。毛主席从中受到启发,决定在宪法总纲的前面写一段序言。'序言'这个形式,是中华人民共和国宪法的一个特点,一直保持到现在。"

对民国时期的几部宪法,毛泽东看得相当仔细,逐部给予了点评:"从清末的'十九信条'起,到民国元年的《中华民国临时约法》,到北洋军阀政府的几个宪法和宪法草案,到蒋介石反动政府的《中华民国训政时期约法》,一直到蒋介石时期的宪法。这里面有积极的,也有消极的。比如民国元年的《中华民国临时约法》,在那个时期是一个比较好的东西;当然,是不完全的、有缺点的,是资产阶级性的,但它带有革命性、民主性。这个约法很简单,据说起草时也很仓促,从起草到通过只有一个月。其余的几个宪法和宪法草案,整个说来都是反动的。"研读中,毛泽东对资产阶级宪法和资产阶级民主,也获得独到的体会,他说:"讲到宪法,资产阶级是先行的。英国也好,法国也好,美国也好,资产阶级都有过革命时期,宪法就是他们在那个时候开始搞起的。我们对资产阶级民主不能一笔抹杀,说他们的宪法在历史上没有地位。但是,现在资产阶级的宪法完全是不好的,是坏的,帝国主义国家的宪法尤其是欺骗和压迫多数人的。我们的宪法是新的社会主义类型,不同于资产阶级类型。我们的宪法,就是比他们革命时期的宪法也进步得多。我们优越于他们。"

在几个主要资本主义国家的宪法中,毛泽东比较看重1949年《法兰西共和国宪法》,认为它代表了比较进步、比较完整的资产阶级内阁制宪法。

在充分参阅中外宪法的基础上,毛泽东为起草宪法提炼出一个适合国情的根本指导方针,即他后来在讲话中概括的两条:"一条是总结了经验,一条是结合了原则性和灵活性。"总结的经验包括无产阶级领导的推翻"三座大山"的人民革命的经验和新中国建立5年以来社会变革和经济建设的经验。原则基本上是两个,民主原则和社会主义原则,灵活性则主要体现为在一段时期内允许多种所有制并存,逐步实行多种形式的国家资本主义。

关于宪法要不要有纲领性的内容,即将来要完成的任务,宪法起草小组在杭州的讨论中,曾经有过不同的意见。对此,毛泽东有自己的深谋远虑。后来他谈起这个问题时说:"一般地说,法律是在事实之后,但在事实之前也有纲领性的。一九一八年苏维埃俄罗斯宪法就有纲领性的。后头一九三六年斯大林说,宪法只能承认事实,而不能搞纲领。那个时候,乔木称赞斯大林,我就不赞成,我就赞成列宁。我们这个宪法有两部分,就是纲领性的。国家机构那些部分是事实,有些东西是将来的,比如三大改造之类。"

毛泽东和宪法起草班子成员在美丽的西湖之畔,经过深入地研读和讨论,明晰了指导方针和内容框架,步入顺畅运行的轨道。

宪法草案初稿的每份过程稿,毛泽东无不字斟句酌,改了又改,批语也写了不少。如:在宪法草案最初的一个油印打字稿中,第一章总纲的序言部分是没有说明文字的,毛泽东批语:"序言应有说明。"针对这个稿中第十二条第二款"任何个人的私有财产不得用以反对和损害公共利益。"毛泽东批语道:"宜单列一条。"1954年9月20日第一届全国人民代表大会第一次会议通过的宪法中,这一款已单列为宪法总纲第十四条,文字改为:"国家禁止任何人利用私有财产破坏公共利益。"

3月初,毛泽东修改审定了《宪法草案初稿说明》,并署上"中华人民共和国宪法草案初稿起草小组"的下款。这篇重要文献,比较集中地反映了毛泽东和他领导的小组起草宪法的指导思想。共分五个问题:一是宪法草案从法律上保证实施过渡时期总路线;二是宪法草案从法律上保证发展国家的民主化;三是宪法草案从法律上加强各民族的团结;四是宪法草案是《共同纲领》的发展;五是关于宪法在结构和文字上的特点。

《毛泽东传》这样概述宪法起草小组在杭州的工作进程：宪法起草工作进展得比较顺利。一月九日开始，二月十七日左右草案初稿出来了，虽然比原计划推迟了半个来月，但是也只用了不到四十天的时间。随后，在毛泽东主持下，起草小组通读通改。二月二十四日完成"二读稿"，二十六日完成"三读稿"，三月九日拿出"四读稿"。宪法起草小组完成了第一阶段的任务，为中共中央政治局会议进一步讨论修改宪法草案，提供了一个比较成熟的稿本。

毛泽东领导起草小组在杭州的工作，与北京始终保持着密切的联系，每有进展，都及时报到北京。北京讨论后，再将意见反馈杭州。3月12日、13日和15日，刘少奇再次主持召开中央政治局扩大会议，讨论、认可了"四读稿"，准备扩大范围讨论修改后，提交宪法起草委员会。至此，毛泽东和宪法起草小组在杭州完成了拟定宪法草案的工作，1954年3月14日晚，毛泽东带领宪法起草小组离杭返京。3月17日，毛泽东一行回到北京，立即着手召集宪法起草委员会会议，讨论宪法草案。

6月14日，毛泽东主持召开中央人民政府委员会第三十次会议，回顾了这部宪法的起草经过："宪法的起草，前后差不多七个月。最初第一个稿子是在去年十一、十二月间，那是陈伯达同志一个人写的。第二稿，是在西湖两个月，那是一个小组起草的。第三稿是在北京，就是中共中央提出的宪法草案初稿，到现在又修改了许多。每一稿本身都有许多修改。在西湖那一稿，就有七八次稿子。前后总算起来，恐怕有一二十个稿子了。大家尽了很多力量，全国有八千多人讨论，提出了五千几百条意见，采纳了百把十条，最后到今天还依靠在座各位讨论修改。总之是反复研究，不厌其详。将来公布以后，还要征求全国人民的意见。宪法是采取征求广大人民的意见这样一个办法起草的。这个宪法草案，大体上是适合我们国家的情况的。"会议通过了《中华人民共和国宪法草案》和《关于公布中华人民共和国宪法草案的决议》。

1954年9月20日，第一届全国人民代表大会第一次会议通过了《中华人民共和国宪法》。

（徐斌 执笔）

12. 浙江省首届人民代表大会第一次会议

1954年8月13日，浙江省第一届人民代表大会第一次会议在杭州隆重开幕。出席这次大会的代表共451名。这些代表，是由中共浙江省委与省级各民主党派、各群众团体、无党派社会人士共同协商，提名省一级的代表候选人名单；由市或县党委邀请各民主党派、各群众团体及无党派社会人士对省联合提出的代表候选人名单和各市、县推荐的省人民代表大会代表候选人名单，合并讨论，经协商取得一致同意后，提交市、县(区)人民代表大会主席团；经主席团同意后，再提交大会代表进行充分讨论，正式确定为候选人；最后由全体出席代表表决生效。

大会的中心议题，是遵照国家在过渡时期总路线的精神和国家发展国民经济第一个五年计划的基本任务，审查省政府工作，决定今后任务。省政府副主席霍士廉代表浙江省人民政府委员会作了《关于浙江省人民政府一年半来工作情况及今后任务的报告》。《报告》指出，到1952年底，浙江省已经基本上完成各项社会民主改革和经济恢复工作。从1953年起，浙江省和全国一样，着手进行有计划的社会主义建设和社会主义改造。一年半以来，在政治、经济、文化等方面均获得了新的成就，主要表现在：广大人民社会主义觉悟逐步提高，人民民主专政进一步得到巩固，激发了群众的社会主义建设和社会主义改造的积极性，在增产运动中表现出巨大的劳动热情和创造智慧；国民经济迅速发展，社会主义经济成分稳步增长，1953年全省工业生产总值比上年增长36.71%；在严重旱情下，粮食比上年增产2.03%，各种经济作物除络麻减产外，增长2.82%到9.56%；人民的物质生活有了改善，职工的平均工资比上年提高6.5%，农民的实际收入增加；文教卫生等事业也有了发展。

《报告》指出，浙江省今后数年内的主要任务是：第一，把国家过渡时期的总任务作为工作的指针,自觉地担负起在实现总任务中应担负的责任。第二,全力支持国家的社会主义工业化和重点建设。要积累更多的资金,提供更多的粮食和工业原料,输送更多的人才和劳动力。同时要在国家的统一计划下发展地方工业,使工业生产在国民经济中的比例日益增长。第三,大力开展以互助合作为中心的农业生产运动,争取大面积增产和全面丰收。同时要有计划地开发山区,加强对渔业生产和盐业生产的领导。第四,做好财政贸易工作,加强商业工作和税收工作。第五,与经济建设相适应,发展交通运输业,发展文教卫生事业。第六,巩固工人阶级领导的、以工农联盟为基础的人民民主专政,健全人民代表大会制度,充分发挥其在社会主义建设和社会主义改造中的作用;健全人民民主法制,加强检察、司法工作。全体代表经过认真审议,一致同意这一《报告》,并作出决议,责成省政府领导全省各级人民政府和全省人民,为实现今后任务而奋斗。

大会听取并讨论了省人大代表、中共华东局宣传部副部长沙文汉所作的《关于中华人民共和国宪法草案基本内容的报告》,作出了《关于拥护中华人民共和国宪法草案的决议》,号召全省人民继续认真学习讨论宪法草案,提高社会主义觉悟和管理国家的责任感,加强守法观念,努力做好各项建设工作,以积极建设社会主义的实际行动来迎接中华人民共和国第一部宪法的诞生,并保证宪法正式制定后的贯彻实施。

大会还听取、讨论了省政府副主席李丰平作的《关于浙江省普选工作情况的报告》、浙江省军区副政委刘文学作的《关于浙江省军事建设工作的报告》、省政府委员任一力作的《关于浙江省1953年财政决算与1954年财政预算的报告》、省政府副主席包达三作的《浙江省第一届人民代表大会第一次会议筹备工作的报告》及《关于浙江省第二届第一次各界人民代表会议提案处理情况的报告》,全体代表经过认真审议,决定批准上述报告。会议依法选举陈叔通、沙文汉等35人为浙江省出席第一届全国人民代表大会代表。会议根据陈双田、罗祥根等23名代表关于号召全省农民为超额增产6亿斤粮食而奋斗的建议,作出《关于号召全省农民为超额增产6亿斤粮食而奋斗的决议》。会议还通过《向中国共产党中央委员会、中央人民政府、毛泽东主席致敬电》等通电7则。

8月20日,浙江省首届人民代表大会第一次会议宣告胜利闭幕。会议期间,代表们以高度的国家主人翁责任感,审议政府工作,共商国计民生大事,圆满完成了任务。

在此之前,从1954年5月到7月,全省7个市、81个县、2个专署直辖区共

90 个单位,先后召开了首届人民代表大会。出席会议的代表,都是由基层人民代表大会选举产生的,共 18503 人。其中妇女代表占 18.29%,工人、农民代表占 81.53%,民主党派、人民团体、科技人员、文教工作者、医务工作者、青年学生、烈军属、城市居民、独立劳动者、私营工商业者、宗教人士、小商小贩等各方面代表占 18.47%,少数民族代表占 0.66%,各级劳动模范占 33.7%。在各市、县人民代表大会上,代表们热烈讨论了中华人民共和国宪法草案,作出了拥护的决议;总结和检查了政府工作,肯定成绩,指出缺点,并确定了今后的任务;充分酝酿了大会主席团提交的名单,选出了出席省首届人民代表大会的代表。

为了用普选的方法产生人民代表以召开基层人民代表大会,并在此基础上逐级举行地方人民代表大会和全国人民代表大会,按照中央人民政府政务院的统一部署,全省进行了人口调查登记和选民登记。经过调查、复查和核对,浙江全省在标准时间(政务院确定,以 1953 年 6 月 30 日 24 时为全国人口调查登记的计算标准时间)中的人口总数为 22 865 757 人,这次人口调查登记,是浙江省有史以来第一次。它为选民登记提供了确切的人口数据。选民登记与人口调查一起进行,两项工作统一由各级选举委员会领导,人口调查登记站也就是选民登记站。在浙江省进行选举的地区(普陀县 4 个乡因解放较迟,对敌斗争紧张,经省选举委员会批准,暂不进行选举),选民登记总数为 12 910 393 人,占选举地区 18 周岁以上人口总数的 97.28%。经过审查依法剥夺选举权利的,加上精神病患者不给予选举权以外,全省参加基层选举的选民 10 836 624 人,占选民总数的 83.94%,通过选举,全省共产生基层人民代表 209 817 名,当选为基层人民代表的,都是为群众信任的各条战线的模范或有代表性的优秀人物。

人民代表大会制度是中国的根本政治制度。1949 年 9 月 29 日,中国人民政治协商会议第一届全体会议通过《中国人民政治协商会议共同纲领》。《共同纲领》规定:"人民行使国家政权的机关为各级人民代表大会和各级人民政府。各级人民代表大会由人民用普选方法产生之。""在普选的地方人民代表大会召开之前,由地方各界人民代表会议逐步地代行人民代表大会的职权。""凡在军事行动已经完全结束、土地改革已经彻底实现、各界人民已有充分组织的地方,即应实行普选,如开地方的人民代表大会。"

遵照以上指示和规定,从 1949 年 8 月起,杭州、宁波、温州、绍兴等市和杭县、余姚、平阳、嘉兴、诸暨、温岭、德清、金华、常山、青田等县陆续召开各界人民代表会议。浙江省首届各界人民代表会议于 1950 年 8 月召开。至 1953 年浙江全省普遍召开省、市、县各界人民代表会议和乡镇人民代表会议代行人民代大会的职权。全省召开各界人民代表会议 2 届共 3 次,杭州、宁波、温州 3 个省辖市共召开各界人民代表会议 31 次, 县、专署辖市共召开各界人民代表会议 677 次,乡镇普遍召开农民代表会议和人民代表会议。在新中国成立初期人民民主政权建设期间,在当时艰巨复杂的各项任务中,各界人民代表会议发挥了应有的组织功能,完成了担负的历史使命。

浙江省各级人民代表大会的首次召开,宣告人民代表大会制度在全省的建立,标志着浙江省的政权建设胜利完成。

（俞红霞 执笔）

13. 海陆空三军联合解放一江山岛

1955年1月18日,中国人民解放军陆海空三军联合发起了解放台州沿海一江山岛之战。经5个多小时登陆作战,全歼一江山岛守敌。此役作为中国人民解放军首次三军联合作战被载入军事史册。

浙东沿海从南起鳌江口、北至三门湾口的110余海里之间,罗布着1100余个大小岛屿,形成了一条南北走向的岛链。台州沿海的一江山岛就位于这条岛链的中心位置。它西距椒江陆地38.1公里,是台州列岛中最大岛屿——大陈岛的前哨阵地,战略位置十分重要。

国民党政权从大陆溃败后,国民党军于1949年退守东南沿海的岛屿,与人民解放军形成隔海对峙的态势。国民党军企图将这条岛链变成反攻大陆的跳板、袭扰大陆的基地和护卫台湾的屏障。而一江山岛,由于其地理位置的重要和地形的险要,备受台湾国民党当局关注,其"国防部长"俞大维曾这样形容:"一江山岛是大陈岛的门户,一江不保,大陈难保;大陈不保,台湾垂危。"1950年6月,国民党军以大陈岛为中心,成立了"大陈游击指挥所"。以后不断增派兵力,至1953年下半年,已有1个主力师、6个突击大队驻防,还有海军舰艇10余艘经常在大陈岛海域游弋,总兵力达2万余人。浙江东南沿海岛屿形成了以大陈岛为核心,一江山岛等岛屿为外围的海上防御体系。

为粉碎国民党军在东南沿海的军事部署和对大陆的袭扰破坏活动,1950年初舟山群岛解放不久,华东军区司令员陈毅就指示军区参谋长张爱萍拟制解放闽、浙沿海岛屿的战斗计划,后因朝鲜战争爆发搁置。随着政治形势的发展,1954年1月,华东军区提出了陆海空三军联合攻打大陈岛的战役计划,上报中央军委。经毛泽东、朱德和彭德怀批准后,华东军区即着手作战准备。

华东军区研究和分析了敌情、我情和当时的国际背景,认为:大陈岛是浙江东南沿海岛屿国民党守军的指挥中心和防御核心,而一江山岛则是大陈岛的门户和前哨据点。从这个大门打进去,首先是能击中敌人的要害,沉重地打击和震撼敌人;其二是攻占了一江山岛,就取得了进攻大陈的基地,为登陆大陈本岛的大规模作战取得实战经验;大陈岛一解放,浙江东南沿海其他岛屿就有可能不战而克。大家还建议,在攻打一江山岛时,要对披山岛实施佯攻,以便有效地钳制大陈岛上的国民党军。这一方案,很快得到了华东军区主要领导的赞同和中央军委的批准。

一江山岛由南江、北江两个小岛组成,因岛间有一水道相隔,俗称一江山岛,总面积约1.21平方公里。岛上无居民,光山秃岭,地质坚硬,岛四岸多陡壁岩礁,坡度多为40至70度,可登陆地段不足1000米,并受海潮和风力的影响,易生"旋涡"和"岩头浪",登陆非常困难。

岛上由国民党军第四突击大队为主的1100多人独立防守。岛上设三道防线:第一线以西山嘴、海门礁、黄岩礁、乐清礁、三三礁、向阳礁、田岙湾等突出部位为前沿支撑点;第二线设于各个山腰的突出部;第三线以203、190、160、180各高地为主要核心据点,构筑有土墙与永备发射点,形成巩固的环形防御。

火力配置有四层:半山腰的山炮、榴弹炮为第一层火力;前沿突出部的战防炮、机关炮为第二层火力;迫击炮、火箭筒为第三层火力;冲锋枪、卡宾枪、手榴弹为第四层火力;主要控制滩头前沿阵地。要攻下这个防守严密的小岛,必须慎重行事。

1954年7月下旬,华东军区根据中央军委和总参谋部的指示,对一江山岛三军联合渡海登陆作战做了精心的部署,参战部队有:

陆军登陆部队4个加强营和军、师、团炮兵及高射炮兵组成火力支援队约5000人,各种火炮280多门,组成强有力的登陆第一梯队。

海军参战部队有4个登陆输送大队,第六舰队和鱼雷快艇两个大队,共186艘舰船,3700多人参战,支援步兵登陆和夺取战区制海权。

空军有4个轰炸机大队,3个强击机大队,12个歼击机大队,共184架飞机,约2000多人参战,支援陆、海军登陆作战和夺取战区制空权。

这样,三军投入兵力1万人,形成了敌我兵力1:10的对比。

这次实施的陆海空三军联合渡海登陆作战,是人民解放军组建后的第一次。因参战军兵种多,战场情况复杂,给战役指挥和三军协同带来一系列困难和问题。8月,中央军委指示华东军区成立了"浙东前线指挥部",任命张爱萍为司令员兼政委,浙江省军区代司令员林维先、华东军区空军副司令员聂凤智和华东军区海军副司令员彭德清、参谋长马冠三为副司令员,华东军区副参谋长王德为参谋长。浙东前线指挥部下设三个军种指挥所:即空军指挥所、海军指挥所、登陆指挥所。空军指挥所由聂凤智任司令员;海军指挥所由彭德清任指挥,马冠三为副指挥;登陆指挥所由第二十军军长黄朝天任司令员,海军舟山基地政委李志明任政委。

"浙东前指"建立后,立即组织各参战部队从空中、海上、地面对一江山岛敌情、地形再一次进行了周密的侦察,为登岛作战做好充分准备。同时对作战进行详细部署。根据中央军委"慎重初战,攻则必胜"的原则,要求参战三军部队边准备(战场各种设施)、边演练(三军由分练到合练)、边战斗(海空军不断打击敌机、敌舰,夺取战区制空、制海权。佯攻披山,麻痹一江山岛之敌)。

就在这时,美蒋为了阻止人民解放军解放沿海岛屿,频繁活动。1954年12月2日,美国和台湾当局在华盛顿签订了所谓的"共同防御条约"。"条约"不仅把台湾海峡列入防御范围,还可以扩大到"其他领土",台湾遭到"武装攻击"时,美国立即行动。12月8日,中国政府发表严正声明,指出这个"条约"是违法的、无效的,中国人民坚决反对。

根据作战预案,人民解放军海、空军和炮兵不断给大陈、一江山和披山等岛的敌人以沉重的打击。从1954年11月1日至1955年1月18日,人民解放军海军航空兵先后7次轰炸了大陈、一江山、渔山等岛屿,投掷了炸弹1600余枚,毁伤敌舰艇5艘,共击落击伤敌机11架。至此,人民解放军海、空军取得了大陈、一江山岛以北战区的海、空权。

1955年1月18日拂晓,海军4个登陆大队装载4个步兵加强营秘密地驶入头门山、田岙、蒋儿岙等港湾隐蔽集结、待命。

上午8时,人民解放军实施第一次火力准备。空军3个轰炸机大队和2个强击机大队在歼击机的掩护下,飞抵一江山岛上空,对南、北江岛预定的敌指挥部、雷达、通讯设施和炮兵阵地实施猛烈地轰炸扫射,打响了人民解放军陆海空三军联合渡海强攻一江山岛的战斗。

与此同时,另1个轰炸机大队和1个强击机大队飞抵大陈岛上空,猛烈轰炸扫射"大陈防卫司令部"、炮兵阵地和无线电、雷达等通信设施。8时15分,空军又对北江岛敌前沿阵地进行轰炸扫射。9时后,50余门火炮开火,覆盖一江山岛目标区。顿时,敌军指挥瘫痪。12时15分至13时22分,登陆输送队分别从预定战区起渡,登陆输送队第一、二梯队的70余艘登陆艇,满载5000余名指战员,在40余艘作战舰艇的协同掩护下,分两批成3路防空队形向战区驶去。护卫艇和载有57战防炮的船艇驶至距一江山岛3000米时,向守敌前沿火力点猛烈扫射,2个船载火箭炮营对岛上敌主阵地齐射,掩护登陆输送一、二梯队的登陆艇迅速行动。

14时,人民解放军第二次火力打击开始,船载10门火箭炮对北江岛进行第2次齐射;轰炸航空兵3个大队又1个中队对一江山南北两岛再度猛烈轰炸,强击机两个大队对登陆地段敌阵地轮番轰炸扫射。14时20分,人民解放军准时发起登陆突击。作战中,陆海空三军参战部队严格遵循主动支援,保证登陆步兵顺利实施登陆战斗的协同作战原则。经过31分钟的激烈战斗,人民解放军第一梯队占领了预定登陆场。在纵深战斗中,登陆突击第一梯队攻占一江山岛各主要高地,第二梯队立即投入歼灭国民党军最后一批支撑点的战斗。经人民解放军军事打击与政治攻势,17时55分,人民解放军完全占领一江山岛。

此次战役,共歼守敌1086人,击毙一江山守敌上校司令王生明为首的519人,俘虏敌第四突击大队王辅弼中校以下567人,缴获各种火炮27门,重机枪87挺,击沉军舰3艘,击伤4艘。作战中,人民解放军也付出了较大的代价,454名指战员和支前群众英勇牺牲。

一江山岛解放后,为了实现解放上、下大陈等东南沿海岛屿的预定计划,依照中央军委意图,"浙东前指"于19日派出飞机轰炸大陈岛,并于30日下达攻占大陈岛预令。台湾当局迫于强大压力,不得不于2月6日在美国第七舰队的护送下,将大陈岛驻军撤往台湾。8日至14日,人民解放军又先后解放了北麂山、渔山、披山诸岛;25日,解放南麂山岛。至此,浙东沿海岛屿又回到人民怀抱。

一江山岛渡海登陆作战是人民解放军历史上第一次陆、海、空军联合作战,它标志着人民解放军作战能力的显著提升,在人民解放军战役战术发展史上增添了新的内容。这次作战取得的经验,为人民解放军的现代化、正规化建设以及此后履行大规模作战任务提供了重要借鉴。

(朱健 执笔)

14.《工商业改造决议》的酝酿和制定

资本主义工商业改造的问题,是毛泽东操心多年的一桩大事。新中国成立之初,毛泽东在设想将来全国实行社会主义时,曾提出过一个总的方向:"实行私营工业国有化"。1952年酝酿过渡时期总路线之际,对私营工商业进行社会主义改造的任务提上日程。1953年,毛泽东提出"可以采取赎买的办法"这一新思路,希望用渐进的方式,通过许多中间环节,一步一步地把资本主义经济转变为社会主义经济,并正式提出对资本主义工商业利用、限制和改造的方针。在他的构想中,应分两步走:第一步,用三五年的时间,将私营工商业基本上引上国家资本主义轨道;第二步,再用几个五年计划的时间,完成社会主义改造,实现国有化。而且要"稳步前进,不能太急"。

然而,自1955年7月毛泽东作了《关于农业合作化问题》的报告,10月份中共七届六中全会又作出加快农业合作化的决议之后,农业合作化高潮排浪滔天的气势,催促着私营工商业改造不可能再踏着稳中求进的节奏了。私营工商业中间的一些人也已意识到,加快私营工商业改造是大势所趋。有部分人则对前途没有信心,在惶惶不安中抱着得过且过的念头,无心继续生产。私营工商业处于何去何从的历史转捩点上。

在这重要的时刻,为了推动私营工商业社会主义改造的健康发展,也为了稳定私营工商界的人心,毛泽东决定前往杭州起草一份《关于资本主义工商业改造的决议》(简称《工商业改造决议》),以指导工作的顺利开展。南下前夕,全国工商业联合会正在北京开会,各地工商界的头面人物云集北京。毛泽东利用这个机会,两次约集一些代表人物座谈。一方面"亲自出面,做工商界的工作,打通思想,消除忧虑,指明前途"。另一方面,了解情况,倾听意见,为起草《决议》做准备。

毛泽东在会上讲话的主要内容成为杭州起草《决议》的理论方针，"对资本主义工商业，是采取一九四九年对官僚资本那样全部没收、一个钱不给这个办法好呢，还是拖十五年、十八年，由工人阶级替他们生产一部分利润，而把整个阶级逐步转过来这个办法好呢？这是两个办法：一个恶转，一个善转；一个强力的转，一个和平的转。我们现在采取的这个方法，是经过许多的过渡步骤，经过许多的宣传教育，并且对资本家进行安排，应当说，这样的办法比较好"。毛泽东的态度和想法得到了大多数工商业者的热烈欢迎，所以，11月1日毛泽东是怀着自信和兴奋的心情启程南下的，5日抵杭州。

11月10日，毛泽东在杭州召集有关人员座谈，为起草决议做准备。参加座谈的有陈伯达、柯庆施、江华、陈丕显、张劲夫、张霖之、李丰平等19人。12日，毛泽东要陈伯达打电话给在北京的陈云，征求他对起草《决议》的意见。

座谈会之后，从14日到17日，毛泽东在杭州一边指导起草《决议》，一边审阅、修改《人民日报》社论稿——《统一认识，全面规划，认真地做好改造资本主义工商业的工作》，写下这样一段论述："社会的前途对于所有的人都好比早晨的太阳一样明白，而所有的人只要沿着社会前进的方向前进，就都可以找到平坦而且广阔的道路。这种道路，对于农民、手工业者和其他小资产阶级分子说来，就是放弃小私有制，接受社会主义的合作制。对于资本家说来，就是放弃资本主义所有制，放弃对工人的剥削，接受社会主义的国有制。资本家真正放弃了剥削，以劳动为生，他们的社会成分就不再是资本家，而是自食其力的劳动者了，他们同工人、农民就没有矛盾了，他们就一身轻快不受社会责备了。这里说放弃剥削，不是说马上就要这样做，而是说现在要做思想准备，要在各城市的资本家的学习组织中逐步地适当地展开对于这个问题的讨论，如有疑问，要由适当的人加以解答，要准备经过公私合营、逐行逐业的改造，在条件成熟以后，最后达到生产资料的国有化。在那个时候，他们的工作是不是有问题呢？须知社会主义社会是没有也不会有经济危机的，只要不是懒汉，只要是愿意诚恳地工作的人，就永远不愁找不到合适的工作做。因此，一切不反对社会主义改造的爱国的工商业者应该认清这个前途，不但不要徘徊瞻顾，而且要主动地奔赴这个前途，这就是自己掌握了自己的命运，这就不至于惶惶无主，不至于像'十五个吊桶打水，七上八下'。"

由于前期准备充分，《决议》起草进展顺利，11月17日成稿。毛泽东派人把《决议》草案送往北京。《决议》起草工作结束后，毛泽东在杭州继续住了几天，与浙江省委领导谈话、调查了解情况，又召集9个省的省委书记开会，研究农业合作化和工商业改造问题。

11月6日至24日，根据毛泽东的提议，党中央在北京召开了对资本主义工商业改造问题的工作会议，讨论《中共中央关于资本主义工商业改造问题的决议（草案）》。毛泽东在最后一天参加会议并讲话。

会后不久，毛泽东于12月中旬再次南下杭州，继续斟字酌句地推敲《关于资本主义工商业改造问题的决议》。1956年12月7日，毛泽东在同"民建和工商联负责人的谈话"中，谈到了在杭州起草《决议》时的感受："今年一月杭州会议上，发现了'三反'、'五反'，以后大家心里有些害怕。有个公股代表开会回来晚了，老板娘煮了一碗面条给他吃，公股代表不敢吃，怕挨批评。我们一些同志对资产阶级只批评不鼓励，不认识资产阶级这几年有很大进步，对资产阶级应该采取又批评又鼓励的方针。我一月南下到杭州开会，搞出四十条。回来后开最高国务会议，我讲三年左右工商业改造基本完成。八大会议上刘少奇同志的报告和我讲的不同，说是今年上半年基本完成的。谁讲得对？八大报告讲得对。基本完成说的是公私合营，不是国有化，国有化是全部完成。三年左右，可左可右。对我的这句话有人发生误会，想到是不是要取消定息了。取消定息，那是全部完成，不是基本完成。"

1956年2月24日，中央政治局追认《决议》为正式决议。其中最核心的内容，便是毛泽东在杭州反复修改而成的一段概括之言："我们对于资产阶级，第一是用赎买和国家资本主义的方法，有偿地而不是无偿地，逐步地而不是突然地改变资产阶级的所有制；第二是在改造他们的同时，给予他们以必要的工作安排；第三是不剥夺资产阶级的选举权，并且对于他们中间积极拥护社会主义改造而在这个改造事业中有所贡献的代表人物给以恰当的政治安排。"

在《决议》精神推动下，资本主义工商业改造亦如农业合作化一般，形成运动式的高潮。全国大城市和50多个中等城市，于1956年1月底全部实现了全行业的公私合营。因参与《决议》起草而深知毛泽东战略部署的浙江省委，自然走在全国前列。1956年1月16日，"中共杭州市委召开工商界座谈会，提出要在3天以内完成杭州全市公私合营。宁波、温州、绍兴、嘉兴、湖州等市，以及建德、金华等专区和杭县、萧山两个直属县，都先后召开工商界座谈会，与会者一致拥护在最短的时间内，完成全市、全县的私营企业改造工作。全省出现了一个市、一个地区全盘实行公私合营的高潮。到1956年底，全省公私合营的工厂（经过改组合并）已扩展到2290家，占全省私营工业总数的96%。商业方面，公私合营和合作社营已发展到135348家，占全省商业、饮食业总户数的84.8%。交通运输方面，私营汽车1000辆和轮船130艘也已改造为国营或公私合营。至此，资本主义工商业的社会主义改造在全省基本完成。"

全国完成资本主义工商业改造的速度，不仅远远超出了《决议》的部署，连毛泽东也颇感意外。1956年1月25日，他在第六次最高国务会议上说："公私合营走得很快，这是没有预料到的。谁料得到？现在又没有孔明，意料不到那么快。"1956年底，全国私营工商业的公私合营基本完成。

通过实行赎买政策，以和平的方式实现对资本主义工商业的改造，是一个创举。但这个过程以搞运动、大呼隆的方式完成，亦不免存有偏差。对此，薄一波概括为三点：一是时间过于急促。二是对于一部分原工商业者的使用和处理也不很恰当。三是大批个体手工业者和小商小贩卷入了全行业公私合营。

（徐斌 执笔）

15.《全国农业发展纲要(草案)》
在杭定稿

　　全国农业合作化运动进入高潮之际,毛泽东认为,所有制的问题解决,为农业生产的大发展创造了前提,下一步的工作便是制定一个适应这种大发展的规划。他于1955年下半年开始考虑这个问题,在广泛调查研究、听取各方意见的基础上,先后召开了两次"杭州会议"。第一次会议,初步拟定了"十七条";第二次会议上,扩充为"四十条",即后来正式公布的《全国农业发展纲要》。

　　1955年10月上旬召开的党的七届六中全会,全党就加快农业合作化达成共识。在毛泽东的心目中,农业合作化这个大问题已经解决了,很需要有一个农业发展的全面规划。他在全会作总结报告时,谈到了规划问题,要求各条战线,在大辩论的基础上,"使各方面的工作、工作的速度和质量,都能够和总路线规定的任务相适应,都要有全面规划"。

　　毛泽东于1955年11月1日离开北京南下杭州时,工作部署"三管齐下":推进农业合作化,启动"工商业改造"和制定《全国农业发展纲要》,其中制定《纲要》为主要任务。5日到达杭州,毛泽东的调查工作仍在继续。11月7日向警卫一中队江苏、浙江籍的7名战士了解农村情况。11月10日,又向刚刚探家归队的几名战士了解他们家乡的情况。用他的话说,向这些家在农村的战士调查等于间接地到农村调查。

　　11月中旬,毛泽东在杭州召集华东、中南地区的几位省委书记开会,即后来被称为关于《全国农业发展纲要》的"第一次杭州会议",专门研究农业发展规划。参加会议的有:柯庆施、王任重、吴芝圃、刘顺元、陶铸、邵式平、舒同、曾希圣、周小舟、江华。这次会议先搞了一个"农业十五条",初步提出,至1967年,粮食产量达到1万亿斤,确定以此作为农业发展的战略目标。这是第一个全面规划我国农业发展远景的蓝图,内容包括农业合作化、农业生产、卫生教育、文化设施以及道路建设等等。

11月18日,毛泽东离杭北上。20日,到达天津。在天津又召集北方几个省的省委书记和内蒙古自治区党委书记开会,参加会议的有:吴德、乌兰夫、白坚、吴砚农、马文瑞、陶鲁笳、黄欧东、欧阳钦。大家在杭州会议讨论的基础上,增加了两条,成为"农业十七条"。

1955年12月16日,毛泽东年内的第四次杭州之行,仍然同时关注着几件大事,修改并完善"农业十七条"是其中一件要做出结果的工作。

12月21日,毛泽东在杭州为中共中央起草致上海局、各省委、自治区党委的通知,征询各地对"农业十七条"的意见。

12月27日,毛泽东在为《中国农村的社会主义高潮》作序中,写了反映"农业十七条"指导思想的两段话:"现在的问题是经过努力本来可以做到的事情,却有很多人认为做不到。因此,不断批判那些确实存在的右倾保守思想,就有完全的必要了。"

接着毛泽东把"序言"中所阐述的这个思想,概括为"又多、又快、又好、又省地建设社会主义",号召全党同志在建设事业中要做"促进派",而不要做"促退派",把全国的工农业生产和建设事业大大地推向前进。《人民日报》按照毛泽东的最新思想,首先在1956年元旦社论中明确提出了又多、又快、又好、又省的要求,并冠之以《为全面地提早完成和超额完成五年计划而奋斗》的动人标题,感召人们在新的一年里只争朝夕。

1956年1月3日至1月9日,毛泽东召集了关于《全国农业发展纲要》的"第二次杭州会议",参加会议的有:毛泽东、谭震林、陈伯达、廖鲁言、陈毅、柯庆施、罗瑞卿、陈丕显、张仲良、张德生、陶鲁笳、林铁、黄欧东、李井泉、舒同、曾希圣、刘顺元、江华、江一真、吴芝圃、王任重、周小舟、陶铸、陈漫远、杨尚奎,共25人。浙江省委领导及有关工作人员霍士廉、林乎加、李丰平、薛驹等"得风气之先",为会议做了大量的调查研究和准备工作。

第二次杭州会议期间,参加会议的领导同志就农业发展问题进行了广泛深入的讨论。每天会后,会务组负责同志都将会议记录本交给负责会务的浙江省公安厅警卫处副处长刘邦俊,由刘邦俊连夜送到住在朱庄的陈伯达处。第二天一早,再去朱庄取回,送到南山路省委机要处打印,下午2时再去取回打印件分发到各会议组。毛泽东和中央其他领导同志逐条讨论,在文字上反复推敲。根据1月3日前各地汇总的意见,第二次杭州会议的第2天,即1月4日,毛泽东将"农业十七条"扩充为22条;经过会议讨论、修改,于7日前扩充到36条;7日,增加了有关青年的条目和农业科研、技术指导的条目,共38条;8日,又增加了关于勤俭办社和工农联盟两条,共40条,名称为《一九五六年到一九六七年全国农业发展纲要(草案)》,一般简称"四十条"或《纲要》。

1958年毛泽东回顾"四十条"形成过程时说:"四十条,开头无所谓四十条,不晓得怎么在杭州一次会上七议八议搞出十五条,然后天津一次会加了两条,十七条。在一九五六年一月知识分子会议上讲了一下,然后,再到第二次杭州会议才形成四十条。一年半以后,到去年夏季,在青岛会议上有各省同志参加,中央也有同志参加,提出修改意见。然后经过去年九月三中全会,大家觉得可以,也提了些意见,加以修改,就形成现在这个草案。"

纲要的中心任务,是要求在农业合作化的基础上,迅速地、大规模地增加农作物的产量,发展农、林、牧、副、渔等生产事业。要求粮食、棉花的产量每年应分别以8%、10%的速度递增,从而保证到1967年分别达到1万亿斤和1亿担。

具体的重要内容是:(1)1956年下半年基本完成初级形式的建社工作,1959年基本完成合作化的高级形式。(2)12年内全国基本消灭荒地荒山。(3)12年内各地90%以上的肥料由地方合作社自给。(4)12年内粮食亩产,黄河、秦岭、白龙江、黄河(青海境内)以北达到400斤,黄河以南、淮河以北达到500斤,淮河、秦岭、白龙江以南达到800斤。(5)7年内基本消灭十几种不利于农作物的虫害和病害、若干种危害人民和牲畜最严重的疾病,消灭老鼠、苍蝇、蚊子等四害。(6)7年内基本扫除文盲,修好各地必要的道路,并建立有线广播网和乡社的电话网。

1月10日毛泽东离杭回京后,加快工作节奏,推动"四十条"尽快正式出炉。13日,在京召开中共中央政治局会议(邀请在京中央委员和若干负责同志以及各省、市、自治区党委书记参加),讨论"四十条"。1月14日至20日,"四十条"交到有1375人参加的知识分子会议上讨论。1月23日再由中央政治局提出,1月25日交最高国务会议讨论之后,1月26日由《人民日报》公布。

《毛泽东传》评述道:"四十条的产生,反映了毛泽东急切地希望改变中国农村的落后面貌,加快发展农业生产特别是粮食生产,积极改善人民的物质和文化生活条件,消灭危害人民健康的严重疾病,建设一个富庶而环境优美的国家。这个文件也可以看作是毛泽东从抓社会主义改造向抓经济建设工作开始转变的一个标志。由于这个文件是在全党反对'右倾保守'的气氛中制定的,人们头脑普遍发热,提出的各项指标大多超越实际可能性,除了农业合作化一项,其他各项都未能如期实现。"

(徐斌 执笔)

16. 垦荒大陈岛

1956 年 1 月,在共青团中央书记胡耀邦"开发建设大陈岛"的号召下,200 多名以温州地区为主的青年志愿垦荒队员,登上了被国民党军队洗劫一空的大陈岛。他们几十年扎根海岛艰苦创业的精神和先进事迹,成为全国人民特别是青年学习的榜样。

大陈岛位于浙江省中部台州湾东南海域,距台州市区 54 公里,离陆域海岸线最近点路桥区璜琅 23.6 公里。全岛由上、下大陈等 10 多个岛屿组成,陆域面积 14.6 平方公里,其中上、下大陈两岛总面积为 11.9 平方公里,是台州列岛最大的岛屿。大陈岛土层深厚,适宜造林、种植农作物;杂草茂盛,有利于畜牧业。大陈渔场广阔,海洋资源丰富,是中国重要的渔场之一。

大陈岛有着传奇的历史。其名称来历据传有二:一是大陈岛原与大陆相连,后因地壳发生沉陷,遂与大陆分离,被称为"大沉","沉"与"陈"谐音,而演变为"大陈";二是早年有个姓陈的船老大,为谋生举家漂洋来到岛上,成为岛上第一代居民,后人为了纪念他,把这个岛屿取名为"大陈岛"。

清乾隆年间,浙江沿海居民陆续迁移到大陈,岛上居民曾达万余人规模,形成台州湾最繁荣的海上集镇。后民国政府在此屯兵,曾在岛上设立过大陈地区行署。新中国成立初期,国民党逃离大陆,大陈岛成为浙东南国民党军残部的主要据点,他们妄图将此作为"反攻大陆"的前沿阵地。

1955 年 1 月,人民解放军海陆空三军一举解放一江山岛后,驻守大陈岛的国民党军知大势已去,在美国海军第七舰队的掩护下匆忙撤离大陈。他们走时将岛上 1.4 万余居民强行带往台湾,并将岛上所有物资设施全部焚毁,制造了震惊中外的"大陈浩劫"。2 月 13 日,人民解放军登岛后,看到的是一个满目疮痍的荒岛。

大陈岛解放后,初设大陈区,直属温州专区。1956年6月建镇,属黄岩县。1958年称海门人民公社大陈大队,1960年5月改为大陈人民公社,仍属黄岩县。1967年复称大陈镇,1980年属海门特区。自1981年海门特区改椒江市,1992年椒江市改椒江区以来,大陈一直是椒江管辖的直属建制镇。

1955年11月,团中央书记胡耀邦视察温州。当他听说了大陈岛的情况后,便建议由温州党团组织号召全社会,组织一支青年垦荒队,赴大陈岛开垦建设。1956年1月,温州地委向全区青年发出建设大陈岛的号召。16日,温州团市委召开动员大会。短短几天,就有100多位青年向团市委递交了要求到大陈岛开荒的决心书,有700多名青年向各团区工委报了名。"到祖国最需要的地方去",成为当时大多数温州青年的行动口号。

很快,一支200多人的温州青年志愿垦荒队组成了。《中国青年报》及时报道了垦荒队组成的消息,并刊登了由团中央赠送给温州青年垦荒队的队旗照片,上面绣着"建设伟大祖国的大陈岛"。1月28日,团中央代表和温州地、市委领导为垦荒队员举行了隆重的授旗仪式和欢送大会。31日,垦荒队在各级团组织代表的一路护送下,跨海登上了大陈岛。

上岛时,全体垦荒队员面对的是一片凄凉景象——满眼都是齐人高的青蒿杂草,房屋大多被烧成断壁残垣,家具无一完存,水井、水池和水库大多被炸。而更使人担心的是那些残留在岛上的大量地雷。

全体垦荒队员来到了大陈岛最高的凤尾山顶峰,庄严列队,举手宣誓:"我是一个垦荒队员,我志愿来到伟大祖国的大陈岛,面对祖国的海洋,背后是祖国的河山,脚踏着海防前哨,肩负着人民的希望,我们宣誓:第一,坚持到底,决不退缩,与英雄的边防军一起用辛勤的劳动,把海岛变成可爱的家乡。第二,勇敢劳动,加强团结,要把荒地变成乐园。第三,认真学习,不断提高自己的思想觉悟和技术水平,为祖国创造更多的财富。倘若,我违背了自己的誓言,辜负了党和团的期望,我愿受集体的制裁。我一定要全心全意,完全实现我的誓言。"

团中央代表首先执锄破土,揭开了大陈垦荒的序幕。尔后,200多名青年垦荒队员在凤尾山上摆开阵势,挥锄开荒,迈出了艰苦创业的第一步。

然而,队员们面临巨大的人身危险,排雷成了第一主要的工作。因地下埋的许多是塑料壳的化学地雷,扫雷器发现不了,又不会腐烂,战争虽已过去一年,还经常会发生地雷炸伤巡逻战士的事件。在驻军的指导和帮助下,垦荒队员们也学会了排雷与避雷知识。仅在最初的一个星期,他们就挖出地雷7497枚。

垦荒的任务:一是开发土地,种上庄稼;二是利用已有青草,发展畜牧生产。

种庄稼,搞畜牧,这些对于城市青年来说,不是一件容易的事情。他们从挖土锄地,学插番薯苗开始,硬是咬牙克服了挑二三十斤担子上不了山头,上船出海就头昏眼花、呕吐不止的困难,提出了"苦战三年,改变大陈面貌"的豪迈口号。在各级组织和驻岛部队的关怀帮助下,垦荒队员们在很短的时间里,就学会了农业技术、畜牧知识、捕鱼技能。经过一段时间的锻炼,队员们的手上磨起了老茧,肩膀上压出了肉垫。他们还勇敢地面对了强台风给岛上带来的大破坏。上岛当年,就夺得了大丰收。共收获10万多斤番薯,4万多斤马铃薯,2000多斤花生,57斤蔬菜,捕捞队也圆满完成了捕捞任务,还为当地渔民到远海进行捕鱼作业积累了经验,闯出了一条新路。

农副渔业产品逐渐多起来后,垦荒队开始试办一些加工厂。他们用自己节省下来的餐费到外地学习技术,因陋就简用破铝皮做成土锅炉,用木头做成土压榨机,终于生产出了虾酱,办起了水产加工厂。养的奶牛多了,他们就上山挖炮弹、子弹壳,用废钢铁自制土设备,办起了乳品加工厂,经过多次反复试验,生产出了符合标准的炼乳。垦荒队还陆续办起了砖瓦厂和五金修配厂等,加快了大陈岛的建设,也改善了垦荒队员的生活和工作条件。

虽然生活和生产条件有了一些改善,但艰苦的环境还是随时随地考验着每个垦荒队员。上岛的前两年,队员们实行的是供给制,靠国家补助,每人每月15元,还要留下2元用于福利医疗费用。上岛后的艰苦生活,很自然地使一些队员产生踌躇、徘徊的心理,有人借家中有事,请假回去便不再归来。当年曾代表全队表过决心的队员也悄然离开,垦荒队一时竟处于撤回还是坚持的重要关口。

胡耀邦十分关心大陈青年垦荒队。1957年5月,大陈青年垦荒队副队长王宗楣到北京出席全国第三次共青团代表大会。会议期间,胡耀邦两次约见了他,关切地询问垦荒队员的生活和思想情况。胡耀邦听了王宗楣的汇报后,亲切地鼓励说:"团中央组织过两支垦荒队,一支是去北大荒,一支就是你们。要告诉大家,要自力更生,不要向国家要什么,再奋斗几年,会好起来的。""你们是全国青年的榜样,绝不要退缩,要保持荣誉!"他亲笔写信向垦荒队员问候,要队员们高举"建设伟大祖国的大陈岛"的旗帜,勇往直前。他特地把自己在战争年代用过的一副望远镜和一叠画报交给王宗楣赠送给垦荒队。胡耀邦的信件和礼物,鼓舞了大家扎根海岛、建设海岛的信心。从此以后,绝大部分队员都牢记自己的誓言和使命,不管碰到多大的困难,不管遭遇多严重的挫折,对于自己扎根海岛献青春的信念不再动摇。

在艰苦创业建设大陈岛的过程中,各地先后来到大陈岛的垦荒队员共有

400 多人。其中有 16 人光荣地加入了中国共产党,一大批人参加了共青团。共青团全国第三次代表大会、全国第三次青年代表大会、全国第二次青年建设社会主义积极分子大会,都邀请了垦荒队的代表出席。随着岁月的流逝,部分老垦荒队员被调离海岛,有的担任了各级领导职务,有的成了各行各业的生产技术骨干。至 1985 年 5 月,留在岛上的老垦荒队员还有 81 人,分布在大陈的不同岗位上,继续为建设大陈岛贡献力量。其中有不少人曾被评为省、市、县、镇的生产先进分子,还有一些同志通过自学获得了各类技术职称。

1983 年 5 月 29 日,原大陈岛青年垦荒队队员陈萼亭等 31 人联名给中共中央总书记胡耀邦写信,汇报了大陈垦荒队员坚持岛上 27 年发奋图强、艰苦创业重建大陈岛的情况。胡耀邦接信后,于 6 月 27 日批示:要好好宣传一下这一类不畏艰苦的创业事迹,鼓舞人们特别是青年奋发图强。29 日,《人民日报》发表了老垦荒队员给胡耀邦总书记写信的消息和胡耀邦批示的主要内容。此后,新华社及全国各大报社纷纷派记者上岛采访,很快将垦荒队扎根海岛艰苦创业的先进事迹再次推向全国。中共台州地委、温州市委、椒江市委均发出学习宣传大陈岛原垦荒队员事迹活动的通知。

1984 年,大陈岛被浙江省人民政府和南京军区授予"军民共建文明岛先进单位"的光荣称号。1985 年 12 月 29 日,中共中央总书记胡耀邦视察大陈岛,看望了原大陈青年垦荒队部分队员,与他们座谈,当面听取汇报。他高度评价了大陈人民不畏艰辛的创业精神,并号召全国人民学习"艰苦创业、奋发图强、无私奉献、开拓创新"的大陈岛垦荒精神,再次表达了对大陈发展的厚望。

2006 年 8 月 29 日,中共浙江省委书记习近平到大陈岛视察。他在视察中强调,大陈岛是全国人民都知道的英雄岛,开发大陈岛是老一辈垦荒队员的共同心愿,是现代大陈人的共同心愿,也是我们各级领导的共同心愿。

大陈岛深厚的历史沉淀铸造了独特的人文景观,战争遗址和垦荒历史赋予了海岛旅游的丰富内涵。如今的大陈岛已是全国海岛经济开发建设的四个示范岛之一,并被列为中国——欧洲共同体新能源(风力)试验和示范区。大陈镇是椒江区唯一的海岛集镇,辖 6 个渔业行政村,1 个居委会,总人口 3600 余人。大陈岛的面貌发生了翻天覆地的变化,欣欣向荣。它以"海洋生态渔业基地"、"海岛旅游休闲基地"、"石油储运和风能发电基地"而闻名。2004 年被省文化厅命名为"浙江东海文化明珠",2005 年被评为"浙江省红色旅游经典景区"之一。

(朱健 执笔)

17.《十五贯》与昆剧振兴

　　1956 年 4 月 17 日,浙江国风昆苏剧团的《十五贯》进中南海怀仁堂演出,毛泽东观看后,大为赞赏。随后,周恩来等领导人相继给予了高度评价。一时满城争说《十五贯》,创造了"一出戏救活一个剧种"的奇迹。

　　昆曲是中国现存最古老的剧种之一,距今已有 600 多年的历史。浙江则是昆曲艺术起源、兴盛、发展的重要文化区域之一,它既是南戏的故乡,元杂剧南移的创作中心,又是明传奇时期昆曲兴盛的第一流行地。但抗日战争期间,昆曲社纷纷解散。1949 年前后,剧曲已到了濒临灭绝的境地,全国没有一个专业剧团,昆曲艺人流落在民间,处境悲惨。昆曲这门古老的戏曲、民族艺术瑰宝濒临失传。新中国成立后,流落在民间的昆曲艺人,受到各地人民政府的重视,陆续为各地文化部门所邀请,浙江率先成立了国风昆苏剧团。

　　1954 年,黄源从华东局调到浙江工作,任省委宣传部副部长兼省文化局局长,1955 年,沙文汉指示黄源也搞一个昆剧进京,此时正是肃反后期,毛泽东提出:定案要慎重,不能搞主观主义。黄源就想搞一出戏,表达反对主观主义这一主题。正在这时,他在杭州看到了国风昆苏剧团演出的昆曲传统剧目《双熊梦》中的一个折子。

　　《十五贯》又名《双熊梦》,是清代朱素臣著名的传奇作品,讲述明朝宣德年间,赌棍娄阿鼠将屠户尤葫芦杀死并窃走铜钱十五贯后,反诬陷尤葫芦的养女苏戌娟和路人熊友兰。无锡知县过于执主观地认定苏、熊两人通奸杀人,判处死刑。常州知府和江南巡抚轻信原判,草率定案。苏州知府况钟奉命监斩时发现疑点,冒着丢官的危险,到现场查勘,到民间查访,终于将真凶娄阿鼠抓住,平反了冤案。该剧揭露批判了主观臆断和循规蹈矩的官僚作风,歌颂了况钟实事求是的精神。

黄源看后，觉得这出戏可以改编为反对主观主义的好戏，于是组织领导小组，并亲自挂帅改编《十五贯》。改编主要集中在三个方面：第一，改编后的《十五贯》删去了熊友蕙与侯三姑这条线索，双线结构变为单线结构，使戏剧结构变得更为集中、紧凑；第二，改编后的《十五贯》突出了清官况钟的形象，突出了他与官僚主义、主观主义之间的斗争，渲染了他尊重事实、勇于实践的精神，肯定了他所代表的实事求是的断案作风；第三，改编后的《十五贯》主题思想发生了明显的变化。原剧突出的是"爱民如子，执法廉明"的主题，又有明显的因果报应思想。改编后的主题是反对主观主义、官僚主义，提倡实事求是的思想作风，这是从故事情节本身提炼出来的。经过改编，使一部内容庞杂的传统剧目，成为一部具有鲜明的政治内容、具有强烈教育意义的作品。

经过20多天的努力工作，《十五贯》改编完成。又经过一个多月的排练，新《十五贯》于1956年1月在杭州登台亮相，不久又在上海演出，引起轰动。

1956年4月，浙江国风昆苏剧团带着《十五贯》进京演出。演出地选在前门外的广和楼剧场，田汉、梅兰芳等人大力支持，梅兰芳要了很多戏票请好友观看。中宣部文艺处处长林默涵找到公安部部长罗瑞卿，向他推荐这出戏。罗瑞卿看后非常赞赏，立即向毛泽东作了汇报："一部公安戏很好，请主席去看。"

4月17日，《十五贯》进怀仁堂演出专场，毛泽东等高兴地站起来鼓掌。谢幕时，剧团所有的演职人员都感到无比的欢欣鼓舞。第二天，毛泽东派人到剧团传达三条指示：第一，祝贺《十五贯》的改编和演出，都非常成功；第二，要推广，凡适合演出的，都可以根据各剧种的特点演出；第三，对剧团要奖励。4月25日，《十五贯》在国务院直属机关礼堂演出，毛泽东去观赏。

4月19日晚，剧团回广和楼剧场演出，周恩来来看戏。演出结束后，他来到化妆室接见全体演职人员，并且和大家亲切交谈了50分钟。他鼓励大家说："你们浙江做了一件好事，一出戏救活了一个剧种。《十五贯》有丰富的人民性和相当高的艺术性。"他称赞《十五贯》剧本改编得好，演员们演得也好。他还关切地询问了剧团的演出情况、折账收入以及演员的年龄、艺龄、健康状况等。最后他就文艺"百花齐放，推陈出新"的方针以及戏曲界如何培养下一代等问题，作了重要指示。并再一次鼓励全团同志："昆剧的表演艺术很高，只要我们好好努力，将会取得更大的成就。"

5月17日，文化部和中国戏剧家协会联合邀请首都文化界知名人士200多人，在中南海紫光阁举行昆曲《十五贯》座谈会。中宣部副部长周扬、文化部副部长钱俊瑞、中国戏剧家协会主席田汉等人高度评价了《十五贯》整理改编和演出方面的成就。周恩来亲自出席座谈会，与剧组的主要演员——握手。座谈会从上午9点一直开到下午3点。周恩来作了约一小时的长篇讲话。他把昆曲誉为"江南兰花"，并盛赞《十五贯》是"改编古典剧本的成功典型"，是"百花齐放，推陈出新"的榜样。他说："《十五贯》有着丰富的人民性，相当高的思想性和艺术性，它不仅使古典的昆曲艺术放出新的光彩，而且说明了历史剧同样可以很好地起现实的教育作用。""《十五贯》一针见血地讽刺了官僚主义、主观主义，是成功的。官僚主义和主观主义在现在不是个别的。现代戏还没有一个能这样深刻地批判官僚主义和主观主义。""《十五贯》教育我们做'官'的人，让我们想一想，是不是真正在为人民服务。"

5月18日，《人民日报》发表了田汉执笔的题为《从"一出戏救活了一个剧种"谈起》的社论，把昆曲和《十五贯》推向了舆论的高潮。从4月10日至5月27日，《十五贯》在北京公演47场，观众达7万人次，成就了满城争说《十五贯》的空前盛况。同年，昆曲《十五贯》被摄制成彩色戏曲艺术片。业内人士惊叹：《十五贯》以一个清新别致的亮相，让昆曲焕发出迷人光彩。

由于《十五贯》的演出成功，全国各地纷纷成立昆剧院团，其中包括北昆、湘昆、粤昆、川昆、滇昆、苏昆、上昆，以及昆曲班和昆曲研究所。1956年至1964年，《十五贯》在国内演出1000多场，观众100多万人次。同时还被锡剧、豫剧、川剧以及京剧、话剧等10多个剧种争相移植。梅兰芳、欧阳予倩等艺术大师先后撰文称赞。《十五贯》和浙江昆剧团由此红遍大江南北。《十五贯》创造了拯救的传奇，翻开了新中国昆剧振兴发展的新篇章。几十年后，一度辉煌的昆曲被列为世界非物质文化遗产，这让今天的人们不禁一再仰视昆曲《十五贯》。

50多年来，浙江昆剧团出人出戏、与时俱进，努力培养和推出一批艺术新人，培养了"世"、"盛"、"秀"三代昆曲人才。同时，还改编和演出了许多新戏，如《西园记》、《孔雀胆》、《李自成》、《浮沉记》等剧目，传承排演了《长生殿》、《牡丹亭》、《西厢记》、《桃花扇》等传统名剧，移植《红灯记》、《芦荡火种》、《奇袭白虎团》、《血泪荡》等现代戏。2006年5月18日，浙江昆剧团重排的《十五贯》再次走进北京，让人们想起当年曾经的辉煌。浙江昆曲人以坚韧执著的精神不断为昆曲续写着新的传奇。

（曾林平 执笔）

18. 永嘉县首创"包产到户"

    浙江省快速实现农业初级合作化以后,相当多的合作社在经营管理上出现不同程度的混乱。劳动生产上,"时时互助、事事合作"、"生产大呼隆,干活一窝蜂"的现象较为普遍,造成劳动生产率低下的严重后果。在劳动分配上,仍然沿用互助组的"死分死记"或"死分活评"等方法,夜夜评分从而劳累不堪,甚至争吵不休,挫伤了社员的生产积极性,社内团结也受到影响。

    针对此况,1956 年 3 月 2 日省委指示,在春耕期间,对全省农业社进行一次以搞好春产、改进经营管理为中心内容的整顿提高工作。各合作社尽快建立劳动组织,划分耕作区域,社对队实行包工包产的生产责任制,队对操作组或个人实行按件计酬制。"凡是能够采取个人计件制的工作,都一律采取个人计件制;必须采取小组计件制的工作,也应当做到'田头清',改变夜夜评分的落后现象。"

    省委的指示得到积极响应,各地在推行按件计酬制的过程中创造了不少新鲜经验。如有的实行小段包工制。首先由生产队提出一段时间内的生产任务,订出小段生产计划,再根据劳动定额计算出完成每一项生产内容的定额、质量要求和应得的工分;然后根据个人自报和相互评议,确定每个社员在这段时间内投放的劳动量,将小段包工任务分配给户或个人去完成。个人或一户难以完成的,由几个人或几户集体完成。又如小包干,为了把生产责任制落实到每一丘田、每一片地、每一块山,使合作社的集体利益同社员的个人利益结合起来,就实行了田间专人管理责任制,将田、地、山固定地段由专人负责,确定专人管理的职责,制定报酬和奖惩办法。

    永嘉县委在县委书记李桂茂的带领下,率先对农业生产责任制进行了大胆的探索。他们在个人专管地段责任制的试验中发现,在包产、包工分、包肥、包农具到队的基础上,将劳动质量责任贯彻到人,有利于改变"干活一窝蜂"的混乱状况,责任制如果不同产量相联系,加强社员的责任心,调动他们的生产积极性就是空谈。一些社员和干部提出:若要生产好,就应该把产量包给个人。县委副书记李云河由此提出了实行队以下产量责任制试验的建议。

1956年5月,经过温州地委农工部负责人的首肯,县委决定在雄溪乡(后改为塘下乡)燎原社进行产量责任制的试验,后来定名为"包产到户"。具体做法是:由生产队向合作社承包作物产量,再由社员按自己的劳动能力专管一定数量的土地和承担一定的产量责任;制定每一块土地为保证实现产量指标的劳动定额,专管人员必须按定额保证劳动数量与质量的实现;确定哪些活适宜于集体干由操作组负责,哪些活适宜于分散干由个人负责;专管人不但要保证自己干的活的质量,而且对操作组在自己专管地上干的活进行监督,凡劳动符合要求,按定额付给工票,如不符合要求,有权提出返工,待符合规格后再付给工票;按照实际收获量分别计算每个专管人员的报酬。并且规定:土地等主要生产资料为集体所有;包产指标要合理;对困难户要适当照顾;每户在对所包产量负责的基础上可以适当安排家庭副业生产。试点工作组在总结中提出:"我们的生产管理特点,就是应该如何把马列主义理论与中国革命具体〔实践〕相结合,与南方水稻地区生产特点相结合,创造既能正确的积极的发挥集体经营大生产的优越性,使生产关系促进生产力的发展,又能充分利用小生产规模经营所未完了的历史任务的积极作用。"

但是,有部分干部和群众对包产到户存在着种种不理解和顾虑。针对这一情况,县委在进行说服教育工作中,把土地等主要生产资料公有作为农业集体经济区别于个体经济的基本标准,把是否有利于农村生产力的发展作为适宜于集体干还是个人干、区别好办法还是坏办法的重要尺度。9月,永嘉召开全县高级社社长千人大会,部署全县进行包产到户的多点试验。

对于包产到户,广大人民群众认为"好得很",但也有一些人认为"糟得很",由此引发了一场大辩论。11月19日,《浙南大众报》发表了题为《不能采取倒退的做法》的评论和《"包产到户"做法究竟好不好》的署名文章。两文承认燎原社实行包产到户以后社员的生产积极性"有些提高",但又说"这种积极性是个体生产的积极性","在生产方式上就从集体经营退到分散经营",是"倒退的做法"。如此高调的指责,让推行包产到户的永嘉县委面临严峻的考验,主张包产到户的干部和群众感受到巨大的压力。但是,他们以从实际出发、探索真理的勇气顶住了压力。为了从理论上说明农业合作实行包产到户的合理性,回答《浙南大众报》的质疑,11月25日,李云河将《"专管制"和"包产到户"是解决社内主要矛盾的好办法》的专题报告,以个人名义呈送县委、地委、省委、华东局和中央农村工作部。这个报告以中共八大会议精神联系农村工作实际,系统地论述了包产到户的必要性和正确性,就《浙南大众报》对包产到户的批评,提出了反批评。

1957年1月4日,省委召开调查研究座谈会,指定永嘉县委派人参加并专题汇报包产到户问题。李云河和燎原社试点工作组组长戴洁天出席了会议,详细汇报了燎原社的试点情况。省委书记处书记林乎加听取汇报后说:"永嘉提的'包产到队,责任到户,定额到位,统一经营',就是加了一条产量责任到户,其他三句是早已肯定的经验。加上这一条,好处是有的,同时争论的道理也是对的。责任到户是好的。怎样解决责任制,很重要。""有人讲永嘉的办法是'倒退',是'小农经济',这是不对的,是站不住脚的理论。社队都保存下来,怎么会成单干呢?"

1月27日,《浙江日报》全文发表了李云河的报告。这篇文章,一开头就提出以生产力作为分清是非的标准,认为包产到户推行后,社员干部积极、主动、细致,户户增强了责任心,生产进度快,效果是好的。文章论证了实行包产到户的客观依据。实行包产到户是由中国农业经济的历史特点决定的,是从中国农业生产现状的特点出发,是为弥补农业集体劳动的某些局限性所必需的。中国农村地少人多,农业增产要走提高单位面积产量的路子,这就要实行精耕细作,田间管理要像"雕刻"和"绣花"一样细致。因此,"农民在田里勤'摸'或懒'摸'对增产有很大影响"。集体劳动在抗御自然灾害、改善农业生产条件等方面,显示出它的优越性;然而其不足之处是干活大呼隆,比较粗糙。小农经济必须进行社会主义改造,但个体农民干活的主动性、细致性应该保存下来。实行包产到户,就是为了充分继承和调动个体农民那种"精打细算"、"干活主动"等关心个人利益的积极性,为社会主义集体经济所用。文章论证了包产到户的社会主义性质,认为农村主要生产资料的土地等是集体的,每个社员都是为了完成集体所给他的任务而奋斗,因而公有制的性质没有变;社会主义的按劳分配原则没有变,而且得到更好地贯彻;劳动者之间的关系没有变,社员之间仍是互相合作协助的关系;统一经营没有变,哪些活统一干,哪些活分散干,都在社和队的统一领导下作出具体安排。通过包产到户调动起来的积极性,不是纯粹的个体生产的积极性,而是一种个体利益和集体利益相结合的积极性。它的目标不是为了恢复私有制,发展资本主义,而是为了巩固公有制,发展社会主义。

这场大辩论实际上成为一场大宣传,使包产到户被越来越多的人所了解和接受，并且迅速地推广开去。这一年的春天，实行包产到户的合作社，仅永嘉全县达到 255 个，温州地区有 1000 多个，社员 17.8 万户，约占全区入社农户的 15%。

但是，由于《浙南大众报》向《人民日报》直接投诉，通过媒介转给中央最高领导。不久，"风云突变"，上面传下包产到户是方向性、路线性错误的"雷声"。永嘉以至温州地区的包产到户很快受到批判和被"纠正"。1957 年 10 月，《人民日报》发表《温州专区纠正"包产到户"的错误做法》电讯稿，指名道姓批评积极推行者——永嘉县委副书记李云河。组织处理随后跟进，定李云河为右派分子，开除党籍，撤销一切职务，下放劳动；县委书记李桂茂撤销党内外一切职务，划为"中右"；县委、县政府中的参与者全部处分；因犯"煽动""包产到户"罪被判刑的永嘉农民就有十多人。

永嘉的包产到户虽然很快遭受摧残而夭折，但它的实践和理论，对于中国农业集体经济模式的探索和形成以至 20 年后经济体制的改革，作出了开创性的贡献。

（徐斌 执笔）

19. 中共浙江省第二次代表大会

　　1956年7月1日至30日，距中共浙江省第一次代表大会整整17年后，中共浙江省第二次代表大会在杭州召开。这是中共浙江省党代会历史上迄今为止两次党代会之间相隔最久的一次党代会，是中国共产党执政后浙江召开的第一次党代会，同时也是持续时间最长的一次党代会。这次大会明确提出要把全党工作的重心转移到社会主义经济建设和文化建设事业上来。

　　出席这次大会的正式代表有876名，候补代表有66名，代表着全省19.54万余名正式党员。此外，到会的还有列席人员372名。大会除两天休会外，为期28天。大会在明确要把全党工作重心转移的同时，强调要把发扬党内民主，健全党内生活，作为会议的中心议题，广泛深入地开展了批评与自我批评。大会主要的议程是讨论和审议《中共浙江省第二次代表大会的工作报告》，讨论中共浙江省监察委员会《关于党的监察工作的报告》。选举中共浙江省第二届委员会，选举出席中共第八次全国代表大会的代表。中共浙江省委第一书记江华代表上届省委作了工作报告，并于7月30日致大会闭幕词。中共中央副秘书长兼中央书记处第二办公室主任谭震林到会作了重要讲话。

　　江华代表省委向中共浙江省第二次代表大会作工作报告。报告分为两个部分，一是浙江解放以来的经验总结和存在的主要问题；二是今后的任务和奋斗目标。

　　江华在报告中回顾了1949年以后，特别是贯彻执行党在过渡时期总路线的工作以及取得的成就，认为社会主义改造事业已经在全省范围内取得决定性的胜利，经济建设和文化事业也日益趋向高涨，生产关系与阶级关系已经发生了根本的变化。因此"必须充分发扬党内民主、开展批评和自我批评，认真地总结解放以来的经验教训，克服过去工作中的缺点和错误，把一切可能调动的积极因素都调动起来，把一切障碍全党和全体人民的积极性的消极因素都消除掉，并且把消极因素化为积极因素，使全党和全体人民的积极性都能充分地发挥出来，共同为建设社会主义而奋斗"。江华的报告，在大局上提出了全党工作重心转移到社会主义经济建设和文化建设事业方面来；从方法上，提出必须正确处理好工业与农业，粮食生产与经济作物、副业生产，商业与工农业，财政与经济，经济建设与文化建设的关系；要保障以上各条的实施，党的思想组织建设是关键点，建设社会主义要充分发挥全省各阶层人民尤其是工人、农民、知识分子积极性。这些观点的提出，是在党的八大召开前两个月，难能可贵，得到了与会代表的热烈拥护。

大会代表一致认为，由于党中央的正确领导和省委坚决执行中央指示以及全体党员、干部和广大人民群众的努力，全省不仅完成了民主革命的任务，而且也取得了社会主义革命的决定性的胜利。

自 1953 年国家开始实行第一个五年计划以来，全省开展了社会主义改造。到 1956 年 6 月为止，参加农业生产合作社的农户已经占到农户总数的 90%，其中参加高级社的农户占到农户总数的 59%；组织起来的渔民、盐民和手工业者，已经分别占到各自总户数的 89%、98% 和 90%；在全省 2000 人口以上的城镇，基本完成了对资本主义工商业和交通运输业的社会主义改造。

全省工农业生产和各项经济文化建设事业也获得了较快的发展。1955 年的农业总产值为 1949 年的 166%，为 1952 年的 112%，其中粮食、棉花、络麻等几项主要农产品已经超过历史最高水平。1955 年的工业总产值为 1949 年的 304%，为 1952 年的 155%，并且超过抗日战争以前的最高年产值，为 1936 年全省工业总产值的 236%。在原有各项工业得到了较大发展的基础上，新开设了机械制造、麻纺、水电、水泥、鱼粉等工业门类。工业在整个国民经济中的比重开始提高，1955 年工业、手工业的生产总值占工农业生产总值的 42.2%(1952 年为35.6%)。财政、贸易、金融和交通运输等方面，也取得了很大的成就。稳定了物价，开展了物资交流，实行了粮食统购统销；国家银行和信用合作社的储蓄和贷款逐年增加；交通邮电事业也得到相应的发展。由于生产的发展，职工的工资和社会购买力也有所增长。全省 1955 年的社会购买力比 1953 年增长了 8%，人均年消费额约为 65 元。文化教育和卫生工作，在培养建设人才、扫除文盲、防治疾病、发展科学研究和文化艺术事业等方面，也都取得了一定的成绩。

代表大会根据党在过渡时期的总路线和浙江的具体情况，确定此后一个阶段的任务是：大力发展工业生产和农业生产；继续完成社会主义改造；积极地采取有效措施,尽可能迅速地促进国家工业化的实现,有步骤地进行各行各业的技术改造;相应地加强财政、贸易、交通运输工作;努力提高科学、文化、技术水平,大量培养建设人才;在发展生产的基础上,逐步地改善人民群众的物质生活和文化生活。进一步地巩固人民民主专政,巩固国防,支援解放台湾。当前首先是争取提前完成和超额完成浙江发展国民经济的第一个五年计划,并且在今后数年内,充分发掘浙江的经济资源,大力发展工农业生产,在工业方面,大力发展水电、钢铁、机器制造等重工业和纺织、造纸、食品等轻工业,使工业在整个国民经济中的比重能够迅速地得到增长。在农业方面,继续以发展粮食生产为重点,并且积极地发展多种经济,使蚕茧、茶叶、水产等尽快地恢复并且超过历史上的最高水平。浙江不仅是一个农业高产地区,而且要成为一个工业化的、具有高度科学文化水平的新浙江。

引人注目的是,江华在工作报告中用了大量的篇幅对省委工作中的不足作了检查,并分析了原因。他认为,"我们在领导社会主义改造和社会主义建设的工作中,缺乏明确的社会主义思想,曾经在某些重大方针问题上,犯过错误"。"在过去的工作中,也曾经发生过不顾客观条件、超越实际可能的'左'的倾向"。对于产生错误的原因,他分析道,"主要是省委负责同志的群众观点不强,在领导作风上存在着相当严重的脱离实际、脱离群众的缺点,负责同志很少深入基层,深入工厂和农村,去听取群众的意见,很少深入地进行检查工作,系统地总结经验,来指导工作"。他强调,应当"既要看到我们工作中的光明的正确的一面,肯定过去工作的成绩,我们党内生活在逐步改进,同时也必须看到我们党的阴暗面,看到我们工作中还存在着许多缺点和错误,并且积极地找出错误的根源和纠正的办法,以促使我们党的民主生活正常和推动社会主义建设事业前进"。

大会选举产生中共浙江省第二届委员会,共有委员 32 名、候补委员 14 名。选举产生了浙江省出席中共第八次全国代表大会的代表 22 名,候补代表 3 名。

大会一致通过了中共浙江省第二次代表大会的决议及大会提案委员会关于提案审查工作的报告。江华致闭幕词,他号召全省党组织汲取这次代表大会总结的经验教训,坚决克服骄傲自满情绪和主观主义、官僚主义、命令主义的作风,健全党的生活,发扬民主,增强党的团结,为贯彻大会的决议而努力。随后,在 8 月 2 日召开的省委二届一次全会上,选出省委常务委员会委员 11 人,江华当选为省委第一书记,霍士廉、林乎加、李丰平当选为省委书记处书记。

中共浙江省第二次代表大会以提出全省工作重点的转移而载入当代浙江

的史册。但是,这次大会不适当地批判实际上不存在的"右"倾错误,为后来"左"倾思想的滋长留下隐患。

（王祖强 执笔）

20. 盖叫天舞台生涯六十年纪念会

1956年11月,文化部隆重举办盖叫天先生舞台生涯六十年纪念会,国家文化部副部长、中国戏剧家协会主席田汉以《向卓越的表演艺术家盖叫天先生学习》的致辞,表达了人们对这位京剧艺术大师的崇敬:

"去年在北京举行了梅兰芳、周信芳两位先生的舞台生活五十年的纪念会之后,今年又在上海纪念我们盖叫天先生舞台生活六十年,这说明了祖国的有深厚、悠久的传统的戏曲艺术产生了无数卓越的、伟大的、长期奋斗的老战士;他们的勤劳的、天才的创作在人民的时代日益得到充分的支持和健康的发展;他们的功绩和经验得到充分的承认,成为同时代和后一辈的楷模。这是十分使人兴奋和值得我们大家引为骄傲的事。我谨代表中华人民共和国文化部向这一次隆重而愉快的纪念大会,向一直热爱艺术而为它的提高改进始终致力不懈的盖叫天先生致以热烈的祝贺和崇高的敬意!"

盖叫天本名张英杰,号燕南,生于1888年,河北省高阳县人。8岁进天津隆庆和科班学戏,13岁时以盖叫天的艺名在杭州天天仙戏馆搭班演出,主演《天水关》等戏目,挑帘红。1904年,16岁的盖叫天倒了仓,改演武生,师从南派武生创始人李春来。盖叫天不仅学习了才艺,更继承了师门的创新精神,独具风采,为南派短打武生又添重要流派,世称"盖派"。中年以后,风格变化,讲究武戏文唱,于稳练从容之中兼有脆率利落。根据剧情及人物性格而设计,善以变化丰富的武打和造型予以表现,乃有"活武松"之誉。梅兰芳中肯地说:"他的短打干净利落,谁也比不上,手眼身法步,没有一样不到家……有人说他学李春来,其实讲到功夫,恐怕有过之而无不及那。"田汉赞誉他为"南派武生泰斗",并赠联语一副:"英名盖世三岔口,杰作惊人十字坡。"

新中国成立,盖叫天年已六旬,艺术青春焕发。1950年皖北水灾,他积极参加上海市戏曲界救灾大义演,于天蟾舞台与梅兰芳、周信芳、姜妙香、赵如泉同演《甘露寺》,饰赵云。同年参加全国首届戏曲工作会议,应邀演出《武松打店》,并在怀仁堂为毛泽东等中央领导演出《一箭仇》,饰史文恭。1952年冬,盖叫天在第一届全国戏曲观摩演出大会上演出《武松打店》,荣获中华人民共和国文化部颁发的荣誉奖,同时获此殊荣的有梅兰芳、周信芳、程砚秋、袁雪芬、常香玉和王瑶卿。盖叫天多次到各地巡回演出,并深入部队、工矿为群众演出,深受老百姓的欢迎与爱戴。1953年,上海电影制片厂拍摄影片《盖叫天的舞台艺术》《武松》。同年,盖叫天担任浙江省政协委员。1954年,当选浙江省人民代表大会代表。1956年10月,出任中国戏剧家协会浙江分会主席。

1957年3月,年过古稀的盖叫天仍到南方诸省巡回演出。在杭州演出时,正逢苏联苏维埃最高主席团主席伏罗希洛夫在周恩来、贺龙的陪同下访杭。欢迎伏老的文艺晚会,没有安排盖叫天的演出。盖叫天认为,应当让贵宾看看中国的文化艺术,看看只有在新中国,老人才能艺术青春永驻。他说黄忠虽老,宝刀不老,决定亲自去拜见周恩来,去讨登台的令箭。盖叫天说罢来意,周恩来笑道:"盖老,不让您演出,您生气了?"盖叫天说:"不瞒总理的话,有一点。"周恩来解释:"您年高了,不能太累了。好吧!我代您向文化部门提提看,您先请回,等我回音。"中午时分,周恩来派来一位秘书,说总理请问盖老下午有空么,他想来拜望盖老。

下午2时左右,周恩来乘车来到金沙港村口,撑着雨伞沿着乡间小道走到"燕南寄庐"。周恩来十分赞许盖老不服老、争取为国效劳的精神,又解释道:"盖老正在演出,所以晚会节目没有把你安排进去,他们做事考虑不周,请盖老原谅。但我很愿意在今晚邀请伏老来看你的戏,可是伏老有他自己的活动日程,能不能来,我不能代他决定。如果伏老不能来,今晚我一定来看戏。"听了周恩来这番话,盖叫天原本的一点不快早就烟消云散了,心中十分感动。他陪同周恩来参观他的"燕南寄庐"。从前厅到后院,最后来到后院犄角的一个小院庭,就像鲁迅故居中那个被叫做"老虎尾巴"的地方。一间堂屋,一个小天井,堂屋中供着佛像,香烟缭绕,四面排列着18尊瓷的罗汉群像。周恩来饶有兴趣地仔细观赏,盖叫天见周恩来如此喜爱,就说:"总理,这18尊罗汉我送给你吧!"周恩来笑笑说:"给我没有用,它们对你有用,还是放在你这里的好。"

27日,《恶虎村》上演了。盖叫天的黄天霸,马世啸的濮天雕,肖德寅的武天虬,艾世菊的王梁,李秋森的李五,钮永华的大嫂,阎少泉的二嫂,马小龙的郝文,伊鸣铎的丁三巴都是一时俊彦。开幕前,周恩来陪着伏老来了。这天的戏大家演得格外铆劲。演出结束,周恩来与伏老上台向大家祝贺演出成功,周恩来向伏老介绍说:"盖老是我们戏剧界的老英雄,他为了欢迎您,争取来演出的。"伏老握着盖叫天的手说:"谢谢,谢谢!"盖叫天对总理欢乐地说:"总理,你让我露脸了。"

盖叫天精湛的艺术表演以及老当益壮的精神,为世所称颂,党和国家领导人也多次赞扬,陈毅赠诗云:"燕北真好汉,江南活武松。"1958年,中国戏剧出版社出版了由何慢、龚义江记录整理的盖叫天艺术经验总结《粉墨春秋》,一时洛阳纸贵。

1961年6月,盖叫天应中国京剧院邀请赴北京传艺,在中国京剧院排练《一箭仇》,著名京剧表演艺术家李少春、张云溪向盖投贴拜师。盖叫天为首都观众和文艺界演出了《武松打店》、《恶虎村》、《洗浮山》、《英雄义》等拿手戏。这位75岁高龄的武生,以他刚健精到的表演艺术,刻画了诸多鲜明生动的形象,以其强大的感染力震撼了首都文艺界、戏剧界和广大观众的心灵。田汉看了《武松打店》后曾作诗赞道:"请看七五婆娑叟,依旧江南活武松",这诗句道出了人们共同的感受。

《戏剧报》发表评论员文章《向杰出的老艺术家盖叫天学习》:"上述几个戏里的武技极为繁重,盖老演来却十分纯熟,十分洗练,每一舞蹈姿态都是目的性很强,节奏分明,变幻莫测,其美妙之处,难以用言语形容。正如明末张岱所说的那样:'恨不得法锦包裹,传之不朽。'从他的演出中,看得出他功底深厚,他所以直到今天年事已高,仍能保持其艺术青春,并不是偶然得来,而是几十年刻苦锻炼的结果。由于长期的琢磨,使他的艺术真正达到炉火纯青的境界。他有丰富的艺术经验,记录他卓越艺术经验的专集《粉墨春秋》,早为艺术界所传诵。他的精辟见解,影响了各剧种的演员。他在舞台上创造出的众多的成功的艺术形象,感染着千万群众。这一位驰誉南北的艺术大师,以他的高超的技巧,给我们树立了舞台艺术的丰碑;他的富于创造性的、鲜明地揭示我们民族性格特征的、给人以崇高感和艺术的乐趣的艺术创作,给我们提供了光辉范例。"

1963年,盖叫天的彩色舞台艺术片《武松》,由导演应云卫拍摄而成。全国热播,街头争说盖叫天,更为后世留下一部永恒的经典。1964年,盖叫天当选第三届全国人民代表大会代表。

自1965年京剧革命登台始,盖叫天的日子就不好过了。1966年"文革"袭来,更是跌入苦难、屈辱的深渊,他被构陷以种种莫须有的罪状,扫地出门,残酷批斗,甚至打断了他的双腿。1971年1月15日,盖叫天在他被放逐的小木屋中含恨离世。1978年，盖叫天沉冤昭雪。随后，盖叫天的墓地和旧居得到修缮，辟为纪念场所。

（徐斌 执笔）

21. 杭州半山工业区形成规模

位于杭州东北部的半山,古称皋亭山。这个唐宋时的十里桃源,已经荒凉沉寂了好几百年。1957年4月2日,浙江钢铁厂第一期工程在这里破土动工,浙江现代化的钢铁事业从这一刻起步,荒山被隆隆机器声所唤醒。

这一天,来自浙江机关、部队、农村、学校以及北京、上海、马鞍山和本溪的近2000名建设者,肩挑手拉,会战于此,24个昼夜的连续苦战,搬掉了40多万方土石,削平了胡南山,开拓出了第一座高炉的炉基,杭州半山工业区由此迈开建设的步伐。

新中国成立以后,由于浙江地处海防前线,国家几乎不在浙江投资建设重大项目。第一个五年计划开始实施,钢铁的需求量大大增加,而国家调拨给浙江的钢铁只能满足实际需要量的40%。一半以上的机械工业生产能力因缺乏原材料而停滞,丝绸工业等轻工业无法扩大生产规模,连农业机械的生产也不能保障。1956年4月25日,毛泽东在中央政治局扩大会议上作了《论十大关系》的重要报告,在论述沿海工业和内地工业的关系问题时,提出了要在一定的和平时期,充分利用和发展沿海工业基地。省委敏锐地认识到,这是浙江发展地方工业的一次机遇,决定将重点放在发展关乎国计民生命脉的重工业上,工业首要的就是抓钢铁、机械。"浙江要有自己的钢铁厂",在请示中央、国务院同意后,开始了筹建。

1956年2月,省委、省人委为解决资金问题,作出了"大家紧紧裤腰带,一定要建个钢铁厂"的决策。中共八大期间,浙江省工业厅领导专程赴京,向重工业部、煤炭部、水电部汇报要求建设地方钢铁工业企业问题,得到了中央有关部门的积极支持。

当年9月,浙江钢铁厂筹备处成立。1956年下半年至1957年初,省委第一书记江华率领省市领导专程踏勘了半山等地，最后一致认为：半山西麓后毛竹山位于城市下游，具有地质条件较好，水陆交通便利，供水、供电便捷，占用农田不多等优势，是较为适宜的厂址。

1957年3月，筹备处首批工作人员进驻半山工地。4月2日，经中央有关部门批准，由地方自筹500万资金兴建的浙江钢铁厂第一期工程动工。同月15日，沪浙合作投资兴办的浙江钢铁厂绍兴分厂也开工建设。8月在半山区拓宽挖深了全长3150米的古运河支流，开辟出第一条运输线路；11月建成了第一座82立方米高炉；12月又建成了第一座炼钢转炉。

1957年11月26日，绍兴分厂一号高炉炼出了全省第一炉铁水。1958年5月17日，浙江钢铁厂炼钢车间一号转炉炼出了全省第一炉钢水。1958年，产钢4336吨，出铁2.39万余吨。在绍兴钢铁厂一号高炉开炉典礼上，江华豪迈地说："浙江在历史上从来没有过近代钢铁工业。现在，这个落后的历史从今天开始就永远地结束了！""在我们浙江建立第一个近代钢铁企业，流出了第一炉铁水，这不是一件小事情，这是浙江人民在建设社会主义事业中一个重要的胜利，也是浙江人民对于国家的社会主义建设的一个重要贡献。"

从1957年底开始，在杭州艮山门到半山一带，与浙江钢铁厂同时兴建的企业还有：杭州锅炉厂、杭州重型机械厂、杭州汽轮机厂、杭州轴承厂、杭州玻璃厂等。每一个企业的发展都有一段动人的故事。

水电、火电并举才能解决电力供应。为此，江华乘1958年5月召开中共八大二次会议之机，向国家一机部部长赵尔陆提议，为了发展火力发电，浙江考虑建设汽轮机厂、锅炉厂以及轴承厂。当即得到赵尔陆的口头应允。

江华立即交待中共杭州市委书记处书记王平夷，一机部领导同意建造的这三个厂由杭州负责，干部和筹建工作等相关问题请王平夷落实。于是，三厂在杭州市委的领导下雷厉风行地兴建起来。

杭州制氧机厂的建设也是如此。大约在1956年，国家一机部部长黄敬到杭州，省委向他提出：现在国内很需要大型制氧机，杭州通用机器厂已经能够生产30米^3/时小型制氧机，具备一定的基础和条件，请国家投资兴建一家大型制氧机生产企业。黄敬当即表示赞同。1957年，国内第一家空分及液化设备生产基地在杭州通用机器厂诞生，到1958年，杭州通用机器厂的生产完成了从小型到大型空分设备的升级，跨越了高压、中压、高低压流程三个台阶。

杭州市委和全市人民对半山工业区的兴建倾注了大量的心血。市委为了贯彻省委关于"在杭州新建一部分机电工厂"、"充分利用、积极发展、重点建设、统一平衡"等指示,把杭州发展电力、矿冶和机电制造业置于全市工业发展的首位,重点建设的区域定在半山地区。

当时,杭州市半山和艮山属于两个行政区。市委制订杭州市工业区初步规划:在半山地区建立冶金及建筑材料工业区,以钢铁、冶金为核心,建设浙江钢铁厂、平板玻璃厂等,扩建、新建耐火材料厂、水泥厂、合成氨厂、电厂、炼油厂等。在艮山门地区建立机械工业区,以重型机械制造为核心,建设通用机器厂、半山重型机器厂、杭州水轮机厂、杭州汽轮机厂、杭州锅炉厂、杭州纺织机械制造厂等。与此配套的市政设施也同时规划:将京杭大运河自拱宸桥向南向东拓展,由艮山门出钱塘江,使两大工业区全部安排在运河以北;将铁路艮山门车站北移至尧典桥,靠近工业区。同时规划一条支线,从尧典桥新车站至半山钢铁厂,连接通用机器厂、半山重型机器厂、杭州汽轮机厂,全长约11公里;周边公路网则规划了拱(宸桥)半(山)、半(山)临(平)、半(山)艮(山门)及塘河北路四条道路;在半山和艮山两大区周边设立若干共可容纳10万居民的工人居住区;在半山兴建一座10万千瓦电站并与新安江水电站、杭州变电所相连接,组成完整的电力网。

为保证新建、扩建厂矿提前投入生产,1958年7月,市委决定成立杭州市机械局,并在全市范围调配干部和技术人员2000名。所需领导和骨干,按照老厂支援新厂、纺织轻工业支援重工业、精简机关下放干部的原则,在全市机关和各工厂中抽调;技术人员培训对象,从工厂管理人员和具有实际操作经验的技术工人中抽调。市委要求调出的干部必须保证政治可靠,具有相当初中文化程度。同年9月,各项工作完成。

从1958年至1960年,国家共投资9152万元,先后对杭州制氧机厂、杭州锅炉厂、半山机械厂、杭州轴承厂、杭州汽轮机厂、杭州机床厂、杭州电机厂、杭州齿轮箱厂等进行大规模的基本建设,形成了杭州市乃至浙江省机械工业发展的基础。这一批骨干企业的建成投产,大大增强了浙江的经济实力,为此后杭州和全省经济建设的飞速发展,铺就了不可或缺的基石。

(王祖强 执笔)

22. 周恩来陪同伏罗希洛夫主席访杭

1957年春天,周恩来总理陪同苏联最高苏维埃主席团伏罗希洛夫主席访问杭州,是举世瞩目的外交活动,也是浙江人民生活中的一件盛事。周恩来在杭期间,陪同伏老之余,与杭州的各界人士频频交往,长久以来为人们津津乐道。

20世纪50年代,中苏两国同属社会主义阵营,苏联被尊称为"老大哥"。苏联元老级政治家最高苏维埃主席团伏罗希洛夫主席访华,两国高度重视,世界密切关注。在北京期间,毛泽东主席亲自接待伏老。国事活动后安排伏老到杭州参观访问,由国务院总理周恩来陪同。

为了顺便作一些调查研究,周恩来提前两天于4月23日抵达杭州。当日下午,周恩来参观了玉泉寺、龙井制茶厂、龙井村小学,访问了一户茶农。晚上,周恩来找省委领导谈话,听取省委第四次全会(扩大)和全省宣传工作会议的情况汇报。4月24日,周恩来到杭州人民大会堂出席省委第四次全会(扩大)和全省宣传工作会议,向与会的2000多名县、市以上党员干部作了《关于正确处理人民内部矛盾的几个问题的解答》的报告。着重讲了问题的提出、新形势和新方针、正确处理人民内部矛盾、长期共存和互相监督、百花齐放和百家争鸣以及社会关系等诸方面的问题。下午,周恩来参观了九溪十八涧、云栖古庙、竹径、屏风山工人疗养院等地。晚上,参加晚会,观看了京剧大师盖叫天的演出。

4月25日上午,杭州桃花盛开,柳枝垂翠,旌旗飞扬。伏罗希洛夫主席在贺龙副总理、彭真副委员长的陪同下抵杭,周恩来与浙江省省长沙文汉、省委第一书记江华到杭州笕桥机场迎接。杭州市民如过节一般,倾城出动,20多万人夹道欢迎。

下午,周恩来陪同伏罗希洛夫主席参观了都锦生丝织厂。这是周恩来第二次来到都锦生了,他边走边向伏老介绍说:"解放前这个厂很小,只有40多个工人、10多台手拉机,工厂也在郊区。"在轧花部,伏罗希洛夫仔细地看了五台轧花机以及把意匠图变成花版的过程,不住地赞许着,"太美了,太美了!"。离开时问周恩来:"这些机子是不是自己制造的?"周恩来笑着说,全是我国自己制造的。

见到青年革新能手王祖寅,周恩来问起上次关注过的8×8多梭箱织机的更新情况,当得知设备已经试制成功、正在试产时,周恩来紧紧握着这位主要研制人的手,鼓励说:"要不断试验,不断提高我国丝织机械的质量。"

周恩来又握住另一位老工人沾满油泥的手,连声说:"你辛苦了!"并问:"这样的机器,外国有没有?"老工人回答:"没有。"周恩来高兴地说:"好!"又说:"要大搞技术革新,回去多搞几台,给外国人看看。我们不要在外国人后面跟,应该超过外国。要改造旧的,创造新的。"后来,在上海工业展览会上,周恩来一眼就认出这位老工人,亲切地说:"你是都锦生厂的吧,我认识你。"

这天晚上,浙江省省长沙文汉在杭州饭店举行盛大宴会,宴请伏罗希洛夫主席一行。宴会结束后,周恩来悄悄来到杭州"中国剧院",观看了金华越剧团演出的《孟丽君》。演出结束时,观众并不知道总理在和他们一起看戏。观众走光了,周恩来自行到后台看望演职员。周恩来坐在地板上和他们聊了80多分钟,详细地了解了他们的演出和生活情况,对这个民间职业剧团的演技以及艰苦奋斗、克服困难的精神给予赞扬。

4月26日上午10点,周恩来陪同伏罗希洛夫主席一行来到梅家坞茶叶生产合作社。梅家坞老老少少1000多人从村头排到村尾,敲锣打鼓地迎接苏联客人。周恩来一下车,就握着社长孙官顺的手问:"你是哪里人?"孙官顺说:"是本地人。"周恩来满脸笑容地连说:"好,好,好。"在合作社的礼堂里,周恩来和苏联客人听取了孙官顺和副社长卢镇豪关于梅家坞自然状况、生产现状以及新旧社会对比等方面的汇报。当卢镇豪介绍说:"这房子以前是地主住的。"伏老问:"现在地主哪里去了?"周恩来幽默地说:"给他换了小房子。"卢镇豪补充道:"现在已有两个地主改变成分,并且参加合作社了。"周恩来说:"是的,我们要使资本家、地主变成自食其力的人。这是社会主义改造的结果。"

参观炒茶工场时,一位外宾看见社员炒茶都用手工,就问:"你们炒茶为什么用手工而不用机器?"社干部一时答不上来,周恩来代答:"龙井茶不光是饮料,而且是艺术品,要求色香味形俱全,要凭手工经验炒制,不能用机器代替。"周恩来接着又介绍:"炒这茶是要技术的,别的地方不大炒得好。"

在参观茶园时,周恩来被采茶姑娘的敏捷动作吸引住了,便主动迎上去握手,并指着正在采茶的小姑娘(当时只有9岁)萧正凤问社干部:"她有没有读书?"当得到肯定的回答后,周恩来脸上露出了满意的笑容,勉励萧正凤要好好学习,长大为发展龙井茶作贡献。他还指示社干部:"一定要把农村小学办好。"伏老看到小姑娘也能飞快地采茶,就欣然动手同她一起采起茶来,没想到,他竟赛不过小姑娘,引得站在一旁观看"比赛"的外宾和陪同人员哈哈大笑。伏老也笑着说:"别看她年纪小,这门技术可已经掌握了。"伏老采摘过的那棵茶树后来被命名为"中苏友谊茶"。周恩来顺手拿过一位姑娘的箬帽和茶篓,兴致勃勃地招呼:"来,来,来,大家都来跟她学采茶。"一边说,一边采起茶来。

晚上,周恩来陪伏罗希洛夫主席观看了上海越剧院王文娟、筱桂芳主演的《追鱼》。

4月27日上午,周恩来、沙文汉陪同伏罗希洛夫一行漫步苏堤,游览花港观鱼和虎跑。苏堤漫步时,伏罗希洛夫和周恩来畅谈中国戏剧。周恩来介绍了中国戏剧的特点,说中国戏剧是音乐、舞蹈、歌唱、道白、动作相结合的综合性艺术。伏罗希洛夫主席对中国戏剧非常赞赏,他说:如果世界上各民族的艺术都一样就没有意思了。周恩来说:所以我们要提倡"百花齐放"。周恩来对伏老讲:"等会我要带你去见一位老人,他叫马一浮。马一浮先生是我国著名的学者、理学家。"伏老说:"好"。一行人步入蒋庄时,周恩来对沙文汉说:"我们非常尊重马一浮老先生,把马老作为党的老朋友来对待。"周恩来亲自前往马一浮所住的"香岩阁"楼下叩门,翘首向楼上高声问道:"马老在家吗?"周恩来亲切地把迎到门前的马老介绍给贵宾。伏老看到这样一位银须垂胸的蒋庄主人,深怀敬意,高兴地将马老拥在中间合影留念。

晚上,周总理陪同伏罗希洛夫主席,在杭州人民大会堂观看了盖叫天主演的《恶虎村》。演出结束后,伏老由周恩来、贺龙、沙文汉等陪同,上舞台向盖叫天献花、祝贺。伏老事先听周恩来说过盖老断腿折臂的故事,所以第一句话是:"您真是英雄!"伏老把他的评价带回苏联,之后苏联文化界人士专程访问盖老,1960年苏联百科全书录有盖叫天的小传。

4月28日上午,伏罗希洛夫主席一行离杭前往广州访问,周恩来到机场送行。送别后,周恩来在机场和采访的记者们谈了话,并和记者、少先队员、军乐队员以及工作人员分别合影留念。周恩来还与工业劳动模范陈有生、张杏花以及出席全国青年社会主义建设积极分子大会的代表、梅家坞村卢镇豪等人一起拍了照。当日周恩来离杭赴沪。

(徐斌 执笔)

23. 周恩来五访梅家坞

　　浙江是周恩来的祖籍。他说:"我有两故乡,一个在绍兴,一个在淮安。"他在南开学校的毕业文凭和赴法留学的证件上,填写的籍贯都是浙江会稽或绍兴。早在抗日战争的烽火岁月里,周恩来曾于1937年和1939年两度到浙江。新中国建立后,他27次到浙江,对浙江的社会主义建设事业作出过许多重要指示,与故乡的人民群众结下了深厚的友谊。周恩来五访梅家坞,就是其中一段动人的佳话。

　　梅家坞位于杭州五云山下,是西湖龙井茶的著名产地,距今已有600多年的历史。这里青山环抱,茶香满园。从1957年起,周恩来先后五次来到这里,了解人民生活,关心茶乡建设,并把梅家坞介绍给外国友人。

　　1957年4月26日上午,周恩来陪同苏联最高苏维埃主席伏罗希洛夫一行到梅家坞参观访问。这是新中国建立后周恩来第二次来杭州。他们听取了关于梅家坞自然状况、生产现状以及新旧社会对比等方面情况的介绍。当介绍到解放前村民生活艰苦,靠吃"六谷糊儿"度日时,翻译人员不知为何物,周恩来插话说:"就是苞米面。"

　　参观炒茶时,一位外宾看见社员炒茶都用手工,就问为什么不用机器炒茶。社干部一时答不上来,周恩来代为回答:龙井茶不光是饮品,而且是艺术品,要求色香味形俱全,要凭手工经验炒制而不能用机器代替。炒这茶是要技术的,别的地方不大炒得好。他还把龙井茶"色翠、香郁、味醇、形美"的特点介绍给苏联客人。

　　1958年1月3日上午,周恩来专程到梅家坞调研。事前没有打招呼。只有会计一人留在办公室里。他给周恩来泡了一杯茶。周恩来一边喝一边拉家常,问他家里的生活情况和合作社的生产情况。不一会,出去的社干部都回来了。周恩来要他们陪同到群众家里转转。离开办公室前,周恩来把杯里的茶叶扒进嘴里咀嚼,在场的人都惊讶不已。周恩来笑着说:"你们啊,不懂得喝茶,这么好的茶叶,倒掉多可惜。"他接着又补充说:"茶叶是凉性的,吃了对眼有好处。"

周恩来走到社员翁双泉家和卫生站,对梅家坞的卫生工作表示满意。走出卫生站,周恩来看见农机员吴涵芬,就问她干什么工作。陪同的社干部介绍,吴涵芬是茶叶试验站的试验员,是到梅家坞来试验茶叶品质的。周恩来说:"原来是个茶叶专家。"周恩来询问了都有哪几项试验、种茶以什么土为好等问题,并鼓励吴涵芬:"既要向书本学习,更要向实践学习。"周恩来还叮嘱社干部:"能种茶的地方尽量种茶,但要兼顾树林;宜养林的地方要养林。这个问题,你们应研究研究。"

第二天下午,周恩来第三次来到梅家坞。在梅家坞小学的一间教室里,召集社干部和部分群众举行座谈会。他与每个参加座谈会的人握手,并询问了他们的姓名、年龄、职务、家庭情况等。他对大家说:"中央有个决定,每位领导要联系一两个农业合作社,搞调查研究。我联系两个点,一个是上海郊区的棉花生产合作社,一个是你们这个茶叶生产合作社。我要和你们做朋友了,以后要经常到梅家坞来。"

座谈会上,周恩来鼓励梅家坞要多发展茶叶生产。他说:"全国农业发展纲要已经公布了,你们也该有个规划。"他认为,梅家坞应以茶叶为主,发展多种经营;农村要发展家庭畜牧业,要把家庭养猪和集体养猪结合起来;要关心社员生活,改善住宅,规划村庄;要办好学校,改善一系列福利措施;要勤俭办社,勤俭持家;茶园要向电气化、机械化方向发展;要搞好卫生工作。

周恩来还关心地问起了梅家坞的计划生育情况。他说:"任何东西都要有计划,生产要有计划,增加人也要有计划。希望大家做好计划生育工作。"他还对社干部说:"计划生育要走群众路线,要做好宣传,讲清道理。"这次座谈会一直从下午4点开到晚上8点,整整四个小时。

1960年12月23日上午,周恩来第四次来到梅家坞。这次本来安排他陪西哈努克亲王参观梅家坞,但由于此前参观都锦生时,工人们都围着周恩来,不自觉地冷落了客人。为避免出现类似情况,周恩来决定由陈毅副总理兼外交部长陪同西哈努克亲王,自己利用这段时间,深入茶农家中,了解情况。当他再次来到社员翁双泉家,亲切地握住翁双泉的手说:"我是老客,来过你家。"他还特地去看了翁家的猪圈,当看到猪圈里养着五头肥猪时,他深沉地说:"我第一次来时,还有三家养猪,现在只剩下一家了。看来,养猪还是集体和个人都养较好。"

1963年1月6日上午,周恩来和陈毅陪同锡兰(今斯里兰卡)总理班达拉奈克夫人参观梅家坞。周恩来让大队干部坐在中间,向客人介绍情况,自己则坐在旁边。当介绍到采茶能手、全国"三八"红旗手沈顺招时,周恩来特意把沈顺招请到自己身边,拉着她的手给班达拉奈克夫人看,并说:"龙井茶这样美好,就是由这灵巧的双手采制出来的。"他还对沈顺招说:"要牢记毛主席的教导,虚心使人进步,骄傲使人落后。"

随后,周恩来陪同班达拉奈克夫人访问梅家坞小学。这是一所从破庙的废墟上建起来的小学。周恩来每次到梅家坞,总是要到这所学校看望小朋友,了解学校的教育和学生的学习情况,并与邓颖超一起为学校捐了钱。周恩来走到一间教室的窗口边,站在那里默默地注视着认真听课的学生。过了一会,他走进教室,一边询问学生的学习情况,一边翻看学生的作业本,并向班达拉奈克夫人解释了墙上"好好学习,天天向上"的含义。参观完学校,周恩来与在场的教师们一一握手告别。

周恩来五访梅家坞,在梅家坞村民心中留下了永远的记忆。为了纪念周恩来,缅怀他的丰功伟绩,梅家坞村民自筹资金,将当年接待周恩来的梅家坞129号修建为"周恩来总理纪念室"。1998年3月2日,在周恩来诞辰100周年前夕,一尊高100厘米、宽80厘米、青铜制作的周恩来铜像安放于纪念室中,以表达梅家坞人民对人民的好总理的永久怀念。

（曾林平 执笔）

24. 新安江水电站开建

1957 年开建的新安江水电站(厂),是中国第一座自行设计、自制设备、自己施工建造的大型水利发电站,被人们誉为"长江三峡的试验田",是社会主义制度能够集中力量办大事的范例,是中国水利电力事业上的一座丰碑、中国人民勤劳智慧的杰作。

新安江,即古浙江,又名徽港、歙港,为钱塘江正源。它始源于皖赣交界的怀玉山脉。流域地质以沉积岩为主,地形西高东低,气候温暖湿润,雨量充沛,年平均降水量 1756 毫米,径流量 112.6 亿立方米,且滩多流急,河床坡降大,具备建造大型水电站的优越条件。

早在 1947 年,曾由省政府、钱塘江水电勘测处组织水力资源勘测队,对新安江流域进行地形测量和初步地质勘探,提出可供遴选的坝址,并拟就了一个三级开发的草案,但未及付诸实施。

1949 年新中国成立后,随着国民经济的迅速恢复和发展,经济较发达的长江三角洲地区,尤其是上海的电力供需矛盾日趋突出,亟须发展区域性大电站和大电力系统。为此,燃料工业部和浙江省人民政府于 1952 年秋着手新安江水力资源勘测调查。1954 年 8 月,编成技术经济调查报告。1955 年春,由上海水力勘测设计院负责全面勘测设计工作,并于当年 11 月选定建德县境的铜官峡谷上段为电站初步设计坝址。1956 年 5 月,电力工业部新安江水力发电工程局成立,组建完成新安江水电站工程建设施工队伍。6 月 20 日,国务院正式批准将已列为国家第二个五年计划(1961—1965 年)的建设项目——新安江水电站工程(代号 403 工程),提前列入第一个五年计划(1956—1960 年)中的 1956 年计划。

新安江水电站工程是在中国缺乏建设大型水电站经验、国家经济基础相当薄弱的情况下启动的。1957 年 4 月 1 日,电站主体工程开工。1959 年 9 月 21

日,大坝截流,开始蓄水。1960年4月22日,第一台7.25万千瓦水轮发电机组(4号)投产,向浙西地区110千伏系统送电。之后,相继有7台机组投入发电。直至1977年10月,最后一台机组(8号)投产。电站最终为9台机组,装机总容量66.25万千瓦。

电站拦河大坝坝段设铜官峡谷上段,为混凝土重力坝厂房顶溢流式水力枢纽型式。大坝全长466.5米,高105米,是当时国内第一座百米以上的高坝;坝顶高程115米,中部设泄孔9个,最大泄流量13200立方米/秒。发电厂房设在坝内,开关站设在大坝下游右岸山坡两级平台上,建有220千伏和110千伏输出线各4条。

新安江水电站是在党和国家的领导下,在上海、浙江、安徽、江苏三省一市人民大力支援和国内几十个科研机构、大专院校及有关工厂密切协作下,自力更生、艰苦奋斗的成果。电站建设人员由国家电力工业部、中共中央上海局、浙江省委和上海市委集中调配,分别来自水电建设总局,上海水电设计院,官厅、三门峡、丰满等水电站和浙江省有关地、县。施工高潮期的1958年,平均月出工人数近1.7万人,1959年4月最高时达2万人以上。电站施工经历了一个土法上马,从土到洋,土洋结合的过程,从人力加小机械开始,发展到土石方开挖、砂石料采掘及混凝土拌和、运送、浇捣实现机械化、系统化的过程,曾创造土石方日开挖6000立方米、砂石料日生产8800立方米、混凝土日浇筑9500立方米的全国水利工地最高纪录。工程进度快、质量好、投资省、效益大,反映了国家水电建设的优异水平,其在科研、设计、施工、设备制造等方面的创新和发展,为国内水电建设积累了经验。1978年,新安江水电站工程荣获全国科学大会科技成果奖。

新安江电站水库设计具有多年调节性能,坝前水位108米时,库区面积580平方公里,库容178.4亿立方米,防洪库容为9.5亿立方米。电站以蓄水发电为主,兼有防洪、灌溉、航运、养殖和旅游等综合效益。多年平均发电量为18.6亿千瓦时,电站建成投产于1960年,至今已安全稳定运行40多年,为国家建设大型水电站积累了宝贵经验,也为国内多座大中型水电站培养了大量人才。

电站建设和运行期间,周恩来、朱德、郭沫若、叶剑英、李先念、朱镕基、乔石、李鹏、温家宝等党和国家领导人曾亲临视察。周恩来1959年为新安江电站题词:"为我国第一座自己设计和自制设备的大型水力发电站的胜利建设而欢呼!"

浙江省的经济发展世人瞩目,但经济的快速发展对电力电量的需求也增长较快。浙江电网电力电量供需矛盾和调峰容量短缺的矛盾也日益突显，迫切要求有调节性能的水电站投入运行。滩坑水电站就是在这样的背景下开始动工兴建的。滩坑水电站是国家"十五"规划期间浙江省实施建设的最大规模水电工程。电站位于浙江省青田县境内的瓯江支流小溪中游河段。距大溪小溪汇合口约26公里，距青田县城西门32公里。

滩坑水电站的最初动议开始于1956年对瓯江流域的规划。由于各种政治运动的干扰，直到1979年才提出了《瓯江流域规划报告》。在1980年3月召开的流域规划审查会上，通过了水力部华东水电设计院推荐的梯级开发方案，并与日本合作进行滩坑工程的可行性研究工作。经1984年3月杭州《滩坑水电站可行性研究报告》审查会通过。1985年1月，水电部以(85)水电水规字第129号文批复，开始由华东院开展初步的勘测设计工作。1993年8月《滩坑水电站项目建议书》上报国家计委和电力部。2001年10月，组建成立滩坑水力发电厂建设筹备处。2003年5月13日，《滩坑水电站工程项目建议书》经国务院第8次常务会议审议通过。2004年8月6日，国家发改委印发了《关于浙江瓯江滩坑水电站项目核准的批复》，前期工作完成。

2004年10月31日，滩坑水电站主体工程开工，2008年4月29日，电站下闸蓄水，同年8月15日，电站1号机组并网发电，进入商业运行，2009年1月12日，滩坑电站2号机组并网发电。

按设计要求，滩坑水电站水库总容41.9亿立方米，电站装机容量3×200兆瓦(60万千瓦)，装机年利用小时1725小时。电站枢纽由拦水坝、溢洪道、泄洪洞、引水系统、发电厂房、升压站、开关站等组成。拦河大坝坝顶长506米，最大坝高162米，正常蓄水位160米。

滩坑水电站建成后送电给浙江省电力系统，成为浙江省电网乃至华东电网仅剩的一座待开发大型多年调节水库。滩坑水电站以发电为主，并兼有其他综合利用效益。可承担浙江电网的调峰、调频、调相及事故备用任务；工程建成后有利于缓解电网调峰压力，优化电源结构，也有利于浙江电网对三峡送电和西部水电的低谷电能和季节性电能的吸纳；电站投入运行后，可降低系统内燃煤火电的调峰幅度，改善浙江电网系统的运行条件，节省燃料，为系统每年节约标煤34万吨左右，减轻环境污染。

电站建成后，可利用其水库较好的调节能力，进行洪枯水量调节，更好地利用三峡来电，同时加速丽水地区中小水电资源的开发利用，带动地区经济快速发展。电站下游的青田县城地势低洼，因正在兴起城镇现代化建设，人口不断增加,县城防洪标准亟须提高,以确保人民生命财产的安全。电站建成后,结合河道整治可以使青田县城的防洪标准从目前的 3 年一遇提高到 20 年一遇。随着电站全部机组的投入使用,其各种优势将会更加显现,为浙江的经济建设作出更大的贡献。

（朱健 执笔）

25. 马寅初提出《新人口论》

　　1957年7月3日,全国人大浙江代表、北大校长马寅初在全国一届人大四次会议上作了题为《新人口论》的发言,振聋发聩,影响深远。

　　1953年,新中国进行了第一次全国性的人口普查。此次普查结合选民登记同时进行,当属中国历史上首次运用现代调查方法的全国性人口普查工作。确定以1953年6月30日24时为全国人口调查登记的计算标准时间。考虑到当时人民的文化水平较低,农村中连中学生都很少,登记表只确定了最急需的五个普查项目:姓名、性别、年龄、民族、住址。登记工作于9月底前完成。11月1日,国家统计局发表关于全国人口调查登记结果的公报:截止1953年6月30日,全国人口总数为601938035人。其中城镇人口77257282人,占13.26%;乡村人口505346135,占86.74%。男子为297553518人,占51.82%;女子为276652422人,占48.18%。民国末期,中国的总人口是4.7亿,净增1.3亿多,自然增长率高达20‰。

　　马寅初以经济学家的眼光和良心,对人口数额如此迅捷地越过6亿大关忧心如焚。他以自己擅长的统计学眼光,认为这个数字和增长率还是被低估的,实际情况更为严峻。国家必须实行控制人口政策。

　　与当时国内有识之士有所不同的是,马寅初是将控制人口放到国策的位置上来对待的,所以,他格外慎重、严谨,以自己充分掌握资料的一贯治学风格,花了三年时间实地考察。浙江,就去过三次,他说:"旧时代的浙江分成十一个府,我跑了十个。"此外,还视察过江西、陕西、山东、上海、江苏、广东、湖北、河南和北京郊区。每到一处,无不关注人口问题。

　　马寅初一边调研,一边思考,及时地总结并提交报告以促进政策层面的转变。然而,这个过程并不顺利。1955年夏季,根据在浙江、上海等地的调查材料,马寅初写了一份"控制人口"的发言稿,准备在一届人大二次会议上提交。会前,他将发言稿交浙江代表团小组征求意见,遭遇群起而攻之。然而,马寅初的观点一度对中央高层产生了积极影响。1955年至1957年初期间,国家领导人多次表示赞成控制人口。但是1957年夏季"反右"开始后,认为社会主义不存在人口问题的观点高涨,毛泽东的想法又转向"人口多一点"为好。在这样的形势下,还要不要按计划在一届人大四次会议上就人口问题发言呢?反复思量后,马寅初感到国家利害事大,个人得失事小,于1957年7月3日毅然而又不合时宜地阐述了他的《新人口论》。提案认为,经过土改,阶级矛盾已经解决。今后的矛盾主要是生产矛盾。人口多,资金少,也是一个很重要的矛盾,控制人口刻不容缓。并说政府若不设法控制,将来农民难免会把党的一切恩德变为失望与不满。解决的办法就是计划生育。

7月5日,《人民日报》以人大代表提案形式作了全文发表,引起了社会各阶层的广泛关注。《新人口论》共分十个问题:一、我国人口增殖太快;二、我国资金积累得不够快;三、我在两年前就主张控制人口;四、马尔萨斯的人口理论的错误及其破产;五、我的理论在立场上和马尔萨斯是不同的;六、不但要积累资金而且要加速积累资金;七、从工业原料方面着想亦非控制人口不可;八、为促进科学研究亦非控制人口不可;九、就粮食而论亦非控制人口不可;十、几点建议。

在当时社会主义社会永远不会存在人口问题的思想还占据着主流地位,人多劳力多、国力盛的观念普遍流行的时代里,马寅初不仅旗帜鲜明地提出"节制生育"、"控制人口增长"问题,而且是提高到国策的高度。为了说明人口的重要性,甚至不顾轻重地将人口矛盾与毛泽东刚刚提出的"人民内部矛盾"相提并论。他说:"1956年在全国范围内基本上实现了农业合作化,中国农民肯定地走了社会主义道路,从而基本上解决了这个两条道路的矛盾。那么现在还有没有矛盾呢?矛盾是有的,除了毛主席所说的人民内部矛盾这一主要矛盾外,我认为人口多,资金少,也是一个很重要的矛盾。过去的矛盾是阶级矛盾,现在的矛盾主要的是生产矛盾。"

马寅初认为,中国人口问题具有相对过剩的性质,是属于人口压迫生产力的类型。人口增加得太快,资金积累的必然太慢,"过多的人口,就拖住我们高速度工业化的后腿,使我们不能大踏步前进"。"我国人口太多,本来有限的国民收入,被六亿多人口吃掉了一大半,以致影响积累,影响工业化。因此,中国人口如继续这样无限制发展下去,就一定要成为生产发展的阻碍"。这是属"人口压迫生产力"之类。

为了避免不必要的麻烦,给人以批判的口实,马寅初用了两节的内容来批评马尔萨斯的人口理论,说明此"马"与彼"马"的本质不同。马尔萨斯所炮制的"两个级数"的矛盾,已随着科学的发展,粮食的迅增而破产,其出发点更是为英国反动政府辩护的。"他的人口理论无异于告诉工人们说,工人们的普遍贫困,不是政府之过,主要是由于人口增加太快,而粮食增加太慢引起的"。"马尔萨斯从掩盖资产阶级政府的错误措施出发,我则从提高农民的劳动生产率,从而提高农民的文化和物质生活水平出发。让我用中国的实际情形来说明这个不同之点"。他通过分析大量资料说明,人口陡增已造成两难之境,"我们的国民收入只有这么一点,分为积累和消费两部分。积累多了,消费就少了,对于人民的生活难免照顾得不够;反之,消费多了,积累就少了,就必然推迟工业化的完成"。"所以对于人口问题若不早为之图,难免农民把一切恩德变为失望与不满,不免给政府带来很多的困难"。

　　《新人口论》深刻分析道,人口发展必须同国民经济发展相适应,并在量上保持一定的比例关系,否则,就会表现出许多不适应,表现出许多矛盾来,这许多矛盾实际上就是人口问题的表现形式:

　　　　1.人口迅速增长与生产设备不足的矛盾;

　　　　2.人口迅速增长与工业原料增长之间的矛盾;

　　　　3.人口发展快与资金积累慢的矛盾;

　　　　4.人口增长快与就业不足之间的矛盾;

　　　　5.人口发展快与教育事业落后之间的矛盾;

　　　　6.人口发展快与提高科学技术水平之间的矛盾;

　　　　7.人口发展快与粮食增产之间的矛盾;

　　　　8.人口质量低与发展生产之间的矛盾;

　　　　9.人口发展快与提高人民生活水平之间的矛盾。

　　为了不让这些罗列的矛盾产生刺激,马寅初特为说明,我国的相对人口过剩与资本主义根本不同。资本主义的人口过剩产生于资本主义制度本身,我国的人口相对过剩,不是产生于社会主义制度本身而是由于人口增长过快,自然资源开发比较缓慢,生产发展相对不足造成的。因而,在党的领导下,只要充分发挥社会主义制度的优越性,我国人口问题完全可以解决。比如,"就业问题的解决只不过是一个时间问题"。

　　针对实际情况,他提出了解决中国人口问题的根本途径:积极发展生产;控制人口数量;提高人口质量。并着重强调"人口与生产的关系比任何其他因素都重要"。

中国存在的人口问题,不单纯是个数量增长快的问题,更有人口质量过低的问题。马寅初指出,"我国人口的数量与质量之两不相称,几乎无人不知"。为了全面解决问题,他建议:"必须大力提高人口质量,提高人们的健康水平和知识水平。""人类已经进入了原子时代,这个时代的斗争,是知识的斗争,不是人数的斗争。"

为解决中国人口问题,马寅初提出了系统的可操作建议:

1.实行定期的人口普查,建立人口动态统计。目的是做到心中有数,给中国制定人口政策和经济政策提供准确的数据;

2.实行计划生育。这是控制人口"最好最有效的办法"。计划生育主要是计划好人口出生率,使其与国民经济发展的需要协调起来;

3.加强控制人口重要性的宣传工作。必须使每个人"都明白节育的重要性并能实际应用节育的方法"。只有这样才能收到良好的效果;

4.提倡晚恋晚婚晚育。男25岁、女23岁结婚为宜;

5.运用经济手段推行计划生育。少生有奖,多生要罚,三胎以上征重税;

6.运用行政手段控制人口;

7.运用避孕的办法,达到降低人口出生率的目的。

《新人口论》的问世,是马寅初以经济学家的眼光,在人口问题显露之初,便敏锐地认识其严重的后患,不顾风险地坦率建言,成为中华民族在这项国策上的先知。文中所言,浸透着利国利民的心血,完全站在国家利益的角度考虑问题,所提意见与措施,亦为后世所实行。但在当时却很快招来批判与围攻。马寅初坚持真理,不认错,不低头,树立了"学术尊严高于天"的光辉榜样。1979年7月,党中央为马寅初及他的《新人口论》平反。

1982年5月10日,马寅初在北京逝世,终年101岁。

(徐斌 执笔)

26. 中共浙江省二届二次
会议工作报告

在全省整风运动和反右派斗争急骤升温的背景下,1957年12月9日至13日,中共浙江省第二届代表大会第二次会议在杭州举行。出席大会的代表702名,列席人员775名,代表全省20.11万名正式党员和10.61万名预备党员。之前,还召开了代表大会的预备会议和全省四级干部会议。有332名代表在大会上和预备会议上作了口头或书面发言。会上最引人注目的是,会议召开的第一天,省委第一书记江华代表省委向会议作的工作报告。这个工作报告不仅引起了会议的广泛讨论,更引起了毛泽东的极大关注,经过他亲自组织修改,在《人民日报》发表。

江华所作的工作报告共分九个部分,2.8万余字。分议题为:"整风运动和反右派斗争";"农村工作";"工业生产和工人阶级";"财贸工作";"知识分子工作和文教工作";"资产阶级和民主党派";"肃反问题";"军事工作";"党的工作"。

在报告的第一部分,江华指出:在生产资料所有制方面基本上完成了社会主义革命以后,阶级斗争并没有完全结束。资产阶级和无产阶级的斗争,资本主义道路和社会主义道路的斗争,仍然是过渡时期的主要矛盾,只是这种矛盾主要地不表现在生产力和生产关系之间,而表现在经济基础和上层建筑之间。他接着强调:社会主义同资本主义两条道路的斗争,既可以表现为敌我矛盾,也可以表现为人民内部矛盾。但是,在我国目前的条件下,前一种情况是比较少数的,后一种情况却是大量的。

报告提出农村工作的任务是:继续开展农村社会主义教育运动;必须坚决反对右倾保守思想,进一步推动生产高潮到来;完成粮食征购销任务。

报告提出工业生产的任务是:贯彻执行在优先发展重工业的基础上发展工业和发展农业同时并举的方针;充分利用当地资源,面向农业,根据国民经济发展的需要,有计划地、积极地发展轻工业;深入开展工业、交通系统的整风和社会主义教育运动。

报告提出财贸工作的任务是:努力促进工、农业生产的发展,适当满足人民生活的需要。

报告还对省委常委、省长沙文汉,省委常委、副省长杨思一,省委常委、省人民检察院检察长彭瑞林,省委委员、省委财贸部部长孙章禄进行了上纲上线的批判。

报告要求:要把政治战线和思想战线上的社会主义革命继续进行到底,争取整风运动的全胜;同时,又多、又快、又好、又省地进行社会主义建设,巩固社会主义制度的物质基础。整风是提起一切工作的纲,整风运动的胜利,必会鼓舞全省党组织和广大群众的社会主义积极性和创造性,鼓起劲头,贯彻执行在优先发展重工业的基础上,发展工业和发展农业并举的方针,保证完成和超额完成 1958 年国民经济计划和第二个五年计划,为争取提早实现《全国农业发展纲要》而斗争。

12 月 13 日,中共浙江省二届二次会议通过了关于工作报告的决议。会议认为省委从第二届代表大会第一次会议以来,贯彻执行了党中央的各项方针、政策,完成了各项工作任务,获得了巨大的成绩。工作报告中所提的今后各项工作的方针和任务也是正确的。代表大会责成全省各级党组织认真贯彻执行。

江华报告中关于主要矛盾的说法,不仅与中共八大关于社会主义时期主要矛盾的论断不符,也与他自己当年 6 月 18 日在"关于整风问题"报告中的说法不一样。那次他说:"资本主义道路与社会主义道路谁战胜谁的问题,在我们国家的经济制度来讲,已经解决了;在政治制度上来讲,政府是党领导的,国家是无产阶级专政的国家,也解决了;但是还有一个方面未解决,即在思想领域里面,这个问题还未解决,还存在着两条道路的斗争。"

江华作报告的这天,毛泽东正好到达杭州,看到江华报告中"社会主义同资本主义两条道路的斗争,仍然是过渡时期的主要矛盾"的论断,十分高兴和重视。16 日,他即召集周恩来、舒同、曾希圣、江渭清、刘顺元、柯庆施、叶飞、江华等开会研究。17 日凌晨,他致信中央办公厅机要室主任、他的秘书叶子龙:"叶子龙同志:请于今日上午八、九时通知舒同、曾希圣、江渭清、刘顺元、柯庆施、叶飞、周总理等七位同志看《中国共产党浙江省委员会向中国共产党浙江省第二届代表大会第二次会议的工作报告》这个文件,在下午一时以前看完。其他工作,可以移到明天上午去做。毛泽东十二月十七日上午二时。"17 日下午和 18 日,毛泽东连续召集包括江华在内的诸同志谈报告的修改问题。23日下午,毛泽东又约江华、胡乔木、田家英等同志,谈报告的修改问题。

经过修改后的江华报告关于国内主要矛盾部分写道:"在生产资料所有制方面基本上完成了社会主义革命以后,资本主义道路和社会主义道路的斗争,仍然是过渡时期的主要矛盾。""社会主义同资本主义两条道路的斗争,既可以表现为敌我矛盾,也可以表现为人民内部矛盾。但是,在我国目前的条件下,前一种情况是比较少数的,后一种情况却是大量的。"按照毛泽东的指示,这篇报告由《人民日报》于1957年12月28日发表,题为《坚持党的正确路线,争取整风运动在各个战线上全胜》。《人民日报》在编者按中指出,江华同志"报告的第一部分所涉及的问题不是地方性的而是全国性的。究竟什么是过渡时期的主要矛盾?怎样认识两个阶级、两条道路之间的矛盾和人民内部矛盾的关系?为什么党在一个时期强调人民内部矛盾,而在另一个时期强调阶级斗争?这些重大问题是大家所关心的。江华同志在他的报告里,根据党中央和毛主席的指示,作了正确的解答"。

《人民日报》12月29日又为此专发了社论《一次收获巨大的省党代表大会》。社论指出,"浙江省党代表大会的特点之一是讨论了当前国内的阶级关系和过渡时期的主要矛盾问题。这是全党和全国人民所关心的一个重大问题。……这说明,即使所有制改变了,社会主义和资本主义两条道路的斗争仍然存在,这一斗争还是过渡时期的主要矛盾"。

毛泽东修改浙江党代会报告的思路,深化为他对全局性的基本看法。1957年12月25日,柯庆施在中共上海市第一届代表大会第二次会议上作了《乘风破浪,加速建设社会主义的新上海!》的报告。毛泽东在杭州审阅了这一报告,并作了修改。柯庆施报告的第一部分说:"在阶级矛盾消灭以后,正确和错误、革新和守旧、先进和落后、积极和消极这类矛盾,仍将不断地在各种不同的条件下和各种不同的情况中出现。而人类社会也就将在不断地克服这类矛盾的过程中不断前进。"毛泽东在这一段话后面加写了"矛盾永远是推动人类社会前进的动力"。

通过发表江华以及柯庆施的报告,毛泽东关于无产阶级和资产阶级的矛盾是国内主要矛盾的观点,就这样公之于世了。

(王祖强 执笔)

27. "沙杨彭孙"冤案与
浙江"反右运动"

　　1957年12月13日,当中共浙江省第二届代表大会第二次全体会议根据毛泽东、中共中央的意图,通过《关于开除右派分子沙文汉、杨思一、彭瑞林、孙章录(禄)党籍的决议》时,全国为之震惊。沙文汉因此成为全国职位最高的"党内右派";浙江省委"揪出"的这四位"党内右派"的规模与气势在全国也屈指可数。"沙杨彭孙"案把浙江的反右派斗争推向了高潮。

　　沙文汉,浙江鄞县(今宁波市鄞州区)人,1925年17岁时参加革命,时任省委常委、浙江省省长;杨思一,浙江诸暨人,1930年29岁时参加革命,时任省委常委、浙江省副省长;彭瑞林,山东益都人,1931年19岁时参加革命,时任省委常委、浙江省人民检察院检察长;孙章录,江苏无锡人,1937年22岁时参加革命,时任省委委员、省委财贸部部长。4人均为早年投身革命,属于为中国人民的解放事业和社会主义的建设事业作出了很大贡献的老同志。

　　会议的揭发材料称:"沙文汉和杨思一两人已经完全堕落成为资产阶级在党内的代理人。在今年春天大鸣大放期间,沙、杨两人和党内外的右派分子一唱一和,互相支持,亲如兄弟。沙文汉积极支持右派分子宋云彬、李士豪、陈修良等对党的猖狂进攻。杨思一同李士豪的关系极为密切,多方掩饰李士豪的反动面貌。在反右派斗争中,沙文汉、杨思一两人又狂妄地抗拒中央的方针和省委的指示,千方百计地包庇宋云彬和李士豪,破坏反右派斗争,并且在事后还多方掩饰,拒不交代。"

　　材料声称:"彭瑞林在最近整风期间,在省委第七次全体会议上,利用大鸣大放的机会,恶毒地向党进攻,诽谤省委是右倾机会主义,诬蔑省委常委会'有负中央负责同志、有负党代表大会和省委会的委托',完全否定了省委领导的正确性。"

材料还称:"孙章录几年来在党内进行了一系列的反党宗派活动。他经常搬弄是非,煽动对党不满情绪,企图制造党的分裂。去年全省党代表大会期间,他是反党宗派活动的主谋者。他为了达到个人的卑鄙目的,背着主席团召开会议,组织破坏性的发言,造成会议的混乱,并且和彭瑞林等结合起来,反对党的领导,一度使会议形成两个中心,使领导有陷于分裂的危险。"

代表大会经过"讨论"以后,一致决议:"沙文汉、杨思一、彭瑞林和孙章录是党内的右派分子,决定撤销他们党内的一切职务,开除党籍,在党内外公布,并且向有关方面建议撤销他们的一切行政职务。"

事实上,浙江的整风反右派斗争开始于1957年4月。起因在于当时国际国内的紧张因素,特别是1956年下半年到1957年上半年的所谓群众闹事事件。这些群众闹事事件的发生并非偶然,党内严重的主观主义、官僚主义、宗派主义思想作风是其主要原因。其时,毛泽东认为:"我们的党和工人阶级要能够进一步地更好地领导全社会的改造和新社会的建设,要能够更好地调动一切积极力量,团结一切可以团结的人,并且将消极力量转化为积极力量,为着建设一个伟大的社会主义国家的目标而奋斗,必须同时改造自己。"周恩来在杭州所作的关于整风的报告中也说:"正确对待人民内部矛盾的问题,首先要把共产党搞通。""为着要把共产党首先搞通,所以我们主张在现在开始自上而下地进行整风。"

4月27日,中央发出《关于整风运动的指示》,决定在全党进行一次以正确处理人民内部矛盾为主题,以反对官僚主义、宗派主义和主观主义为内容的整风运动。此前,浙江已经做了不少整风的准备工作。4月中下旬,浙江接连召开了多次全省性的会议,学习讨论毛泽东《关于正确处理人民内部矛盾的问题的讲话》精神。省委还组织召开政协会议,指示统战部召开一系列的座谈会,各大专学校和部分省级机关也从5月下旬开始大"放"大"鸣"。

5月21日,省委下达《关于执行中央〈关于整风运动的指示〉的计划》,决定在全省开展整风运动。《计划》规定县以上党组织和大专院校的党组织的整风运动到1957年底基本结束。

全省机关学校民主党派都积极响应,展开了热烈讨论,对各方面的工作提出批评意见。5月28日,在省工业厅党组召开的高级技术人员座谈会上,基本建设处有同志对省委几位负责同志提出了尖锐的批评,认为省委本行业的领导是:"好大喜功,轻率专断。"

在"放"、"鸣"的过程中,浙江与全国其他地方一样,也出现了比预期要多得多的不满和意见。部分大专学校学生罢课、罢考,贴大字报,还到报社门口抗议、上街请愿。各地的情况引起了毛泽东的高度警觉,从5月中旬开始,中央连续发出内部指示和文章,要求在适当时机反击在整风中暴露出来的"右派"。浙江的党组织也同样进行着反击右派进攻的准备。5月23日,江华在主持省委常委会研究整风规划时指出:整风主题是正确处理人民内部矛盾,这里面着重解决与知识分子的关系问题。情况千变万化,很复杂,省委主要抓大专院校和机关,对党外人士的批评要收集。综合各方面的情况,要有几个同志坐下来加以研究辨别是非,对反动的、错误的言论如何组织力量反驳。6月8日,中央发出反击右派的指示。18日,江华在省市机关及大专院校党员干部会议上作《关于整风问题的报告》,要求"真正把党内外群众组织起来,在党的领导下,大家动脑筋,参加'齐放',参加'争鸣',彻底驳倒右派的反动言论,打退右派反共反人民的猖狂进攻,在政治上、思想上取得斗争的胜利"。6月19日,省委发出《关于动员工人、农民讨论和驳斥右派反动言论的通知》。此后,大规模的反右派斗争即在全省范围展开。

6月27日,省委又发出《关于各县在反右派斗争中应注意问题的通知》,要求各县组织民主党派、知识分子和机关干部划清思想界限,澄清混乱思想,统一思想认识。

1957年夏季,全国反右的形势步入高潮。中央对浙江的整风运动和反右派斗争十分重视。这一年,毛泽东于3、4月间,7月、9月、12月四次亲临浙江,而且一住就是一星期以上,对浙江的整风运动和反右派斗争直接指导。周恩来在这一年也四到浙江,亲自辅导浙江的整风运动。中共中央书记处总书记邓小平于新中国成立后第一次到浙江,也是在这一年的夏季。这么多领导人的关心和重视,对浙江省委组织领导整风运动和反右派斗争,推动力和压力都是十分明显的。

12月9日至13日,中共浙江省二届二次会议就是在这样的背景下召开的。

由于当时党对阶级斗争的形势作了错误的估计和判断,导致反右派斗争严重扩大化,把一批知识分子、爱国人士和党内干部错划为右派分子,造成了不幸的后果。整个反右派期间,全省有13563名知识分子和党政干部被戴上右派分子的帽子。浙江整风运动和反右派斗争的完全结束,大体是在1958年的夏季。

"沙杨彭孙"冤案中的当事人经受了22年之久的极不公正的待遇。沙文汉于1958年1月被安排为浙江省政协委员,1963年12月增选为常委,他在极度郁闷之中,埋头于研究中国古代史,并写出《中国奴隶制度之探讨》一书。1964年1月2日,死于肺气肿,年仅55岁。杨思一在1957年12月20日,也就是会议结束后一周便含冤去世。彭瑞林被安排为省政协委员，萧山湘湖农场副主任，孙章录被安排为富阳手工业联社副主任，都离开了省委工作。直至中共十一届三中全会以后，省委经中央批准先后发出省委[1979]51号、省委[1980]10号文件，对沙文汉、杨思一、彭瑞林、孙章录四位同志被错划为右派分子的问题予以纠正，并恢复党籍和政治名誉。1979年12月，省政协四届二次全体会议上，彭瑞林当选为省政协副主席；1983年4月，省政协五届一次全体会议上，孙章录当选为省政协副主席。

1983年12月25日，中共浙江省第七次代表大会预备会议通过《关于撤销省二届党代会二次会议开除沙文汉、杨思一、彭瑞林、孙章录同志党籍决议的决议》，文件说："1957年12月13日，中共浙江省第二届代表大会第二次会议作出了《关于开除右派分子沙文汉、杨思一、彭瑞林、孙章录党籍的决议》。党的十一届三中全会以后，省委根据党的政策，本着实事求是、有错必纠的精神，对沙文汉、杨思一、彭瑞林、孙章录同志被错划为右派分子的问题进行了认真的复查。这四位同志不存在反党反社会主义问题，不存在'共同反党'问题。因此，省二届党代会二次会议关于开除沙文汉、杨思一、彭瑞林、孙章录党籍的决议，是错误的。经党中央批准，对这四位同志的错误处理，已经改正，他们的党籍和政治名誉已经得到恢复。"

反右派斗争严重扩大化，使大批正直的有才华的知识分子和优秀的共产党员，蒙受了不白之冤，他们的家庭、亲属也受到牵连、迫害，失去了正常生活的环境。虽然他们中的大多数人在1959年至1966年间分批摘去了"右派分子"的帽子，但并没有从根本上澄清是非，解决问题。更为严重的后患还在于对思想言论权力的摧残。大量的所谓右派言论，只是对党在具体工作中的缺点错误所提出的批评，甚至只是对党的某个基层组织或者某个领导人提出批评，都被当作右派言论进行批判，并作为划右派分子的根据。反右派中的这种做法和后果同毛泽东发动整风运动以造成生动活泼的政治局面的主观愿望相反，给国家政治生活带来了严重的消极影响。党的知识分子政策和"双百"方针的贯彻，受到了极大的妨碍，在很长一段时间里，社会上听不到讲真话的声音，给党和国家的事业带来了重大损失，这是令人痛心的教训。

（王祖强 执笔）

28."一·五"计划提前完成

1957 年 3 月 21 日,浙江省"一·五"计划规定的地方工业总产值提前 9 个月超额完成;4 月 30 日,浙江省"一·五"计划中关于基本建设的计划提前 8 个月完成;到 1957 年底,浙江的第一个五年计划任务宣告胜利完成。

1951 年,中央决定编制"五年计划",把 1953 年到 1957 年作为发展国民经济的第一个五年计划时期,并要求政务院立即着手编制计划的各项准备工作。同时,中央也向各地布置了编制地方长期计划的任务,要求从 1952 年起做准备工作。浙江省从 1953 年开始着手编制和实施第一个五年计划,几经上下,反复修改,形成《浙江省 1953—1957 年国民经济计划(草案)提要》,省人民委员会于 1955 年 2 月上报中央,同年 7 月全国人大一届二次会议审议通过国家"一·五"计划,11 月,国务院 72 号令下达了《浙江省发展国民经济计划的第一个五年计划(1953—1957 年)》,12 月 7 日,省人民委员会办公厅[55]办秘字 11814 号文转发各厅局和各市地执行。省委对"一·五"计划的制定和实施十分重视,多次召开省委常委会议进行研究,并于 1955 年 12 月 13 日至 20 日,召开中共浙江省第五次代表会议,通过《关于保证完成与超额完成浙江省在国家发展国民经济的第一个五年计划中所担负的任务的决议》。这是浙江历史上编制的第一个中长期计划。

浙江省第一个五年计划的基本任务是:首先应尽一切可能从发展生产中为国家积累资金、培养人才以及支援重点建设。同时,大力开展以互助合作为中心的农业增产运动,积极增产粮食、棉花、油料作物及其他工业原料,副食品与各项可供出口增加外汇的土特产,以支援工业发展及适应城乡人民日益增长的对各项主副食品的需要;积极地整顿、改造与发展地方工业,有计划地指导手工业的改造,以增加对农业生产资料及当地所需要的日用品的生产,以充分发挥地方工业、手工业面向农村，为农业增产及当地居民需要服务的积极作用。在工农业发展的基础上，相应地发展商业、交通运输业，适当地发展社会文教福利事业，有计划地研究并组织全省剩余劳动力的调配工作，以逐步提高人民物质文化生活水平。在以上工作中，均应稳步地增长社会主义经济成分，并为完成国家对个体农业、手工业以及资本主义工商业的社会主义改造奠定初步基础。

浙江"一·五"计划包括十个部分的主要内容：国民经济恢复时期的基本情况及全省第一个五年计划（草案）编制的根据；1953—1957年国民经济计划总规模；工业生产计划；农业、林业生产计划；商业计划；交通运输计划；基本建设计划；劳动工资、干部培训计划；文教卫生事业计划；财政收入计划。

经过全省人民的艰苦奋斗、辛勤劳动，到1957年底，浙江的"一·五"计划任务胜利完成。与1952年相比，国民收入由22.53亿元增加到33.58亿元，为1952年的146.99%；工农业总产值由30.5亿元增加到47.36亿元，为1952年的157.47%，五年中平均每年递增9.5%，其中农业递增6.1%，工业递增15.1%。全省地方工业总产值比计划指标超过10.4%，手工业总产值比计划指标超过11.6%。农业生产因为五年中有三年受灾，粮食只完成计划指标的97.1%，但棉花比计划指标超过84.4%。公路和内河货运量比计划指标超过15.7%。中小学在校学生数比计划超过1.2%。国民经济各部门新增固定资产相当于恢复时期的5倍多，各项事业欣欣向荣。

五年内，全省基本建设投资总额为5.08亿元，其中农业占8%，工业占41.3%，交通邮电业占18.3%，教科文卫占14.5%，商业占9.1%，建筑和公用事业占8.8%。在工业内部，投资主要集中在纺织、食品、机械和电力4个部门，共占工业投资总额的84.1%。投资规模虽小，但投资方向比较合理，投资效益比较显著。全省新增固定资产4.28亿元，固定资产交付使用率84.3%。

五年中，浙江以轻纺工业为主的工业迅速发展。在450多个新建和扩建的纺织、民用机械、电力等企业全部或部分投入生产，如浙江麻纺织厂、都锦生丝织厂、舟山鱼粉厂、杭州茶厂、杭州闸口电厂、西山陶瓷厂、漓渚铁矿等。白厂丝、棉纱、棉布、机制纸以及电石、砩石、明矾等的产量，1957年比1949年增加1倍以上。特别是1957年，基本建设投资总额增加到1.24亿元，占"一·五"期间五年投资总额的59.3%。1957年的工业总产值由1952年10.39亿元增加到21.02亿元，在工农业总产值中的比重由34.1%上升到43.7%。除扩建华丰造纸厂外，新安江水电站、杭州钢铁厂、绍兴钢铁厂、杭州制氧机厂、杭州锅炉厂等一批重工业骨干项目动工兴建，使浙江的工业发展跃上了一个新的台阶。

农业方面,粮食生产和多种经营全面发展。重点抓好粮食生产的同时,积极发展多种经营,国家在财力、物力上给予了有力的支持。钱塘江、浦阳江、曹娥江等十项较大的防洪灌溉工程和各地农村"社办公助"的小型农田水利设施的大量兴修,增强了排灌抗旱能力,加上开放农村集市贸易对农业的刺激,农业生产得到较快发展。到1957年,全省农业总产值达到27.01亿元,粮食产量765.5万吨,比1952年增加65.5万吨,平均亩产达到285公斤;棉花产量4.14万吨,比1952年增加2.11万吨,平均亩产39公斤。与1952年相比,生猪年末存栏数由277.9万头增加到596.8万头,水产品由20.23万吨增加到45.22万吨,造林面积由56.5万亩增加到274.7万亩,络麻、茶叶、蚕茧也有不同程度的增长。"一·五"期间,浙江做到了粮食自给,平均每年还向国家上交近50万吨。

教育卫生事业有了较快的发展。"一·五"期间的教育事业发展较快,全省共扩建了6所高等院校、47所中等专业学校、119所普通中学;普通高等学校的数量增加了1倍, 在校生由0.47万人增加到1.23万人;中等学校的数量增加近1.3倍,在校生由6.21万人增加到24.1万人;小学学校数量增加0.6倍,在校生由84.1万人增加到188.7万人。大中小学的教职员工数,由建国初的5.39万人增加到9.58万人。另外,幼儿园数量增加4.5倍,在园幼儿数增加8.2倍。职工参加各类业余学校学习的有7.6万人,全省农村扫除文盲83.5万人,文盲比例从解放初的80%以上,下降到60%左右。卫生事业也取得显著发展,新建、改建医院、疗养院84个;同1952年相比,医院、门诊部(所)由1135个增加到3910个,专业卫生技术人员由2.1万人增加到3.48万人, 医院床位由0.67万张增加到1.11万张,一个全省性的卫生保健网初步形成。新建和改造了三个血吸虫病防治所,并在血吸虫病严重流行的地方,成立了16个县一级的血防站,危害浙江农村最严重的血吸虫病得到了一定的控制。

在生产发展的基础上,城乡人民的物质文化生活有了提高,城市居民的就业问题基本解决。

浙江"一·五"计划及其各年度计划,总体上是积极稳妥的,符合经济发展的实际情况。1953年到1957年,是浙江的国民经济和社会事业发展得最好的时期之一,在此期间积累的经验也为后来所借鉴。

(王祖强 执笔)

29. 毛泽东访问小营巷

1958 年 1 月 5 日,天气晴朗,万里无云。冬日的阳光照得大地暖融融的,带给人们一种特别舒适的感觉。这一天,毛泽东来到杭州小营巷视察。从此,过去鲜为人知的小营巷名闻全国。

小营巷是杭州为数不多的历史街区,长约 300 米,宽仅 3 至 5 米,整条小巷与解放路、庆春路平行,是闹市区中的安静小巷。据《杭州市志》记载,小营巷在南宋时曾为朝廷禁卫军金枪班、银枪班的驻地,现街区内犹存"银枪班巷"。因有禁卫军小营部队驻扎,故人称小营巷。又据记载,太平军二次攻克杭州后,镇守杭州的太平军主将听王陈炳文在此设指挥部,俗称听王府。因此另一说法是,小营巷曾为太平军营地而得此名。1949 年前,小营巷遍地垃圾污水,满天苍蝇蚊子,许多人被霍乱、痢疾、疟疾等传染病夺去了生命。新中国成立以来,小营巷居民把爱国卫生工作作为第一任务来抓,居民们在居委会干部的带领下,每天一小扫,五天一大扫。房子虽然有些陈旧,但家家都是一尘不染,爱国卫生工作一直搞得很好,是杭州城里的模范标兵。许多外宾到杭州来访问,都要到小营巷参观卫生工作。

毛泽东非常重视人民群众的身体健康,1952 年,向全国人民发出了"动员起来,讲究卫生,减少疾病,提高健康水平"的伟大号召。全国人民齐声响应,全民上阵,清洁卫生,掀起了一场轰轰烈烈的爱国卫生运动。1957 年 12 月 12 日,毛泽东来到杭州,所关注的事项中就包括人民群众的卫生情况。1958 年 1 月 3 日,他在杭州为中共中央起草了《关于在全国开展以除"四害"为中心的爱国卫生运动的通知》,提出"今冬必须在全国各地开始大举进行以除四害为中心的爱国卫生运动,各地尚未动员的必须立即动员起来,杭州市已决定两年内基本肃清四害。"

1月5日上午,毛泽东准备离开杭州。他问起杭州的卫生情况,陪同的人员都说小营巷的卫生工作做得最好。于是,毛泽东决定到小营巷看看卫生工作。在浙江省公安厅厅长王芳和杭州市委书记处书记王平夷陪同下,毛泽东来到了小营巷。

走下汽车,小营巷给毛泽东的第一感觉,就是街头巷尾干干净净,清清爽爽,没有垃圾纸屑,也很少有痰迹。在那些很陈旧、但擦洗得很干净的大门上,都贴着写有"清洁"两字的红纸条。毛泽东心情很舒畅。他走进61号墙门,看见两个姑娘正在聚精会神地下棋。下棋的两个姑娘,一个是女工何天瑞,一个是中学生戴桂芳。她们一抬头,突然怔住了:毛主席?毛泽东向她们伸出了宽厚的大手:"你们做向导,带我参观好吗?"两人使劲地点头。

这时,闻讯赶来的小营巷居委会主任石侣琼和居委会卫生主任程瑜也走进了61号墙门。她们紧紧握住毛泽东的手,连声说:"毛主席好!毛主席好!"

正准备去上班的永安丝织厂青年工人郑肇勇刚跨出房门,一眼就看见了走到门口的毛泽东。他情不自禁地跑上前去,握住毛泽东的手。毛泽东问他:"你们这里卫生工作搞得怎么样?"郑肇勇觉得自己的心好像都要跳出来了,脑袋也不听使唤了,结结巴巴地回答:"我们这里的卫生工作搞得还好。"

毛泽东在大家的簇拥下向郑肇勇家走去。

毛泽东走进了郑肇勇的家。他坐下来,指着桌上的书亲切地问:"这些书是你看的吗?""是的。"郑肇勇说着,把自己的日记本交给毛泽东看。毛泽东接过日记本,很仔细地看了几页,笑着说:"很好。"他转脸又看到了郑肇勇的哥哥从厂里得来的先进工作者奖品,便问道:"你是干什么的?""我是永安丝织厂的工人。"郑肇勇随手拿了一块永安丝织厂出口的绸子给毛泽东看。毛泽东称赞说:"很好,你们一家都很好。"

出了郑肇勇家,毛泽东回头问大家:"你们这里有没有苍蝇?有没有蚊子?"大家回答:"没有苍蝇,也很少有蚊子。"

毛泽东来到小营巷的消息,很快就传开了,越来越多的人会聚到毛泽东身边。毛泽东一边向大家挥手致意,一边慢慢地向前走。

毛泽东走进了56号墙门,看到天井里一字排开三只大水缸,每只缸上都盖着一个木盖子。他走到一只缸前,揭开一个缸盖,仔细地看着。站在旁边的程瑜赶紧向毛泽东解释:"这是天雨水。"毛泽东指着水缸中游来游去的鱼好奇地问:"为什么养鱼?"程瑜回答:"鱼吃孑孓。"孑孓是蚊子的卵在水中孵化出来的幼虫,身体细长,游动时身体一屈一伸,蚊子最喜欢在天雨水里繁殖孑孓,居民们想出了在水缸里养鱼的办法。毛泽东听了程瑜的回答，高兴地说："这个办法很好，可以推广噢。"他还握住程瑜的手说："你们的卫生工作搞得不错，谢谢你们！谢谢你们！"

接着，毛泽东又走进了42号墙门。院子里的人赶紧从各自的家中跑出来迎接毛泽东。毛泽东微笑着向居民们伸出手，不停地向大家打招呼。他来到了教师胡澄章家，看到了墙壁上挂着的奖状，高兴地说："哦，原来是一位先进教育工作者，很好！"他发现胡澄章家一张床铺没有挂蚊帐，就问："不挂帐子，有没有蚊子？"胡澄章回答："没有蚊子。"

从胡澄章家出来，毛泽东又来到军属居素吾家。他走到临窗放着的书桌边坐了下来，看见桌子上有一份《杭州日报》，便拿起来问程瑜："你们都订报吗？""都订。"毛泽东高兴地点点头，打开报纸，看起了头版新闻。

此刻，小营巷的男女老少都到巷子里来了，大家把42号墙门围得严严实实。毛泽东一出来，就不断地向大家挥手致意。几个胆子大的年轻人把手伸过来要和毛泽东握手，毛泽东立即把手伸过去。这时，毛泽东看到人群中有一位胡须雪白的老人伸着手，想和他握手，可总挤不到前面来。毛泽东立刻向前两步，握住了老人微微颤抖的手，老人感动地流下了热泪。

大家簇拥着毛泽东来到车边，毛泽东上车后还不断地向人们挥手告别。居民们高呼："毛主席万岁！毛主席万岁！"直到车子远去。

毛泽东视察小营巷，给小营巷居民以极大的鼓舞。此后，小营巷居委会始终把爱国卫生作为一项重要的工作来抓，多次被评为全国卫生先进单位，成为浙江爱国卫生运动的一面红旗。为了纪念毛泽东视察小营巷，牢记毛泽东对小营巷人民的亲切关怀，小营街道专门在毛泽东视察过的地方建立了"毛主席视察小营巷纪念馆"。

毛泽东视察小营巷，也极大地推动了浙江爱国卫生运动的发展，使浙江的爱国卫生运动一直走在全国前列。除了小营巷外，湖州南浔无蝇镇的模范事迹在《浙江日报》报道后，经毛泽东推荐，《人民日报》整版转载。

（曾林平 执笔）

30. 毛泽东视察农科所

　　1958年1月5日,是个晴朗的星期天。这天上午,毛泽东视察了浙江省农科所,使一种叫双轮双铧犁的农具和浙江农业科技工作一时备受关注。

　　这天,毛泽东一进农科所的试验大楼,就注意到了走廊上摆放着的一部淡绿色的双轮双铧犁。他弯下腰来仔细察看,边看边问所长楼宇光:"这是不是你们改进的双轮双铧犁？"楼宇光说:"是的。"

　　毛泽东很内行地问所长楼宇光:"改进的犁臂是不是已经装上了？"楼宇光回答:"装上了。"毛泽东这次到农科所就是想看看改进后的双轮双铧犁。19天以前,周恩来已经视察了浙江省农科所,观看了双轮双铧犁的操作。

　　双轮双铧犁是当时国内正在推广的一种从苏联引进的新式农具,在北方推广很快,但在设计上没有考虑水田使用,因此在南方各地很难推广。浙江省农场农具管理局和浙江省农科所对原来的设计进行了三处重要的改进,试用后效果较好。正在浙江从事外事活动的周恩来,即行决定实地考察。

　　方宪章告诉周恩来:主要是因为它是铁轮子。在北方,因为是旱地,轮子不会陷进泥土里,而且是马拉犁,马与人配合得较好,又加上北方是大块土地,所以比较好推广;南方水田多,铁轮子陷在烂泥里,田块又较小,而且是双牛拉犁,操作不方便,人很吃力,所以较难推广。

　　周恩来指着正在操作的工人说:"我看这位同志操作得很好,你们作了哪些改进?要花多少钱?"方宪章指着双轮双铧犁说:"主要是把铁轮子改成宽边木轮子,这样在水田里就不会陷下去了。改起来费用很省,只要一根木料,工本费不到两元钱。改进后的双轮双铧犁比旧式木犁提高工效两倍多,可耕五寸以上,比旧木犁增深两寸左右。"

　　周恩来回到北京后,立即向毛泽东汇报了浙江省农科所改进双轮双铧犁的事。毛泽东对此很感兴趣。中国是一个以农业为基础的国家,农业要发展,必须尽快改变以前那种原始劳作的方式,改良农具,促进农业机械化。推广使用双轮双铧犁,就是为了对农业进行技术改造,把农业引上现代化、机械化的轨道。这次谈话以后,毛泽东就想亲自到浙江省农科所去看看改进后的双轮双铧犁。

看完双轮双铧犁,毛泽东走进会议室,要楼宇光谈谈所里的情况。楼宇光汇报:浙江省农科所规模不大,所内共分农艺、土壤肥料、植物保护、畜牧等四个系和一个园艺组。研究的重点是如何提高水稻的单位面积产量,同时也做一些高产杂粮和经济作物的研究工作。毛泽东对楼宇光说的每一项研究都很感兴趣。

毛泽东来到大楼前面的试验田,看双轮双铧犁的耕地表演。这天是工人张有根掌犁,他虽然很早就学会使用双轮双铧犁了,但仍反复调整着调节杆,不停地吆喝着前面的两头耕牛,唯恐出什么差错。

张有根牵动一下牛绳,两条耕牛开始行动。毛泽东跟着张有根,聚精会神地察看着双轮双铧犁翻过的深灰色的土壤。

耕到地边,毛泽东用沉思的眼光望着张有根和刚刚跑过来的楼宇光,问道:"用双轮双铧犁比用旧式木犁省力吧?"

"省力。比起旧式木犁来,还容易操纵。"张有根告诉毛泽东。毛泽东转过脸来问大家:"我行吗?"边问边去扶犁。

大家见毛泽东准备亲自耕地,既有点意外又深受感动。张有根等人立即调转犁头,重新将犁插入土中。毛泽东那扶犁赶牛的架势,俨然老农。

毛泽东放下犁,又关切地询问农科所职工的生活情况。这时,省农场农具管理局李安邦副局长把有关双轮双铧犁的资料送给毛泽东。毛泽东很高兴,并当场翻开来看了看。

毛泽东要走了,他再一次同职工们热情地握手。张有根等人正在为自己手上有泥土而难为情时,毛泽东已经来到他们身旁,紧紧地握住了他们的手。浙江省农科所之行,令毛泽东满意,也更坚定了他要在全党、全国开展技术革命的信心。

毛泽东视察浙江省农科所半个月后,中共浙江省委就做出了一系列决定:省农科所以厅(局)建制,归省政府直接领导,由当时的省委书记处书记李丰平兼任所长,并选派了党委书记,组建了党委;接着又抽调了 10 余名县团级以上的干部,加强所机关及系一级的领导力量。同时,按照毛泽东的指示,立即以省工业厅机械公司设计科的 17 名技术人员为基础,再从正在农村锻炼的浙江大学部分青年教师中选调了精干力量,组建了技术力量雄厚的农机系。全所当年就发展到 7 个系 1 个组。1960 年 2 月,农科所扩建为浙江省农业科学院。

浙江省委对农业科技工作一直十分重视。毛泽东视察农科所半年前的 1957 年 7 月,由华东农业科学研究所设计、经中央农业机械厂试制的牛拉水稻插秧机,继 6 月上旬在嘉兴农业试验站进行试插和鉴定后,又在杭州市浙江农学院水田内,进行了两次操作试插。省委第一书记江华,书记处书记林乎加、霍士廉,常务委员吴宪,省农业、工业部门的负责人和来自全省各地的土造水稻插秧机的发明创造者的代表十余人先后参观了试插。省农业机械管理局在这次试插后,又与来自全省各地的土造水稻插秧机的发明创造者们进行了座谈,征求了他们的意见,并进一步研究改进。

新中国成立以前,浙江农村主要沿用 2000 多年前就有的木犁、水车、镰刀、锄头之类的旧式农具。新中国成立后,在省委的关心和组织下,浙江农业科技部门积极探索,使浙江省的农业机械有了很大发展。

在耕作方面,1955 年 4 月,在金华乾西乡高级农业合作社建立了浙江省第一个机耕试验站。以后的 10 年,又陆续建立一批拖拉机站,对从国外引进的各种类型拖拉机和国内试制的拖拉机、电犁等,进行了大量试验、试耕。还于 1958 年首次从日本引进小巧灵活的手扶拖拉机,为全省农田实现机械耕作及农村运输创造了条件。其他农业机械,如大型拖拉机,至 1960 年,全省有 43 个拖拉机站和 16 个应用拖拉机耕作的国营农场,共拥有拖拉机 946 标准台,比 1957 年的 93 标准台增加 9 倍多。1965 年,全省机耕面积达 41.22 千公顷。此后,使用国产拖拉机为主(主要是手扶拖拉机),机耕面积迅速增加。

在排灌方面,从 1950 年开始,浙江省各级政府抓住广大农民迫切需要用机械抗御旱涝灾害的要求,由点到面积极推广使用排灌机械,使排灌机械得到迅速发展。1950 年 4 月,在嘉兴天福乡万安村建立浙江第一个国营抽水机站,当年就取得抗旱增产的明显效果。1956 年以后,大力鼓励和扶持集体自办抽水机站,使排灌机械化得到迅速发展。1965 年,全省机电排灌总动力达到 38.8 万千瓦,其中电力占 60.6%,受益农田 869.33 千公顷,基本上实现排灌机械化。还用排灌机械配套的柴油机、电动机,带动碾米、磨粉、饲料粉碎、茶叶粗制等加工机械,进行农副产品加工,使这些加工机械在农村得到广泛应用。但是,这一阶段的农业生产还是以人畜力农具、半机械化农具(人力打稻机、手推胶轮车、水泥船等)为主,农业机械只占很小的一部分,而且使用的动力也是低水平的中速柴油机。

这个时期的农具改革工作,由于受"大跃进"中"左"的思想影响,全省改革、推广的 2625 万件新式农具和改良农具,除茶叶加工机、抽水机、打稻机、胶轮车、喷雾器等是行之有效的以外,绝大部分并不切实际,造成大量财力、人力和物力的浪费。尽管如此,还是取得了一些重要的成绩,浙江农业的基础明显增强。1966 年,全省粮食亩产达到 874 斤,提前一年实现了《纲要》规定的指标,总产量突破 1000 万吨,是浙江省粮食生产发展史上的一个里程碑。浙江解放前是个缺粮省,在新中国成立后仅仅经过 10 多年的努力,在人多地少、水、旱、涝、虫、台风等自然灾害频发的条件下,做到了粮食自给有余,还支援了国家和别的省份。

(王祖强 执笔)

31. 衢州化工厂破土动工

　　1958 年 3 月 11 日,国务院正式批准了"浙江合成氨氮肥厂和石灰氮肥厂……组成联合企业,厂址设在衢县"的方案,建设规模年产合成氨 5 万吨;石灰氮肥 2 万吨。由此,衢州化工厂的建设正式启航。

　　1956 年,毛泽东在杭州主持制订了农业发展纲要"四十条"。农业要发展,离不开化肥、农药,经济要起飞,也离不开化学工业,而浙江毫无化工基础。这年 11 月,正在北京参加中共八届二中全会的省委第一书记江华在与同在北京参加中央高级党校学习的浙江学员交谈时,正式提出了一个他思考已久的问题——筹建化工厂,"先搞石灰氮、合成氨、氨加工、氯化铵(后改硫铵),将来还可以搞尿素"。

　　1957 年 1 月,中央在北京召开省、市、自治区党委书记会议。毛泽东在会上说各省都要办个化肥厂。陈云到杭州,对省委谈到日本比我们台风灾害多、人口多、土地少,但是产量高。主要是化肥的使用量大,每亩平均有 35 公斤,指出我们也应该在化肥工业上找出路。浙江省委领导更感到建设化肥厂的迫切与重要。毛泽东问道:实现《农业发展纲要》的指标,你们浙江有没有问题?江华答:化肥有问题。主席要我们搞化学工业,我们没钱,先搞二千吨吧。毛泽东说:太小了。江华马上说:搞一万吨?毛泽东还说:小了,要搞就搞大点嘛!江华十分高兴。毛泽东还委托陈云直接过问此事。

　　此前,省委曾准备筹建几个年产万吨化肥的化工厂。最后,根据毛泽东、陈云指示,省委决定将三个厂合并筹建,建设一个高效、节省的大型的化工联合企业。

　　1957 年 9 月 13 日,浙江化学工业公司筹备处成立。这实际是衢州化工厂的前身。当时在浙江的建设项目中,新安江水电站和化肥厂的建设是毛泽东亲自点过头的,因此浙江省委对化肥厂干部调配十分重视。1958年2月为化肥厂调配的干部中,就有10余名厅局级干部,3名总工程师、33名工程师,甚至连行政部门、车间(即后来的分厂)负责人,都是省委组织部从省级机关厅、处级干部中精选的。当时有的同志想不通。江华非常满意地说:人家有钱有物,我们没有,不过我们出得起人。已经配备的干部,一个也不能动,一定要把化肥厂建设起来。江华在省委工作会议上提出了"全省保浙化",各行各业都要关心化工建设,不许讨价还价,一切要为"衢化"开绿灯。后来,又陆续从各级机关抽调500多人,从解放军军校和部队转业军人中接收1000余人,招工近700人,组成了一支3000余名的职工队伍。

当第一代创业者孙文成书记、刘德甫主任等自带干粮,从衢县步行到东周现场察看厂址时,呈现在他们眼前的是"是岁江南旱,衢州人食人"的千塘畈。千塘畈又称千襄畈,长约12.5公里,宽约5公里,系衢江和乌溪江淤积而成的狭长河谷平原。盛唐时就有村落,后来连年兵灾人祸,血吸虫病蔓延,成为人烟稀少、野草丛生、荒冢累累、野兽出没的荒凉之地。在这样的地方搞建设,困难可想而知。1958年11月3日,衢州化工厂正式更名,数千创业者云集千塘畈工地,开始了建设衢化的大会战。

没有厂房,他们自己盖;没有水源,他们自己引;没有设备,他们自己设计建造;衢化人发扬自力更生、一丝不苟的工作精神,在短短的几年时间内硬是写出了灿烂篇章:

1959年4月25日,衢化电石分厂电石炉生产出电石;1959年9月26日,衢化电石分厂空分车间生产氧气成功;1959年12月19日,衢化电化分厂盐酸投入生产;1960年1月20日,衢化电化分厂液氯投放生产。

1960年灾害连连,衢化合成氨工程,被化工部列为缓建项目,排在全国同类项目的最末位。浙江省委以浙江农业发展急需化肥,项目已破土兴建,许多设备已订货,人员培训也展开,加紧续建利多弊少为理由,得到中共华东局的支持,化工部最终采纳了浙江的意见。

1962年11月18日,"衢化"合成氨分厂建成投产,生产线上流淌出了晶莹洁白的肥田粉——硫铵,年产合成氨2.5万吨,填补了浙江省化肥生产的空白。一期工程建成投产,每吨硫铵的成本不足百元,出厂价为120元,是当时全国的最低价。江华带领全省各地市县的领导来到衢州化工厂。在硫铵仓库里,江华指着白花花的硫铵,抑制不住兴奋的心情说:"我们自己能生产化肥啦!"

1964年4月18日,合成氨一期工程经国家验收委员会验收,工程质量合乎国家要求,即日起正式移交征税。自此,衢州化工厂以合成氨分厂为骨干的包括电化、电石分厂的主体工程基本建成,成为共和国第一座完全由自己设计、自己制造设备、自己施工安装、自己试车生产的大型化工联合企业。

改革开放以后,一个现代化的化工城逐渐形成。1984 年 8 月,经国家经贸委和浙江省人民政府批准,衢州化工厂更名为"衢州化学工业公司"。 1993 年 1 月,国家经贸委和浙江省政府批准组建了科工贸结合、拥有 52 家单位的巨化集团,并将衢州化学工业公司更名为巨化集团公司,注册资金 9.8 亿元,作为巨化集团的核心企业。1997 年经国务院批准列入全国 120 家试点企业集团,1998 年 3 月被确定为浙江省首批国有资产授权经营单位。1998 年 6 月,巨化集团公司独家发起设立的浙江巨化股份有限公司股票(证券代码 600160)在上海证券交易所上市。

巨化经过 50 多年的发展,现有在岗员工 1.6 万人,下设 40 多个子公司和控股参股公司,占地 7.3 平方公里,建有 100 多套主要装置,以生产氟化学制品和基本化工原料为主,兼有高分子材料、化肥农药、化学医药、化学矿山、建筑材料、化工机械、电力能源等 17 大类 200 多种产品。形成了以氟化工为龙头,氯碱化工和煤化工为基础,精细化工、合成材料、技术服务等高新技术为突破口的化工产业链。公司拥有铁路专用线、自备热电厂,通讯、供水、环保等完善的公用设施。

2008 年公司实现全部业务收入 103.61 亿元, 首次突破 100 亿元; 在 2008 中国企业 500 强中,巨化列第 495 位;在世界品牌实验室 2007 年《中国 500 最具价值品牌》中,巨化集团公司居第 100 位。

步入 21 世纪以后,公司的决策中心移师浙江省杭州市,生产基地仍在浙江省衢州市,在上海、北京、深圳、香港、温州、宁波、厦门等设有分支机构,与国外 200 余家商社和公司建立贸易业务关系。公司拥有国家级企业技术中心,建有企业博士后工作站,是"国家氟材料工程技术研究中心"、"浙江巨化中俄科技合作园"的依托单位。

当年的衢州化工厂现在成了国有特大型企业、全国最大的氟化工基地和浙江省最大的化工基地,在新中国的建设史上书写了浓重的一笔。

(王祖强 执笔)

32.《采茶舞曲》蜚声全国

"溪水清清溪水长,溪水两岸好呀么好风光……"这首《采茶舞曲》曾在大江南北广为传唱,很多人对它耳熟能详。这一切,都是与周恩来总理对文艺创作的关心、对浙江文化事业的关怀分不开的。

1957年3月,周恩来在杭州人民大会堂广场给省市干部做报告时,提出了发扬浙江优秀文化传统和发展社会主义新文化的要求。他特别希望大力开展工矿和农村的文化工作。

接着,在听取省委有关负责同志关于发展具有地方特色的文化艺术的汇报后,周恩来又指出:一定要考虑到占人口绝大多数而文化程度相对较低的工农群众,尤其是尚在扫盲阶段农民的艺术欣赏水平,尽量要做到通俗易懂和喜闻乐见。

1958年春天,浙江越剧二团的50多位演员和创作人员,奔赴泰顺山区巡回演出,并采集素材。剧团来到东溪乡,剧团艺术室主任周大风,被安排住在东溪乡大队部的土楼里。

泰顺山区盛产茶叶,演出之余,周大风常与村民一道上山。云雾飘渺的山峦、泉水叮咚的溪流以及欢声笑语的采茶人,展现出一派独特迷人的江南风光。周大风想起来有位领导讲过:"周总理说杭州山好、水好、茶好、风景好,就是缺少一支脍炙人口的歌曲来赞美。这里山清水秀,民风淳朴,我应该把这一切通过戏曲的形式来表现。"

当天,他通宵未眠,一气写出了《采茶舞曲》。乐曲吸收了原流行于南方产茶区表现茶农种茶、采茶时欢乐情绪的民间歌舞体裁《采茶》的形式,采用了越剧音调,融进了滩簧叠板"多上一下"的曲式,又将浙东民间器乐曲"四则"的音调作引子,采用江南丝竹风格的多声部伴奏。

　　第二天,周大风来到附近的东溪小学,试着排演《采茶舞曲》。一节课下来,全班同学大多数就都会哼唱了。孩子们还随着欢快的节奏,模拟采茶动作,手舞足蹈起来。他们还边唱边跳,舞到校门外的茶蓬中去了,完全陶醉于音乐舞蹈的韵味之中。

　　主题曲创作成功后,周大风一鼓作气,只用了三天时间,就创作出了九场大型现代越剧《雨前曲》。该剧主要表现茶农通过技术革新,改进了生产方式及生产工具,展示了茶叶生产的远景。《采茶舞曲》在剧中出现了五次。

　　回到杭州后,浙江越剧二团开始排演《雨前曲》。不久,就在上海瑞金剧院举行了首场公演,而后又在青岛、天津、北京等地巡回演出,受到了观众的热烈欢迎。在京演出时,中央宣传部副部长周扬看完演出后,即推荐首都文艺界人士前来观摩。

　　9月11日,这是一个让周大风难忘的日子。那天晚上,浙江越剧二团在北京长安剧场演出《雨前曲》。周恩来和邓颖超夫妇也像普通观众一样来到剧场看戏。他们坐在第六排,因无保卫人员跟随,观众也都没有注意到。幕间休息,周恩来也没有到贵宾室去,只坐在剧场里看说明书。戏结束后,周恩来才走上舞台,与演员们一一握手,并与大家亲切交谈,祝他们演出成功。他说:《采茶舞曲》出现多次是好的,曲调有时代气氛,江南地方风味也浓,很清新活泼。只是内中有两句词不够贴切(原词"插秧插到大天亮,采茶采到月儿上"),插秧不能插到大天亮,这样人家第二天怎么干活啊?采茶也不能采到月儿上,露水茶是不香的。他便建议周大风到杭州梅家坞村去生活一段时间,"把两句词改好,我要检查的……"

　　周恩来又对其他演员们说:《雨前曲》写了生产发展从不平衡到暂时平衡,又不平衡,再平衡……主题很好,有哲理性。只是戏剧性还不够,可再加工。你们舞蹈时,在树蓬下采茶似不合生活;用手在高处摘,茶树也不会这样高,也不合乎生活。艺术夸张是可以的,但要有分寸。他还对《雨前曲》的剧本、人物性格、矛盾起伏提了一些意见。然后,他又谈了越剧要男女合演,要表现现代题材等问题,并认为浙江越剧二团的实验方向是正确的,希望扩大男女合演越剧的影响和队伍。

　　之后,周大风曾多次去梅家坞体验生活,但一直未能想出更合适的词句。这也成了他的一块心病。

　　事隔几年,周恩来又一次到杭州。听周大风讲还没有找到适当的词句时,便说道:"要写心情,不要写现象,我建议改为'插秧插得喜洋洋,采茶采得心花放'。为什么喜洋洋,为什么心花放,让唱的人自己去想,说得太直了,就不是文艺作品,你看如何?有什么新的看法?"

周大风连声向总理道谢。周恩来却说:"供参考嘛,有再好的词句还可再换上去,好的作品往往是改出来的,当然也有出口成章的好作品,那是奇才了。"《采茶舞曲》一时风靡全国,首次就灌制了80万张唱片,突破了中国唱片史上最高发行纪录。《采茶舞曲》的歌词为人们耳熟能详:

溪水清清溪水长,溪水两岸好呀么好风光。
哥哥呀,你上畈下畈勤插秧,姐妹们,东山西山采茶忙。
插秧插得喜洋洋,采茶采得心花放。
你追我赶不怕累,敢与老天争春光,争呀么争春光。

溪水清清溪水长,溪水两岸采呀么采茶忙。
姐姐呀,你采茶好比凤点头,妹妹呀,你摘青好比鱼跃网。
一行一行又一行,摘下的青叶往篓里装。
千篓百篓堆成山,篓篓嫩芽发清香。
多快好省来采茶,好换机器好换钢,好呀么好换钢。

后来,浙江民间歌舞团(浙江歌舞团前身)根据京剧大师梅兰芳和舞蹈艺术家戴爱莲的建议,把《采茶舞曲》改编成舞蹈《采茶舞》,作为独立的舞蹈节目演出,从此也就成为该团的保留节目,不断上演。中国农业电影制片厂曾将《采茶舞》拍摄成纪录片。保加利亚作曲家更把《采茶舞曲》应用于管弦乐曲,使其产生了更广、更大的影响。

但是在"文化大革命"中,如其他优秀文艺作品一样,《采茶舞曲》和周大风都受到了批判。起初还是走走过场,后因江青说了一句"越剧是60年代怪现象,是靡靡之音"。于是,造反派把此曲当成"大毒草"来批判。直到1971年,毛泽东路过杭州,在火车上召见浙江省委书记,忽然点名要看《采茶舞曲》。当听说被定为"大毒草"后,毛泽东说:"毒在哪里,我看好的,出了新的。"1972年,柬埔寨首相西哈努克亲王到杭州,也点名要看《采茶舞曲》,周恩来指示在西湖国宾馆前广场上演出。在以后几次广交会的文艺演出中,都由浙江歌舞团带此歌舞去演出。

1975年,中国歌舞团要出国访问演出。当时,周恩来已身患重病,但他还是抱病审查了歌舞团的节目,并提出要把《采茶舞曲》带去。这也是周恩来最后一次关心《采茶舞曲》。

1983 年,《采茶舞曲》被联合国教科文组织作为亚太地区优秀民族歌舞予以收存,并被推荐为"亚太地区风格的优秀音乐教材"。现在全球有 60 多种唱片、磁带和 CD 版本。

（朱健 执笔）

33. 城乡滥建"土高炉"

1958年6月以后,浙江城乡掀起了群众性的大造土高炉运动,一时间3立方米以下的炼铁小高炉在全省城乡星罗棋布,遍地林立,数以百万计对钢铁冶炼一窍不通的企业职工、机关干部、城镇居民和农村社员,被广泛动员起来,充满激情地投入钢铁生产战线。这是"大跃进"运动在浙江的一个缩影。

1957年12月,中共浙江省第二届代表大会第二次会议召开,贯彻中央八届三中全会精神,会后,全省各地掀起了大规模兴修水利和增积土肥的群众运动。与此同时,全省的许多县、乡、社纷纷订出了1958年的生产规划,各项指标比1957年都有大幅度的提高。浙江"大跃进"运动就此拉开序幕。

1958年2月,省委召开二届九次全体扩大会议,贯彻中央1月召开的杭州会议、南宁会议精神,部署全面"大跃进"。此后,浙江的经济计划指标一改再改,对工农业生产指标和基本建设规模的要求越来越高、越来越急,对实现"全国农业发展纲要"的主要指标,从7年提速到3年。为了推动"大跃进",省委一方面号召"全党办工业、全民办工业、县县办工业、乡镇办工业、大家都办工业"。另一方面开展了对所谓"保守"思想的大批判。

1958年5月,中央召开八大二次会议,正式提出"鼓足干劲、力争上游、多快好省地建设社会主义"的总路线,肯定了当时已经出现的"大跃进"现象。省委先后召开常委扩大会议和有1200多人参加的省、地(市)、县三级干部大会,传达贯彻中央精神。会议认为,不论工业和农业,只要发扬人人勇争上游,事事争先恐后的风气,鼓足干劲,永不松懈,力争高速度是完全可能的。会议着重讨论了如何以更高的速度发展工农业生产和进行技术革命、文化革命的问题,并对1958年的生产指标作了新的调整。在农业生产方面,要求实现《纲要》规定的粮食亩产提前到当年实现;在工业生产方面,提出1958年工业总产值要比上年翻一番。全面部署以钢铁和机械为元帅的工业建设,确定 1958 年钢产量在零的基础上达到 10 万吨,生铁的产量达到 60 万吨。《浙江日报》开始宣传"不怕办不到,就怕想不到,只要想得到,一定能办到"的口号,这个口号也成为当时省委领导工作的指导思想。

全省三级干部会议以后,"大跃进"运动在全省铺开。省委提出了"以粮为纲",带动全部农业生产高速度地前进的口号,并号召大抓先进,破除迷信,跃进再跃进,抓牢早稻过四关(指肥料关、病虫害关、倒伏关和自然灾害关),力争晚稻超早稻,要求农业奋战 100 天,力争产量翻一番。6 月 26 日,省委发出《关于创造万斤水稻丰产典型经验的通知》,要求各地领导大胆试验,努力创造晚稻亩产 1 万斤以上的新纪录。在"整风反右"的政治运动统帅下,全省各地掀起了一场声势浩大的县与县、乡与乡、社与社之间的,以"晚稻超早稻、力争产量翻一番"为中心内容的"挂钩"竞赛。1958 年夏,省里派人到湖北孝感、麻城参观学习早稻移苗并丘、放高产卫星的"经验"。回来后,全省各地迅速掀起了大搞晚稻移苗并丘,大力推行晚稻密植,大办土化肥的高潮。并强求一律,限期推广连作稻、优良品种和新式农具。农业生产由此开始大放高产卫星。7 月 18 日,《浙江日报》报道了诸暨县新枫乡桥上农业社一丘试验田早稻平均亩产达到 3018.6 斤的消息。此后,早稻亩产三四千斤,大小麦亩产一千多斤的虚假报道屡见报端。这一年的冬季,在"大干一冬春,基本实现全省水利化"的宏伟规划鼓舞下,全省有 9700 多处水利工程同时开工建设。

1958 年 6 月召开的省委工业会议上,讨论了加快全省工业建设速度的问题。向全省党组织和人民群众提出了以钢铁为统帅,带动工业全面"大跃进",加速实现工农业机械化和城乡电气化进程的任务,把钢铁生产提到了全省工业建设的首要地位,完全改变了原来经济建设的部署。会议要求区、乡、社建立小型钢铁厂,开展群众性的大造小高炉运动。1958 年 8 月,中央政治局在北戴河举行扩大会议,正式提出了"以钢为纲",要求当年的钢产量比上年翻一番。9 月上旬,省委召开全省三级干部大会,传达中央北戴河会议精神,决定在更大规模上开展大炼钢铁运动。浙江省 1957 年还不能生产钢和钢材,生铁年产量也只有 0.47 万吨,但 1958 年 9 月 11 日,省委作出的《关于 1958 年钢铁生产的决定》,却要求生产生铁 40 万吨、钢 12 万吨、钢材 7.5 万吨,还要求提前和超额完成。省委要求省、地(市)两级领导工作重心转向工业,重点抓好钢铁工业和机械工业。省委临时建立了工业生产委员会,地(市)、县由第一书记亲自挂帅钢铁生产指挥部,并立即抽调 2 万名干部、100 万劳动力充实钢铁生产战线,全省 300 多个 3 立方米以下的小高炉用土法炼铁炼钢,以确保"钢铁元帅升帐"。干部和群众纷纷把单位里和家里的铁锅、铁床、钢门等作为"废钢铁"回炉。为了解决炼钢所需能源,全省开展了群众性的找煤运动,由于实在无煤,又开展了砍树生产木炭的运动。经过一番折腾,到年底,全省仅完成生铁21万多吨,钢2.4万吨,其中大部分属于毫无价值的矿渣。为大炼钢铁,财政补贴2亿多元,全省森林资源遭到严重破坏。

以钢铁为中心,电力、交通、商业、文教等各行各业、各条战线纷纷仿效,"全民大办",叫做"以钢为纲,全面跃进","一马当先,万马奔腾",乃至写诗画画,都要大跃进,放"卫星"。这种完全违反客观经济规律的大规模群众性的盲目蛮干,不但造成人力物力的巨大浪费,而且使国民经济比例严重失调,全省职工人数猛增,超过了国家财政的负担能力,市场供应紧张,生产和人民生活发生困难。

1958年11月至1959年7月,中央连续召开了一系列会议,提出"压缩空气,降低气温",力图纠正偏差。省委降低了过高的生产指标,缩短战线,保证重点。钢铁企业由1958年的900多个点压缩到12个点,炼焦企业由原来的89个点压缩到16个点。经过调整和整顿,"左"倾错误得到初步遏制,全省工农业生产有了转机,市场商品供应有所改善,形势开始好转。

正当需要进一步纠"左"的关键时刻,1959年8月,中共召开八届八中全会,会议由纠"左"到"反右倾",形势又一次逆转。会后,浙江同全国一样,又继续掀起了"大跃进"运动,并且延续了更长时间,一直到1960年底。这一波的"持续跃进",主要贯彻"以钢为纲,全面跃进"的方针,突出以煤保铁、以铁保钢这个中心。1960年2月浙江省举行二届人大二次会议,明确继续"大跃进"的任务。5月又提出,进一步发动全党全民大办工业,为争取在1962年浙江省实现社会主义工业化打下基础,练好兵。鼓动开展以煤、铁为中心的小土群、小洋群运动;大办电力工业,大办建筑材料工业。一波又一波的大办,一波又一波的"跃进",使得1959年上半年有所收敛的"五风"("共产风"、浮夸风、命令风、干部特殊风和对生产的瞎指挥风)重新泛滥,国民经济再遭重创。

三年的"大跃进"运动,给浙江带来的灾难是深重的。它使国民经济比例严重失调,原本具有比较优势的轻工业发展大受影响,人民生活严重困难,出现了饿病逃荒和非正常死亡现象,生态环境遭到了极大的破坏。

(俞红霞 执笔)

34. 诸暨红旗人民公社与公社化高潮

1958年7月5日,诸暨县城南乡成立"红旗共产主义建设公社"(后改称"红旗人民公社"),为全省最早建立的人民公社。

1958年6月13日,诸暨县城南乡党委书记在杭州参加全省三级干部会议,听到会议报告中讲到每个县可以搞个把共产主义雏形的乡、社。回去后,经乡党委讨论,同意试办公社,立即动员全乡4个农业生产合作社的社员写申请书,接着制订规划,宣布公社正式成立。全公社2071户,8296人,分4个大队、40个农业生产小组和10个茶叶、水果、畜牧等专业小组。公社实行"三统一"(即计划统一、收支统一、分配统一),"三化"(组织军事化、生产集体化、行动战斗化),"五调动"(干部、劳力、物资、土地、粮食大调动)。分配以供给制为主,辅以基本工分加奖励制,吃饭、吃菜、做衣服、住房子、看戏、看电影、托儿、理发、洗澡、照明用电不要钱,治病半费。结果支出费用浩大,夏收预分平均每人只能分得2元钱,全社有30%的倒欠户。劳动实行军事化,组织营、连、排、班,取消原来的生产责任制,改用早晨报到、统一出工、敲钟休息的办法,只记出勤不记工分。结果,劳动松懈、效率降低,出现偷工减料等现象。早稻产量超过前一年,但增幅不大,比周围合作社差,晚稻的长势也不太好。人民公社的试点说明,它不利于生产发展。

1958年,随着生产"大跃进"的展开,生产关系也急于追求生产资料所有制的"一大二公",向共产主义过渡。1958年5月中共八大二次会议后,省委根据中央的意见,布置部分地区进行人民公社的试点。到8月份,全省已办起人民公社78个,正在筹办的30个。8月中央在北戴河举行政治局扩大会议,会议作出《关于在农村建立人民公社问题的决议》。8月下旬,省委召开全省农村工作会议,传达北戴河会议精神。在这次会议上,许多代表受各地建立人民公社情绪的感染,纷纷往所在单位打电话、拍电报,要求赶快办人民公社;有的甚至提出"苦战两昼夜,实现公社化"。8月27日,省委根据北戴河会议的《决议》与浙江实际,发布了《关于发展人民公社的意见》,对发展人民公社作出新的部署。《意见》认为,目前正值晚秋作物田间管理最紧张的季节,部分地区的旱情威胁尚未解除,"各级党委目前必须集中主要精力加强对农业生产的领导,不要急于马上普遍建立人民公社"。"在9月上半月以前,县以上领导机关应当对发展人民公社的问题进行一次认真的研究和讨论,总结现有试点经验,制订全面发展规划,认真搞好一两个试点。9月下半月以后,农业生产最紧张的阶段已经过去了,各县可以采取先联后并、上动下不动的办法普遍展开,争取9月底基本完成"。关于人民公社的规模,应当根据生产发展和农村建设上的需要,根据自然条件和领导条件来确定,一般以2000户左右为宜,山区、半山区可以少于2000户。有条件的地方可以在2000户左右的人民公社的基础上,试办万户以上的暂时各负盈亏的联社,但必须经地委以上领导机关批准。

9月6日,省委在全省三级干部会议的总结中指出:人民公社是社会主义性质的,实行全民所有制是个趋势,不是明天就马上实行;明天就实行供给制,也值得研究。发展人民公社,要真正是群众自觉自愿,要根据具体情况,分期分批来办,不能讲走在前头的是马列主义,走在后头的是机会主义。在步骤上,内部问题暂时不动,也不是机会主义。今冬明春实在不合条件的就不搞,留待明年秋冬再办。但是北戴河会议后,全国农村一哄而起,大办人民公社。在这种形势下,浙江农村也迅速掀起了人民公社化运动的高潮。省委又重新要求各地既快又好地开展人民公社化运动,做到"轰轰烈烈搞生产,欢欢喜喜办公社"。为了加强对人民公社化的领导,省委还从省级机关抽调近2000名干部到各地帮助工作。

到10月初,浙江省的人民公社化基本完成。全省将3.81万个高级农业生产合作社合并成674个人民公社,大约每56个农业社并成一个公社,平均规模为8511户,相当于一区一社,生产大队4.36万个,平均规模为132户;生产队17.19万个,平均规模为33户。全省参加公社的农户达到570万余户,占总农户的97.2%。

为了使刚建立起来的人民公社适应生产发展的需要,省委于10月18日发出《关于巩固人民公社的指示》,规定:人民公社实行政社合一,其组织体制,一般以三级(公社、大队和生产队)为宜;原来各个农业社的一切公有财产、公共积累都应当给公社;社员的自留地、大片林木应当归公社;社员的猪、羊和其他较大的副业可以逐步归公社经营;公社实行组织军事化、行动战斗化、生活集体化,县成立师,公社成立团,大队为营,生产队为连,以下分排、班编队;在分配上,推行基本工资加奖励的制度,并且逐步实行粮食供给制;以生产队或自然村为单位办好食堂。粮食开始时实行定量供应,逐步做到不定量供应。

1959年初,根据中共中央《关于农村人民公社若干问题的决议》,省委针对人民公社建设中存在的问题,决定对全省人民公社进行一次整顿,提出了包括发展生产、收益分配、家庭副业、经营管理等一系列整顿措施。

1960年开始,省委又针对人民公社建设中因"一大二公"而严重阻碍生产力发展和助长"五风"等弊端,先后发出《关于动员全省党组织坚决贯彻执行中央〈关于农村人民公社当前政策问题的紧急指示信〉的决议》、《关于农村人民公社管理体制的若干规定(草案)》以及《关于调整人民公社编制的通知》等,确定人民公社实行"三级所有、队为基础"的管理体制,具体规定公社、大队、小队的职权范围和各自组织规模的大小,强调人民公社整顿和建设要遵循"有利于生产,有利于经营管理,有利于组织生活,有利于团结"的原则。

1961年6月,中央下达《农村人民公社条例(修正草案)》(简称"六十条")后,省委全面贯彻"六十条"。当年下半年,全省的农村公共食堂基本解散。供给制与工资制相结合的分配制度,改为实行按劳分配加照顾。1962年1月,省委发出《实行以生产队为基本核算单位的若干政策问题》,要求各地立即贯彻执行。从此,公社所有制全部改为三级(公社、大队、生产队)所有制,在全省确立了"三级所有,队为基础"的人民公社经营管理体制。至年底,全省人民公社、生产大队与生产小队调整完毕,调整后的人民公社平均为1884户,生产大队平均为130户,生产小队为17户。"文化大革命"期间,一度出现以大队为核算单位。不久,重新恢复"三级所有,队为基础"的管理体制。

1983年7月,省委按中央指示发出《关于政社分设若干问题的意见》,决定以社建乡,以大队建村。至1984年底,政社分设工作基本结束,全省共建立2762个乡,484个镇。经历了26年政社合一的人民公社体制从此废除。

(俞红霞 执笔)

35. 滩涂围垦工程

新中国成立后,浙江滩涂围垦呈蓬勃发展之态。1958 年 7 月,省人民委员会决定成立浙江省围垦海涂指挥部。同年 8 月,省人委颁发《浙江省围垦海涂建设暂行规定》,并召开第一次全省围垦海涂工作会议。浙江省大规模的围垦造田工程由此启动。

人均半亩耕地的浙江省有得天独厚的造地优势,围垦滩涂是浙江扩大陆域面积的重要途径。全省大陆海岸线长 1840 公里,北邻水量充沛和泥沙丰富的长江口。长江以及浙江的 6 条入海河流及沿海内陆架底质为浙江沿海滩涂带来了大量的泥沙,每年约在 1.6 亿吨左右。据 1997 年调查,全省有滩涂资源 25.884 万平方米,其中适宜围垦造地资源 18.15 万平方米,而且每年还以 0.253 万平方米的增长速度继续淤涨。

滩涂围垦在浙江有着悠久历史。"秦海汉涂、唐灶宋居",祖祖辈辈前赴后继、锲而不舍地围垦造地,把 1000 多万亩滩涂变成了富饶的家园。温瑞平原、温黄平原、鄞奉平原、萧绍平原等,都是围垦的结果。

20 世纪 50 年代末开始的围垦,主要措施是沿用"长草围涂",即高滩围涂。在围垦政策上,小片围垦以群众自办居多,大片围垦以国营的农垦农场居多。60—70 年代,贯彻了"依靠集体力量为主,结合国家必要的支持;坚持大、中、小结合,多搞中、小;围垦和促淤相结合,有计划、有步骤地进行围垦海涂"的工作方针和"谁围垦、谁种植、不能平调"的政策,围垦工程也从高滩围涂发展到中滩围涂、促淤围涂(低滩围涂)和治江围涂、堵港围涂等多种类型。特别是在滩涂涨坍多变的钱塘江河口段,结合江道整治,进行大规模围垦,取得了突破性进展。

钱塘江河口段的治江围涂工程,主要分布在南岸的萧山、绍兴、上虞和北岸的海宁、余杭等县、市及杭州郊区一部分。从 20 世纪 50 年代末开始,沿江县、市和钱塘江治理工程局(后为省水利水电工程局)先后在南北两岸抛筑了顺坝、九号坝、一号坝、美女坝、老盐仓坝等主力坝和众多的短丁坝群,为围滩促淤,控制江道创造了条件。从1963年至1983年,萧山先后组织26期大规模海涂围垦,参加人员达128万人次,累计投工6100工,完成土石方6400多万立方米,共围海涂49.43万亩,是全省围涂面积最大的一个县,成为"中国围垦第一县"。用萧山人自己的话说:"萧山的发展史实际上是一部围垦史,没有围垦就没有今天的萧山。"

80年代开始,围垦工作以加强管理、提高经济效益为中心,调整工程规模,保证重点,择优扶持,同时积极探索围垦体制改革途径。在投资上,改变国家无偿补助社、队围垦的办法,开始实行无偿、有偿相结合的扶持政策。无偿补助主要用于围涂工程,有偿扶持主要用于开发利用和经营。在开发方式上,也逐步将过去的社、队联合围垦、分土地经营改变为组织各种形式的联合体,如围垦开发公司、联合垦殖场、联合养殖场等。经营内容也从单一的农业、盐业初步转到"因地制宜、综合开发"的轨道,兴办各种商品生产基地。

90年代特别是进入新世纪以来,浙江围垦工作走上了法制化、规范化、科学化的轨道。1996年11月,省人大审议通过了《浙江省滩涂围垦管理条例》。2002年7月,省政府批准了《浙江省滩涂围垦总体规划》,滩涂围垦被列入了省规定的行政许可项目。2005年7月,省政府下发了《关于科学开发利用滩涂资源的通知》,为全省滩涂资源的开发利用进一步指明了方向。2006年,修编后的《浙江省滩涂围垦总体规划》(2005—2020年)经省政府同意正式下发,为全省滩涂资源的有序开发利用及项目安排提供了科学依据。开始重视协调滩涂围垦与生态建设的关系。从此,项目、围区规划管理,都突出生态保护,注重科学性。对水面和湿地给予重点保护,重视生态环境的修复与再生。加大对滩涂资源动态变化规律的研究,加强滩涂资源开发利用与生态保护互动平衡的研究,让滩涂开发和生态保护两轮同转。2003年至2007年,全省新开工省级重点围垦工程36项73.53万亩,建设总规模(含续建工程)达100万亩以上。围垦投资规模从2003年的12.40亿元提高到2007年的40.58亿元,五年总投资达124.93亿元。完成围垦面积47.41万亩,平均每年9.48万亩,2007年完成10.39万亩,已连续三年突破10万亩。

据统计,从1950年至1989年,全省累计已围海涂215.27万亩,平均每年围涂5.38万亩。沿海七个市、地:嘉兴4.86万亩,杭州61.66万亩,绍兴24.82万亩,宁波54.05万亩,台州38.87万亩,温州13.54万亩,舟山17.47万亩。一次圈围面积在万亩以上的有 40 片,计 96.20 万亩;万亩以下五千亩以上的有 56 片,计 39.12 万亩;五千亩以下千亩以上的有 250 片,计 55.38 万亩;千亩以下的小片围垦计 24.57 万亩。截至 2005 年,全省共围垦 293 万亩,已开发利用 237 万亩,占围成面积的 81%,其中耕地面积 76 万亩,占已开发利用的 32.1%;园地面积 21 万亩,占 14.8%;养殖面积 68 万亩,占 28.7%。

滩涂围垦为保障浙江经济社会可持续发展发挥了十分重要的作用,产生了明显的经济效益、社会效益和生态效益。围垦极大地缓解了土地供需矛盾,维持了耕地占补平衡,为发展大中型企业、乡镇企业和第三产业提供了新的广阔空间。在围区内兴建了诸如镇海炼化、北仑电厂、秦山核电站等大中型国有企业和数以千计的乡镇企业。建造了北仑码头、杭州萧山国际机场、温州机场、舟山朱家尖机场等重要基础设施,沪杭甬高速公路在围区内穿行。杭州下沙开发区、舟山东港开发区等省级开发区,苍南龙港镇、平阳鳌江镇、萧山宁围镇等。在 35 个围垦县(市、区)中,全国百强县有 18 个,占全省 30 个百强县的 60%。

作为治江治水的重要措施,围涂造田对防台御潮、防灾减灾、保一方平安发挥了重要作用。钱塘江往日江道游荡多变,两岸潮灾不断。钱塘江河口治理正是坚持了治江结合围垦、围垦服从治江的原则,不断治江围垦,缩窄江道,稳定河床,才使钱塘江江道得到了根本性的治理,两岸人民不再遭受潮灾侵袭。沿海地区也是一样,治水结合围垦,每建设一个围垦工程,都增添一道高标准的御潮屏障。垦区水系沟通,水库增多,水面增大,既提高了排涝标准,又有效地提高了水资源保障能力。同时,滩涂围垦为岸线资源、港口资源、航道资源等整合提升也起到了积极作用。

在祖国的东海之滨,昔日一片片浊滔滚滚的沿海滩涂,如今是绿浪翻滚的农庄、拔地而起的新城、星罗棋布的工厂、人车如流的大道交通……这就是浙江人围垦出的“新大陆”。

(曾林平 执笔)

36. 潘天寿任浙江美院院长

　　1959 年，民国期间曾任国立艺专校长的国画大师潘天寿被任命为浙江美院院长，中国山水画派领袖二度出掌美院，一时传为佳话。

　　潘天寿，1897 年出生于浙江宁海，原名天授，字大颐，号寿者，别号阿寿。早年求学于杭沪，就读于浙江第一师范学校，为名师李叔同之得意弟子，后又得书画泰斗吴昌硕真传。28 岁时任上海美术专科学校教授，创办了中国第一个中国画系。1928 年受聘为新成立的杭州国立艺专国画系主任，1944 年于重庆就任国立艺专校长。潘天寿才艺天纵，广采博取，自成一家。他师从吴昌硕，又从石涛、八大山人等处汲取营养，并大胆借用南宗吴派和北宗浙派的画风特点，形成自己用笔苍劲、造型奇崛的独特风格，成为继吴昌硕之后中国山水画的领军人物。

　　新中国成立后，国立艺专更名为中央美术学院华东分院。潘天寿等一批老教授一度被视为留用人员。更糟糕的是，中西画系合并成绘画系，中国画受到忽视，潘天寿失去了教学机会，山水花鸟也不能画了。他只好试着改画领导所提倡的人物画，并参加一些政治活动，尽量适应新的形势。

　　1953 年，学院成立彩墨画系，中国画借机复活，潘天寿亦以其才华、声望日益受到党和政府的信任。1957 年，潘天寿出任中央美术学院华东分院副院长，1958 年，增补为第一届全国人民代表大会代表，继而受聘为苏联艺术科学院名誉院士。1958 年中央美术学院华东分院改名浙江美术学院不久，63 岁的潘天寿出任院长。

　　潘天寿的艺术创新，在于他没有停止过对中国画发展的整体思考。不当院长如此，当了院长更是如此。潘天寿的出任，不仅对浙江美院的发展关系重大，在中国画的命运、浙江山水画派的形成方面，亦为举足轻重。

　　美术界曾受到"左"的干扰，以西方素描技法来改造中国画，惟写实的人物画才被认可。潘天寿坚持传统,认为中国画要在世界绘画界立足,应该从传统内部去寻找创新的道路,中国画必须要有自己表现性的传统,要有笔情墨趣。他觉得"改造"呀,"脱胎换骨"呀,实在是否定中国画。

潘天寿任副院长后,第一件事便是抓国画教学。1957年11月7日,潘天寿召集彩墨画系全体教师开会。会议上全体举手通过,系的名称改称"中国画系",简称国画系。他认为,被搞乱了的中国画教学要好好整顿,首先要让学生们真正了解传统。被取消的山水画、花鸟画教学重新恢复,画论、诗词题跋、篆刻、书法又重新开课。之后,又提议在中国画系招生时,改考素描为考国画写生,而且让学生从一年级起就摸毛笔。

接着,潘天寿提出了步子更大的改革建议:中国画系人物、山水、花鸟三科分科学习。起初许多人不赞成,认为山水画一般作为人物画的补景,已经有了它存在的余地,应该足够了,用不着独立成科。也有人提出,即使独立成科,单独的山水、花鸟如何反映社会现实,至少是存在缺陷。至于如何"出新"更觉得难办。潘天寿认为,中国画早有着人物、山水、花鸟三个独立的大系统,受到广大人民群众的喜爱。这三科的基础训练,各有不同的特点和要求,从培养专精人才考虑,确实有分科教学的必要。山水、花鸟两科不能作为人物的附庸,不能趋于淡化而被取消。1961年4月,潘天寿赴京出席全国文科教材会议,他郑重提出了"中国画系人物、山水、花鸟三科应该分科学习"的意见,引起代表们的激烈争论。讨论难趋一致,但会议还是做出一个决定,在浙江美院和中国美院实行分科教学的试点。这次改制相当要紧,从此开端再发展到陆俨少提出的"四分读书,三分写字,三分画画"的综合培养宗旨,并要求学生在学习期间须临摹宋元以来历代的经典画作15幅。如此的重传统、重学问修养的教学思想,使得浙美的山水画家个个打下了扎实的基本功,并具有了较高的文化修养。

潘天寿任院长期间又一项重要成就,是延聘高水平师资,网罗顶尖画家,为浙江山水画派的形成奠定了基石。他亲自出面从上海画院聘请来了顾坤伯、上海花鸟画坛四才子之一的陆抑非,从杭州大学调来书画俱佳的古文教授陆维钊,而聘请"右派"才子陆俨少的曲折与艰辛,尤被人传为美谈。一个偶然机会,潘天寿读到了陆俨少的杜甫册页,赞不绝口:"画、诗、书法皆属上品,笔墨有灵气,格调高,难得,难得,正是我要请的中国画教师",遂专程赶到上海商调。老同学、上海中国画院院长丰子恺坦诚地对他说:"陆俨少是摘帽右派,你敢用吗?"潘天寿返杭向浙江美院党委汇报,党委也颇感棘手,未置可否。潘天寿求贤若渴,据理力争,终于得到美院党委认可。潘天寿的提携,决定了陆俨少后半生的命运。陆俨少在浙江美院当了"客座"教授，有了施展才能的广阔天地。"四人帮"粉碎后，陆俨少得以彻底平反，正式调入浙江美院。后来的事实证明，顾坤伯、陆俨少等名师的到来影响深远，他们于潘天寿之后，继续着中国山水画的探索，创作了大量佳作，著书立说，奠定了浙江美院山水画的基本风貌。

1958 年前后，潘天寿迎来创作的新高峰，佳作迭出，画坛惊叹。1962 年 9 月，新落成的中国美术馆决定以"潘天寿画展"开光。潘天寿送去 91 件作品，从 9 月 30 日至 10 月 21 日在京展出，引起了轰动。展览期间全国美协在京召开了座谈会。座谈会上谈得最多的是怎样评价潘天寿的绘画成就。《光明日报》的报道中这样记载：

许多画家在发言中认为，潘天寿的国画有着高度的概括力、大胆的创造性、磅礴的气势和鲜明的时代精神。曾经一连四天参观展览会的花鸟画家王铸九说："我从心里佩服潘天寿的画，他有出人头地之处。有人把他与吴昌硕、齐白石比，我看吴、齐不是写意画的顶峰，从笔头豪放处、大放处看，潘先生是有过之无不及。……'画坛师首，艺苑班头'八个字，我看潘先生足以当得。"

中央美术学院中国画系教授、著名花鸟画家李苦禅，在会上回忆起他和潘天寿在杭州一起教国画时潘的创新精神，他说："潘老一向有'搜尽奇峰打草稿，一扫古今为快'的雄心，他的画气魄大，有'黄河之水天上来'的气势。我认为他的画是'一扫古人'，真可以'振聋发聩'"。

座谈会上，很多美术家对于 65 岁高龄的老画家潘天寿的勤奋创作、老而弥笃的精神，表示钦佩。……美术家张安治风趣地说："过去潘先生题款自称'懒寿'，现在他这样勤奋，创作欲这样旺盛，近一二年画出这么多巨幅，他完全把'懒'字丢掉了。"老版画家邹雅、艺术鉴赏家唐兰等人觉得，潘天寿不仅丢掉了"懒"字，还忘记了"老"字，他的画越老越新，解放前那种枯瘁、悲凉的情绪，被今天作品中生气勃勃、欣欣向荣的精神所代替，这种画风反映了我们国家蓬勃发展的面貌，表现了我国人民斗志昂扬的气概。

对于山水画与花鸟画的结合，有的画家认为应该有一个界线，不能混淆。而花鸟画家郭味蕖、王铸九等认为："潘天寿努力把山水画和花鸟画结合的道路是正确的，但走起来又是很难的，这需要长期的探索。老画家潘天寿的大胆创新精神是值得鼓励和欢迎的。"

对此次画展，《文汇报》、《北京日报》、《北京晚报》、《大公报》、《浙江日报》、《杭州日报》等都发了文章，成为当时文化界的一件盛事。

就在潘天寿创作进入佳境，浙江美院蒸蒸日上之际，1966 年"文革"降临，年逾七旬的潘天寿被栽以"反动学术权威"、"文化特务"等罪名,关入"牛棚",无止休地批斗,受尽凌辱,于 1971 年 9 月 5 日含冤去世,终年 75 岁。

"文革"结束后,潘天寿获得昭雪,他在中国画发展史上承上启下、继往开来的地位,得到举世公认。他的故居开辟为"潘天寿纪念馆",成为后人瞻仰、缅怀大师的园地。

（徐斌 执笔）

37. 嘉兴发现马家浜遗址

1959 年浙江嘉兴马家浜遗址的发现,引起考古界的极大关注。随着马家浜文化类型的遗址在环太湖地区的连续面世,最终为史学界突破文化起源黄河流域中心说的传统观点,确认长江流域和黄河流域同是中华民族文化起源的摇篮,提供了实物依据。

1959 年初春,嘉兴南湖乡天带桥马家浜的农民在沤肥挖坑中发现大量兽骨和古代遗物。3 月间,浙江省文物管理委员会与省博物馆、杭州大学历史系、杭州师范学院历史系等六个单位组成考古队首次发掘。

马家浜遗址位于嘉兴西南 7.5 公里,面积约 15000 平方米,发掘区在遗址的中部,共布探方 5 个,计 213 平方米。表土层下文化层分上下两层:上层以灰黑色黏土为主,并有红烧土层和淤泥层,厚达 12—80 厘米,包含物有兽骨、石锛、砺石、骨镞和各种质地的陶片,有建筑遗迹;下层为含有大量腐烂的兽骨碎片的黑色黏土,厚达 15—75 厘米,兽骨比上一层更多,还有骨管、骨锥、骨针、骨镞以及石斧、砺石和陶片等。在上下层交接处的淤泥中发现了墓葬,出土 30 具人骨架,其中 6 具身旁有随葬品,生产工具置于腰部,装饰品置于头部,陶器位置不一。出土的器物有穿孔石斧 1 件、陶豆 2 件、罐 4 件、盆 1 件、纺轮 1 件、玉珠 2 件。长方形房屋遗迹一处,南北 7 米,东西 3 米,门朝东,周边柱洞中,尚有残存的木柱,有的木柱洞底垫放木板。室内是经过加工的黄绿色土面,并有带树枝和芦苇痕迹的红烧土块堆积的墙壁残迹。在下文化层中还发现了碳化圆角菱,与现在的南湖菱相仿。

从出土的器物和遗迹看,生产工具中磨制石器有孔石斧、弧背石锛;生活用具中的夹砂红陶素面腰沿釜、牛鼻式双耳罐、带嘴平底盉,以及地面木构建筑住房、公共墓地和俯身直肢葬式等等,都是马家浜文化时期的主要特征,是一种与黄河流域原始文化不同的文化形态。

马家浜遗址的发掘,引起了国内外考古界的高度重视。1959年5月,新华社发了消息,并记入《中华人民共和国要闻录》。文物考古界对马家浜文化的归属问题,展开了热烈的学术讨论。在此期间,长江三角洲区域的江苏、上海和杭嘉湖一带,多次发掘出马家浜文化类型的地下遗址,引发了学术界对传统的中华民族文化起源黄河流域一元论的重新思考。1977年11月在南京召开的长江下游新石器时代学术讨论会上,夏鼐等考古学家认为长江流域和黄河流域同是中华民族文化起源的摇篮,并确认嘉兴马家浜遗址为代表的马家浜文化是长江下游、太湖流域新石器时代早期文化的代表。从此,马家浜文化正式定名。

随后桐乡罗家角的发现,让马家浜文化更为丰富、完整。1979年11月至1980年1月,省文物考古所与嘉兴地区文物管理委员会组织考古队,对罗家角遗址进行了发掘。发掘总面积为1338平方米,清理灰坑53个。发现4个文化层,各文化层的包含物十分丰富,获得小件编号器物794件,有陶片5万多斤,兽骨2千多斤,还发现了带榫卯的建筑木构件和稻谷等植物遗存。出土稻谷156粒,其中粳谷55粒,籼谷101粒。罗家角遗址的四个文化层都属马家浜文化,代表了马家浜文化的若干个不同发展阶段,丰富了马家浜文化的内涵,找到了马家浜文化的早期类型,是我国考古工作又一重大成绩。罗家角第四文化层出土的芦苇经碳14测定,为距今7040±150年,第四文化层出土的陶片热释光测定为7170±100年,两种测定结果基本一致。马家浜文化的年代为公元前4000—5000年。

从马家浜和罗家角的文化遗存中,可以比较完整地了解当时人类的生产和生活状况。磨光穿孔石斧、弧背石锛和角骨制耜、凿、锥、针、镞、勾勒器和陶制的纺轮、网坠等生产工具以及稻谷、兽骨等遗物,说明当时的先民已经用磨制石器和骨角器开垦农田、栽种水稻、饲养家畜、烧制陶器和从事原始的纺织业。农业经济已成为当时主要经济生活,特别是栽培水稻,培育出粳稻,这是水稻种植的一大发展。为适应当地自然环境,渔猎经济也占有一定地位。出土的陶釜等炊器以及稻谷、兽骨,证实了当时人们主要的食物是稻米及猪、牛、鹿等肉食。已出现玉管、玉玦、玉珠和兽骨等装饰物。罗家角出土的白陶片上的鸟头纹和捏塑男性陶人像,是原始图腾和崇祖现象的特征,木构地面建筑和干栏式建筑是地方建筑特点。从当时同氏族的人葬在一块公共墓地上,并以俯身直肢为主,头向北的葬俗,证明马家浜仍处在以血缘为纽带的母系氏族社会。

1981年12月全国第三届考古学会年会在杭州召开,到会专家学者听取了罗家角遗址发掘报告后,加深了对马家浜文化的认识。1984年11月在嘉兴召开的太湖流域古文化讨论会上，考古学家苏秉琦教授对马家浜文化的发生和发展，给予很高的评价。罗家角遗址的发掘，引起了中外学者的注意。1987年日本农耕史代表团专程到罗家角遗址考察马家浜文化，1989年日本东亚稻作文化起源考古代表团到罗家角遗址考察时说："罗家角遗址发掘出土稻谷，证明这里是日本栽培水稻的发源地之一。"代表团成员日本广播大学教授、农学家渡部忠世说："日本出版的有关马家浜文化的书刊都把罗家角写成罗家谷，这是因为它是水稻的发源地的缘故。"

马家浜文化作为长江下游、太湖流域新石器时代的一种文化类型，为该区域多处文化遗址所证实，这些遗址也就构成了马家浜文化的分布范围。嘉兴市境内的重要遗址有嘉兴的马家浜、吴家浜、干家埭、钟家港；桐乡的罗家角、谭家湾、张家埭、新桥、吴家墙门；海宁的郭家石桥、坟桥港；海盐的彭城、平湖的大坟塘、嘉善的小横港、大往遗址等。在太湖流域的苏、锡、常、沪、杭、湖地区中，有湖州邱城、杭州吴家埠、苏州越城、吴县草鞋山、吴江梅埝、袁家埭、上海青浦崧泽下层和常州圩墩、武进潘家塘的下层等。

马家浜文化已载入《大不列颠百科全书》和1990年出版的《中国大百科全书·考古卷》：中国长江下游地区的新石器时代文化。因为浙江省嘉兴县马家浜遗址而得名。主要分布在太湖地区，南达浙江的钱塘江北岸，西北到江苏常州一带。据放射性碳素断代并经校正，年代约始于公元前5000年，到前4000年左右发展为崧泽文化。马家浜文化及其后续的崧泽文化、良渚文化的发现与确立，表明太湖地区的新石器文化源远流长、自成系统，并具有鲜明的地域特色。确定了它在史前文化考古中的地位。

如今，嘉兴市以马家浜文化遗址为基地，规划、建设面积300多亩的马家浜文化遗址公园，其中最大的亮点是规划面积为21公顷的马家浜文化博物馆。围绕江南文化之源、中国稻文化之乡两大主题，把马家浜文化遗址公园打造成展示江南水乡文化和水稻文化历史的教育基地。公园分为遗址保护展示区、博物馆文化展示区和休闲互动区三大功能区。博物馆建筑以现代的结构来表现江南水乡文化和马家浜文化的特色。在遗址保护展示区内，展示具有马家浜文化特色的骨器、陶器以及玉器、石器等。博物馆文化展示区内，不仅全面反映江苏、上海等周边地区的马家浜文化遗址，还专门比较了浙江与江苏、上海地区的文化差异。这个文化展示区还设有一个稻种文化的展厅，展示各种稻种和农具，传播农业节气知识。

（徐斌 执笔）

38. 毛泽东读书小组在杭州

　　1959年冬到1960年春,为了澄清党内存在的混乱思想,毛泽东建议中央和全党干部展开一次读书活动,并身体力行,亲自带领一个读书小组在杭州等地,通读了苏联《政治经济学教科书》。在这次杭州的读书活动中,毛泽东提出了许多精辟的见解,体现了他在探索中国自己的社会主义建设道路上所进行的理论思考。

　　读书活动将要开始时,毛泽东曾讲过这样一段话:"我们党里有人说,学哲学只要读《反杜林论》、《唯物主义和经验批判主义》就够了,其他书可以不读。这种观点是错误的。任何国家的共产党,任何国家的思想界,都要创造新的理论,写出新的著作,产生自己的理论家,来为当前的政治服务。我们在第二次国内战争末期和抗战初期写了《实践论》、《矛盾论》,这些都是适应于当时的需要而不能不写的。现在,我们已经进入社会主义时代,出现了一系列的新问题,如果单有《实践论》、《矛盾论》,不适应新的需要,写出新的著作,形成新的理论,也是不行的。"这反映了他所倡导的这次读书活动的战略意图。

　　1959年12月上旬,毛泽东在杭州开完中央政治局常委扩大会议后,指定陈伯达、胡绳、邓力群、田家英和他一起组成读书小组,读《政治经济学(教科书)》第三版。毛泽东的秘书林克也自始至终参加了这次读书活动。读书活动从1959年12月10日开始,到1960年2月9日结束,历时2个月,期间在杭州前后有25天。

　　《政治经济学(教科书)》分上下两册,上册19章,主要讲资本主义部分;下册从第二十章起,到第三十六章,共17章,连同结束语,讲社会主义部分。这次主要是读下册社会主义部分。毛泽东对读书活动亲自进行安排,规定每天下午一起读书,并吩咐胡绳、邓力群和田家英轮流诵念,边读边议。读书的地点,在杭州丁家山山顶上的一所平房里。

　　毛泽东在杭州前后25天，除去3个星期日和1960年元旦，实际读书时间是21天。每天下午读，起讫的时间不等。12月26日，是毛泽东66岁生日，读书照常进行。12月30日，天下起了雨，下午，毛泽东依然拄着手杖冒雨登上丁家山读书，从6时一直读到10时，读了20页，是读书最多的一天。1960年1月3日是星期天，毛泽东照常读书。1月4日晚上，毛泽东离杭去沪，下午还坚持读书。

　　在杭州的这段时间，毛泽东读完了从第二十章到第三十二章的内容，第三十三章开了个头。第三十三章，是在上海读完的。第三十四章至第三十六章，是在广州白云山读完的。

　　毛泽东读书很认真，边听朗读，边看书本，还不时在一些提法下面画横道，或者在旁边画竖道、打问号。邓力群一直坐在毛泽东身旁，他一边记录，一边也跟着毛泽东在他自己读的那本书上照样画。有的段落，毛泽东画了以后接着就发表议论，有的长，有的短。邓力群把毛泽东的这些议论记录在自己的笔记本上。有的段落，毛泽东没有发表议论，只是说了"对"、"好"、"正确"、"赞成"、"同意"，或者"不对"、"不正确"、"不赞成"、"不同意"，或者一两句话。这类肯定或者否定的评语，邓力群就记在自己读的书上。有的段落画了以后，毛泽东既没有发表议论，也没有说对与不对。毛泽东发表的议论中，批评的多一些，肯定的少一些；在那些简单的几个字的评论中，肯定的多一些，否定的少一些。

　　毛泽东在边读边议中，以苏联的经验为借鉴，初步总结了我国社会主义建设的经验教训，进一步探索了中国自己的社会主义建设道路，提出了许多重要的经济理论问题和经济观点。例如：关于怎样掌握完整的世界观和方法论的问题；关于如何认识规律的问题；关于如何研究政治经济学的问题；关于生产力的大发展，总是在生产关系改变以后而不是在生产关系改变之前的观点；关于社会主义社会两种所有制问题；关于劳动生产过程中人与人的关系问题；关于社会主义条件下价值规律的作用问题；关于社会主义国家怎样对待物质利益原则的问题；关于社会主义社会发展阶段论的观点；关于中国四个现代化的提法问题；关于战争与和平的问题；关于任何国家的共产党都要创造新的理论的问题；等等。这些重要的思想观点，是我们党的社会主义建设理论的宝贵财富。

　　运用对立统一规律来分析矛盾，是毛泽东一生中观察问题、研究问题和处理问题时使用的根本方法。毛泽东认为，对立统一规律是宇宙的根本规律，世界上没有不能分析的事物，只是：一、情况不同；二、性质不同。许多基本范畴，特别是对立统一的法则，对各种事物都是适用的。毛泽东批评教科书没有运用这样一贯的、完整的世界观和方法论来分析事物。他认为这本书的最大缺点,就是缺少辩证法。

毛泽东首次提出了社会主义发展阶段论。他说:"社会主义这个阶段,又可分为两个阶段,第一个阶段是不发达的社会主义,第二个阶段是比较发达的社会主义。后一阶段可能比前一阶段需要更长的时间。经过后一阶段,到了物质产品、精神财富都极为丰富和人们的共产主义觉悟极大提高的时候,就可以进入共产主义社会了。"

毛泽东不仅提出了社会主义发展阶段论的思想,还提出了我国社会主义建设长期性的思想。毛泽东指出:社会主义社会的历史至今还不过40多年,社会主义社会的发展还很不成熟,离共产主义高级阶段还很远。

在读教科书时,毛泽东论述了农、轻、重的关系。他说,生产资料优先增长是一切社会扩大再生产的共同经济规律。资本主义社会如果不是生产资料优先增长也不能扩大再生产。在斯大林时期,由于特别强调了重工业的优先发展,结果在计划中把农业忽略了。东欧各国也有过同样的问题。我们实行的几个同时并举,以工农业同时并举为最重要。在安排计划的时候,工业的发展当然要快于农业。但是提法要适当,不能把工业强调到不适当的地位。否则一定会发生问题。我们的办法是在优先发展重工业的条件下,实行工农业同时并举和其他几个并举,每个并举中又有主要的方面,农业上不去,许多问题便得不到解决。

毛泽东指出,只要我们使农业、轻工业、重工业都同时高速度的向前发展,我们就可以保证在迅速发展重工业的同时,适当地改善人民的生活。苏联和我们的经验都证明,农业不发展,轻工业不发展,对重工业的发展是不利的。

毛泽东对社会主义条件下价值规律的作用是肯定的。他还用1959年冬全国兴修水利的事情来说明怎样认识价值。

对经济管理体制进行改革,是毛泽东一直都在思考的问题。在读教科书时,毛泽东对这个问题的思考更多。毛泽东指出,所有制问题解决以后,最重要的问题是管理问题,即全民所有制的企业、集体所有制的企业如何管理的问题。毛泽东对此提出了自己的构想,这就是:建立一种能发挥中央和地方两个积极性、兼顾国家、生产集体和个人三者的利益,调动社会一切积极因素的经济管理体制。

在中央和地方的关系上,毛泽东主张实行中央和地方分权,在保证中央统一领导的前提下,给地方一定的自主权,以利于发挥中央和地方两个积极性,更好地发展生产。

对企业,毛泽东主张给各级企业一定的自治权。他指出,在我们这里同时是全民所有制企业,但是有的是中央部局直接管理,有的由省市自治区管,有的由地方专区来管,有的是县、公社管的企业,有的是半全民半集体的性质。无论是中央管的或各级地方管的,都在统一领导下,而且具有一定的自治权。

同时,毛泽东提倡企业实行民主管理制度。我们的企业管理制度是社会主义性质的,它与资本主义企业有根本区别。他说,一切资本主义国家的企业,都是实行一长制的,社会主义企业管理的原则,应当同资本主义企业有根本区别。我们实行党委领导下的厂长负责制,这就使我们同资本主义企业的管理制度严格区别开来了。基于这种认识,毛泽东特别重视劳动中人与人的关系问题。

毛泽东对教科书中引用恩格斯关于"随着生产资料成为社会财产,按照预定计划进行社会生产就成为可能"的话表示赞同,他肯定国民经济有计划按比例的发展是社会主义经济规律。他说,资本主义社会里国民经济的平衡,是通过经济危机达到的。社会主义社会里有可能经过计划经济来实现平衡。这就是说,社会主义经济有计划发展的必然性和可能性源于生产资料的公有制。而资本主义经济发展中的必要比例是通过周期性的生产过剩危机自发地达到的。

毛泽东在读书活动中所进行的这些理论思考,对中国当时和后来的经济发展产生了重要的影响。

（王祖强 执笔）

39. "三反"整风温州现场会议

1960年5月16日至19日，浙江省委在温州市召开"三反"整风温州现场会议。省委书记处书记林乎加在会上作了讲话。会议印发了一批各地机关、企业开展"三反"整风运动的材料，如《温州专署物资局"三反"运动的情况》、《专署交通局前阶段三反运动情况》、《温州市粮食系统三反运动情况》、《温州市"三反"运动情况》、《金华地委财贸系统"三反"情况的资料》、《宁波市财贸系统初步揭露出浪费等一些材料》和《温州地、市机关、企业开展"三反"运动的情况》等，与会者对这些典型材料进行了广泛交流、一致批评。

"三反"整风运动的倡导人是毛泽东。1960年3月15日至17日，毛泽东在杭州一口气讲了十五个问题，其中第十二个就是"三反"问题。他说：今年要搞三反，反贪污、反浪费、反官僚主义，已经六七年没有反了，现在大发作。23日，中央《关于山东六级干部大会情况的批示》中引文："另外还有三风：贪污、浪费、官僚主义，又大发作，危害人民。……要查清楚。"3月30日，《关于反对官僚主义的指示》更加明确地提出，"三反"是当前的重要任务。此后的几个月里，毛泽东数次过问运动的进程。5月15日，中央又发出《关于在农村中开展"三反"运动的指示》，这是"三反"运动的方针和原则，并提出"反对贪污、浪费和官僚主义，是一个长时期的任务，需要经过多次反复的斗争，问题才可能基本解决。为此，今后在全国范围内将定期地开展'三反'运动"。

4月1日，浙江省委常委会议认为，要实现1960年的更大跃进，官僚主义不反是要落空的。全省开展"三反"整风的具体办法包括：其一，各级干部要按照规定的时间参加劳动。生产大队的支部书记参加劳动时间不得少于一般劳力的三分之一；县里干部要执行每年劳动一个月的规定。省里干部也要按规定时间参加劳动。领导干部深入基层的时间亦有规定，省委常委每年四个月；厅局长要有半年时间走出办公室、会议室,到现场去。处长也要下去。其二,精简会议。全省性的现场会议,一定要经过省委讨论批准。省级部门到地区去开会,要得到当地党委的同意。其三,减少报表、文件,数量要管起来。其四,加强办公机构的效率,处理文件也要多快好省。减少官僚主义的基本办法就是依靠群众,发动群众,走群众路线。采取"一交":把中央指示、省委意图和当前情况,普遍地深入地交给群众;"两参":群众和领导一起研究;"三结合":领导督促、群众提意见、自己检查;"四大":大鸣、大放、大辩论、大字报,充分揭露矛盾。会议决定,4月3日召开常委扩大会议,由省委第一书记江华作动员。一个星期后,召开机关干部大会,把中央指示、省委意图向群众交底,发动群众大放大鸣大辩论。

5月8日,省委在黄岩召开改造落后队工作现场会议,提出了农村"三反"整风运动的任务与要求。温州现场会议就是在这样的背景下召开的。

从会议揭发出来的材料看,机关、企业内部,贪污盗窃、投机倒把、偷工减料、浪费损失、组织不纯、官僚主义的情况极为严重,非反不可。到会同志进一步认识到:两个阶级、两条道路的斗争,是当前的主要矛盾。"三反"整风是政治战线和思想战线上社会主义革命的继续,是一场谁战胜谁的斗争,是无产阶级按照自己的面貌改造资产阶级,还是让资产阶级按照他们的面貌改造无产阶级的斗争,不开展"三反"整风,坚决打退资产阶级的猖狂进攻,就不能真正确立无产阶级在各个方面的领导权,就不能改造资产阶级,生产建设的"大跃进"也就没有保证。

会议归纳的主要经验是:一是要用正反两方面的教材,教育广大干部,首先是领导干部,认识运动的必要性。二是要放手发动群众,揭发贪污、浪费、官僚主义。三是要广泛宣传政策,争取多数错误情节较轻的人,坦白交代,放下包袱,参加斗争;暴露和分化贪污盗窃集团,孤立为首分子。会议特别强调:要对各级领导干部宣布纪律,不准打人骂人、刑讯逼供,逮捕法办要经过地委审查、省级政法部门批准,停职、撤职也要经过上两级领导机关批准,以保证运动健康发展,防止搞乱。四是明确这次运动的政策:对于那些犯有一般贪污浪费错误的人,采取教育批判的方法,目的是要帮助他们改正错误,在干部中把损人利己、损公利私的资本主义思想搞臭。对于混入机关企业内部进行破坏活动的地、富、反、坏分子、大贪污犯和蜕化变质分子,严格处理,混入党内的清除出党,罪行严重的,依法处理。处分的面一般控制在3%以下,其中受撤销职务和开除党籍处分的控制在1%以下,逮捕法办的则更应当是少数。对于在社会主义改造中过渡来的资产阶级分子、小商小贩和小业主等,也要分别对待:对于接受改造、没有违法行为的人,应当吸收他们参加运动,在运动中改造思想;对于有一些违法行为,但是不严重的资产阶级代表人物,在批判以后,还要适当安排他们的工作;对于虽有违法行为,但是能够自觉交代、又有特长的资产阶级分子,还要继续安排,发挥他们的特长。但是,不论如何,资产阶级分子不能管人管钱管物资。对于有严重贪污违法行为,民愤很大的资产阶级分子,则要依法惩处。五是坚持边整边改,推动"大跃进"。第一,改进物资采购和供应办法。第二,改变机关、企业不合理的规章制度,主要是人事制度、财务会计制度、物资调运和保管制度等。第三,消灭资本主义活动的场所。在"三反"斗争中,要清查和处理地下工厂、运输队、商业投机集团,有的可以转为街道工业,有的可以吸收到有关企业单位中去,有的要加以取缔。对于其中的坏人,要分别处理,有的监督劳动,有的依法惩办。初级市场和社办工业是两个薄弱环节,要加强管理。初级市场不准经营一、二类物资,社办工业不准出县搞供销协作,产品要由商业部门包销。第四,整编下放。机关、企业部门要通过"三反"整风,认真精简,组织多余人员参加生产。同时,要将那些经过斗争考验、对党忠诚、能够联系群众的党员提拔到领导岗位上来,吸收成分好、觉悟高、干劲大、经过斗争考验的积极分子入党,加强党对企业单位的领导。

5月28日至6月5日,省委常委又举行了扩大会议,强调"三反"整风要同当前生产密切结合,要边反、边建、边整、边改,既要揭发坏人坏事,又要树立先进标兵。7月8日,浙江省委就温州现场会议的情况专门向中央和上海局作了报告。

这场运动虽然打击了一些贪污盗窃、违法乱纪的人和事,对在困难时期确保农村和社会秩序基本安定起到了一定的作用,但运动贯彻了一条"左"的指导思想,在斗争的方式方法上过激,造成了一些冤假错案。

"三反"整风运动是中央试图通过加强干部队伍建设来应对困难局面的一次艰难尝试。其初始目的是要解决严重存在着的官僚主义问题,改善干部工作作风,密切党和群众的联系;同时,清理隐藏在干部队伍中的坏分子,纯洁组织。运动的重点是反贪污、反浪费、反官僚主义。但此种在"阶级斗争"思维下展开的运动,为随后大规模开展社会主义教育运动进行了理论上、思想上、组织上和方法上的准备。

(王祖强 执笔)

40. 田家英浙江调查

1961 年 1 月 20 日,毛泽东致信他的秘书、中共中央政治研究室副主任、中央办公厅秘书室主任田家英,要求他迅速组成一个中央调查组并担任组长,立即前往浙江农村,开展农业生产、农民生活以及贯彻中共中央《关于农村人民公社当前政策问题的紧急指示信》(即"十二条")的情况调查。

这次调查,是在国民经济持续恶化、接近崩溃边缘的情况下进行的。面对如此严重的困难局面,毛泽东开始分析形势,提出大兴调查研究之风。调查组迅速组成,人员主要由长期从事农村工作和农村政策研究工作的石山、裴润、逄先知、郝盛琦、马仲扬、吴剑青组成,第二天便离开北京,22 日到达杭州。

调查工作从 1 月份开始,一直到 5 月份结束。涉及的地方主要有:嘉兴县、桐庐县、嵊县、萧山县、绍兴县等地,调查内容涉及农业、手工业和商业工作。田家英对这次调查工作的指导思想是两句话:"打开脑筋","敢于发现问题"。他拟了一副对联,作为调查组的工作守则,上联是"同吃同住不同劳"(当时正值冬闲季节,调查工作又很紧张,因此提出"不同劳"),下联是"敢想敢说不敢做"(有意见要通过组织向省委领导反映,不能随意指挥,因此提"不敢做")。

调查组到杭州后,经过与浙江省委商量,按照毛泽东关于抓两头的调查方法,决定在嘉兴县选一个差的生产队,在桐庐县选一个好的生产队,进行调查研究。嘉兴县选的是魏塘公社和合生产队(现属嘉善县),桐庐县选的是东洲公社五星生产队(现属富阳市)。

中央调查组分为两个小组,石山、裴润、逄先知到嘉兴,郝盛琦、马仲扬、吴剑青到桐庐,田家英负责全面领导,重点抓最差的生产队。与此同时,浙江省委也抽调干部组成调查组,由省委书记处书记林乎加负责,配合中央调查组的工作,省委副秘书长薛驹自始至终参加了调研工作。

1月24日,田家英、石山、裴润、逢先知和薛驹等人到达魏塘公社。当晚,听取了公社党委书记张行方的汇报。田家英要张行方丢开一切思想顾虑,真实地汇报公社情况。张行方就1958年以来,组织"大跃进"、"放卫星"、"大办钢铁"、"人民公社化"、"大办食堂"、"大兵团作战"等情况,如实全面地作了长达六个小时的汇报。大家都集中精神听,逢先知对汇报内容作了详细记录。第二天上午,调查组步行来到和合生产队。

魏塘公社和合生产队(实际上是生产大队)原来是一个高级社,下分11个生产小队,共有327户,1236人,耕地3753亩,平均每人3亩多地。这里地处杭嘉湖平原水网地区,土地肥沃,灌溉便利,历来是有名的产粮区,群众的生活水平比较好,素有"鱼米之乡"的美誉。解放后,农业很快得到复苏,每年向国家提供50万公斤左右的商品粮食。但1958年自"大跃进"、人民公社化运动以后,和合生产队的生产力遭到严重破坏,致使社员生活十分困难,集体经济大为削弱。

田家英带领调查组从1月25日到2月2日,与和合生产队的社员们同吃同住,经过七天半的调查,收集了大量的第一手资料,基本上掌握了和合生产队的情况及存在的问题。田家英认为,和合生产队出现的这种严重局面,主要原因不是自然灾害,不是民主革命不彻底、阶级敌人复辟,而是"大跃进"运动中的"五风"——"共产风"、浮夸风、命令风、干部特殊风和对生产瞎指挥风所致。"五风"吹掉了合作社时期的一套行之有效的经营管理制度;"五风"引起了粮食问题的更加紧张;"五风"同干部作风和组织不纯交织在一起。同时,"五风"又使得高级社时期已经存在的矛盾更加突出。

中央调查组另一个小组的郝盛琦、马仲扬、吴剑青和省委调查组的毕向荣、王吟生、孙家贤、徐万山、陈启华等也于1月24日出发,到达桐庐县东洲公社五星生产队(实际上也是生产大队,下有7个生产小队)。东洲公社五星生产队,位于富春江的一个冲积沙洲上,有2个自然村,221户人家,939口人,耕地1553亩,人均1.6亩。这里从1952年起开展了农业互助合作运动,修筑防洪堤,改善生产条件,既抓粮食生产,又抓副业生产,群众生活不断改善,生产积极性也不断提高,粮食单产和总产均名列公社前茅。即使是在"大跃进"和人民公社化期间,这里也没有大的波动。因此,这里一直是东洲公社最好的生产队。

中央调查组和省委调查组到了五星生产队碰到的第一个问题就是农村公共食堂。社员的意见很大,列举了许多弊端,认为应该解散。调查组整理了群众对公共食堂的意见,向田家英作了如实汇报。田家英听说群众要求解散食堂,感到很吃惊。2月初,他从和合生产队赶到五星生产队,连续开了几个座谈会,又深入农户调查,认为调查组掌握的情况属实,材料是正确的,食堂确实有许多弊病,群众不满。

在调查食堂问题的同时,中央调查组按照田家英的布置,对农业生产、"五风"情况作了重点调查,结果发现五星生产队有道无形的"防风林",在一定程度上阻挡了"共产风"、"生产瞎指挥风"等的侵蚀。1958年的"移苗并丘"、大放"卫星"、取消评工记分,1959年的大办食堂、并队、"拔白旗",1960年的"早稻惊蛰下种"、"取消自留地"等,这里虽然也曾刮过,造成一定损失,但每次时间都较短,范围都较小,造成的后果不是很严重。比如搞"移苗并丘",他们只在路边做做样子,应付上头的检查;取消评工记分,社员就质问:"是不是不按劳动吃饭了?"因此也没搞下去;没收自留地,也只是将自留地上的部分经济作物的收入归了公。可以说,这里对"五风"是层层设防,步步有挡,明里挡不住就暗里挡,千方百计地拖延、下推,实在不行,也不得不采取一些瞒骗的办法。群众说,他们对党和政府有深厚的感情,上级的号召是响应和执行的,只是对一些不利于生产生活的做法才有抵制。

派出调查组的毛泽东始终关注和指导着调查的进行。2月6日,毛泽东在杭州汪庄听取了田家英关于两个生产队情况的汇报。田家英着重把和合生产队的情况,从历史到现状(包括规模、体制、生产等)向毛泽东作了汇报。田家英重点反映了三个问题。第一,主要由于"五风"严重破坏,造成粮食生产大幅度减产,水稻亩产由常年的200公斤下降到145.5公斤;第二,生产队的规模太大,共辖11个小队;第三,社员对公共食堂普遍不满,不愿意在食堂吃饭,食堂实际上是造饭工厂,不做菜,社员将饭打回去,还得再热。

听了田家英的汇报后,毛泽东又听取了浙江省委负责人江华、霍士廉、林乎加、李丰平等关于整风整社和省委召开扩大会议的情况汇报。

毛泽东边听取汇报,边提出了一些重要意见。这些意见主要集中在怎样克服"五风"改变面貌的问题,社、队规模问题和食堂问题。

2月8日,毛泽东再次找浙江省委负责人江华、林乎加谈话,田家英和薛驹也参加了谈话。在这次谈话中,毛泽东又一次谈到生产队规模太大,把生产小队改成基本核算单位的问题。

就在这次谈话中,田家英建议中央搞一个人民公社工作条例。这个意见被毛泽东采纳了。后来,毛泽东在广州会议上提到这个工作条例的由来时说:"我是听了谁的话呢?就是听了田家英的话,他说搞条例比较好。我们在杭州的时候,就找了江华同志、林乎加同志、田家英同志,我们商量了一下,搞这个条例有必要。搞条例不是我创议的,是别人创议的,我抓住这个东西来搞。"

通过浙江调查,毛泽东对两个问题有了比较明确的意见,一是社、队规模要划小,生产小队的权力要扩大;二是食堂要多种多样,有的人也可以不参加食堂。

毛泽东听完浙江省委和中央调查组的汇报后,即离开杭州去广州,准备在那里与三个调查组会合。2月21日,田家英和逄先知离开杭州去了广州,参与人民公社工作条例的起草工作。

中央调查组在浙江的调查并没有结束。3月23日,中央工作会议结束。当天晚上,毛泽东找田家英谈话,指示把调查工作延长到5月,搞三个点。3月26日,田家英和逄先知就回到了杭州,主要任务是搞"农业六十条"(草案)的试点和讨论。中央调查组依然分成两个组开展工作。

3月27日,田家英与调查组的部分同志在和合生产队进行"农业六十条"(草案)的试点工作。调查组首先将"农业六十条"(草案)原原本本地向干部群众宣读,交给大家逐条讨论,听取干部群众的意见。在讨论的基础上,解决生产队规模、克服两个平均主义、搞好生产经营、提高劳动工分值、确保社员最低口粮标准和民主管理、财务管理、补划自留地、食堂等问题,逐项落实。整个试点工作到4月17日告一段落。

在和合生产队"农业六十条"(草案)试点期间,中共嘉兴地委于3月30日至4月12日在魏塘公社召开了"农业六十条"(草案)试点工作会议。会议期间,田家英和调查组的石山,召开了嘉兴、海宁、桐乡、平湖四县的部分县委书记、公社书记参加的座谈会,围绕如何保证贯彻执行好"农业六十条"(草案)进行座谈讨论。在两天多的座谈会上,田家英作了四次讲话,从思想认识、制度、工作方法等方面进行了详细、透彻的分析。

在桐庐县东洲人民公社五星生产队调查的同志,根据时值春耕的情况,分成两组,一组帮助指导群众春耕备种,一组负责总结"农业六十条"(草案)试点讨论的经验。调查组白天忙试行,忙农事,掌握材料,积累经验;晚上组织干部社员开座谈会,逐条逐款讨论"农业六十条"(草案)。在此期间,调查组偶然发现场口公社友谊管理区环二生产大队,在一些违法乱纪分子的把持下,生产遭到严重破坏,人民生活极端困难,发生了非正常死亡。田家英得知后,立即于4月9日赶到那里听取汇报,并于第二天召开全管理区干部大会。田家英在会上对违法乱纪分子进行了声色俱厉的批评和教育,对其他干部进行了入情入理的说服教育。最后,他宣讲了"农业六十条"(草案),并对这里如何讨论和试行提出了具体意见。

在这一阶段,4月12日,田家英还带队在嵊县调查,他们到长乐公社葛英大队调查研究有关山林政策问题,为修改"农业六十条"(草案)作准备。调查后反映出来的问题是,从土改到1958年春转高级社前,山林是农民所有,护山育林较好;转高级社后,山林折价入社,管理权没有落实,开始出现乱砍滥伐现象;1958年公社化后大办钢铁,山林遭大量砍伐和破坏。调查组认为,造成这种现象的主要原因是"一平二调"。

4月26日到5月5日,田家英等中央调查组成员对萧山临浦镇的手工业作了调查。临浦镇手工业在解放后有很大发展,有11个手工业合作社,3个生产合作小组,24家个体户。1958年公社化后,把全部手工业合并起来,出现了"三少"(品种少、规格少、产量少)、"一差"(质量差)、"一高"(成本高)的情况。其主要原因是所有制变动过多,过早否定合作社所有制和小部分个体所有制;企业规模过大,失去灵活多样的特点;行业之间、职工之间在工资上有平均主义问题。

4月27日到5月4日,田家英率领的中央调查组来到柯桥,在省、地、县委调查组的协助下,对柯桥商业的历史和现状进行了全面调查。调查组着重了解了这样几个问题:柯桥商业概况和存在的主要问题;商业渠道和商品流通问题;农副产品的采购问题;小商小贩问题和商业工作队伍问题。田家英和调查组成员通过走访了解,开座谈会,同群众促膝谈心,虚心求教,遇到什么问题就问什么问题,走到哪里就问到哪里,听到了许多意见。大家的反映得到了田家英的好评与称赞。对柯桥镇商业存在的问题,中央调查组概括为"死、乱、官、紧"四个字。"死"是统得死,管得死;"乱"是头绪乱,章法乱,人员乱;"官"是官办法,官面孔,官待遇;"紧"是物资紧,市场紧,人心紧。针对上述存在的问题,中央调查组提出了具体的改进意见。

中央调查组在浙江的调查,取得了明显的成效,产生了重要的影响。这次浙江调查基本了解了所到之处群众的生产、生活情况,发现了许多现实存在的矛盾和问题,提出了许多建设性的意见和建议,缓解了农村"五风"的危害,稳定了干部群众的心气,宣传了党的调查研究、走群众路线的工作方法,更为重要的是,为中央在当年出台的《农村人民公社工作条例(草案)》、《农村人民公社工作条例(修正草案)》(即"农业六十条")、《关于城乡手工业若干政策问题的规定(试行草案)》(即"手工业三十五条")、《关于改进商业工作的若干规定(试行草案)》(即"商业四十条")等重要文件提供了重要的实践依据。

(王祖强 执笔)

41.《关于解决工矿企业若干问题的意见(草案)》的拟定

　　鉴于"大跃进"造成了国民经济各部门比例严重失调,企业生产经营秩序严重打乱,以及由此带来严重经济困难,1961年1月,中共八届九中全会正式决定对整个国民经济实行以"调整"为中心的八字方针:调整、巩固、充实、提高。1961年上半年,浙江省委组织有关部门,在衢州化工厂、半山钢铁厂(即杭州钢铁厂)、长广煤矿、萧山电机厂、杭州电厂、民丰造纸厂等六大企业进行调查研究,形成了《关于解决工矿企业若干问题的意见(草稿)》(即"十五条"),以为全省工、交、财贸战线全面调整的政策框架。之后又根据中央制定的工业七十条的精神,先后作出调整财政和商业等管理体制的决定,以及调整基本建设等规定。浙江省工、交、财贸各条战线的调整工作由此展开。

　　第一,调整工矿企业的结构、规模、方向和管理。"大跃进"以来,工业战线存在的主要问题,一是工业和其他事业的发展,超过了农业负担的可能。盲目的大办工业、大办一切事业,使大量农业劳动力和资金转向工业和其他事业,城市商品粮和副食品等需求严重超过了农业的负担,甚至挖了农民的口粮。二是在发展工业时,没有想到"以农业为基础",直接为农业服务的工业办得太少。三是工业企业管理混乱,分配搞平均主义,浪费大、成本高、质量差、效益低,普遍亏损严重,产量也不能满足市场和城乡人民的需要。

　　调整工作采取五条措施:一是调整所有制结构和产业结构。将"大跃进"时期由集体所有制转为全民所有制的企业和手工业,除国家已作大量投资的以外,转制不当影响生产的,要重新回调为集体所有制。在工业结构上,由以钢为纲、着重发展重工业,调整为以发展轻工业和手工业为主。二是调整工业规模和发展方向,把支援农业作为调整工业的重点。这是浙江经济社会走出困境的基本经验之一。省计经委下达《工业企业调整规划(草案)》,将企业由 2427 个减少到 1910 个。据 1961 年到 1963 年统计,3 年中全省县以上全民所有制工业企业,关停并转后保有 1635 个。一部分存留企业进行了生产转向的调整。某些为大工业和基本建设服务的企业,转为农业生产和市场服务。三是调整企业管理体制。改变以党代政、由党委包办代替的书记负责制,实行党委领导下的厂长负责制和职工代表大会制。厂长负责全厂统一的生产指挥系统,集中领导企业的生产行政工作。四是调整经营管理制度,实行"五定"、"五包"责任制。"五定"即:定基建规模和产品方向,定生产任务,定人员、机构,定固定资产和流动资金,定原料、材料和燃料的供应。"五包"即:包产品的品种、数量和质量,包工资总额,包成本,包上缴利润,包设备的维护检修和主要设备的使用期限。同时,加强财务管理,实行经济核算,改进企业的工资奖励制度。工资形式由单一的计时工资调整为计时和计件两种制度。五是广泛开展厉行节约、反对浪费、勤俭办企业的增产节约运动。通过以上调整,使工业战线缩短,农业战线加强,企业管理改善,职工积极性提高,产品数量增加、质量提高,许多企业扭亏为盈。

第二,大力压缩基本建设规模,停建缓建大批基建项目。"大跃进"以来,全省在财政上实行高积累,积累率由 20%上升到 41%,在投资比例上是重工轻农。1960 年 12 月,省计委作出《关于调整 1961 年基本建设计划安排的决定》,投资由 6.7 亿元削减为 6.1 亿元,缓建基建项目 143 个。1962 年初,国家计委强调:所有大、中、小型的基建项目,都必须纳入国家计划;尚在施工的计划外项目及未经批准的大中小项目,不论属于中央或地方,都立即停止施工;个别计划外项目,各地区、各部门认为仍应继续施工者,必须报中央审查,得到批准后才能施工。从 1961 年到 1963 年,全省基本建设项目停建、缓建 296 个。

第三,调整财政、金融体制。为了克服"大跃进"带来的财贸、金融市场的混乱和严重的财政困难,发出了《关于调整财政管理体制的若干暂行规定》,要求各级政府安排财政收支预算,必须坚持一盘棋,一本账。收入要打足打实,支出要打紧打全;收支平衡,有一定后备,一律不准搞赤字预算。二是加强商业管理。针对商品供应不足、流通领域混乱等,明确规定:省里管理的一、二类主要物资,必须统筹兼顾,全面安排,统一调度,对省外协作也要统一管理。三是改革物资体制。针对物资流通中环节太多,物资分散;情况不明,调度不灵;物资损失、浪费严重等问题,明确规定:对部管物资分期分批实行集中统一管理;对三类物资的管理,要统一领导,分级负责;集中管理中转仓库。四是恢复农村信用合作社。要求各级党委加强领导,全面迅速恢复农村信用合作社的组织。

第四,整顿市场供应,保障人民生活。从 1961 年起,浙江省委先后发出关于加强粮食管理制度的通知等一系列文件。强调指出:愈是困难的时候,愈要关心人民生活,粮、棉、布等定量供应必须保证,18 种主要生活必需品不得涨价,轻工业和手工业,要大力增产农业生产资料和人民生活必需的日用工业品和副食品。

精简干部职工,压缩城镇人口,是调整中不得不面对的一项艰巨工作。浙江省委按照中央和华东局的部署,采取果断措施:一是加强精简工作的组织机构。1962 年 3 月,省委成立了整编精简委员会,由省委书记处书记霍士廉任主任委员。各地(市)、县亦都建立了相应机构。二是精简机关干部。省人事局 1960 年 12 月 8 日报告,经两个多月的工作,省级机关减少 3914 人,全省有"3 万余下放干部战斗在农业第一线"。1962 年 5 月 25 日,浙江省委批转了省委组织部《关于精兵简政中干部调整和处理的意见》,确定全省行政机关在已有 7.6 万名行政人员中,再精简 34%。1962 年 1 月至 1963 年上半年,全省再次精简干部 22984 人。三是精简企业职工。至 1960 年 10 月,县、社工业中精简职工 25 万人。1962 年 1 月到 1963 年 5 月间,全省又精简了 38 万人。四是压缩城镇人口,减少吃商品粮的人数。从 1962 年起的一年半中,减少城镇人口 52 万。据浙江省委整编精简委员会《关于三年来精简工作的总结报告》,从 1961 年至 1963 年底,全省共精简全民所有制职工 67.4 万,减少城镇人口 92.3 万,减少吃商品粮人口 131.4 万,全面超额完成精简任务。三年间,减少工资支出 4.5 亿元,减少商品粮销售量 2.85 亿公斤,工业企业的全员劳动生产率显著提高,全省地方工业企业的亏损大大减少;同时,调整了城乡关系和工农关系,缓和了市场压力,农业生产得以恢复和发展,对促使国民经济形势好转,起了重要作用。

(徐斌 执笔)

42. 绍剧《三打白骨精》誉满京华

1961 年 10 月 10 日,由周恩来推荐,毛泽东、刘少奇和其他中央领导在中南海怀仁堂观看了浙江绍剧团演出的绍剧《三打白骨精》。毛泽东观后与郭沫若的赋诗唱和,更让该剧蜚声海内外。

中国戏剧始于北宋,至南宋获得了极大的发展,以南宋首都临安(今杭州)最为繁荣。新中国成立以来,浙江与全国一样,一些濒临灭绝的戏曲剧种得到抢救和恢复。一批文工团和戏曲实验剧团相继建立,一批民间剧种得到开发。老一辈艺术家为浙江戏剧留下了许多经典之作。1960 年前后,绍剧《三打白骨精》高潮迭起,就是浙江戏剧人才辈出、浙江舞台不断推陈出新的生动写照。

绍剧,又称"绍兴大班"、"绍兴高调"、"绍兴乱弹",流行于浙江省的绍兴、宁波、杭州地区及上海一带,已有 300 多年的历史。绍剧草台班过去的演出都是在庙台、广场,演剧风格粗犷夸张,唱腔激越高亢,具有浓郁的生活气息。1949 年后,绍剧登上了正式舞台,既保留了优秀的艺术传统,又注入了时代意识,古老剧种焕发了青春活力,被誉为"农民艺术之花"。

20 世纪 50 年代初期,绍兴县、上虞县、嵊县有同春、同兴、新民等九个绍剧团,1956 年同春绍剧团收为国营,定名浙江绍剧团,行政管理归属绍兴市(地区),艺术业务由浙江省文化局管理。1959 年,首期绍兴剧训练班的大部分毕业学员分配至剧团,浙江绍剧团始分为绍剧一团和绍剧二团两个演出单位。

浙江绍剧团各有侧重,"悟空戏"大都由绍剧一团演出,团长六龄童章宗义饰演孙悟空,七龄童章宗信饰演猪八戒,傅马潮饰演沙僧,筱昌顺饰演唐僧,如《三盗芭蕉扇》、《三打白骨精》、《大闹天宫》、《平顶山》、《火焰山》、《通天河》等。"传统戏"大都由绍剧二团演出,如《朱砂球》、《香罗带》、《游园吊打》、《哭箱诉舅》、《徐策跑城》等。一、二团亦常常合演《龙虎斗》、《跳无常》、《女吊》等剧目。

绍剧团名角众多，是浙江省的一块招牌，经常为外宾演出，因欣赏的便利，出演的大多为"悟空戏"。1955 年 9 月，为南斯拉夫"科罗"民间歌舞团演出；1956年 9 月，为罗马尼亚"云雀"民间舞蹈音乐团演出；同年 10 月，在杭州人民大会堂为印尼总统苏加诺演出《大闹天宫》等等。"悟空戏"受到外宾的普遍好评，引起周恩来的重视。

1957 年 12 月，周恩来陪同外宾在上海参观访问。周恩来看了招待晚会节目单后，对上海同志说，浙江绍剧有出猴戏《大闹天宫》，可以调来为外宾演出。剧团的演职员得知是周恩来请他们去演出，都非常高兴，连夜从萧山赶往上海。

演出非常成功。周恩来陪同外宾上台向演员们赠送花篮，并合影留念。周恩来走到六龄童面前，握住他的手说："我是绍兴人，看绍剧可还是第一次。你们演得很好，外宾看了很满意。"并夸奖说："你的武功不错。"周恩来又问到绍剧的曲调，六龄童告诉他主要是"二凡"和"三五七"两种。周恩来转回身将饰演小猴子的小六龄童高高擎起，台下掌声雷动。

周恩来问道："你几岁了？"小六龄童答道："8 岁了！"周恩来对六龄童说："文艺事业需要接班人，你要把后一代带出来，多培养几个小六龄童呀！"当周恩来与所有演员握过手后，又招呼六龄童和小六龄童过去，他右手抱起孩子，再次让记者拍照留影。临走时说："这次来观看你们的演出，是陈毅副总理推荐的。欢迎你们到北京来，向毛主席作汇报演出。"

1958 年 4 月底，浙江绍剧团首次到北京汇报演出，受到了首都人民的热烈欢迎。演员们被邀请参加五一游行活动，还安排了一辆彩车，造型就是"孙悟空大闹平顶山"，六龄童等还被邀请登上了天安门前的观礼台。

五一节后的一天，浙江绍剧团在中国剧协礼堂演出《罚子都》和《关不住的姑娘》等折子戏，周恩来观看了演出。演出结束后，周恩来走到后台，对大家说："我们又见面了，我们是老朋友了。"他随便地坐在道具箱上。演员们要搬凳子给他，他摇摇手说："不用，不用。"周恩来说："绍剧曲调'三五七'好像有所变化，与以前有些不同。"剧团同志告诉他，《罚子都》这出戏，是根据京剧剧目改编的，唱腔与口语吸收了一些京剧传统唱法。周恩来又对在《关不住的姑娘》一剧中扮演老农民的陆长胜备加称赞，很有绍兴特色。

周恩来询问演职员们的工作、学习和生活情况，当听到剧团已划归国营，大家生活越来越好时，周恩来高兴地说："好，你们要努力学习，多为工农兵演出。"并勉励坐在身边的几个青年演员："要勤学苦练，走又红又专的道路。"他还建议把乐队搬回舞台侧后位置,让观众能直接面对演员。还要注意幻灯字幕的质量,字要写得端正、清楚。他鼓励大家,无论做什么事情,都要有群众观点。要努力贯彻党的"双百"方针,更好地为工农兵服务。

1960年,在浙江省委宣传部和省文化厅主持下,由顾锡东和贝庚根据传统剧目改编了新编绍剧《三打白骨精》。这出戏不仅在剧本上作了进一步整理和改编,音乐唱腔、人物造型、服饰、表演动作等都做了大胆尝试。根据文学名著《西游记》和传统剧目《大破平顶山》改编的绍剧《三打白骨精》,讲述了唐僧去西天取经,经过宛子山。山妖白骨精将他抓去,请老母金蟾大仙前来同享唐僧肉,以求长生不老。孙悟空化作假金蟾大仙,让白骨精现身说法,如何欺骗唐僧,唐僧终于悔悟。孙悟空现出原形,将白骨精打死,救出唐僧的故事。新编剧由邢胜奎导演,周大风作曲,罗萍改编,演员阵容不变,演出后更加受欢迎。1961年上海天马电影制片厂将其拍摄成彩色戏曲片,发行到72个国家和地区,1963年荣获第二届大众电影"百花奖"最佳戏曲片奖。

1961年10月10日,毛泽东、刘少奇和其他中央领导在中南海怀仁堂观看了《三打白骨精》的演出,中国科学院院长郭沫若赋诗《七律·看孙悟空三打白骨精——书赠浙江绍剧团》:

> 人妖颠倒是非淆,对敌慈悲对友刁。
> 咒念金箍闻万遍,精逃白骨累三遭。
> 千刀当剐唐僧肉,一拔何亏大圣毛。
> 教育及时堪赞赏,猪犹智慧胜愚曹。

毛泽东看到郭沫若的诗后,于11月17日写了一首《七律·和郭沫若同志》:

> 一从大地起风雷,便有精生白骨堆。
> 僧是愚氓犹可训,妖为鬼蜮必成灾。
> 金猴奋起千钧棒,玉宇澄清万里埃。
> 今日欢呼孙大圣,只缘妖雾又重来。

1971年9月,毛泽东在杭州期间,看到电视上播放的绍剧《智取威虎山》和绍剧曲调的《七律·和郭沫若同志》后,对秘书说:"绍剧要改革,要创新,但改革以后还要像绍剧团,不能'四不像'。"1979 年中华人民共和国建国 30 周年,浙江绍剧团又赴京演出,得到了中央领导同志的充分肯定,被誉为"古树新花"。

（朱健 执笔）

43."单干理论家"上书中央

1961 年至 1962 年浙江省试行包产到户期间,针对实行中的巨大压力,浙江省内先后有四位同志挺身而出,分别多次向中共中央、《人民日报》和中共浙江省委写信、写文章,陈述包产到户的合理性和优越性,被称为"单干理论家"。这一现象在全国是独一无二的,他们是新昌县姚宫管理区干部陈新宇、嵊县城东区农技站蚕桑干部杨木水、武义县后树乡丁哲人、瑞安湖岭区兽医冯志来。

1961 年,为了克服经济困难,恢复和发展国民经济,浙江农村全面贯彻农业六十条。随着"三包一奖"生产责任制的普遍推广和深入发展,继安徽省农民试行"定产到田,责任到人"的田间管理责任制后,浙江新昌等地农民重又提出并试行包产到户的经营管理方法,受到广大农民的欢迎,但却引起干部的争论和疑虑。到 6 月中旬,嵊县全县 1880 个生产大队、9498 个生产队中,包产到户的已有 357 个大队和 1468 个生产队,分别占大队、生产队总数的 19% 和 15.5%。到 11 月,新昌县全县 49 个公社、832 个大队、4881 个生产队中,有 46 个公社、472 个大队、2735 个生产队实行包产到户,分别占公社、大队、生产队总数的 93.8%、57% 和 55%。

包产到户有利于调动农民的积极性,增加生产,克服困难,已为实践所证明,但在许多干部眼中是走了资本主义道路,必须加以纠正。包产到户举步维艰。这种不正常的情况,引起一些基层干部的深入思考,并勇敢地站出来,为包产到户争取生存空间。陈新宇从 1961 年 6 月至 1962 年 6 月,先后六次写了《关于包产到户问题》、《关于集体经营管理方式的创造与继承问题》、《关于农村阶级分析问题》、《关于包产到户后的一些新问题》、《重谈包产到户》等文章,寄给中共中央和《人民日报》。主要观点有:(1)包产到户是经营管理问题,不是所有制问题,不是方向问题,不会引起阶级分化。(2)包产到户是个人负责制与产量责任制相结合的一种较完善的责任制,与分田单干的退社办法有根本不同。(3)包产到户是迅速发展生产的有力措施,是解决工效、质量和劳力强弱不平的好办法。(4) 包产到户是适应当前生产力发展与群众思想水平的一种农业集体经营中的独特形式,是个人与集体生产密切结合的一种新的创造,是集体生产经营管理中的一项宝贵经验,不应长期摒弃。他在第六次,也就是 1962 年 6 月 16 日的信中坦陈了自己执著上书的心迹:"包产到户"是当前干部群众思想斗争的焦点,已经直接影响到干群关系和生产力的恢复。一年来我成了包产到户的罪人,甄别至今未下结论。县、区、公社三级对我进行过四次公开批判,我多次充当反面典型,停职、审查,施加多种压力,我竟顽固如此,毫不为动。主要原因是:(1)批判越多,越使我明白批判的理由不充分,农民主张完全正确;(2)几年来自己参加过破坏生产力的行动,为五风助风,内心自疚,一种强烈的赎罪念头,迫使自己坚持自己认为能迅速恢复发展生产的办法,补救上一段损失,因而对种种压力只看作对自己意志的考验;(3)自己确认包产到户是集体生产发展中,终将出现的必然现象,有非常坚定的胜利信心,决不放弃自己的主张。"包产到户的做法是群众的要求,是无法消灭的。不管从哪方面来看,是提出公开讨论弄清问题的时候了"!《人民日报》在 1962 年 7 月 1 日的内部材料"读者来信"上,刊发了《陈新宇六次来信谈包产到户》一文,着重介绍了他《重谈包产到户》一文的观点。

杨木水于 1961 年 5 月,写了《恢复农村经济的顶好办法是包产到户》的长信,寄给中央办公厅,请其转呈给毛泽东。到了 11 月,杨木水见无回音,又将信抄写一份,寄给本县名人马寅初,请他转交毛泽东。文中反映,嵊县自 1958 年的"三面红旗"以来,"共产风"、高指标、瞎指挥等"五风"盛行,把嵊县这样一个青山绿水、桑稻遍野的好地方,折腾得山林毁坏,良田荒芜,农民缺粮无菜,市场上没有不缺的东西,甚至出现饿死人的情况。是什么原因把好端端的农村弄成这个样子?怎样才能让农民吃上饱饭?杨木水通过深入调查、访问,以翔实的材料说明,农村实行的大集体捆死了群众的手脚,大呼隆劳动,大锅饭分配实在害死人。救农村、救农民只有一个办法:实行责任制。搞包产到户,当年嵊县有百分之三十以上的地方农民正在自发地实行包产到户,农业生产迅速恢复、发展。种田人热情拥护。而政府却不准许,派大批干部下去"纠正",弄得干群对立,农民怨声载道,生产受到进一步破坏。对当前的问题怎么看,又如何解决?杨木水主要论述了 3 个方面:(1)包产到户的性质。包产到户并没有改变人民公社的性质,它不过是适应生产力水平和农民思想意识的生产管理方式。(2)包产到户的好处。包产到户能调动社员的劳动自觉性和积极性,不但能够提高生产力,增加社会财富,主要的还能够确保办好集体经济。包产到户具体有 13 条好处。(3)包产到户的具体做法,可采取"管理到队,包产到户,集体收获,统一分配"。

马寅初先生当时已身处逆境,他还是采取了"匹夫有责"的态度,1962 年 1 月以人大常委会委员的身份到嵊县视察,会见了这个胆敢为民请命的小伙子。马寅初向杨木水仔细地询问了一些问题后,决定帮助杨木水转呈这篇文章。他对杨木水说,你的爱社之心令人敬佩,你的文章从农村实际出发,列举了"包产到户"的许多好处,有不少可取之处。但作为向国家领导建言,还有一些不足、不当之处。善意的批评建议要注意分寸,"理直"不一定非得"气壮"不可,看问题要尽量全面一些,说缺点要尽量准确、客观,感情务必不要偏激,冷嘲热讽之言务必少用。摆事实讲道理要比发牢骚、一味嘲讽的效果好。马寅初最后向杨木水建议:一定要把文中所列"包产到户"十三条优越性归并成十大或八大、九大优越性。杨木水按马老的要求,重新归纳了"十大优越性",誊清的手稿,由马老带回京。

武义县丁哲人的主要论点是:(1)包产到户是集体化的过渡性、折中性制度。(2)包产到户适应农民心理。(3)包产到户仍有集体化优越性,能够增产,公私两利。因冯志来的上书名为《半社会主义论》,被称为"半个单干理论家"。

认为包产到户是倒退到"单干"、会导致两极分化的毛泽东,在看到陈新宇关于包产到户的文章后,指出:"浙江有个陈新宇,写了那么多文章宣传单干,我们的同志也不回答,睡一觉起来总该回答了。"1962 年 9 月份在北京召开中共八届十中全会,毛泽东在全会上对内参反映包产到户依然耿耿于怀,严厉批评道:"《内部参考》登那么多包产到户的材料是错误的,今后不要再登。办内参要有方向。"他在会上见到浙江省委领导时还说:你们浙江出了二个半单干理论家,必须彻底批判!"二个半单干理论家"指的是陈新宇、杨木水和冯志来。另有"三个单干理论家"的说法,包括陈新宇、杨木水及丁哲人。

由于毛泽东明确反对包产到户,浙江省、地、县工作组曾经多次对新昌、嵊县等地群众进行宣传教育,制止和纠正包产到户,但是这种"纠正"违背了广大群众的愿望和农业生产力发展的要求,因而遭到群众的抵制。有的地方则采取明是集体劳动、暗是包产到户的办法应付上级。为此,中共浙江省委农村工作部经营管理、分配处专门派出调查组到嵊县进行"土地分到户"、"包产到户"、"包工到户"情况的专题检查。检查报告认为,出现包产到户的原因,主要是"五风"严重,生产没搞好,社员对集体生产失去信心;部分干部认识模糊,方向不明;经营管理混乱,财务账目混乱,社员认为还是包产到户好。虽然包产到户被认为是农村中社会主义和资本主义两条道路斗争的大是大非问题，但其仍在新昌、嵊县等地农村逐步扩展。到 1962 年 5 月，仅新昌一县就有 67.6% 的生产大队、70% 的生产队实行了包产到户或分田到户。全省大部分土地或全部土地包产到户的生产队，约占生产队总数的 2%—3%。

然而，陈新宇等人被当作"单干理论家"，遭到残酷打压。"文革"期间，陈新宇被到处游斗批判，并在 1969 年 12 月被新昌县人保组以刑事案件判决：以右派分子论处，开除公职，管制 3 年，送县农场监督改造。1981 年方得以平反昭雪。杨木水在 1962 年就被迫退职，1963 年春天遭逮捕，后被判刑关押，直至 1979 年 4 月才从浙江省第二监狱出狱，1980 年得以平反。丁哲人与冯志来也受到类似的迫害，"四人帮"垮台后获得平反。

（徐斌 执笔）

44. "五·九"批示与浙江城乡社会主义教育运动

    1963年5月9日,毛泽东在杭州主持召开部分中央政治局委员和各大区书记参加的小型会议,讨论和修改指导全国城乡社会主义教育运动的纲领性文件《中共中央关于目前农村工作中若干问题的决定(草案)》(即"前十条")。期间,他还转发了浙江省委办公厅《一批干部参加劳动的材料》等文件,一口气写了约1300字的长篇批语,史称"五·九"批示。

    在毛泽东看来,要巩固无产阶级的政权、巩固社会主义的阵地,除了必须建设好国防,必须与帝国主义、修正主义进行毫不妥协的斗争之外,社会主义教育运动更要不间断地进行。从1957年开始,他倡导并亲自组织、实施社会主义教育运动,1963年前后达到高潮。其标志之一就是1963年四五月间在杭州主持制定的"前十条",而"五·九"批示亦是这次运动的纲领性文件。

    这个批示的由来是,1963年4月15日,为了进一步推动城乡社会主义教育运动的开展,毛泽东又一次来到杭州。他与浙江省委和杭州市委的同志谈了此次南下的打算,请大家同他一起起草一个关于在农村进行社会主义教育运动的指导性文件,他特意要求大家准备一些与此相关的材料。二十多天的时间,毛泽东往返于沪杭间,组织起草文件。浙江省委按照毛泽东的要求,指示省委办公厅于当月编出了《一批干部参加劳动的材料》,呈毛泽东参考。这七个材料是:平阳县城西人民公社委员会书记廖锡龙的《我们是怎样坚持参加生产、领导生产的》;钱天镇的《应四官劳动好、工作也好》,应四官是中共宁海县越溪公社越溪大队支部书记;章轶仲写的金华县汤溪公社汤溪大队支部书记、老劳模陈双田访问记《怎样才能更多地参加劳动?》;桐庐县委副书记娄秉宜的《严如湛同志三下后进队》,严如湛是桐庐县俞赵公社俞家大队支部副书记兼大队长;瑞安县委书记季殿凯写的《隆山公社生产大队干部参加劳动》;余杭县委农村工作部的调查报告《余杭县五常公社大队干部参加劳动好》;青田县委书记袁长泽的《五年来干部坚持种试验田的体会》。毛泽东将题目改为《浙江省七个关于干部参加劳动的好材料》，并为之写下了长篇批语。

5月7日，他在杭州会议上讲："干部参加劳动问题，请大家注意一下。昔阳的材料很好，你们看了没有？那个县的干部每年参加劳动，至少有60天。那是一个在山上的县，很穷。越穷就越要搞社会主义。富了就不搞了吗？!各省都有这样的材料，浙江搞了七个。请每个省都搞一批。干部一参加劳动，许多问题就得到了解决。修正主义的根子就在这里。支部书记参加劳动了，大队长、队长、会计就会参加，整党整团就好办了。这样，修正主义就少了。县、社两级干部也要参加劳动。我希望在几年之内，分期分批，办到昔阳那样的程度。"5月8日，毛泽东又说："启发就是河南的这两个材料。我又看了一次昔阳的报告，写得很好。浙江的七个材料我都看了。"这是"五·九"批示的一个引子。不久后，毛泽东的批语连同浙江省七个材料作为"前十条"的附件印发。

毛泽东把干部参加生产劳动看作是一件具有"伟大革命意义"的"极端重大的问题"。

批语指出："浙江省这七个材料，都是很好的。文字也不难看，建议发到各中央局，各省、地、县、社，给干部们阅读。可以从中选两三件向识字不多的干部宣读和讲解，以便引起他们的注意，逐步加深广大干部，特别是县、社、大队、生产队四级干部对于参加生产劳动的伟大革命意义的认识，减少许多思想落后的干部的抵抗和阻力。"

"中央曾在今年3月23日发出山西昔阳县全县四级干部无例外地参加生产劳动的模范事例，并作了批语。对于这个重大问题，有些同志是注意了，例如浙江，在全省党代表大会上着重讨论了并且作了具体安排；其他地方，则反映尚少。建议各级领导同志利用适当机会，对于干部参加劳动这个极端重大的问题，在今年内进行几次讨论，并普遍宣读山西昔阳县那个文件。各省、市、自治区，一定有自己的好范例，应当选出一些（不要太多）让干部学习。我们希望争取在三年内能使全国全体农村支部书记认真参加生产劳动，而在第一年，能争取有三分之一的支部书记参加劳动，那就是一个大胜利。城市工厂支部书记也应当是生产能手。"

毛泽东在批语中强调："阶级斗争、生产斗争和科学实验，是建设社会主义强大国家的三项伟大革命运动，是使共产党人免除官僚主义、避免修正主义和教条主义，永远立于不败之地的确实保证，是使无产阶级能够和广大劳动群众联合起来，实行民主专政的可靠保证。不然的话，让地、富、反、坏、牛鬼蛇神一齐跑了出来，而我们的干部则不闻不问，有许多人甚至敌我不分，互相勾结，被敌人腐蚀侵袭,分化瓦解,拉出去,打进来,许多工人、农民和知识分子也被敌人软硬兼施,照此办理,那就不要很多时间,少则几年、十几年,多则几十年,就不可避免地要出现全国性的反革命复辟,马列主义的党就一定会变成修正主义的党,变成法西斯党,整个中国就要改变颜色了。请同志们想一想,这是一种多么危险的情景啊!"

"解决这个问题,是不是很困难呢?并不很困难。只要看到了问题的严重性,经过调查研究收集了可靠的材料,明了了情况,下定了决心,政策和方法又都是正确的,又有政治上强有力的几个同志作为核心领导,那末,就一个公社的范围来说,有几个星期就够了,就一个县来说,有几个月也就够了,就一个省来说,分批分期,搞好搞透,大约需要一年、二年,或者更多一点时间。因为这一次社会主义教育运动是一次伟大的革命运动,不但包括阶级斗争问题,而且包括干部参加劳动的问题,而且包括用严格的科学态度,经过试验,学会在企业和事业中解决一批问题。这样的工作,看起来很困难,实际上只要认真对待,并不难解决。"

毛泽东把这场社会主义教育运动看成是关系到党和国家前途和命运的伟大斗争。他写道:

"这一场斗争是重新教育人的斗争,是重新组织革命的阶级队伍,向着正在对我们猖狂进攻的资本主义势力和封建势力作尖锐的针锋相对的斗争,把他们的反革命气焰压下去,把这些势力中间的绝大多数人改造成为新人的伟大的运动,又是干部和群众一道参加生产劳动和科学实验,使我们的党进一步成为更加光荣、更加伟大、更加正确的党,使我们的干部成为既懂政治、又懂业务、又红又专,不是浮在上面、做官当老爷、脱离群众,而是同群众打成一片、受群众拥护的真正好干部。这一次教育运动完成以后,全国将会出现一种欣欣向荣的气象。差不多占地球四分之一的人类出现了这样的气象,我们的国际主义的贡献也就会更大了。"

这是毛泽东心目中的一个美好理想。他特别看重干部要参加劳动,同群众打成一片,不能浮在上面、做官当老爷。这个批语中不乏精辟论述,但就总体而言,是建立在对阶级斗争形势过分严重的估计上,使全国的形势向左转向。

浙江省七个干部参加劳动的典型产生于全省城乡社会主义教育运动的实践,"五·九"批示也与浙江的社教运动息息相关。在毛泽东的直接指导下,浙江的社教运动大体经历了三个阶段。1962年10月至1963年5月,贯彻中共八届十中全会精神,进行社教试点;1963年6月至1964年春夏,贯彻中共中央《关于目前农村工作中若干问题的决定(草案)》(即"前十条")和《关于农村社会主义教育运动中一些具体政策的规定(草案)》(即"后十条"),初步开展;1964年下半年起至 1966 年"文化大革命"发动为第三个阶段,以中共中央《关于农村社会主义教育运动中一些具体政策的规定(修正草案)》(即"后十条"修正草案)和《农村社会主义教育运动中目前提出的一些问题》(即"二十三条")为指导,全面开展社教运动。

浙江地处东南海防前线,解放前是国民党经营多年的"模范省";新中国成立后,成为全国重要的产粮区。这一次的社教运动受到了党中央和毛泽东的格外重视,既体现了全国社教运动的共性,又因毛泽东的关切而带有浙江地区的特色。在社教运动进行的过程中,毛泽东 17 次来到浙江,占了他一生所到浙江次数的近三分之一;3 年多时间里,他在浙江工作、生活了约 220 个日日夜夜,也接近他一生中浙江岁月的三分之一。可见他对浙江社教运动的关注和重视。

社教运动是在人民公社体制内,在不从根本上触动公社体制弊端的前提下,反对这种体制所产生的农民自发倾向和农村基层干部权力异化这两个基本矛盾。所以,运动一方面"对于解决干部作风和经济管理等方面起了一定作用",但又"使不少基层干部受到不应有的打击",为"文化大革命"的发生做了某些理论上和实践上的准备。另一方面,运动对农民"自发倾向"频频打击,又干扰了调整以来活跃农村经济的种种努力。

城乡社会主义教育运动期间,浙江全省共抽调 3.13 万余人,其中脱产干部 2.07 万余人、大专学生 1.06 万余人,农村青年 4739 人,参加点上的社教运动。共抽调厅局长级干部 72 人,处长级 279 人,18 级以上干部 225 人,共计 500 多人,占同级干部总数的 26.9%下乡蹲点。地委常委 74 人中,蹲点的 34 人;县委常委共 539 人,蹲点的 229 人。南京军区司令员许世友也于 1965 年 9 月带领军区机关和歌舞团,到浙江嵊泗参加"四清"运动,并在马关公社蹲点。至 1966 年上半年,浙江约有近三分之一的地区结束了城乡的社会主义教育运动。

在毛泽东的推动和指导下,浙江城乡三年多的社会主义教育运动,除了与全国一样在政治思想上具有越来越左的共同趋势外,又有浙江自身的基本特点。一是浙江省委老是检查右倾思想,认识始终滞后于中央左倾指导思想的发展。二是虽然强调坚持以阶级斗争为纲,但在具体工作上还是比较注重以发展生产为中心,抓生产、抓生活。三是重视贯彻正确或比较正确的具体政策,注意团结 95%以上的干部和群众。四是强调实事求是,群众路线,坚持教育人的方针。五是重视试点实践,坚持稳步发展。

(王祖强 执笔)

45. "枫桥经验"的创造与发展

　　"枫桥经验"是在1963年社会主义教育活动中,诸暨县枫桥区的干部群众创造的"依靠和发动群众,坚持矛盾不上交,就地解决,把绝大多数'四类分子'改造成新人,实现捕人少,治安好"的经验。1963年10月,公安部领导向正在杭州的毛泽东作了汇报,毛泽东肯定了"枫桥经验",说:"这就叫矛盾不上交,就地解决。"他指示要好好总结这个经验,经过试点,推广去做。"枫桥经验"成为全国政法战线的一面旗帜。

　　1962年9月,在中共八届十中全会上,毛泽东提出,要进行一场以克服单干风,抓阶级斗争,并以清账目、清财物、清仓库、清工分为主要内容的社会主义教育运动。1963年5月,中央制定了社会主义教育运动的纲领性文件——《关于目前农村工作若干问题的决定(草案)》(简称"前十条")。浙江省委为贯彻"前十条",组成省委工作队,在诸暨枫桥区的枫桥、新枫、视北、视南、栎江、檀溪和东溪等七个公社开展社会主义教育运动的试点工作。

　　1963年7月,社会主义教育运动试点进入对敌斗争阶段,经过20天时间的摸底调查,查出七个公社共有比较严重的破坏活动的"四类分子"(即地主分子、富农分子、反革命分子、坏分子)163名。当时党内对阶级斗争估计得过于严重,使得不少基层干部和少数工作组成员,将农村形势看成"漆黑一团",把"四类分子"看成"铁板一块",主张"逮捕一批,武斗一遍,矛盾上交",以此打开运动的局面。

　　针对这一情况,省委工作队组织基层干部群众学习中央《关于抓紧进行农村社会主义教育的批示》中对坏人坏事"必须以教育为主,以惩办为辅"的意见,引导他们敞开思想,展开辩论。

　　在此基础上,七个公社以生产队为单位,由全体社员对"四类分子"进行"全面评审、重点斗争"。先评守法的,给予适当鼓励;基本守法的,指出好的地方,批评其不足之处;有一般违法行为的,给予严厉批评;对有严重破坏行为的,作为评审的重点,由群众批判斗争。最后,枫桥区没有逮捕一个人,就制服了有违法行为的"四类分子"。

时值公安部领导到浙江指导工作,发现枫桥区在运动中没有捕人,依靠群众用说理斗争制服"敌人"的经验,就向正在杭州的毛泽东作了汇报。毛泽东肯定了"枫桥经验",并指示要好好总结。省公安厅将"枫桥经验"向公安部进行了汇报,公安部派人到枫桥进行了实地调查,最后形成了《诸暨县枫桥区社会主义教育运动中开展对敌斗争的经验》,即"枫桥经验"。

1963年11月17日至12月3日,全国二届人大四次会议召开,公安部负责人作了题为《依靠群众力量,加强人民民主专政,把绝大多数"四类分子"改造成新人》的发言,向全国推广"枫桥经验"。11月20日,毛泽东批示:"要各地仿效,经过试点,推广去做。"一场轰轰烈烈的学习推广"枫桥经验"的热潮在全国展开。

"文化大革命"初期,"枫桥经验"被污蔑为"修正主义的黑样板"、"资产阶级人性论"的"典型"。1971年,中共中央重新肯定了"枫桥经验"。1973年,公安部派人到枫桥蹲点,恢复推广"枫桥经验",同时开展挽救"失足人员"工作。

"失足人员"是指到处流窜,经常偷盗,扰乱社会治安的违法犯罪分子。针对这种人,枫桥区运用"枫桥经验"的基本精神,以"立足于拉,落实管教,不怕反复,教育改造"为方针,发动群众管教和落实专人帮教互相结合;抓阶级教育和社会主义道德品质教育,帮助总结变坏的教训,启发改造自觉性;不厌恶,不歧视,既严肃批评其过错,又热情鼓励其进步;劳动上严加督促,生活上既教其自食其力,又适当照顾;消除走"老路"的隐患,严防坏人勾引;有了进步,工作不放松,出现反复,思想不动摇,坚持数年见成效。创造了改造流窜犯和帮教违法青年的经验,挽救了一大批失足青少年。

粉碎"四人帮"后,枫桥区对"四类分子"进行摘帽工作。1978年五六月间,公安机关工作组到枫桥区开展评审摘帽试点。枫桥的干部群众认为,区内的"四类分子"基本守法,犯法的只是极少数。应该解放思想,在全国率先给"四类分子"摘帽。到1978年底,枫桥区的绝大部分"四类分子"摘帽,为全国的"四类分子"摘帽工作提供了借鉴。1979年1月10日,中共中央作出了《关于地主、富农摘帽问题的决定》。

1978年中共十一届三中全会召开,党的路线方针由"以阶级斗争为纲"转到经济建设上来。在这新的背景下,枫桥人继承和拓展"枫桥经验"的基本精神,探索预防、化解社会矛盾,维护社会和谐稳定的新途径、新方法,赋予"枫桥经验"新的时代内涵。

改革开放以后,"枫桥经验"的任务是保障社会环境安定。枫桥区在打防结合,制止犯罪方面取得了较好的经验。一是枫桥公社钟璜、枫溪、西畴的"三清落实"的帮教经验,即在对一般违法对象查清事实、活动特点和规律,分析违法行为的原因及周围环境的基础上,组织帮教小组落实帮教,预防和减少发案。二是总结檀溪公社泉四大队制订治安公约的经验,运用村民自治的形式,制订村民自律性的守则,使全镇人人遵法守约。三是总结檀溪公社花明大队"一会三组"的经验,即在治保委员会下成立对"四类分子"的监督改造小组,对一般违法人员的帮教小组和以"四防"为中心安全检查小组。

在新形势下,枫桥人还不断改进和完善"教育人,改造人"的内容和形式。对轻微违法犯罪人员和刑释解教人员,"不推一把拉一把,帮一时更帮一世",以教育为主,辅之以实际问题的解决,帮助他们成家立业,勤劳致富。其次,对外来流动人员坚持情感式管理,保护他们的合法权益,尽力帮助他们解决实际困难,使他们充分分享枫桥经济发展和社会进步的成果。

这个融"打、防、教、管"于一体的治安综合治理网络的新经验,引起了公安系统的重视。1990年5月,浙江省公安厅和绍兴市公安局推出这个新典型,把"枫桥经验"当作社会治安综合治理的典范。公安部和中央政法委亦予以肯定。

1995年9月,党的十四届五中全会提出了"抓住机遇,深化改革,扩大开放,促进发展,保持稳定"的基本方针,要求妥善处理好改革、发展、稳定的关系。根据这一方针,枫桥镇又探索出了"组织建设走在工作前,预测工作走在预防前,预防工作走在调解前,调解工作走在激化前"的"四前"工作法。同时建立和开展集中排查社会矛盾的专项活动,把与农民生产生活密切相关的问题作为化解矛盾工作的重点。针对农村民间纠纷季节性多发的特点,每年定期开展民间纠纷大排查活动。再则,实行分级、分类、分口化解民间纠纷的工作制。枫桥区党委紧紧依靠群众,把涉及面小、社会影响小的一般民间纠纷,确定由联村干部牵头解决;对那些处理难度较大的纠纷,由镇(乡)职能部门牵头,会同村(单位)处理,必要时,由镇(乡)基层司法机关一道参与解决。

21世纪以来,"枫桥经验"贯穿"以人为本"、"和谐社会建设"的理念,提出了"以人为本,依靠群众;抓早抓小,就地化解;维护稳定,建设小康"的思路,形成了"靠富裕群众减少矛盾,靠组织群众预防矛盾,靠服务群众化解矛盾"的新经验,实现了"矛盾少、治安好、发展快、社会文明进步"的良好局面。

近年,在"四前"工作方法基础上,又建立完善了"四先四早"工作机制,即:"预防在先,苗头问题早消化;教育在先,重点对象早转化;控制在先,敏感时期早防范;调解在先,矛盾纠纷早处理。"

2008 年 11 月 24 日,中央社会治安综合治理委员会、浙江省委在绍兴召开纪念毛泽东同志批示"枫桥经验"45 周年大会。中共中央政治局常委、中央政法委书记、中央社会治安综合治理委员会主任周永康出席会议并讲话。他指出,几十年来,"枫桥经验"在推广应用中不断创新发展,焕发出蓬勃生机和旺盛活力,成为全国政法综治战线的一面旗帜。"枫桥经验"的基本内涵和精神实质是发挥政治优势,相信依靠群众,加强基层基础,就地解决问题,减少消极因素,实现和谐平安。这是一笔宝贵财富,要一以贯之坚持,不断丰富发展,与时俱进创新。

(姜卫东 执笔)

46. 张宗祥出掌西泠印社

    1963年初冬,全国经济形势日渐回暖,中国书法界的巨擘们汇聚杭州,公推书法大师、浙江图书馆馆长张宗祥为西泠印社社长。这一职位自1949年后已空缺了14个春秋。张宗祥的出掌不独为书法界所瞩目,也是当时中国文化界的一件盛事。

    西泠印社创立于清光绪三十年(1904),由浙派篆刻家丁仁、王禔、吴隐、叶铭等发起创建,以"保存金石、研究印学,兼及书画"为宗旨,相聚西湖,研讨印学,于是结社于孤山南麓西泠桥畔,"人以印集、社以地名",取名"西泠印社"。当时清朝杭州府与钱塘县均以官府批文登记备案。印社初创的10年,四位创始人团结同仁,集资、规划,"买山立社",先后建造了"仰贤亭"等九处园林建筑,印社初具规模。1913年,举行了建社10周年纪念大会,修启(西泠印社成立启)立约(西泠印社社约),发展社员,公推艺术大师吴昌硕为首任西泠印社社长,盛名之下,精英云集,李叔同、胡菊邻、经享颐、黄宾虹、马一浮、丰子恺、吴湖帆、商承祚、方介堪、来楚生、沙孟海等相继成为西泠印社社员,杨守敬、盛宣怀、康有为等为赞助社员。

    此后20余年,西泠印社开展了集会、展览、收藏、出版等一系列活动,迅速发展,声望日隆,逐步确立了海内金石书画重镇的地位。印社的园林建设亦逐步完成。南至白堤,西近西泠桥,北邻里西湖,占地面积7088.86平方米,建筑总面积1749.77平方米。社址内有多处明清古建筑遗址,楼台亭阁建筑精美,园林精雅,景致幽绝,人文景观荟萃,摩崖题刻随处可见,博得"湖山最胜"的口碑。

    1927年,首任社长吴昌硕逝世,著名金石考古学家、故宫博物院院长马衡继任社长。从1904年到1949年的45年,印社经历了一个纯民间社团的辉煌和艰辛。这一时期,西泠印社共有正式社员61人,赞助社友10人,两位日本篆刻家河井仙郎、长尾甲也来中国进行交流并加入印社。有"天下第一名社"之盛誉。

1949年后,形势的巨变让西泠印社一度停止了活动。1951年,经沪、杭两地社员协商,将西泠印社房产土地等捐献政府,其园林由园管部门接收,可动文物(书画、书籍、印谱等)由省文管会保管。1956年,在"双百"方针的鼓舞下,不少文化界及书法界的人士提出,沉寂数年的西泠印社应该恢复起来,首要之事是推举一位在资历、声望、学识及社会地位方面有影响力的文化泰斗出面,呼吁并主持其事。张宗祥为众望所归。

张宗祥系浙江海宁人氏,著名学者、书法大家。民国初期曾任京师图书馆主任(馆长),浙江省教育厅厅长等职。毕生致力于校雠和搜抄善本,一生抄校9千余卷,前无古人。补抄文澜阁四库全书,历时两年,抄得4497卷,补齐残缺,甚得文化界佳评。新中国成立后,张宗祥出任浙江省图书馆馆长、浙江省历史学会会长、浙江省文史馆副馆长、省政协常委和省人民代表大会代表。1956年5月26日,浙江省第一届人民代表大会第四次会议召开,张宗祥在会上提案:欲恢复西泠印社中的篆刻印泥,兼售书画及西湖上碑帖之类,使友邦人士游湖者可得随意购买。

从那时起,张宗祥以及潘天寿、沙孟海、诸乐三、阮性山、韩登安等,在不同场合,纷纷上书陈情,为恢复印社奔走呼号。1957年11月17日,在龙兴路6号张宗祥寓所召开了第一次筹备会议,成立西泠印社筹备委员会,选举张宗祥为主任,陈伯衡、潘天寿为副主任,沙孟海、诸乐三、阮性山、韩登安为委员,韩登安兼任秘书。浙江省委文教部和浙江省文化局十分赞成进行西泠印社的恢复工作,由政府拨款5000元,在社址开辟了吴昌硕纪念室,并批准了筹委会的"企业性计划书",同意"公助民办"、"自负盈亏"的方式,先恢复西泠印社"营业部"。1958年1月19日,营业部正式开张,嘉宾云集,张宗祥代表筹委会作了社史和筹办经过的报告。

1958年9月30日,西泠印社下放杭州市管理。1959年夏间,杭州市文化局成立西泠印社办公室,派王树勋为办公室主任。同年9月,杭州市文化局决定在营业部基础上扩大成立杭州书画社,专营古今书画名家的真迹和复制品展览、收购和供应,并作为自收自支事业单位,为西泠印社的恢复和活动提供基本经费保障。"杭州书画社"于国庆期间开张,很多珍贵的陈列品,都是张宗祥出面向老社员、藏家,如金越舫等借的。此后,张宗祥自己带头,并联络陈叔通、邵裴子等许多名家,将一些藏品捐赠印社。1961年,西泠印社被浙江省人民政府认定为浙江省重点文物保护单位。

从 1962 年下半年开始，浙江省委书记处书记林乎加、李丰平多次作出批示，要求尽快恢复西泠印社组织，开展学术研究活动，以继承和发扬我国传统的印学艺术。西泠印社 60 周年大庆活动启动。1962 年 12 月中旬，西泠印社召开了新中国成立后的第一次社员座谈会。到会的有张宗祥、浙江美术学院院长潘天寿、上海书法篆刻学会主任沈尹默、江苏国画院院长傅抱石、上海国画院院长王个簃、湖北省文史馆副馆长唐醉石等全国金石书画名家及健在的老社员 30 多人。会上成立了以张宗祥为主任，潘天寿、傅抱石、王个簃为副主任的庆祝西泠印社创建 60 周年筹委会，拟定了"庆祝西泠印社创建 60 周年活动计划"和"西泠印社章程"（草案），举行了"赵之谦金石书画艺术"专题讨论和两次书画活动。

1963 年 11 月，印社召开 60 周年纪念大会，海内外名家和散居在全国各地的印社社员云集杭州。大会收到了国家及文化部、全国文联领导人董必武、郭沫若、齐燕铭、沈雁冰等人的题词和贺辞。除王个簃、沙孟海、马公愚、方介堪、韩登安等老社员外，新入社的都是当时全国最著名的书画篆刻大家，如傅抱石、沈尹默、潘天寿、程十发、谢稚柳、唐云等。大会通过了新的《西泠印社章程》，选举产生了近 20 人组成的首届理事会，选举张宗祥先生为第三任社长，潘天寿、傅抱石、王个簃等五人为副社长。举办了规模盛大的第二届历代金石书画作品展等。1963 年 11 月 4 日，《人民日报》刊发了西泠印社庆祝建社 60 周年、张宗祥当选为社长的报道。

自此，西泠印社恢复了雅集活动，每月组织一次社员聚会，讨论学术问题。定期邀集理事和社员来杭，研究印学、商量社务、观赏藏品，经常组织社员进行篆刻书画创作，举办展览，还编辑出版了有关的金石书画出版物。

西泠印社恢复正常运转时间不长，张宗祥因年迈体衰于 1965 年以 84 岁高龄辞世。随后"文化大革命"爆发，西泠印社的活动再度陷于瘫痪。

"文革"结束后，社团活动步入正轨。在 1979 年建社 75 周年大会上，书坛巨匠沙孟海当选为第四任社长，赵朴初为名誉社长，王个簃、启功、程十发等 8 人为副社长。沙孟海任内，西泠印社的书法成就、学术研究蓬勃发展，国际交流活动局面大开，海内外声誉有了很大提升。沙孟海还以社长的号召力，推动"兰亭雅集""兰亭书法节"的开办，成就了中国书法史上的一件伟业。1993 年建社 90 周年大会上，著名学者、书法家、佛教活动家、全国政协副主席赵朴初当选为第五任社长，启功、方去疾、程十发、郭仲选等九人为副社长。赵朴老仙逝后，启功继任社长。启功之后，以社长须由大师担任而暂时空缺，副社长郭仲选等人负责日常工作。2004年初,西泠印社在民政部成功注册登记,正式成为国家级社团。近百年来,西泠印社共有社员近400人,现有社员250余人,分布全国20多个省、市、自治区,以及香港、澳门特别行政区和台湾地区,多为全国和各地著名篆刻家、书画家、鉴定家及学者。社员中还包括小林斗庵、梅舒适、金膺显等日本、韩国、新加坡的20多位国际篆刻书画界的知名人士。

如今的西泠印社已成为以社团为基础,兼具学术研究、艺术创作、图书出版、生产销售、展览交流、文物收藏和保护,集社团、事业、企业、出版为一体的综合性文化单位。1999年,由西泠印社筹建的中国印学博物馆正式对外开放。2001年,西泠印社被国务院命名为全国重点文物保护单位。

（徐斌 执笔）

47. 洞头先锋女子民兵连

1965年12月,国防部在杭州隆重举行命名记功授奖大会,授予驻洞头某部六连以军民联防模范连的光荣称号。同时,省人民委员会和省军区给六连联防区女子民兵连(后被命名为"洞头先锋女子民兵连")荣记集体一等功。

浙南瓯江出海口外,有一座海岛之县——洞头。它由103个岛屿和259个礁矾组成,犹如一颗颗镶嵌在东海万顷碧波之中的明珠,是温州一道靓丽的风景。

洞头县城所在的北岙岛距温州陆岸30多海里。温州市志记载,洞头在唐代时就已建置区划。洞头列岛周围,是浙江第二大渔场,有可造深水良港的海域,战略地位十分重要。

1949年10月9日,人民解放军解放洞头主岛。由于国民党政府的军队还占领着大陈岛等沿海岛屿,洞头列岛便成了敌我双方争夺的战略要地。从1950年7月开始,敌我双方在洞头列岛进行了5次拉锯战。1952年1月,人民解放军全歼洞头守军854人,其中毙敌324人,彻底解放了洞头岛。

败退的国民党当局不甘心失败,仍然经常派出军舰、飞机和匪特到沿海岛屿骚扰破坏,伺机反攻大陆。

为了保卫海防,响应毛泽东"军民结合、平战结合",才能有效地保卫国家海疆安全的号召,1955年,位于海防前线的洞头县北沙乡组建了北沙民兵连,其中由桐桥村一些女青年组成了女子民兵排,这便是"洞头先锋女子民兵连"的前身。汪月霞担任第一任女民兵排排长。

民兵连的任务,是要一边搞训练,一边搞生产,女子民兵排也不例外。她们除了配合驻军站岗放哨,进行军事训练,还带头克服世俗偏见,组成女子生产小队,下海捕鱼,试验人工放养海带。样样事情都干得出色,成为人们关注的对象。女子民兵排的事迹在周边地区逐渐传开。

1960年4月23日,全国民兵代表大会在北京召开,洞头工委书记和民兵代表汪月霞参加了大会。26日,毛泽东、周恩来、朱德等党和国家领导同志,在中南海怀仁堂接见了参加全国民兵工作会议的代表。毛泽东笑着问坐在身旁的汪月霞:"我到你那里当个民兵要不要?"汪月霞高兴得不知如何是好,激动得一个劲地鼓掌。毛泽东亲手授予汪月霞一支崭新的半自动步枪和10发子弹。从那一刻起,汪月霞抱定了爱岛尚武,献身海防的伟大志向。在以后几十年的风风雨雨里,她放弃了天伦之乐,战胜了世俗偏见,把自己的全部精力投入到民兵工作之中。她一生没有生儿育女,却对海防建设倾注了满腔热情。

从北京回来的路上,汪月霞到南京军区向许世友司令员汇报建立女子民兵连的打算。许世友亲切地说:"洞头民兵和部队一起保卫海疆,这些事迹我听了很受启发。你想把民兵排扩大成民兵连,这个想法很好,等你把女子民兵连建立起来,我就到洞头去看望大家。"

这年6月,洞头县北沙女子民兵连成立,汪月霞任连长,陈玉兰任指导员。全连有4个排8个班,共80多名女民兵,分布在20多个自然村。女子民兵连自成立之日起即与驻军开展军民联防活动,取得了优异成绩。同年10月28日,国防部授予洞头军民一面锦旗,上面写着:把海岛建设成战时攻不破、摧不毁的海上堡垒,平时丰衣足食的社会主义乐园!并分别给驻岛部队和洞头民兵记集体二等功。

1962年春,蒋介石、陈诚等5人组成"反攻行动委员会",作为反攻大陆的决策机构,全力推行"光复神州"使命,在台湾下达"征兵动员令",开设"战地政务班",培养潜入大陆沿海妄图建立伪政权的党政干部,并购置大量先进的渔轮、橡皮舟和各种新式武器、通讯器材,在美国军事人员的帮助下,举行以进犯大陆沿海地区为目标的各种军事演习。

为了有效打击台湾当局企图窜犯大陆的阴谋,在部队的统一指挥下,女子民兵连全部出动,配合驻军六连进行战备工作。她们风餐露宿,连续15昼夜不离阵地,夜以继日地抢修工事,抢修战壕和交通壕4500多米,各种步机枪掩体51个,地堡1个。还帮助部队搬运武器弹药。女民兵和部队战士共同巡逻放哨,昼夜不停。经过一段时间的艰苦训练,女子民兵连不但配合部队完成了紧急战备任务,还先后31次参加南京军区、省军区、温州军分区和洞头县人武部组织的军事比武,取得了优异成绩,涌现出了3名神枪手、64名特等射手。女子民兵连的声誉越来越高,这面军民联防的旗帜,闻名全国。

十多年来,她们和守备部队爱岛一家人,守岛一条心,建岛一股劲,并肩携手,守卫着祖国的海防前哨。1965 年 12 月,国防部在杭州隆重举行命名记功授奖大会,授予驻洞头某部六连以军民联防模范连的光荣称号,记集体一等功。同时,省人民委员会和省军区给六连联防区女子民兵连记了集体一等功。连队的先进事迹成为长篇小说《海岛女民兵》的重要素材,入选《当代中国》丛书;电影《海霞》的原形亦是她们。

此间,汪月霞付出的代价、做出的牺牲是巨大的,她把所有时间和精力都放到了军民共建上,作为一名渔民的妻子,她没时间陪丈夫去打鱼,甚至连丈夫打来的鱼她也没时间去腌晒、去卖。好在她的丈夫身为桐桥村大队长的郑怀道虽有怨言,却也默默地忍受了,并支持她走了过来。

"十年动乱"时期,汪月霞和女子民兵连遭遇了一场劫难。造反派把汪月霞抓去,收缴了毛泽东送给她的半自动步枪,说是"黑枪";挂上牌子"坐飞机",叫嚷:"汪月霞的民兵英雄是欺世盗名!"逼着她跪在石子和滚烫的自来水管上;她被折磨得站也站不住,还逼着她的老母亲扶着她游街示众。危难中,是广大的人民群众、驻岛部队保护了她。许世友也伸出了援手。

1975 年 1 月,走出困厄的汪月霞担任了洞头县委副书记,继续兼任女子民兵连连长。这一年,她为女子民兵连办了两件大事:一是建立起一座"北沙女子民兵连纪念馆",二是支持女民兵们开展"以劳养武",办好女民兵连自己的企业。

多年以来,女子民兵连顶住了重重压力,坚持思想不乱、组织不散、作风不松、联防不断,为人们所称颂。1978 年 9 月 29 日,浙江省军区授予洞头县北沙女子民兵连"洞头先锋女子民兵连"的光荣称号。

1978 年 5 月,汪月霞当了县委第二书记。在"文革"中深受迫害的她,设身处地为那些蒙受不白之冤的干部群众扫去心头的阴霾。她以雷厉风行的作风,贯彻执行党中央关于平反冤假错案及为"四类分子"摘帽的决定。用对人民真挚的爱,将党的温暖传递给她所接触的每一个人。

汪月霞决策、拍板所兴建的从洞头到温州的海底通讯电缆,结束了洞头县几十年"摇把子电话"的历史。由她批示建设的洞头水桶擂码头,使百岛洞头有了第一座货运码头。

她四处筹资建成的洞头燕子山发电厂,使洞头大部分乡村通了电,从而结束了洞头点蜡烛过日子的历史。

1990 年女子民兵连建连 30 周年前夕，国防部长张爱萍挥毫写下了："英姿飒爽女民兵，紧握钢枪守海疆。"1995 年 5 月，国防部长迟浩田专程登岛看望新一代"海霞"们。回到北京，他到国防科技大学作报告，用了 30 多分钟，专门介绍洞头先锋女子民兵连的先进事迹。至今，已有人民解放军的几十位将军上岛视察，指导海防建设。

2000 年，"海霞军事主题公园"落成，与洞头先锋女子民兵连纪念馆同为省市爱国主义教育基地，与妈祖宫、洞头解放纪念碑、胜利桥等人文景观组成洞头东沙景区。

2006 年 5 月，中共浙江省委书记习近平到洞头县调研，指示要抓好洞头先锋女子民兵连建设，进一步发掘和弘扬洞头先锋女子民兵连的精神。

（朱健 执笔）

48. 国防部命名"海空雄鹰团"

1965 年 12 月 29 日,国防部举行隆重表彰大会,授予驻守浙东沿海的东海舰队海军航空兵第四师第十团"海空雄鹰团"荣誉称号。

这是一个有着辉煌历史的团队,在万里海空击落击伤敌机 31 架;这是一个充满传奇色彩的团队,曾创下同温层、零高度、39 米近距离击落敌机等世界空战史上的八个第一;这是一个英雄辈出的团队,涌现出王昆、舒积成、高翔等一大批著名战斗英雄和"王牌"飞行员。英勇顽强,敢以劣势装备打恶仗,叱咤风云,威震海天!

"海空雄鹰团"的前身原为陆军部队。1951 年人民空军诞生,航空兵第十七师四十九团得以组建,主要担负京、津、唐地区防空值班任务。

1951 年 11 月,训练方始半年的空十七师奉命入朝作战。期间,空十七师四十九团发扬"拼刺刀"的战斗作风,以劣势装备和十数小时飞行时间的学员级飞行员与优势装备的美国空军老牌飞行员作战,击落美、英等国空军飞机 13 架、击伤 3 架。1954 年 5 月 20 日,空十七师成建制调归海军航空兵,改编为海航第四师,四十九团改编为海航第十团,驻守浙东前线。不久,十团奉命参加了人民解放军首次陆海空联合解放一江山岛的战斗。

1955 年 6 月 27 日,海航十团大队长王昆率队迎击台湾国民党空军,从高度 2000 米一直往下追敌,在距海面 70 米处果断开炮,将敌机击落大海,首创零高度击落敌机的奇迹。

1958 年 2 月 18 日,国民党空军美制新型 RB-57 喷气式远程高空侦察机进入山东半岛侦察,海航十团中队长胡春生、飞行员舒积成立即驾驶歼-5 歼击机起飞迎敌,在 15700 米的高空将敌机打得凌空爆炸,首创世界空战史上同温层战斗的先例。

同年 8 月，美国第七舰队航空母舰战斗群在台湾海峡军演，并派军舰、飞机为国民党军舰护航。毛泽东决定炮击金门，以示警告。他亲令海航十团紧急入闽，夺取台湾海峡的制空权。8 月 13 日，十团战机长途转场到福州机场，福州市人民政府准备举行接风酒会。但战机落地不到 40 分钟，国民党空军来袭，大队长马铭贤即率 4 机编队升空迎战，将国民党空军的 2 架 F-84F 侦察机击成重伤，在逃回台湾的途中坠入大海。

1964 年 11 月，国民党空军频繁骚扰内陆，毛泽东再次点将：“请他们去一趟，怎么样？”美制 RF-101 高空侦察机，曾有“西方战略眼睛”之称。美蒋吹嘘这种飞机“高炮够不着，导弹瞄不准，飞机追不上”。12 月 18 日，国民党空军少校飞行员谢翔鹤驾驶它进入浙江上空侦察，海航十团副团长王鸿喜驾驶国产新型歼-6 超音速歼击机迎战，将其击落于浙江温岭以东海面，谢翔鹤跳伞被俘。

1965 年初，南中国海烽烟骤起，美国在发动侵越战争的同时，派遣军舰在南海游弋，并派飞机对中国沿海和内陆侦察挑衅，严重威胁国家安全。毛泽东又一次派出十团，抗击入侵挑衅的美机。3 月 24 日，美军 BQM-34A“火烽”式无人驾驶高空侦察机侵入海南万宁上空，海航十团中队长王相一单机起飞截击，将其击落，首战告捷。紧接着，海航十团副大队长舒积成又连续击落二架美军 BQM-34A“火烽”式无人驾驶高空侦察机。4 月 9 日，海航八师二十四团大队长谷德合率程绍武、魏守信、李大云驾驶歼-5 歼击机，与从美第七舰队“突击者”号航空母舰上起飞的 4 架号称世界上最先进的 F-4B 型“鬼怪”式战斗机交手，以大无畏的英勇气概，与美机在空中进行“白刃”格斗，迫敌在慌乱中发射“麻雀”3 型空对空导弹，误将自己的飞机击落。9 月 20 日，一架美军 F-104C 战斗机携带新式“响尾蛇”导弹飞临海南岛西岸，海航十团大队长高翔、副大队长黄凤生驾歼-6 歼击机腾空迎敌，高翔从距离敌机 291 米处开炮，一直打到 39 米，创造了人类空战史上短兵相接的奇迹，并成为世界上第一个打掉 F-104C 飞机的人。

十团的光荣历史是值得炫耀的：毛泽东三次点将，亲调十团出征，25 次接见该团的 41 名代表。周恩来接见作战有功人员 79 人次。该团先后有 140 人记战功，副大队长舒积成被授予战斗英雄称号。1965 年 12 月 29 日，国防部授予海航四师十团“海空雄鹰团”荣誉称号。1987 年 7 月，该团代表出席中国人民解放军英雄模范代表会议。1995 年 11 月，在海空雄鹰团命名 30 周年前夕，中央军委主席江泽民为“海空雄鹰团”题词：“建设强大的海军航空兵部队，保卫祖国领海安全。”

　　作为海军航空兵的"王牌"部队,在新的历史时期,党和人民又赋予了其新的使命。"海空雄鹰团"原驻扎在浙江台州路桥机场,2003年,为满足列装俄制SU-30MKK2战斗机的需要,海航十团移防至安徽省肥东县阚集乡西山驿机场。

　　"神速中讲程序,勇猛中讲科学,顽强中讲智慧"。一场全面革除陈旧观念,用新思维来驾驭先进战机的特殊战斗在这个英雄团队展开。他们从新装备的特点和规律出发,突破传统的作战训练模式,进行一系列开创性的科学训练改革。超强度滚动训练提高了飞行员充分利用飞机先进性能完成困难任务的能力,锤炼了顽强的战斗作风,又一次改写了海军航空兵飞行史上训练强度的纪录。

　　高速歼击机双机低气象起飞是实现大机群快速起降、提高机动作战能力的重要手段,也是风险极高的战斗科目。为了尽快使飞行员运用新的战机具备"全领空出击、全天候作战、全疆域到达"的作战能力,这个团瞄准作战对手,模拟战场环境,同步训练与非同步训练并行,不断加大高难度科目的训练比重;对单个科目科学组合,提高单位训练时间的含金量;有针对性地开展极限训练,不断飞出装备的优越性;利用新战机的机载视频系统和信息化手段,实现训练由粗放型向精确型转变。顺利完成了"高速歼击机双机低气象起飞"、"封锁反封锁"等八个填补航空兵部队空白的战术训练科目。

　　长期以来,"海空雄鹰团"一直驻守在沿海一线机场。新一代飞行员保持和发扬老一辈飞行员勇猛的战斗作风,开展了首次到位、首次发动成功、首次进入、首次命中目标的超强度训练和快速反应训练,创造了战备等级转进的最快纪录。他们还组建了海航第一支"蓝军分队",紧盯战争前沿,潜心研究,编写出了海航第一套"蓝军分队"训练提纲,研制开发了指挥自动化网络、红"蓝"对抗演练系统。

　　目前,"海空雄鹰团"飞行员百分之百达到了"四种气象"飞行能力,每个人都实际使用过导弹、炸弹、火箭等各种机载武器。战斗特技、高空截击、编队协同攻击等作战课目炉火纯青,从上万米的高空到紧贴海面二三十米超低空,都能攻防有术,进退自如。换装以来,他们出色完成了数十次战备巡逻、海空警戒和重大演习等任务,创下了全军第一个新型战机对海攻击、新型导弹首次发射百分之百命中等一系列新纪录。

(朱健 执笔)

49. 保护灵隐寺

　　1966年"文革"风暴骤起，"大破四旧"之风蔓延，江南名刹灵隐寺突然面临一劫。

　　灵隐寺为为杭州最早的名刹、著名禅院，始建于东晋咸和元年，号为"仙灵所隐"，有"东南第一山"之誉。灵隐寺最前面的天王殿，上悬"云林禅寺"匾额，为清代康熙的手笔。大殿正中佛龛里坐着袒胸露腹的弥勒佛像。弥勒佛后壁佛龛里，站着神态庄严、手执降魔杵的韦驮菩萨，系由独块香樟木雕成，是南宋遗物。灵隐寺的大雄宝殿是单层、重檐、三叠的建筑，高达33.6米。另有清末重塑之木雕释迦坐像，高约24.8米，金光四射，闪耀夺目，富有宋代守实雕塑之风，此外还有十二圆觉，二十诸天等佛。

　　大殿规模宏敞，气势雄伟，殿正中的释迦牟尼佛像，高19.6米，是以唐代禅宗著名雕塑为蓝本，用24块香樟木雕成的。灵隐寺的殿宇、亭阁、经幢、石塔、佛像等建筑和雕塑艺术，对于研究中国佛教史、建筑艺术史和雕塑艺术史都很有价值，是珍贵的文物。

　　1600多年间，它曾14次毁于天灾人祸，但屡毁屡建，规模逐渐宏大。新中国成立后，周恩来批拨巨款予以修缮。1961年4月，列为省级重点文物保护单位。寺旁飞来峰，亦为杭州的名胜，是中国南方重要古窟艺术之一，一尊弥勒佛造像为宋代造像艺术的代表作。1982年2月，飞来峰造像列入国务院第二批全国重点文物保护名单。

　　1966年8月23日，杭州市"破四旧"之风蔓延升级。到8月26日，杭州市的教堂、碑匾、历史人物墓或像、石刻、经文古籍等文物古迹惨遭严重破坏，全市600多个寺庙基本损毁。

　　8月23日，官巷口贴出一张煽动性的大字报，号召打掉灵隐寺。当晚，浙江大学机械系的部分同学分析,灵隐寺必然是"破四旧"的目标,我们不能让它毁于一旦。几位同学自告奋勇地要在第二天去实地观察。

8月24日早晨,浙大的十来位同学来到灵隐寺,与杭州第四中学先期到达的20余名红卫兵不期而遇。这些中学生手拿棍棒、绳索和铁锨。浙大学生见状,马上关闭了通向天王殿的东西侧门,并用僧人递过来的大锁,锁住了所有入口。同时,在门前筑起一道"人墙",阻止红卫兵进入。这一挡,为保护古刹起到了重要的缓冲作用。但情况仍然非常危急。对方是有组织、有准备的大规模行动,他们区区十人之微,怎么能抵挡? 他们一面给浙大广播站打电话求援,一面提出,灵隐寺不能砸! 我们要辩论。

浙大广播站立即播出紧急通知,三四千名师生热烈响应。他们跑步赶往增援,终于在打、砸、抢红卫兵的大队人马到达之前赶到了灵隐寺,迅速构成多道防线。几分钟之后,杭州市第四中学等六所中学的2000名红卫兵也到了。灵隐寺与飞来峰之间为狭长谷道,一下子汇聚约六七千人,双方情绪极为激动,场面混乱不堪,一场冲突一触即发。

上午,杭州市委统战部、市园林管理局和西湖区委亦派干部赶赴现场,并迅速报告杭州市委。市委书记王平夷指示:请驻守现场的干部,加强说服工作,市里增派工农群众去现场,加强劝说力量。市委速派顾春林副市长到现场做工作,同时报告省委。省委当即提出"两个保护"的指导方针,既要保证避免冲突和人身伤害,还要保护好灵隐寺。即由省政府副秘书长、省外事办公室副主任赵士炘电话请示总理办公室,并赴现场做劝解工作。

赵士炘和顾春林当即到现场劝说。第一次无功而返。市委书记王平夷、市长王子达等听了汇报,紧急研究解决办法。王平夷策略地提出:灵隐寺"既不废掉,也不开放,由市政府出面封闭起来"。赵、顾两人第二次去宣布市委决定。这个折中缓解矛盾的办法,为大多数人所接受,但是也有少数红卫兵很不满意,不想离去。傍晚,浙大师生回校参加全校师生大会,事态暂时缓和。

8月25日,关于灵隐寺毁存的激烈争论在中学红卫兵和市民中扩展,西湖沿线一带聚集了大量的人群。浙大学生起草了《告全市人民书》,广为散发,动员和号召全体市民行动起来,积极参与保卫灵隐寺的斗争,得到了市民的广泛支持和参与。但固执要"毁寺"的红卫兵也在秘密组织毁寺行动。

8月26日夜,灵隐寺再次告急。杭州市委和浙大参与护寺的学生先后获悉,杭州市区2000多名红卫兵集结队伍,要去烧毁灵隐寺。于是,浙大第二次组织了约四五千人前往"护寺"。夜幕中,激进的红卫兵到达寺前,他们拎着装了煤油的铁桶,不过很快被"护寺"的师生合力夺了下来。午夜12时至次日凌晨2时,省、市领导王子达等又两次到现场劝解,次晨4时,双方各自撤回。

8月27日下午,国务院值班室通过省委下达两点指示:

一、关于灵隐问题,国务院答复:与对外活动有关的重点文物,能保存就保存,不能保存就让群众打掉;二、现在学生中打灵隐与保护灵隐辩论很激烈。我们意见,大家要去保护的精神是好的,但贫下中农和居民,最好不要参加进去,不要造成与学生冲突。根据《人民日报》精神,工农兵不了解情况,就不要参加辩论。

省、市领导充分意识到上面的指示是不要激化矛盾,能保尽量保。王子达到现场传达国务院的电话指示,他把握指示的基调,主要阐述了国务院期望保护灵隐寺的指示,并乘着场面喧嚣之机"断章取义",没有照本宣读。

由于当时事发突然,情况紧急,浙江有关方面通过多条渠道向中央求助。总理办公室主任、国务院副秘书长童小鹏也接到了报告,他即电告浙江省委办公厅萧赽,转达周恩来要保护灵隐寺,省委要做好工作的指示。

8月29日上午,省委书记处常务书记李丰平等领导再次提出具体保护意见:有不同意见可以继续辩论,在此期间,灵隐寺由市人委封闭保护起来。第二天,杭州市人委即发布公告:在各方意见不一,辩论激烈期间,宣布灵隐寺暂行封闭。包括飞来峰造像等景区,全部停止开放。随着红卫兵大串连的兴起,红卫兵开始转移"革命目标",终于使千年古刹基本完好地保存了下来。1970年,借柬埔寨亲王西哈努克来访之机,才重新整理开放。

在"破四旧"的高潮期,仅几天时间,杭州600多座寺庙便荡然无存,灵隐寺独善其身,至为奇迹。根本在于人民群众对该寺的喜爱、珍惜,尤其是浙大师生的自觉行动。在那种"打倒一切"的政治环境下,保护者一方始终能够在力量上保持绝对优势,党和政府尚能在自身极端困难的情况下正确引导是取得良好结果的关键因素。用和缓、睿智的处理方式,较为现实,也更有成效。广为宣传动员,争取更多市民的支持,并形成强大的社会舆论力量,也是有力的举措。最后形势变化,红卫兵破坏力量骤减,是导致结果向好的方向发展的客观因素。

(王革新 执笔)

50. 城镇知青上山下乡

　　1968 年 12 月 22 日,《人民日报》发表毛泽东的最新指示:"知识青年到农村去,接受贫下中农的再教育,很有必要。要说服城里干部和其他人,把自己初中、高中、大学毕业的子女,送到乡下去,来一个动员。各地农村的同志应当欢迎他们去。"毛泽东的这一指示,把知识青年上山下乡运动推向了高潮。浙江数十万城镇知识青年也卷入其中。

　　城镇人口上山下乡,最早可以追溯到 20 世纪 50 年代。50 年代中期,杭州、宁波、温州等城市失业问题还没有完全解决,中、小学毕业生不能就业的人数日益增多。在农业合作化高潮中,农村需要大批有文化的人。1955 年 5 月,省劳动局、省民政厅根据省委关于开发山区经济,增加农林牧生产,并逐步解决城市失业问题的指示,组织动员了 1.28 万余人参加垦荒生产。1956 年春,省劳动局、省民政厅又采取移民插社的办法,动员安置 1.18 万余户、连同家属共 4.09 万余人参加了农业生产合作社,分别安置在嘉兴、金华、温州、宁波地区的 39 个县。1958 年 12 月,省委发出《关于动员青年支援宁夏回族自治区社会主义建设的指示》,决定从 1959 年至 1963 年的五年间,从金华、嘉兴、温州、宁波、建德、台州、杭州等七个地区动员 30 万人支援宁夏建设。1959 年和 1960 年,全省动员支宁青年 8.03 万余人,随迁家属 1.74 万余人。

　　1956 年 1 月,团中央书记胡耀邦视察浙江,在同团地、市委书记座谈时,发出"组建垦荒队,开发建设大陈岛"的号召。温州市仅三天就有 2000 多名青年学生报名。首批垦荒队员 227 人。在大陈岛垦荒队员艰苦创业精神鼓舞下,全省掀起一场知识青年到农村的热潮。安吉、富阳、桐庐、临安等县十个农林场,接收杭州下乡青年 400 余人;嘉兴县在 1962 年不仅动员了从农村进城的 4428 人回乡,还动员和安置了久居城镇的 5307 人下乡插队。1963 年 10 月,在全国第二次城市工作会议期间，周恩来亲自把嘉兴县插队的经验介绍给与会人员，倡导嘉兴经验，坚持插队方向。浙江坚持以插队为主的方针，每年计划下乡的任务都完成得很好。1964年至1966年，全省下乡人数共计12.16万，其中农场安置4300人，去农村插队12.16万人。

1966年"文化大革命"爆发后，知识青年上山下乡的内涵和外延都发生了重大变化，带着明显的政治运动色彩。1966年至1968年，全省共有三届初高中毕业生39万人（包括社会青年），其中城镇青年20万人，他们的就业成了一个大问题。1968年12月22日，《人民日报》以"我们也有两只手，不在城里吃闲饭"为题，介绍了甘肃会宁县部分城镇居民到农村插队落户的经验，并在"编者按"中引述毛泽东的最新指示。杭州十多万人连夜上街游行，高呼口号："毛泽东挥手我前进，插队落户干革命，下乡上山当闯将，继续革命立新功。"各个学校的工宣队也立即行动起来，"落实毛泽东指示不过夜"，为知识青年上山下乡做大力宣传和组织工作。

根据毛泽东的指示，全省迅速开展统一组织动员支边支农工作，除了极少数身体残疾和家庭有特殊困难者外，全部动员上山下乡，称为"一片红"。在动员工作中，学校、街道、居委会和报刊、电台等广泛宣传毛泽东关于知识青年到农村去的指示，还举办各种类型的"学习班"，开展"革命大批判"，迅速把上山下乡运动的浪潮推到了顶峰。1969年上半年，全省动员下乡12.49万人，其中支边2.47万人，省内下乡10.02万人，加上1967年和1968年下乡人数1.35万，总数达到13.84万人，"老三届"中学毕业生绝大部分下乡。1970年全省又动员13.09万人下乡，其中支边3.09万人，省内下乡10万人。

知识青年上山下乡的安置形式主要有如下几种：

第一种形式：插队。1965年以前一般是分散插入老社员家或三五成群地集体居住。1965年以后，主要是集体插队。其中大部分是在省内土地资源比较丰富的杭嘉湖平原、宁绍平原、金华黄土丘陵及部分海涂、山区安置。插队知识青年一般每十人左右为一户，所以叫作"集体户"。如当年杭州近千名知识青年到衢县上宇、宁海长街以及宁夏永宁县插队落户。也有少数单独建队的"知青点"，还有个别者回原籍投亲靠友或由当地政府安排单身插入生产队。1964年至1980年，全省插队知识青年达52.92万人，占下乡总人数的78.26%。

第二种形式：集体场队。1973年10月，省委颁发《关于知识青年上山下乡若干问题试行规定》，要求各级政府积极创办以知识青年为主体、贫下中农为骨干的集体所有制新建队和集体所有制新建农场。浙江安置知识青年的形式有了明显的变化,不再将城镇知识青年安置到省外的农场、兵团或农村插队落户,省内安置也改为采取厂社挂钩、集体安置、城乡配合等方式。当年,厂社挂钩、集体安置知识青年较好的杭州市,有30个省、部属、市级单位与临安县的社队挂钩,先后办起79个集体所有制的知青场队,建立知青点193个,办起社队企业441个,集体安置了5627名下乡青年。两年间,全省共办知青点近2000个,集体安置下乡知识青年2.6万余名,占同期下乡知识青年总数的40%。截止1977年末,全省在乡知识青年28.83万人,其中安置在知青点(场、队)的有6.58万人,占在乡知青总人数的22.82%。

第三种形式:农场、兵团。1964年至1973年,全省农场、兵团安置下乡知识青年6.22万人,其中去省外农场、兵团3.95万人(包括黑龙江兵团15610人、农场9544人,吉林农场298人,内蒙古兵团9115人,新疆兵团4884人),浙江省内生产建设兵团、农场安置2.27万人。

1964年至1980年,全省动员城镇知识青年上山下乡共计67.62万人。在省内安置的,农村插队52.92万人,国营农林牧渔场3.63万人,浙江生产建设兵团3.04万人。去省外支边的7.82万人,其中黑龙江5.79万人,吉林4500人,内蒙古9115人,宁夏1800人,新疆4900人。

"文革"期间的知识青年上山下乡运动,历经10年,社会各方面的反响和知青本身的生产生活等一系列问题累积成灾,牵涉到千家万户。党的十一届三中全会后,解放思想,实事求是,探索从根本上解决知识青年问题。1978年12月,浙江省根据国务院精神,调整知青政策,缩小上山下乡范围,有条件的城市可以不再动员上山下乡,并积极稳妥地解决好已在农村的下乡知青的实际问题。1980年以后,全省停止了动员知识青年上山下乡的做法。同时,除按政策安排知识青年返城和就业外,妥善处理好承认知青身份、插队知青的工龄计算、知青的子女回城上学等遗留问题。

知识青年上山下乡运动是在一定的历史条件下产生和发展起来的,混合着一代青年的理想、热情以及坎坷与悲伤,留给后人无尽的回味与思考。

(曾林平 执笔)

51. 毛泽东在杭处理林彪事件

　　1971年9月13日,林彪、叶群、林立果等人乘飞机仓皇出逃,在蒙古温都尔汗机毁人亡,史称"九一三事件"。事件的起因是林彪集团的主要骨干策动武装政变失败。而事件发生前的9月3日至10日,毛泽东正好在杭州布置解决林彪问题。

　　中共九大之后,林彪集团的权势膨胀到顶点,同江青集团之间争夺权力的矛盾急剧上升。他们担心江青集团的势力有可能超过自己,林彪接班人地位会发生变化,因而图谋提前"接班"。

　　1970年7月24日至8月18日,毛泽东来到杭州,为8、9月间将在江西庐山召开的党的九届二中全会进行一些准备。

　　此时,毛泽东虽然对林彪集团的活动知之甚少,但在准备会议的过程中,从设立国家主席的争论中,从关于人民解放军的缔造、领导与指挥的争论当中,感觉到了异样。7月31日,在林彪、叶群的策划下,林立果在空军司令部干部大会上作了一个所谓"讲用报告"。在杭州的毛泽东知道这些事后,非常不高兴,多次提出批评。九届二中全会上,他有针对地提出,要开一个"团结的、胜利的会",不要开成"分裂的、失败的会"。

　　8月18日下午,毛泽东赴庐山。8月23日至9月6日,中共九届二中全会召开。毛泽东主持并作重要讲话,尖锐地批评陈伯达等在庐山会议上的所作所为,把问题提到马克思主义认识论和唯物史观的高度。会议开成这样,毛泽东也始料不及。毛泽东凭借他丰富的政治经验,认定问题已到了十分严重的程度,他需要弄清更多的情况,需要继续观察,以静制动,必要时再采取断然措施。

　　九届二中全会后,毛泽东一面削弱林彪集团的势力,一面对林彪批评挽救。林彪集团立即乱了阵脚。林立果等人主张铤而走险实施武装政变,加紧了阴谋活动的步伐。斗争形势日趋严峻。

1971年8月15日毛泽东乘专列从北京出发,16日抵达湖北武昌;27日抵达湖南长沙;31日抵达江西南昌;9月3日零时,抵达杭州,驻停在笕桥专用线上。毛泽东找南萍、熊应堂、陈励耘、汪东兴等一起谈了一个多小时。

一开始,毛泽东就把话题扯到九届二中全会上,问南萍、陈励耘:"庐山会议你们有什么错,听说吴法宪找你们谈了,他搞的那一套,说不是有八个人嘛?"毛泽东看着陈励耘,又问道:"其中有你一个,还有上海的那个王什么,还有福建的那个叫什么?是不是就是那几个人。你们空军就八个中央委员嘛?"

陈励耘立即紧张起来:"在庐山,吴法宪找我布置空中警戒时,阴一句,阳一句。这个人说话不算数的。"毛泽东点点头:"是啊,说话不准确!"陈励耘又解释道:"上山前都不知道他们这些事。"毛泽东说:"噢,上山前你不知道。空军有,海军有没有?他们是不是内部有通知呀?"陈励耘望着毛泽东发怔,不知怎么回答。

毛泽东又点道:"那份简报影响最大,是一个反革命的简报。我也搞不清楚,他们为什么这样搞?他们有话,事先不拿出来。大概总认为有什么把握了,好像会成功了。可是一说不行,就又慌了手脚。我看他们是恐惧。"

毛泽东看到没人接言,便谈到如何对待犯错误的人,说:"我看前途有两个,一个是改,一个是改不了。他们可能改,有的不一定能改。你们是受骗、受蒙蔽。对犯错误的,还是'惩前毖后,治病救人'。比如说,我当班长,你们三个都是兵,我总是那么凶,抓住你们的辫子不放,那么行嘛?"这些话,显然带有开导的意思。陈励耘检讨说,在九届二中全会上他不了解情况,跟着犯了主观唯心主义的错误。毛泽东看了陈励耘一眼,接过他的话题说:"要搞唯物论,不要搞唯心论。"

毛泽东继续谈道:"庐山乱了三天,实际一天半,后来停下,逛庐山,到现在一年了。林彪同志那个讲话,没有同我商量,也没有给我看。林彪两次打电话、写信都被他们阻止了。"毛泽东继续说:"庐山问题不那么好,但没有庐山会议,也不会有现在的情况。庐山这件事,还没有完,还不彻底,还没有总结。光开不到一百人的会议不行,军队还可扩大到军长、政委参加,地方也要有相当这一级的同志参加。"

毛泽东进一步谈九届二中全会上林彪的问题:"庐山会议,主要就是两个问题,一个是国家主席问题,一个是天才问题。说反天才,就是反对我。那几个副词,我圈过几次了。"最后,毛泽东再一次向在座几个人强调:"要搞马列主义,不要搞修正主义;要团结,不要分裂,不搞山头;要光明正大,不要搞阴谋诡计。"

毛泽东在这次谈话中,还讲到他对"天才"、"伟大"这类提法的一贯态度,他说:"八届十一中全会上提了'三个副词',当时兵荒马乱,那时还需要嘛。'九大'后就不同了,要团结起来,争取更大的胜利。现在要降温。到处挂像,日晒雨淋,可怜噢!还有那个'伟大'。我就有四个'伟大',你们就一个没有啊!伟大的导师,就是一个教员嘛,当然导师比教员更高明一点。'九大'党章草案上那'三个副词',我就圈去了。'九大'党章已定了,你们为什么不翻开看看。"

庐山会议开成这个样子,根子上还是学习领会马列主义不够:"这次庐山会议上,不少人连什么是唯物论、什么是唯心论都不懂,都搞不清楚。你们要学习马、列的书。现在学六本,文化高一些的,有人可能突破,明年再学几本。"

毛泽东说:"对林要保。当然他要负一定的责任。"又批林彪的讲话:"什么一句顶一万句,一句就是一句,怎么能顶一万句?什么人民解放军是我缔造和领导的,林亲自指挥的,缔造的就不能指挥呀!"

谈话后,毛泽东在汪庄住了一个星期。9月4日、5日,汪东兴向南萍等人传达了毛泽东南巡路上前几次谈话的内容。

9月5日、6日,毛泽东视察南方期间的谈话内容传播开来,林彪等人猜测在九届三中全会可能要解决他们的问题。7日,林立果向"联合舰队"下达了"一级战备"的命令。8日,林彪在北戴河下达手令:"盼照立果、宇驰同志传达的命令办。"他们准备了两套方案:一、乘毛泽东外出巡视之机,在上海附近谋害毛泽东,林彪以"接班人"的身份宣布接班。二、如果上计不成,则南逃广州,另立中央,发动内战。

毛泽东一边作着进一步的部署,一边调节身体。9月4日观看了电视上播出的绍剧《智取威虎山》,并谈了好多关于戏剧改革的想法。林彪下达手令的当天,毛泽东在杭州签发了与林彪、周恩来共同署名的祝贺朝鲜民主主义人民共和国成立23周年的电报。这是毛泽东与林彪一起署名的最后一个文件。

9月10日,毛泽东收到周恩来的报告,在四届人大召开前有几件事要请示毛泽东:一、国庆节前是否需先开党的九届三中全会?二、可否在三中全会宣布将陈伯达永远开除党籍?三、三中全会上可否补选几名中委?毛泽东在报告上批示:"都同意。还要补选常委。"

到杭州之前,毛泽东已经觉察到有一些严重异常的现象。8月30日,毛泽东到南昌,程世清向他报告了一惊人的想法:"林彪可能要逃跑。"一年前,周宇驰曾在江西仿制过一辆水陆两用汽车并飞机运走;还听说,周经常自己开着飞机在天上乱转。9月3日深夜到杭州后,毛泽东在年轻的服务人员中又陆续得知有关叶群、林立果等的一些可疑情况,这使他更加警觉起来。9月8日晚上,毛泽东在杭州又得到新的信息：杭州有人在装备飞机；还有人指责毛泽东的专列停在杭州笕桥机场支线“碍事”，妨碍他们走路。这种情况，过去是从来没有过的。一些多次接待过毛泽东的工作人员，在看望他时也反映了一些可疑的情况。

毛泽东此刻已感到有必要对林彪等人的不测行为进行防范，于是当机立断，机警地改变了活动规律，以对付可能发生的不测。

毛泽东对汪东兴说，把专列转移一下。汪东兴问，是向后，还是向前？向后是转到金华，向前是转到上海。汪东兴建议也可以转向绍兴，那里也有一条支线，可以观察。毛泽东同意：“可以。那样就可以少走回头路了。”

9月9日凌晨，毛泽东的专列转移到了绍兴附近。

9月10日中午，毛泽东在汪庄住所里休息，他突然对汪东兴说：“走啊！不要通知陈励耘他们了。”汪东兴说：“主席，不通知他们不行。”毛泽东问：“为什么呀？”汪东兴说：“不通知不行，您不是一般人。来的时候，都通知了；走的时候，不通知不好，路上的安全还是要靠地方。”毛泽东又说：“那就不让陈励耘上车来见，不要他送。”汪东兴说：“那也不行，会打草惊蛇。”毛泽东想想有道理，就说，请南萍、熊应堂、陈励耘前来谈话，再增加一个空五军的军长白宗善。南萍等人来到后，毛泽东就在自己休息的房间里接见了他们，汪东兴也参加。谈话中，汪东兴悄悄把毛泽东就要到上海的事打电话告诉了王洪文，还叫他通知许世友到上海来，毛泽东要找他们谈话。

毛泽东与这些人谈话的时候，专列于13点40分由绍兴返回，14点50分抵达杭州站。15点35分，毛泽东由杭州出发，18点10分抵达上海，停在虹桥机场附近的吴家园。毛泽东在专列上接见了上海市革委会负责人王洪文，但没有谈几句话。当夜，毛泽东在专列上休息，王洪文住在车下的房子里。第二天上午，许世友赶到了上海。毛泽东在车上与许世友、王洪文、汪东兴谈了两个小时。要他们两人团结起来，并要王洪文请许世友吃饭。王维国想一起上车，被警卫人员拦住。中午，毛泽东突然说：“我们走，不同他们打招呼。谁也别通知，马上开车。”

专列随即离沪北上，一路不停留，经过南京、蚌埠、徐州、济南、天津各站，在12日午后抵达北京丰台车站。毛泽东借停车机会，召集北京部队和北京负责人谈话。毛泽东谈到了林彪，谈到了林彪一伙，但是，并没有把林彪推至完全敌对的位置上。

毛泽东的警觉和应变，粉碎了林彪集团的谋害阴谋。

（王祖强 执笔）

52. 长广煤矿与杭长铁路接通

1972年2月1日,经过筑路大军数年的奋战,杭州至湖州段铁路全线竣工,与陆陆续续修筑了10多年的湖牛(湖州至安徽广德牛头山)段铁路接轨。至此,杭长铁路全线贯通,浙江省最大的煤炭企业——长广煤矿公司,终于有了铁路运煤的出口。5月21日,第一列煤车开往杭州。这条为运煤而筑的钢铁大道,20年后,经整修成为国家铁路干线宣杭铁路中的一段。

杭长线是新中国浙江前30年间修建的规模最大的一条铁路干线,在当时基建资金紧缺的情况下上马此项目,对于能源极为稀少的浙江省来说,主要目的是解决长广煤矿煤炭外运的"瓶颈"问题。

湖州长兴县自明嘉靖年间已出现成规模的煤业。清末民初开始有人使用现代技术采矿,但因战乱,生产难以稳定,至40年代后期,几近停工。1949年,新政权接收了长兴煤矿,但未恢复生产。

1957年,浙江煤炭供应日趋紧张,浙江省委决定恢复长兴煤矿的生产。由于浙江境内煤炭资源缺乏,征得安徽省同意将广德大小牛头山及查扉村之煤田划归浙江统一开采。1957年6月建立长兴煤矿筹备处,到11月改名为浙江煤矿筹备处,1958年初又决定成立浙江长广煤矿公司,8月份,长广煤矿公司总部从杭州梅花碑搬至长兴县煤山镇,正式在矿区范围内办公。

长广煤矿初创时,正值我国经济建设"大跃进"的高潮,煤炭工业成了"钢铁元帅"的先行官。浙江缺铁少煤,办煤矿的积极性特别高。1958年初,嘉兴地区各县的民工,便蜂拥而至,土法上马,开挖小窑和露天剥离。1959年省委和嘉兴地委研究决定,将长兴地区的地属和县属煤矿划归长广公司统一经营。长广煤矿公司经过统一规划,整顿定点,建立了牛头山矿、新槐矿、广兴矿三个矿区。

1958年9月29日,长广公司正规设计的第一对矿井——牛头山三号井破土动工。最初只有四名技术人员和 62 名工人奋战在人烟稀少的牛头山。没有机械设备,也没有电,他们齐心合力克服困难,在短短几个月中,便基本解决了矿区用电、交通和通讯问题。牛头山一号井、二号井、四号井也相继开工。牛头山三号井只用了 1 年零 3 个月的时间就移交生产。至 1959 年底,生产了原煤 2 万余吨。不过,长广公司创建之初的边采取,边勘探;边设计,边基建的生产过程,使许多工程只求速度,不讲质量。没达到标准要求,就草草移交,留下许多后遗症。

在此前后,修铁路运煤的事项提上日程。最紧迫的需要是在方圆上百里的矿区内建一条煤炭运输专用线,将各矿区出产的原煤运至煤山镇,再通过已有的公路外送。1959 年 3 月,长兴至牛头山铁路破土动工,全长 42 公里左右。1961 年 1 月通车,称作长牛线。这是杭长铁路中最早的一段。

到 1960 年底,全公司已经移交生产和开工建设的矿井共 15 对,职工总数达 1.46 万余人。1962 年,原安徽省芜湖地区办的广德县独山煤矿,移交浙江省经营,作为地方煤矿由长广公司代管。长广公司经过"调整、巩固、充实、提高"八字方针的贯彻执行,加上在多年的生产实践中克服了一些阻碍生产发展的因素,掘进的无效进尺显著减少,生产逐步走向正常。年产由 1962 年的 23 万吨,提高到 1965 年的 28 万吨。成为浙江省唯一的大型煤炭工业基地。

1966 年至 1976 年的"文革"十年间,长广煤矿公司历经了许多艰难、曲折,在盲目展开的全省夺煤大会战中,要求 1970 年达到年产 200 万吨原煤,不仅无法实现,反而破坏了客观生产条件,付出的代价和损失难以估量。当时,为了配合"大会战",开始了长湖铁路的兴建。

1967 年 12 月浙江省军管会征得煤炭部、铁道部同意,决定修建长兴至湖州段铁路,投资 436 万元。1968 年 9 月正式开工,全长 18.5 公里。长广煤矿公司承担了铁路路基、隧道和通讯工程的技术指导及施工管理。1970 年 7 月 1 日,建成通车,与长牛线接轨合称湖牛线。长广煤矿的原煤直接运抵湖州。

1972 年 2 月,杭湖铁路竣工,连通湖牛线。自此,这段铁路统称杭长线,亦称杭牛线。

近 30 年,长广煤矿经历了发展的"黄金时代"。1979 年,全年产量首次突破百万吨大关,利润总额 100 万元。1978 年到 1987 年的 10 年间,公司的生产稳定发展,共产原煤 9923749 吨,占建矿 30 年总产量的 57%。进入 90 年代后,长广公司根据煤炭储量趋于枯竭的新形势,调整发展战略,从单纯靠煤吃煤的困境中摆脱出来,走上"以煤为主,全面开发,多种经营,振兴长广"的新路子。

随着长广煤矿生产量的逐渐减少,这条主要用于煤炭运输而北端终点牛头山是个死角的杭长铁路,也渐渐走向衰微,尤其是长牛线,从21世纪起停止了客运,只担负些为浙江水泥厂运输水泥的任务。

冷寂的杭长线,对湖州经济的发展和居民生活来说,作用不是很大,对浙江、对全国来说,影响更是有限。而同时,沪宁线、沪杭线却不堪重负:旅客运输严重超员、拥挤,乘车难、买票难的呼声日烈;货物运输接不进、卸不下、排不出、装不上,不得不采取停、限装措施,以缓解堵塞局面。这就提出了再添新线的需求。延伸、打通杭长线的方案进入决策视野。1986年初,上海铁路局向铁道部提出《关于"七五"华东铁路建设的建议》的专题报告。2月,铁道部正式确定"中取华东"建设目标,"中取华东"铁路建设蓝图计划兴建17个大中型项目,排在了第二位的就是尽快开辟华东第二通道,建设宣杭铁路。

1988年10月1日,宣杭铁路建设正式开工。宣杭铁路北起安徽宣城,南至杭州,途经安徽、浙江两省,穿越3个地区、7个县(区),全长260公里。从宣城至长兴,新铺线120公里,在长兴雉城与杭牛线铁路相接。宣杭铁路于1992年建成通车,作为继浙赣线后的华东二通道,使浙江物资北上、北方货物南下缩短200公里,大大减轻了沪宁线、沪杭线的压力。宣杭铁路的运营,不仅带动了浙北、皖南地区的经济腾飞,也是安徽省陆上能源运输的主通道之一,淮南、淮北的煤炭迅捷地运到浙江沿海。昔日作用有限的煤炭专用线从此转型为国家重要的铁路干线。

随着芜湖长江大桥和及新(沂)长(兴)铁路的开通,中国铁路的一次次提速,特别是长三角地区经济的飞速发展,不到10年,宣杭铁路单线再次成为二通道的"瓶颈"。2003年4月22日,宣杭铁路复线动工建设。复线工程起自皖赣线宣城站,经长兴至杭州,全长224公里,总投资34.1亿元。其中宣城——莫干山站176公里为增建二线,莫干山——行宫塘站26公里为线路取直段,新建双线;行宫塘站——乔司编组站22公里为新建单线。宣杭复线设计线路等级为一级干线,设计速度为140公里/小时,牵引种类为内燃机车,并预留电气化条件,信号制式为自动闭塞。宣杭复线于2005年秋建成通车,大幅度提升了华东地区铁路运输能力,强力助推苏、浙、皖地区经济社会的发展。2008年,铁道部批准对宣杭复线进行电气化改造,项目完成后,宣杭线的时速将达到200公里以上。

（徐斌 执笔）

53.《中美联合公报》在杭敲定

1972年2月21日,美利坚合众国总统理查德·尼克松应周恩来邀请访问中国。

杭州作为尼克松访华行程的第二站,接待任务繁重。杭州笕桥机场是以军用为主的老机场,没有候机大楼,跑道只有2200米长,不能起降大型飞机。为了让尼克松的专机能安全抵达杭州,笕桥机场必须扩建。国务院、中央军委于1971年11月8日下达"关于扩建笕桥机场"的紧急指示,周恩来亲自审定机场设计方案,工程被命名为"118工程"。

"118工程"在省市与部队的共同参与下,建设速度惊人,三个月完成候机大楼建造和机场绿化的配置及机场路的改建。访问所及地点、路段的全程绿化、美化工作也一并完成。

26日,尼克松前往杭州参观访问,他愉快地接受了中国政府的安排,乘坐中国政府安排的专机从北京前往杭州,这是美国总统在国外访问时,唯一乘坐对方的专机;27日,周恩来陪同尼克松从杭州前往上海,他和尼克松一起乘坐"空军一号",又给足了尼克松面子。

2月26日上午,周恩来陪同尼克松总统和夫人一行抵达杭州,入住风景如画的西湖国宾馆(刘庄)。下午,周恩来陪同贵宾游览。为了尼克松游西湖,杭州定造了一大一小的两艘游艇。将杭州饭店、中山公园、花港公园等都整修一新,特别是三潭印月的九曲桥,原来是用石条搭建,为了安全与美观,重新用钢筋水泥建造。贵宾们先至花港观鱼公园,随后坐船游览西湖。在游船上,尼克松、周恩来以及美国国家安全事务助理亨利·基辛格、中国外交部副部长乔冠华等一边欣赏美景,一边讨论公报的相关细节。

当晚,省革委会举行欢迎宴会,尼克松发表了热情洋溢的答谢辞,由衷地赞叹:美丽的西湖,古老的城市,名不虚传。

周恩来对杭州的接待工作十分满意,表扬了大家。有意思的是,随行的美国专家盯上了这次整治工程的实际负责人、杭州园林工程师胡绪渭先生。他问坐在主桌的胡先生:"听说你是搞园艺的,你家一定住在环境不错的花园别墅里吧? 像你这样身份的人,在我们美国早有别墅和汽车了。"胡绪渭第一个反应就是话中有话。这个问题很刁钻,不回答呢,不礼貌;回答呢,万一答不好,容易引火烧身。他想了想,非常巧妙地说:"我家虽然没有住在花园别墅里,但我家住在西湖边,住在闻名中外的大花园里,每天都能闻到花香、听到鸟鸣,你觉得美不美? "美国专家听了连称"OK,OK"。

宴会结束后,周恩来连夜审定公报中有关台湾问题的措辞。乔冠华和基辛格继续商讨公报中英文版本中的表述难点,次日凌晨方才完成。27日上午,周恩来与尼克松在刘庄湖边的八角亭草签了《中华人民共和国和美利坚合众国联合公报》。下午即去上海,作正式签署,故称"上海公报"。尼克松第二次来杭访问时充满情感地回忆:"历史性文件中美'上海公报',也可以说是1972年2月26日在杭州诞生,28日在上海向全世界公布的。"

"上海公报"的签署,过程极为曲折,经过中方的艰苦努力并采取灵活的应对方式,美国终于在《公报》中对台湾问题作出了承诺,确立了"一个中国"原则。中美关系掀开了历史性的新篇章。

《公报》指出:"中国方面重申自己的立场:台湾问题是阻碍中美两国关系正常化的关键问题;中华人民共和国政府是中国的唯一合法政府;台湾是中国的一个省,早已归还祖国;解放台湾是中国内政,别国无权干涉;全部美国武装力量和军事设施必须从台湾撤走。中国政府坚决反对任何旨在制造'一中一台'、'一个中国、两个政府'、'两个中国'、'台湾独立'和鼓吹'台湾地位未定'的活动。

美国方面声明:美国认识到,在台湾海峡两边的所有中国人都认为只有一个中国,台湾是中国的一部分。美国政府对这一立场不提出异议。它重申它对由中国人自己和平解决台湾问题的关心。考虑到这一前景,它确认从台湾撤出全部美国武装力量和军事设施的最终目标。在此期间,它将随着这个地区紧张局势的缓和逐步减少它在台湾的武装力量和军事设施。 "

"上海公报"中这两段表态,是中美双方最感棘手、斗争最激烈、花费时间和精力最多的问题。此前十几年中美举行了136次大使级会谈,但双边关系毫无进展,根本原因就在于美国在台湾问题上的坚持。

1971年7月9日至11日,尼克松总统特使基辛格秘密访华,周恩来与他长时间会谈。会谈中,周恩来阐明了美国希望改善中美关系的前提:(1)承认中华人民共和国是代表中国人民的唯一合法政府;(2)承认台湾属于中国,承认台湾是中国不可分割的一部分,二战后已经归还中国;(3)不支持"两个中国"、"一中一台"政策;(4)不支持所谓的台湾独立运动;(5)不再提"台湾地位未定"。基辛格表示,除了第一项暂时无法实现外,其余各项没有问题。但美国愿意朝这个方向努力。上述积极表态是美国对华政策的重大变化,表明美国将基本接受中国关于台湾问题的立场,这给发展中美关系和中美关于台湾问题的谈判创造了前提,也为尼克松访华提供了条件。

10月22日至10月26日,基辛格再次访华,主要任务是为尼克松访华准备中美联合公报。周恩来多次与基辛格举行会谈,双方继续重点磋商台湾问题。分歧逐步缩小,基本确定了联合公报的框架内容。但是否明确撤军的最终目标、撤军是否附加先决条件等问题依然悬而未决。

1972年2月下旬尼克松总统访华期间,中美双方继续磋商联合公报中议而未决的内容,终于在尼克松访华结束前夕达成谅解。

2月22日上午,基辛格与乔冠华会谈,中方坚持第三稿的措辞。基辛格则以尼克松在国内受到右派和亲蒋势力压力为搪塞,同时表示可以在此基础上做一些修改。乔冠华说,中方已经充分考虑美方的困难,措辞已经非常克制,没有涉及美蒋共同防御条约就是实例。这是中方的底线。

随后,双方又就美军是逐步减少还是最终撤出,美国撤军是否要附加条件两个焦点问题,展开激烈争论。从北京一路讨论到杭州。

25日上午,双方继续讨论最后两句最难确定的措辞问题。乔冠华在请示周恩来后,下午提出中方对最后两句表述的新建议:"它重申它对由中国人自己和平解决台湾问题的关心。考虑到这一前景,美国期望逐步减少并最终从台湾撤出所有美国军队和军事设施。"基辛格在和美方其他人员短暂商量后,认为美方对"和平解决"的关心不能成为美国撤军的条件。在随后与周恩来的见面中,基辛格提出撤军要以"随着台湾海峡局势的缓和",或者"当和平解决出现了进展"为附加条件,据此美方重申撤军的最终目标。当晚至次日凌晨,乔冠华与基辛格继续会谈,最后双方达成一致。2月26日晚间,基辛格在将文本送国务卿罗杰斯后,又向中方提出了三点修改意见。乔冠华以有关内容已经双方领导人确定为由,拒绝了美方的修改要求。至此,"上海公报"终于诞生。2月27日,尼克松在上海发表祝酒辞时意味深长地说:这个公报远不及我们在今后为建立跨越16000

英里和 22 年敌对情绪的桥梁而将做的事情来得重要。

也许正因此，杭州在尼克松心中的深刻印象不可磨灭。1982 年 9 月 9 日至 10 日，尼克松以美国前总统的身份再次访问杭州，这次来访，住的还是 10 年前入住的西湖宾馆。一进门，他就和列队欢迎他的服务员一边握手一边打趣："你们都是年轻人，10 年前，你们还不在这里，都是小孩子。"他还记得曾经入住过的西湖宾馆的圆形大吊灯，记得当年游湖时大家坐的位置："10 年前，我和周恩来就在这条船上继续会谈。"他指着杭州市市长周峰坐的位置说，当年周恩来坐在这里，又指着美大司司长朱启桢的位子说，这儿坐的是基辛格。"看到这些，使我想起许多事情"，尼克松说，他"很高兴能旧地重游"。

尼克松 1972 年抵达杭州时还带来了 4 棵珍贵的红杉、巨杉树苗。杉树是尼克松家乡加利福尼亚州的著名树种，也是世界上最古老最高大的树种。

这些树苗被分别栽种在杭州花港公园牡丹园的西面和杭州植物园内。1982 年，尼克松还记得它们，专门到植物园参观，其中一株红杉树已由原来的 2.4 米长到了 7.75 米，在它的周围有了许多苗壮成长的第二代。

植物园的工程师告诉尼克松，已培育出数千株红杉苗木，并在全国 18 个省市引种成功。尼克松感到特别高兴，邀请他的朋友一起在红杉树下合影留念。因为当初把红杉带到中国时，能否在中国土壤上成功成长，尼克松也没有把握。他感谢园林专家们的良好管理和辛勤劳动，并说，红杉树可活 2000 年，中美两国人民的友谊要像红杉树一样永存。

杭州植物园管理科黎念林科长告诉随行的《国际先驱导报》记者，植物园专门有个红杉繁衍的课题组，负责红杉的繁衍和在浙江省内的推广，并特别在和美国海岸气候相宜的浙江温州洞头、舟山定海海边进行了试种。到了新世纪，这些红杉的子代，高度都在 20 米以上了，长得比它的"父亲"还高大。

（王革新 执笔）

54. 中央解决浙江问题的
两个 16 号文件

1971 年 9 月 13 日,林彪集团败亡,解决浙江问题有了新的契机。

1972 年 3 月 21 日,中央通知铁瑛、王子达、白崇善、马龙、张孝烈、万振西、夏琦、侯建新及南萍、熊应堂等到北京开会。毛泽东指示:"首先解决敌我问题"。周恩来布置,会议要主动说清楚浙江和省委常委、主要领导人三个层面的问题。会议揭发批判了林彪集团的罪行及其对浙江的严重破坏。省军区政委南萍、第二十军军长兼省军区司令员熊应堂在会上作了多次检查。

4 月下旬,中央决定福建省委副书记谭启龙调任浙江省委第一书记、省军区第一政委,在中央正式任命前,周恩来要求谭启龙到会了解情况。4 月 21 日,会议向中央提交《浙江来京开会同志关于继续深入开展反对林陈反党集团的请示报告》。4 月 25 日,中共中央将该报告作为〔1972〕16 号文件下发。文件说:"南萍、熊应堂两同志,对林彪及其死党黄永胜、吴法宪、陈励耘、王维国、江腾蛟等人,言听计从,积极投靠,互相吹捧,打得火热。"文件还指出:"林彪死党叶群……等先后多次窜到浙江,与陈励耘等秘密串连,收集情报,策划反革命阴谋活动。"中央批示:"参与林陈反党集团反革命活动的,只是陈励耘等一小撮,这次犯了严重方向路线错误的,也只有南萍、熊应堂。"因此,"要严格区分两类不同性质的矛盾,对犯错误的同志要坚持'惩前毖后,治病救人'的方针"。26 日,周恩来、叶剑英和许世友等领导接见了浙江参加会议的同志。

6 月 7 日至 28 日,省委召开五届五次全会扩大会议,人员扩大到县团级。会议总结"文化大革命"以来浙江的工作,集中揭批陈励耘等人在浙江推行极左路线问题,部署全面展开批林整风运动。许世友、王洪文参加会议。许世友发表了揭露林彪集团和陈励耘等人问题的讲话,严肃批评了有关同志的错误。王洪文却在背后对造反派头头张永生说："要顶住,没有什么了不起,要经得起12级台风的考验。"

6月28日晚,许世友、王洪文主持召开省委常委座谈会。许世友强调要大量解放干部。但王洪文却说,解放干部不能急转弯,不能好人坏人一起解放。对此,省委立场坚定,在清除领导班子中的造反派和机构调整过程中,先后解放了900多名在"五七"干校劳动的省级机关处以上干部,重新分配工作,充实到急需的重要岗位。

11月25日至12月19日,省委召开工作会议,严肃批评张永生等人干扰贯彻中共中央[1972]16号文件,阻挠"批林整风"运动的错误。提出1973年的主要任务是"批林整风",充实和健全领导班子,进一步整顿和加强党组织,坚决清除少数混入领导班子的坏人。重新强调经济建设中要认真执行以农业为基础、工业为主导的总方针,加快农业发展速度。

为进一步加强省委的领导力量,11月3日中央批准,增补陈伟达为省委副书记,陈冰、刘昂、夏琦为省委常委。1972年底省委决定调整、充实省委、省革委会的工作机构,撤销省革委会办事组、政工组,建立省委办公室(兼省革委会办公室)、省委组织部、省委宣传部;恢复组建了省总工会、团省委、省妇联等群众团体。在此前后,省委大力调整各级领导班子,清除了一批造反起家的领导成员。根据周恩来关于"批林必须联系实际,纠正经济工作中的'左'倾错误,整顿企业"的指示,开始整顿、调整国民经济。向全省人民发出努力恢复发展工农业生产的号召。采取一系列大力发展农业生产的措施,1972年农业总产值大幅增加,粮食全面丰收,率先在全国成为粮食亩产超千斤的省份。工业生产上,大力缩短基本建设规模,一般不上新项目,集中力量打歼灭战。加大对轻工业的投资,1972年用于轻纺工业改造的贷款,比1971年增长65%。在企业内部,大胆整顿,恢复建立基本的管理制度,理直气壮地抓业务、抓生产、抓管理,各项经济政策逐步落到实处。人民群众的生产积极性被迅速调动起来,全省工农业生产很快得到恢复发展。

浙江开展批林整风、批判极左思潮,是"四人帮"最不愿意看到的。1973年1月底,王洪文公开指责省委在批林整风中搞层层批判、检讨,是纠缠历史旧账,走偏了方向。鼓动受批判的造反派头头向省委发起反攻,掀起"反潮流"高潮。1974年1月,江青用突然袭击的方式,派亲信给驻浙某部防化连送信、送材料,通过《人民日报》发表防化连联系实际"批林批孔"的经验,定下浙江"批林批孔"运动的基调。在"四人帮"的支持下,张永生、翁森鹤、贺贤春等人为了全面夺取权力,在全省大搞突击入党、突击提干(简称"双突"),仅几个月时间,全省就有1万多人突击入党,把大批造反派塞进各级领导班子。王洪文则指令省委吸收张永生、翁森鹤、贺贤春等人列席省委常委会,造成了极为恶劣的影响。从3月27日起,在王洪文提议并直接指挥下,召开了省委、省革委会、省军区党委全会(简称"三全会"),批判所谓省委"两否一倒"和铁瑛、陈伟达、夏琦等领导,形成从上到下层层揪"复辟势力代表人物"的态势。浙江重新陷入全面混乱之中。

1975年1月,省委为了解决"批林批孔"运动的恶果,全力贯彻中央关于解决浙江问题的八条指示,解决造反派列席常委和停止民兵指挥部、制止武斗等一类问题,但收效甚微。随后,中央在〔1975〕2号文件《关于禁止抢夺武器的通知》中点名批评了浙江,省委再次召开省委工作会议,要求停止派性活动,一律撤销各地(市)县"民兵指挥部"一类组织,两派不得另打旗号继续活动。遭到造反派的激烈反对,谭启龙还受到造反派的劫持。

为贯彻落实中央解决铁路问题的全国工业书记会议和中央〔1975〕9号文件《关于加强铁路工作的决定》的精神,3月份全省计划、工业会议召开,重点解决"批林批孔"运动造成的工业生产普遍大幅度下降及企业领导班子"软、懒、散"等问题。4月上中旬,省委又召开全省农业学大寨经验交流会,要求迅速改变全省农业徘徊局面,尽快把农业搞上去。但是,由于江青、王洪文直接插手浙江,整顿很难付诸实施。1975年上半年全省国民经济继续恶化。

1975年2月至4月,毛泽东在杭州期间,调查了解了浙江存在的几个突出问题,5、6月间浙江闹粮荒,进一步凸显了问题的严重性。6月下旬,毛泽东、周恩来派王洪文、纪登奎等带领工作组,到浙江调查研究,协助省委解决问题。纪登奎到达杭州后,立即参加已于6月20日召开的省委工作会议。谭启龙提出浙江问题根子是领导班子的"软"和"散"造成的。这次会议要认真学习中央连续下发的几个重要文件,把它作为解决浙江问题的强大思想武器,统一思想,研究措施,迅速扭转被动局面。7月8日,省委做出《关于撤销三台山山头的决定》,并于晚上零时30分由省委领导带队前往执行,至次日凌晨3:30分,终于铲除省委曾两次发文都没有撤销的造反派窝点,表现了省委敢于碰硬的决心。

9日上午,省委召开常委会,逐字逐句讨论谭启龙代表省委常委即将提交工作会议的自我批评稿。王洪文、纪登奎参加了会议。省委常委会讨论起草了给党中央、毛泽东题为《关于正确处理突击发展的党员和突击提拔的干部的请示报告》(以下简称《请示报告》),阐明了"双突"的情况和错误,概述了它造成的恶劣影响和严重危害,提出了6条分别情况、妥善处理的意见。14日,纪登奎、王洪文、谭启龙、铁瑛乘专机飞抵北京。15日，邓小平主持中央政治局会议，听取浙江省委工作会议情况汇报，讨论浙江处理"双突"问题的请示和浙江省委、杭州市委领导干部任免决定。这次会议针对浙江实际，既解决了最突出的方针、政策问题，又解决了组织问题。17日，经毛泽东批准的《请示报告》和《中央对浙江省委报告的批示》（下简称《中央批示》），即以中共中央〔1975〕16号文件形式发布。

7月19日下午，省委工作会议召开全体会议，谭启龙和纪登奎等传达中央文件和省委、杭州市委领导干部任免的通知。纪登奎在会上讲话，点名批了派性严重的翁森鹤等人。明确提出这次整顿的实质就是整党："贯彻落实中央〔1975〕16号文件，这对浙江党组织，包括老、中、青在内，是一次思想上、组织上的整顿，也就是说要整党。要认真搞好整党，增强无产阶级党性，克服资产阶级派性。"要求各级领导坚决抵制极端错误、史无前例的破坏党的原则的行为。

中央调整省委领导班子之后，省委采取一系列调整、充实组织机构的措施。8月31日，省委决定建立组织、宣传和文教领导小组；9月1日，建立农业领导小组；26日，决定恢复省计划委员会、基本建设委员会、农业办公室和财贸办公室，撤销省革委会办事组、政工组和生产指挥组；10月，省革委会设秘书长和办公室。冯克、陈冰、陈伟达、张兆万、王起、王博平分别担任上述机构负责人。重点调整派性严重地区、单位的领导班子，重新任命一批得力的干部。10月3日，省委决定省委副书记陈作霖兼任中共温州地委第一书记，较快扭转了当地的混乱局面。

在邓小平亲自过问和支持下，果断批判和处理了全省影响最坏的几个造反派头头，打击了造反派的嚣张气焰，稳定了经济社会局势。张永生被定为反党篡权复辟的罪恶分子、派性的总头目，下放河北省遵化县建明公社西铺大队劳动；翁森鹤被隔离审查；贺贤春等人也下放农村劳动改造。

省委确定将杭丝联、杭钢、杭州齿轮箱厂等八个大厂作为纠"双突"、批派性、增团结、促生产的试点单位，省委领导分别到试点单位蹲点，纪登奎到杭丝联检查指导整顿工作，中央工作组袁木等到杭钢等企业上党课。在全省宣传推广两个先进典型，一个是杭州齿轮箱厂加强领导班子建设，批派性，顶"双突"，促生产的典型；另一个是黄岩县上研公社批派性，促生产的典型。省委先后在杭州齿轮箱厂、杭州市委党校、杭州三台山、金华铁路中心站、舟山马目等处举办造反派头头和派性严重的干部学习班，集中揭发批判派性。8、9、10三个月连续召开三次大规模批判派性大会。这些举措在全省引起强烈反响，得到广泛拥护，推动了全省的整顿工作。

1975年下半年,全省绝大部分停工停产企业恢复了生产,整顿了劳动纪律,重建了规章制度,歪风邪气受到全面遏制。杭州制氧机厂前八个月只完成了国家计划的20%,后四个月完成了70%多的生产任务。年底,全省经济局面大为改观。杭州、温州两个受"灾"严重的市,12月份工业生产创历史最高水平。杭州市工业产值第三、第四季度分别比前一个季度增长21.3%和30%。全省社队企业发展很快,达到4.75万家,产值12.9亿元,分别比1974年增长20%和30%。

（王革新 执笔）

55. 宁波"四大工程"建设

宁波"四大工程"建设萌发于 20 世纪 70 年代,是新中国成立后国家及浙江首次以宁波为中心投入巨资开展大规模建设的开端。

"四大工程"是依托宁波港的区位优势,集中在镇海县(现为镇海区)兴建宁波港(老港区扩建和镇海新港区建设)、浙江炼油厂(年加工原油 250 万吨。现为中国石化镇海炼油化工股份有限公司)、镇海发电厂(12.5 万千瓦燃油机组 2 台)、镇海清水浦渔业基地(渔轮 100 艘、年产渔货 10 万吨)等 4 个大中型建设项目的简称。其中两个是国家统一规划布局定点项目,两个是全省国民经济急需的重点项目,基建总投资共计 8 亿元。其中三个项目实现了滚动、持续发展,清水浦渔业基地则于 1980 年被列入国家停缓建项目,只投产了一个渔业钢丝绳厂(年产 3000 吨)。

宁波港是一个历史悠久的古老港口,公元 752 年(唐天宝十一年)宁波港正式开埠,为唐代全国最大开埠港。但直至 1949 年,全港年货物吞吐量仅 4 万吨。60 年代末起,由于国民经济的混乱和港口建设的滞后(到 1973 年全国只有 92 个万吨级泊位),沿海港口出现严重的压船、压货现象。租用的外轮每停港一天,平均就要支付近 1000 英镑。外国人说这是在往海里扔黄金。

70 年代初开始,周恩来多次强调要解决港口运输严重落后的被动局面。1973 年 2 月 27 日周恩来在听取全国计划会议领导小组汇报时,提出:过去没有把港口建设提到议事日程上来,现在到了非解决不可的时候,要在三年以内改变面貌。3 月 2 日,国务院港口建设领导小组正式成立,粟裕任主任,拉开了"三年大建港"的序幕。7 月,粟裕率交通部负责人和国务院港口建设领导小组办公室有关同志到宁波实地考察,省委第一书记谭启龙全程陪同。随后,国务院有关部门领导人与省委初步确定在扩建宁波老港区的同时,建设镇海新港区。粟裕提出浙江要切实抓好宁波港建设的全面规划和实施。8月8日,粟裕返京后即向周恩来等领导递交《关于南方港口建设问题的调查和建议》。

浙江沿海可建深水良港之处很多,却没有一个万吨级的泊位。1972年经上海中转物资达334万吨,其中240万吨为迂回运输。1972年宁波港货物吞吐量为138万吨,比1951年增长5.5倍,但同期泊位增加不到一倍,港口靠泊能力仅为3000吨。这不仅导致海运物资到浙江的周期、运费双增加,还加重了上海港的负担。因此,宁波港建设不仅与全国国民经济联系紧密,还关乎浙江经济建设的大局。

1973年宁波港迎来了第一次历史性跨越,开始了宁波港扩建和镇海新港建设。镇海新港是解放后继天津、湛江两个新港建设之后,国内自行设计、施工的第三个新港,也是东南沿海的一个重要外贸港口。镇海新港规划建设14个万吨级以上泊位,年吞吐量约1000万吨。1974年1月,国家计委批准第一期工程建设5个(煤2个、杂货3个)码头泊位及相应配套工程,投资约1.2亿元,列入国家重点工程项目。

1974年11月,省革委会在宁波召开宁波港建设工作会议,要求全省各行各业都要积极支持和参加宁波港建设,力争提前建成。到年底,宁波"四大工程"相继得到国家有关部门的批准并先后开工建设。1976年6月8日,省委为加强对上述四项工程建设的领导,专门成立了四项工程建设会战领导小组,省委副书记陈伟达任组长。

由于没有经过严密科学的测试和充分的可行性研究,镇海新港区拦海大堤在抢时间、争速度的要求下开始大规模施工,教训深刻。1975年9月,从招宝山到大游山3160米防浪大堤合拢,共围筑陆域面积4.9平方公里。到1978年12月,镇海港区第一个万吨级煤码头和3000吨级专用码头建成投入试生产。结果发现大堤向甬江口外移3公里,破坏了河床水沙平衡,一年回淤积沙达350万立方米,连通过5000吨轮船也困难。一时有人认定这是个"死港",应当停建。1980年3月起,在交通部和省政府的支持和努力下,省建委承担起了镇海港的全面整治工作。采取了科学整治与疏浚相结合的正确方针,先在煤码头对岸筑起一条3500米的丁字坝,迫使主潮流从码头前沿通过,初步解决了泊位区严重淤积问题。又在探寻出海口淤积复杂成因的基础上,建起了一条大堤,有效地挡住了泥沙。经过近三年整治,"死港"变成了"活港"。1983年4月,镇海港经国家验收合格,正式投产。

与此同时,宁波老港区改建、新建的 5 个约 3000 吨泊位于 1974 年开工,泊位总长 471.3 米,至 1977 年 12 月竣工,进港铁路也同时建成通车;镇海港区另两个万吨级码头也于 1976 年 6 月动工兴建。

1978 年中央决定在上海建设宝山钢铁厂。该厂铁矿石主要来自澳大利亚,为了节省运费,需要建设 10 万吨级矿石中转码头。1978 年 1 月,经省委据理力争,国务院有关部委负责人和上海市委有关同志反复论证、比较,大家一致认定这个中转码头更适宜在宁波北仑建设。5 月 8 日,国家计委批准在北仑建设 10 万吨级码头 1 个,2.5 万吨级装矿泊位 2 个,50 万吨级矿石堆场 1 处等, 总投资 3.86 亿元。这项工程是国内第一个自行独立设计的最大泊位,也是宁波建设深水大港的开端。1979 年 1 月主体工程动工。1980 年 6 月 27 日竣工,1982 年 12 月经国家验收合格。但它建成时,宝钢却因故推迟建设。一出生就面临自己找米下锅,要生存就要自己闯市场的唯一选择。宁波港首先盯上国内每年进口 1000 万吨化肥的灌装业务,不仅解决了生存问题,每年还为国家节约外汇 1 亿多美元。此后,业务范围不断扩大,终于柳暗花明,渡过难关。

另外两项工程则事关全省经济发展发展中燃料奇缺、电力不足的突出矛盾问题。浙江炼油厂和镇海发电厂肩负着实现以油代煤、以气代煤,以解决浙江缺煤少电困扰的使命。70 年代中期浙江年约缺少 200 万吨燃料,致使许多工厂处于半停工状态,大批渔船无法出海。而宁波位于华东电网末端,不仅电力严重不足,还因为输送距离远、电压质量差等问题,已经无法满足经济发展和生活用电的基本需要。

1973 年省委提出"煤油并举"的方针,用改变燃料结构的方法,解决能源供应问题。11 月,即在省燃化局设立"炼油厂筹建处",随后成立以翟翕武为组长的浙江炼油厂筹建小组。初步选定镇海县俞范为具有发展前景的建设场所。1974 年 1 月, 翟翕武率领有关人员赴京向石油部汇报要求建设浙江炼油厂事宜,并向国家计委报送了《关于要求批准浙江炼油厂设计任务书》,要求建设一座年加工 250 万吨原油的燃料型炼油厂。这与石油部部长徐今强的想法不谋而合,他当即表示,我早就想在镇海建个炼油厂了。

这个建设项目经石油部审议,报国务院同意,1974 年 7 月 9 日,国家计委正式下达《关于浙江炼油厂设计任务书的批复》,同意在宁波镇海县新建规模年加工原油 250 万吨的炼油厂。炼油厂由 250 万吨/年常减压蒸馏、120 万吨/年催化裂化、15 万吨/年催化重整和加氢精制、5 万吨/年氧化沥青及三废处理利用等主要装置组成。

此后,在中央有关部委和省委领导、省级有关部门的帮助支持下,浙江炼油厂先后从温州、衢州和湖南省、甘肃省、辽宁省、湖北省等有关厂家抽调了一批筹建工作的中坚力量。1975年5月23日,浙江炼油厂建设工程大会战正式拉开序幕。先后奋战在建设工地的建设者达1万多人。经过近一年半的艰苦建设,1976年9月29日,浙江炼油厂建设工程进入大型设备安装阶段。

1977年9月26日,浙江炼油厂原油码头第一泊位建成,这是浙江第一座万吨级油品泊位。12月23日,满载胜利油田原油的"大庆45号"油轮徐徐靠上了码头,这标志着整个工程进入试车阶段。8天之后,常减压装置试车出油一次成功,汽油、煤油、柴油相继提炼成功。1978年11月中旬,浙江炼油厂其他产品精制(二联合)装置、催化裂化与常减压装置联运出油均一次成功,到20日凌晨,生产的汽油、煤油、柴油、重油全部合格,浙江实现了炼油工业的历史性跨越。

镇海发电厂(原名为宁波电厂,1975年4月24日更名,现统称为镇海发电厂)的建设同样始于1973年,省电力局根据省委的指示精神,规划在宁波建设一座大型火力发电厂。1974年11月,国家计委、水利电力部批准新建镇海发电厂一期工程建设项目,规模为2台12.5万千瓦燃油机组,工程概算10280.4万元。1975年4月,省委决定成立镇海发电厂工程指挥部党政领导机构,明确该厂为省直属企业。经过半年多时间的筹备和设计,1976年3月30日,一期工程正式开工,先后有30多个施工单位参加工程建设。1978年12月1号机组建成投产、1979年9月2号机组建成并网发电。

宁波从20世纪70年代开始建设的重点工程,带动了宁波滨海炼油、化工、发电、造纸、钢铁和修造船六大临港产业群和第三产业的大发展,推动了国民经济和社会发展,为改革开放后宁波经济的腾飞铺垫了重要的基石。

(王革新 执笔)

56. 周长庚关于社队企业的建言 获毛泽东、邓小平首肯

　　1975年9月5日,永康县人民银行干部周长庚等写信给毛泽东、中共中央,反映当时浙江广大农村的社(队)办企业,如烂漫的山花,冲破种种阻力,到处开放。但一些党政领导同志对这一新生事物态度暧昧,不敢大胆支持和领导,致使一些地方社(队)办企业自流发展,偏离社会主义方向,走了弯路。在实际工作中,有一些社办企业搞得好,省、地、县有的领导就千方百计要转变它们的体制,把它们收归自己所辖的企业范围。虽说社办企业转大集体专业社、厂,大集体专业社、厂转全民所有制的国营工厂,是社会主义方向,但不转变体制就不分配原材料,不安排产品销路的行为,受到基层党组织和广大贫下中农的坚决反对。最近中央即将召开农业学大寨会议,我们建议改变"人民公社60条"中关于"社队一般不办企业"的规定,积极发展农村工业,为农村剩余劳动力寻找出路。恳请党中央对有关问题作出新指示,动员全党和全国各条战线,学习、推广一些先进省、市的典型经验。

　　毛泽东、邓小平先后对此信作了批示,印发在京中央同志,并于9月23日将中共中央政治局委员、国务院副总理华国锋给湖南省委的信和《河南日报》1974年12月15日刊载的《光明灿烂的希望——巩县回郭镇公社围绕农业办工业、办好工业促农业的调查》等材料一并印发中央农村工作座谈会议。华国锋在信中说,目前社队企业取得了可喜成绩,显示了强大生命力,对于巩固发展人民公社集体经济,加速实现农业机械化,消灭"三大"差别,都有重大意义。它代表了人民公社的伟大希望和前途。但有一些同志对此却瞧不起,以种种理由妄图取消或砍掉社队企业。我们劝这些同志要坚决丢掉错误思想,热情支持这一新鲜事物,加强领导,全面规划。这样社队企业就会由无到有,由少到多,由低级到

高级不断向前发展。一个社会主义新农村,就会展现在我们面前。

周长庚的信从所处环境的实际情况出发,提出了一个事关中国农民命运的大问题,并推动事情朝着合理的方向转化。改革开放后浙江省乡镇企业的辉煌局面,离不开社队企业这块基石。

社队企业起源于农业合作化时期,合作发展集体副业和将手工业者组织起来是社队企业兴起的初始形态。1958年在"人民公社化"运动中,党中央号召"人民公社必须大办工业",社队企业大规模出现,正式登上经济舞台。但由于"左"倾思潮的影响,社队企业一直步履维艰。

浙江农村多种经营历来较为发达,能工巧匠众多,家庭手工业较为普遍。植根于这个基础的社队企业,新中国成立后经历了三个发展阶段。

新中国成立到1957年是社队企业初始萌芽阶段。在党的发展农村副业政策的指引下,传统的多种经营得到恢复发展,手工业作坊大量涌现。到1957年全省有各类作坊4万多个,它们大多数由农业生产合作社管理。但由于农村工副业生产水平低下,其产值占全省农业总产值的5.9%。

1958年到1978年是社队企业发展的曲折徘徊阶段,经历了一个U字形的发展过程。1958年,随着人民公社化运动,浙江在手工业作坊和家庭手工业的基础上,兴起了大办社队企业的高潮。到1960年全省办起砖瓦、石灰、水泥窑4500多座,竹木器加工厂2.2万余家,畜牧场8600多个,建筑队5600多个,农机具修理站1.6万余个,基本达到了社社有工业,队队有副业,形成了与城市工业相呼应、以加工农用物资为主体的小型工业群体。能工巧匠是社队企业第一代主要的"泥腿子"工人。这一时期,社队企业受"左"的思潮影响,加上企业规模过小,经营粗放,工艺落后等因素,经济效益低下,到1960年全省农村工副业产值只占农业总产值的6.4%,农民人均收入为123.7元,其中6.8元出自工副业收入,只占5.5%。"文化大革命"开始后,社队企业曾被当作资本主义批判,加上资金不足、原材料紧缺等原因,全省约30%的社队企业处于半瘫痪状态,整体上几年徘徊不前,甚至跌入低谷。1975年起,各级党委、革委会为解决农村经济停滞不前的问题,加大了对社队企业的扶持力度,银行、信用社用56%的贷款支持发展社队企业。特别是1975年上半年,由于江青集团直接插手浙江,全省工业生产没有完成国家计划,影响了市场供应。随之国有企业将部分产品转向由社队企业生产,经济环境发生了有利于社队工业发展的变化,大多数社队企业生产得到一定的发展。全省社队企业年销售收入达到8亿元左右。

毛泽东对周长庚建言表态支持后,1976年到1978年间,全省社队企业在政策导向下逐步摆脱困境,走出谷底,发展较快。经过拨乱反正,1978年上半年省委、省革委会开始重视和关注社队企业的发展事宜。9月,省革委会下发《关于发展社队企业的规定》,明确了社队企业的地位和作用,在财政、信贷和税收上扶持社队企业发展;有计划地把城市工业的部分产品和零部件的生产,扩散到社队企业;社队企业的产品在价格上实行与国营企业同质同价等政策。各级党委、政府也把发展社队企业列入重要议事日程,鼓励能工巧匠回到企业,带头发展生产;取消了一些限制、阻碍社队企业发展的规定措施,出台了鼓励因地制宜地发展多种经营,允许长途贩运等政策。加强了对社队企业的指导和管理,初步建立了有利于社队企业发展的管理体制。1978年浙江省社队企业管理局成立,结束了社队企业管理不对口的状况。全省社队企业在有利的政策环境中不断发展、提高,到1977年末,全省社办工业近9000家,社队工业劳动力约100万人,约占全省农村劳动力的7%。社队工业产值占全省工农业总产值的10.6%,全省已有余姚、慈溪、鄞县等3个县社队工业产值超亿元,有萧山、镇海、绍兴、温州等4个县、市社队企业产值超5000万元。1978年底,全省社队工业总产值达到21.7亿元,比上年净增4.3亿元,工业产品销售收入(含其他行业劳务收入)达到26.4亿元。社队企业的发展速度远远超过了整个工业的发展速度,成为全省国民经济的重要组成部分。

1979年到1983年是社队企业全面崛起阶段。中共十一届三中全会以后,浙江全面贯彻执行国务院《关于发展社队企业若干问题的规定(试行草案)》,把发展社队企业作为振兴农村经济的一个重要组成部分:不断清除"左"的思想影响,进一步明确社队企业是"农村经济四大支柱之一",为社队企业正名,让农民放心地办厂经商。在政策上进一步给予照顾和支持,允许社队办农副产品加工厂,适当减轻它们的税收负担,允许其产品有一定价格浮动幅度,在贷款、支农资金上予以照顾。在管理上,建立了"定时间、定产量、定质量、定消耗"为基本内容的生产责任制,以调动职工的积极性。在技术力量上,允许聘请老工人当技术顾问,或从有关院校、科研单位和国有大中型企业聘请"星期天工程师"等等。此后,全省社队企业如雨后春笋般地迅速发展,特别是家用电器和纺织印染等行业发展更快。家用电器行业的灯头、插座、开关、收音机、电视机、热水器等10种产品几乎占据了省内60%的市场份额。纺织印染行业成为浙江社队企业的劲旅,在绍兴和杭嘉湖地区发展最快,其中绍兴、德清两县在1980年至1983年创办纺织印染企业达200多家。在对外开放、对内搞活的政策指引下,浙江社队企业10万之众的营销大军,实施主动上门营销策略,走遍千山万水,讲尽千言万语,想尽千方百计,历尽千辛万苦,依靠这种锲而不舍的精神,取得了卓著的业绩。这5年,全省新增规模不等、所有制形式不同的企业5200多家,新吸纳农村剩余劳动力约80万人。到1983年底,全省社队企业总产值达到80.57亿元,比1978年增长2.71倍,平均年递增11.13亿元,当年上交国家税金6.44亿元,占全省工商税的18%。1983年,全省有26个县(区)社队工业总收入超亿元,其中最高的绍兴县达到9.58亿元;有176个公社总收入超千万元;有1385个企业总收入超百万元。

社队企业的发展,促进了浙江农村产业结构的调整,为块状区域特色产业集群奠定了基础;扩大了农村就业门路和容量,是农村剩余劳动力转移的重要场所;增加了农民收入,一定程度地缩小了城乡差别;开辟出通过"以工补农"和"以工建农"方式反哺农业的新道路。总之,社队企业大大繁荣了农村经济,成为全省农村经济的主体力量和国民经济的一大支柱。

1984年中央明确提出将社队企业改为乡镇企业。

(王革新 执笔)

57. 河姆渡文化惊现于世

　　杭州湾宁绍平原的南缘有一处十分著名的新石器时代遗址——河姆渡。它的南面是连绵逶迤的四明山麓,北面一片平畴,西南濒临碧波荡漾的姚江。约7000年前的河姆渡人就在这样一个依山傍水的地方居住、生息、繁衍,创造了灿烂的农业文明。

　　1973年6月,余姚县罗江公社为抵御洪涝灾害,决定改造河姆渡的一座排涝站。该工程需要安装大功率水泵,底基必须挖到生土层。6月27日,当工人挖到3米多深时,发现很多石器、瓦片、骨器。28日,罗江公社副主任罗春华看到一些实物后,意识到可能是文物,报告了县委和县文化站。30日上午,县文化站的同志十分激动地打电话报告省文物管理委员会,说姚江边上找到了一处新石器时代遗址,发现了石器和厚厚的黑黑的陶片,要求马上派人到现场看看。恰巧省文管会工作人员王士伦在宁波保国寺公干,省文管会便请他返杭时顺道去察看。7月2日下午,王士伦回杭向大家展示了从现场拿来的实物。大家都十分新奇,这些遗物应该不是良渚文化遗物。7月3日早上,省文管会汪济英等4位专业人员即乘火车出发,中午到达余姚县城。当天已经没有公交班车,县文化站的领导只好向邻近的县消防中队借了一辆消防车,考察人员像消防队员一样侧身站在车的两侧,赶到了目的地。

　　考察人员来到现场,只见开挖的大坑穿透浅灰色的冲积淤泥层,到达了深黑色的文化层。遍地的遗物和一排排密集的桩基遗迹,显示这是一处丰富的新石器时代文化遗址。

　　7月4日下午,省文管会立即将工程开挖范围作为试发掘单元(编号T1),4位考古研究人员加班加点地进行抢救性清理。5日和8日,省文管会先后调来3位同志支援发掘工作。7月5日发掘出一具完整的骨耜(当时称骨铲),大家兴奋不已。6 日傍晚，T1 清理结束，测定文化层底部吴淞零点标高为 0.85 米。同日，发掘人员在原排水渠北侧开了二号探沟，但没有发现文化层。他们又在东面挖了三号探沟，发现了叠压在黑色陶片之上，还有一层以外红内黑泥质陶为代表的文化层。黑泥质陶 1957 年冬曾在湖州邱城被发现，当时认定是浙江境内最早的新石器时代文化遗存。这次发现的四层叠压关系，证明黑色陶是被压在近似马家浜文化面貌地层之下的，应该属于比马家浜更原始的遗存。这是 20 世纪 70 年代，浙江考古史上发现的年代最早的一处新石器时代遗址地层。

1973 年下半年，河姆渡正式发掘被列为浙江省考古工作的重点。10 月下旬开始发掘准备工作，11 月 1 日，初步测定遗址平面图，划定了发掘坑位，实际发掘面积为 630 平方米。11 月 4 日，开始探测性发掘，进一步明确遗址边界。以四个顺序相邻探坑为一组、每组由一位主持人负责发掘工作，11 月 10 日各探坑全面开工。几天后，中国社科院考古研究所石兴邦来到发掘现场，他肯定了各坑的地层序列，建议打掉各坑间的隔梁，以便能从更宽广的视角来读识建筑遗迹。11 月 19 日，在 T35 坑第二层的东南角发现一片深黑色而纯净的淤胶泥，并在下面显示出形态、结构与第四文化层明显不同的木构遗迹，范围涉及 T34 至 T37 四个探坑。为了保证遗迹的完整性，决定四坑合并清理，作为一个独立的发掘单元。发掘到了关键点，省文管会冒险邀请同济大学建筑系尚未"解脱"的陈从周教授等一行到现场考察，他肯定了第四层以排桩为特征的遗迹是干栏式建筑。为了认真对待丰富、繁杂而又待探索的史前木构建筑这一相对陌生的课题和重大发现，考古人员将 300 平方米的第四文化层一线各个坑连片固定，用帆布帐篷遮蔽。到 1974 年 1 月 10 日，田野发掘工作基本结束，历时 60 余天。此后又进行了三期考古发掘工作，收获丰硕。

河姆渡遗址地层厚度为 4 米左右，包含了四个时期，经历了距今 7000—5300 年的发展过程。在这近两千年间，河姆渡人创造了多项人间奇迹，为人类文明作出了重大贡献。在这里发现了多个中国之最：中国最早的干栏式建筑；中国最早的织机；中国最早的象牙雕刻；中国最早的漆器；中国最早的木构水井。

河姆渡文化第一、第二文化层厚度约 2 米，其中发现的遗物与杭嘉湖地区发现的嘉兴马家浜、吴兴（现湖州）邱城遗址下层的马家浜文化，以及上海青浦崧泽文化遗物面貌相近。第三层出土的为木质建筑材料、夹炭陶器皿、石器、骨器和木器等。第四层被专业人员称之为"夹心饼干"层，发现了碧青的稻秆、稻叶，叶脉清晰，还有木屑等有机物。特别令人惊喜的是，发现了人工栽培的保留着谷芒的金黄色稻谷粒、谷壳和炭化的米粒，有的稻壳上的绒状稃毛依稀可辨。

还出土了鱼禾纹和守祭纹陶盆、彩陶片等一批珍贵文物。其中最为珍贵的就是其底部发现的排列有序的木构建筑遗迹,被称为干栏式建筑的基础。这是长江下游发现的最早的新石器时代地层,距今约7000年。

河姆渡考古发掘发现了先民遗留的大批生活遗迹,先后出土陶器1886件,骨、角牙器2977件,石器946件,木器381件,总计达6190件。此外,还获得了十分丰富的动植物遗存:动物遗骸达61个属种,包括鸟类、鱼类、爬行类、哺乳类,尤以哺乳类为最多,特别是发现了犀牛遗骸,纠正了过去这种动物在中国第四纪末期已经绝迹的看法;发现的植物遗存种类丰富,有大量的栽培稻谷、众多的植物果实、树叶以及稻秆、稻叶、芦苇等,保存非常完好。这些历史遗迹、遗物昭示:当时这里气候温暖湿润,森林密布,丘陵平原交替,河湖沼泽纵横,鱼虾龟鳖游弋,飞禽走兽成群出没,植被丰富,一派生机盎然、郁郁葱葱的亚热带风光。先民在这里种水稻,饲家畜,辅以渔猎和采集,已是相当成熟的稻作农业经济模式,从而摆脱了人类完全依赖自然恩赐的被动局面,衣食有了保障。

第一次田野发掘工作结束不久,省文化局即向国家文物局汇报了河姆渡遗址发掘情况,很快就被认定为中国新石器时代考古的重大发现和突破。1976年4月,省文化局在杭州召开"河姆渡遗址第一期(次)发掘工作座谈会",会议正式将河姆渡遗址第三、第四层命名为"河姆渡文化"。

河姆渡遗址碳-14年代距今约7000年的消息公布于世,引起了巨大反响,一致认为是中国新石器时代考古史上的重大突破。它纠正了史学界、考古界关于史前时期整个长江以南地域为蛮荒之地的传统观点,改变了良渚文化是长江下游最早的新石器文化的结论,认定河姆渡文化与北方黄河流域的仰韶文化早期的半坡文化同期,是中国古文明的另一个中心。中华民族的祖先不仅在黄河流域,而且也在长江流域缔造了光辉灿烂的远古文化。2001年,浙江余姚河姆渡新石器时代遗址的发掘入选"中国二十世纪100项考古大发现"。

河姆渡遗址的发现也震惊了世界。美国哈佛大学人类学系著名华裔考古学家张光直认为,河姆渡文化是个全新的文化。澳大利亚国立大学远东历史系皮特·贝尔伍德博士在考察了河姆渡遗址后认为,奥斯特洛尼亚人等整个南亚人与中国都有关系。日本于1979年将河姆渡文化遗址载入《世界考古学事典》。英国1980年出版的《剑桥考古学百科全书》详细地介绍了河姆渡文化。联合国教科文组织将河姆渡遗址作为人类重要遗址,填入标记着世界著名景点的世界地图。

(王革新 执笔)

58. "四·五运动"在浙江

1976年1月8日,中共中央副主席、国务院总理、全国政协主席周恩来与世长辞。巨星陨落,山河失色。

浙江是周恩来的祖籍,他非常热爱浙江、热爱杭州,生前曾30多次亲临浙江,他的音容笑貌铭刻在浙江和杭州人民的心中。但哀悼期间却接到中央通知,要求地方和基层不带黑纱,不开追悼会。全省人民出于对周恩来的浓厚感情,自发地开展了大规模的悼念活动。

从2月下旬起,杭州人民纷纷自发开展悼念周恩来的活动,寄托哀思。杭州汽轮机厂青年工人李君旭借着周恩来的口气,编了一篇《总理遗言》,充分肯定了邓小平主持工作的功绩,表达了对"四人帮"的不满。这个材料在全国广为流传,产生了很大影响。

3月初,《文汇报》在纪念雷锋的报道中故意删掉周恩来的题词,接着又在文章中影射总理是"党内走资派"。接二连三的事件,激起了广大人民对"四人帮"的强烈抗议。7日,省级机关三位干部在杭州最繁华的解放路百货商店,贴出署名"冯火"(意为向马天水开火)的大字报——《马天水要干什么》,群众排着队争相观看。杭州街头接着又出现了《在举国哀悼周恩来的时候,马天水在干什么?》、《马天水贩卖政治谣言必须彻底清查!》等大字报,矛头直指"四人帮"及其同党。杭州味精厂职工贴出的《十问》的大字报,目标鲜明地针对马天水和《文汇报》。有位扳道工人还在南来北往的列车上写上了"绞死它,绞死《文汇报》那条狂吠的疯狗!"

3月22日,杭城出现了一张旗帜鲜明、义正词严的署名大字报——《当前的斗争与我们的态度》,深刻地揭露"四人帮"的罪行,提醒人们要警惕这一小撮政治骗子窃取党和国家的最高权力。这张大字报道出了人民的心声,轰动杭城。有人留言:"大字报说出了我们的心里话"、"好得很";有人表示:"坚决支持你们的斗争。"4月1日起,杭州人民的悼念规模不断扩大。凌晨3时许,杭州钢铁厂干部群众将一只直径3米多、嵌入总理遗像的巨型花圈悬挂在杭州市劳动局的旗杆上,过往行人均驻足致礼。凌晨,杭州市交通公司职工在湖滨贴出了"谁冲击、诬蔑、诽谤敬爱的周恩来就打倒谁!"、"谁反对周恩来就是人民的公敌!"、"化悲痛为力量,誓与林彪一类野心家、阴谋家血战到底!"、"坚决打倒野心家马天水!"等大幅标语。随后,有浙江麻纺厂、杭州玻璃厂、闸口电厂、杭州化工厂、浙江大学等署名的花圈,摆满了解放路百货商店周围,一幅幅标语首尾相连,蔚为壮观。特别是杭州玻璃厂职工制作的巨型标语"深切怀念中国人民伟大的无产阶级革命家、杰出的共产主义战士周恩来",长达50余米,覆盖了商场大楼整个的街面墙,成为杭州街头最醒目、最能表达人民心声的标志。

4月4日,丙辰清明节。全省人民以杭州市为中心的大规模悼念周恩来的活动达到最高潮。从凌晨起,杭州钢铁厂1000多名职工从厂区赶到少年宫广场。他们精心布置了总理灵堂,花圈上的挽联表达了大家的哀思和决心:"挥泪继承总理志,誓将遗愿化宏图"。

清晨,杭州市区三个大型活动聚集地——解放路百货商店周围、少年宫广场、浙江展览馆布满了群众送来的花圈、挽联、标语和诗词等,成千上万的人从四面八方汇集到一起,表达对周恩来的敬意和无限的哀思。解放路百货商店对面墙上张贴了邓小平在周恩来追悼会上所致的悼词,有人在其下面赫然写道:"总理伟大,小平不倒"。还有人在浙江医科大学附属第二医院门外墙上贴出了一幅图画,它在一个硕大的圆中间上书"北",下写"南",中央排列着缺4少10的从1—12的一串数字。意思是,打倒邓小平没有"东西",少"事实"。很多标语、诗词都怒斥了"四人帮"的倒行逆施,表达了人民的愤懑:"挥泪继承总理志,永写千秋革命史。若要江山春常在,不对妖魔施仁慈";"清明祭灵甚悲切,烈士英魂永不灭。总理遗容尚在前,顿起风雷逆流急。光明奠基伟人业,磊落谱写青史迹。如今健儿承遗志,何惧魔障自作孽"。

杭州市区主要街道解放路、延安路、湖滨路的四周墙上,更是布满了数不清标语口号,表达了人民群众拥戴邓小平等无产阶级革命家,支持把国民经济搞上去,坚决与"四人帮"斗争的强烈意愿。"总理不死,小平不倒"、"打倒邓小平,天下不太平";"坚决贯彻落实毛泽东的三项指示,把国民经济搞上去,实现四个现代化";"坚决挖掉埋在毛泽东身边的定时炸弹"、"坚决揪出化妆成美女的毒蛇"。浙江大学教师贴出了《丙辰清明节特刊》,该刊编者尖锐地指出:"林彪一类是打着红旗反红旗的反革命两面派、阴谋家、野心家,尽管他们猖獗一时,到头来无不落个身败名裂的下场。"该刊收录了恩格斯《在马克思墓前的讲话》、斯大林《悼列宁》、《邓小平副主席在周恩来同志追悼大会上的悼词》等。

4月7日晚,北京市委第一书记吴德代表中央发表关于"天安门广场反革命事件"的讲话。省、市与"四人帮"密切联系的几个人,当晚就派人拍照片、摘抄诗词、大字报,搜集各种"罪证",用专机秘密送往北京,直接交给王洪文。4月9日,王洪文打电话给省委负责人赖可可,严厉地说:"看了照片更清楚了,杭州清明事件,在全国是名列前茅的","浙江是发生反革命政治事件突出的一个省,全国是江苏第一,浙江第二,全国像浙江的不多。要坚决把反革命气焰打下去,要坚决镇压","决心要大","要追后台"。赖可可马上扬言:"杭州市和一些地方出现类似天安门的反革命事件,对幕后策划者,要严加追查。"张永生也在报纸上发表《杭州四四事件与天安门事件》的文章,说这不是孤立的事件,是天安门广场事件的组成部分,一定要追查到底。4月15日,省委发出通知,认定杭州市在清明节前后,连续出现矛头指向毛泽东、党中央的"政治谣言"、"反动诗词"、大字报等,是妄图扭转"批邓反击右倾翻案风"的大方向,是类似天安门广场反革命政治事件。王洪文看了省委文件后,很不满意,专门打电话来:"什么类似天安门反革命事件,就是反革命事件。"省委、省革委会、省军区和杭州市等单位调子马上提高,召开声讨批判会议,号召坚决追查、镇压反革命分子。5月8日,省委成立追查反革命政治谣言领导小组。10日、25日公安部两次派人坐镇杭州,追查"总理遗言",清查"反革命事件"。到5月底,浙江共收缴"总理遗言"等材料56700余份。全市逮捕、拘留、隔离审查42人,其中共产党员18人,约有88名干部群众直接遭受迫害。

1977年4月2日,省委发出通知,撤销省委〔1976〕2号文件,宣布把1976年清明节前后杭州市人民悼念周恩来的活动,定为"类似天安门广场反革命政治事件",是错误的。时隔不到一年,在全国影响较大的杭州"四四事件",即被省委率先"翻案",难能可贵。1978年10月13日,省委和杭州市委召开了深入揭批"四人帮"、为1976年"杭州四四事件"平反大会。

(王革新 执笔)

59. 拨乱反正的岁月

"文化大革命"10 年,浙江成了重灾区,遭受了新中国以来最严重的挫折,出现了政治思想混乱不堪,组织机构涣散瘫痪,民主法制惨遭践踏,经济大步倒退,干部群众受到残酷迫害的局面,留下了大量头绪纷繁、亟待解决的问题。

从粉碎"四人帮"到 20 世纪 80 年代初期,浙江从政治、经济和社会等方面展开了全面的拨乱反正,让社会生活的方方面面逐步走上正常的轨道。

彻底摧毁"四人帮"在浙江的帮派体系,整顿和加强各级领导班子,是实现安定团结的政治局面、恢复振兴浙江经济的组织基础。省委采取各种形式批评、帮助紧跟"四人帮"犯了严重错误的各级领导,促使他们认识改正错误。在全面部署揭批"四人帮"的斗争中,逐步查清与"四人帮"有牵连的人和事,摧毁"四人帮"在浙江的帮派体系。而最为急迫的是,调整和整顿各级领导班子,把造反起家的人员清除出去,着力解决各级领导班子的软弱、涣散问题。

到 1978 年,全省清查工作基本结束。共查处有关人员 8899 人,其中法纪处分 1424 人。同时,将从 1975 年起开展的纠正"突击入党、突击提干"的工作扫尾,全省共清除突击发展的党员 1.4 万余名。浙江帮派的主要头目张永生、翁森鹤均被判处无期徒刑。赖可可作为"四人帮"在浙江的代理人,中央决定予以撤销党内外一切职务和开除党籍的处分。1983 年 12 月的"整党",又着重清理了"三种人"(即在"文革"中追随林彪、"四人帮"造反起家的人、帮派思想严重的人、打砸抢分子),进一步消除了派性,纯洁了党的组织。

——开展真理标准问题大讨论。解放思想,联系实际,注重实践是浙江开展这场大讨论的鲜明特色。开展于 1978 年夏秋之际的这次大讨论,为加快浙江现代化建设步伐打下了思想理论基础。

——贯彻党的十一届三中全会精神,实现工作重点的转移。1979 年 1 月,省委召开六届二次扩大会议,传达贯彻中共十一届三中全会精神,以"实践是检验真理的唯一标准"为思想武器,总结了"以阶级斗争为纲"的历史教训。会议提出,必须坚决摒弃背离发展生产力甚至破坏生产力的"阶级斗争"理论,坚决响应中央把全党工作重点转到以经济建设为中心的轨道上来的战略决策。1979年12月,省五届人大二次会议召开,明确提出经济建设是压倒一切的中心。这是浙江全面拨乱反正,实现工作重点转移的一次重要会议。此后,省委结合实际,提出要改变限制、阻碍社队企业发展的规定和措施,大力扶持社队企业和发展城镇街道企事业,为全省经济社会的腾飞打开了闸门。至1981年,全省社队企业总收入就占农村公社三级总收入的52%。

——整顿干部作风,落实干部政策,平反冤假错案。省委大力批判派性,大张旗鼓地整顿各级领导班子,着重解决"软、懒、散"的问题。到1979年1月,全省调整充实了170个地、市、县和省级机关、直属厂矿、大专院校的领导班子,在清除帮派骨干分子的基础上,配备了1500多名领导成员。

据不完全统计,"文化大革命"期间,全省有8.49万余名干部、职工受到非法审查。在1300多起集团性冤案中有55万人遭受迫害,造成1972名干部非正常死亡、伤残1.2万多人。为解决这些严重问题,落实干部政策,从1979年1月开始,省委集中力量,先平反了一批全省影响重大的案件,产生了辐射面广、影响深远的效果。到1982年,有7.82万余起案件得到平反。到1987年上半年,浙江落实政策工作基本结束。

——改正错划右派复查工作。1978年9月,全省开始改正错划右派复查工作。1979年6月9日,中央批准省委关于原省委常委、副省长杨思一,原省委常委、省检察长彭瑞林,原省委委员、省委财贸部部长孙章录三同志被错划为右派分子问题的改正报告,恢复他们的党籍和政治名誉。1980年1月9日,中央批复同意改正原省委常委、省长沙文汉被错划为右派的问题,恢复其党籍和政治名誉。到1985年,全省改正错划右派复查工作全部完成。加上从1959年起分5批已经摘帽改正的"右派分子"8775人,全省所有1.35万余名"右派分子"和7914名"中右分子"、1443名"反社会主义分子"全部摘帽改正。

——调整知识分子政策,为他们摘掉了"臭老九"的帽子。全省普遍开展了查阅档案,发放登记表,召开座谈会等调查活动,进一步摸清底细,制订规划,建立制度。全省先后共平反纠正有关知识分子的冤假错案34 225件;同时,各级党委普遍开展吸收优秀知识分子入党,取得了明显进展;妥善处理了被查抄的财物,归还了被挤占的房屋;解决知识分子学非所用和生活问题等等。为广大知识分子在现代化建设中发挥聪明才智创造了条件。

——给地主、富农改订成分,摘掉了近 24 万人地主、富农帽子。从 1979 年 2 月到 1984 年底,全省公安机关改订成份、摘帽工作全部完成,还在档案中更改了原"地、富分子"子孙两代的家庭出身,终于卸下了上百万人的沉重包袱。

——把近 2.4 万名小商贩、小手工业者从 3.53 万余名原工商业者中区别出来,占总数的 67.7%。同时明确规定,属于资本家的原工商业者也已经成为自食其力的劳动者。

——调整、落实宗教政策。全省先后共落实房产 1320 处,恢复和整修了一批主要宗教活动场所。恢复和建立了宗教工作机构和爱国宗教团体,复查纠正了有关宗教界人士的冤假错案,还安排宗教界人士参政议政。

同时,全面落实了原国民党起义、投诚人员政策。全省共认定 9249 名起义、投诚人员,妥善处理了需要落实政策的 2140 人。调整、落实侨务政策和台胞、台属政策。全省逐步恢复和建立了侨务工作机构,落实了各项侨务政策。至 1987 年,全省共纠正平反归侨、侨眷的冤假错案 1622 起。到 1985 年底,全部解决了上述人员的冤假错案、被占私房等问题。调整和落实了知识青年政策、户粮关系政策、查抄财物政策和少数民族政策等。

——恢复和健全民主法制。1979 年 12 月,省第五届人民代表大会第二次会议选举产生了浙江省人民代表大会常务委员会,选举铁瑛为省第五届人大常委会主任。取消浙江省革命委员会,恢复浙江省人民政府,并在"文化大革命"后第一次选举产生省长、副省长。李丰平当选为浙江省省长。大会选举产生省人民检察院检察长,改任命制为选举制。随后,各市、县、市辖区的人民代表大会相继召开。为体现"一切权力属于人民"的宪法原则,浙江将人民代表的直接选举权由乡级升到县级。1979 年,在桐乡试点。到 1982 年,全省 61 个县、6 个不设区的市、13 个市辖区,全部实现县级人民代表的直选。

——恢复重建各民主党派。省内人民政协、各民主党派先后恢复组织活动。1977 年 12 月 16 日至 24 日,政协浙江省委员会第四届第一次会议召开。会议选举产生省政协常务委员 91 人,党外人士占 56.1%。铁瑛当选为省政协主席。此后,全省地(市)、县政协相继恢复、建立。到 1985 年,全省各级民主党派成员担任全国、省、市三级人民代表、政协委员的有 1187 人,其中担任省、市两级人大副主任、副省长、副市长、政协副主席的有 57 人。

浙江经济领域的拨乱反正,以推行家庭联产承包责任制为中心内容,成为经济体制变革的先导。乡镇企业的异军突起和农村商品市场的蓬勃发展,使全省乡镇的面貌发生了深刻的变化。全省工商业的拨乱反正,表现在率先迈开对外开放的步伐。1978年,国务院批准浙江为对外贸易口岸省,外贸体制改革即行展开。1979年,经国家批准,宁波、沈家门、海门等港口首先实行了对外开放。

(王革新 执笔)

60. 真理标准问题大讨论

1978 年 5 月 10 日、11 日,中央党校的《理论动态》和《光明日报》先后发表《实践是检验真理的唯一标准》一文,5 月 12 日,《人民日报》、《解放军报》全文转载了这篇文章,随后各省市自治区报纸也开始陆续转载此文,全国迅速掀起了一场思想解放热潮。

1976 年,虽已开展揭批"四人帮"的运动,党在指导思想上的左倾错误并未得到根本纠正。1977 年 2 月 7 日,《人民日报》、《红旗》杂志、《解放军报》同时发表社论《学习文件抓住纲》,提出"凡是毛泽东作出的决策,我们都坚决维护;凡是毛泽东的指示,我们都始终不渝地遵循",即"两个凡是"的指导方针。它意图让人们的思想因循守旧,为全党纠正左倾错误和拨乱反正工作设置了重重障碍。为了摆脱禁锢,解放思想,以邓小平为首的老一辈无产阶级革命家倡导发起了一场关于"真理标准问题"的大讨论,为改革开放奠定了思想基础。

真理标准问题的讨论,首先在浙江宣传理论界和学术界引起争议。有的不以为然;有的心有余悸;也有的则感到事关重大,意义深远,但认识较为抽象。7 月 6 日,浙江省社会科学研究所筹建领导小组举行了关于"真理标准问题"的讨论会,参加会议的有在杭各大专院校、省市党校、干校、新闻单位和省市机关的宣传理论工作者共 60 余人。与会同志展开了热烈的讨论,为全省解放思想,开了个好头。7 月 17 日,浙江三位代表参加了由中国社会科学院哲学研究所主办的全国"理论与实践问题"讨论会。当时全国的大多数省市还没有举行过真理标准讨论会。浙江代表在大组讨论发言中,汇报了浙江召开真理标准讨论会的有关情况和基本观点,旗帜鲜明地拥护"实践是检验真理的唯一标准"的基本观点,引起了大会的重视。

在学术界热烈争论的同时,浙江省委亦从 6 月起组织领导干部学习中央精神,为全省性的大讨论创造有利条件。8月,省委常委集体听取与会三人参加全国讨论会的情况汇报,当即决定在适当时候召开全省较大规模的"真理标准问题"讨论会。9月,省委常委读书会着重讨论了"实践是检验真理的唯一标准"的问题。大家认为,一定要以实践第一的观点,总结20多年来正反两方面的经验。要敢于从实际出发,实事求是地研究和解决在新的历史条件下遇到的各种新问题、新情况。省委宣传部将这次学习情况写成报道,9月24日在《人民日报》头版刊发。

10月5—12日,省委宣传部在杭州召开了全省"理论与实践问题"讨论会,组织全省各地、市党委宣传口的负责人和党校、大专院校、省级机关和部分县级机关的宣传理论工作者和实际工作者开展大讨论。省委第一书记铁瑛代表省委作了题为《实践是检验真理的唯一标准》的报告,指出:只有坚持实践是检验真理的唯一标准问题,才能真正高举毛泽东思想的伟大旗帜,才能正确地总结正反两方面的经验,才能恢复和发扬党的优良传统。从浙江的情况来看,各地对这个问题的认识还有差异,有的已经重视;有的还对此漠不关心;有的则是心有余悸。这些情况说明,需要对广大党员、干部、群众进行一次辩证唯物论的再教育。报告在《浙江日报》上全文发表。

在大讨论的过程中,省内理论界的同志,应邀到机关、学校、工厂、部队及各地市,作了数十场有关报告。每场报告均座无虚席,大家格外关注。高校系统从事理论教育的一些同志,更是大力宣传,把真理标准问题的大讨论放到课堂上去。期间,省委于1979年9月16日至10月12日召开的有省委常委、地(市)委书记、省委机关负责人参加的读书会,产生了重大影响。通过这些形式的学习和讨论,对重新确立实践是检验真理的唯一标准的基本观点,起到了较好的普及宣传作用。

在真理标准问题大讨论的过程中,党中央为了把全党工作的中心顺利转移到四个现代化建设上来,于1979年1月18日至4月3日在北京召开了党的理论工作务虚会。同期,浙江省委也召开了全省理论工作务虚会。经过讨论,对社会主义社会的阶级斗争问题和社会的主要矛盾问题有了新的认识,同时提出发扬民主、加强法制等问题。这次会议从理论和实践相结合上深化了真理标准问题的讨论,对于进一步解放思想起到了很好的作用。1979年2月至4月,温州、丽水、舟山、台州、杭州、宁波、嘉兴、绍兴、金华等地市也先后召开理论务虚会,就上述问题开展深入讨论,一致认为极左路线是从1957年反右斗争后逐步发展起来的,痛陈了"大民主"的十大恶习。

1979年9月16日至10月12日，省委举办了省委常委、市地委书记和省级机关各部、委、办负责人参加的经济理论读书班，这次读书班是在从浙江实际出发，搞好四化建设问题的普遍调查研究的基础上召开的。读书会回顾了新中国经济建设的历史，认为最重要的教训是：否认无产阶级夺取政权以后的根本任务是发展社会生产力；在社会主义改造完成以后，错误地估计阶级斗争形势，无休止地搞所谓"阶级斗争"，夸大了政治对经济、精神对物质、革命对生产的反作用，违背客观规律，犯了"唯意志论"的错误。大家一致认为，要纠正经济工作中的"左倾"错误，首先必须纠正政治上的"左倾"错误，坚决摒弃"以阶级斗争为纲"的口号和做法，全心全意发展社会生产力。10月24日，《人民日报》第一版报道了会议结合实际、分清经济理论是非的内容。

在省委读书班以后，各地、市、县以至一些基层单位也纷纷举办读书班。这种联系实际、总结经验教训的大讨论，看得见，摸得着，经过比较，认识转变快，在干部群众中刮起了一股解放思想的清新之风，影响深远。

通过大讨论，"实践是检验真理的唯一标准"的思想观念深入人心。全省广大干部群众逐步冲破了"两个凡是"的禁锢，解放思想，振奋精神，为浙江贯彻党的十一届三中全会精神，全面清理"左倾"思想，实现指导思想的拨乱反正打下了理论思想基础。

（姜卫东 执笔）

61.兴建杭嘉湖南排工程

1978 年 11 月 15 日,绵延 41.29 公里的长山河工地上,红旗招展,人头攒动,随着封港停航一声令下,长山河开挖工程大会战打响。来自海盐、海宁、桐乡、嘉善、平湖、嘉兴、德清等七县市的 27.6 万余民工,挖的挖、挑的挑,车如流水,机声轰鸣,电耕犁带动手推车上下牵引,滑泥船驮着淤泥来往运土,场面壮观。杭嘉湖平原排涝工程的开工,标志着浙江省治理太湖和杭嘉湖水患工程同时进入实施阶段。

杭嘉湖南排工程,设想于 20 世纪 50 年代,直接起因是“大跃进”时期盲目围垦湖泊、洼地和大量填塞或控制下游河道,太湖流域水面大大减少,落雨成灾。经过 20 多年的论证、考察、调研,终于有了统一的规划。1974 年,国家水电部批准杭嘉湖南排工程初步设计,确定在海盐南台头、长山和海宁盐官下河、上河建四座排涝闸和一个排涝泵站,开四条排水干河。1975 年 10 月 7 日,浙江省水电局以浙水电核[1975]24 号文,提出了《关于兴建杭嘉湖平原排涝工程的报告》。11 月 9 日,以省委办农[1975]18 号文批转嘉兴地委等单位。当时的定位是,国家“五·五”期间浙江省的重点工程。

浙江是全国的鱼米之乡,而杭嘉湖又是浙江的鱼米之乡。有鱼有米必先有水,水为民之利,也为民之害。杭嘉湖地区,以东苕溪导流港为界,其东为低洼平原区,地势自西向东北方向倾斜,洪涝水自古以来自南向北,从西向东排入太湖、黄浦江。

1949 年至 1978 年的 30 年间,区域内共发生较大水灾 5 次,发生较大旱灾 8 次,平均 6 年一涝,3.7 年一旱,损失甚重。其中,1950 年至 1962 年的 13 年间,累计遭受洪涝灾害面积达 2257 万亩次,遭受旱灾面积达 1102 万亩次,合计受灾面积竟有 3359 万亩次之多,总损失粮食约 10 亿公斤。最典型的要数 1954 年了。当年 5 月至 7 月,杭嘉湖平原地区降雨 1072 毫米,产水 60 亿立方米,因排水出路不足,3 个月只排走 40 亿立方米,尚有 20 亿立方米滞于河港和田间,受淹农田 345 万亩,损失粮食约 2.3 亿多公斤。

20 世纪 50 年代"大跃进"后,垦湖成风,水乡杭嘉湖的水不再能自行流注于太湖,更多地给杭嘉湖人民带来深重的灾难。水多则涝,水少则旱,无情地侵吞着广大劳动人民的劳动果实,威胁着人民的生活和生存。自 1964 年起,为工农业生产的需要,大量开采地下水,造成全流域地表下沉,内涝问题一年比一年严重。

中央、政府及水利部门的专家早已意识到形势的严峻,但因为牵涉面广,协调不易,迟迟未有大动作。直到了 1987 年,国家计委方批复同意了《太湖流域综合治理总体规划方案》,规划建设望虞河、太浦河、环湖大堤、杭嘉湖南排、湖西引排、武澄锡引排、东西苕溪防洪、拦路港、红旗塘、杭嘉湖北排通道十项骨干工程。南排工程,是十项骨干工程中的三项紧迫工程之一,是太湖综合治理规划中,排泄杭嘉湖平原洪涝水入杭州湾的一项关键性水利基础设施。建设总概算 13.5 亿多元人民币。

南排工程规模大,涉及面广,技术难度高,这一切使得杭嘉湖水利建设载入史册。区域内耕地 710 万亩,占总面积的 54%,高于全省的 17.5%,其中水田 550 万亩。人口 650 多万,人口密度每平方公里 1283 人,高于全省平均数 392 人。全区由嘉兴、湖州、余杭、临安、海宁、海盐、平湖、桐乡、嘉善、长兴、安吉、德清和杭州市郊等市、县组成,可谓"十里一大镇,三里一小镇,一里有三村"。

南排工程建有海盐长山、南台头、海宁盐官上塘河、盐官下河四座大闸,开挖了分布于海盐、海宁、桐乡、余杭、嘉兴郊区等县市区的四条干河,总长 190 余公里。南排工程的设计要求以大涝的 1954 年 5 月至 7 月梅雨型产水为限,可向钱塘江、杭州湾排泄涝水约 22.7 亿立方米,排水受益范围约 2510 平方公里,受益农田 335 万亩,同时还减轻了太湖、黄浦江的防洪压力。

杭嘉湖南排长山河出海工程由长山闸、长山河及桥梁、节制闸等组成,向钱塘江年排放涝水 7.92 亿立方米。长山闸位于海盐县澉浦镇东南 2.5 公里的长山西南麓,桥闸结合,共设 7 孔,每孔净宽 8 米。长山河从海盐县澉浦镇长山闸上溯,经海宁入桐乡,与京杭大运河沟通,全长 66.7 公里。1978 年规模空前的长山河一期土方开挖工程,是南排工程的揭幕战。战役首先在"洗马池"山谷和澉浦镇区地段打响。工程位于海盐县澉浦镇翠屏山与扇子山之间峡谷中的长山河咽喉部位,设计河道长 0.75 公里。随后,平湖工地也开工建设。

1978年11月,嘉兴地区成立长山河会战指挥部,组织七个县的人力物力,为南排工程建设掀起了第一个高潮。人工开河东起长山闸,西至桐乡市起龙桥,全长41.29公里,总土方1160万立方米,历时5个月。1980年5月,长山闸主体工程建成。同年8月9日,首次开启7孔闸门,向钱塘江排涝,全年开闸排涝88天,泄洪7.53亿立方米。1984年至1986年,桐乡组织民工,对十多公里长山河进行拓宽疏浚。1994—1995年,桐乡市开挖了东起京杭运河羔羊港口,西至洲泉镇,全长10.71公里的河段。1996年2月,随着桐乡市洲泉镇市河段施工结束,长山河工程划上圆满句号。工程历时18年,总投工2793万人次,搬运土石1620余万立方米。

杭嘉湖南排南台头出海工程由南台头闸、南台头干河及桥梁、节制闸等组成。涝水排入杭州湾,设计年排涝5.8万亿立方米,分二期建设。1991年12月,南台头闸动工兴建。南台头闸位于海盐县武原镇东南1.5公里处的老沪杭公路上,桥闸结合,闸为4孔,每孔净宽8米。南台头干河从桐乡市莲花桥港永兴港口向东,经大横港、彭城港、盐嘉港,至南台头入杭州湾,全长40.62公里。1993年6月15日,南台头工程建成;8月9日,南台头工程汛期应急排涝。自1992年12月至1999年12月,海盐县、嘉兴秀城、秀洲区和桐乡市对境内南台头干河进行疏浚或开挖,南台头干河全线贯通。

盐官上河排涝闸枢纽工程位于盐官镇西1公里处,沪杭公路南侧与钱塘江北岸海塘之间。排涝闸为1孔,净宽8米,前后分设潜孔式工作闸门两道,互为备用。1993年10月11日开工,1994年7月20日验收通水。盐官上河(上塘河)自排涝闸经新开干河、平安桥向西经盐官、周王庙、长安到许村凌家堰,全长23.5公里。排涝工程于1993年11月动工,2001年2月完工。盐官下河站闸枢纽工程位于海宁市盐官镇占鳌塔以东500米处,沪杭公路和钱塘江北岸海塘之间,为河床式泵站,总装机容量8000千瓦。排涝闸为胸墙式挡潮闸,排涝流量581立方米/秒,分六孔,每孔净宽8米。站闸运行采用泵站抽排与排涝闸自排相结合、交替运行。1996年1月1日开工,到1998年11月建成。盐官下河从下河闸站枢纽经宁郭塘、辛江塘,穿越沪杭铁路134号铁路桥,接秦山桥港至桐乡市大麻镇京杭大运河,全长25.7公里。

就在南排工程建设过程中,1991年6、7月间,大涝不期而至。一时间,太湖告急,黄浦江告急,杭嘉湖地区也是水满为患,为确保上海中心城市,国家防汛总指挥部决定开启太浦闸,将洪水引入杭嘉湖地区。已建成的部分南排工程承担了排水救灾的功能,浙江人民的"杭嘉湖"风格引起了党和国家领导人的高度重视。1991 年 7 月 8 日，江泽民总书记亲临现场，鼓励人们要建好南排工程。10 余天后，李鹏总理也亲临灾区指导。此后的南排工程建设快马加鞭，1999 年盐官河下河大闸正式建成。

2000 年，杭嘉湖南排主要工程全面建成，工程以防洪排涝为主，兼有灌溉、航运、改善水环境等功能。截至 2006 年，南排工程累计泄洪 275.74 亿立方米，在抵御 1993 年、1995 年和 1998 年等洪涝灾害中发挥了显著的效益。

杭嘉湖南排工程，功在当代，利在千秋。

（王祖强 执笔）

62.“李王吕丛通敌叛国”等冤案平反

中共十一届三中全会的召开,使实事求是的春风吹遍神州大地。浙江省委抓住战机,认准影响民心不顺的主要症结,以积极的姿态大力平反一系列冤假错案,其中以“李王吕丛通敌叛国”冤案的平反影响最大。冤案平反工作全面落实了党的政策,让党的实事求是的思想路线重新恢复。

为杭州“四四事件”平反。1977 年 4 月 2 日,省委决定撤销省委〔1976〕2 号文件,宣布把 1976 年清明节前后杭州市人民悼念周恩来的活动,定为“类似天安门广场反革命政治事件”,是错误的。

为吴仲廉平反。吴仲廉是一位 1927 年入党、曾随毛泽东南征北战、上过井冈山、经过长征的老红军。1952 年吴仲廉任浙江省高级人民法院院长,成为新中国担任这一高职的第一位女性。她先后当选为中共七大候补代表,八大代表,第三届全国人大代表。吴仲廉系前浙江省委第一书记江华的夫人。

“文化大革命”开始后,吴仲廉坚决抵制林彪、江青一伙煽动“怀疑一切、打倒一切”的思潮,痛斥了林彪 1966 年 8 月 13 日在中央工作会议上鼓吹“罢官夺权”的言论。不久,吴仲廉即被强加上“反对无产阶级司令部”、“叛徒”、“走资派”、“反对党对审判工作的领导”、“攻击肃反运动”、“漏网大右派”等莫须有的罪名,于 1967 年 1 月 19 日被迫害致死。1978 年 11 月 4 日,省委组织部作出《关于给吴仲廉同志平反昭雪的决定》。次日,省委召开吴仲廉同志追悼会,充分肯定了吴仲廉的历史功绩,宣布一律推倒强加给她的一切诬陷不实之词,她所蒙受的不白之冤予以平反昭雪。

为省公安厅“通敌叛国”大冤案平反。为了诬陷江华、李丰平、王芳、吕剑光、丛鹭丹等同志,“四人帮”伙同浙江造反派配合默契、蓄谋已久。1967 年 11 月 20 日,“省联总”召开“揭发、批判、斗争江华大会”,诬陷上述同志在毛泽东住所“搞特务活动"。1968年3月18日,江青在接见浙江造反派时,诬陷浙江省公安厅"在屏风后头(毛泽东住地)搞窃听、偷听和秘密录音"。当月底,王芳、吕剑光、丛鹭丹等同志即被押送北京关押。

为了"砸烂公检法",造反派把省公安厅精心组织、周密策划、成功破获国民党台湾特务机关派遣潜入内地妄图破坏的特大案件,派遣得力人员打入国民党台湾当局高层,获取重要情报,受到公安部高度重视和肯定等事件,通通诬蔑为"一贯通敌、资敌、养敌",是"台湾国民党大特务"。1969年1月10日,省革委会批转省公安机关军管会〔1969〕8号文件,提出要彻底砸烂公安机关的秘密力量。1970年11月25日,省公安机关军管会上报《关于李丰平、王芳、吕剑光、丛鹭丹勾结美帝、蒋匪进行通敌叛国活动的情况报告》,获得了省革委会党的核心小组的批准。1971年1月,中共浙江省召开第五次代表大会,南萍在《紧跟伟大领袖毛泽东,把无产阶级专政下继续革命进行到底》的工作报告中,给所谓"通敌叛国"的"罪行"定了案,祸及全省各级大批公安干警,有的甚至被迫害致死,株连家属,破坏了公安工作和公安队伍,造成了极为严重的后果。

时隔10年,省委作出《关于为原省公安厅李丰平、王芳、吕剑光、丛鹭丹同志"通敌叛国"大冤案平反的决定》。所有因此受牵连而遭打击、迫害的公安干警等有关人员,给予彻底平反,并做了善后工作。

为王洪文授意定案、遭受残酷迫害的夏琦平反。在1974年召开的省委、省革委会、省军区党委会上,铁瑛、夏琦、陈伟达等省委、省军区主要领导,被"四人帮"及其浙江的帮派分子打成"浙江省资产阶级复辟势力的代表人物",还上溯到南京军区司令员许世友。在王洪文的授意下,夏琦被定为"浙江省资产阶级复辟势力的代表人物"、"混入军内的阶级敌人",在全省公开点名批判。为此连续炮制了五个文件,批判夏琦反对中共九大、十大路线,翻"文化大革命"的案等问题,在全省掀起揪复辟势力代表人物的浪潮。案件牵涉面广泛、人数众多。1978年5月31日,省委发出〔1978〕23号文件,决定为遭受残酷迫害的夏琦同志平反,撤销省委1974年、1975年打击迫害夏琦的所有文件及其附件。

为"浙南叛徒集团"冤案平反。"文革"中大搞所谓"清理阶级队伍",赖可可说:"有点影子都可以揪,揪得越多成绩越大",1968年7月即有人在省革委会会议上提出:"浙南、浙东、浙西的地下党组织出现了很多叛徒,形成相当庞大的叛徒集团。"9月份,赖可可又说:"温州已发现的敌情资料中,就有叛徒数千名。"1969年1月28日,全省"清理阶级队伍"、整党工作现场会提出:浙南有三个"网":"叛徒网、托匪网、特务网";还有五个"多":"叛徒多、特务多、武装股匪多、敌伪党政人员多、托匪多",宣布"浙南解放前有三万五千名的叛徒集团"。要"抓紧再抓紧,深挖再深挖","彻底清查,一网打尽"。于是《浙南风暴》连续发表九篇有关文章,提出"要彻底炸开浙南地下党阶级斗争盖子","要揪出浙南地下党叛徒集团"。一时间,从省城到鹿城的报刊中掀起一个声势浩大的揪"叛徒"高潮,温州各地揪"叛徒"的大、小字报铺天盖地。据统计,温州地区为此设立专案组和"清理阶级队伍办公室"700多个,受审查人数为9878人,其中由省革委会立案审查的"叛徒"达3600多人。原浙南特委的老干部被打成"叛徒"、"特务"、"自首变节分子"和"土匪",长期关押,遭受严刑拷打的有500多人,致伤致残90多人,被迫害致死21人。有的专案组不但迫害老干部,连革命烈士也被诬陷为"叛徒"、"托匪"、"自首变节分子"、"假党员"和"假烈士",烈士墓被挖掉,烈属遭株连。

1978年12月4日,省委在温州市召开为所谓"浙南叛徒集团"冤案平反大会。参加会议的温州、宁波、台州、丽水、金华等地区2.5万人,省委常委、组织部长王耀亭代表省委郑重宣布彻底推翻所谓"浙南叛徒集团"冤案,为受迫害的同志彻底平反昭雪的决定。明确指出:浙南党组织在党中央的领导下,坚持武装斗争,建立农村根据地,保持我们党在浙南的革命旗帜,取得了伟大成就。中共浙南特委和它领导下的浙南游击纵队,在配合南下大军,解放浙南广大城乡的斗争中,为党为人民立下了很大的功绩,作出了重大的贡献,得到了浙南广大人民群众的爱戴和拥护。过去党中央、浙江省委对浙南党组织的高度评价完全符合实际情况,是完全正确的。浙南党组织的历史功绩不可磨灭,林彪、"四人帮"一伙人对浙南党组织的一切诬陷和污蔑,应当统统推倒,彻底批判。

(王革新 执笔)

63. 长兴长城公社启动 "家庭联产承包责任制"

　　1979 年下半年,长兴南部长城公社(现并入和平镇)狄家(土斗)大队第二生产小队,悄悄地搞起了油菜田的联产承包。这一年,由于连续干旱,狄家(土斗)大队第二生产小队地里的油菜秧长势不好,原定的"春花"面积难以完成。对此,队长徐意群看在眼里,急在心里。他找来几位有影响力的社员,一道琢磨起办法来。有人提出能否搞承包,发动大家自找门路? 可也有人提出疑问:这样做上面允许吗? "试试看吧,反正总是要把油菜种下去!"徐意群拿定了主意。于是,他们悄悄地把 30 亩零散的油菜田承包到了户。

　　一石激起千层浪。不少人对此存在着相当大的疑虑,担心这样做会不会离开了社会主义。从省委到乡村都在争论。一些人担心联产到组会导致"分小小队",动摇以生产队为基础的三级所有制,把联产到户视同为"分田单干"。1979年 1 月,省委在六届二次全会(扩大)会议上暂定:那种"包工到作业组,联系产量计算劳动报酬"的办法一般不搞,只允许因某些副业生产的特殊需要和边远山区、交通不便的单家独户实行包产到户。6 月,省委发布《关于农村人民公社若干政策问题的补充规定(试行草案)》:生产队根据农业生产的需要,可以组织临时性的或季节性的田间操作组,建立"任务(包括数量、质量)到组,定额包干,检查验收,适当奖惩工分"的小组责任制。少数规模大的生产队,在"四统一"(统一领导、统一计划、统一核算、统一分配)的前提下,建立常年的田间操作组,实行"三定"(定产、定工、定本)到组,多奖少赔,奖工不奖产。有些适合个人完成的农活,可以任务到人,建立个人责任制。

　　上面是一点一点地放,下面却搞了"一步到位"。广大农民在人民公社体制束缚下吃够了生产"大呼隆"、分配"大锅饭"的苦头,对这场改革的热情很高。有许多生产队并没有受上面规定的束缚,偷偷地实行起分组作业、联产计酬。有二三户、三五户的"小小队",还有"兄弟队"、"父子队",实际上已到了"户"。在浙南和浙西南一些贫困山区,当干部去纠正时,他们就搞"明集体、暗到户"。到1980年初,浙江贫困山区搞包产到户、包干到户(简称双包)的有4300多个生产队,到8月底增加到6600多个队。

但是,这一时期"左"的影响还比较深,人们的思想特别是一些领导干部害怕会动摇人民公社"三级所有、队为基础"的基本体制,造成所有制的"倒退"和资本主义的"复辟"。因此,多数生产队还只是实行小段包工、定额计酬的责任制,少数生产队实行统一经营、几定几奖或包干到户的责任制。至1980年8月,全省有22.5万多个生产队(占统计总队数的86.4%)建立了多种形式的责任制,实行各种联产计算责任制的生产队,只占总队数的24%。

1980年9月,中共中央发出了《关于进一步加强和完善农业生产责任制的几个问题》的文件,强调要进一步搞好集体经济,同时提出在那些边远山区和贫困落后的地区,长期"吃粮靠返销,生产靠贷款,生活靠救济"的"三靠"地区,可以包产到户,也可以包干到户。口子虽说开得不大,但在性质问题上给予了一定程度的松绑:"在生产队领导下实行的包产到户是依存于社会主义经济,而不会脱离社会主义轨道的,没有什么复辟资本主义的危险。"这对解除干部思想疑虑,冲破"包产到户"禁区,推动农业经济体制改革,起了极大的促进作用。浙江也开始允许"三靠"地区搞包产到户。但仍有些领导干部依然把包产到户看成是一个违背社会主义原则的方向问题,因而在贯彻中央精神时,强调浙江绝大多数地方不属于"三靠"地区,社队集体经济比较巩固,"不需要也不应当推广包产到户","即使是少数'三靠'队,包产到户也不是克服困难的唯一办法,不是长久之计",并且对"包产到户势在必行"的观点进行批评。

但是农民群众并不理会这些意见,一些地方仍在私下偷偷地搞包产到户。1981年4月,省委召开地、市委书记会议,反复学习中央文件,认真听取了各地反映农民要求包产到户的呼声,对前一段不赞成联产到组和在非"三靠"地区"纠正"包产到户问题作了自我批评。在这次会议上,对于经济比较发达地区搞包产到户的问题还没有松口,但提出了从实际出发,因地制宜,分类指导的原则。这次会议后,一部分地、市、县领导也开始转向支持"双包"责任制,并主动加强了领导,促使"双包"责任制由贫困地区迅速向中间地带发展,在7、8、9三个月形成了第一个高潮。全省实行"双包"责任制的生产队,从6月份的6.9万多个发展到10月份的13.6万多个,占到生产队总数的40.1%,主要集中在温州、丽水、台州、金华等浙西南山区和浙中腹地,而在杭嘉湖、宁绍等经济比较发达的地区尚无大的动作。

由不联产到联产,由联产到组到联产到户,农业生产力不断得到解放。1982年上半年,凡是实行家庭联产承包责任制的地方,春粮、早稻都获得大幅度增产,农村干部、群众普遍反映"联产比不联产好,包产到户比包产到组好"。1982年8月,省委、省政府召开了全省农村工作会议,学习中央一号文件(即《全国农村工作会议纪要》),会议首次强调:"要尊重多数群众的意愿,把选择责任制的权力交给群众",并以鲜明的态度肯定了家庭联产承包责任制,在经济发达地区也要推行。会后,地、市、县领导普遍从"不通、不懂、不管"的状态转为积极支持群众的改革行动。"双包"责任制迅速扩展,出现了第二个高潮。1983年春,全省"双包"责任制的生产队比例迅速提高到占总队数的94.7%。

到1984年春,全省生产队总数的99.2%均已改制。这一轮的大发展,有两个显著的特点:一是大田生产实行家庭联产承包责任制,在杭嘉湖宁绍等集体经济发达地区得到普遍推行;二是"双包"责任制从粮食生产领域向经济特产、林业、渔业和开发性农业等领域扩展。

浙江农村的发展由此跃上了一个新的台阶。

(俞红霞 执笔)

64. 省内首家合资企业
——西湖藤器有限公司

　　1980年7月8日,浙江省二轻局下属的浙江省家具杂品工业公司与香港新艺行合资成立西湖藤器有限公司。这是浙江省第一家中外合资企业。浙江利用外资发展开放型经济由此迈开了脚步。

　　西湖藤器有限公司投资总额为231.4万港元,中方占55%,港方占45%。开业第一年出口成交额300万港元,产品出口到日本、美国、香港等18个国家和地区。由于港方合作者提供了稳定的原料来源和新的工艺技术,公司的成立使浙江藤器行业由衰落转为复兴。

　　1984年3月,中央召开沿海部分城市座谈会,提出加快利用外资和引进先进技术的步伐,宁波和温州被确定为沿海港口开放城市,两市生产性项目利用外资的审批权扩大到500万美元以下。同年7月,杭州生产性项目利用外资的审批权扩大到500万美元以下。是年,全省批准外商投资项目23个,其中宁波、温州、杭州签订中外合资、合作经营的合同22个。

　　1985年7月,浙江省政府根据"长江、珠江三角洲和闽南厦漳泉三角洲地区座谈会"精神,决定嘉兴、湖州两市区和嘉善、海宁、桐乡、德清四县投资在500万美元以下的生产性项目和投资在1000万美元以下的非生产性项目,由嘉兴、湖州两市审批,并对这些开放区内的外商投资企业实行税收减免和优惠等政策。是年,全省共审批外商投资项目55个,合同外资3650万美元,实际利用外资金额1634万美元。

　　1988年,国务院决定浙江新增29个对外开放市县。是年5月,浙江省政府发文,规定了一系列对外商投资企业的优惠政策:实行税收优惠、降低场地使用费、做好物资供应、优先安排所需资金、积极协助解决企业的外汇平衡、保障企业依法行使生产经营和用人方面的自主权、下放审批权等。同月,省政府建立对外经济协调办公室,作为省政府联系国外和港澳台经济合作事务的窗口,并负责协调有关部门对来浙洽谈经济技术合作事务的外商、侨商、港澳台商,实行"一个窗口对外,一条龙服务"。是年,浙江省批准外商投资企业152家,相当于1980年至1987年所批外商投资企业数的总和。

1989年8月,在国家实行治理整顿政策的宏观形势下,浙江对外开放工作会议重申,继续扩大利用外资,鼓励外商投资的各项优惠政策不变,但要注意引导外商投资的方向。为保持政策的连续性和稳定性,改善投资环境,进一步吸引外资,省政府出台了《关于帮助外商投资企业若干问题的通知》,要求政府和企业认真履行合同,积极为外商投资企业解决资金问题,搞好物资供应,尽力解决电力、油料、通讯设施等问题,保障企业的劳动人事管理自主权,严禁乱收费、乱摊派。次年,省政府决定对外商直接投资项目的审批权进行适当调整,并简化合同、章程的审批程序。杭州、温州市的审批权扩大到2000万美元以下,嘉兴、湖州、绍兴、舟山和台州地区扩大到1000万美元以下,其他市(地)和列入沿海经济开放区的县(市)扩大到500万美元以下;省级主管厅局(总公司)和未能列入沿海经济开放区的县(市)扩大到200万美元以下。从1988年到1991年国家实行治理整顿的几年,是浙江利用外商投资继续发展的时期,这几年共批准外资企业1216家,协议利用外资6.5879亿美元,实际利用外资2.2144亿美元。企业数、协议利用外资和实际利用外资数分别是1980至1987年总和的近8倍、4.7倍和3.5倍。这几年,浙江吸收外资投资的结构有较大的改善,生产性项目和产品出口企业增加,宾馆、旅游服务项目的比重降低,外商投资的区域和行业有所扩大。

1992年1月,全省利用外资工作会议指出,要把利用外资工作提高到一个新的水平。2月,省政府发出《关于鼓励"嫁接"式中外合资经营企业若干政策暂行规定的通知》。是年,全省新批外商投资企业2338家,属于嫁接改造的有1631家,占全年新批"三资"企业总数的30%。同年7月,省政府对下放外商投资审批权限扩大到3000万美元以下,金华、衢州市和丽水地区及绍兴县等扩大经济管理权限的市(县)扩大到2000万美元以下,其余市县和省级部门为1000万美元以下。

开发区成为利用外资的重要区域。从1992年开始,国务院陆续批准设立温州经济技术开发区、杭州之江国家旅游度假区、宁波保税区、宁波大榭岛成片开发区、杭州经济技术开发区和萧山经济技术开发区。还陆续批准了49个省级经济技术开发区。是年,浙江利用外商投资金额超过了 1980 年至 1991 年的总和,1993 年利用外资的金额又超过了 1980 年至 1992 年的总和。

1997 年,由于国家调整和取消对外资企业进口设备实行关税减免等优惠政策,同时因亚洲金融危机的影响,外商对浙江的投资出现了较大幅度的下降,全国利用外资跌入 1992 年以来的最低点。在严峻的形势下,省委、省政府大力改善投资环境,尤其是调整有关政策,改善投资软环境,同时充分调动各地区各部门的引资积极性,使浙江引进外资工作迅速扭转被动局面,外商投资进入了一个新时期。1997 年 1 月,省政府发出《关于调整外商投资项目审批权限、简化审批手续的通知》,决定总投资在 3000 万美元以下的投资项目,各市(地)、县(市、区)、省级主管厅局(限直属企业)、省级以上开发区可以审批。次年 4 月,省委、省政府召开利用外资电视电话会议,提出浙江利用外资要实现 6 个转变:从单一吸收外资为主向吸收资金与引进技术、管理经验、人才相结合转变,从以中小项目为主向大中项目为主转变,从以一般加工项目为主向基础产业、基础设施、开发农业、高新技术出口创汇为主转变,从以直接利用外资为主向直接、间接利用外资并重转变,从被动吸收外资为主向主动有选择地吸收外资转变,从依靠优惠政策吸收外资为主向依靠改善投资环境为主转变。同月,省政府成立了浙江外商投资管理局。5 月,出台了《关于进一步改善外商投资软环境的决定》和《关于鼓励外商直接投资若干政策的通知》。

1999 年以后,省工商行政管理部门出台一系列规范性文件,对外商投资企业登记制度进行了大胆的改革,允许国内独资企业、合伙企业和自然人等与外商合作,共同创办中外合资企业。至 2000 年,在全国利用外资连续两年负增长的情况下,浙江实现合同利用外资 25.09 亿美元,实际利用外资 16.13 亿美元,分别比 1998 年增长 36.8% 和 22.4%。以后,浙江利用外资的规模进一步扩大。2003 年,全省新批外商投资企业 4442 家,实现总投资 272.54 亿美元,合同利用外资 120.50 亿美元,实际利用外资 54.49 亿美元,位次分别从 2000 年的全国第七位和第八位,上升到第四位和第五位。

2004 年以后,浙江更加重视提高引进外资的质量和水平,并采取了相应的举措,从而使利用外资呈现出新的特点:一是单项投资规模不断扩大;二是外商投资产业结构进一步优化;三是第三产业比重进一步提高;四是开发区吸引外资的载体作用明显;五是以民引外保持较快的增长态势。2008 年,全省批准设立外商直接投资企业 1858 家,合同利用外资 178.2 亿美元,实际利用外资 100.73 亿美元。

从 1980 年建立第一家中外合资经营企业开始,截至 2008 年 9 月底,浙江省累计批准 4.3 万多家外商投资企业,投资总额近 2500 亿美元,世界 500 强企业已有 80 家"落户"。

（俞红霞 执笔）

65. 全国头一份个体工商户营业执照

　　尽管个私经营者于 20 世纪 70 年代后期，已在浙江有些地方悄然出现，但全国第一个具有合法身份的个体工商户则属于温州市解放北路的小摊主章华妹。1979 年底，因为家里日子窘迫，在民国时期开过布店的父亲让十八九岁的章华妹在家门口摆了一张方桌，放一些小百货、画片之类的东西卖，因为没有合法的资格，一有巡逻的人过来就得马上关大门，以免被查办。1980 年底，工商所搞试点，章华妹接到了"领证"的通知。当时到工商所领取表格的人只有两三个。章华妹在填写表格时把自己的开业日期填为 1979 年 11 月 30 日，"注册资本"150元(那时，全省农村社员平均收入一年 360 元，萧山县城镇居民平均收入才 580元)。1980 年 12 月 11 日，章华妹得到了一张崭新的营业执照——姓名：章华妹；地址：解放北路 83 号；生产经营范围：小百货；工商证字第 10101 号，编号上盖着一枚温州市工商行政管理局的鲜红印章。她很老实地填表过程，无意中使她成了"全国第一个个体工商户"。

　　党的十一届三中全会召开后，个体经营解冻，浙江省个体经济的发展经历了特征不同的几个大阶段。1978—1991 年为计划经济土壤上的艰难再生阶段。这期间因为迅猛崛起且道路曲折，又可划为三个小段。浙江省工商局的统计资料显示，1978 年全省仅存 2086 户的个体经营者，在 1978—1982 年的初期发展阶段中，全省城乡个体工商户发展到 7.9 万户，8.8 万人，比 1978 年分别增长 38倍和 42 倍多；1983—1988 年为快速发展阶段，全省工商户增加到 94.4 万户，139.5 万人，分别比 1982 年增长 11.9 倍、14.8 倍；1989—1991 年经历了起伏阶段，户数和人户均比 1988 年略有下降。然这一段正是"戴红帽子"的股份合作制方兴未艾之际，民营企业实际上仍在壮大实力，不过套了别名而已。

　　因为计划经济背景的关系，这 13 年之间，许多私营经济的成分是含于个体经济之中的。其中最具代表性的即造就了"温州模式"的农村家庭工业。个私阶层发展得如此迅猛,变化得如此剧烈,构成新时期社会变迁的重要内容。他们在实践中初步形成了集群特有的利益、地位以及思想观念与行为模式,有了自身的阶层特性。无论从业界人数还是经济实力、社会影响看,一个有别于其他社会阶层的新社会阶层呼之欲出,这个被统称为"个私阶层"的群体,也就是当代"浙商"的前身。

1992—2002 年为市场体制确立中的快速成长阶段。10 年间,又以两届全国党代表大会的促进,呈现出有所不同的发展态势。党的十四大至十五大为第一阶段。1992 年 10 月召开的党的十四大第一次明确提出,我国经济体制改革的目标是建设社会主义市场经济体制,"以公有制包括全民所有制和集体所有制经济为主,个体经济、私营经济、外资经济为补充,多种经济成分长期共同发展,不同经济成分还可以自愿实行多种形式的联合经营"。民营经济在体制中获取了合法身份——所有制结构的组成部分。

民营经济居全国领先的浙江省,大气候的宽松往往以最快速度反映到现实中,各级政府将中央支持民营经济发展的方针落实到具体措施上,以政策护航,用各种可操作方案,实现经济体制与民营经济的吻合。这些做法在全国范围内具有超前性,推进了民营经济的快速发展。1993 年 4 月 6 日,根据省委的意见,省委办公厅、省政府办公厅联合发出《关于促进个体、私营经济健康发展的通知》:"各地应从实际出发,选择适合当地经济发展的形式。凡是适合个体、私营经营的行业,都应鼓励发展个体、私营经济,特别是在经济发展比较落后的地区,应当更放手地发展个体、私营经济。" 1993 年 12 月,省委、省政府发出《关于进一步加快农业和农村经济发展的若干政策措施》,明确指出:"个体私营经济的发展领域要进一步拓宽,除国家明文规定不允许生产经营的项目外,只要适应市场需要,经济效益好,又有治理环境污染和保护资源的有效措施,适宜发展什么就发展什么,发展速度能多快就多快。" 全省 80 多个县(市、区)相继出台了促进个体私营经济发展的文件, 对发展个体私营经济进行政策引导与支持,为民营经济的发展打开了所有的绿灯,"禁区"不复存在。宽松的政策环境使浙江个体私营经济的经营领域大大拓宽,从以往比较单一的为农服务和为城乡居民生活服务,到涉足一、二、三产业的上百个行业,并开始向教育、科技等领域渗透。全省个体私营经济飞速发展,实力明显增强。

在这一过程中,出现了个体经营户大量、快速地长入为私营企业的现象。私营企业不再受歧视后, 许多本身已具备私营企业性质与规模的个体经营户,验明正身,名正言顺地换上私营企业的牌子。还有大量成长中的个体户,规模一经达到便迅速走上私营企业之路。所以,私营企业的发展成为这一时期的主流。到1997年底,全省个体工商户注册资金总额达到219.89亿元,户均1.44万元,分别比1991年增长了4.5倍和2.6倍;私营企业注册资金总额达到470.55亿元,户均51.33万元,比1991年分别增长63.1倍和6.66倍。两项指标均高于全国平均水平。全省私营企业户数、资金量仅次于广东,均居全国第2位。到1997年底,全省注册资金超过百万元的私营企业由1991年的13家增加到9181家,其中超千万元的由1家增加到344家;全省共有1.16万余家私营企业年产值超百万元,比1991年的648家增长了17倍;其中超千万元的有715家,比1991年的3家增长了237倍;有38家私营企业的年产值(含营业额)超过亿元。雇工百人以上的私营企业由1991年的45家增加到935家,其中超过500人的有34家。在1995年首次评定的"全国500家最大私营企业"中,浙江有112家,总量位居全国第一。"正泰"、"德力西"、"传化"、"飞跃"等一大批资产规模达到数亿元、甚至几十亿元的私营企业集团,在市场经济大潮中脱颖而出。

1997年,党的十五大报告指出:将非公经济的地位从"补充"提升为"重要组成部分",与公有经济一样,同属不可或缺、无法替代、关系全局的经济成分。1998年初,浙江省委、省政府发出《关于大力发展个体私营等非公有制经济的通知》,要求进一步放宽政策,放手发展非公有制经济,不限发展比例、不限发展速度、不限经营方式、不限经营规模;除国家法律和政策明令禁止的以外,允许非公有制经济自主选择经营范围和经营方式。非公有制经济与公有制经济公平竞争的制度环境已落实到位。个私经济迎来了健康发展、快速壮大的"黄金时期"。

而此时经济改革"国退民进"的政策导向,让民营经济获得千载难逢的机遇。在国家所实施的国民经济结构调整和深化国有、集体企业改革的战略中,民营企业抓住国有资本有序退出一般竞争性领域的契机,通过购买、联合、兼并等形式参与了国有、集体企业的转型,迅速壮大了队伍。大部分国有、集体企业通过股份制或股份合作制改造,允许内部职工持股特别是经营者持大股,亦允许个体、私营企业参股入股,成为混合所有制经济。国有、集体经济控股的企业里,民营经济的成分也大大地增加了。

到2002年底,全省有私营企业24.73万户,投资者58.77万人,雇工345.25万人,注册资本2156.03亿元;个体工商户为152.88万户、从业人员275.58万人,注册资金359.4亿元。个体工商户和私营企业户均注册资金各达2.35万元/户、87.19万元/户,比1997年分别增长63.19%、70.09%。有规模以上私营企业 1.6 万户,年产值亿元以上私营企业 334 家,注册资本 1000 万元以上的私营企业 3348 户,注册资本超过亿元的达 68 家。

2003—2009 年为市场体制成熟中的复归正常时期。跨入新世纪以来,市场经济体制日趋健全,大大小小的私营企业如雨后春笋般涌现,民营企业步入正轨,做强做大,实力超越国营经济成长为市场的主体。在如此情况下,小规模经营充当拾遗补缺功能的个体工商户,市场份额及生存空间有限,从前一段舞台中心的位置逐步趋于边缘;同时也由此前个私经济交错混合、难分彼此的状态中分离出来,回归到个体工商户本有的位置上。浙江工商局 2002 年的统计分析说:"个体经济发展中令人关注的一个问题是个体工商户扩张乏力,总量逐年下降。今年个体工商户新开业户数明显下滑,比去年减少了 2.7 万户,下降 7.21%。同时,受大型连锁超市的冲击和大规模旧城改造的影响,以批零贸易为主导行业的个体工商户大批注销,全省全年注销 37.25 万户,比新开业多出 2.5 万户。"此种情形持续了一段时间,最终个体工商户稳定在一个基本的水平与位置上。截至 2008 年底,浙江省实有个体工商户 1899705 户,资金数额 7391670 万元,分别比上年同期增长 5.11%、12.88%。

（徐斌 执笔）

66. 全国首创股份合作制企业

　　浙江老百姓在探索市场经济体制的过程中，进行了一系列的制度创造，其中产权方面的关键一环，即股份合作制的推出，充当了个私经济突破诸多限制走上规模经营的桥梁。

　　20世纪80年代初叶，浙江温州、台州等地区以家庭工业为载体的个私经济蓬勃兴起。经过一段发展之后，家庭作坊面临扩大生产规模和提高产品质量的市场需求，家庭工业及专业户经营难以适应，盛行一时的"挂户经营"遭遇日益严重的信誉危机，而私营企业虽得到合法经营地位，却仍笼罩在意识形态的阴影之中。在私营经济受到种种政治和经济方面歧视的情况下，温州和台州的民营企业主为趋利避害，聪明地创造了一种似公而非公，明公有而实私有的产权制度——股份合作制。台州农民首先将"打硬股"的一些原则引入到合作制企业中。他们按照"资金自筹、经营自主、合资合劳"和"利益共享、风险共担"的原则，将资金、土地、劳动力、技术等生产要素量化为股份，实行以劳动联合和资金联合为基础的股份合作经营。这种新的组织形式和经营机制，既解决了个体私营企业资金短缺、规模小、产品档次低等缺陷，又克服了集体企业普遍存在的产权不清、机制不灵、行政干预多、经营效率不高的弊端，很快在台州、温州的农村中获得广泛的认同。1982年6月，温岭县工商局率先突破禁区，给牧屿工艺美术品厂等4家企业核发了"联户企业"营业执照，成为浙江乃至全国农村股份合作制企业的发端。1984年初，温岭县工商局又确认这4家企业为股份合作企业，在工商登记中表述为"集体（合作经营）"，使浙江人民首创的股份合作制这一新的经济组织形式和经济成分得到正式确认。

　　这种制度萌芽时叫做"经济联合体"，既满足了家庭作坊经营扩张的需要，又符合中央《关于1984年农村工作的通知》的一条精神："目前雇请工人超过规定人数的企业,有的实行了一些有别于私人企业的制度,例如,从税后利润中留一定比例的积累,作为集体公共财产;规定股金分红和业主收入的限额;从利润中给工人一定比例的返还等。这就在不同程度上具有了合作经济的因素,应当帮助他们继续完善提高,可以不按资本主义的雇工经营看待。""合股联办的主要方式有三种:一是数厂合成一厂,将资金、设备、劳力化零为整;二是组成联合体,统一采购原料和推销产品,生产仍由各家庭独自进行;三是集资办新厂,按股份分配利润。"

1987年11月,温州市委和市政府颁布《关于农村股份合作企业若干问题的暂行规定》,将多家农户合作建立的企业取名为"股份合作企业",并将这类企业定性为合作经济组织,属于集体经济之一种。依据此项地方法规,股份合作企业在政策上不属于私营企业,因而避开私营企业的政治歧视问题。由于这一原因,1987年末,温州市有股份合作企业2.2万余家,已取代挂户经营,成为温州民营企业的主要组织方式。与此相对照的是,1987年底,登记注册的私营企业仅4家,1988年底增加到350家。绝大多数温州的私营企业是以股份制的形式注册和经营。经济学家分析这种制度:"按实质来说,它们都是由个人或家庭合资创办的合伙制企业(或合股企业),与私人股份公司无异。其中一个原因是,绝大多数股份合作企业并未认真执行市政府的规定,特别是没有提取公共积累基金和职工福利基金。""股份合作企业有集体所有制的外表因而有'红帽子'之名;同时,企业的所有权与经营收益又明确归属股东,故又有私营企业之实。这正好迎合了温州民营企业主的需要。可以说,温州股份合作企业迅速发展的原因,就在于这种名与实的分离。"

在温州,股份合作制的兴起和演进经历了三个阶段。第一个阶段约在1980—1986年期间,这一个阶段可以称为股份合作制的萌芽阶段。第二个阶段约为1987—1992年期间,这是股份合作制企业正式成立并且受到政府规范、扶持、促进的阶段。在这个阶段,温州市委和市政府先后颁布了一系列专门的文件,对股份合作企业的意义、性质、特征、产权归属、分配政策以及优惠政策等问题作了全面规定。特别是1992年12月31日,中共温州市委市政府发布了《关于大力发展股份合作企业的规定》,对股份合作企业从多个方面提供了优惠的政策措施。这样,不仅原来形式多样的经济合作形式逐步规范为股份合作制度,而且使温州的股份合作企业在乡镇企业中的主导地位得到巩固。第三个阶段大约是1993年以后。在此阶段,股份合作企业制度被用作城市集体所有制企业的改制模式并扩展到工业以外的其他行业。这三个阶段中,最重要的是第二阶段,政府对于股份合作制在制度创新方面的成果给予了正式的认可。

经过 10 多年的实践，股份合作制这一制度创新在浙江农村取得了巨大成效，其效应不仅限于个私经营领域，更对整个农村的经济结构和社会面貌产生了巨大影响。1978 年至 1996 年，浙江农村社会总产值从 78.72 亿元增至 8407.18 亿元，按可比价年均增长 29.6%，其中 1990 年至 1996 年的年均增长 37.6%。随着经济高速增长，农民收入显著增加，人均年纯收入从 165 元增至 3462.99 元，扣除物价因素年均增长 10.2%，其中 1990 年至 1996 年年均增长 12.9%。股份合作制还为乡镇集体企业转制提供了有效途径。1996 年全省乡镇集体企业改制面已达 65% 以上，温、台农村的股份合作制企业已占乡镇集体和个私企业总数的 70% 以上。股份合作制不仅发展快，而且在效率上也明显高出一筹。1995 年全省乡镇集体企业改制的股份合作制企业，固定资产利润率为 16.68%，全员劳动生产率为 10.11 万元，分别比全省平均水平高出 10.5 个百分点和 7.7%。推广到农林渔业领域的股份合作制形式也大获成功。浙江农村 1995 年开发性农林的股份合作制单位达 1.3 万多个。在渔业投入上，1990—1992 年投入 17 亿元，1993—1996 年投入 52 亿元，其中 85% 通过渔业股份合作形式投入。使海洋捕捞在短短数年中基本实现了渔轮化，全省渔轮拥有量从 1990 年的 1300 多艘增加到 1996 年的 5000 多艘，促进了产业升级的进程。

股份合作制作为一定经济和政治发展阶段的产物，也有其自身的局限性。它适合于劳动密集型产业部门中的企业，而且主要适合于经济规模不大的小型企业。一旦企业进一步发展要求在资本和人力上实现更大程度的扩张，则经济责任的无限性和企业内部分工的有限性会带来严格的制约。所以，一部分发展较快的股份合作制企业会率先遇到企业制度创新的问题。另方面，中国市场经济体制改革的深化，私营经济头上的阴暗也在逐步散除。在这种情况下，以 1994 年《公司法》出台为转折点，股份合作制开始出现分化，新的企业组织迅速成长。

新旧交替主要通过三条途径：一是将股份合作企业转制，重新注册为产权明晰的有限责任公司，以改善企业的经营机制。如乐清市的 5200 余家股份合作企业中，到 1994 年底，有 3350 余家放弃股份合作的牌子，转向股权明晰且相对集中的有限责任公司。从整个温州市来说，1997 年底有登记注册的有限责任公司 1.28 万余家，除少数新增企业外，大多数由股份合作企业转变而来。二是进行市场扩张，主要是通过兼并与联合，以扩大企业规模及市场覆盖面。一些初具实力的民营企业开始兼并同行小企业，组建企业集团。1998 年，温州市通过兼并而组建的企业集团共有 150 余家。如温州正泰电器有限公司自 1992 年初开始，在柳市镇大规模兼并小企业，到 1994 年底，共兼并了 390 余家，组建正泰企业集团公司。柳市镇另两家低压电器企业——德力西公司和新华开关厂，也是在这一段时期通过兼并迅速成为国内同行业著名的大企业集团。三是新生企业直接登记为股份有限公司。温州市工商局在进行企业登记时，对凡注册资本在 50 万元以下的，普遍要求登记为"股份合作"企业，而对注册资本在 50 万元以上的企业，则由企业主自己决定。企业主一般要求登记为股份有限公司。

进入 21 世纪后，民营经济呈现出多种企业组织形式，股份合作制企业不再扮演主角，而是作为适合小规模经营的企业形式继续存在。从家庭作坊制到股份合作制的历程，是浙江民营企业的先行者们为保障投资主体利益，明晰企业产权关系，所进行的艰难探索，没有起步中的突破与创新，也就没有日后市场体制中的现代企业制度。欧洲工业革命初期，也经历了手工场率先在农村兴起的阶段，浙江农民的制度创造符合从农业社会走向工业社会的发展规律，他们在短短 10 年间就走完了欧洲百多年的里程，表现出不同寻常的制度创新能力。

（徐斌 执笔）

67. 义乌小商品城兴起

　　1982年9月5日,义乌县城稠城镇和廿三里镇小商品市场同时开放,标志着浙江的专业市场就此起步。当时稠城镇市场的设施极其简陋,一条内城河沟上搭起的水泥板上摆下了数百个摊位。但是随后的岁月中,简易市场迸发出超乎寻常的生命力,数易场址,几度扩建,终于在浙中大地上矗立起了庞大的小商品市场群落。1991年,义乌小商品市场年成交额突破10亿元关口,成为全国成交量最大的专业批发市场,在此后一直位居首位。1992年8月,经国家工商行政管理局批准,义乌小商品市场正式更名为"中国小商品城"。2006年,"中国小商品城"被国家工商总局授予"全国'守合同、重信用'单位"称号。至2008年底,市场经营面积达360多万平方米,有商位6万多个,从业人员20多万人,共有41个行业、1901个大类的40多万种商品在这里展出交易,日客流量超过20万人次,成交额381.81亿元。堪称"小商品的海洋"。已成为全国性的小商品流通中心、展示中心、信息中心、配送中心。

　　义乌小商品城的发展是浙江专业市场发展的一个缩影。

　　党的十一届三中全会以后,随着农村家庭联产承包责任制的普遍推行和乡镇企业的崛起,农村专业户大量涌现,为农村市场提供了丰富的商品来源。全省各级党委、政府坚持解放思想、实事求是的方针,恢复了集贸市场。集贸市场个数从1978年底的1051个,恢复到1979年底的1322个,成交额从8.6亿元增加到11.3亿元。在此基础上,集市贸易开始由农村向城市延伸,1980年城市农副产品市场已达67个,成交额达4825万元。1982年11月,省政府转发省经委、省财办等8个部门《关于疏通商品流通渠道,开拓日用工业品销售市场的若干意见》,要求各部门通力合作,进一步开放日用工业品市场,进一步发挥集体和个体商品对搞活城乡流通的重要作用。自此,小商品市场进一步放开,工业品开始进入市场,一些较大的集市及时抓住机遇,单独形成了工业品或小商品市场。温州、义乌、黄岩等地的小商品市场成了浙江首批向全国开放的工业小商品市场。1982年底,全省城乡有小商品市场58个,成交额1.1亿元;1983年增至139个,成交额2.3亿元。1984年,省政府实行流通体制的初步改革,下发《关于调整农副产品购销政策的通知》等文件,进一步打破过去由国营、集体商业企业独家经营、封闭式、多环节的流通体制,拓宽流通渠道,鼓励农民参与市场流通,促进了浙江集市贸易的进一步发展。到年底,全省集贸市场达到2241个,比1979年增加919个;成交额26.9亿元,是1979年的2.37倍。其中批零兼营的专业市场有63个,最具代表性的当属永嘉桥头纽扣市场、苍南宜山再生腈纶纺织品市场、苍南金乡镇的标牌徽章市场等温州十大专业市场。温州“小商品、大市场”的发展模式,引起全省乃至全国的关注和效仿。但总的说,此时,上市商品主要为竹木、水产品、水果、蔬菜、粮食、兔毛等农产品和副食品,经营方式大多数是农民自产自销,上市的工业品仅限于小商品。少数地区在集贸市场发展的基础上,开始出现了批零兼营的批发市场。市场大多规模小、辐射面不广、专业化程度较低,处于萌芽时期。

党的十二届三中全会提出我国社会主义经济是公有制基础上的有计划商品经济,突破了把计划经济同商品经济对立起来的传统观念。1985年1月,中发(1985)1号《关于进一步活跃农村经济的十项政策》文件下达后,省政府颁发了《关于调整农村粮油购销政策、放开猪价和调整盐价的通知》。此后,农村专业户、专业村大批涌现,农村专业化生产蓬勃发展,乡镇企业、私营企业和个体工商户积极参与市场竞争,贩运队伍日益扩大。快速发展的农村商品生产急需寻求新的流通渠道,各地党委、政府根据商品的交换规模和流向,因地制宜,多方集资,积极设置各类农副产品专业批发市场,掀起了浙江省兴建市场的一个高潮。出现了湖州织里绣品市场、新昌羊毛衫兔毛市场等一批富有地方特色的专业市场。义乌中国小商品城经过两次新建迁移,成为全国闻名的小商品集散中心。到1985年底,浙江省共有专业市场1724个,占全省集贸市场总数的73.5%。经过6年的快速发展,到1990年底,全省集贸市场达3797个,比1984年增加1556个;成交额162亿元,是1984年的6倍。集贸市场中,各类专业市场1636个,专业市场占市场总数的43%。另外,还形成了一批具有辐射力的批发市场。此时,集市贸易突破了传统初级市场的那种产需直接交换的形式,一批贩运大户以中长途贩运为主,深购远销,把浙江的产品推向省外,又把各地的优质产品运回浙江。在一些经济发展较快的地区,初步形成了以乡镇企业和家庭工业为基础,以专业市场和批发市场为依托,以众多贩运户为骨干的多种形式的市场网络。上市商品中,工业品所占比重提高,品种也从原来的小五金、小百货扩大到服装、丝绸、布匹和化纤原料等。

中共十四大提出建立社会主义市场经济体制改革的目标后,浙江的市场建设步驶入快车道。1991 年 7 月,省政府下达《关于进一步办好城乡市场的通知》,要求各地巩固和提高现有各类市场。之后,省政府又要求各地加快建设以批发市场为中心的多层次的市场体系。全省又一次掀起了兴建、扩建商品市场的热潮。从 1992 年到 1997 年,全省累计投入市场建设的资金达到 105 亿元,新建、扩建、改建市场 2496 个,面积 1800 万平方米。到 1997 年底,全省商品交易市场发展到 4488 个,市场总面积达 2119 万平方米。全省各地按照省委、省政府提出的"统筹规划,合理布局,发挥优势,讲究实效"的原则,把市场建设纳入城镇建设和社会发展规划,市场的档次进一步提高,室内楼层市场的面积占全省市场总面积的比重,由 1992 年的 20.7% 上升到 54.5%。程控电话、电动扶梯、计算机、电视监控、电子显示屏等先进设施相继引入市场,市场建设不断向商场化、现代化方向发展。

新建和改扩建的大型市场充分发挥了规模效应,取得了明显的经济效益。海宁浙江皮革服装城、永嘉桥头纽扣市场、庆元香菇市场、湖州织里童装市场、嵊州领带城等专业批发市场,年成交额均居全国同类市场之首。1993 年,国家工商行政管理局对全国 611 个年成交额超亿元的大型市场进行了综合考评,评出了全国集贸市场 100 强,浙江占据 24 席,在全国各省区市中独占鳌头。1996 年,在全国年成交额前 15 位的市场中,浙江占有 7 席。一大批全国百强市场的迅速崛起,反映了浙江消费品市场在全国市场中的整体实力和专业特色优势。绍兴柯桥轻纺市场于 1992 年更名为"中国轻纺城",1997 年 2 月,中国轻纺城 A 股股票在上海证券交易所正式上市,成为全国第一家股票公开上市的商业市场。从 1993 年到 1997 年,全省商品交易市场年成交额连续 5 年居全国第 1 位。"市场大省"从此声名远扬。

经历了近 20 年的繁荣发展之后,由于信息技术的迅猛发展,传统形式的专业市场受到了来自交易制度的考验。为巩固浙江"市场大省"的地位,在政府的组织引导下,全省商品交易市场积极推进交易方式和功能创新,发展连锁经营、物流配送、电子商务等现代流通业态,以拓展市场发展空间,减少交易成本。各地还积极推进会展与市场相结合的贸易方式,以扩大市场的影响力。同时,加大工商监管力度,市场交易行为逐步规范,使客商对市场的诚信度满意率逐年上升。浙江许多重点市场的业态也发生了质的变化,成为集交易、会展、购物、商贸、旅游、中介于一体的现代商品市场。

2008年,浙江省共有商品交易市场4087家,全年成交总额9793亿元,连续18年居全国首位。其中成交额超亿元的市场585个,超10亿元的市场139个,超百亿元的市场15个。重点市场发展势头不减,龙头带动作用进一步凸显,118家重点市场成交总额5324亿元,占全省商品市场成交额的54.4%。其中,义乌中国小商品城、绍兴中国轻纺城成交额分别达381.81亿元和352.7亿元。

浙江省专业市场的形成和发展,促进了浙江经济社会发展,满足了消费需求,优化了社会资源的配置,促进了农村工业化,带动了第三产业的发展,加快了农村城镇化建设步伐,开拓了就业渠道,富裕了百姓生活,增加了财政收入。"办一个市场,促一门产业,活一片经济,富一方群众,兴一个城镇"是市场功效的生动写照。义乌正是这一功效的典型。通过兴商建市战略,义乌从一个落后的农业小县发展成为国际性商贸城市和经济强市,并逐步实现了区域经济快速发展、经济社会协调发展、城乡统筹和谐发展。2006年4月,浙江省委、省政府发出通知,决定在全省学习推广义乌市推进全面建设小康社会、走科学发展之路的成功经验。义乌也随之从浙江走向了全国。2008年,义乌市被列为全国改革开放18个典型地区之一,居2008年年度全国百强县(市)第12位。

（俞红霞、余昕 执笔）

68. 邓小平视察浙江

　　1983年2月9日至18日,中共中央顾问委员会主任、中央军委主席、全国政协主席邓小平乘专列来到杭州,这是他的第12次浙江之行,也是改革开放后第1次视察浙江。

　　此行的一个重要目的就是到江浙沪这个比较富裕的地区,了解情况,调查研究,验证一下现代化建设三步走战略及小康的目标是否符合实际情况。9日傍晚,邓小平一行抵达杭州,下榻刘庄。虽经长途乘车劳顿,邓小平却毫无倦意。在随后同省委第一书记、省人大常委会主任铁瑛和省委书记、省长李丰平等省领导谈话时,他一边听取铁瑛关于浙江经济社会发展情况的汇报,一边对在场的省领导说:这次,我在苏州看到的情况很好,农村盖新房子很多,市场物资丰富。现在苏州市人均工农业总产值已经到了或者接近800美元的水平。到了人均工农业总产值达到800美元,社会是个什么面貌呢? 吃穿没有问题,用也基本上没有问题,文化有了很大发展,教师的待遇也不低。江苏从1977年到1982年的6年时间里,产值翻了一番,照此下去,到1988年前后可以达到翻两番的目标。浙江能不能实现这个目标? 在听到浙江省委负责人表示翻两番不成问题时,他说:浙江能否多翻一点呢? 像宁夏、甘肃翻两番就难了。14日,邓小平一行游览了龙井和九溪风景区。在前往景区的路上,他对铁瑛说:浙江是沿海经济发达地区,一般来说,经济发达的地方,生活越好,越会控制生育。经济发展了,案件也少些。西方那些国家,不搞计划生育,但也会自动控制人口,因为他们不要人多,多了影响生活。在景区参观时又说:你们这里的水杉树很好看,长得笔直。水杉树好,既经济,又绿化了环境,长粗了,还可以派用处,有推广价值。泡桐树也是一种经济树木,长得很快,板料又好,用来做箱子没缝,日本人可喜欢了。杭州的绿化不错,给美丽的西湖风景添了色。你们一定要保护好西湖名胜,发展旅游业。随后,他来到西湖区龙井村,视察了茶园,了解了茶叶生产和茶农的生活情况。同日,还视察了钱塘江两岸,途中再次强调了计划生育和绿化工作的重要性。

16日上午,邓小平在住地听取铁瑛、李丰平等汇报。在谈到省级领导班子调整问题时说:有没有四十几岁的?太少了,下一步还得调整。调整班子是好事,这次还不够,还得一步一步来。在谈到翻两番问题时说:翻两番是不是靠得住?现在是多少?到2000年是多少?到那时要多少电?你们的收入在全国占第几位?辽宁、黑龙江的重工业产值高,人民生活水平不如江浙。生活好了,人就不愿往外走。江苏、浙江,还有山东,这两年也上得快,鲁西北这两年生活也好了,人也不往外走了。苏州,现在已经达到或者接近800美元的水平。他们已经解决了知识青年的就业问题。江苏基本上解决了这个问题。南京还有1 000多人。你们省哪个地方收入高些?经济发展了,案件也少些。到本世纪末,江苏说可以达到每人3000美元。你们少说也应该2000多美元。现在是500多美元,翻两番应该有2000。你们人均2000美元,全国到不了800。甘肃那些地方就低了,他们植树也不容易,首先是种草。在谈到科技、教育问题时说:现在大学招生增加一倍也可以,教师有,就是要盖点房子。干部、职工要轮训,文化水平要提高。在谈到上海经济协作区时说:搞协作区,你们高兴。江苏提出意见,经济协作要有个权威机构,太松散了不行。经济协作区是个新鲜事物,不同于过去的大区。路子是对的,要积累经验。肯定会有矛盾,有了矛盾就去解决。一个行业一个行业地搞规划,就可以解决技术交流、技术保密的问题。在这天的谈话中,邓小平反复强调教育、科技工作,知识分子工作以及领导班子年轻化问题。18日,邓小平乘专列离开杭州前往上海。临走时,邓小平握着省委领导的手,依依话别,他叮嘱说:"把经济搞上去。"在这次杭州之行中,邓小平还实地考察了清波门附近的一个农贸市场和玉泉景区的一家旅游品商场。

邓小平生前16次到过浙江,其中改革开放前11次,改革开放后5次,后5次中有2次是视察南方后路过浙江。

目前所知的邓小平第一次来到浙江是在1957年7月5日,当时的身份是中共中央政治局常委、书记处书记、总书记、国务院副总理,前面11次到浙江,邓小平的主要身份没有发生变化。第1次浙江之行的主要任务是,与毛泽东、刘少奇、周恩来、陈云、王稼祥等领导人一起,会见专程来中国通报苏共关于马林科夫、卡冈诺维奇和莫洛托夫"反党集团"情况的米高扬。

第二次浙江之行的时间是1959年4月6日至10日,邓小平到杭州参加毛泽东主持召开的中央政治局扩大会议,审定党的八届七中全会公报,讨论、修改周恩来 10 余天后在二届全国人大一次会议上所要作的《政府工作报告》稿和《关于人民公社的十三个问题(修正稿)》。

第三次浙江之行的时间是 1959 年 11 月 30 日至 12 月 4 日,邓小平到杭州参加由毛泽东主持召开的中央政治局常委扩大会议,会议主要讨论国际形势和我们的对策、国内工作和 1960 年计划安排等事宜。

第四次浙江之行的时间是 1960 年 5 月 21 日至 23 日,邓小平与毛泽东、刘少奇、周恩来、陈云等领导人在杭州南屏游泳池会见秘密来中国访问的朝鲜民主主义人民共和国主席金日成,并出席毛泽东召集的政治局常委扩大会议。

第五次浙江之行时间是 1961 年 1 月 31 日,邓小平与杨尚昆等同毛泽东一路南下,听取各地关于贯彻中央工作会议、八届九中全会精神的汇报,包括调查研究问题、整风整社问题、人民生活问题、轻工业生产和市场问题。当晚随毛泽东一起离开杭州前往福州。

第六次浙江之行时间是 1961 年 4 月 25 日,邓小平陪同阿尔巴尼亚政府经济代表团团长、部长会议副主席阿凯莱齐到杭州参观访问。

第七次浙江之行的时间是 1963 年 4 月 21 日,邓小平与康生、陆定一、陈伯达等人按照毛泽东的要求乘飞机来到杭州,参加毛泽东主持的小型会议,讨论对苏复信问题,内容是以中国共产党中央委员会的名义对苏联共产党中央委员会 1963 年 3 月 30 日来信的回复。

第八次浙江之行的时间是 1963 年 5 月 11 日,邓小平与康生等乘火车赶到杭州,参加毛泽东主持召开的部分政治局委员和大区书记参加的小型会议,讨论制定中共中央《关于目前农村工作中若干问题的决定(草案)》,并进一步参与对苏复信的讨论。

第九次浙江之行的时间是 1963 年 11 月 3 日至 8 日,邓小平与刘少奇等来到杭州,与毛泽东一起,召集会议再次讨论修改《中共中央关于农村社会主义教育运动中一些具体政策的规定(草案)》。

第十次浙江之行的时间是 1966 年 4 月 16 日至 24 日,"文化大革命"爆发前夕,邓小平到杭州,出席毛泽东主持召开的中央政治局常委扩大会议,这次会议初步通过毛泽东修改审定的中共中央通知稿和中央"文化革命"小组名单,并同意邓小平提出的"文化革命"搞六个月结束的意见。

第十一次浙江之行的时间是 1966 年 6 月 9 日至 12 日,邓小平与刘少奇、周恩来、陶铸、陈伯达、康生等来到杭州,向毛泽东汇报"文化大革命"的情况,参加毛泽东主持召开的中央政治局常委扩大会议,还参加了毛泽东在杭州与越南胡志明主席的谈话。

第十二次,也是改革开放后第一次视察浙江的时间是 1983 年 2 月 9 日至 18 日。

第十三次,也是改革开放后第二次视察浙江的时间是 1984 年 2 月 11 日上午 9 时 45 分,中共中央政治局常委、中共中央顾问委员会主任邓小平在视察深圳、珠海、厦门等经济特区后,北归途中经过浙江金华,在金华火车站接见了金华地委副书记、行署专员郭懋阳和地委副书记马际堂等地委、行署领导。

第十四次,也是改革开放后第三次视察浙江的时间是 1988 年 1 月 29 日至 2 月 10 日,中共中央军委主席邓小平来到杭州视察。1 月 29 日,邓小平一行乘专列从北京直接抵达杭州,下榻刘庄。当天就找省委书记、省长薛驹和省委副书记、副省长沈祖伦等省领导谈话,并听取了他们的工作汇报。这一年,邓小平已近 84 岁高龄,虽然耳朵有些聋,听取汇报有点困难,但他的步履依然矫健,精神仍然很好,听汇报的过程中还不时作一些简明扼要的指示。当听到在过去五年中,浙江省的工农业总产值增长了一倍多,城乡人民的收入水平也翻了一番多时,他高兴地说:五年之间,一个浙江变成三个浙江。在听到浙江经济发展首先得益于乡镇企业的大发展,在全省工业产值中,乡镇企业已经是"三分天下有其二"时,他指出:这是我们没有预料到的,是农民自己的创造。还说,乡镇企业很重要,要进一步发展和提高。在听到浙江的商品市场、农贸市场发展得很快,这也是农民和基层干部的创造时,他说:把市场当作一种手段,也可以搞社会主义经济嘛!在谈话中,他还询问了宁波市利用外资办大学、建钢厂和北仑港的建设情况,在听到包玉刚先生主张利用英国、德国几家外国公司的投资来办钢厂时,他指出:可以利用外资,要学会利用外国的资金和技术。二次世界大战后,日本和欧洲一些国家都是利用外资发展起来的。人家来投资,只要是好的,能带动我们工业发展的,我们应该使他们得利多些,才有竞争力。在这次谈话中,他对浙江的经济发展给予了充分的肯定。

第十五次,也是改革开放后第四次视察浙江的时间是 1992 年 1 月 30 日,邓小平在视察了武昌、深圳、珠海等地后,北上视察上海途中,专列途经浙江。

第十六次,也是改革开放后第五次视察浙江的时间是 1992 年 12 月 15 日至次年 1 月 4 日,88 岁高龄的邓小平又一次来到杭州视察,这是他的第十六次浙江行,也是改革开放后第五次亲临浙江,同时这也是他在杭州停留时间最长的一次,并成了他一生中最后一次浙江之行。

12月15日上午10时许,邓小平一行乘专列从北京直接抵达杭州,仍然下榻刘庄,这次他一住就是21天。到杭州的这天,他对前去迎接的省委书记李泽民和省委副书记、省长葛洪升等省领导说:"像杭州这样的风景旅游城市在世界上是不多的",在回住地途中,他还详细地询问了每年来杭州的境外游客以及创汇情况。17日上午9时,邓小平一行来到夕照山下的汪庄码头,在这里登上游船游览西湖。在游艇上,他向李泽民、葛洪升等省领导详细了解了浙江改革开放以来的经济建设和社会发展情况,指出:要抓住机遇,发展自己,不断提高综合国力。一定要把经济建设搞上去,以经济建设为中心不能动摇。在搞好物质文明建设的同时,要搞好精神文明的建设。面对风云变幻的国际形势,我们要冷静观察,沉着应付,少说多做,要努力把自己的事办好,这样在处理复杂多变的国际事务中才有更多的发言权。下船时,邓小平回首环视西湖山水,清晰而有力地说:"浙江大有希望。"18日,在刘庄住地,他阅看当天刊登在《参考消息》上的《中国将成为最大的经济国》和《马克思主义新挑战更加令人生畏》两篇文章,指出:中国发展到一定的程度后,一定要考虑分配问题。也就是说,要考虑落后地区和发达地区的差距问题。不同地区总会有一定的差距。这种差距太小不行,太大也不行。如果仅仅是少数人富有,那就会落到资本主义去了。要研究提出分配这个问题和它的意义。到本世纪末就应该考虑这个问题了。我们的政策应该是既不能鼓励懒汉,又不能造成打"内仗"。

1993年1月3日上午,邓小平在住地给孙辈写信。信中说:对中国的责任,我已经交卷了,就看你们的了。我16岁时还没有你们的文化水平,没有你们那么多的现代知识,是靠自己学,在实际工作中学,自己锻炼出来的,十六七岁就上台演讲。在法国一待就是5年,那时话都不懂,还不是靠锻炼。你们要学点本事为国家作贡献。大本事没有,小本事、中本事总要靠自己去锻炼。

4日,邓小平在刘庄住地接见了李泽民、葛洪升等浙江省党政军负责人和老同志代表,说:我很关注浙江的发展。浙江的发展势头是不错的。要珍惜这个好的发展机遇,保持好的发展势头。在同大家合影留念后,乘专列离开杭州前往上海。在杭期间,邓小平还抽出时间翻看《浙江简介》,并表示"搞得不错"。"我很关注浙江的发展。浙江的发展势头是不错的。要珍惜这个好的发展机遇,保持好的发展势头。""浙江大有希望。"这是邓小平最后一次在浙江的嘱托,也是他对浙江最殷切的希望。

除了直接来到浙江视察和工作、学习、生活外,邓小平也时刻关注着浙江的发展,其中最突出的莫过于指导浙江1975年的整顿和1985年前后对宁波对外开放的指示。此外,邓小平还通过召开会议、批阅文件、题词、找人谈话等多种方式,把他对浙江人民和这片热土的无限深情永远地留在了浙江人民的心中。

(王祖强　执笔)

69. 步鑫生改革冲击波

　　1983 年 11 月 16 日,《人民日报》的一篇以中共中央总书记胡耀邦批示为"编者按"的报道《一个有独创精神的厂长——步鑫生》,让海盐衬衫总厂的改革事迹走向全国。人们比喻,步鑫生用一把剪刀剪开了企业改革的帷幕。当步鑫生本人把自己看作是企业改革的一块"铺路石"的时候,历史给他的称号是:城市企业改革的先行者。

　　步鑫生,海盐澉浦人,1933 年 1 月出生在一个裁缝世家。1950 年,步鑫生开始在自家的店铺里跟着堂哥学做裁缝。海盐衬衫总厂属县二轻系统大集体企业,创立于 1979 年 10 月。其前身是成立于 1954 年的武原镇西大街缝纫小组。1979 年 12 月,步鑫生当了副厂长;1981 年 6 月,担任厂长。

　　20 世纪 80 年代初,以国企改革为中心的城市经济体制改革拉开了序幕。人们开始把目光逐步转向城镇,转向貌似井然有序但实际却缺乏激情活力的国有企业。步鑫生和海盐衬衫总厂因为改革而名噪一时,成了中国改革初期的明星。

　　1978 年前,步鑫生还是车间主任,面对计划经济的"大锅饭",提出过实行奖励工资的建议,却未成功。这次改革,被群众称为"步三刀"。《人民日报》刊文曰:步鑫生不顾"上下内外"的阻力,狠狠地砍下了改革的三刀。他砍了"大锅饭"的分配制度;改革了不合理的劳保福利制度。那第一刀使懒人变勤了,使勤人更勤了,克服了好坏一样,香臭不分。第二刀治了那些游手好闲的"混子皮",清除了长期"泡病号"吃社会主义的蛀虫。第三刀治服了调皮捣蛋、妨害生产的"假英雄",拔掉了干扰破坏生产的刺头。

　　这个改革,第一就是砸了"大锅饭"。他在车间实行"联产计酬",谁也别想不干活还吃饭,规定:严重影响生产秩序、屡教不改者除名! 不顾产品质量、态度恶劣者除名! 他针对当时出勤率最高只有 80%,一些人长期泡病假的恶习规定:请假不发工资,若真生病要由厂长来决定补贴。特别是狠抓产品质量,规定做坏一件衬衫要赔两件。

对工厂的经营,步鑫生更是千方百计想办法:扩大产品销售渠道,召开订货会。邀请全国各地百货商店的负责人到海盐来,吃住行全包,每年大约要花8000多元,这在当时是相当大的数目。打响牌子,在上海等大城市为产品大做广告,"唐人"是男式衬衣,"双燕"是女式衬衣,"三毛"是儿童衬衣。步鑫生说:"靠牌子吃饭可以传代,靠关系吃饭要倒台!"

讲究工作效率和速度。厂长出差可以坐飞机,可以包出租车。当时实行的分配原则是:"日算月结,实超实奖,实欠实赔,奖优罚劣。"

步鑫生在海盐衬衫总厂的作为,充满着改革的智慧,应和着市场的需要,各种媒体、专家都以他为模本进行论说。

改革开放前,海盐衬衫总厂是一个经常连职工工资都发不出的集体小厂,一半产品堆在仓库里。1982年,海盐衬衫总厂以年产85万件衬衫的能力步入著名衬衫厂行列。1983年,生产衬衫100多万件,工业总产值达1028万多元,实现利润52.8万元,上缴国家税款49.5万元,分别比改革前的1978年增长了4.3倍、4.2倍和2.6倍,一举成为海盐县第一家产值超千万元的企业和全省服装行业重点企业。职工由100多人增加到600多人,产品远销上海、北京、广州等24个省、市、自治区,成为全国第一流的专业化衬衫厂。与此同时,工人的收入提高了二至三倍;工厂像样了,被誉为花园式的文明工厂;职工在工作日还可享受免费午餐,这在当时是破天荒的;"双燕"、"三毛"、"唐人"等品牌走红,畅销20多个省市。步鑫生在海盐衬衫总厂所首创的种种改革经典语言不胫而走:"上不封顶,下不保底"、"多劳多得,少劳少得"、"你砸我牌子,我砸你饭碗"、"工钱工钱,做'工'才有'钱';劳保劳保,有'劳'才有'保'",等等。

当然,在改革风急浪猛的当口,步鑫生是以诚心和胆魄在做事,并无特别的企业改革理论做指导,他的改革多在经营、管理的操作层面上,不可能了解和把握企业制度的深层次意义。海盐衬衫总厂改革中的一些无知与过激的做法,在当时就引发了人们激烈的指责与争议。最集中的莫过于步鑫生擅自改组厂工会,随意撤销经工会会员大会选举出来的厂工会主席;同时,未经工会会员大会选举,擅自宣布由原工会副主席担任工会主席,遭到拒绝后,甚至将这位副主席夫妇一并开除出厂。

即使是这样一次稚拙的改革尝试,历史还是毫不犹豫地选择了它。

当步鑫生在海盐衬衫总厂的改革取得初步成绩的时候,就得到有关单位和上级领导的肯定。1983年4月26日,《浙江日报》以整版的篇幅介绍步鑫生改革事迹——《企业家的歌》。第二天,省二轻工业总公司发出《关于组织学习海盐衬衫总厂经验的通知》,要求全省二轻系统组织学习海盐衬衫总厂的改革经验。同年10月,新华社记者实地采访,写成内参。中共中央总书记胡耀邦在内参上批示:"海盐衬衫总厂厂长步鑫生解放思想,大胆改革,努力创新的精神值得提倡。对于那些对工作松松垮垮,长期安于当外行,做一天和尚撞一天钟的企业领导干部来讲,步鑫生的经验应当是一剂治病的良药,使他们从中受到教益。"

当新华社的这篇报导引起了有关单位和新闻媒体的一系列争论时,胡耀邦指示浙江省委进行调查。省委当即组织联合调查组,深入厂区开展调查。1984年2月9日,省委办公会议听取省委联合调查组的报告,肯定和总结了海盐衬衫总厂的改革经验。省委书记王芳说:步鑫生敢于打破几十年来企业管理的旧框框,冲破重重阻力,顶住极大压力,走出一条企业改革的路子,对他的这种事业心,总的应该肯定。这种改革精神是符合时代潮流的,是十分可贵的,应当大力支持、积极宣扬和推广。王芳强调,对步鑫生的改革,我们要从大的方面统一思想,要看大的目标,不要去搞那些鸡毛蒜皮的事情。水至清则无鱼,应该肯定的事要肯定,当然,进一步总结经验也是需要的。步鑫生本人的缺点和企业改革措施中存在的问题,是可以通过教育帮助,总结经验教训,逐步完善起来的。

省委的态度得到了中央的认可。1984年2月中旬,胡耀邦在新华社上报的《中共浙江省委肯定海盐衬衫总厂厂长步鑫生的独创精神,决定整党中把他作为一个典型,统一对改革的认识》的"内部情况"上批示:"我认为这个做法好,整党要有鼓气的一方面,消极地整(当然也很重要),而不是积极地整,就没有指引人向上的活榜样。整党办公室,公开报道浙江省委决定。"25日,中央整党工作指导委员会办公室给新华社关于《浙江省委充分肯定步鑫生的改革创新精神》的报道加上按语。26日晚,中央电视台全文播出。27日,《人民日报》等各大报刊登出《浙江省委支持和提倡步鑫生的改革创新精神,省委决定发动全省干部联系实际开展讨论,提高大家对改革的认识》,并刊登中央整党指导委员会办公室按语及配发《怎样看待改革与改革者》的社论。

随后,省委又责成省委宣传部组织工作组深入调查,系统总结和宣传海盐衬衫总厂改革企业管理的经验;决定通过新闻单位号召企业界学习步鑫生的改革精神,并在全省发动了一场怎样对待改革和改革者的大讨论。这场大讨论进一步解放了人们的思想,鼓舞了勇于创新的改革者,有力地推动了全省改革的发展。浙江新闻界也大力宣传报道了一批同时涌现出来的典型:浙江万向节厂厂长鲁冠球、杭州中药二厂厂长冯根生等，为企业改革创造了良好的舆论环境。1984年4月，经过调查研究，特别是在总结海盐衬衫总厂基本经验的基础上，中共浙江省委、省人民政府决定扩大集体工业企业在生产经营权、干部管理权、劳动管理权、经济分配权、劳保福利改革权等方面的自主权，并制订《关于加快城镇集体工业经济发展若干政策问题的规定》在全省试行，推动了全省经济体制改革的进程。

1984年4月，在中国工业经济学会召开的座谈会上，专家学者将海盐衬衫总厂的经验概括为"四个活"：经营活、分配活、用人活、思想工作活。全国企业整顿领导小组、国家经济体制改革委员会、中央组织部的负责人先后发表谈话，高度赞扬步鑫生的改革精神，希望有更多的步鑫生式的人物涌现出来。"学习步鑫生热"在全国兴起，激发了全国企业改革的热情，中国城市经济改革一举打破了沉闷的局面，蓬勃发展。

1984年5月，步鑫生被增补为全国政协委员。1985年1月，步鑫生被《半月谈》杂志评为"1984年度全国十大新闻人物"之一。2008年，步鑫生荣获"中国企业改革纪念章"。2009年5月9日，在《浙江日报》创刊60周年之际，投票产生新中国成立60年来浙江经济社会发展中最有影响力的60位人物，其中就有以改革先行者名闻全国的新闻人物步鑫生。

（王祖强 执笔）

70. 乐清柳市"八大王"事件平反

20世纪80年代,"温州模式"的崛起引领了中国市场经济改革的潮流,而"温州模式"的脱颖而出,与乐清柳州市戏剧性的"八大王事件"密切相关。

20世纪70年代末,浙江的温州、台州、金华等许多地方已经自发地产生了家庭经营的苗头,开始处于"地下"的隐蔽状态,后在一些基层干部庇护下生长壮大。尽管如此,在严格管制的计划经济时代,尤其是无间歇地"割资本主义尾巴"运动,个私经济不得不面临巨大的政治风险。据统计,1977年5月至1978年4月,温州地区七县一市查禁地下工厂148个,地下商店3000个,地下包工队155个,纠正分田单干队2.43万余个。1986年初,各种规格的工作组仍十分活跃,查账、封厂、拘人。凡到之处,息业者、破产者,常常是狼藉一片。

党的十一届三中全会后,有着深厚工商传统的乐清县,个体、私营经济迅速兴起,尤以柳市家庭个体户经营的小五金电器遍地开花,在几度打压中屡挫屡战,越做越强,被视为资本主义自发势力的顽固堡垒。而其中最为活跃的八个经营能人具有相当大的影响力,人称"八大王"。他们是:"螺丝大王"刘大源、"五金大王"胡金林、"目录大王"叶建华、"矿灯大王"程步清、"合同大王"李方平、"机电大王"郑元忠、"线圈大王"郑祥青、"旧货大王"王迈仟。温州、乐清的个体、私营经济如此活跃,遭到不断的质疑。有人认为,温州是在"刮资本主义的歪风"。更有传言:香港九龙,台湾基隆,乐清里隆(指乐清下属的一个行政村),同属一股资本主义祸水,需要"从诸暨到新昌筑造一条万里长城,挡住南风往北吹"。

1982年,"全国严厉打击经济领域犯罪活动"中,温州自然成为重点;温州又把乐清视为"重中之重",乐清的"重灾区"柳市在劫难逃了。整治歪风不过夜,省工作组矛头直指柳市,立马给"八大王"定性:搞投机诈骗,属经济领域犯罪活动,必须严打。理由很简单,你赚钱这么多不可能走正道,一定是资本主义。当时默许个体、私营经济生存的乐清县委领导,跟省里工作组的意见分歧很大,不同意工作组的做法,据理力争。开常委会的时候,省工作组坐一边,县里领导坐另一边;省工作组谈一个问题,县里就驳一个。无奈胳膊拧不过大腿,争了好长时间,还是没有用。结果,工作组进驻柳市,几位被叫去谈话的"大王"相继被羁押。几天之后,县里召开公审大会,程步青被判四年徒刑,叶建华、郑祥青、李方平、王迈仟等均被收监。郑元忠在外躲了一年多,1983年10月20日晚潜回家中,第五天就被破门而入的警察抓获。他被反铐双手,身上绑着麻绳,从柳市派出所游街到汽车站,再投入乐清县看守所和一批重刑嫌疑犯关押在一起。胡金林一直流窜在东北。1984年,老乡跟他说"中央一号文件给你们平反了,他们已经放出来了"。他以为风头已过,悄悄溜回柳市。但他的通缉令还在,潜逃犯是犯了又一重罪,当夜即被抓获。乐清县广播站报道:"全国经济要犯、八大王之首胡金林抓获归案。"胡金林被关在重刑犯的单间里,不过时过境迁,只吃了几十天牢饭就回家了。只有刘大源逃脱惩罚,一直四处躲藏,有时候身无分文只好到垃圾箱捡东西吃。

省工作组对"八大王"的整饬,给乐清的个私经济造成极大压力,甚至同情个私经济的干部也遭到处理,斗争气氛十分严峻。当时有很多乐清人在新疆兵团,他们回来说,那边吃的、喝的都很少,特别是没有水产品。一个乐清人就想把乐清产的带鱼运到新疆去。手头的钱不够,需要向银行贷款。那时银行审批条件很紧,不熟悉很难贷出。乐清有个老资历的区委书记,支持搞活经济,就帮助联系了一下。省工作组便说这位书记"为投机倒把提供方便",给判了刑。几位乐清县委干部因认准乐清的做法符合改革精神,在讨论"八大王"和二轻局干部处理事情上,与省工作组激烈争论。省工作组指责乐清干部支持"资本主义",乐清反讥他们"教条主义"。省工作组向省里的汇报:乐清这个领导班子,存在"对乐清和对自己工作不清醒,对工作组不支持、不合作"等问题。于是,省里又派员调查乐清县委领导的问题。1982年6月12日,下文件免去县委书记孙宝经、县长林克己的职务。不久,副书记何元赞的职务也被罢免。另一位县委副书记连正德,被安排离任读书。在如此的"严打"下,个体户、私营老板无不提心吊胆,纷纷歇业观望。"八大王"事件以及调整乐清县委领导层所产生的影响,不独限于温州,全省的个私经济皆笼罩在阴影之中。

所幸亲手批示处理了"八大王"事件的省委常委、新任温州市委书记袁芳烈很快醒悟过来。调研中,他发现此事在干部群众心中造成了巨大恐惧,便试图缓和气氛。温州市在1982年破天荒开大会表彰了从事个私经营的"两户"。但不少干部群众还是说"共产党政策像月亮,初一十五不一样",也有的说"小富可以,共产党不许大富,'八大王'不是还在牢里吗"?于是袁芳烈意识到,"八大王"事件是个症结,不解开这个疙瘩,大道理讲多少也是无用功。1983年春节刚过,袁芳烈亲自去了柳市,了解"八大王"案件的实情。区委书记吴良志向他汇报了"八大王"案件的前后情况。吴良志说,抓了"八大王"后,柳市当年工业生产下降了57%,柳市刚刚掀起的商品经济星星之火一下子被这瓢冷水给泼下去了!袁芳烈坐不住了,1982年市委花了九牛二虎之力,全年工业总产值才增长3%,这"八大王"事件的影响非得把它扭过来!

回到市里的当天,袁芳烈就找来市中级法院院长孙沧,向他讲了在柳市了解的"八大王"情况。明确表示,现在看来对"八大王"的处理是有些问题。我们共产党人做事光明磊落,要实事求是,错了就改。建议对"八大王"逐一复查。孙沧立即组织力量对案情进行了复查,并依据有关法律在1983年上半年做出改判,宣告"八大王"无罪,并发还其钱物。1984年春召开的全市乡镇书记以上干部会议上,袁芳烈作了"吸取教训,大胆支持发展商品经济"的讲话。市委公开宣布给"八大王"平反。若干年后,南存辉对袁芳烈说:"'八大王'平反后,我才敢正式申办求精电器开关厂(正泰前身),否则我是不敢办厂的。"

"八大王"平反后,在市委市政府"争创富民书记活动"号召的推动下,一个发展商品经济的热潮在温州城乡涌动,一乡一品、一村一品、一品多营等区域块状经济,星罗棋布地呈现于温州大地,十大专业市场相继形成,最终于全国市场导向的改革中冲到前列,赢得市场份额的先机。

(徐斌 执笔)

71. 宁波、温州列为全国
首批沿海开放城市

1984年3月26日至4月6日,在邓小平的倡议下,党中央、国务院召开沿海部分城市座谈会,决定开放包括宁波、温州在内的14个沿海港口城市。浙江省的对外开放迈出了历史性的一步。

浙江是一个多港口省。1957年2月,国务院批准温州港为全省唯一准许外国籍船舶进出的港口。1964年8月,温州港正式恢复对外开放,开始接待载运化肥来港的日本籍船舶。1974年,国务院批准建设宁波港镇海港区。1978年1月,国务院批准浙江为对外贸易口岸省,同时决定在宁波港建北仑港区。1979年6月30日宁波港正式对外开放。1980年起,宁波、温州至香港、朝鲜、日本的航线先后开通。浙江自营出口的商品就地集中,就地换装,一次装配,减少了中转环节。继宁波港开放后,经国务院、中央军委批准,杭州航空港和洞头等锚地,也陆续对外开放,成为对外贸易的重要运输点。沈家门、定海、老塘山三个港口合并为舟山港,统一开放。1984年5月,又开放了海门港。

沿海港口城市率先开放后,1984年7月,国务院会议决定,杭州暂不全面享受沿海港口开放城市的政策,但可逐步扩大杭州市在经济管理方面的权限,使它能充分发挥中心城市的作用。会议决定扩大杭州市利用外资的审批权,即总投资在500万美元以下的生产性项目,可由杭州市自行审批;同时强调,杭州市应把发展旅游事业作为第一位的任务。根据中共中央、国务院的决策,浙江省以宁波、温州、杭州为前沿,以沿海地区为重点,开放的范围不断扩大,开放的层次不断提高。

温州自辟为沿海港口开放城市以后,对外开放步伐加快。1984年12月,中共浙江省七届二中全会要求温州组织人力、财力、物力,搞好港口、铁路等重大项目的前期工作,争取尽早动工。次年3月,国务院在批复温州市对外开放的规划中,要求把温州建设成为东南沿海重要的工业、外贸、港口城市和开展对外经济联系的窗口。

1985年2月,中共中央、国务院决定将对外开放扩大到整个沿海地带,同意在长江三角洲、珠江三角洲和闽南厦(门)漳(州)泉(州)三角洲地区建立经济开放区。浙江嘉兴市市区及所辖嘉善县、桐乡县、海宁县和湖州市市区及所辖德清县,被列入长江三角洲经济开放区。这两市四县是浙江首次列入沿海经济开放区的县市,浙江的对外开放也因此由港口、港口城市扩大到沿海开放地带。次年9月,省政府批复嘉兴、湖州两市的对外开放规划,要求逐步把嘉兴和湖州建设成为浙江的工业城市和综合出口商品基地,成为内外交流、工贸结合、城乡渗透、现代化、开放式的文明富庶地区。并同意将桐乡县的崇福镇、濮院镇、乌镇,海宁县的长安镇、斜桥镇、袁花镇,德清县的新市镇、武康镇,嘉善县的西塘镇等九个经济发达镇,作为对外开放的重点工业卫星镇,享受沿海经济开发区的优惠政策。

1987年底,省政府批准温州龙湾出口工业区自费筹建。1988年3月,开发区打下了第一根桩基。为了吸引更多的内地、海外人士前来投资,温州市政府先后4次出台了一系列优惠政策。优惠政策涉及税收、落户、费用和信贷用汇等。如,凡外商企业,在1990年前免征所得税;凡华侨、港澳台同胞,每3万至30万美元外汇投资,允许国内亲属申请1至3人从农村迁入工业区内落户并转为城镇户口等。优惠政策吸引了国内外投资者关注,尤其是激发了华侨回到家乡建设的热情。

1988年3月,为贯彻实施沿海地区经济发展战略,充分发挥沿海地区的优势,国务院决定进一步扩大沿海经济开放区范围,将浙江的杭州市市区及所属萧山市、余杭县、桐庐县、富阳县、临安县;宁波的鄞县、余姚市、慈溪县、奉化县、象山县、宁海县;温州的乐清县、瑞安县、瓯海县、永嘉县、平阳县、苍南县;嘉兴的平湖县、海盐县;湖州的长兴县;绍兴市市区及所属绍兴县、上虞县、嵊县;台州的椒江市、临海市、黄岩县列为沿海开放市、县。同年4月,国务院批准舟山市为对外开放市。至此,浙江沿海对外开放市、县扩大到35个。

为充分发挥浙江省沿海经济开放区的优势,更好地实施沿海地区经济发展战略,从1986年9月批准崇福镇等九个镇为重点工业卫星镇开始,浙江先后分七批批准了348个重点工业卫星镇。这些重点工业卫星镇分布在杭州(66个)、宁波(88个)、温州(58个)、绍兴(51个)、台州(29个)、湖州(9个)、舟山(2个)等8个地级市的沿海经济开放区范围内。

1989年8月,浙江省委副书记、省长沈祖伦在全省对外开放工作会议上指出,浙江的对外开放工作,一要坚持四项基本原则,坚定不移地执行对外开放方针;二要讲究实效,积极稳妥地做好各项对外开放工作;三要坚持两手抓,保证对外开放工作的顺利进行。1990年6月,省委常委会议又提出,要设立一批相对集中、连片开放的侨胞、台商投资区,同时相继办好老的开发区,积极建立一批自费开发的侨胞、台商投资区,以形成全省不同水平、不同层次的外向型经济格局。省委确定,全省设立投资区或开发区的重点,是搞好宁波小港、温州龙湾、杭州钱江外商台商投资区和杭州高新技术产业开发区等四个小区。8月,省政府批准,设立杭州钱江外商台商投资区。1991年3月,国务院批准设立杭州高新技术产业开发区,这是浙江省首家高新技术开发区。

1991年1月,省委八届五次全会通过《中共浙江省委关于制定浙江省国民经济和社会发展十年计划和“八五”计划建议》,提出“八五”期间要“形成由经济技术开发区、沿海开放城市、开放市县以及内陆腹地组成的多层次对外开放格局”。次年4月,省委召开八届七次全会,提出浙江的对外开放要“梯度推进、全面开放”,在浙赣铁路和金温铁路沿线加快开发和开放,争取把金华市区、衢州市区和丽水市、青田县列为经济开发区,并且在一些经济比较发达的地方增设工业卫星镇;不仅沿海要开放,中部和西部也要对外开放,要支持和鼓励这些地区积极利用外资,增加对外出口,发展边界贸易,逐步提高对外开放度。同年8月,省政府确定金华、衢州两市区和丽水市为省级对外开放城市,享受沿海经济开放区市县的优惠政策。这是浙江加快对外开放步伐从沿海向中西部推进的重大举措。

浙江省是中国最早对外开放的省份之一。对外开放有力地增强了浙江经济的国际竞争力,提升了浙江在国际贸易体系中的地位;对外开放引进了浙江短缺的资金、技术、管理经验、自然资源和能源,有力地推进了浙江的工业化进程;对外开放充分利用了国际和国内“两种资源、两个市场”,促进了浙江经济社会发展和现代化进程。

(俞红霞 执笔)

72. 浙江小百花越剧团创建

　　1984 年 5 月,在杭州宝石山下浙江艺术学校旁一个不起眼的院落,浙江小百花越剧团成立。当年这个名不见经传的小剧团,如今已是中国戏剧界的一面旗帜。"小百花"为越剧注入了新生命,促进了越剧的新发展,成为中国越剧的希望之花。

　　越剧是戏曲中最年轻的剧种,1906 年诞生于浙江嵊县(今嵊州市),时称"小歌班",又称"的笃班",其前身是在农村沿门卖唱的"落地唱书"。

　　1906 年,浙江省嵊县的六名民间艺人,将原本在集市、庭院素面演唱的落地唱书,搬到舞台上化妆表演。由此,属于曲艺范畴的落地唱书,开始朝着戏曲化发展。1923 年,艺人金荣水受京剧髦儿戏启发,在嵊县创办了一家女子科班,教年轻女子学演这种新的艺术品种。这种"女子文戏",迅速从嵊县流向邻界城乡和上海,男演员随之逐渐退下舞台,清一色女演员的绍兴文戏,后来衍化成为越剧。

　　1935 年 7 月《宁波商报》的广告,已有女子越剧之称。在《鸾凤双箫》、《云外飘香》等剧名旁边,标注的就是"女子越剧"。《瓯海民报》1935 年 12 月 23 日刊出的一条新闻,有"永嘉南市镇各联合保,自假座县城隍戏院开演女子越剧以来,排演拿手好戏,侧重旧道德,颇能迎合社会观众心理"等词句。1938 年秋,上海报刊开始使用女子越剧名称。1942 年 10 月,袁雪芬对越剧进行了全面革新,成为越剧发展史上的一个里程碑。新中国成立后,越剧艺术迅速发展成为除京昆剧以外最大的地方戏曲剧种。百年越剧诞生于浙江,繁盛于上海,流行于全国大部分地区,声名远播东南亚及全球华人社会。

　　浙江是越剧的故乡。但是,在"十年动乱"期间,浙江的越剧表演艺术受到无情摧残,青年演员断档,以至于20世纪70年代末刚恢复的那些越剧团,越剧演员严重青黄不接,人们笑谈这些团是"四个花旦两百岁,三个老生两颗牙"。"把浙江的越剧搞上去",是历届领导的心愿,也是民众的期盼。

1982年9月2日至23日,杭州举行戏曲小百花会演。来自全省11个地、市和省属剧团的373名青年演员参加了这场盛会。这些演员一般都只有一至三年的艺龄,年纪最大的24岁,最小的只有11岁。参加会演的剧种包括越剧、京剧、绍剧、昆剧等12个,共上演113个节目,其中越剧节目占66%。通过这次会演,发现了一批优秀人才,共评选出"优秀小百花奖"50名,其中越剧25名;"小百花奖"150名,其中越剧97名。这次小百花会演,为组建浙江小百花越剧团打下了良好的基础。

小百花会演结束后不久,省委关照省文化厅从这次会演中培养一些好苗子。于是,从全省70多个专业越剧团在以上两次会演获奖人员中选出40名越剧新秀(平均年龄18岁),将她们集中在浙江艺术学校进行严格训练。她们受到聘请来的越剧界与京、昆、婺等多个剧种著名艺术家的亲传技艺和悉心指导。1983年9月间,又从中遴选出茅威涛等28名优秀苗子,首批"小百花"从此在西子湖畔诞生。为了使"小百花"有戏可演,著名剧作家顾锡东为她们量身定制了新编历史剧《五女拜寿》、《汉宫怨》等剧目。省文化局调来了省属剧团中最优秀的导演、作曲、舞美设计等创作人员,精心组织排练。

1983年11月16日,浙江越剧"小百花"首次在香港演出《五女拜寿》,一炮打响,轰动整个香港。"小百花"在香港演出14天,原定演出九场,应观众要求一再加演,共演出15场。演出剧目除《五女拜寿》、《汉宫怨》外,还有传统戏《双玉蝉》和一台折子戏。香港新闻界对"小百花"赞誉有加。据不完全统计,香港15家报纸共发了116篇有关"小百花"的消息和文章以及106幅照片。

1984年5月,浙江小百花越剧团正式建立。20多年来,"小百花"以弘扬中华民族的优秀文化为己任,在继承传统的基础上,博采众长,开拓创新,逐步形成了具有浓郁江南气息的优美、抒情、清新、细腻的艺术特色,创作演出了一大批深受广大人民群众喜爱的优秀剧目:初创时期的《五女拜寿》已在境内外公演800多场,并被拍成同名戏曲电影,荣获中国电影"金鸡奖"和百花奖"最佳戏曲片奖";《陆游与唐琬》荣获文化部第三届"文华新剧目奖",2003年荣登首届国家舞台艺术十大精品剧目之列;根据同名古典名著改编的《西厢记》,一举摘取了文化部颁发的第四届"文华大奖"和各个单项奖,中国戏曲学会"金盾奖",第三届中国戏剧节大奖等在内的多项奖项,是剧团迄今为止获奖最多、奖项最高的优秀保留演出剧目;通俗喜剧《红丝错》荣获文化部第五届"文华新剧目奖",并被拍成同名彩色戏曲电影;以表现中国古代藏书文化为题材的原创越剧《藏书之家》,荣获文化部第十一届"文华新剧目奖",浙江省第九届戏剧节"新剧目大奖",浙江省第八届"五个一工程奖";根据同名南戏改编的《琵琶记》,获第四届中国戏剧节"优秀演出奖";被列入浙江省文化精品工程重点项目的新版《梁山伯与祝英台》,获2006年中国越剧艺术节"金奖"、中国戏曲学会奖、首届中国戏剧奖、优秀剧目奖、浙江省第九届"五个一工程奖";根据日本作家谷崎润一郎小说改编的《春琴传》,获2006年全国地方戏曲优秀剧目评比展演"剧目一等奖",2007年文化部第十二届"文华剧目奖";《蓦然又回首——茅威涛表演艺术专场》,获中国首届小百花越剧节"金奖";取材于"荆轲刺秦王"传说的《寒情》,参加了1997年在日本东京举办的国际舞蹈艺术节,并在神户、名古屋、大阪等多个城市进行商演。

此外,从南戏佳作《白兔记》到集中展示"小百花"群体风采的《满庭芳》,从系列汉代新编历史剧《汉宫怨》、《汉武兴邦》到推陈出新的《陈三两》、《胭脂》、《唐伯虎落第》,从充满阳刚之气的《赵氏孤儿》到争奇斗艳的《精品折子戏专场》,浙江小百花越剧团的剧目既弥漫着浓郁的传统文化底蕴,又闪烁着现代审美情趣,体现了"寓青春靓丽于艺术创新之中,赋古典戏曲以现代舞台综合美感"的艺术风格。

浙江小百花越剧团不仅出好戏,而且人才辈出。当年《戏剧报》、《戏剧论丛》编辑部向首都和全国推荐浙江小百花越剧团,称"茅威涛(尹派小生)、何英(傅派花旦)、董柯娣(张派老生)、何赛飞(张派花旦)、方雪雯(范派小生)"为"五朵金花"。

该团团长茅威涛被誉为越剧转型过程中的"灵魂人物",现为国家一级演员、中国戏剧家协会副主席、浙江省文联副主席、浙江省戏剧家协会副主席、全国人大代表。从艺以来,先后荣获中宣部颁发的"五个一工程奖",四次荣获文化部颁发的"文华表演奖",三度荣获中国戏剧"梅花大奖",两次荣获上海"白玉兰主演奖",第三、六届中国戏剧节"优秀演员奖"和"优秀表演奖",首届中国小百花越剧节"金奖",首届中日戏剧友谊奖"主演奖",2006年中国越剧艺术节"十佳演员"金奖榜首等当代戏剧界诸多最高奖项。其他演员如陈辉玲、董柯娣、方雪雯、何英、何赛飞、洪瑛等也具有相当的艺术实力,令海内外观众交口称赞。

党和国家领导人多次观看浙江小百花越剧团演出。1985年"小百花"首次晋京演出,邓颖超看了表演后赞不绝口。她专门把演员们接到中南海西花厅,并在海棠树下合影留念,为"小百花"题词:"不骄不满,才能进步,精益求精,后来居上。"八年后,当"小百花"再次晋京演出,国务院总理李鹏携夫人朱琳在中南海观看了演出,并热情洋溢地鼓励她们。

"小百花"剧团成立以来,多次赴香港、澳门、台湾献艺并出访了美国、法国、西班牙、荷兰、比利时、日本、韩国、新加坡、泰国等,所到之处均受到当地舆论的高度关注和广大观众的热烈欢迎。美国戏迷形容他们的表演是"长袖当风,余音绕梁",法国观众美誉"小百花"是"一瓶来自中国的神秘香水",韩国媒体盛赞"越剧拥有柳枝般的美丽"。

饮誉海内外的浙江小百花越剧团为浙江赢得了光荣,它不仅使越剧后继有人,其意义更在于越剧中心又回到了浙江,浙江成了真正意义上的越剧重心。2009年,在宝石山下浙江小百花越剧团原址上,"浙江小百花艺术中心"已然竣工,人们将在西子湖畔观赏到更美妙的演出。

（曾林平 执笔）

73.景宁畲族自治县设置

1984年6月30日,位于浙西南山区丽水的景宁畲族自治县成立,它是浙江唯一的少数民族自治县,也是全国唯一的畲族自治县。它的设置,是浙江民族工作史上的一件大事。

畲族自称"山哈",意思是居住在山里的客户。畲族的源头众多:百越种族和山都、木客等在深山老林里生活的人们混交杂处,唐代被称为"蛮獠"。畲族先民在粤、闽、赣交界的凤凰山区生息,过着刀耕火种的原始农业生产方式。"畲"即为刀耕火种之意,故宋代史书称他们为"畲民"。唐永泰二年(公元766年),最早的一支畲民从福建罗源境内迁至浙江处州府青田县鹤溪村(今属景宁畲族自治县)。随后,陆续有畲民迁入浙江,到明清时达到高峰,明代有46支、清代有28支。他们在浙江世代繁衍,逐步融于当地人民的生活之中。据1990年第四次全国人口普查,浙江畲族人口共有17.37万余人,占全省少数民族人口的81.67%,占全国畲族人口的27.46%。浙江畲族主要分布在丽水、温州、金华、、衢州、杭州等地,占全省畲族人口的98.84%,尤其是丽水、温州两市,占全省畲族人口的75.02%。畲族人口在近万人或万人以上的有9个县(市),人口在1000人以上的有20多个县(市)。

畲民迁入浙江时,自然条件较好的地方已为当地汉民占有开发,他们只能居住在海拔500米以上的山腰和半山腰。由于新开之地土质贫瘠,产量极低。勤劳的畲族人民采用各种方法改良土壤,植树造林,种麻种茶,经过数代人的辛勤开发,终于将荒山野岭变成茶米之乡。畲乡多深山老林,狩猎业较为发达。为了生计,畲民还从事采薪、挑担、抬轿等副业。

畲族有自己的语言,但没有记录本民族语言的文字,通用汉文。畲族的民间文学有优美动人的神话传说和故事,而民歌则是畲族民间文学中最灿烂的文化瑰宝。民歌内容涉及生产、生活的各个方面,过年过节唱、嫁娶迎新唱、谈情说爱唱、生产劳动时也唱。歌的形式分为叙事歌、劳动歌和情歌。畲民不仅能歌，而且善舞，其舞姿刚健奔放，大方自然，节奏明快，格调风趣。畲族民间工艺有刺绣、编织和雕刻等。最为著名的是畲族妇女编织的彩丝带和服装刺绣。与其他少数民族一样，畲族有着自己独特的服饰风格。女子上衣为大襟衫，长度过膝，领、袖、襟镶有花边，颜色多姿多彩，畲民称"拦冠衫"。男子多着青色、蓝色大襟长衫或短襟衫，领、袖、襟处镶上窄边。男女的裤子通常是滚边的宽裤脚直统便裤。

畲族人民有着光荣的革命斗争传统。1949年之前，畲族人民受剥削、受压迫、遭歧视的程度更甚于汉族人民。为了摆脱任人宰割的命运，畲族人民进行了不屈不挠的斗争。特别是在中国共产党成立后，畲族人民在党的领导下，与汉族人民一起开展反帝反封建斗争，为夺取新民主主义革命的胜利作出了贡献。

新中国成立后，畲族人民翻身得解放。政府实行民族平等、民族团结政策。浙江畲民和闽、粤、赣等地的畲民一样，要求确认民族成分。1953年和1956年，国家组织专家、学者和民族工作者对畲民进行认真、慎重、稳妥的民族识别调查。1956年10月，浙江省在杭州召开畲族代表会议，一致同意以"畲族"为族称。同年12月，国家正式认定畲族为单一少数民族，确定统一的族称为"畲族"。在党和人民政府的领导扶持下，畲族人民与汉族享有同等权利，分得了土地、山林和农具，改进了耕作技术，进行农田基本建设。改革开放以后，畲乡经济得到较快发展，绝大多数畲民解决了温饱问题，摘掉了贫困帽子。

景宁东邻青田县、文成县，南衔泰顺县、福建省寿宁县，西枕庆元县、龙泉市，北毗云和县，东北靠丽水市。东西长73.3公里，南北宽58.8公里，总面积1949.98平方公里，2008年总人口17万，其中畲族人口1.8万。明景泰三年（公元1452年），析青田县部分乡、里始置景宁县。1960年1月，撤销景宁县并属丽水市。1962年6月，划原云和县、景宁县地域置云和县。

景宁是畲民最早迁入的地方。长期以来，畲汉人民交错居住，友好相处，携手开发景宁山区。新中国成立后，景宁境内的畲族人民与其他各族人民一样开始当家作主，参与商讨国家大事。1950年9月，景宁县召开各界人民代表会议，畲族代表占27.7%，畲民雷景山当选为县各界人民代表会议常务委员会副主席。1958年，先后建立外舍、学田、张村三个畲族乡，乡长均由畲族公民担任，乡党委也配备畲族党员干部担任副书记职务。从1949年到1984年底，全县在职畲族干部共有90人。政府年年拨款扶持畲乡经济发展，先后在畲乡地区办起了种养业、加工业、小水电等，让畲族同胞尽快脱贫致富。到20世纪70年代，全县畲民已基本消除了树皮寮，住上了泥木结构的新房。从20世纪50年代开始，景宁畲乡还创办了多所民族小学,畲族儿童入学率占学龄儿童的 68.5%。

景宁境内畲族人民政治地位的提高和经济、文化的发展,为畲族自治县的成立创造了条件。1984 年,景宁境内畲族人口增加到 16691 人,占全县总人口的 10.5%,畲族乡镇有 13 个,畲族干部占到 20.7%。为进一步贯彻党的民族政策,发展畲族地区经济,1984 年 6 月 30 日,国务院批准以原云和县的景宁、渤海、东坑、沙湾、英川五个区、一个镇、35 个公社的地域设立景宁畲族自治县,县人民政府驻地鹤溪镇。

景宁畲族自治县成立后,依照宪法行使自治权利,历届县政府均由畲族干部担任县长。到 1998 年底,全县共有在职畲族干部 112 人。同时,畲乡景宁的经济和社会各项事业也得到了较快的发展。仅在建立自治县后的 15 年内(1984—1998 年),全县生产总值从 4618 万元增长到 6.7 亿元;工农业总产值从 5211 万元增长到 9.27 亿元,全社会固定资产投资额从 231 万元增加到 2 亿元,财政收入从 254 万元增加到 7465 万元, 农民人均年纯收入从 148 元增加到 1650 元。全县电视人口覆盖率达 98%以上,基本上形成县内公路网络。通过基本普及小学教育和青壮年基本扫除文盲验收,畲民文化素质有了提高。

进入新世纪,景宁畲乡的面貌发生了更加喜人的变化,经济、政治、文化、社会等各项事业取得的成绩令人瞩目。2007 年,全县实现生产总值 18.43 亿元,财政总收入 2.42 亿元,城镇居民人均可支配收入 13320 元,农村居民人均纯收入 4055 元。2008 年 5 月 16 日,省委、省政府出台《关于扶持景宁畲族自治县加快发展的若干意见》,提出了景宁建设发展的新目标。

浙江省除了景宁畲族自治县外,还有 18 个畲族自治乡(镇),总面积 772.7 平方公里,分布于杭州、温州、金华、衢州、丽水市的 13 个县(市),它们分别是:杭州市桐庐县莪山畲族乡,温州市平阳县青街畲族乡,苍南县凤阳畲族乡、岱岭畲族乡,文成县西坑畲族镇、周山畲族乡,泰顺县司前畲族镇、竹里畲族乡,金华市武义县柳城畲族镇,兰溪市水亭畲族乡,衢州市龙游县沐尘畲族乡,丽水市老竹畲族镇、丽新畲族乡,遂昌县三仁畲族乡,松阳县板桥畲族乡,云和县安溪畲族乡、雾溪畲族乡,龙泉市竹垟畲族乡。各级政府结合各地实际情况,对各畲族乡(镇)在政治、经济、文化、社会等方面采取了优惠政策,扶持、帮助畲族乡(镇)各项事业的发展,对保障散居少数民族的平等权利,促进经济社会各项事业更快发展,增强民族团结,都起到了积极作用。

(曾林平 执笔)

74. 龙港人建起"中国第一座农民城"

　　2008年,由浙江在线与《钱江晚报》社共同发起的"海选·30年30事——浙江各地最解放思想的事",经过2个月的评选,"农民造出'中国第一座农民城'"赫然上榜。人们再一次回望那一段荡气回肠的往事。

　　20世纪80年代初,改革的春风吹醒了浙南大地,鳌江沿岸的农民迅速活跃起来,他们想方设法采购原料、没日没夜加班加点、不辞辛苦推销产品,一个个专业户、万元户如雨后春笋般冒了出来。

　　新富起来的农民要进城,要跟城市人一样有现代化的生活,特别是要有能让他们发展的平台,迫切需要方便的交通、灵通的信息和高效益的生产集聚地。但按当时的国情,不可能让他们都到城里去。新城镇建设呼之欲出。

　　机遇出现于人们的切盼中。1981年6月,苍南县成立了。新成立的苍南县委、县政府充分认识到开发新港口和建设新城镇是全县人民的当务之急、人心所向。建镇前的龙港,只有五个小渔村,一条老街、若干农舍和一片滩涂,其核心村庄原名方岩下。民谚说:"方岩下,方岩下,只见人流过,不见人住下。"但方岩下一带具有良好的港口条件、较大的经济腹地、较好的水源条件和用地条件。因此,县里决定,在沿江乡和龙江乡的接合处,即方岩下至下埠一带,开发全县的物资集散基地,建设现代化城镇。在城镇未建立前,先进行港区建设。这个方案迅速上报温州市委、市政府。

　　1982年4月9日,温州市人民政府批准成立苍南县沿江港区,8月改名为龙江港区。港区的建设者们,筑码头,建仓库,"三通一平",办公大楼和营业大楼所在地就是龙江港区的中心。龙港镇由此奠定了基础。

　　1983年下半年,港区领导携带经县、市同意的《关于建立龙港镇的报告》专程赴省请示。新镇取名"龙港"是"龙江港区"的缩写,既符合当地的历史、地理状况，又体现了"以港立城、城港共兴"的建港方针。

10月12日，省政府《关于同意苍南县建立龙港镇（为县直属镇）的批复》下达，批准将龙江公社的金钗河、江口、下埠和沿江公社的方岩下、河底高五个大队划归龙港镇管辖，镇人民政府驻地方岩下。

龙港镇在人们的企望中诞生了。

但要兴建一个新城镇谈何容易。几万人潮水般地涌进城镇，要水、要电、要道路、要市场、要教育、要医院……这个繁杂的系统工程建设，无一不需要资金开路。

国家投资？国家不可能给龙港镇大笔投资。靠引进外资？龙港暂时还不具备这样的条件。

1984年6月的一天深夜，龙港镇委会议室灯火通明，会议由陈定模主持。这位主动请缨，要求到龙港任职、开创新局面的镇委书记，到任方数日。经过多方面的分析、考虑，大家一致认为解决城建资金的出路只有靠群众集资。

但靠什么去集资呢？陈定模把眼光瞄向了土地。他看到过一份材料，1936年上海南京东路的地皮大拍卖，每亩售价100万大洋。他大胆设想：土地能不能成为资本？在现阶段可否把土地作为一种特殊商品，统一规划、统一开发、统一经营？在当时，这可是一个无人敢触碰的"禁区"！

为使土地能够合法地生出建设资金，陈定模钻到经典著作里寻找答案。终于在马克思关于地租和级差地租的理论中找到了根据。他把这个设想告诉了副镇长陈林光，陈林光和镇委们都表示支持。

镇委会议决定，采取收取公共设施费和劳动力安置费的形式，进行土地有偿转让。将批准给个人建房的土地，按地段好差，分为六个等级收取费用。这在新中国，属于极具风险的创举。

有偿使用土地得到上级批准后，龙港镇委、镇政府当即多渠道地安置失去了土地的劳动力：一些有条件的企事业单位，通过考核，录用小部分；镇里兴办的村镇企业，安排一部分；90%以上的劳动力自谋生路，每亩地一次性付给劳动力安置费五千元。开始时，村民思想不通，经反复工作，说明搞城镇建设是增加劳动力就业的机会，只要城镇建设好了，劳动力不怕没有出路。改变现状、脱贫致富的承诺得到了大多数村民的认同。这不但保证了征地、城建的顺利进行，而且绝大多数劳动力都积极自谋生路，务工、经商、搞运输、跑供销、开办服务业，促进了龙港产业结构的多样化。

土地"禁区"的突破，破天荒地为农民进城建房开辟了一条广阔的渠道，但户粮问题又是一个"禁区"。中国居民户籍历来是划分为"农业"和"非农业"两大类,从前者到后者,就是一道厚实的闸门,把农村与城镇严格地隔离开来。

中共中央[1984]1号文件,允许农民自理口粮到集镇落户,在这堵铜墙铁壁上开了一个出气口。龙港当即以户籍制度松动为契机,鼓励农民离乡别土,欢迎先富起来的农民迁入龙港,成为自理口粮的常住户口。其具体办法是,进城农民将农村的承包地转包给别人耕种,将户口迁入龙港镇,口粮自己解决,国家不予供应。农民进城务工经商,安居乐业,既不会增加国家负担,又有利于城镇户口管理。1984年下半年,有2147人自理口粮迁入龙港镇。至1991年,龙港镇自理口粮户达6067户,2.71万余人,占人口总数的57.3%。一批又一批农民告别了乡村,离开了土地,迁入龙港,开始了没有国家"包"下来的生活,自谋职业,自理口粮,自建住宅,自办教育,自费医疗,自购副食品与燃料——自我生存,自我发展。改革开放将这些世世代代以土地为生的人抛入市场,迈出了虽然艰难,但具有历史意义的一步。

建设需要大量人才,龙港镇委、镇政府开始多渠道宣传龙港镇。1984年7月14日,《温州日报》第一版《龙港镇也来了一个对外开放》的文章,欢迎各路能人到龙港建镇办厂经商。镇委公布了八条优惠政策,他们"用农民城镇农民建"的思路,吸引大量的人才共同开发建设龙港镇,"人不分东西,地不分南北,欢迎大家进龙港"。

龙港镇建立了专门的办公室,简化进城手续。并组织了40多人的宣传队,分四个组先后到全县12个区镇宣传龙港的地理优势、发展前途和优惠政策,发动先富裕起来的农民进城。

江南三区首当其冲。腰缠万贯的专业户、重点户,经宣传队的鼓动,很快形成了一股"龙港热",争先恐后跑到龙港建房落户。"龙港旋风"席卷全县,人们以能到龙港建房为荣。能不能进龙港,一度成为当地人衡量能力与财富的标志。

龙港像过节一样,人流如潮。镇政府里,走进一批又一批带着疑虑又充满好奇的农民,工作人员一次又一次地回答内容相同的问题,从早上七点到晚上九点,忙得不可开交,一下批了5000多户。1984年12月31日,是缴付建房地价款期限的最后一天,人们争着把一大捆一大捆的钱往柜台塞。天黑了,办公室外面还有那么多人站着,镇委不得不临时决定:加班加点,连夜收款,直到全部收完。汇总一算,共收地价款900万元。龙港镇一夜之间搬来个"建设银行"。

在龙港城建规划中,需要拆除村民旧房100多间。消息传出后,那些祖祖辈辈居住在这块土地上的农民反响强烈。镇长陈萃元带着龙港规划图挨家逐户做工作,合理的政策,美好的前景使失地农民看到了希望、得到了实惠,仅仅用了9天时间,166间旧房全部拆光。

进城农民越来越多,基建规模越来越大。1985年高峰时,全镇有3000多间房子同时在建。参加城建的有来自各地的37支工程队,4000多个木匠、泥水匠,2000多个杂工,加上建房的主人,每天上工地的有一万余人。红砖、石块、砂土、钢筋、木材等建筑材料,堆积如山。至1986年底,建成公用、民用房屋总建筑面积102万平方米,城建总投资1.9亿元。其中私人住宅13236间,建筑总面积56万平方米。

3年,奇迹般地崛起了"中国第一座农民城"。镇区占地1080亩,全县的经济中心也同时在龙港建成。所有的工程项目都公开招标承包,一幢造价20多万元的十开间四层楼房,从奠基到落成,绝不超过三个月。进港公路全长5.1公里,还有一个轮渡要建,从破土动工到通车,只用了两个月。每天,都有新的房子竣工,有新的道路在延伸。

公共设施配套之快,令人瞩目。只要是一个城镇所应有的设施,包括水厂、菜场、医院、学校,都在极短时间内建成,三个中小学和一个幼儿园在一年之内交付使用。

经济步伐,更让人眼花。不过600天时间,除了一些全民和县属集体企业外,镇办企业发展到113家,家庭工业和个体商业1000多家。转眼间,100吨级的码头已有四个,500吨级的有2个,到上海等地的沿海客运航线开通。

1985年4月30日,省委书记王芳率队到龙港调查研究。王芳说:搞经济建设,要有战略眼光,按客观规律办事。龙港是苍南县的经济中心,这里是真正地在干事业,要大力宣传龙港,推广龙港经验。

党中央、国务院领导人,各路媒体、专家,纷纷到龙港视察。李瑞环连声说:"了不起!"乔石称赞龙港人物质建设搞得好,精神文明建设也很好。万里高兴地说:"龙港建设搞了这么一大片,真令人鼓舞啊!"田纪云题词:"群众集资、建设城镇、有利四化、富裕人民。"

如今的龙港,已是温州市和浙江省的经济强镇,浙江省教育强镇,浙江省文明镇,全国小城镇建设示范镇,全国群众体育先进镇,浙江省体育强镇,全国小城镇综合改革试点镇,联合国可持续发展试点镇。

(王祖强 执笔)

75. 浙江走出奥运冠军(1984—2008)

在 1984 年中国体育代表团重返奥运大家庭及其后连续参加的七次奥运会中,吴小旋、楼云、吕林、罗雪娟、朱启南、周苏红、占旭刚、孟关良、江钰源等 9 名浙江选手先后夺得 12 枚金牌。另有杜剑平、郑雄鹰及陈亮亮、蔡长贵先后共荣获 8 块残奥会金牌。

他们为国争得了荣誉,同时也是浙江人民的骄傲。

1984 年中国体育代表团首次参加的美国洛杉矶第 23 届奥运会上,中国射击女运动员吴小旋以 581 环的总成绩勇夺奥运会女子小口径标准步枪冠军,成为中国第一个女子奥运冠军,同时她还获得了女子 50 米气步枪铜牌。吴小旋,1958 年 1 月 26 日生于浙江杭州。少年练习射击,1979 年四运会上以 386 环的成绩打破女子气步枪全国纪录。1981 年入选国家队。1982 年代表男子参加第 9 届亚运会,以 584 环的成绩获气步枪冠军并创亚洲纪录。洛杉矶奥运会后继续书写辉煌,1988 年在全国比赛中平女子小口径步枪 60 发卧射世界纪录。突出的成绩让吴小旋获得一系列荣誉:1984 年获国家体育运动荣誉奖章,当选全国十佳运动员、新中国成立 35 年来杰出运动员和"三八"红旗手。并担任第六、七届全国人大代表。1991 年,吴小旋赴美国留学、工作。2009 年,吴小旋重返杭州定居。

有"跳马王"之称的楼云,在第 23 届洛杉矶奥运和第 24 届汉城奥运会上连夺两枚跳马金牌,创造了体操史上的一个奇迹。楼云,祖籍诸暨,1964 年 6 月 23 日生于杭州市。从小喜爱运动,1977 年 5 月进国家队,1982 年获第 9 届亚运会跳马冠军,1983 年获第 22 届世界体操锦标赛男子团体冠军和个人双杠冠军。1987 年在第 6 届全国运动会上,独揽全能、跳马、体操、双杠四个冠军。1987 年在荷兰举行的第 24 届世界体操锦标赛中,先后两次获自由体操、跳马金牌。在长达 16 年的体操生涯里,楼云夺得过 40 多个跳马冠军,其中包括三次世界冠军,无愧"跳马王"之美誉。1984 年、1987 年楼云两次获国家体委颁发的体育运动荣誉奖章;1987 年、1988 年两次被评为全国十佳运动员;1989 年被评为建国四十年来杰出运动员。1987 年当选第七届全国人大代表。退役后经商。

1992 年,在巴塞罗那举行的第 25 届奥运会上,吕林与队友王涛合作获男子双打金牌,为处于低谷中的中国乒乓事业赢得了宝贵的荣誉和重要转机。吕林,浙江台州温岭人,1969 年 4 月 6 日出生,6 岁学打乒乓球,正手直板弧圈球打法。1988 年入选国家队,1989 年在第 16 届匈牙利乒乓球锦标赛中,与王涛配合夺得双打冠军,后成为国家队团体主力成员。当时,以瑞典为代表的欧洲乒乓强势崛起,中国队连续几届丢失男团及男单冠军。为重铸辉煌,制定了以男双为突破口的战略,吕林和王涛承担了这一重任。1991 年在第 41 届世界乒乓球锦标赛中,吕林与王涛获双打亚军,1992 年勇夺奥运会冠军。中国乒乓运动从此重回世界巅峰。1992 年和 1995 年两度当选全国十佳运动员,1993 年被选为第八届全国人大代表。吕林退役后任国家乒乓队教练多年,2006 年返回家乡,出任浙江省体育技术职业学院小球系主任。

2004 年雅典第 27 届奥运会游泳馆内,半决赛成绩平平的罗雪娟于决赛大爆发,后来居上,将金灿灿的 100 米蛙泳金牌挂在了胸前。这一幕成就了罗雪娟职业生涯最辉煌的瞬间。罗雪娟,1984 年 1 月 26 日出生于杭州,少年成名,2000 年 16 岁参加悉尼奥运会获女子 200 米蛙泳第八名。2001 年的日本福冈世锦赛,罗雪娟荣膺女子蛙泳 50 米和 100 米双冠王,终结了中国游泳长达 5 年的世界大赛无金史。2003 年世锦赛,罗雪娟蝉联女蛙 50 米和 100 米金牌,更率领中国混合泳接力队斩获女子 4×100 米接力冠军,"蛙后"美名不胫而走,成为中国游泳新一代领军人物。2003 年巴塞罗那世锦赛,再获 50 米、100 米蛙泳、4×100 混合泳接力冠军,并以 1 分零 6 秒 80 创女子 100 米蛙泳亚洲纪录和全国纪录。2007 年 1 月 29 日,23 岁的罗雪娟正式退役,继续完成北京大学学业。

2004 年雅典第 27 届奥运会上,中国射击选手朱启南斩获男子 10 米气步枪金牌的奇妙镜头,长时间为人们津津乐道。朱启南,浙江省温州人,出生于 1984 年 11 月 15 日。射击天赋出众,训练刻苦。2003 年他从诸多年轻选手中脱颖而出,连夺三项全国冠军:全国射击系列赛第二站即团体赛男子 10 米气步枪冠军、全国射击冠军赛男子气步枪冠军、第五届长沙城运会男子 10 米气步枪个人冠军。被视为中国男子射击的希望之星。朱启南不负众望,2004 年摘得泰国世界杯射击赛男子 10 米气步枪金牌,同年再获奥运会冠军。雅典奥运会后,朱启南继续活跃在射击场上,在 2007 年泰国曼谷世界杯总决赛(步手枪项目)上第二次夺得总决赛冠军。2007 年武汉城运会男子 10 米气步枪比赛,以 703.7 环超世界纪录 0.6 环的总成绩卫冕,并打破全国纪录。2008 年,国际射联世界杯男子 10 米气步枪冠军、射击世界杯意大利站 10 米气步枪冠军。

2004 年,雅典第 27 届奥运会的排球决赛争夺异常激烈,中国女排力克俄罗斯队摘金,担当接应二传的主力队员周苏红功不可没。周苏红出生于 1979 年 4 月 23 日,1990 年 11 岁时进入浙江省长兴县少体校训练排球,1994 年选入浙江省女排队,1996 年被国家青年队看中,两年后入选国家女排,从此身披国家女排战袍南征北战十多年,并长时间兼任女排队长,为中国女排辉煌时代的参与者和见证人:1999 年世界女排大奖赛总决赛第三名、亚洲锦标赛冠军;2001 年世界女排大奖赛总决赛冠军;2002 年世界女排大奖赛总决赛亚军;2003 年世界女排大奖赛冠军、亚锦赛冠军、世界杯冠军;2005 年世界女排大奖赛总决赛季军;2005 年瑞士女排精英赛亚军、女排大冠军杯赛季军。2008 年北京奥运会,周苏红以队长的身份带领中国女排夺得铜牌。

举重运动员占旭刚是位一人摘得两枚金牌的传奇人物。1996 年亚特兰大第 26 届奥运会上,他连破抓举、挺举和总成绩三项世界纪录,夺得该项目冠军。1998 年国际举联实行新的男子举重级别后,占旭刚由过去的 70 公斤“升级”到 77 公斤级,面对极大考验。2000 年悉尼第 27 届奥运会 77 公斤级决赛中,占旭刚完成不可思议的“大逆转”,将金牌揽入囊中。占旭刚,1974 年 5 月 15 日生于浙江开化,1987 年入选浙江省举重队,1994 年进国家队。1994 年世界青年举重锦标赛上一战成名,获 70 公斤级抓举、挺举和总成绩三项冠军,并以 183 公斤的成绩打破挺举世界纪录。1996 年亚洲举重锦标赛上以 160.5 公斤的成绩打破 70 公斤级别抓举世界纪录,1999 年第 31 届亚洲男子举重锦标赛 77 公斤级挺举比赛中,以 206 公斤的成绩打破 205.5 公斤的世界纪录。占旭刚退役后任浙江省体育局举重中心主任。

中国皮划艇静水项目运动员孟关良与搭档杨文军两夺奥运金牌的故事,堪称奥运史上的一段传奇。孟关良,1977 年 1 月 24 日生于浙江绍兴的一个船工世家中。1994 年开始练习皮划艇运动,同年入专业队,一年后成为国家队成员。手臂力量强大的孟关良在 1997 年八运会中赢得了男子 C1-500 米与 C1-1000 米项目的两枚金牌。为了摘取奥运会 500 米双人划艇金牌,2003 年外籍教练马克将两名中国最好的单人划艇选手组合成“金牌搭档”。他俩克服了意想不到的困难,在 2004 年雅典第 28 届奥运会上以 0.072 秒的微弱优势,赢得男子 C2-500

米双人划艇金牌。该面金牌是中国奥运史上的首枚皮划艇项目奖牌。之后孟关良一度退役，但为了实现2008年在北京夺冠的梦想，他与杨文军再度联手出山，最终在北京蝉联C2-500米双人划艇金牌。孟关良正式退役后，出任浙江省体育局水上运动中心主任。

2008年北京第29届奥运会上，浙江小将江钰源作为中国体操女子团体队成员，荣获女子体操团体冠军。江钰源，1991年11月1日出生，2000年进入浙江体工大队，2004年进入国家二队，2006年入选国家队。在名师的指导下，江钰源勤学苦练，水平迅速提升，尤在全能方面显出优势。入选北京奥运会女子体操团体队的竞争异常激烈，江钰源凭着实力最终跻身其中，为女子团体摘得金牌贡献了一份力量。北京奥运会后，江钰源只休息了一天即恢复训练，在随后的体操世界杯总决赛上，在高低杠项目中摘得银牌。

在2008年北京残奥会男子自由泳S3级的比赛中，杜剑平以1分35秒21的成绩获得了金牌，并打破了该项目的世界纪录，为中国残奥代表团夺得首枚金牌。对杜剑平来说，这已是他参加残奥会的第四块金牌了。2004年雅典残奥会上，他在游泳比赛中曾创造过3金3银的奇迹。杜剑平，浙江金华人，出生5个月时因得脑炎留下后遗症，但他在母亲的鼓励下养就了积极的人生态度。参加游泳训练后，经教练陈雄丰的指导练成了一种独特的泳姿——单手在泳池中犁开漂亮的水线，就像是一条箭鱼向前飞驰，被游泳界称为"剑平式"泳姿，由此称雄男子自由泳S3级泳坛。他先后被授予全国五一劳动奖章、中国青年五四杰出贡献奖章、第十二届残奥会中国体育代表团优秀运动员、浙江省劳模等荣誉称号，还当选为金华市政协常委。

浙江选手郑雄鹰作为中国残疾人体育代表团女子坐式排球队主力，于2004年雅典残奥会和2008年北京残奥会上，连续两次获得金牌。浙江选手陈亮亮和蔡长贵在北京2008年残奥会上，作为中国残疾人体育代表团盲人门球队主力，站上了冠军领奖台。

（徐斌 执笔）

76. 宁波创立经济开发区、保税区

　　宁波经济技术开发区创建于改革开放后的 1984 年,是中国建区最早、面积最大的国家级开发区之一,也是浙江建立的第一个经济技术开发区。1992 年建立的宁波保税区,是当时中国大陆开放层次最高、自由度最大的对外开放区域,也是浙江省 2008 以前唯一的保税区。宁波经济技术开发区和保税区的创建与发展,凝聚了中国改革开放总设计师邓小平对宁波的关怀和支持,享受了中国改革开放所带来的巨大优越,促进和带动了全省经济开发区的建设与发展。

　　宁波位于中国大陆海岸线中段、经济发达的长江三角洲南翼,毗邻上海、杭州。自古以来就是一个有着对外开放传统、商业贸易发达的沿海港口城市。但建国后,由于宁波地处东南前线,加之受"左"的思想干扰,社会经济发展一直徘徊不前。1978 年党的十一届三中全会以后,特别是进入 80 年代中期,邓小平的决策为宁波提供了开发开放的历史机遇。

　　1984 年 3 月,国务院决定开放包括宁波在内的 14 个沿海港口城市。之后,宁波被批准为全国十大计划单列城市,享受省一级经济管理权限。10 月,国务院又正式批准建立宁波经济技术开发区,成为继大连、秦皇岛之后,全国第三个国家级开发区。

　　1984 年底,宁波经济技术开发区管委会和北仑区政府同时成立。宁波开发区的范围为北仑区小港镇域内 3.9 平方公里的沿海区域。建区初期,以小港联合开发区域的开发建设为重点,进行"六通一平"基础设施建设,逐步满足了兴办工业项目的需要。实行多项配套改革,保障投资者合法权益,初步形成了良好的投资软环境。1986 年 12 月,国务院批准宁波开发区的规划面积扩大到 70 平方公里,为当时全国面积最大的国家级开发区。

　　为进一步促进宁波的对外开放,1992 年 11 月 19 日, 国务院批准正式建立宁波保税区。这是一块享有"免税、保税、免证"等特殊政策,以出口加工、国际贸易、保税仓储为主体功能,属于当时中国大陆开放层次最高、自由度最大的对外开放区域,也是浙江省唯一的保税区。

建区初期,正值邓小平南方谈话之后,宁波保税区的创业者们在一没有经验、二没有足够建设资金的情况下,借改革开放机遇和区域功能政策优势,按"一次规划、分步实施、滚动发展"的建设思路以及政府引导、市场开发的建设模式,艰苦创业,摸索前进,构筑了第一批基础设施,引进了第一批工业项目。1997年6月,市政府确定了宁波保税区管委会职能配置和人员编制方案,宁波保税区的发展驶入正轨。

2002年6月,国务院批准设立宁波出口加工区,规划面积3平方公里。2004年8月,国务院又批准宁波进行区港联动试点,设立宁波保税物流园区,规划面积0.95平方公里。通过土地置换、功能区设立,区域开发面积从2.3平方公里拓展到6.25平方公里,区域功能进一步强化,辐射带动作用更加明显。宁波保税区建立了经贸服务中心、建设项目服务中心、外商投资服务中心和人力资源服务中心,推出了服务代理制、24小时服务制、限时服务制等制度,为企业提供全天候、全方位、全免费的服务。形成了"四园一中心",即电子信息产业园、半导体光电科技工业园、宁波国际软件园、留学人员创业园和现代物流中心。

经过20多年的艰苦创业,宁波开发区已具备了良好的软硬件投资环境,吸引了近40个国家和地区的投资,逐步建成了较为完整的现代化工业体系,形成临港大工业、机械装备制造业、光电产业、汽车及零部件制造业和现代服务业共同发展的格局。截至2008年5月,累计批准外资企业1416家,总投资210亿美元,合同利用外资105亿美元,其中千万美元以上的大项目365个,全球500强跨国公司已经在宁波开发区投资兴办了38个项目。

如今,宁波经济技术开发区已从昔日海边荒芜的小渔村,变成了欣欣向荣的现代化滨海城区,成为宁波市和浙江省的经济战略重心和新的经济增长点。2007年实现生产总值370亿元,完成财政一般预算收入70.1亿元,城镇居民人均可支配收入22307元。至2007年,开发区已连续6年在全省各级开发区综合评比中名列第一,是商务部评估中国最佳综合投资环境的5个国家级开发区之一。宁波经济技术开放区的建设与发展,进一步带动和促进了浙江全省各地经济开发区的建设和发展。

宁波保税区近20年开发建设也取得了令人瞩目的辉煌成绩,成为推动全省、全市对外开放和产业升级的重要引擎,综合实力和竞争力在全国保税区中名列前茅。截至 2006 年底，累计引进各类企业 6000 多家，注册资本 51.3 亿美元，其中外商投资企业 940 多家，投资方来自欧美、日韩以及中国香港、中国台湾等 60 多个国家和地区，投资额达到 53 亿美元，其中投资额 1000 万美元以上项目 93 个，发展成一个功能完善、经济繁荣、产业集聚、环境优美的经济贸易高地，成为全省全市对外开放桥头堡、电子信息产业核心区、现代物流集散地和体制机制创新的试验田。

与全国其他沿海地区相比，浙江省经济开发区的建设属于起步晚、发展迅速的省区之一。继 1984 年宁波经济技术开发区建立以后，从 1991 年开始，省政府相继确认了一批省级经济开发区。根据"突出重点，梯度推进，接轨浦东，发挥浙赣线、沪杭甬高速公路沿线和沿海地区区位优势"的原则，初步形成了以杭州、宁波、温州为中心，以国家级、省级经济开发区为先导，由沿海经济开放地区向全省辐射的全方位的对外经济开放格局，对外开放度明显提高。

浙江全省开发区建设和发展经历了一个从粗放型增长到宏观调控的发展过程。1999 年，全省掀起开发区和工业园区建设高潮，当年建有各类开发区(园区)758 个。有的县，乡乡都建开发区，一个县就建近 20 个开发区。有些地方为追求"气派"，热衷建设超大广场、超宽马路。严重的"地荒"，致使一批重点项目无法落地，全省开发区此时的亩均土地投资强度和产出率，都大大低于周边一些省市。而产业结构趋同，形成大量"孪生兄弟"，不仅造成资源的紧张和浪费，甚而自相残杀，或与他国产生贸易摩擦。开发区的粗放增长，严重制约了开发区的发展，也削弱了开发区在开放和体制改革方面的先导作用。

随着国家宏观调控政策出台，全省展开了开发区整治。截至 2005 年，全省各类开发区由 758 个减少到 134 个，规划面积由 4573.83 平方公里减少到 1116.09 平方公里。一批不符合开发区产业发展规划的企业撤出园区，把稀缺的土地资源腾出来，引进吃得少、产蛋多、飞得远的"新鸟"。2005 年全省共撤走或注销企业 1147 家，同时积极引进各类高技术含量、高附加值的项目 600 多个，形成了以主导产业为龙头，以生产、加工、仓储、物流为依托的"项目链"和"产业群"。这就是浙江首创的"腾笼换鸟"模式。

综合治理的结果，使各地开发区很快显示出先导的优势。众多开发区结合现有产业集群，纷纷建立研发中心，加大研发投入，促进新产品的开发。2005 年，全省开发区新产品销售收入和高新技术产品销售收入，分别为 118 亿元和 2489 亿元。开发区拥有自有品牌的企业明显增多，同时也加速了人才的集聚，全省开发区企业直接从事研究开发的人才近 6 万人，大专以上学历或高中级职称的高级人才28万人,专业技术人才23万人。各开发区还努力发展循环经济,降低生产能耗。通过技术、设备的改造和产品调整,坚持污染防治和生态保护并重,实现低投入高产出,极大地提高了资源利用效率。

截至2005年,全省建有国家级经济开发区8个,省级经济开发区57个。全省开发区实现工业产值6200多亿元,其中高新技术产值占近40%。实际利用外资40亿美元,实现出口240亿美元。不到全省陆域面积2%的开发区,年工业增加值已占全省的1/4强,出口额占全省的近1/3,直接利用外资额占全省一半以上。

（朱健 执笔）

77. "温州模式"的成名与争论

　　1985 年 5 月 12 日,《解放日报》刊登了题为《乡镇企业看苏南,家庭工业看浙南——温州三十三万人从事家庭工业》的报道,指出:温州农村家庭工业的发展道路,被一些经济学家称之为广大农村走富裕之路的又一模式——"温州模式"。该报评论员文章称,温州"这几年走出了一条发展经济、治穷致富的新路子,这条路子的独特方式,就是乡村家庭工业的蓬勃发展和各种专业市场的兴起。它同乡镇工业发达的长江三角洲地区相比,具有鲜明的不同特色……"。

　　党的十一届三中全会后,具有经商传统的温州农民开始了市场经济活动。面对商品短缺,群众对低档日用消费品的巨大需求,温州农民以家庭经营为基础,从小商品生产起步,建立了以家庭工业为支柱的各种经济组织。家庭工业的发展使温州农民找到了一条致富的路子。

　　但是,温州的探索充满艰辛。1982 年 4 月,中共中央、国务院作出《关于打击经济领域中严重犯罪活动的决定》。省委工作组进驻乐清县柳市镇,以"投机倒把"和"扰乱市场秩序"等罪名抓捕"八大王"。半年过去,温州经济下滑到低谷,市委、市政府的领导者不甘于才开始的改革开放脚步就此停滞。1982 年 12 月,温州市委、市政府召开"专业户"、"重点户"先进代表会议,为个私工商业"正名"。会后,全市农村闻风而动,再一次兴起了家庭工业热潮。1984 年,中央一号文件,提倡在农村发展商品生产。广大干部群众逐步消除了顾虑,市场经济活动全面活跃。这一年,温州被列为全国 14 个沿海对外开放城市之一,广大干部与群众精神更为振奋,思想更为解放。到 1985 年,全市农村家庭工业户达 13400 户,农村工业总产值 21 亿元。家庭工业的从业人员达到 30 多万人。但鉴于当时政策上尚存在种种限制,家庭企业多采取挂靠集体企业的名义。

　　温州在发展家庭工业的同时,大批专业市场应运而生。为解决家庭工业产品的销路,温州开放和创建了一批农副产品和工业品市场。一些市场的建立有着传奇的色彩,至今被人们传说。1979年底,永嘉桥头镇的叶氏兄弟在苏州弹棉花时,在路边垃圾堆发现大量被丢弃的纽扣,原来旁边是一家纽扣厂的仓库,大堆大堆的残次纽扣被当作废料卖掉。哥儿俩买了几袋,拿回老家桥头镇石板桥边试着卖。谁知竟有很多人来买。三年以后,桥头镇桥西街的每一个店面、每条小巷都被纽扣扭在一起。大名鼎鼎的桥头纽扣专业市场,也即中国第一个小商品批发市场,就这样诞生了。至1983年底,温州形成了"十大专业市场",它们将温州村镇商品经济推向了第一个高潮。1984年,全市城乡市场发展到393个,其中专业市场135个,还出现了资金、劳务、信息、技术和生产资料等市场,沟通了全国的流通渠道。

以商促工,以工带商,温州的专业市场和家庭工业互相依托,成为温州经济发展的"两个轮子"。两者的发展又带动了运输、金融和服务业等第三产业的发展,促进了小城镇的崛起。1978年,温州还只有18个建制镇,至1985年,发展到83个。渐渐地,温州的家庭工业开始向建制镇的园区集聚,人口向镇区集中。

温州以个体经济为主,通过发展家庭工业和兴建专业市场的方式发展非农产业,"村村点火,家家冒烟,全民皆商",走出一条独特的发展路子。"以家庭经营为基础、以市场为导向、以小城镇为依托、以农村能人为骨干"为基本特征的"温州模式"初露端倪。此时,中国高层和一些研究人员也在思考实行了农业生产责任制、农民的温饱解决之后,如何进一步发展农村商品生产,安排剩余劳动力的问题。温州的发展引起了全国的关注。

1984年底,经济学界有人提出了"温州模式"这一概念,1985年5月12日,《解放日报》首次运用了"温州模式"这一名词。

20世纪80年代中期前后,国内形成了一个研究和讨论"温州模式"的高峰。他们对"温州模式"褒贬不一、誉损参半。争论的焦点在于,公有制是不是占主体,因为这关系到姓"社"姓"资"的问题。当时,对温州这种发展模式持怀疑和否定的居多。但温州发展模式得到了浙江省委的支持,在1984年12月召开的省委七届二次全体(扩大)会议上,省委认为温州的发展是符合本地和浙江实际的。1986年,浙江省委书记王芳在《红旗》杂志第三期上发表文章认为,温州农村商品经济发展的新路子,总的说来,是符合社会主义方向的。它对于振兴农村经济,促使广大农民尽快地富裕起来,产生了显著作用。

温州的发展和对温州发展方式的争论引起了中国最高层的关注。1985年底至1986年上半年,国务院总理赵紫阳、副总理万里等党中央、国务院及其有关部门的领导纷纷来温州考察,他们大都对"温州模式"持肯定态度。全国政协副主席费孝通考察温州后,首次形象地把温州农村经济发展的基本特点概括为以商带工的"小商品,大市场"。于是,"小商品,大市场"便成为"温州模式"的一种颇具影响的经典表述。

1987年9月,温州被国务院列入全国首批农村改革试验区之一。中心任务是,"探索一条主要依靠群众自身力量发展社会主义商品经济的新路子"。其重点是调整所有制结构和充分发挥市场机制的作用。同月,中国人民银行总行批准温州市为全国唯一的利率改革试点城市。温州市委、市政府积极探索以公有制为主导的多种经济成分、多种经营方式并存的经济格局的做法得到肯定。

试验区的建立,不但再次引来了从中央机关到各省、地(市)、县的政府官员、体改谋士和经济学家,参观考察的更是成千上万,一时间人满为患。为有利于温州市各级政府和人民集中精力开展经济改革,1988年,国务院办公厅下发了《关于各地立即停止到温州参观考察的紧急通知》。

然而,人们对于温州姓"社"姓"资"的争论还在继续,打击温州假冒伪劣商品,也成为20世纪80年代末90年代初国家经济生活中的一个重要事件。

1989年政治风波前后,对"温州模式"的争论更为激烈,评判的锋芒再次转入到"意识形态"。温州被一些人看作是"和平演变"的例证,对温州的所有制、雇工经营、购销员和分配关系等问题的争论也更为突出,并引来了党中央、国务院三次派调查组到温州进行调查。

对温州经济发展中各种问题的争论,给温州的改革和发展带来了巨大的压力。温州市委、市政府面对改革问题上的争议,始终坚持实践是检验真理的标准,没有因为出现不同声音甚至反对声音就轻易放弃试验。

温州再次成为党和国家领导人关注的焦点。在这段特殊的日子里,乔石、李瑞环、江泽民等党和国家领导人先后来温州视察,为温州的发展进行把脉。

1992年2月,邓小平在南方谈话中说:"计划多一点还是市场多一点,不是社会主义与资本主义的本质区别。计划经济不等于社会主义,资本主义也有计划;市场经济不等于资本主义,社会主义也有市场。计划和市场都是经济手段。"同年,党的十四大报告确立了中国经济体制改革的目标是建立社会主义市场经济体制。从此,围绕"温州模式"展开的、以姓"资"姓"社"为焦点的争论逐渐淡化。

而此时,温州完成了第一次创业,经济与社会发生了巨大的变化:形成了以公有制为主体的多种经济并存发展的格局,并创造了股份合作制等新型的企业产权制度;完成了原始资本积累,国民经济的综合实力大大增强,形成了国家、集体、个人和外资多元化的投资主体;形成了专业市场为基础,全国市场为目标,"小商品、大市场"的格局;发展了农村小城镇,大批农村劳动力向二、三产业转移,使农村与城市之间发生了结构的变化;产业结构从"一、二、三"变成了"二、三、一";造就了一批锐意改革、勇于开拓、大胆创新、积极进取、善于经营的企业家;人民的生活实现了由贫穷到温饱的历史性跨越。

(姜卫东 执笔)

78. 包玉刚捐建宁波大学

　　1985 年 10 月 29 日,在甬江之滨隆重举行宁波大学奠基典礼仪式,世界"船王"包玉刚和夫人、国务院副总理万里、浙江省省长薛驹等挥铲为宁波大学奠基培土。它意味着宁波将拥有自己的第一所综合性大学。

　　包玉刚,1918 年出生于宁波镇海庄市镇钟包村。少时在家乡中兴学堂上学。小学毕业后,随父亲到汉口和上海继续接受教育,曾在上海吴淞船舶学校就读。22 岁投身于金融界,曾先后在中央信托局衡阳办事处、中国工矿银行衡阳分行任职,后任工矿银行重庆分行经理。1945 年抗战胜利后,包玉刚到上海任市银行副总经理。1949 年全家移居香港,改行从事进出口贸易。1955 年他借款买进一艘旧船开始转营航运业。1972 年成立环球国际金融有限公司,出任董事会主席。因船队不断扩大,1975 年荣登"世界船王"宝座。到 1981 年,他的环球航运集团船只发展到 210 艘,2100 万吨,占到香港商船总吨位的一半。

　　1978 年,中国内地实行改革开放,主动向世界敞开胸怀,吸引了一批海外游子回国参观、考察、投资。外经贸部顾问、包玉刚的表兄卢绪章邀请包玉刚回内地看看。1981 年 7 月 6 日,63 岁的包玉刚与 80 多岁的父亲包兆龙来到北京,受到了邓小平的接见。不久,在邓小平的支持下,包玉刚捐资 1000 万美元在北京建造了一座"兆龙饭店",邓小平亲自为饭店题写店名,还出席签约仪式,并为建成后的兆龙饭店剪彩。邓小平如此亲力亲为,就是要告诉所有"宁波帮"人士乃至全体爱国华人华侨:开放的祖国欢迎你们,报效祖国的大好时机到来了!

　　1984 年,宁波被列为沿海开放城市。如何发挥宁波的优势加快发展?中央领导极其关心。1984 年 8 月,邓小平在北戴河听取当时主管对外开放工作的国务委员谷牧关于宁波情况的汇报时说:"宁波海外侨胞人数不多,但质量较高。要把全世界的'宁波帮'都动员起来建设宁波!"

宁波对外开放有两大优势,一是北仑港,一是"宁波帮"。邓小平的讲话精神传达后,有关领导立即着手联络"宁波帮"的工作。当时香港十大富豪中,"宁波帮"人士占三位,要想发挥"宁波帮"的优势,首先就要做好包玉刚的工作。宁波市委、市政府决定到香港拜访包玉刚,请他回家乡考察、探亲,其中的第一目标就是想请包玉刚在宁波建一所综合性的大学。

宁波早有建大学的构想。宁波历史悠久,文化积淀深厚。曾有人做过调查,1984年全国有36所高校的校长是宁波人,但宁波自己却还没有一所综合性大学。改革开放后,宁波市人大代表在人代会上多次建议创办一所综合性大学,宁波市政府也想过一些办法,但终因财力有限而难以付诸实施。

船王早年就读于家乡由"五金大王"叶澄衷捐资创办的庄市叶氏中兴学堂,家乡乡贤捐资兴学的事迹和"天下之利莫大于兴学"的理念,给了包玉刚以重大影响。1966年,包玉刚创办了环球航海学校,该校为包氏航运集团培养了1700多名技术和管理人才,成为船王问鼎国际航运业的中坚力量。

1984年10月,包玉刚回到了阔别四十多年的家乡。他在建议开发北仑港,搞水运中转,建造大型集装箱码头的同时,表示愿意帮助家乡办一所大学。

回宁波的第三天,包玉刚口头答应捐资2000万美元(当时换算成人民币约为5000万元)兴办宁波大学。在中英两国政府关于香港问题的签字仪式举行的前一天,即1984年12月19日,宁波市市长耿典华与包玉刚(时为香港基本法起草委员会副主任和咨询委员会召集人)在北京签署了《洽谈纪要》,洽谈的主要议题就是兴办宁波大学。包玉刚提出:宁波大学"一年内动工兴建,第二年就开始招收学生",这对宁波是一个严峻考验。1984年的宁波城建,国家投资基本没有,各方面基础也都非常薄弱,建一所大学所涉及的征地、政策、设计、土建工程以及更为棘手的师资队伍建设等等,都是难题。

邓小平非常赞赏包玉刚捐资创办宁波大学的义举。包玉刚在人民大会堂福建厅与邓小平单独会面时谈到,他要在宁波办一所大学。还提出请邓小平给宁波大学题写校名,邓小平欣然答应。

在邓小平的支持和关怀下,宁波大学的筹建工作顺利展开。校址选在了包玉刚故里——庄市附近。1985年10月29日,甬江之滨的宁波大学奠基典礼仪式隆重举行。同时,在国家教委的大力支持下,确定了由北京大学、复旦大学、中国科技大学、浙江大学、杭州大学五校对口援建宁波大学师资力量。1986年7月,宁波大学开学所需的校舍大体完成;7月25日,宁波大学教职工进驻新落成的大学校部;9月10日,宁波大学如期开学。来自华东五省一市的280名新生,跨进了崭新的校园。

包玉刚非常高兴:"广东有个深圳速度,宁波有个宁波大学速度。"同时,包玉刚还在许多场合提到"办好宁波大学要靠大家,我只是带了个头",呼吁其他宁波籍人士在宁波大学"也做个项目"。邵逸夫、包玉书、曹光彪、李达三、赵安中、汤于翰、顾国华、包陪庆、朱英龙等"宁波帮"人士,王宽诚教育基金会等都给予了大量捐助和支持。20多年来,共有60多位"宁波帮"人士捐资近4亿元人民币,帮助宁波大学建设了一批教学和科研大楼、造就了一支高水平师资队伍。

早在1985年,包玉刚就曾与英国首相撒切尔夫人商讨,如何加强英国大学与宁波大学之间的合作事宜。宁波大学开学典礼上,包玉刚请来了英国首相撒切尔夫人的特使、教育次大臣华尔登。1987年10月,英国南安普敦大学与宁波大学正式建立了校际交流合作关系。这是宁波大学创办以来对外建立的第一个姐妹院校。目前,宁波大学已与加拿大、德国、法国、英国、美国、瑞典、澳大利亚、日本、韩国等国家的40多所院校建立了校际合作关系,拥有国家教育部指定的中国政府奖学金公派来华留学生招生资格。

自1985年10月亲手为宁波大学奠基以来,包玉刚几乎年年都要来宁波大学。对于学校日新月异的发展和同学们的出色表现,他感到满意。为了改善学校的体育设施,1989年10月底,他捐资500万港元修建风雨操场和室内游泳池,并命名为"宁波大学体育中心"。1990年10月,他捐资630万元人民币,用于兴建宁波大学图书馆。

1991年9月23日,一代"船王"在香港病逝。

1992年9月30日,宁波大学包玉刚图书馆、体育中心落成典礼和包玉刚铜像揭幕仪式隆重举行。江泽民为包玉刚纪念厅题词:"爱国爱乡,造福桑梓。"

包玉刚病逝后,包氏家族对宁波大学的发展一如既往地关心和支持。1994年,包陪庆、包陪容、包陪丽、包陪慧共同捐资500万元人民币,建造宁波大学5号教学楼。1995年,包陪庆在世界著名的加拿大麦吉尔大学设立奖学金,用于宁波大学青年教师出国进修、攻读博士学位,并促成两校的校际合作交流关系。1998年4月,包玉刚的胞兄包玉书与包陪庆再次捐资420万元人民币,助建宁波大学4号教学楼。包氏家族共捐资助建了6幢教学楼,均为宁波大学的标志性建筑。

宁波大学的建成,是宁波教育史上的里程碑。经过20多年的建设和发展,2008年的宁波大学占地2700余亩、校舍建筑面积达29万平方米,拥有19个学院、69个本科专业、56个硕士点,有本科生2.45万名、研究生2000余名、外国留学生 270 余名。2007 年 6 月,经国务院学位委员会的批准,宁波大学的工程、通信与信息系统和水产养殖三个学科专业被列为博士学位授权学科专业。学校还拥有藏书 300 万册,有六家附属市级医院,形成了比较完整的学科建设体系和优势特色的学科群。这所学科门类齐全的综合性大学,在地方经济社会发展中发挥着越来越重要的作用。

（朱健 执笔）

79. 徐传化、徐冠巨"一口大缸"起家

位于杭州市萧山区的传化集团企业陈列室,显眼处摆放着一口南方农村常见的大缸。它的主人徐家父子,靠这口有些陈旧的大缸和借来的 2000 元钱,从一个生产液体皂的家庭小作坊创业,发展成为跨越化工、农业、物流、投资四大领域的现代企业集团。

1985 年底,杭州萧山宁围镇徐家的小儿子、正在杭州某公司财务部当会计的徐冠巨, 突然染上了一种可怕的血液病——溶血性贫血。两个月就欠债 2.6 万多元,这对一个普通的农民家庭来说,无疑是一笔天文数字。为了还债,父亲徐传化抱着背水一战的心态,决定做生意,搞一个家庭手工作坊——做液体洗涤剂。起步是艰难的,没有反应锅,就用一口水缸来替代;没有锅炉,就用铁锅架柴烧;没有搅拌机,就用人工来替代。

创业初期,企业经营是徐传化说了算,但那时徐冠巨就开始担当重要角色。父子的基本分工是,徐传化负责对外工作,徐冠巨负责内务。1986 年,改革开放才开始不久,许多领域还有很多计划经济的残余,许多化工原料要通过熟人才能买到,而且量很小,父亲的采购和销售工作非常艰难。儿子一边养病,一边做企业内部的财务、管理、接待,还要学习新工艺,研究开发新产品。

1986 年 10 月, 徐传化父子设备简陋的家庭作坊诞生了。一开始因为资金少,他们只能晚上生产,白天用自行车驮着液体洗涤剂到各村各户去叫卖,再把卖来的钱购原料再生产, 如此循环往复。但事在人为, 徐家的生意越来越好,1987 年,销售额竟达到了 33 万元,利润超过了 3 万元。这一年,徐家不仅还清了债务,还成了当地的富裕户。更令人惊奇的是,徐冠巨的病原本很难治,但在那年却大有好转。

两年后,徐传化父子租用村里房子作厂房,扩大生产规模。徐家的一些亲戚

朋友也加入到生产和销售中来,家庭作坊演变为家族型企业。1989 年,他们的企业又向前跨出一步,向当地政府租用了 3 亩地,盖起了厂房,安装了锅炉。在继续拓展液体洗涤剂市场的同时,产品开始向印染助剂类扩展,企业规模继续扩大,职工人数增至几十人。徐传化父子的企业逐渐走上正轨。

就在徐传化推销液体洗涤剂时,萧绍一带的纺织印染企业迅速发展,绍兴柯桥的"中国轻纺城"开始崛起。徐传化在接触许多纺织印染企业中,得知当时的纺织印染厂用的助剂都是进口的,极其昂贵。仅有高中学历、在生产实践中学到大量化学知识的徐冠巨得到这个消息后,一头扎进了实验室,经过许多次试验,研制成功了纺织印染企业急需的"901"去油灵。这个产品,使"传化"从一个普通小企业逐渐走上了做强做大之路。从日化用品到化工助剂的延展,为传化集团的成功起到了奠基作用,成为"传化"进军纺织助剂及精细化工领域的先锋。

徐冠巨始终不会忘记创业伊始 2000 元买一勺"盐"的教训。当时,企业聘请了一位"星期天工程师",每周日来一次。这位工程师掌握着一种添加剂的秘诀,每次加一勺,液体皂就变得粘稠。市场份额的迅速扩大,仅靠在"星期日工程师"指导下生产的液体洗涤剂,已经不能满足市场的需求了,要想扩大生产,必须掌握使液体洗涤剂变浓变稠的"秘方"。徐冠巨向工程师求教。工程师说:给我 2000元,我就告诉你。这恰是徐冠巨当初起家的本钱,徐冠巨当机立断:成交,2000元! 后来徐冠巨才知道,这"添加剂"就是天天都吃的盐。2000 元买一勺"盐",成为徐冠巨在市场经济中接受的一次重要洗礼。徐冠巨总结:培养核心竞争力至为重要。"传化"已经成长为包括精细化工、日用化工、高科技农业、物流商贸四大领域的企业集团后,徐冠巨说:我现在缺的"盐"是国际先进的管理和技术,要买这勺"盐",就要用现有的资产和国际先进企业合资、合作。

外界对传化集团的了解几乎都和化工有关,但事实上,"传化物流"和"传化农业"两个项目,才真正体现了徐冠巨的超前和现代化风格。

1997 年,传化集团就开始组建为企业自我服务的"自备车队",运营成本颇高,"传化"又专门组建运输公司,经营费用还是居高不下。2002 年,正当物流业成为中国经济界热门话题,"第三方物流"概念红遍大江南北时,"传化"率先进入"第四方物流"。按徐冠巨的思考,需求者的购物活动是第一方物流,供应方的供货活动是第二方物流,供应方和需求方以外的物流服务业务则是第三方物流,而"传化"要培育物流企业的第四方物流,搞一个提供服务的物流平台。

2000 年,传化确定"公路港"物流发展战略。2002 年,萧山物流基地开建,

2003年4月正式投入运营。"航空有航空港,海运有海港,我们是基于公路网络的平台,所以叫'公路港'。"传化物流总裁姚文通说,"企业、物流公司、车队之间存在很多信息盲点。我们萧山基地做的事情,就是提供一个可以入驻几千辆车辆、几百家物流公司的平台,我们做好各项服务,让他们通过信息系统迅速找到合适的客户。按照几年来的数据,我们把传统的3天左右配货时间降到了6—8小时。"

至2008年底,在浙江传化物流平台上运行的物流企业有420多家,形成了40万辆的车源运输网络,每天进出传化物流基地的车辆达3000多辆,日承运货物量达3万—5万吨。传化还开通了100多个城市的货运班车,其中定期的零担货运班车有40多条。2008年萧山物流基地的营运收入已超过30亿元,每天从这里发出的货物价值超过1个亿。传化物流部门每年的增速是30%—50%,潜力巨大。

为了解决货运市场的诚信经营问题,传化公路港建立了诚信交易系统,对所有入场的车辆、司机进行认证,确保货运交易的真实与安全。通过信息化的运作,传化的数据库里有2万多家工矿企业,40多万辆社会车辆,另外还有与其他码头、港口和铁路干线的联系。

2009年5月20日,总投资15亿元、拥有5000个停车位的传化集团成都物流基地正式运营。

由传化集团运作的浙江省农业高科技示范园区,用自主创新和工业化手段发展农业高科技产业,用技术创新平台集聚科技企业,催生农业生物技术块状经济,引领农民在发展现代园艺产业中增加收入,为破解农业增产和农民增收这两道难题进行了大胆探索和实践。截至2007年底,"传化"农业园区累计向社会提供了1.65亿株穴盘苗,850万株蔬果嫁接苗,750万盆高档花卉,累计培训和售后服务农民23800人次,直接服务基地面积50万亩,间接服务面积188万亩,直接带动产值18.7亿元,累计带动农业产值70亿元。产业布局也由原来的杭州地区发展到后来的临安、山西大同、贵州贵阳、云南玉溪、四川成都、云南江川抚仙湖等。园区社会效益显著,赢得了各界的广泛赞誉。国家、各省、市、区领导多次到访园区,对园区工作予以指导,并高度肯定园区在发展农业科技,提高农业生产力等方面做出的卓越成绩。《人民日报》、《科技内参》、新华社等高端主流媒体多次报道园区,《科技日报》评价园区在破解"三农"问题上走出了新模式,是解决中国"三农"问题的"传化样本"。

2003年1月,42岁的徐冠巨在浙江省政协九届一次会议上当选为政协副主席。这是浙江省政协成立以来,首次由非公有制企业代表人士担任副主席。除此而外,徐冠巨还身兼浙江省工商联会长,浙江省总商会会长,十届全国政协委员,是民营企业家群体中耀眼的"政治明星"。

徐冠巨的很多政治功课大多是在企业内完成的。集团的品牌推广以及企业文化建设都有着深刻的政治烙印。在传化内部的机构编制上,不但党委、团委机构健全,集团在工会系统下还有"女工委",在党委这条线下还有一个妇联机构,其作用是专门关心女工的生育、健康,包括组织一些活动。"传化"的党建工作一直都是省内典范,目前集团的党员人数已由当初的 18 人上升到 200 多人,占到了集团总人数的 11%。"传化"党委的建立是全国民营企业建立党委的第一名,得到了国家最高领导人的批示。在传化集团内部一系列制度安排中,党委书记被纳入集团最高决策机构管委会。集团的每一项重大决策,在形成之前均需经过党委会探讨,并由党委书记在管委会上提出意见。另外,党委成员、党支部书记可参加总裁办公会议或子公司总经理办公会议,参与决策讨论与实施;而一般党员则能够享受"党员早知道"制度,集团的任何一项重大决策,都需在党员中先行酝酿、讨论。集团制定的《传化集团五年规划》、《中高级管理人员经营管理中的行为规定》、员工福利、困难职工帮扶基金等,都进行了党员民主听证。在人事制度安排中,党务工作者实行兼职制度。党委书记兼任集团副总裁及人力资源部经理,而其他党委成员在集团各管理职能部门也均有岗位安排。

身为"传化"董事局主席的徐传化还亲任传化艺术团团长,已义务到农村演 2000 余场。每次演出的开场锣都是他敲响的,然后便是伴奏,唱越剧时的主胡、唱莲花落时的琵琶、唱绍剧时的板胡都由徐传化演奏。休息时他和演员一样,站在舞台旁吃快餐。

传化集团能取得今天的业绩,因素固然是多方面的。但根本原因,一是党的改革开放好政策,二是地方党委、政府的关怀、支持和鼓励。没有适合传化集团成长的良好环境,企业不可能有今天。每次在企业遇到"风浪"的时候,在企业发展遇到困难的时候,传化集团都得到了党和政府的有力支持。20 世纪 80 年代末,社会上对该不该发展私营企业还有争论。在这样的大背景下,徐传化一家确实产生过不干的念头。关键时刻,宁围镇党委、政府把"传化"公司评为镇先进集体,把徐传化评为镇劳动模范。正是这"一朵大红花、一张大奖状",给了他们继续发展企业的信心和勇气。徐冠巨常说,如果当年宁围镇党委、政府没有这样做,很可能就没有今天的传化集团。

从制造液体肥皂出发,"传化"进入日用化工领域;从特效去油灵出发,"传化"进军精细化工产业。经过十多年快速稳健的发展,传化集团形成了精细化工、日用化工、高科技农业、物流与商贸四大核心产业,建有省级企业技术中心和国家人事部企业博士后科研工作站,拥有一家国家级高新技术企业、一家浙江省高新技术企业,成为资本运营与实业经营互动发展的现代企业集团。

（朱健 执笔）

80. 全国首家私人股份制"民间银行"
——温州城市信用社

  1986 年 11 月 1 日,温州人杨嘉兴等八人集资 31.8 万元,创办了全国最早的"股份合作制信用社"——鹿城城市信用社,被誉为全国首家私人股份制"民间银行"。

  温州是浙江民间金融业比较活跃的地方。早在 1984 年,一块白底红字的木质招牌"方兴钱庄",就挂在了钱库镇横街 29 号方家老宅门前。钱庄挂牌第二天,市农业银行上门"抗议",方培林不得不把招牌摘下来,转入地下。他心酸地自嘲:"新中国的第一家私营钱庄其实只见过一天的阳光。"不过,几乎从一开始,温州地方政府就对日以成势的民间金融奉行了默许、放任自流的"无为哲学"。钱庄没有了招牌,但其优惠的存贷条件和服务措施(如 24 小时营业),让钱庄生意兴隆。当时银行、信用社的月息是:活期存款 0.24%;5 年长期存款为 0.78%;贷款利率为 1.5%;民间高利贷高达 3%—5%;方兴钱庄的活期存款月息 1%,3 个月以上为 1.2%;贷款利率为 2%。这"中间利率"对存、贷客户都充满吸引力。开张不到一年的时间里,存贷款 2400 多人次,资金周转总额达 500 多万元。但在 20 世纪 90 年代前后,全国掀起的新一轮"姓资姓社"讨论中,温州经济陷入低潮,方兴钱庄自行关闭。

  在方兴钱庄创办的 1984 年,温州民间金融进入活跃期。由于民营钱庄的兴办依旧受到各种限制,一种被称为"抬会"或"排会"的信贷交易活动,悄悄地在温州各乡村开展了起来。资料显示,在 1985 年前后的温州,以这种方式进行流通的民间资金已超过了 3 亿元,成为当地私人企业发展最重要的资金动力。当时几乎所有的业主都从"抬会"中借贷或出贷过资金。

  1986 年,抬会发展成为一种疯狂的资金游戏,在巨大的利益诱惑下,连最老实保守的温州普通百姓都参与其中,终于酿成了"金融灾难"。在金融灾难顶峰的时候,苍南几十个讨债人拿着炸药包赶到一位会主家,逼迫他交出钱来,否则同归于尽;平阳两位会主被讨债者折磨至死;上百所小学被迫停课,原因是学生常常在路上被讨债的当作人质抓走;平阳县乡下数百名妇女步行数十里赶到县城游行,要求政府帮助讨回被骗去的钱。在短短 3 个月里,温州全市有 63 人自杀,200 多人潜逃,近 1000 人被非法关押,无数人倾家荡产。由于政府的积极处理,才让事态逐步平息。但此事的确反映出民间对资金的巨大需求。

1986 年,自办企业的杨嘉兴向鹿城区政府申请开办"银行"。当时,股份合作制信用社的融资方式,在许多人看来与民间的"抬会"相差无几,大有私人钱庄城市"升级版"的味道。所以,创办城市信用社,也颇费周折。虽然得到了区政府主要领导的支持,然而却被银行监管部门断然拒绝。尽管遭到了监管部门的拒绝,杨嘉兴还是行动了起来。10 月 15 日从工商行政管理部门拿到营业执照,并决定于 11 月 1 日正式开业。但人民银行温州支行即刻下发了"不准开业"的通知。杨嘉兴又遇到了另外一个困难,两位搭档疑虑重重地抽回了资金,一个老会计也决定退出。迫不得已,杨嘉兴找到了温州市委书记董朝才,得到他的支持,才得以顺利开业。

信用社开业的第一天就生意兴隆,市民成群结队排队存款,仅仅一天就吸收存款 30 多万元。鹿城信用社开业成了松台山、华盖山等地市民议论的热点新闻,有赞赏夸奖的,当然也有疑惑的:他卷款跑了怎么办? 这样的流言传到杨嘉兴耳朵里,他只好付之一笑:"我们办的股份制信用社是'全国第一家',多少双眼睛盯着啊! 所以,一定会严格自律,遵守国家金融政策法规把它办好。"

由于信用社以区街企业为主要服务对象,且实行浮动利率,服务灵活多样,因此业务拓展很快,开业第一个月就有个人储蓄 4300 户,收储 770 万元,第二个月上升到 8000 多户,收储 1514 万元。开业后第一年,温州鹿城城市信用社累计吸收存款 8000 多万元,发放贷款 6000 多万元,实现利润 100 余万元。

杨嘉兴创办股份制城市信用社为温州试验区的金融改革迈出了勇敢的第一步。到 1987 年 12 月温州市已有城市信用社 18 家,为规范经营,此时杨嘉兴又倡导成立了"温州市城市信用社协会"。其间鹿城信用社还公开向社会增资扩股,发行了总额 50 万元的信用社股票,其委托上海印钞厂印制的股票是新中国最早、最规范的股票。

温州在最敏感的金融领域所做的改革探索引起了国内外媒体的广泛关注,1987 年美国《纽约时报》记者爱德华·加恩来温州采访,并于 8 月 5 日发表了题为《温州人办起中国首家私营银行》的报道。之后,英国《卫报》、日本《朝日新闻》

以及国内的《人民日报》、新华社、《浙江日报》等几十家媒体纷纷前来采访、报道。一些中央领导、地方官员及国内知名经济学家也相继前来温州参观考察,他们称赞杨嘉兴是"金融体制改革的先锋"。

到 1994 年,温州城乡共创办了 51 家城市信用社和农村金融服务社,服务于个体工商户和民营、股份制合作企业,其中城市信用社个人直接或间接持股比例较高。据统计,到 1994 年,这 51 家机构存款余额 24.38 亿元,贷款余额 15.56 亿元,分别占全市金融系统的 12.3% 和 13.2%。同期,城市信用社逾期催款,占贷款余额的 2.61%,远远低于国有商业银行 10% 以上的比重。

1995 年,温州城市信用社组建改名为温州市商业银行。这家走过了十载的民间金融机构,以自己特有的方式帮助中小企业解决了创业初期的融资难题。

"两社一会",可以说将温州的民间金融推到了一个新的高度。1995 年是温州"两社一会"发展的转折之年。年末,这些机构在全市存贷款市场的份额达 20%。但也是在这年 12 月,发生了泰顺金鑫城市信用社挤兑事件,又延展为新中国第一起银行机构倒闭事件。事后调查发现,金鑫社账面不良贷款占贷款总额的 44%,10 个股东贷款高达 720 多万元,占贷款总额的 54%。清盘时,严重资不抵债。

金融监管当局对"两社一会"采取了分步骤的市场退出政策。温州"两社一会"的这一次清理整顿和市场退出显得更加彻底。从此以后,温州的民间金融陷入了长达 10 年的消沉期。

与温州相邻的台州,也是浙江民营经济比较发达的地方。2002 年,台州市政府为化解地方金融风险,以银座城市信用社为核心组建了全市第一家城市商业银行——台州市商业银行,其中政府股权只占 5%,这在全国是第一例。以后,泰隆城市信用社升级为浙江泰隆商业银行,浙江银泰城市信用社整体改建为浙江民泰商业银行。2004 年 6 月,由神力集团等温州九家著名民营企业发起组建的"中瑞财团"和由七家民营企业组建的"中驰财团"相继成立。

浙江民间金融几度沉浮。从 1986 年温州城市信用社成为全国首家私人股份制"民间银行",到台州市商业银行、浙江泰隆商业银行和浙江民泰商业银行的诞生,再到准民营银行中瑞财团、中驰财团的成立,浙江"草根金融"不断试水改革深水区。由于这些民间银行定位为中小企业服务,既有效打破了中小企业融资难的瓶颈,也打击了非法融资,既促进了民营经济的壮大,推动了金融业的发展,也在维护社会安定方面发挥了积极的作用。

2008 年 5 月 4 日,国家银监会、央行联合发布《关于小额贷款公司试点的指导意见》。7月15日,浙江省政府发出通知,启动小额贷款公司试点工作,9月至10月,小额贷款公司经审核、依法注册登记后即可正式开展业务。试点期间,原则上在每个县(市、区)设立1家小额贷款公司;列入省级综合配套改革试点的杭州市、温州市、嘉兴市、台州市可增加五家试点名额,义乌市可增加1家试点名额。以温州为例,该市的小额贷款公司首批试点可达16家。浙江是银监会、央行联合发布《关于小额贷款公司试点的指导意见》后,首个对此作出正式反应的省份。2008年10月,央行和银监会力推的小额贷款试点在温州正式启动,2009年4月10日,嘉兴市秀洲区首家小额贷款公司——嘉兴市秀洲区远方小额贷款股份有限公司开业,浙江的民间资本正在进一步向金融业迈进。

(俞红霞 执笔)

81. 鲁冠球获全国"五一"劳动奖章

　　1988年4月30日，中华全国总工会授予鲁冠球全国优秀经营管理者称号和全国五一劳动奖章。在此前后，他还获得过中国优秀企业家、全国劳动模范、中华人民共和国十佳工业企业经营者、乡镇企业十大功勋、中华十大杰出职工、国际杰出企业家等荣誉，几乎囊括了中国企业家的所有最高荣誉。他还先后担任中国乡镇企业协会会长，浙江省企业联合会、企业家协会会长。是中共十三大、十四大代表和第九、第十、第十一届全国人大代表。被誉为"中国乡镇企业界常青树"、"农民理论家"等。

　　鲁冠球出生在浙江萧山市宁围乡。父亲在上海工厂里做工，工资微薄，他和母亲生活在贫苦的乡村。初中毕业到萧山县铁业社当了个打铁的小学徒。

　　学徒生活使鲁冠球对机械设备产生了一种特殊的情感。当时宁围的乡亲们要走上七八里地到集镇上磨米面，很不方便。鲁冠球就和亲友商量，勒紧裤腰带凑了3000元，买了一台磨面机、一台碾米机，办起了一个没敢挂牌子的米面加工厂。那个年代是禁止私人经营的，米面加工厂很快被迫关闭。没过多久，鲁冠球又钻了"停产闹革命"的空子，在铁锹、镰刀都买不到，自行车也没有地方修的年月，挂起了大队农机修配组的牌子，为附近的村民打铁锹、镰刀，修自行车，生意越做越红火。

　　1969年，宁围公社的领导找到了鲁冠球，要他去接管"宁围公社农机修配厂"。这个所谓厂实际上是只有84平方米破厂房的烂摊子。鲁冠球变卖了全部家当和自己准备盖房的材料，把自己的命运押在了农机修配厂上。

　　1978年春，鲁冠球的工厂门口已挂上宁围农机厂、宁围轴承厂、宁围链条厂等多块牌子，员工达到了300多人。由于看到中国汽车市场开始起步，当年秋天，鲁冠球将工厂改名为萧山万向节厂（即今天万向集团的前身）。

在1980年的全国汽车零部件订货会上，虽被拒绝入场，但鲁冠球并不放弃，在会场外摆起地摊卖"钱潮牌"。可那些进进出出的汽车客商，连眼也不斜一下。鲁冠球想，怎么也该有人问个价吧？派人一打听，原来买卖方都在价格上"咬"着呢。鲁冠球一算："降价20%，也还有薄利。好！我们降价。"马上贴出降价广告。一连三天没人问的小地摊顾客蜂拥而至，"钱潮牌"质量不比订货会上的差，而且还比许多厂家好，价格最低，一下就过来了不少订货单、要货单。晚上回旅社一统计，订出210万元。

"钱潮牌"一炮打响，是鲁冠球的营销佳话，也使他的质量意识比同代人更早觉醒。就在这一年，鲁冠球在经济十分拮据的情况下，将价值43万元不符合标准的万向节，送往废品收购站。在全国万向节厂整顿检查中，他的工厂以99.4的高分居全国同行业之首，是全国仅有的三家万向节定点生产专业厂之一。

1983年，为了获得自主创业、自主经营的权力，鲁冠球用自家自留地里的2万元苗木做抵押，承包了萧山万向节厂，成为省内第一个实行个人风险承包的乡镇企业，并于1986年9月被国务院机电产品出口办公室批准为中国万向节出口基地。1988年，鲁冠球以1500万元向宁围镇政府买断了万向节厂股权。这一后来被称作"花钱买不管"的和平赎买，以承包制的形式获得了对企业的绝对控制权。从1980年至1989年，"钱潮牌"万向节效益年均增长达40%以上。1990年万向集团公司成为浙江省计划单列集团，鲁冠球任董事局主席。从这年开始，鲁冠球提出"大集团战略、小核算体系、资本式运作、国际化市场"的战略方针。"钱潮牌"万向节产品打开了日本、意大利、法国、澳大利亚、香港等18个国家和地区的市场。

1992年后，万向集团在跨国并购和金融领域实现了深层次的扩张。1994年1月，万向集团所属"万向钱潮"(000559)股票在深圳证券交易所上市，成为中国第一家上市的乡镇企业。1994年，万向美国公司注册，这是集团为整合海外资源而投下的一枚重要的棋子。万向美国公司通过"股权换市场"、"设备换市场"和"让利换市场"等方式，整合海内外两套资源。1997年8月，万向集团敲开美国通用汽车公司大门，成为通用的配套产品的供应商。同年，万向集团成为国务院120家试点企业集团之一；1999年，跻身全国520户重点企业之列。2001年8月28日，万向成功收购美国UAI公司，成为UAI第一大股东，实现了跨国界的市场融通、技术共享和优势互补，也开创了中国乡镇企业收购海外上市公司之先河。

现如今万向集团已经将26家海外企业揽入自己的企业帝国版图之内。万向集团现有专业制造企业 32 家,拥有国家级技术中心、国家级实验室、博士后科研工作站,万向的主导产品不仅占领了国内近 70%的市场,产品还进入通用、福特、大众等国际大汽车公司的全球采购网络,竞争实力在中国零部件行业位居第一。2008 年万向集团实现销售收入 475 亿元。2009 年 6 月 5 日,万向控股的"顺发恒业"上市交易。至此,万向旗下控股的上市公司达到 4 家,分别是"万向钱潮"、"万向德农"、"承德露露"和"顺发恒业"。

万向集团的成长代表了浙江乡镇企业的发展历程。

乡镇企业源于农业合作化时期的工副业和公社化时期的社队企业。1978年,浙江省有社队企业 7.91 万家,职工 190.14 万人,总产值 138.24 亿元,上缴税金 1.38 亿元,纯利润 4.12 亿元。1979 年 3 月,省革委会下发《关于发展社队企业若干问题的座谈纪要》。12 月,国务院《关于发展社队企业若干问题的规定(试行草案)》实施,要求社队企业"统筹兼顾、合理安排,因地制宜、积极发展"。农村双层经营体制取代人民公社体制后,乡镇企业在多种经济成分并存情况下,不仅发展速度加快,而且冲破了"拾遗补缺"、"离土不离乡",不与大工业争原料、争市场等束缚,经营范围从农副产品加工,扩大到机械、纺织、印染、塑料、家电等产业;从自产自销、孤军出击,到走出家门,面向全国。1983 年,全省乡镇企业总产值 80.57 亿元,比 1978 年增长 2.71 倍,上缴国家税金 6.44 亿元,占全省工商税收的 18%。

1984 年开始,省委、省政府为乡镇企业松绑、放权,相继出台一系列扶持政策。鼓励企业打破区域之间、不同所有制之间的界限,积极开展横向联合;提倡多劳多得,允许在分配上拉开档次,对有突出贡献者实行重奖;在乡镇集体企业中全面推行经营承包责任制,即以协议约定的方式,从乡镇政府手中获得有限经营权,承包期一般 3—5 年;对乡镇企业继续实行减免税政策,规定税后利润至少应有 50%留给企业,用于扩大再生产和充实流动资金,企业上缴乡(镇)政府的利润至少要有 60%用于办新的企业或作为再投入返还;厂长(经理)享有经济分配权、机构设置权、劳动人事权、经营决策权和奖惩权。

良好的政策环境,使乡镇企业如鱼得水。1991 年,全省工业总产值中,乡镇企业所占比重上升到的 51.4%,占了半壁江山,成为全国乡镇企业发展最快的省份之一。

但承包制使产权不清等矛盾、弊端日渐显露,"厂长负盈、企业负亏、银行负债、政府负责",结果是谁也不高兴。企业规模小、技术开发力量不足,产品质量欠佳、市场竞争乏力,产品积压,资金缺乏,效益下降,许多企业出现亏损。1990

年 5 月,浙江省政府下达了《关于稳定发展乡镇企业若干问题的通知》,要求"突出重点,择优倾斜,积极改善外部条件,注意练好内功",重点抓好产值超 10 亿元的县市和 9941 家骨干企业,鼓励联合,完善经营承包制,做好扶持、引导和协调工作。

1993 年 12 月,省委、省政府颁发《关于进一步加快农业和农村经济发展的若干政策措施》,全面推广股份合作制,探索农村公有制新的实现形式。之后,省委、省政府发出《关于乡镇集体企业推行股份合作制的试行意见的通知》、《关于深化我省乡镇企业改革的若干意见》和《关于进一步完善乡镇企业产权制度改革的若干意见》等一系列文件,对乡镇企业的改制工作进行政策指导。1995 年,乡镇企业工业总产值占全省工业总产值的比重达 75%,"四分天下有其三"。到 1998 年底,92% 的乡镇企业完成了改制工作。在产权制度改革的推动下,乡镇企业素质明显改善,到 1998 年底,全省乡镇企业的总产值、增加值、营业收入、利润总额、税收等主要经济指标,均居全国第一。

1998 年以后,浙江省委省政府积极引导全省乡镇企业以建立现代企业制度为目标进行改制;依靠科技进步,培育新兴产业,改造传统产业;结合小城镇建设,兴建工业园区,优化企业发展布局;坚持"跳出浙江发展浙江"理念,千方百计开拓国内国际两个市场。通过以上措施,浙江乡镇企业总产值、营业收入、实缴税金、利润总额、增加值等主要经济指标继续保持全国第一。

浙江乡镇企业在发展过程中,创立了多个"浙江第一",是全省国民经济的主要支撑、财政收入的主要来源,促进了浙江经济大省的崛起。

(俞红霞 执笔)

82. 甲肝减毒活疫苗等发明的问世

1988年,上海、江浙一带急性病毒性肝炎(简称甲肝)像瘟疫一样快速蔓延,刮了一场威胁国民健康和国家安全的"甲肝风暴"。短短一个月时间,上海一地感染者达30万,其中大部分为青壮年,造成11人死亡。这是一种"病从口入"、来势凶猛的传染病,人们恐惧到了极点。家家医院病床爆满,甚至连工厂、学校、百货公司也摆满病床,无数餐馆倒闭。风暴之后的四年,甲肝减毒活疫苗诞生了。从此,这种瘟疫再也不会为祸人间。

早在1978年,为了预防甲肝瘟疫,浙江省卫生实验院(现浙江医学科学院)病毒学研究所毛江森等就开始了甲肝的病原学、动物模型和减毒活疫苗的系统研究、研制工作,"消灭甲肝"是毛江森毕生的奋斗目标。

1979年,毛江森等在国内首次成功从病人粪便中提取甲型肝炎抗原(HAAg),摸清了病人排毒规律和抗体反应模式,获得省科技成果一等奖。甲肝病毒隐藏在粪便里,必须收集病人的粪便,从中分离出病毒,才能开展研究工作。为此,毛江森等要经常通过各种途径去采集患者粪便标本。这是一项十分脏臭、苦累的工作,还有被感染的风险。1980年,毛江森等在国内首次应用放射免疫沉淀反应检测甲型肝炎病毒取得成功。

过去仅知黑猩猩、狨猴易感染甲肝病毒,但它们为稀有动物且栖息地不在中国。1981年,毛江森等首次发现红面猴、恒河猴同样易感染甲肝病毒,从而建立了甲肝病毒动物模型。同年分离出国内第一株甲肝病毒,将它在人胚肾传代细胞中增殖成功并提取出纯度较高的甲肝病毒。

1984年,毛江森等在国内率先分离出甲肝病毒株(HAV),并在新生猴肾细胞中传代、低温减毒,以适应人胚肺二倍体细胞,获得H2、M20、K5甲肝病毒减毒株。1987年成功研制出国内首批甲肝试验性减毒活疫苗。1987年至1990年底，先后完成三批疫苗共一万人接种观察，证明用 H2 减毒株制备的活疫苗安全，无不良反应，抗体阳转率达 95%，保护效果 99% 以上，该成果分别获浙江省 1988 年度科技进步一等奖和 1989 年卫生部科技进步一等奖。

1988 年 7 月 22 日，卫生部在北京召开甲肝减毒活疫苗成果鉴定会，与会专家予以高度赞扬，"甲肝克星"填补了世界医学空白，达到了国际领先水平。该成果在 1993 年荣获国家发明二等奖、卫生部科技进步一等奖，并被列入《中华人民共和国重大科技发明成果选集》。1992 年，经卫生部批准大批量生产和使用甲肝减毒活疫苗。临床表明，注射了疫苗的人就不再怕感染甲肝病毒了。毛江森等人花了 15 年时间研制成功的甲肝减毒活疫苗终于开始造福人类。2005 年 4 月，疫苗获得了印度政府药品监督管理局(DCGI，India)签发批文，12 月正式出口印度，这是中国第一个具有自主知识产权的疫苗首次出口国际市场。

毛江森先后被评为浙江省劳动模范、全国先进工作者，1984 年获国家级有突出贡献中青年专家称号，享受政府特殊津贴。1991 年当选为中国科学院院士。

20 世纪 80 年代与毛江森同处于国内科技领先地位的还有浙江大学教授阙端麟首创的减压充氮直拉硅单晶技术。

1954 年，阙端麟着手锑化锌、碲化铋等半导体温差电材料研究。1958 年，阙端麟等开始提纯硅烷和制备高纯度多晶硅研究。选择投资少，原料易获取，产品纯度高，但易爆炸的硅烷法技术路线，反复试验探索，寻找合适的工艺技术。他们冒着随时可能爆炸的危险，经过五年多数百次试验，终于在 1964 年获得重大突破，制得高纯度多晶硅。用它制成的 P 型硅单晶，电阻率 2600 欧厘米，达到当时国内最高水平。"文化大革命"中的 1968 年，他们又研究成功以液氨为溶剂发生硅烷、全分子筛吸附提纯为特色的工艺路线(简称 AF 硅烷法)，制得纯度超过 8 个 9 的高纯硅，打破了英国专家认定的硅烷法提纯度最高为 6 个 9 的结论。次年，用 AF 硅烷法制取多晶硅的工业规模试验线、生产线相继投产，除多晶硅外，还生产国内电子工业急需的高纯度硅烷气体，为电子工业制取高质量硅材料开辟了新途径。

1981 年，阙端麟等开始探索研究减压充氮直拉硅单晶新技术。它一改国际通用的充氩减压法，即以昂贵的高纯氩气为保护气氛的方法，采用氮保护气氛制造直拉硅单晶新方法。经反复试验，逐步掌握了控制高纯氮气压力、流量和气流走向等技术标准参数，通过抑制硅氧化，杜绝氮硅化学反应，从而制得高质量硅单晶。这项技术具有成本低、纯度高和杂质少的特点，它所制得的硅单晶有害杂质碳降到红外光谱仪检测灵敏度以下。这一项目还开创了半导体材料学科中微氮硅单晶的基础研究,被《科技日报》评为1987年国内十大科技成果之一,获1987年浙江省科技进步一等奖,并荣获1988年布鲁塞尔第37届国际发明博览会尤里卡金奖。

1983年,阙端麟领导硅材料国家重点实验室开展高阻探测器级硅单晶研究。经不断努力,1985年研制成功电阻率高达(4—10)×104欧厘米的P型硅单晶,它的断面电阻率分布均匀,接近国际先进水平。用其制成的多种探测器,电性能和能量分辨率都达到国际同类产品的先进水平。

阙端麟一贯重视科研与生产的紧密结合,及时把科研成果转化为生产力。为满足硅单晶科研和生产的检测要求,先后研制成功GX–I型硅单晶导电型号仪、GGS–I型红外光源硅单晶寿命仪、STZ–8501型四探针测试仪等多种测试仪器,其中GGS–1型红外光源硅单晶寿命仪,首次使用波长为1.09微米红外发光管作光源,光强稳定、贯穿深度大、测量范围宽、灵敏度高,主要技术指标超过国外同类先进仪器。先后获中国发明专利权8项。

1987年阙端麟主持的浙江大学高纯硅及硅烷国家重点实验室建立,它是在原浙江大学半导体材料研究室基础上由国家投资创建的,1988年开始使用。主要研究领域是:高纯硅烷气体及延硅表面界面的研究;颗粒硅生长机理的研究;高纯近本征硅单晶及区熔掺铟、掺镓硅单晶的研究;硅单晶生长机理与技术的研究;硅材料中的杂质、缺陷及其相互作用的研究;硅材料力学性能与硅加工技术的研究;硅材料与器件之间关系的研究。

阙端麟冲破长期以来认为氮与硅在高温下发生化学反应的思想束缚,首先发明用氮作为保护气直拉硅单晶技术,生产出优质低成本硅单晶,开辟了微氮直拉硅单晶基础研究工作,为中国硅材料的发展作出了重要贡献。先后荣获国家级有突出贡献的中青年专家、浙江省劳动模范、全国"五一"劳动奖章等荣誉称号。1991年当选为中国科学院院士。

(王革新 执笔)

83. 中国首例民告官案在温州起诉

　　1988 年 8 月,改革开放后中国首例农民告政府案在温州市苍南县开庭。原告为苍南县肥艚镇 61 岁农民包郑照,被告为苍南县县长黄德余。开庭这天,有 1032 个座位的苍南电影院被当作临时法庭,从全国各地赶来旁听的人挤得满满的,这中间有新华社、《法制日报》等 26 家媒体近 50 位记者。此案被誉为全国一届人大至九届人大五十年间"民主与法制建设"十件大事之一,并入选"浙江律师在推进民主与法制发展中最有影响的十大案例"。

　　此案是一起房屋纠纷。1985 年,包郑照经镇城建办批准在肥艚镇东面的河滩上建造了三间三层楼房,占地面积 126 平方米,包家按规定向肥艚镇城建办缴纳 713 元地价款。1986 年 10 月,包家在县房管处办理了房产产权登记。1987年,苍南县政府以包家的房子建在海堤范围内对抗洪防汛造成了干扰为由,要求包家自行拆除,包家没有理会。根据相关法规,县政府下发了《关于强行拆除包郑照违章房屋的决定》,并于 7 月 4 日对包家已竣工落成的楼房,用爆破方式拆毁该楼房被认为有碍防汛的后半部分 1 米多的后墙。花了十几万元盖的房子被拆掉了,包家人无法接受,决定状告县人民政府。1987 年 7 月 15 日,包郑照分别向县人民法院和市中级人民法院起诉县政府,要求确认他的房屋的合法性,赔偿经济损失并追究主要责任人的法律责任。由于当时没有任何一部专门调节民事主体与行政部门关系的法律,两级法院均没有受理。1988 年 2 月,经过代理人和当事人的多方努力,省高级法院指定市中院受理此案。

　　1988 年 3 月 29 日,温州市中级人民法院向苍南县政府发出了应诉通知书。当时苍南县的县长叫黄德余。对于他是否出庭应诉,县五套班子讨论时有不同意见。决定出庭应诉并公诸报端后,社会上传言四起。8 月,案件开庭。包郑照要求苍南县政府赔偿他家各类损失总计 13.012 万元;而黄德余则提起了反诉,要求包郑照承担强行拆除其违章建筑的费用3156.02元。庭审透明的氛围让全体参与者十分兴奋。长着一把又长又乱灰白胡子、被媒体称为倔强的"挑战者"的包郑照,抱着用竹子做成的水烟筒一刻不停地埋头猛吸。在他身旁是他的两个女儿、两个儿媳和老伴。法庭审理就在这一团浓烈的烟雾和五个女人胆怯的低泣声中开始了。原、被告在法庭上作着各自的陈述,旁听的观众很多人都流露出明显的观点或感情倾向。尽管法庭禁止,但在原、被告或双方律师发言时,不同倾向的听众都为自己一方的精彩陈述鼓掌。

当审判长宣布休庭时,黄德余离开被告席,穿过蜂拥围堵的记者群,走到原告席前,微笑着向包郑照伸出了右手。包郑照显然一点准备也没有,先是愣了一下,然后才赶忙拘谨地伸出了手。原告与被告的两双手紧紧握在了一起。黄德余对包郑照说:"无论官司胜了还是败了,你们一家人作为苍南县的公民,政府仍然一视同仁。今后你们一家人如有什么困难,还照样可以到县里来找我们。"

三天后,市中院一审判决:经实地调查取证,包郑照的房屋盖在海堤闸坝的区域内,影响了挡潮防洪,危害水利安全,其有关建房手续未经水利主管部门同意,属手续不全,苍南县政府对其予以强行拆除,是有法律依据的。因此,驳回原告的诉讼请求。

包郑照不服,继续向浙江省高级人民法院上诉。省高院作出终审判决:驳回上诉,维持原判。

这起轰轰烈烈的中国首例民告官案虽然以原告的败诉了结,它的影响却是深远的。一是在包氏分别向苍南县人民法院和温州市中级人民法院起诉苍南县人民政府而均不被受理的情况下,积极依法促成了法院系统的受理行为;二是通过卓有成效的诉讼代理活动,唤醒了亿万农民的权利意识和依法维权意识,"民不与官斗"的陈规一去不复返。它使更多人认识到,要勇于申明自己的主张,依照法律维护自己的权益。而其在人民法院适用民事诉讼程序审理本质上属于行政赔偿诉讼案件的诉讼过程中所展开的法理分析,则从个案角度充分展现了当时中国构建行政诉讼制度的必要性。

1990年10月1日《中华人民共和国行政诉讼法》施行,中国的行政诉讼制度正式确立。之后,一系列行政诉讼法规出台,最高人民法院针对行政审判实践中不断出现的新情况、新问题和人民群众不断增长的司法需求和期待,不断加大制定司法解释的力度。2004年,国务院印发《全面推进依法行政实施纲要》,提出中国要花十年的时间基本建成法治政府。

自"民告官"第一案后,全省的行政诉讼案时有发生。

2000 年 3 月,温州永嘉县瓯北镇中村 110 名村民因永嘉县人民政府对涉及本村切身利益的一起水事纠纷迟迟没有作出裁定,遂以县政府"不作为"为由将之推上被告席。当年 8 月,温州市中级人民法院一审判决永嘉县政府违法,并责成其在判决生效两个月内处理这一水事纠纷。这起农民告政府"不作为"案,在全国同类案件中开了先河。

2004 年,嘉兴市公安局副局长、秀城区公安分局局长姚钰明出庭应诉。行政案件中公安局长坐上被告席,在浙江省尚属首次。案件吸引了一百余名执法人员旁听。此案原告曹文龙 52 岁,外号"胡子",在当地小有"名气",多次被判刑、劳教、行政处罚。2003 年 6 月 23 日,曹文龙在大桥镇步云某茶室寻衅滋事,店主包某给了他 200 元。事隔三天,他又来到大桥镇另一家茶室闹事,并到附近饭店找刀欲报复客人。秀城区公安分局当天对曹文龙作出治安拘留 15 天的处罚,嘉兴市人民政府劳动教养管理委员会对曹文龙作出劳动教养 1 年零 6 个月的决定。曹文龙认为自己虽扰乱社会秩序,但属轻微违法,既处治安拘留又予劳教,属"一事两罚",向秀洲区人民法院提起行政诉讼,请求撤销劳教委的决定。开庭当天,姚钰明和市公安局法制处处长王林方走上法庭。庭审中,双方进行了激烈辩论。经合议庭评议,法院认为,原告多次扰乱社会治安秩序的违法事实清楚,证据确凿,办案程序合法,适用法律得当。原告的诉讼请求不予支持。审判长当庭宣布维持劳教委的决定。原告曹文龙说,官司虽然输了,但要感谢法律给了他申诉和诉讼的权利,与行政执法部门对簿公堂。

2005 年永康公安局韦炜局长出庭应诉"民告官",公安机关法定代表人出庭应诉行政诉讼案件,在浙江尚属首次。永康市古山镇孙宅村村民孙晓明不服永康市公安局行政处罚提起行政诉讼。2005 年 11 月 24 日晚,永康村民孙晓明及其兄孙晓光,与孙好宏夫妇因土地补偿纠纷而打架互殴。25 日,永康市公安局对孙晓明作出拘留处罚。孙晓明不服,向金华市公安局申请复议,金华市公安局于次年 1 月 24 日作出维持永康市公安局处罚的决定。孙晓明仍不服,向永康市人民法院提起诉讼。在两个小时的庭审过程中,韦炜全程参与了法庭调查、法庭辩论等程序,并对永康市公安局向孙晓明作出行政处罚的合法性作出说明。原告对公安局长出庭应诉,意外之余,也表示了满意。

负责审理此案的永康市人民法院副院长楼文才说,公安局局长作为法定代表人出庭应诉,与原告进行平等对话,并通过在法庭上的调查辩论,最后按照事实和法律接受法院的判决,将有利于促进行政部门更好地依法行政、依据行政、依据处罚。

2006年1月1日起，《温州市行政机关首长出庭应诉工作暂行办法》对"民告官而不见官"做出硬性规定。如果"一把手"确因工作原因不能出庭的，也必须由一位副职领导代为出庭。地级市出台此类办法，在浙江尚属首次。

从1988年苍南的中国第一起"民告官"以后，温州民告官就层出不穷，此起彼伏，而且越告越大，从告县级一直到告市级政府。但是，来自温州市人大常委会执法检查组的一份报告显示：自2000年以来，温州市共审结的5000多起一审行政案件中，行政机关首长出庭的仅64起；1990年《行政诉讼法》颁布以来，温州市本级行政首长出庭的仅1起。检查组一位人士称，有的行政机关不仅首长不出庭，甚至机关人员也不出庭，全权委托律师进行诉讼。他说，不仅是一把手不出席，很多民告官案件中还显示了很多行政机关在法律面前，程序意识和证据意识不强，很多案件都因此而败诉。

这是"官本位"意识在作怪。越是行政首长不出庭，许多部门越是不会从行政诉讼案件中吸取教训，以至于会有一个机关一年内因同一个问题被老百姓告十多次的现象。《办法》最引人注目的一处，正是"行政一把手"必须出庭的几种情形：本年度第一起行政诉讼案件；社会影响重大或涉案金额巨大的行政诉讼案件；法院或政府法制办公室建议首长出庭的行政诉讼案件。温州市中级人民法院行政庭庭长张毅说，出台这个《办法》意义已经超出了出庭应诉的本身。行政机关首长出庭应诉是行政机关首长真正做到在诉讼中官民平等对话，能在社会上形成老百姓相信法律的氛围。姚钰明在庭审后说过："坐在被告席上与劳教人员对话，让我体会到法律是平等的，执法人员必须为自己的行为负责。"

"这是不正常的。"杭州市政府法制办副主任张东涛说，"行政机关对自己办的案件是最清楚的，也有义务在法庭上说清楚。"

2006年9月1日，杭州市出台《杭州市行政首长出庭应诉工作暂行办法》，首次以规范性文件对行政首长出庭应诉进行规范，以制度规定行政首长出庭应诉。这项制度实施后，杭州市级机关十数个涉讼部门中，一把手几乎都出了庭。

一把手不出庭需向市政府请假。"行政首长必须出庭，国家法律法规虽然没有规定，但是从推进依法行政、建设法治政府、法治浙江的角度来看，规定行政首长出庭应诉有重大的现实意义。"张东涛说，"现实中，建设法治政府的第一责任人是一把手，而一把手往往对具体情况不了解，这是一种矛盾。而通过这个制度，可以让一把手直接了解百姓诉求，掌握一手情况，直接了解部门依法行政水平，成为名副其实的第一责任人。"

在制度设计和安排上，杭州市采取逐步、适度的原则，原则性和灵活性相结合,先在行政部门推行。这考虑到杭州市目前有法不依、执法不严、行政不作为或乱作为等现象主要发生在政府各部门,85%以上的行政案件来自政府部门。

这项制度出台两个月后,杭州市规划局局长阳作军就坐在了被告席上。当初吕春云等33户居民是抱着一肚子怨气与杭州市规划局打官司的,由于居民对相关的法律法规不清楚,总以为规划局与开发商之间有利益关系,庇护开发商。当作为规划局一把手的阳作军出庭说明后,居民们的怨气消解了。在行政首长出庭应诉并已审结的案件中,80%的案件停争息诉,未再提出上诉。

(俞红霞 执笔)

84. 椒江探索党代会常任制

1988年12月,经中央组织部原则同意,浙江省委批准,台州椒江在全国范围内率先进行党代会常任制试点。

党代会常任制的事宜,可以追溯到1956年中国共产党第八次全国代表大会。这次会议首次系统提出和阐述了建立党的代表大会常任制问题。实行常任制是发挥党代表作用、发扬党内民主的有效方式。但党的八大以后,常任制没有得到很好的坚持,只召开了一次八大二次会议,其后几十年间均束之高阁。党的十二大上,曾经酝酿、提出恢复党代会代表的常任制。从20世纪80年代末开始,中央有关部门先后在浙江、黑龙江、山西、河北、湖南等省的12个县(市、区),重新进行党代会常任制试点,上海工业系统也先后在金山石化公司等55家企业中实行党代会常任制。但直至党的十六大召开前,除浙江和山西等省的五个县(市、区)还在试点外,其他七个县(市)已停止试点。中央组织部领导评价说:"椒江区党的代表大会常任制试点工作,就全国而言,开展时间最早,坚持最长,搞得最认真,效果比较好。"

1988年8月,椒江市委开始酝酿党代会常任制试点工作。11月4日,向台州地委报送了《中共椒江市委关于第三次代表大会改革方案的请示报告》(市委[1988]62号文件),浙江省委报经中央组织部原则同意后,于11月24日向台州地委作出《中共浙江省委关于椒江党代表大会改革方案请示的批复》(省委[1988]48号文件)。

椒江市委在1988年12月召开中共椒江市第三次代表大会时,在全党率先正式开展了党代会常任制试点。大会通过了《中共椒江市党员代表制度(试行)》和《中共椒江市委工作规则(试行)》两个文件,正式启动了四项党内制度的改革:试行代表任期制;试行党代会年会制;试行地方党委、纪委委员制;试行市管干部任免票决制。为便于开展服务、联络代表工作,市委成立了党代会常任制工作领导小组,下设党员代表联络办公室与市委组织部合署办公,并创办代表工作刊物——《党务工作通讯》。椒江党代会常任制试点工作开始实施。

1989年2月13日,新华通讯社《内部参考》报道了椒江市试行党代会常任制的成功做法。1989年3月16日,中共中央理论刊物《求是》杂志刊登了《浙江省椒江市党内制度改革的尝试》一文,介绍了椒江市党内制度改革的做法。

在这次党代会后,椒江建立了新型的党员代表制度,党员代表的任期与市委相同;全市每年至少要召开一次党员代表大会;市委和市纪委采取委员制,不设常委,只设书记、副书记和委员;干部任免、处分、重大事项决策采取全委会票决制。椒江市于1989年4月初召开了一次具有历史意义的全委会。在这次会议上,13位市党委委员以无记名投票方式表决44名干部的任免,组织部当场唱票计票,3名干部因得票没有过半而被否决。这是全国范围内最早进行的全委会无记名投票的实践。

1990年,椒江市在西山乡进行乡镇党代会常任制试点。1993年1月,全面推行。1994年8月台州撤地设市,椒江撤市设区。这一时期,全国第一批党代会常任制试点单位相继停止试办,椒江区仍坚持每年召开党代会年会,继续党代会常任制工作,并在不断完善党代会常任制制度体系和运行机制上下功夫,一如既往,从未间断。

1998年2月,中共中央组织部研究室到椒江调研,撰写了《关于浙江省台州市椒江区试行党员代表大会常任制情况的调查》,中央组织部部长张全景作了批示。1999年3月,中央组织部在椒江召开全国地方党代会常任制试点工作座谈会,对椒江的党代会常任制试点工作充分肯定,对区委全委会干部任免票决制加以总结。2001年6月,椒江区被中央组织部列为拟任人选进行票决制的单项改革试点单位。

党的十六大提出"扩大在市、县进行党的代表大会代表常任制的试点,积极探索党的代表大会闭会期间发挥代表作用的途径和形式","要进一步发挥党的委员会全体会议的作用"。十六大以后,椒江将党员代表联络办公室更名为党代会常任制工作办公室,工作职能性更强。这一阶段,加强了对党代会年会的改革探索与实践,党代会年会不再设大会主席团,由党委全委会领导与主持。

2003年10月,结合十多年试行的经验,椒江出台了《关于深化党的代表大会常任制工作的实施意见》,提出了党代会常任制试点工作的一系列新举措,建立并实施了代表们对届中新增的党委委员、纪委委员进行票决追认,届中对党委、纪委及其成员进行民主测评,建立健全了党内情况通报、情况反映和重大决策征求意见制度以及代表述职评议、调研、教育培训、联系和服务党员群众、代表及代表团大会发言制度,还出台了代表细则、建议意见办理等多个规范性文件。

在椒江等地党代会常任制试点和实践经验的总结基础上,2007年10月,党的十七大报告提出:完善党的代表大会制度,实行党的代表大会代表任期制,选择一些县(市、区)试行党代表大会常任制。十七大后,椒江认真总结以往经验,着重抓了以下几项工作:一、健全制度体系。修改完善了《椒江区党代会常任制度》、《代表资格管理办法》,出台了《代表列席党内有关会议制度》、《区委常委接待党代会代表制度》、《区委常委集体办理代表重点提案制度》和《代表开展询问和质询制度》等。二、加强代表队伍建设。实行了代表辞职制,探索实施代表补选直接选举,保证了代表的先进性和广泛性,优化了代表结构,同时加强了代表团建设,一些街道建立了代表团活动阵地。三、积极拓展代表发挥作用的途径和方法。实施代表提案和建议意见制度,重点抓好办理答复的规范化,保证代表权利和职责的充分行使。认真参与重要干部民主推荐等工作,促使代表广泛参与党内事务管理。四、注重提升党代表大会的质量。探索提升党代会年会效率的途径与形式。本着精简、高效的原则,合理安排会议议程和日程,强化了党代会年会的整合功能。

自1988年试行党代会常任制后,椒江逐步形成和完善了以"党代会代表任期制、党代会年会制、区委全委会负责制"为基本内容的党代会常任制制度体系和运行机制,取得了一定的实践经验和制度成果。为充分尊重党代表大会代表的主体地位,发挥他们的主体作用,提供了有效保障;为加强区委领导核心作用和实现决策的科学化民主化搭建了有效平台;为进一步发展党内民主、加强党内监督创造了有效途径。经过20多年持之以恒的实践探索和改革创新,椒江区党代表大会常任制的作用不断凸现、活力不断激发、代表主体作用不断发挥。区委的领导核心作用进一步加强,推进了党的执政能力和先进性建设。加强了党内监督,营造了风正气顺的从政环境。发展了党内民主,有力地推动了以党内民主带动人民民主,以党内和谐促进社会和谐,推进了经济社会的快速、健康、可持续发展,为社会主义新农村建设、推进创业、创新奠定了坚实的基础。

椒江区委对党代会常任制的探索,也为进一步深化县(市、区)党代会常任制提供了可借鉴的实践经验。党的十六大以后,浙江省进行了更多的党代会常任制试点。至2006年,以乡镇换届为契机,全省1214个乡镇普遍建立了乡镇党代会闭会期间代表活动制度,如代表联系制度、代表调研制度、代表小组定期活动制度等,发挥党代表在党代会闭会期间的作用。

(俞红霞 执笔)

85. 陈云视察浙江

1989 年 10 月 8 日至次年 4 月 28 日,中共中央顾问委员会主任陈云视察浙江。据目前所掌握的资料,这是他第 33 次亲临浙江,也是他一生中最后一次来到浙江。在这次浙江之行中,陈云详细讲解了"不唯上、不唯书、只唯实,交换、比较、反复"这 15 个字的深刻含义。

1990 年 1 月 24 日,星期三,农历腊月二十八日,这天上午,中共浙江省委书记李泽民及省委常委,在杭州的中顾委委员铁瑛、李丰平和其他省领导一起向陈云拜年。合影后,陈云与大家作了长时间的交谈。谈话一开始,他便将事先题写的条幅"不唯上、不唯书、只唯实,交换、比较、反复"赠送给李泽民。接着,他详细地对这 15 个字作了深刻的解读。

陈云说:在延安的时候,我曾经仔细研究过毛主席起草的文件、电报,感到里面贯穿着一个基本的指导思想,就是实事求是。那么,怎样才能做到实事求是呢? 当时我的体会就是这 15 个字。不唯上,并不是上面的话不要听。不唯书,也不是说文件、书不要读。只唯实,就是只有从实际出发,实事求是地研究处理问题,这是最靠得住的。交换,就是互相交换意见;比较,就是上下、左右进行比较;反复,就是决定问题不要太匆忙,要留一个反复考虑的时间。这 15 个字,前 9 个字是唯物论,后 6 个字是辩证法,总起来就是唯物辩证法。在这次谈话中,他还阐述了搞调查研究的方法,一种是亲自下乡下厂,另一种是每个高中级干部都要有讲真话的知心朋友和身边工作人员,后一种调查研究有"真、快、广"的特点。这两种调查研究的方法都要有,缺一不可。谈话中,他还询问了省委常委学习哲学的情况。

陈云的这次谈话,是留给浙江人民的宝贵精神财富。谈话精辟透彻,语重心长,使在座的同志深受教益。当时,省委理论学习组刚刚建立,制定了学习马克思主义哲学的计划,重点是学习原著。这次谈话后,省委理论学习组就把学习陈云的这些指示与学习毛泽东的哲学著作和邓小平的有关著作结合起来,着重在如何实事求是、实现主客观相统一,如何用辩证的观点和方法观察事物、分析形势、总结经验、指导工作的问题上,理论联系实际,进行认真的学习与思考,收到了很好的效果。

陈云喜爱浙江,关爱浙江。他生前33次到过浙江,在浙江大地上工作和生活了1500多个日日夜夜,其中新民主主义革命时期4次;社会主义革命和建设时期15次;改革开放和社会主义现代化建设时期14次。

1927年2月,根据中共上海党组织的安排,商务印书馆发行所职工会委员长陈云来到余姚暂时隐蔽。当年9月,"四一二"反革命政变后,陈云被迫转移到嘉善西塘,开展松江地区的农民运动,领导武装斗争,当时他的职务是中共青浦县委书记、淞浦特委组织部部长。1928年2月,陈云转移到嘉善魏塘镇道院弄李桂卿家隐蔽。1929年春夏之交,陈云作为中共江苏省委沪宁巡视员再次到嘉善,向地方党组织传达指示,筹建农民武装,组织武装暴动。

新中国成立后,作为党和国家的重要领导人,陈云多次到浙江视察、工作和休养。

1953年5月7日至6月11日,中共中央书记处书记、政务院副总理陈云因病在杭州休养。当年6月21日至27日,他又到杭州视察。这年的12月21日至24日,他受毛泽东、周恩来委托,专程从北京当年第三次来到杭州,向林彪原原本本转达了毛泽东关于高岗问题的谈话,通报高岗用阴谋手段反对刘少奇、分裂党的问题。

1954年9月11日,陈云视察绍兴,观看了鲁迅故居、大禹陵。

1958年11月,中共中央副主席、国务院副总理陈云到杭州、平湖等地视察,并在乍浦接见当地干部群众。12月16日至28日,他又到杭州,视察了杭州钢铁厂,并在杭州主持全国基本建设工程质量杭州现场会议,在会上作了题为《保证基本建设工程质量问题》的讲话。

1959年3月21日至24日,陈云到杭州视察。4月6日至16日,他在杭州参加了毛泽东主持召开的中央政治局常委会议,并于7日视察了浙江大学。10月1日至次年6月7日,他主要在杭州工作和休养,期间也去过苏州和上海,这次在杭州,观看了几次评弹演出。

1960年11月20日至12月6日,陈云视察浙江,期间4次与浙江省委书记处书记林乎加、李丰平谈农业生产问题。

1961年4月1日至15日,陈云在杭州主持召开了中央化肥小组座谈会,对大型合成氨厂的建设作了具体安排。7月10至16日,他在杭州视察,召集嘉兴、萧山县部分公社党委书记和生产大队支部书记开调查会,并于14日视察了萧山县。

1962年3月10日至5月8日,陈云在杭州工作和休养。期间,他两次请姚依林来杭州,商议可否将国家征购数字定死,超产部分归农民;在农村当前形势下可否采取分田到户的办法,以及就此向毛泽东提出的建议等问题。

1965年4月3日至5月25日,陈云视察杭州。期间,在杭州谢家花园先后同前来探望的江华、霍士廉、萧华、胡乔木、谭震林等谈话。11月20日至12月20日,他再到杭州,并于12月19日应邀前往毛泽东在杭州的住处谈话,就1962年对形势看法的所谓"错误"问题,向毛泽东当面"检讨"。

从1977年至1990年,陈云每年都要到杭州至少一次,在这里视察、工作、读书、思考。

1977年5月4日至7月4日,全国人大常委会副委员长陈云在杭州工作和休养。5月中旬,到浙江图书馆视察。当月,致电姚依林,指示:对价格调整要慎重,有些东西的价格和价值相背离是必要的;西德对煤炭就是有补贴的。6月15日至17日,在杭州主持召开评弹工作座谈会,并于15日发表讲话,指出:评弹要像评弹的样子。

1978年9月19日至11月6日,陈云视察杭州。

1979年3月28日至5月31日,中共中央副主席、中共中央纪律检查委员会第一书记、全国人大常委会副委员长陈云视察浙江。期间调阅有关宝钢的材料。4月30日,在杭州与群众一起观看庆祝五一国际劳动节文艺演出。5月18日,在杭州谈话中指出:要逐步改善农民的生活,这是头等大事。

1980年3月24日至5月16日,陈云视察浙江。4月4日,在杭州就制订国民经济长期计划问题给姚依林打电话,指出人口问题要有个规划。19日,在杭州同前来探望的李先念谈话,交换了对制订国民经济长期计划的意见。

1981年4月12日至5月20日,陈云视察浙江。4月20日,与前来杭州的胡耀邦谈话,指出:我们的担子很重,人民对我们的要求很高。因此,重要的问题是要真正办成、办好几件事。5月1日,参加杭州各界庆祝五一国际劳动节联欢活动。8日,在汪庄撰写《提拔培养中青年干部是当务之急》。18日,在汪庄同浙江省委第一书记铁瑛谈话。

1982年3月26日至5月15日,陈云视察浙江。4月20日、21日,在审阅

《陈云文稿选编（1949—1956年）》的后记时，提出在后记中加一段关于货币更换问题的说明。22日、24日，在汪庄同专程前来杭州汇报工作的陈国栋谈话。29日，与评弹界人士交谈。5月9日，审阅中央档案馆送请辨认的《遵义政治局扩大会议传达提纲》。10日对评弹界人士指出：评弹要走正路，要有好的台风。11日，谈对《人民日报》5月8日刊登的《驱除盐碱还我良田》一文的意见。

1983年3月19日至5月15日，中共中央政治局常委、中共中央纪律检查委员会第一书记陈云视察杭州。3月21日，在汪庄同中共浙江省委领导铁瑛、李丰平、王芳、薛驹等领导谈话。17日，游览杭州云栖，与正在那里休养的中国农业研究院茶叶研究所的科研人员亲切交谈并合影。19日，会见评弹界人士。30日，参加庆祝五一国际劳动节联欢会。

1984年3月18日至5月18日，陈云视察浙江。4月1日，在杭州听取吴宗锡关于评弹管理工作和文艺演出团体改革问题的汇报。25日，在杭州听取谷牧关于沿海部分城市座谈会的情况汇报。5月8日，游览云栖，接见正在那里休息的部分省、市劳动模范和先进工作者，并与他们合影。

1985年3月20日至5月12日，陈云视察浙江。4月2日，在杭州同前来看望的李德生谈话。3日，在杭州《中纪委关于不许领导干部的子女及其配偶经商办企业的建议》上批示。12日，复信中国曲艺家协会，对曲协第三次会员代表大会的召开表示祝贺，指出：曲艺工作者和所有中国的文艺工作者一样，肩负着建设社会主义精神文明的责任，肩负着教育群众，特别是教育青年的责任。希望大家创作和演出更多为人民群众喜闻乐见的好作品，培养出更多年轻优秀的创作人员和演员，为繁荣曲艺，为社会主义精神文明建设作出新贡献。5月1日，出席在杭州举行的五一国际劳动节庆祝活动。

1986年4月2日至5月5日，陈云到浙江视察。5月1日，在杭州同省市党政军负责同志和劳模代表一起，参加了纪念"五一"100周年联欢会。联欢会结束后，会见浙江省劳动模范代表，称赞他们积极为四化建设作出贡献的革命精神。同日，为浙江武警部队题字"人民武警，东海卫士"。

1987年3月15日至5月17日，陈云视察浙江。4月4日，在杭州同浙江省和杭州市党政负责人及干部群众在杭州市郊参加植树活动，亲手种下3棵香樟树。5月7日，在杭州同浙江省委领导薛驹、铁瑛、陈法文、沈祖伦谈话。

1988年3月13日至5月15日，中共中央顾问委员会主任陈云视察浙江。4月14日，视察杭州中河路市政建设。5月12日，在杭州与浙江省党政军领导人薛驹、沈祖伦、铁瑛、吴仁源、黎清谈粮食问题和学哲学问题。

1988 年 10 月 10 日至次年 5 月 7 日,陈云视察浙江。10 月 31 日,在杭州同宋平谈话。11 月 27 日,在杭州同张劲夫谈话。12 月 13 日,在杭州同李先念谈话。次年 2 月 3 日,出席浙江省和杭州市举办的春节联欢会,观看评弹演出。28 日,在杭州同杨德中谈话。3 月 7 日,在杭州同郑拓彬谈话。18 日,在杭州同杨白冰、向守志谈话。4 月 9 日,在杭州同江华谈话。5 月 4 日,在杭州同浙江省党政负责人李泽民、薛驹、沈祖伦谈话。

陈云是党和国家主要领导同志中,在浙江工作、生活次数最多、时间最长的领导人之一。他对浙江社会主义建设和发展倾注了大量的心血,作出过许多重要指示,做了大量工作。

(王祖强 执笔)

86. 国家七部委联合
整顿柳市低压电器

1990年6月，鉴于温州市乐清县柳市镇生产的低压电器产品问题严重,国家七部委成立了联合督查组到柳市镇督查处理,浙江省、温州市相继派出工作组进驻柳市,按照"打击、堵截、疏导、扶持"的八字方针,采取沿海沿路堵截,厂里店内搜查,大街小巷清理,经济、政治、法律等手段多管齐下的措施,进行了长达五个月的治理整顿。

柳市镇生产低压电器始于20世纪70年代初,最初只是生产电煤钻、交流接触器、按钮、矿灯配件以及各种铜铝件和接头等一些小产品。80年代初,门市部与家庭作坊相结合的"前店后厂"逐渐增多,到1981年已发展到300余家,出现了许多工商大户。到1985年,从业人员6万人,约占当时镇人口总数的20%,总劳动力的一半,购销员1.3万人。经营的产品,大到4000多元一台的配电柜,小到几分钱的螺丝钉,有1200多个品种。

不过,柳市相当部分的低压电器生产厂家当时走的是一条歪路。因为国家对计划内的原材料进行控制,计划外的难弄、价又高,他们用白铜代替白银充当继电器触头。为了得到更高利润,有人用稻糠代替熔断器里的石英砂,用铁片做继电器。为了卖出好价钱,普遍贴上杭州、上海等地大企业的标牌。国家规定低压电器必须凭许可证生产,而当时柳市有证企业不到1%,有证产品不到0.1%。

如果检讨当时的政府作为以及社会形态,柳市低压电器的无证生产和质量低劣问题原因是多方面的。这其中既有企业从业者思想素质差,缺乏质量意识等主观原因,同时也存在着一些不可忽视的客观原因,诸如起步水平低、技术资料缺乏、生产设备落后、无法取得国营企业能获得的生产许可证从而也就得不到资金、生产原料的基本保障等等,都制约着柳市低压电器产品的质量。省市县及各有关部门看到了问题的严重性,这样下去将难以收拾,于是先后采取了各种措施。仅乐清县政府,从 1984 年 11 月至 1990 年初,光是发文就发了 15 个之多。但面对众多刚富起来的农民,不能视他们为工人阶级,更不能把他们叫做企业家,他们只是一盘散沙的谋生存者,对政府的劝告、措施几近无睹,这边打击那边发展,结果冒出了更多的新作坊。截至 1989 年,柳市生产低压电器的已有上千家。

与之相对应的是,全国各地不断传来关于柳市产品的负面消息:黑龙江鸡西煤矿由于使用劣质电器导致漏电,引发严重的瓦斯爆炸,多人死伤;新疆巴州工模具厂,因伪劣的空气开关起火,一名电工烧伤致残;河南某钢铁公司建成剪彩时,因使用假冒伪劣低压电器,一包钢水正要倾倒却突然卡壳,上百万元的产品报废……

1989 年,国家开始治理经济环境、整顿经济秩序。这年年初,苏州在查处假冒伪劣产品时,一次就没收了柳市生产的无证伪劣产品近 8 万件。此后,柳市又被抓多起将无证、假冒伪劣低压电器产品销往外地的案子。案件频发,惊动了中央有关部门。1989 年 10 月,国家技术监督局、机械电子工业部、商业部、财政部、国家工商行政管理局、国家物价局等六个部门组成联合调查组,到柳市实地调查,并于 1990 年 3 月将调查情况报告国务院。国务院办公厅史无前例地为柳市这个小镇"单独发文"——国办发[1990]29 号文件,即《国务院办公厅转发国家技术监督局等部门 < 关于温州市乐清县生产和销售无证、伪劣产品的调查情况及处理建议 > 的通知》。"近几年来,无证、伪劣产品流入市场,扰乱了社会经济秩序,损害了国家、集体和人民群众的合法利益,危害很大,必须坚决制止。浙江省温州市乐清县这方面的情况比较严重,其他地方也都程度不同地存在这些现象。"要求坚决打击无证、假冒伪劣产品的违法乱纪活动。

1990 年 6 月,国家七部委成立了联合督查组到乐清督查处理,全镇 1267 家低压电器门市部全部关闭,1544 家家庭生产工业户全部歇业,359 张旧货电器经营执照全部吊销。公安部门立案 17 起、涉及 18 人,检察院立案 26 起、涉及 34 人,工商部门立案 144 起。工作组查获无证、伪劣低压电器产品 37644 箱(件),价值 400 万元,执行罚没款 80 余万元。

国家七部委联合整顿柳市低压电器在全国引起了轰动。柳市为此付出沉重的代价,工业产值急剧下降。作为柳市的直接上级领导,温州市委、市政府决心从根本上解决假冒伪劣问题,全市成立工作组,下设办公室和质检室,作为整顿市场的专业部门。采取积极措施,坚决清理注销生产伪劣产品的家庭作坊、无证企业,同时甄别、重点扶持质量优良、管理规范的企业。1993 年,温州市委、市政府提出"质量立市"的发展战略,指导企业的质量管理,制定了"三、五、八工程",即用3年、5年、8年时间,使温州的主要产品质量达到省内、国内先进水平,进而达到或接近国际先进水平。1994年5月10日,全市召开"质量立市"万人大会。10月,市人大常委会审议通过《关于温州市质量立市实施办法》。政府制定各种优惠政策鼓励企业创建自己的品牌,创建温州品牌。政府对获得中国驰名商标和浙江省著名商标的企业均给予物质奖励,并在土地使用、厂房规划等方面给予优惠。为鼓励企业守信用,政府还对温州市银行系统评出的信用企业给予一定的奖励。

经过几年整顿、规范,温州产品的质量已开始被认可,市政府开始提出"名牌兴业"的发展战略。此阶段,多层次的质量管理监督体系形成,区域性的"假冒伪劣"基本绝迹,形成了政府鼓励引导、企业自主创新,以质量求发展、以质量促提高的良性互动机制。柳市的低压电器经过整顿、扶持,一些有实力、保证质量的企业脱颖而出,至1991年底,柳市全区共领取国家机电部颁发的低压电器和电子生产许可证77张,通过国家电子认证委员会认证7项,省级许可证14张,走上健康发展轨道。经过30年的发展,"中国电器之都"培养了一批龙头企业,至2007年,柳市30多家电器集团公司中,有4家跻身全国工业企业500强,10家进入全国民营企业500强。

这个事件给浙江省委、省政府以很大的震动。1992年,浙江省颁布实施《浙江省查处生产和经销假冒伪劣商品行为条例》,详细地列举了生产、经销假冒伪劣商品的行为,明确其法律责任,除了没收所有非法所得,如构成犯罪的一定要依法追究刑事责任。该《条例》出台以后,为省有关部门加大查处力度、扭转被动局面,提供了有力的法制保障。

2002年6月,省第十一次党代会报告提出建设"信用浙江"。7月,省政府出台了《关于建设"信用浙江"的若干意见》,详细阐述了建设"信用浙江"的重要性和紧迫性、目标和基本内容、主要任务以及组织领导等。2002年,省经贸委出台了《关于推进企业信用建设的若干意见》,提出了打造信用企业的具体举措。省工商局制定了《浙江省工商企业信用评价管理办法》,以企业的基本信用状况、信用资产积累、信用资产流失的综合得分,给企业粘贴"信用标签",并于2003年7月对3653家省属企业进行了企业信用评价,向社会公示。2004年,省工商局实施"企业信用破产淘汰法",宣布262家企业"信用破产",依法吊销营业执照,刮起"信用风暴",用"诚信"来提升浙江企业的"软实力"。2006年1月,省十届人大四次会议《浙江省国民经济和社会发展第十一个五年规划纲要报告》中,把"信用浙江"作为建立现代市场体系的一项重要内容,提出要"切实提高监管水平,坚决打击制假售假、商业欺诈、偷税漏税和侵犯知识产权行为,维护市场公平交易和质量安全"。

经过几年的共同努力,"信用浙江"建设初见成效,使浙江树立起市场经济发展的新形象。企业的信用意识和信用能力普遍提高,政府有较高的信用度和信用形象,信用观念逐渐深入人心。

(姜卫东 执笔)

87. 江泽民视察浙江

　　1991 年 7 月 8 日, 盛夏中的浙北嘉兴烈日炎炎, 中共中共总书记、中央军委主席江泽民来灾区看望大家的消息不胫而走。一时间, 人头攒动, 不时响起一阵又一阵热烈的掌声。这是江泽民就任中共中央总书记后第一次视察浙江。在浙江嘉兴, 江泽民一下飞机即乘车前往受灾严重的嘉善县。总书记踏泥泞、趟积水, 步行到受灾现场、抗洪工地、企事业单位和群众家庭, 表达党中央、国务院、中央军委对奋战在抗洪前线的广大干部群众、解放军和武警指战员的关怀和问候。

　　这年的 5 月下旬至 7 月初, 江浙沪三省市都出现历史上少有的梅雨天气, 暴雨成灾, 江河陡涨, 太湖水位超过 1954 年历史最高水位, 达 4.79 米, 给长江三角洲造成严重洪涝灾害, 经济损失巨大。在重大灾情面前, 三省市人民识大体顾大局, 发扬风格团结协作, 竭尽全力降低灾害损失。7 月 5 日, 上海市和浙江省共同执行国务院副总理田纪云签发的《关于太湖流域汛情及防汛部署意见》, 炸掉嘉善县境内的红旗塘堵坝, 引太湖洪水入黄浦江。浙江人民"顾全大局, 自力更生, 团结协作, 多作贡献", 发扬了抗灾自救, 无私奉献的"杭嘉湖"风格, 受到了广泛好评和高度赞扬。

　　江泽民到浙北平原受灾最严重的嘉善县西塘镇了解洪涝灾情, 看望受灾群众。他高度赞扬灾区广大干部群众顾全大局, 为太湖分洪做出牺牲, 并称赞广大共产党员始终战斗在第一线, 发挥了先锋模范作用。他到沈道村二组丁志林家慰安, 同时听取浙江省、嘉兴市的灾情汇报。江泽民在听取省委和嘉兴市委的汇报后, 指出:"这次杭嘉湖地区的灾情, 如果历史性地与过去相比, 是严重的。""在水利问题上, 如果不解决百年大计, 下雨一多, 涝灾总是一个困扰我们的大问题。所以, 对此必须认真对待, 要下决心, 去争取最后的胜利。""要齐心合力把水利建设搞好。"察看灾情结束后,江泽民还参观了嘉兴南湖革命纪念馆。是年冬天,浙江人民以扎实的冬修水利,落实了总书记对浙江水利工作的指示。

江泽民一直关心支持浙江的建设和发展,在担任总书记之前,就以中共中央委员、上海市委副书记、上海市市长的身份数次到过浙江,对浙江的工作给予指导。担任总书记以后,七次视察浙江,对浙江的建设发展倾注了大量的心血。

指导救灾工作3个月后,总书记第二次赴浙江。1991年10月20日至26日,江泽民考察了杭州、宁波、舟山、温州、台州、绍兴等市,听取了省委的工作汇报,指出:必须认真贯彻中央工作会议精神,努力把搞好国营大中型企业的各项措施变成群众的自觉行动,不断壮大社会主义公有制经济的力量。考察期间,江泽民反复强调,各级党委和政府要结合实际,从优化外部条件和深化内部改革入手,多管齐下,为国营大中型企业的发展创造良好的环境。江泽民说,建设具有中国特色的社会主义,什么时候都必须坚持"两个文明"一起抓,既促进经济的发展,又促进社会的全面进步,这是社会主义的本质要求。经济越发展,物质生活水平越提高,越要加强思想政治工作和精神文明建设,这是我们在工作中必须始终遵循的一个重要指导思想。他关切地谈道,任何时候都不能放松农业生产,要进一步确立大农业观念,不断推动和普及农业科技,推动农业生产迈上新台阶。22日,为舟山题词:开发海洋,振兴舟山。24日,视察了杭州汽轮机厂和杭州东风丝绸印染厂,赞扬企业在重视知识产权、开发新产品等方面取得的成绩,鼓励青年工人要多学一点技术。期间,江泽民还看望了人民解放军驻浙部队指战员、武警官兵和公安干警,检阅了海军东海舰队舰列。为浙江公安武警部队题词:"加强公安和武警队伍建设,做党和人民的忠诚卫士。"

1995年5月15日至16日,江泽民第三次到浙江,考察大中型企业改革情况。考察期间,江泽民听取了中共浙江省委、省政府的工作汇报,视察了杭州万向集团公司、绍兴黄酒集团、浙江海尔曼斯集团公司、杭州制氧机集团公司、杭州玻璃集团公司,并与企业领导干部座谈。江泽民说:国有企业必须搞好也完全能够搞好,全党全国都要坚定这个决心和信心。视察期间,他在省军区接见驻杭部队师以上和公安机关正处、武警部队正团以上干部,做了重要讲话,并合影。

第四次是在1998年10月6日,江泽民视察了嘉兴市郊区七星乡东进现代农业示范园区,参观了嘉兴宏达食品有限公司和嘉兴市农业科技成果展示会,主持召开座谈会,就农业和农村工作广泛听取党委、政府、农业主管部门和农业专家等各方意见,并就沿海发达地区加快实现农业现代化进程发表了重要讲话。江泽民要求沿海发达地区争取率先基本实现农业现代化。

2000年5月10日至12日,江泽民第五次考察浙江,去了温州、杭州的一些非公有制企业,就非公有制经济组织中加强党的建设问题进行调研。视察了富通集团公司、杭州大地网架制造有限公司、浙江传化化学集团有限公司三家非公有制企业。在听取省委、省政府的工作汇报后,江泽民强调,在迈向新世纪的征途上,我们党要解决好诸多复杂矛盾和困难,经受住新的考验和锻炼,把我们的伟大事业推向前进,必须按照"三个代表"重要思想的要求,进一步提高执政水平和领导水平。只有解决好这个问题,我们党才能永远得到全国各族人民的衷心拥护并带领人民不断前进。

第六次视察以文化事业为主。2003年10月10日至31日,江泽民前往中国美术学院、淳安千岛湖、中国茶叶博物馆、胡庆余堂、浙江省博物馆、印学博物馆、南宋官窑博物馆、余姚河姆渡遗址、雅戈尔集团、宁波城市展览馆、绍兴环城河整治工程、莫干山、中国湖笔博物馆、秦山核电厂、嘉兴南湖、乌镇等地参观、调研。23日,在驻地会见并宴请加拿大总理克雷蒂安。视察期间,江泽民分别接见了浙江省四套班子领导,省军区、武警总队、驻杭部队、边防总队、消防总队、警卫局副师职以上干部、杭州市四套班子领导及硬骨头六连全体官兵并合影。

江泽民最后一次以中共中央总书记、中央军委主席身份视察浙江是在2004年。7月21日至23日,他到宁波、舟山视察和检阅海军、陆军部队,还考察了鸦片战争纪念馆等地。

(王祖强 执笔)

88. 王均瑶首包国内空中航线

1991 年 7 月 28 日，一架从湘江之畔长沙飞来的安—24 型客机徐徐降落在浙江温州永强机场跑道上。随后，又满载乘客腾空而起，直飞长沙。这是中国民航史上的一个奇迹：由农民出资承包的第一条空中航线正式开通。创造这个奇迹的农民叫王均瑶。

王均瑶，1966 年出生于浙江温州苍南县一个普通农民家庭。由于家庭贫困，15 岁的王均瑶辍学跟着师傅跑业务，卖不干胶。1983 年，年仅 17 岁的王均瑶成了乡镇企业苍南星光工艺厂的购销员，随着温州 10 万购销员在千辛万苦中寻找挣钱的机会。早期，王均瑶从事过多种行业，先是在广州批发牙膏、牙刷，回到温州包装后出售给宾馆，后来又经营过酒店业和印刷厂。

1991 年春节前夕，已是"年轻的老购销员"的王均瑶，担任着苍南金城实业公司驻湖南长沙办事处主任。由于忙忘记了提早买回家的火车票，等他心急火燎赶到火车站，只剩下大年初三的票了。在长沙经商和王均瑶一样买不到火车票的温州人还有很多，大家商量无论如何都要回老家过年，最后一合计，以两倍的价格包了一辆大巴。

从长沙到温州，长达 1200 公里，还有很多盘来绕去的山路，大家在拥挤的大巴上颠簸着。王均瑶累得够呛，叹口气："汽车太慢了。"旁边一位老乡调侃道："飞机快，你坐飞机回去好了！"一句玩笑话，王均瑶却当真了：能包车、包船，为什么不能包飞机？

春节过后不久，王均瑶回到长沙，叩开了湖南省民航局的大门，提出了包机的设想。运输处处长周纪恒被王均瑶的大胆想法吓了一跳，他回忆："当时虽然只有安—24 飞机，只能坐 48 个人。但一班往返也要两三万元，他哪有这个资本呀？那时坐飞机，可是需要县团级证明的。"

王均瑶并不放弃。他进行了大量的走访和市场调查,写出了策划报告,做出了让航空公司绝对盈利、自己承担一切风险的承诺。他的想法很朴实:当时大概有一万左右的温州人在长沙做生意。温州人不仅把时间看作金钱,还把精力消耗列为经营成本。如果坐飞机走这条路线,虽然机票成本高些,但把时间、旅行费用、精力消耗等因素加在一起考虑,其综合成本反而比坐火车再转长途汽车要低。因此,他认为在长沙经商的温州人一定会看好这条空中走廊,肯定有客源,能赚钱。但当时的温州还是个小地方,航空公司都看不上这个市场,没开几个航班。有人包飞机,航空公司就能得到一项稳定的收入。王均瑶向航空公司承诺:每周承包两个航次,开通从长沙至温州的航班,他按飞行架次、里程上缴营运费,而且是提前把承包款打进民航部门的"口袋",盈亏自负。也就是说,让王均瑶包飞机,民航部门包赚。

王均瑶的诚心和极具诱惑力的报告打动了湖南民航部门。他们答复说:"我们同意你的方案,但这方案还必须得到民航总局的同意,估计很难。这样吧,你们自己去跑,能不能批下来就看你的造化了。"倔强的王均瑶开始在北京、温州、上海之间来回奔波,在敲到100多个图章后,王均瑶承包的温州至长沙航线终于开通。

包飞机这一大胆举动,颠覆了千百年来面朝黄土的中国农民的形象。一夜之间,王均瑶的大名出现在全国媒体的显著版面上,"中国私人包租飞机的第一人"。老百姓说他"胆大包天",媒体评论说:"他叩开了自计划经济以来中国民航格局森严壁垒从不向私营企业撬缝的大门。"就连美国《纽约时报》也来评价:"王(均瑶)超人的胆识、魄力和中国其他具有开拓和创业精神的企业家,可能引发中国民营经济腾飞。"

自长沙至温州包机航线投入运行后,班班座无虚席,获得了经济和社会效益双丰收,包机第一年就带来了20万元的赢利。王均瑶并不满足于此,决心把自己的探索向前推进。1991年底,他向工商部门申请成立全国首家民办包机公司得到批准。经过几个月的紧张筹备,1992年4月5日,"苍南天龙包机业务公司"在苍南龙港对外挂牌营业。1992年6月,"天龙"公司与中国联航南京航空公司合作,开通了上海——温州——上海、上海——黄岩——上海两条包机航线。同年7月24日,第四条包机航线贵阳——温州——贵阳航班开通。一周后,温州至昆明之间又架起"空中桥梁"。"天龙"先后开通了50多条航线,飞行航班达到400多个,业务从北京直到香港。

包机包出了一片新天地,王均瑶在航空领域和资本市场的大手笔仍在继续。2002年,均瑶集团以1.2亿元入股东方航空武汉责任有限公司,获得18%的股份,成为国内首家参股国有航空运输业的民营企业。2003年,投6亿元巨资购买和重新改造湖北宜昌机场。尽管王均瑶于2004年因病去世,但均瑶集团仍于2006年全资组建上海吉祥航空有限公司,并控股中国首家获得飞行资格的民营航空公司——奥凯航空有限公司,参股另一民用航空公司——鹰联航空有限公司。王均瑶开创了众多中国民航业的第一。有评论家认为,姑且不论均瑶集团在民航业的巨大投资是否能够盈利,他在计划色彩浓厚的民航领域所作的一系列创新之举,显示了浙商的"敢想敢做"。

包机包出第一桶金,王均瑶又把投资的目标选择在了奶业。1994年,均瑶乳品公司成立,成为公司第二大主业,"均瑶"品牌走进了千家万户。1995年,在整合航空业和乳品业的基础上,成立了温州均瑶集团有限公司,以企业集团为载体实施多元化发展,他们走出了作坊式的家族经营模式,开始了现代公司化运作。2001年,均瑶集团总部从温州迁往上海。如今,均瑶集团已发展成为包括航空、乳业和置业投资三大板块的民营航母。

王均瑶并不是中国最富有的民营企业家,但他有着强烈的社会责任感。2000年,王均瑶成为中国光彩事业促进会最年轻的理事,积极投入到义利兼顾的光彩事业中。他响应中国光彩事业的号召,在三峡地区投资建乳品厂,推广万户移民养牛计划,为三峡移民开辟就业渠道,他的事迹被作为典型案例在联合国《全球契约》论坛上介绍。2004年,世界银行在上海召开首届全球扶贫大会,王均瑶发言:"消除贫困是企业家的责任,我们需要一个和平稳定的发展环境,为社会创造更多的就业机会,为社会创造更多的财富。"2003年,他响应西部大开发的号召,捐款1000万元,设立"大学生自愿服务西部计划均瑶基金"。他还让自己的企业成为中共党建试验田,均瑶集团成立了直属上海市社会工作党委的第一家民营企业党委。他先后荣获全国优秀青年乡镇企业家、全国经营之光特等奖、浙江省首届优秀私营企业家、温州市改革开放20年风云人物等殊荣,曾任全国政协委员、全国青联委员、浙江省青联常委、上海市浙江商会会长等职。

正当王均瑶的事业处于人生顶峰的时候,2004年11月7日,38岁的王均瑶因晚期肠癌病逝。此时,均瑶集团总资产已达35亿元。

（曾林平 执笔）

89. 娃哈哈小鱼吃大鱼

1991年年初,伴随着"喝了娃哈哈,吃饭就是香"这句耳熟能详的经典广告词,娃哈哈主打产品、问世三年的"娃哈哈儿童营养液"风靡全国,销量飞涨,供不应求。但是,这只能让生产厂家干着急,当时身为杭州市上城区校办企业的娃哈哈营养食品厂,仅有几百平方米的生产场地,100多名职工。厂长宗庆后对大家说:"如果娃哈哈不扩大生产规模,将可能丢失市场机遇。但如果按照传统的发展思路,立项、征地、搞基建,在当时少说也得二三年时间,很可能会陷入厂房造好产品却没有销路的困境。"

宗庆后把眼光瞄向杭州的国有老厂——杭州罐头食品厂。作为全国十大罐头厂之一,它拥有厂房6万平方米,职工2000多人,曾居杭州市外汇创收前三名,与上海食品罐头厂一样生产"梅林"牌。此前已连续亏损三年,负债4000多万元,靠银行贷款过日子,库存的罐头产值1000多万元,工人发不出工资。

杭州市委、市政府通过调查研究后确认,娃哈哈营养食品厂有产品、资金、机制三大方面的优势,与杭州罐头食品厂正相弥补,既救活老厂,又壮大娃哈哈!1991年9月3日,杭州市政府发文,由成立四年、仅有140名员工的校办企业娃哈哈营养食品厂以8000万元的代价,有偿兼并资不抵债的国营老厂杭州罐头食品厂,老厂的2200名职工,其中有近600名退休职工、债务,全部由新厂接收。"小鱼"成功吃下了"大鱼",杭州娃哈哈集团公司正式成立。

这种"小鱼吃大鱼"的反常规举措,立刻在全国引起轰动。当时正是社会各方面对市场经济到底是姓"资"还是姓"社"问题争论不休的时候,一时间针对娃哈哈的兼并行为,"集体弄堂小厂兼并国营大厂是搞资本主义复辟"等言论满天飞。

这种兼并引发的争论,还出现在娃哈哈集团公司内部,不论是原娃哈哈营养食品厂的职工还是原杭州罐头食品厂的职工，都有看法。娃哈哈的员工认为，兼并这条"大鱼"不光是对于未来没把握，即以现实而言，杭州罐头食品厂是个很大的亏损厂，自己的油水会被他们分去还是小事，负担这样多的人员和债务，怎么不让人担心呢？兼并后必然产生许多利益上的问题。原杭州罐头食品厂的职工更没想通：自己是国营大厂，被一个只有 100 多人的校办厂吃掉，面子上过不去，保障上是不是更让人担心呢？有的人要求离厂。

宗庆后胸有成竹，最重要的就是发展企业，尽快使杭州罐头厂扭亏为盈。发展了，人心就真的稳了。他自己带头做工作，并采取断然措施：

第一，通过多种形式反复阐述兼并的意义，落实承诺，宣传企业远景规划、快速安定人心。宗庆后到罐头厂给职工们开会，真诚地与职工们交流："小跟大要看怎么个比法，虽然你的规模大，但连年亏损工资发不出来，这样的大，显然不切实际。娃哈哈虽然小，但销售额和资金实力已经超过罐头厂，实行兼并后，可以保证大家有活干，工资也都能提高。"大家感到他的话有道理，都安下心来。

第二，将杭州罐头厂生产的亏损品种、库存产品调整下马，仅用 28 天时间就在杭州罐头厂新建了一条月产"娃哈哈"250 万盒的灌装生产线，又推出娃哈哈果奶等新产品。

第三，机构精简，使改革得以顺利进行。兼并前的杭州罐头厂机构臃肿，人浮于事，分工不明，多头管理。兼并伊始，宗庆后就在班组长以上大会上表明了机构必须精简，并公布了人事安排的原则：对愿干又能干的予以重用；对愿干而因能力关系不能干的妥善安排；对能干却不愿干，阻碍改革进行的坚决处置。干部"能进能出"、"能上能下"，不再有"终身制"。重组中，认真细致的调查摸底，晓之以理、动之以情，将原娃哈哈厂 11 个职能部门和杭州罐头厂 35 个职能部门合并为 2 室 10 部，聘用科室、中层干部 75 人，其中原杭州罐头厂干部 85 人中受聘 44 人。

第四，重新制定、完善了各项规章制度，依法治厂、从严管理。杭州罐头食品厂虽然有许多规章制度，但从未得到有效执行，职工纪律松懈，迟到、早退、磨洋工等屡见不鲜、屡禁不止。干多干少、干好干坏都一样，缺乏相应的鼓励和处罚机制，生产过程中基本上谈不到有效率。娃哈哈根据两厂原有的规章制度，重新修订和完善岗位责任制及各项规章制度，并立即将这些规章制度落到实处。按制度目标改体制内容，划小管理核算单位，充分加强生产一线的技术、管理力量，建立了以产量、质量和消耗为主要考核目标的岗位责任制。落实经济责任制，实行超定额计件奖励制度，分配透明。新的制度贯彻后，职工的生产积极性大为提高,变被迫干为抢活干。

第五,通过开展形势教育及"社会主义在我心中,公司未来靠我们创造"等一系列活动,激发了全体职工的劳动热情和主人翁责任感。职工明白了发展是硬道理,只有踏踏实实地工作,使工厂扭亏为盈,才能为社会作出贡献。为打破大锅饭,推行计件工资,将在线职工分成两个班组展开竞赛,一个由原来娃哈哈厂员工组成,一个由原杭州罐头厂职工组成,比赛的结果是罐头厂组明显不及。这让一直盲目自傲的原"国有"职工备感羞愧,他们开始急起直追,苦练操作技能。

通过扎实的工作,奇迹发生了:仅用 90 天全企业扭亏为盈,原欠债还了一半,"娃哈哈"产能扩大了一倍,产品仍然是供不应求。1992 年,娃哈哈全厂的销售收入和利税比上年增长了一倍多。

"百日兼并",在中国改革开放史上留下了重要一笔。这场发生在改革开放历史大背景下的"小鱼吃大鱼",打破了隶属关系、等级差别,遵循市场经济的规律,优胜劣汰,实行企业组织的重新组合,实现生产要素的合理流动,促进产品结构调整。这种全新的兼并机制,不仅对杭州、对浙江,乃至对全国整个国有企业的改革都产生了深远的意义。

自娃哈哈兼并杭州罐头厂始,企业的发展开始驶入快车道。

1994 年,娃哈哈在重庆涪陵三家受淹特困企业的基础上成立首家娃哈哈外地公司,跨出了娃哈哈"西进北上"的第一步。1998 年,娃哈哈成功开发了中国人自己的可乐——非常可乐。非常可乐在全国与可口可乐、百事可乐形成鼎立之势。1998 年,娃哈哈产量、销量、利税、利润等各项经济指标首次超过竞争对手,位居中国饮料行业首位。2002 年,娃哈哈正式宣告进军童装业,在全国开设了800 家童装专卖店,迈出了跨行业经营和多元化发展的第一步。2005 年,娃哈哈自主开发的营养快线,创下上市当年实现销售近 8 亿元的奇迹。

如今的娃哈哈集团有限公司已经发展成为中国最大的食品饮料生产企业,全球第五大饮料生产企业,其在资产规模、产量、销售收入、利润、利税等指标上,已连续 10 年位居中国饮料行业首位,成为目前中国最大、效益最好、最具发展潜力的食品饮料企业。

(姜卫东 执笔)

90. "百强县"与"千强镇"居全国之首

改革开放以来,浙江实现了由"资源小省"到"经济大省"的转变,生机勃勃的县域经济是不可或缺的重要基础和推动力量。1991 年,国家统计局农村社会经济调查总队开始了名为"农村经济综合实力百强县"的评选,这是全国"百强县"的前身。

1991 年,在全国第一届农村经济综合实力百强县的评比中,浙江有 12 个县(市)名列其中。在 1992 年的第二届评比中,浙江上升幅度惊人,有 21 个县(市)名列其中。在 1994 年的第三届评比中,浙江又将入围县(市)数增加到 23 个。此后,这一评选工作中断了数年。

2000 年评选重启,国家统计局农调总队从发展水平、发展活力、发展潜力三方面组织实施了中国县市社会经济综合指数测评,浙江有 22 个县市进入中国最发达 100 强县(市)。2001 年,总数达到 26 个;2003 年后增加到 30 个,总数在全国处于绝对领先的地位。

在全国百强县(市)的排名中,浙江之所以能够三分天下有其一,主要得益于省委、省政府对发展县域经济的高度重视和全国独有的财政管理体制以及 20 世纪 90 年代以来民营经济、块状经济的蓬勃发展。从全省比较分析,百强县(市)的发展呈现四方面的突出特点:

一是经济发展速度快,实力强。从实力看,2006 年浙江省 27 个百强县(市)(不含萧山区、余杭区和鄞州区)的人均生产总值达到 3.5 万元,人均财政收入达2569 元,分别是非百强县域的 2.5 倍和 2.68 倍。与 2000 年相比,百强县(市)的生产总值增长了 50%,平均每年递增 14.5%(不扣除物价因素,下同),财政总收入增长了 138.5%,平均每年递增 33.6%。平均增速比非百强县域分别快 2.7 和5.4 个百分点。县(市)规模以上工业数达到 485 家,是非百强县域的 4.08 倍,与

2000年相比增长82.6%,平均每年增长22.2%,年均增速比非百强县域快1.9个百分点。

二是发挥作用大,贡献多。从贡献看,随着浙江跻身全国百强县(市)数量持续上升,百强县(市)在浙江县域经济中发挥的作用日益增大。以2003年数据为例,浙江有县域单位61个,国土面积89125平方公里,其中30个全国百强县市国土面积为36236平方公里,占全部县域面积的40.7%。30个百强县(市)实现生产总值4859.9亿元,占全部县域的77.2%;实现财政总收入516.9亿元,占全部县域的79.4%;出口总额达到18.3亿美元,占全部县域的90.3%。城乡居民储蓄存款余额为2711.2亿元,占全部县域的77.3%。

三是工业化程度高,出口总额大。从工业化程度看,以2003年为例,浙江省30个百强县(市)非农产业增加值比重达到91.5%,比非百强县域高5.6个百分点。非农从业人员在所有乡村从业人员中的比重为66.7%,比非百强县域高15.9个百分点。平均规模以上工业企业484.87家,比非百强县域多3.09倍;人均出口总额达到911万美元,是非百强县域的6.48倍。

四是投资规模大,利用外资多。从投资规模和利用外资看,2003年,浙江省30个百强县(市)平均完成基本建设投资18.2亿元,平均贷款额为126.4亿元,分别是非百强县域的2.8倍和4.2倍;平均当年合同利用外资1.9亿美元,实际利用外资0.88亿美元,分别是非百强县域的6.3倍和7.3倍。

与实力突出的百强县(市)相联系,浙江的经济强镇也实力超群。国家统计局2006年9月4日公布了全国1000个综合发展水平较高的小城镇。千强镇中长三角地区占到636个,其中浙江268个,入围数量居全国第一。其中,杭州市萧山区下辖的22个镇全部跻身全国小城镇综合发展实力"千强镇",强镇入围数量在全国县(市、区)中位居第一。其中,萧山区宁围镇排名位居全国第六、浙江第一。

浙江强镇崛起离不开地方党委、政府的积极支持与引导。改革开放以后,随着乡镇企业和专业市场的不断发展,极大地促进了资源和生产要素向小城镇集聚。省委、省政府因势利导,加强小城镇建设,迈出了坚实的步伐。

1985年12月,省政府颁发《关于加强小城镇建设的决定》,就改革小城镇管理体制,加强小城镇的规划、管理,农民进镇落户,合理使用土地资源,多方筹集建设资金等作出了具体规定。90年代以后,为了改变乡镇企业"村村点火,处处冒烟"的发展格局,引导企业上档次、上规模,形成产业群体,取得集聚效益,加快了工业小区和小城镇建设。1994年5月,农业部在绍兴柯桥镇召开工业小区建设现场会,绍兴县柯桥镇、东阳市横店镇、义乌市大陈镇、慈溪市宗汉镇被确定为全国首批综合开发实验小区。1996年4月,省委办公厅、省政府办公厅发出《关于推进小城镇综合改革试点的通知》,6个全国小城镇综合改革试点镇的试点方案付诸实施,同时省委、省政府又批准了41个镇作为省的试点。1997年5月在全省乡镇企业工作会议上,省领导又提出把乡镇企业与小城镇有机结合起来,引导乡镇企业走相对集中、连片发展的路子。小城镇的建设和发展有力地促进了乡镇企业的大发展、大提高。

浙江省人民政府2007年4月下发《关于加快推进中心镇培育工程的若干意见》,文件最核心的部分是"扩权"。其中涉及将县里负责的财政、规费、土地、投资项目核准等10个方面的经济社会管理权限下放给141个中心镇。包括:完善中心镇财政体制;实施规费优惠;加大对中心镇的投入、用地支持力度;扩大中心镇经济社会管理权限;深化投资体制改革;推进户籍制度改革、集体非农建设用地使用制度改革;深化农村集体资产管理体制改革;建立统筹城乡的就业和社会保障制度等等。《意见》里用八个字来表述扩权的基本原则:依法下放、能放就放。这对于141个中心镇来说,意义非凡。在可预见的将来,这些长大了的"孩子"都将穿上适合自己的新"衣裳"。

实力超群的"百强县"与"千强镇",构筑了浙江经济超强发展的坚实基础,是浙江经济发展的重要载体和引擎。

(王祖强 执笔)

91. 秦山核电站并网发电

　　1991 年 12 月 15 日 0 时 15 分,对于中国核电事业来说,是一个记入史册的时刻。由中国自行设计建造的第一座核电站——秦山核电站首次并网发电成功。秦山核电站结束了中国大陆无核电的历史,填补了这一领域的空白,使中国成为世界上为数不多的能够自行设计建造核电站的国家之一。

　　中国的核工业起步于 20 世纪 50 年代,在当时的国际大环境下,致力于核军事工业发展,取得过辉煌的成就。1964 年 10 月 16 日,第一颗原子弹爆炸成功;1967 年 6 月 17 日,第一颗氢弹爆炸成功;1971 年 9 月,第一艘核潜艇试航成功。用原子能发电的设想,在中国发展核工业之初,即已存在于党和国家领导人的脑海之中。1970 年 2 月 28 日,周恩来高瞻远瞩地指出:二机部(核工业部的前身)不能光是爆炸部,要和平利用核能,搞核电站。1974 年 3 月 31 日,周恩来又抱病亲自审议通过了建设 30 万千瓦原型压水堆核电站的方案,并提出了"安全、实用、经济、自力更生"发展核电事业的基本方针。但是由于"文化大革命"的影响和一部分人对核电站的认识存有偏差等原因,中国核电工业还只是停留在纸面上。

　　党的十一届三中全会后,邓小平敏锐地洞察到随着国际形势的发展,国际社会的主题是和平与发展,爆发世界大战的可能性较小,提出"军队要服从整个国家建设大局","国防工业设备好,技术力量雄厚,要充分利用起来,加入到整个国家建设中去,大力发展民用生产","国防工业要以民养军,军民结合"。这些构想,有力地推动了核工业走保军转民、发展核电的道路。一批科学家纷纷发表文章,对中国发展核电的必要性和可能性进行分析,倡议把核电列入重点规划。国家有关部门也上书中央和国务院,要求不要停止核电建设,同时又开展核电安全宣传,让人们了解核电,消除恐惧心理。二机部、国防科委等部委则不断向党中央、国务院申诉建设原型堆核电站的必要性和重要性。1981 年 10 月 31 日，国务院批准国家计委等五委一部《关于请示批准建设 30 万千瓦核电站的报告》。

1982 年 12 月 30 日，在第五届全国人大第五次会议上，中国政府向全世界郑重宣布了建设秦山核电站的决定。秦山核电站坐落于浙江省海盐县秦山镇双龙岗，面临杭州湾，背靠秦山。电站在建设过程中始终受到党中央、国务院的高度重视，许多领导同志亲临工程现场视察。江泽民、李鹏、朱镕基、李瑞环、胡锦涛等领导同志都先后视察过秦山核电站，对秦山核电站的建设给予了充分肯定。

1985 年 3 月 20 日，秦山核电站核电厂房底板浇灌了第一罐混凝土。1988 年 8 月 31 日到 9 月 1 日，吊装压力容器，秦山核电工程进入设备全面安装阶段。在最初的规划中，秦山核电站一期仅具有试验性质，它采用了当时国际上成熟的压水型反应堆技术，建设单台 30 万千瓦发电机组，并由中国自主承担整个电站的设计、建造、设备提供和运营管理工作。1991 年 12 月 15 日并网发电，机组在测试运行了两年之后于 1994 年 4 月正式投入商业运营，1995 年 7 月通过国家验收。

一期建成后不久，秦山核电站又建设了二期和三期工程，并引进国外技术力量和国内地方政府资本参与建造。秦山二期工程是国家“八五”期间的重点工程，开创了自主化建设商用压水堆核电站的新跨越。二期工程依然由中国自主承担设计、建造和运营任务，采用压水型反应堆技术，安装两台 60 万千瓦商用压水堆，两台机组分别于 2002 年 2 月 6 日和 2004 年 5 月 3 日建成发电。秦山二期是采取“以我为主、中外合作”的方式建造的核电项目，设备国产化率达到 55%，是世界各国同期商用核电站中最为经济的。通过秦山二期工程的建设，中国核电的科研水平、工程设计以及设备制造的能力都有了很大的提高，并积累了设计、建造、工程监理等一整套核电建设的经验。

秦山三期是中国首座商用重水堆核电站，是由中国和加拿大两国政府合作建设的最大贸易项目，采用加拿大提供的坎杜 6 型重水型反应堆技术，建设两台 70 万千瓦发电机组，两台机组分别于 2002 年 12 月 31 日和 2003 年 6 月 12 日建成发电。

秦山核电站自运行以来，为中国的核电事业作出了巨大贡献。首先，秦山核电站始终坚持自力更生，自主进行研究设计，同时也十分重视吸收国外先进经验。如堆型选择、规模确定、设计规范等，都是参照当时国际经验和通用规则，结合国情而作出最终的决定。在建设中,尽量利用国内技术和条件,同时引进了一些国内暂时难以解决的关键设备和材料。这种建设模式被证明是成功的,对中国的核电发展具有深远意义。

安全对于核电站来说是头等大事。秦山核电站自运行以来,没有发生任何核安全事故,没有发生任何影响公众及环境的放射性事件。核电站安全运行说明秦山核电站的设计建造和设备质量是较高的,运行水平是过硬的。也说明这是中国走自主发展核电道路的一次成功实践,是高技术产业化、重大装备国产化的一次成功实践。

秦山核电站的建设,造就了大批优秀核电建设和运行管理人才,有力地支援了各地核电工程的建设。为保证核电站的安全稳定运行,秦山核电站健全培训管理机构,逐步建立了完善的培训体系,对运行人员、检修人员与管理人员系统培训,造就了大量的优秀人才,先后培养出 120 名多主控操作员,并向国内其他核电站输送了 1200 多名急需的各类核电管理人才和技术骨干,有力地支援了中国核电事业的发展。2004 年 7 月,国务院批准建设三门核电站。秦山核电站在人才方面给予了大力的支持,抽调参加过秦山一、二、三期的各类技术人才进行支援,保证了工程开工。2009 年 4 月 19 日,三门核电站一期工程正式开工建设,这其中离不开秦山核电人的努力。

秦山核电站的运行有效地缓解了浙江电力的紧张局面。随着经济发展,浙江对电力的需求呈快速增长的态势。秦山核电站 30 万千瓦机组自 1991 年正式并网发电至今已经发电 300 多亿度。二期两台 60 万千瓦机组和三期两台 70 万千瓦机组自 2002 年后分别发电至今,也保持着良好的运行状态。特别是 2008 年年初百年一遇的冰雪灾害,更显示了核电与火电相比在燃料运输、电力稳定性方面的优势。

(姜卫东 执笔)

92. 从"强县扩权"到"扩权强县"

改革开放以来,浙江省委、省政府高度重视县域经济的发展,在坚持和完善省直管县财政体制的同时,不断深化和推进从"强县扩权"到"扩权强县"的改革,着力推动县域经济发展,形成了具有浙江特色的政府改革行政管理体制,在从"强县扩权"到"扩权强县"改革的探索与实践方面,一直走在全国的前列。从1992年起,省委、省政府先后四次实施了经济强县扩权的改革。几度出台政策,扩大部分经济发达县(市)的经济管理权限,形成了浙江特有的强县经济战略。

20世纪80年代初,全国绝大部分省份纷纷把实行了近30年的"省管县"体制改为"市(地)管县"体制。而浙江省委、省政府坚持从实际出发,在积极推进撤地建市的同时,继续实行"财政上省直接对县,组织上省管县市党政正职"体制。省委、省政府的这一决策,主要源于三方面的考虑:第一,改革开放以前,浙江是一个农业省份,城市化水平不高,中心城市的集聚力不强,难以带动县的发展;第二,浙江陆域面积不大,县的数量不多;第三,实施农村工业化战略,"省管县"体制更有利。这一决策的核心就是发展县域经济。

1992年6月,省政府发出《关于扩大13个县(市)部分经济管理权限的通知》,给萧山、余杭、鄞县、慈溪、余姚、海宁、桐乡、绍兴、黄岩、嘉善、平湖、海盐、椒江等13个县(市)扩权政策,主要包括扩大固定资产投资项目审批权、外商投资项目审批权等四项。扩权政策很快带来了明显变化。当年在中国农村综合实力百强县(市)评比中,浙江省12个县(市)榜上有名,其中享受了扩权政策的绍兴县列第八名、萧山市列第十名。

1994年,全国实行分税制财政管理体制,浙江从实际出发,坚持并不断完善富有浙江特色的省管县财政体制,即在以财政收支划分、专项拨款、预算资金高度、财政年终结算等方面,由省直接分配下达到除计划单列市外的63个市、县

（含县级市），县、市财政都直接同省财政挂钩。同时，出台了相应的配套政策和措施。从1995年开始，根据经济的发达程度，先后针对不同的县（市）制定了"两保两挂"、"两保两联"、"亿元县上台阶"等政策，对地级市实行"三保三联（挂）"补助政策和城建税超基数返还等措施。2003年，省对市、县（市）财政体制作了进一步完善。对发达和欠发达市、县（市）的财政政策分别整合归并为"两保一挂"和"两保两挂"政策。不断赋予县域较大的发展自主权，有力地推进了县域经济的发展，为后来经济强县的崛起打下了扎实基础。

1997年，省委、省政府第二次强县扩权，试行萧山、余杭两市享受市地一级部分经济管理权限。省政府下发浙政发[1997]53号和179号文件，扩大了萧山、余杭两市项目审批、计划和土地管理等11个方面的权限和因公出国（境）任务审批管理权限。

2002年8月，省委、省政府按照"能放都放"的总体原则，进行了第三次扩权，出台《关于扩大部分县（市）经济管理权限的通知》，将涵盖发展改革、经贸、外经贸、国土资源、交通、建设等12大类313项属于地级市经济管理的权限，"下放"至绍兴、温岭等17个县（市）和萧山、余杭、鄞州3个区。除国家法律、法规有明文规定的外，须经市审批或由市管理的，由扩权县（市）自行审批、管理；须经市审核、报省审批的，由扩权县直接报省审批，报市备案。2005年，这一轮扩权的17个经济强县（市）和萧山、余杭、鄞州3个区实现生产总值5276.3亿元，是2001年的1.8倍，占全省生产总值的39.48%；人均国内生产总值33428元，比全省平均高21.3%；财政总收入618.8亿元，是2001年的2.6倍，占全省29.26%，其中地方财政收入301.6亿元，是2001年的2.25倍，占全省28.28%。2004年9月，国家统计局公布了2003年全国百强县（市）名单，萧山区（列第7位）、绍兴县（列第10位）等30个县（市、区）榜上有名，上榜数比2002年增加了4个。数量仍居全国第一位。

"省管县"财政体制淡化了地、市一级政府的财政职能，减少了中间管理环节，有效地避免了管理效率的递减。而且，这种体制还避免了市与县在发展空间竞争中可能出现的"以大压小"情况，保障了县域经济的发展空间。2006年，全省58个县（市）中，有27个进入全国百强县行列，经济强县总数居全国第一。2007年，GDP上百亿的县（市）达到35个，财政收入超10亿的县（市）达到39个；县域经济总量占全省经济总量的比重达到60%，成为全国县域经济最活跃、最发达的省份之一。

2006年11月14日，省委、省政府决定在义乌市开展扁平化改革试点，下发

《关于开展扩大义乌市经济社会管理权限改革试点工作的若干意见》,原则上将地市级的管理权限扩大下放给义乌市,共扩大了603项经济社会管理权限。这次义乌扩权试点,标志着浙江省第四轮强县扩权正式启动。扩权政策极大地推动了义乌的发展。自2002年第三轮扩权以后,义乌的综合实力不断增强,社会财富显著增加。全国百强县市排名从2002年的第20位跃居到2005年的第12位。"义乌商圈"的形成,不仅促进了本地区的发展,还带动了周边地区的发展,其辐射范围遍及全国。据粗略统计,义乌市场的来料加工业务已辐射全国10余个省市,带动100万人增加收入,年均支付加工费20亿元。

宏观层面的一系列改革,进一步巩固和提升了浙江的体制优势,增强了浙江的发展活力,使浙江成为市场化程度最高的省份之一。2007年全省GDP总量的62.4%、财政收入的54.3%、从业岗位的70.5%由县域创造。全省30个全国百强县的人均GDP为4.28万元,经济总量占全省的49.42%。30个强县的城乡居民人均储蓄比浙江全部县域的人均储蓄高出30%。2007年浙江的城乡统筹发展水平综合评价得分为69.30分,进入了整体协调发展的阶段。

在"强县扩权"的基础上,浙江又开始了"扩权强县"的探索。"扩权强县"是浙江行政管理体制改革的一大特色和重点内容。2008年12月,省委办公厅、省政府办公厅下发《关于扩大县(市)部分经济社会管理权限的通知》,明确浙江县域扩权改革再次提速,下放权限将惠及所有县市。率先试点的义乌将继续深化试点,继续保留原有扩权事项524项,新增与经济社会管理密切的相关事项94项。其中省级下放事项445项。其他县市则采取同步扩权、分步到位的做法,先承接经义乌试点一年后行之有效的349项扩权事项,新增与经济社会管理密切的相关事项94项,共443项经济社会管理事项。其中由省里下放的有311项。

从"强县扩权"到"扩权强县",是全面落实科学发展观和深入实施"两创"总战略的需要,是大胆探索行政管理体制改革的积极实践,是加快统筹城乡发展的有力保障,是有效解决当前经济发展面临困难和问题的重大举措,符合中央要求、浙江实际和基层意愿。

(王祖强 执笔)

93. 陈金义拍得上海 6 家国营店铺

1992 年 10 月 15 日下午,上海市上海商城剧院内座无虚席。"上海市黄浦区小型国营集体企业拍卖会"在这里举行,有 7 家国有集体商店准备拍卖。公开拍卖国营商店,并允许私营企业参与,这在国内尚属首例。未想拍卖结果所引起的轰动,远远超过了拍卖会本身。

"第一家,川南油酱店,建筑面积 15.1 平方米,起价 5 万元。"主拍人声音一落,竞拍牌便此起彼伏:"5 万 5、6 万、7 万、8 万……",89 号举牌人高喊一声"20 万 8",吸引了会场内所有的目光。由此一锤定音,"成交"!

第二家浦南油酱店,起价 8 万。竞拍开始后,竞争更加激烈,经过 37 轮竞争,最后又是 89 号举牌者以"23 万 8"竞拍成功。

如此的情形连续发生了六次,89 号举牌者一次次地举牌,击败了在场的 50 多位上海老板,以 145.1 万元的代价换来了总面积只有 112.35 平方米的 6 家店面,其中一个店铺每平方米的价格超出了 3 万元,这在当时是个难以想象的天价。如此不可思议的竞拍,令在场者无不侧目而视,纷纷猜测着这位神秘人物的真实身份。次日由新闻媒体曝光,浙江私营企业家——陈金义的名字轰动了上海滩,同时也传遍了浙江省乃至全国各地。

陈金义是杭州桐庐县人,高中毕业以后走出小山村干过漆匠,1986 年起开始经营蜂业,由于经营有方,资金积累迅速增长,先后投资 1000 多万元在广州、杭州办起了 4 家企业,并投资杭州的餐饮业、房地产,还参与证券交易,吃到了头口水,成了第一批股市赢家,被人们称为"陈千万"。当人们还在为"计划经济"与"市场经济"争论得不可开交时,陈金义已高举"私营"大旗,在市场的大海中畅游了。

完成了初始资本积累后,陈金义一直在寻找能产生轰动效应的新契机。就在这时,他得知了上海七家经营不善的小商店将被拍卖的消息——这是建国以来首次将国有集体商业企业卖给私营企业。陈金义和他的智囊们意识到这是一个千载难逢的机会:当时党的十四大正在召开,第一次明确提出了建立社会主义市场经济体制的目标模式,把社会主义基本制度和市场经济结合起来。而私营企业如果能够购买国有的店铺,正是市场经济体制推进的一个活生生的体现。更何况拍下这些店铺将有利于企业在上海这一中国最大的市场上立稳脚跟。经过周密分析,陈金义下了决心:"要不惜任何代价,将拍卖的商店吃进来。若100万能拿下来最好,如果有很强的对手,即使花300万,也照吃不误。"

作为新中国第一次以公开拍卖的形式将企业由"公"转"私",这次拍卖吸引了媒体的强烈关注。在接连拍下6家店铺后,陈金义成为改革大潮中第一位收购国有企业的民营企业家,一时间轰动全国,被称为"陈金义现象"。陈金义一下子成了名人,新华社、文汇报、人民日报、香港文汇报、解放日报、新民晚报、浙江日报、浙江电视台等重量级媒体均在显著位置大篇幅地进行了报道,标题有:《浙江人出尽风头,沪上人囊涩气短》《他轰动了上海滩》《新大亨从幕后走向前台》《上海滩竞拍传奇》《145万买到了什么》等。当时有人问,145万元巨款买6家小店是否太吃亏,陈金义回答:"这笔钱我认为花得值,通过这次竞拍,现在不但上海,而且全国也知道了我们的实力,这个广告效应所产生的价值,非三五百万元广告费所能达到的。从这个意义上说,我们已经把钱赚回来了。"

新闻界对陈金义穷追猛写了一阵后,理论界也开始关注陈金义,先后在杭州和北京召开了两次"陈金义现象理论研讨会"。于光远、董辅礽、吴敬琏、厉以宁等著名专家均肯定了"陈金义现象",使陈金义迅速成为中国私营企业家中的一颗明星。陈金义后来回忆说:"我至今还记得很清楚,当时上海黄浦区公开拍卖7家国有集体商店,我一口气拍下了6家。我的动机,只不过是想在上海找一个市场的切入点,把金义的产品推向全国。但由于当时的社会背景,使得这一次普通的收购,被赋予了浓厚的社会意义。"

陈金义的上海故事,事后被诸多著作和教材作为重点分析的经典案例。以"私"吞"公",上海滩竞拍传奇,从而产生着持续的影响力:第一个吃螃蟹的人是要有胆量的。在1992年,姓"公"姓"私"还是一个很严肃的问题,许多人都不敢去碰。但陈金义却通过正在召开的十四大,敏锐地预见到了中国的走势,大胆成为中国第一个以"私"吞"公"的吃螃蟹者,从而获得了巨大的成功。这一事件如果早一年发生,由于十四大还未召开,社会主义市场经济体制理论还未建立,媒体甚至会不敢报道,报道的话陈金义说不定会被当作资本主义尾巴割掉。而如果离十四大之后太晚才发生,则也不新鲜了,媒体肯定会在十四大之后不久就找到一个类似的"代言人",这时讨论的可能是"王金义现象"、"李金义现象",就没有陈金义的份了。陈金义的成功,有一大半靠的就是把握大势的前瞻性。

借助这一事件获得的巨大知名度,陈金义创建了浙江金义集团并在一段时间里获得迅猛发展。浙江金义集团组建于1993年,以生产、经营食品、饮料为主,产品主要有金义纯净水、金义奶、金义乳酸饮料、金义果冻等饮料产品,逐步扩展为10个类别20多个品种,覆盖华东、中南与西南13个省。1997年销售额达2.1亿元,四年时间增长10余倍。这一年,金义集团投资1500余万元,在三峡库区接收兼并了重庆涪陵市枳城区二轻局下属制革厂等5家集体企业,组建浙江金义集团涪陵有限责任公司,注册资本4180万元,形成年产值超过1个亿的生产能力,解决安置当地移民758人,兼并后头一年实现销售收入2500万元,相当于被兼并5家企业前3年产值总和的2倍多。2000年,浙江金义集团总资产达5亿多元,其中无形资产3.418亿元,拥有子公司8家,控股公司2家,参股公司2家,员工2300余人。

2000年7月,浙江金义集团与黑龙江省黑河市政府签订了协议。新组建的"黑龙江省金义五大连池矿泉水股份有限公司",由浙江金义集团控股51%,计划在3年内形成年产30—50万吨矿泉水的生产规模。2000年国庆期间投入试生产。

2002年,浙江金义集团的资产总额已达到8亿元,跻身中国私营企业500强。2003年3月15日,金义集团旗下的杭州金义食品有限公司与新加坡上市公司EWOS公司合并,在新交所成功上市。陈金义持有31.54%的股权,成为国内首家在新加坡借壳上市的企业,走上了一条产品经营结合国际资本经营的发展道路,为中国企业融入世界经济一体化进行了探索。

浙江金义集团十多年的成功运作,为其掌门人陈金义赢得一系列社会荣誉:2000年福布斯中国富豪榜上排名第35位、2001年以8亿身价位列福布斯大陆富豪榜第61位、全国优秀青年企业家、浙江省政协委员、杭州十大杰出青年、新长征突击手等等。建国五十周年的盛大庆典上,陈金义董事长作为浙江省私营企业的唯一代表,应邀登上天安门观礼台。庆典结束后,全国工商联又把象征着"非公有制经济健康发展"的第28号彩车交由浙江金义集团永久保存。

然而,就在浙江金义集团处于发展高峰期的2003年,陈金义决定主业转型,停止已成气候的饮料业投资,主攻被称为"水变油"的重油乳化。7月27日,他在向媒体解释暂时无法还债的理由时称:公司正进行"乳化油"的科研项目需要资金投入，"近年长时间高投入、几无产出的状况，使企业资金链出现问题"。

2006年7月26日，杭州市江干区人民法院向社会公布了拒不履行生效法律文书的20个被执行人名单，陈金义与其金义集团因欠款67万余元位列其中。同时被曝欠银行执行款上千万元。从此，陈金义与其金义集团陷入破产还债之中。万向集团董事局主席鲁冠球曾痛心地将其称为浙江"自主创新失败的企业案例"。他认为，陈金义主要犯了两点错误：一是进行企业战略调整要选择企业形势良好的时候，如果本身经营困难，所有努力会前功尽弃。二是不讲科学。任何高科技方面的创新，都要考虑是否有足够把握。

陈金义先赢后输，属于民营企业家中的特殊类型。然无论是经验还是教训，陈金义与其金义集团都在浙江经济起飞的过程中，留下深深的印痕。

（徐斌 执笔）

94. 永康五金城勃兴

　　1992年,浙江省永康市根据本地区的产业特点创立了五金生产、销售基地,成为浙江省"块状经济"的先行者。经过15年的培育、发展,成长为国内最大的五金专业市场,以"中国五金之都"的声誉被命名为中国科技五金城。

　　中国科技五金城总占地1000亩,拥有一期、二期两个市场群,整个市场建成面积45万平方米,规划66万平方米,营业店铺4500余家,经营日用五金、建筑五金、工具五金及机电设备、金属材料、装饰建材等数万种五金产品及相关产品,辐射全国各地及世界50多个国家和地区,日进场交易客商2万余人次,日货流量超千吨。占地500亩的二期市场于2004年投入运营,设有车类和摩托车配件、机械五金配件、电子电器、装潢五金、紧固件、机电、工量具、金属材料、机械设备、健身休闲产品等交易区。二期市场全部按照浙江省五星级文明规范市场标准要求建设,是一个建筑档次高、功能配套齐全的五金商贸新区。近几年五金城市场成交额以每年20%的速度攀升,2006年市场成交额达260多亿元,名列全国商品专业市场竞争力50强第三名、全国百强工业品交易市场第四名、浙江省百强市场第三名。获得多项荣誉称号:国家经贸委重点联系批发市场、中国百家诚信建设示范市场、浙江省重点市场、浙江省四星级文明规范市场、浙江省文明单位、浙江省质量达标市场、全国五金专业市场委员会会长单位、浙江省五金建材协会会长单位等。

　　中国科技五金城集团有限公司,负责市场开发培育、经营、管理和服务。市场内工商、公安、质监、税务、供水、供电等服务机构一应俱全。按照浙江省星级文明规范市场标准,建有一整套完善的市场管理制度,市场运行高效有序。

　　中国科技五金城奇迹般崛起,归功于他们对"块状经济"发展规律的探索:产业是后盾,文化积底蕴,会展聚活力,科技建平台,品牌创形象。还有一种概括,称作五大奥秘:强项在工业,特色在五金,优势在民营,活力在市场,后劲在科技。永康五金城的成功与经验,堪称浙江省"块状经济"的典型。

"块状经济"在全省范围内大面积的涌现,既有历史文化传统的孕育,更得益于时代需求的呼唤。明清之际浙江城镇市场网络形成时,就具有"一城一品"的小工商业特色。受此工商传统影响,区域经济发展中,呈现出"一乡一品"、"一县一业"的景象,在地域上通常以乡镇的行政界限为边界,或由相邻的几个乡镇共同组成,乡镇内部存在不同的专业村。浙江民营企业90年代的大爆发中,伴随着全省经济市场化、工业化和城市化进程的加快,私营企业家的投资不断向经济、文化、交通条件好的优势地带集中,形成了具有区域经济特色的浙江产业群。

据《浙江产业群》载:自从90年代中后期以来,经济发达的温州和台州地区开始将创建特色工业园区这种新的发展思路逐渐向周边地区推进,并迅速在全省范围内得以推广,成为各级地方政府推动产业群新一轮发展的重要战略。到1999年前后,上报浙江省审批的特色工业园区达70个,其中22个已开工建设,已完成投资12亿元。浙江省国民经济及社会发展的"十五"规划明确提出,力争建成100个左右上规模、上水平、有力支撑块状特色经济、在国内外有一定影响力和竞争力的重点特色工业园区。近120个特色工业园区列入浙江省级百项重点特色工业园区项目。根据浙江区域特色经济发展研究课题组1998年在全省范围内进行调查后的不完全统计,在浙江省被调查的66个县(市、区)中,产值超过1个亿的特色企业集群共有306个,其中10亿—50亿元的有91个,50亿—100亿元的有13个,100亿元以上的有4个。这66个县(市、区)的工业企业集群的产值为2664亿元,占全省工业总产值的37.4%。

从近年相关研究来看,浙江的企业集群主要集中在纺织、服装、化纤、普通机械制造、塑料等中低档次的产品。2000年,在国家统计局统计的全部主要工业产品中,浙江共有154种产品的产量居全国前三位,占被统计产品的28.9%,其中居全国第一位的产品有56种,占10.5%。这些产品主要分布在浙江的传统优势制造业中。其中,普通机械制造业为15种,金属制品业为12种,电气机械和器材制造业为9种,纺织业、塑料制品业为8种,化学原料以及化学制品制造业为7种,仪器仪表及文化办公用机械制造业、专用设备制造业、化学纤维制造业、文教体育用品制造业为5种,还有服装以及其他纤维品制造业、皮革毛皮羽绒及其制品业、家具制造业、电子以及通信设备制造业、木材加工及植物制品业、家具制造业、橡胶制品业等。

这些工业园区成为民营企业的孵化器和集聚点,并逐步形成了几处国内外闻名的大产业区:

乐清柳市电器产业群。1990年9月,柳市电器城开业。短短几年中,在柳市12平方公里的面积上集聚了1400多家电器厂家,其产量和产值均占全国电器市场的1/3以上,平均每平方公里有近100家厂商。1996年后,企业转向集团化规模经济,一些集团企业已无须通过专业市场进行销售。到1998年,电器市场做生意的主要是个体工商户了,企业摊位仅占10%。尽管市场的经营主体发生转移,但以正泰集团和德力西集团为龙头的地域性企业群,仍为国内最大的电器产业基地。

诸暨大唐袜业群。大唐镇、草塔镇调整产业发展方向,将袜业制造纳入主业。大唐镇于1994年建成袜业市场,1997年发展联托运市场,袜业市场体系初步成型。产品市场的扩大及质量要求的提高促进了制造规模的迅速扩张,并带动生产链不断细化、延伸,分解成近十个专业化环节:袜业用料的生产与销售、袜机(及其零部件)销售与修理、电脑花型打样、织袜、缝头、印染、定型、印刷包装、成品销售,绝大多数家庭工场从事某个环节的生产,在销售商的统一指导下,生产技术和产品质量都有了很大的提高。这个庞大的生产网络,由专业购销商或规模较大的袜厂负责,销量激增,外贸业务也渐入佳境。1998年以后大唐袜业群进入扩张期,大唐轻纺原料市场和大唐袜业市场合并组建浙江大唐袜业城股份有限公司。次年大唐镇举办第一届袜业博览会,确立了"中国袜业之乡"的地位。

嵊州领带产业群。嵊州的领带产业在80年代的乡镇企业时便有一定基础,1992年进行股份制改造,掀起创业高潮。巴贝、威特、金天得、绅士等一批颇具规模的领带企业成长起来,以家庭工场为主的领带专业村成为龙头企业的大配套。地方政府构建领带城更是一部大手笔的好剧。规模企业有了展示的舞台,市场发展总公司和领带协会的组建为领带产业提供了服务和规范,家庭工场摆脱了对拿走大半利润的专业销售员的无奈依赖。第一届领带节的召开及全国服装协会服饰专业委员会在嵊州的成立,确立了嵊州领带在全国同行业中的龙头地位。嵊州被省政府定为21世纪国际性领带都市。中国服装协会2006年评出的13个中国领带著名品牌中,巴贝、麦地郎、金天得等12个品牌出自嵊州,另一个产自北京的德士风也由嵊州人创办。以1997年为转折点,领带产业从外延式扩张阶段步入内涵式的增长。

宁波服装产业群。宁波服装有悠久的历史传统,主打产品"西服"是中国改革开放后最早启动的产业之一,80年代末因"西服热"降温以及品牌欠缺而陷入低谷。90年代之后,杉杉集团、雅戈尔集团、罗蒙集团、一休集团等一批民营企业开拓品牌大获成功,带动了宁波服装业的振兴,形成产业集群。宁波市服装企业主要集中在鄞州区段塘镇、奉化市江口镇长达15公里的区域范围内,以西服、衬衫生产为龙头,并配以羊毛绒服装、童装、针织服装、丝绸服装、皮革服装等系列。到2001年,全市共有2000余家服装企业,在浙江省的服装行业中,产量占40%左右,其中西服、童装和针织服装分别占44%、76%和65%。宁波服装出口占全省的30%,总资产占到全省的50%。产品出口欧美、东南亚、中东等80多个国家和地区,是亚洲最大的服饰制造销售基地。2001年,宁波市上规模的工业企业中,服装企业占十分之一;服装企业产值占全市工业总产值的8.7%,利润占全市的11.4%。

（徐斌 执笔）

95.中国首家专业市场股份公司
——中国轻纺集团

  1993年3月,浙江中国轻纺城集团股份有限公司成立,这是中国第一家以大型专业批发市场为基础改组的股份制企业。

  中国轻纺城座落于历史文化名城、全国经济强县——绍兴县县城柯桥。市场形成于20世纪80年代,早在1983年,柯桥设摊从事布匹买卖的个体商户就有200余家。至1985年,建成占地3500平方米的棚屋式"柯桥轻纺市场",时设门市部77个,摊位89个,日客流量近4000人,年成交额约2000万元。1988年10月1日,"绍兴轻纺市场"建成开业,市场建筑面积2.3万平方米,营业房600间,成为当时全国首家室内专业轻纺市场。"若要富,去卖布",成为当时柯桥人的流行语。随后,"绍兴轻纺市场"建设规模不断扩大,交易品种日益丰富,市场成交额逐年提升。

  1992年,经国家工商局批准,"绍兴轻纺市场"更名为"中国轻纺城",成为全国首个冠以"中国"头衔的轻纺专业市场。至1993年底,中国轻纺城已拥有东、中、西三大交易区,市场建筑面积达22万平方米,营业用房6000余间,比"绍兴轻纺市场"扩大近十倍。同年3月,中国轻纺城改组为股份制企业,中国精功集团成功入主浙江中国轻纺城集团股份有限公司,中国轻纺城进入了"国退民进"的发展阶段。同年,中国轻纺城钱清轻纺原料市场建成开业。1994年4月,中国轻纺城北交易区建成开业,市场建筑面积扩大到32万平方米,市场经营户7000多家,经营者2万余人。同年12月,中国轻纺城发展股份有限公司更名为中国轻纺城集团股份有限公司,并被国务院列入全国百家现代企业制度改革试点单位。1997年2月,中国轻纺城集团股份有限公司成功上市,轻纺城(股票编号600790)在上交所上市流通。

  中国轻纺城集团股份有限公司以中国轻纺城营业用房的开发、租赁和物业管理为主业,集市场、物流、担保、房产等行业于一体,拥有中国轻纺城集团股份有限公司市场分公司、绍兴县中国轻纺城国际物流中心有限公司、浙江中轻房地产开发有限公司、浙江中轻担保有限公司、浙江宝驰置业有限公司、会稽山绍兴酒股份有限公司等10余家全资、控股、参股企业。

1998年,筹资建成中国轻纺城会展中心,并在广西东兴市场建立"中国轻纺城东兴分市场"。1999年,中国轻纺城被浙江省工商局评为三星级文明规范市场,并被国家经贸委列入全国重点市场。2000年,全面实施东、中、北、西四大主体市场建造。2001年,中国轻纺城北六区衬衫布市场、北七区印花涤棉市场建成开业。2003年,中国轻纺城市场东交易区被浙江省工商局评为四星级文明规范市场。至此,中国轻纺城市场拥有纺织品经营公司465家,45家经营公司取得了自营进出口权,53家外国企业代表机构常驻市场,纺织品出口世界157个国家和地区,年外贸交易额达60.6亿元,占市场总成交额的35%以上。同年,投资2.5亿元,建筑面积25万平方米的国际物流中心建成投运。2004年,中国轻纺城集团股份有限公司通过ISO9001国际质量管理体系认证。同年3月,斥资6亿多元取得联合市场地块开发经营权,并收购中国轻纺城天汇广场,全面建成"全球纺织网"、"网上轻纺城"、"市场管理信息系统"三大网络平台。2005年,中国轻纺城市场营业房转让转租交易服务中心投运。2006年2月,中国轻纺城联合市场与国际贸易区一期时代广场建成开业。同年4月,绍兴县委、县政府出台《关于进一步做大做强中国轻纺城的若干意见》,调整成立中国轻纺城建设管理领导小组与中国轻纺城建设管理委员会。至此,政府主导市场发展的大幕拉启,中国轻纺城升级改造驶入"快车道"。

自1999年创办的中国柯桥国际纺织品博览会,于2006年被商务部列为内贸领域重点支持展会。2007年,国家商务部联合绍兴县人民政府,在柯桥中国轻纺城发布了国内首个纺织品指数——中国·柯桥纺织指数,引起了社会与业界的广泛关注。柯桥指数业已成为国内纺织品市场交易的"晴雨表",纺织产业升级的"导航仪",纺织品生产消费的"风向标"。2008年4月,轻纺城建管委大胆创新,在历届纺博会成功运作的基础上,首次推出春季纺博会,从而开创了一年举办春秋两季纺博会的局面。同年10月,经国务院批准,纺博会正式晋升为国际性国家级纺织品专业展会,柯桥也成了国内唯一承办国家级纺织品展会的县城,彰显了柯桥·中国轻纺城在全国纺织业界的重要地位。

中国轻纺城从20世纪80年代的一条"布街"起步,绍兴县政府审时度势、因势利导,采用了"引摊入场"的重要举措,使它变成了亚洲最大的纺织品交易集散地。而今，中国轻纺城已拥有南部的传统面料交易升级区、中部的国际贸易区、北部的市场创新拓展区和西部的纺织原料龙头交易区这四大各具特色的纺织品贸易平台，形成了以主体市场为龙头、配套市场为两翼、要素市场为支撑的完整市场体系，基本实现了由传统专业市场向现代专业市场、单一市场向综合市场的演变。经营面积达238万平方米，营业用房1.5万余间，经营户1万余家，经营面料3万余种，国（境）外常驻代表机构461家，常驻境外专业采购商3500余人，日客流量10万人次，产品远销全球187个国家和地区，2007年市场成交额574.98亿元，连续15年名列全国十大专业市场第2位，全国纺织品专业市场首位。已成为亚洲规模最大、经营品种最多、成交额最高的纺织品专业批发市场，规模优势明显，在国内外具有较高的知名度。

2008年11月，国有全资公司绍兴县中国轻纺城市场开发经营有限公司与浙江精功控股有限公司签订协议，受让"精功控股"持有的本公司股权9680万股（占公司总股本的15.64%），国有"开发公司"成为公司的实际控制人。该公司先后荣获"中国服务业企业500强"、"全国纺织工业企业先进集体"、"浙江省服务业80强企业"、"绍兴市百强企业"、"浙江十大功勋市场"等称号。

中国轻纺城是一座里程碑，它见证了绍兴县经济的腾飞，成就了绍兴县轻纺产业群的迅速崛起；依托产业发展的轻纺城又带动了当地纺织产业的集聚和升级，并成功实现了市场发展和产业升级的良性互动，促进了县域经济的快速发展。轻纺城的持续繁荣发展已成为"办一个市场，兴一门产业，活一片经济，建一个城市、富一方百姓"的典型样本。

（俞红霞 执笔）

96. 奉化滕头村跻身 "全球生态 500 佳"

1993 年 6 月 5 日,世界环境日 20 周年纪念大会在北京人民大会堂举行。大会的一个重要内容就是对当年获得 "全球 500 佳" 荣誉的全球 39 个单位和个人颁奖。中国唯一获此殊荣的是一个在地图上难以找到的小村庄——浙江市奉化市滕头村。

奉化市萧王庙镇滕头村地处浙东沿海平原,距奉化县城 6 公里,北上宁波,南下温州,交通便捷。解放初期,滕头是个有名的穷村,流传着 "田勿平,路勿平,收入只有一百零,有囡不嫁滕头人" 的歌谣。滕头村地势低洼,水涝连年,农民连最起码的温饱问题都没法解决。从 1965 年起,村里先后迈出改土造田、旧村改造、兴办企业、发展三产四大步,实现了由温饱到小康,由小康到富裕的跨越式发展。

滕头人面临的第一个问题就是吃饱肚子。为了这个目标,滕头人于 20 世纪 60 年代初开始改土造田,经过十几年的努力,投入 43 万劳动工日,共铲除 136 个坟堆、沙墩,填平 29 个河槽、池塘。开河 1400 米,渠道 1 万米,修筑起 8500 多米的机耕路,将原本杂乱无章、常年受涝的旧农田改造成南北方向、大小一致、旱涝保收的 "吨粮田",还增加了 52.4 亩的耕地。

农业的发展为工业起步提供了保证。1979 年,滕头村凭借奉化是 "红帮裁缝" 发源地的有利优势,将发展经济的目标定在服装行业。村党支部书记傅嘉良五次到上海,通过攀亲访友等各种方法请来已经退休的红帮师傅,言传身教,兴办了滕头村第一个规模企业——滕头服装厂,即后来的宁波爱伊美制衣有限公司。不久后,爱伊美制衣有限公司即发展成为全国最大的羊绒服饰出口生产基地和全国服装销售、利税 "双百强" 企业,大衣、西服双双荣获出口免验资格。在服装厂取得成功的基础上,滕头村又相继建立了皮件厂、羽绒厂等企业。这些企业的兴办为滕头人走上富裕提供了保证。滕头形成了以服装为龙头,电子设备、建材、机械、出口包装等行业共同发展的工业格局。全村的企业也从一家27人的小服装厂滚动发展到拥有60多家企业、年产值超过23亿元的滕头集团公司,跨入了全国最大经营规模、最高利税总额乡镇企业的行列。

滕头村经济有了进步,吃饭问题解决了,改造全村破旧不堪的房屋,改善居住环境得到全村人的响应。为了改变落后的村容村貌,1979年10月,滕头村召开全体党员会议,研究拆旧房建新村的方案。确定每户一间楼房,一间平房,计价3700元;户有6人以上或子女定亲、已婚者,可另分一套,经费由集体补助和村民旧房折价解决。到1987年年初,滕头村有二百多户搬进崭新的“农家楼”。至1989年全体村民搬入新居,村里还为每户安装了抽水马桶。1998年后,村集体投入巨资用于村容村貌的改造,栽花种树。2004年,村里用400多万元改建、新建了16座高标准的生态型公厕,新增垃圾箱70多个。滕头村花树绿坪环绕,假山盆景错落,全村都是宜人的景观。

党的十一届三中全会以后,滕头人即走上生态农业、绿色产业之路。他们对本村的山、水、田、林、路进行了全面的规划,总体布局,合理安排。他们在环村小河上搭起了葡萄架,在河上放养鸭子,河里放养了草鱼和鲢鱼,河岸上种葡萄,河面上葡萄藤遮荫,小鸟飞来吃葡萄藤上的虫子,鸟粪掉进水里正好喂鱼,最后,收葡萄捞鱼捉鸭子,形成了从上到下立体养殖模式。滕头村全面实施科技农业,与浙江大学合作成立植物组培中心,与日本大和种子种苗公司合作,建立原种基地,种子收成后全部返销日本。园林公司已被国家建设部评定为园林一级资质企业,各类花卉苗木品种达1000多种,绿化业务拓展到北京、上海、福建等全国20多个省市。“滕头园林”接下了2008年北京奥运会部分体育场馆的绿化项目,还将为2010年上海世博会提供优质的绿化苗木。

新世纪以来,滕头依托本村良好的生态环境,在全省率先发展农业观光旅游业,以自己独特的路子,走在了全国各“农家乐”旅游点的前列。滕头村投资2000多万元,让每个来到这里的领导、院士等“大人物”都亲自植下一棵树,见证来者的足迹,形成了独具特色的公仆林、将军林、院士林、友谊林和同心林,并且刻上石碑留念,成为景区的核心景观。对传统农耕文化内涵的挖掘,是他们的又一个“卖点”,在景区内展示手工打制宁波水磨年糕、拉制生姜糖等工艺,表演抬花轿、抛绣球等宁波民间习俗,将具有地方特色的民间文化有传承地保留下来。前来旅游、观光、考察的中外人士络绎不绝,其中副省级以上领导达380批次,将军100多名,来自美、日、英、法等50个国家和地区的外宾520多批次。被国家旅游局授予首批"国家 AAAA 级旅游区"称号,2008 年旅游门票收入 2360 万元,综合经济收入达 1.07 亿元。

在发展经济的同时,滕头人始终坚持着一个信念:既要金山银山,又要绿水青山。20 世纪 80 年代中期,有一位日本客商来到滕头村,想投资办一家小型造纸厂。如果厂子办起来,滕头村每年可净收入 100 多万元,那在当时是一个大数目。但是滕头人认为,虽然生产发展了,但是环境会受到污染,于是婉拒了这个项目。20 世纪 90 年代,滕头村成立了中国最早的乡村级环保机构——环境资源保护委员会。委员会对引进的项目实行一票否决制,截止 2009 年,已否决了几十个效益可观、但有可能污染环境的项目。

在搞好物质文明建设的同时,滕头人也不忘精神文明建设。1982 年滕头人提出创建文明村计划,制订村规民约,制订"滕头人形象"的八条标准,要求人人"热爱滕头,建设滕头"。滕头民风淳朴,几十年保持着零犯罪的记录。滕头人还建立比较完善的社会保障体系,早就实施了小学免费教育、新型农民合作医疗、大病医疗补助制度和老年农民养老金制度,2008 年春节期间还向每位村民发放 4500 元福利金。全村实施了义务教育免费、计划生育补助,历年来累计捐助各类扶贫基金达 2050 多万元。全村没有一户困难户,家家都是小康、富裕户,实现了共同富裕。

滕头村十分重视引进和培养人才。1988 年,投资 20 万元新建小学校舍,而后逐年投资,不断改善教育设施,并相继建成文化中心、文化展览厅、图书馆、电子阅览室、篮球场等教育文体设施。1989 年,滕头设立"育才教育基金",每年对"好学生、好老师、好家长"进行表彰奖励。村里规定,凡考入大学的奖励 2000 元到 1 万元,考上研究生的奖励 2 万元,考上博士生的奖励 5 万元。积极引进外来人才,规定凡来滕头村工作的大学本科毕业生,工作满 3 年,对滕头有突出贡献的,可享受本村村民待遇,低价分配一套 200 平方米左右的新型小康住房,奖励轿车一辆。对于表现出色,要求继续深造的,村里允许其带薪学习,费用由村里、企业和个人三方共同承担。

在获得联合国环境规划署"全球生态 500 佳"称号以后,滕头村又相继荣获世界十佳和谐乡村、全国首批文明村、中国十大名村、全国先进基层党组织、全国模范村委会等 60 多项国家级荣誉称号。江泽民、朱镕基、曾庆红、尉健行、吴官正、李长春、习近平、罗干、周永康等党和国家领导人曾亲临视察,对滕头村所取得的成绩予以高度评价。1993 年 10 月,江泽民总书记视察滕头村并为滕头村题写村名,称赞这是"一个了不起的村子"。滕头村在新农村建设中,呈现了经济、社会、生态环境平衡快速发展的可喜局面。2008 年，全村实现 GDP5.79 亿元，社会总产值 36.46 亿元，利税 3.93 亿元。

（姜卫东 执笔）

97. 浙江画派驰名海内外

    1993 年 11 月 26 日,教育部批转文化部文件,同意浙江美术学院更名为中国美术学院。12 月 27 日,新校名的命名大会在杭州隆重举行。20 世纪 90 年代以来,北京之外的高等院校,无论新办的还是更名的前边冠以"中国"之称者,几近为零。中国美术学院能成为一个例外,既得益于其独特的办学传统和历史地位,也是学校在新时期继往开来、成绩斐然的结果。中国美术学院与设在北京的中央美术学院,一南一北,被誉为中国高等美术教育的两大重镇。

    中国美术学院的前身,系蔡元培先生于 1928 年创办的中国现代最早的综合性国立高等艺术学府——国立艺术院,为中国高等美术教育的发源地之一。曾聚集和造就了一大批中外闻名的艺术家,林风眠、潘天寿、黄宾虹、刘开渠、吴大羽、颜文樑、倪贻德、李苦禅、李可染、艾青、陈之佛、庞薰琹、雷圭元、萧传玖、关良、黄君璧、常书鸿、董希文、王式廓、王朝闻、李霖灿、邓白、吴冠中、赵无极、朱德群、罗工柳等,曾在这里撒播艺术的种子,留下耕耘的足迹,当今活跃在国内外艺坛的诸多知名艺术家也多于此间学习、教学。1958 年,学校更名浙江美术学院,在国画大师潘天寿的主政下,进入学校发展的第二个黄金期,惜被"文化大革命"所打断。

    1977 年 11 月 25 日,浙江美术学院恢复招生,学校的发展跨入了新的时期。学院半个世纪的发展历史中,始终交叠着两条明晰的学术脉络,一条是以首任校长林风眠为代表的"兼容并蓄"的思想,一条是以潘天寿为代表的"传统出新"的思想,他们以学术为公器,互相砥砺,并行不悖,营造了有利于艺术锐意出新、人文健康发展的宽松环境,成为这所学校最重要的传统和特征,创造了中国艺术教育史上的煌煌篇章。

    "传统出新"的思路结出了丰硕的果实。潘天寿生前引进的陆俨少、顾坤伯等丹青妙手,劫难之后"夕阳"灿烂,他们继承潘天寿的衣钵,继续着中国山水画的探索,创作了大量佳作,并著书立说,活跃于教坛。20世纪80年代初,连续举办了"潘天寿书画展"、"顾坤伯遗作展览"、"陆俨少山水画展"、"吴茀之书画展"和"诸乐三书画篆刻展览"等,使潘天寿开启的新浙江山水画派薪火传承,奠定了浙江美院山水画的基本风貌。陆俨少等名师的弟子孔仲起、吴山明、童中焘、何水法、刘国辉、卓鹤君等人,成为新时期浙江培养的第一批具有本地风格的山水画家。继之者如陈向迅、林海钟等青年画家,成长为代表浙江山水画现状与特色的中国画家。他们传统功底深厚,笔墨老到,技法娴熟,韵味幽远,很好地把传统与江南特色结合起来,同时也在不断地探索"笔墨当随时代"的历史使命。

"兼容并蓄"的思想更生发出"多元互动、和而不同"的新内涵。更名为中国美术学院之后,如何应对飞速发展的高等艺术教育新形势以及当代艺术快速变化的挑战,成为发展战略中的头等大事。在日益逼近的网络化生存空间中,数字图像技术已经成为一种基本的语言和工具而被广泛地应用于各种艺术和设计之中,极大地开拓了这些艺术门类的专业领域。为此,中国美院确立了与时俱进的办学思路:重高端办学思想,引领学院精神;建强势学科集群,构筑名校品质;树通变人才目标,营建成人之境;创优质人文成果,塑造一流家园。

中国美术学院校园更新,理念传承,院系重组,学科拓展,实现了学校历史上的跨越式发展。办学条件得到了前所未有的改善,2003年建成的南山校区成就了水墨美院的现代演绎,2007年投入使用的象山校区则孕生了艺术家园的望景塑造,独具匠心的校园成为杭州这座历史文化名城的新名片。校园占地1000余亩,建筑面积近30万平方米,地跨杭、沪两市,拥有南山、象山、张江三大校区。2009年在校学生8000余人,教职工近千人。

"三层三部十学院"的办学构想已成现实,形成了研究生、本科生和专科生三个层次,专业基础教学部、公共课教学部、实验教学管理部三个教学部,造型艺术学院、设计艺术学院、公共艺术学院、传媒动画学院、建筑艺术学院、艺术人文学院、上海设计学院、国际教育学院、艺术设计职业学院、成人教育学院等十个学院的总体布局。学科构架方面则打造了独具特色的"一人双环六学科":以美术史论为心脏、以中国画和书法为头脑、以油画和版画为左膀右臂、以雕塑和新媒体为迈动的双腿、以综合艺术为联通四肢的躯干的工作室人形结构,将造型艺术创作的多元追求孕育而成共生互动的生命整体。同时,又以这一人形结构为内核,以设计艺术学、电影学、广播电视艺术学、建筑学、艺术学为外环的双环结构,强调高点学科和人文关怀对于六个学科的核心引领作用。

绘画学(中国画、油画、版画)、雕塑学、美术学(美术史论)等传统优势学科，在国内外极具影响力，奠定了中国美院在中国当代美术院校中举足轻重的学术地位。2002年以中国画系为首的美术学专业被评为全国美术学唯一重点学科，绘画、雕塑二个专业被评为2002年度中国大学本科专业办学排名第一名，确立了在国内同类学科中的权威和前导地位。2007年，中国美术学院美术学学科再次被列为全国重点学科、艺术学一级学科，获准设立博士后科研流动站。

培养合格的创作人才、形成优质的创作成果，是美术院校的最终目的，也是检验美术院校办学成就的重要指标。中国美院在近年的国内外各种大型展览和评奖活动中，均有突出的表现。1999年第九届全国美术展览会中，中国美院作品入选总数131件，获奖44件，其中金奖4件、银奖4件、铜奖13件、优秀奖23件，获金奖数占全国金奖总数五分之一强，获奖总额占全国奖牌总数的十二分之一，位居全国美术院校第一。

中国美院的许多教师在本学科领域担当着国内的领军人物，有的还享有世界声誉。新媒体系的张培力、耿建翌等教师的作品在世界各种新媒体展览中频频展出和获奖，是世界知名的艺术家。中国画系的刘国辉、吴山明、卓鹤君等教授、书法系的王冬龄教授、版画系的张远帆教授、油画系的许江教授、雕塑系的李秀琴、王强教授、综合艺术系的杨劲松、顾黎明教授等，都是硕果累累的著名艺术家。

中国美院传统造型艺术学科的创作实力有目共睹，在设计艺术学科领域的创作水平也领衔于全国。建筑系主任王澍教授所进行的实验建筑研究，被国外学术界誉为中国当代新人文主义建筑的代表，2003年获中国建筑艺术奖；新成立的影视动画系创作的动画片《潘天寿》，在2004年日本Retas动画大赛中获东映动画大奖，并相继入选法国安纳西国际动画电影节、巴西第12届国际动画电影节、南非德班第25届国际电影节、克罗地亚第16届萨格勒布国际动画电影节、韩国汉城国际卡通动画电影节、加拿大渥太华国际动画电影节等；动画片《二胡》入选日本东京国际动画艺术节、加拿大多伦多国际电影电视节、波兰国际儿童电影节、美国苏嘎提思国际儿童电影节、美国第51届哥伦布国际电影电视节、加拿大多伦多国际儿童电影节等；服装设计系主任吴海燕教授是国内首屈一指的著名服装设计师，自1999年作品《起承转合》获第九届全国美展设计艺术类金奖以来，在国内外举办了10余场个人服装发布会和专场展演会，被评为影响中国服装界的50个人称号(1999)、最有才华的服装设计师称号(2001)、上海国际服装文化节十佳时装设计师称号 (2004)、全国优秀教师称号(2004)

等,并获中国服装协会、中国服装设计师协会颁发的设计师"金顶"奖(2001)、上海国际服装文化节颁发的设计成就奖(2002)、第五届浙江鲁迅文学艺术奖突出成就奖(2004)、中国家用纺织品行业协会颁发的中国家纺设计杰出成就奖(2004)等。

（徐斌 执笔）

98. "三·三一"千岛湖事件

　　1994年3月31日，在著名的浙江淳安千岛湖风景区，发生了一起特大抢劫、故意杀人案，一艘游船上的32人全部遇难，其中有台湾同胞24人。事件震惊了浙江，也震惊了海峡两岸。

　　千岛湖是位于浙江钱塘江上游的新安江水电站的库区。1960年新安江水电站建成后，库区高坝巍峨，青山叠翠，碧水浩淼，特别是形成了大大小小1078个山峰，错落于烟波缥缈之中，使新安江水库获得"千岛湖"的美称。千岛湖水域辽阔，长约150公里，最宽处有10余公里，湖面总面积达573平方公里。冬无严寒，夏无酷暑，空气清新，是从杭州西湖经钱塘江、富春江、新安江、千岛湖而至皖南黄山的"三江两湖一山"黄金旅游线中的重要景观。

　　1994年3月31日13时20分，淳安县经贸旅游总公司的"海瑞"号游船，载着由福建青年旅行社组织的台湾长风旅行社FYT—30—0320A台胞旅游团，离开安徽省歙县，下午游览千岛湖。该船原定停靠淳安县毛竹源码头，但当晚迟迟不见抵达。淳安县经贸旅游公司派出船、艇寻找，直至深夜未见该游船踪影。

　　4月1日8时05分，淳安县公安局接到报告："海瑞"号游船在千岛湖黄泥岭水域燃烧，台胞、船员及导游下落不明。淳安县公安局领导带领50余名公安干警火速赶到出事现场。中共浙江省委常委、省公安厅厅长斯大孝，副厅长黄子钧和杭州市公安局副局长洪巨平闻讯亦即赴现场。

　　"海瑞"号游船的火焰经过消防干警三次喷水方被扑灭。4月1日下午3时45分，在对游船底舱排水之后，发现遇难者的尸体。杭州市公安局法医和痕检技术人员，顶着呛人的尸臭和有毒气体，打着手电进入面积仅17.1平方米、高1.5米、尚有0.5米积水的底舱，进行现场勘查和清理工作。至次日下午5时，底舱清理完毕，共发现32具遗体。当晚，法医对所有遗体进行了检验。

经过调查和现场勘查,"海瑞"号游船乘载的 32 人全部遇难。其中台湾同胞 24 人均系旅游团成员,女性 13 人;大陆同胞 8 人,包括男船员 5 人,女船员 1 人,女导游 2 人。

"海瑞"号游船,99 吨级,长 24 米,宽 5.4 米,全船三层,上二层为客舱,底舱为船员休息室。公安人员发现许多疑点:尸体检验表明,遇难者是进入底舱后死于窒息;底舱被烧,而舱面两头没有燃烧;船上有救生圈,竟无一人使用,也无一人跳水逃生;部分遇难台胞生前反常地把现金、项链、戒指等财物藏在鞋子、袜子等部位;出入底舱的一把铁梯失踪,梯长 1.7 米、重 50 多公斤,移动困难;对照出入境登记,船上人员随身携带的摄相机、照相机、戒指、手表等物品缺失;发现 1 只汽油桶,用柴油作燃料的此类游船一般是不使用这种油桶的。

在总指挥、省公安厅长斯大孝和现场指挥、副厅长蔡杨蒙的领导下,立即成立由省公安厅、杭州市公安局和淳安县公安局侦察人员组成的专案组。公安部也派员指导。

中共中央总书记江泽民亲自打电话给公安部部长陶驷驹和中共浙江省委书记李泽民,指示公安机关要协同作战,务必尽快破案。

善后处理和案发原因的调查工作同时进行。淳安县腾出县船厂的车间暂存遗体,两辆大卡车昼夜不停地从杭州运来冰块为遇难者遗体防腐降温。庄严肃穆的灵堂里,布满了悼念遇难者的条幅、挽联和鲜花,还有民政部门专门准备的香炉和三牲四果等祭品。淳安县城建公司请来了 40 多位木匠师傅,选用最好的木料,连夜加工棺材。

4 日,遇难台胞家属 50 余人赶到淳安县,与浙江省、杭州市的民政、旅游等有关部门共同协商处理善后事宜。刘锡荣副省长和海峡两岸关系协会副秘书长刘刚奇等前往台胞住宿处吊唁罹难者,慰问罹难者亲属。经仔细核对,罹难台胞遗体得以认定。4 月 6 日下午,在台胞家属的护送下,遇难台胞的遗体运抵桐庐县殡仪馆火化,骨灰由家属携回台湾。

与此同时,破案工作正在紧张进行。船毁人亡、无一生还,现场灭火时犯罪痕迹、物证受到损坏,除遗留 1 只汽油桶外,其他可疑的痕迹物证一时难以发现。由于发案时间在傍晚,没有过往的船只,很难通过访问过往的船只和群众获取直接线索。千岛湖水域 573 平方公里,涉及浙江、安徽 2 省 2 县 1 市 35 个湖边乡镇,湖中有 6000 多艘船只,寻找犯罪分子犹如大海捞针。

在对案情分析判断的基础上,专案组把查清整个水域内的 145 条摩托艇作为调查重点。对每艇都落实到人,实行定时间、定位置、定情况的"三定"调查。同时,对全县水面航行的6000多艘船只一一过滤。经群众举报,一名叫吴黎宏的青年有重大犯罪嫌疑。

吴黎宏,男,22岁,淳安县桐子坞乡坎脚村人,从事个体摩托艇营运。他除了在3月28日借过猎枪外,还在3月31日到淳安县开发公司加过3桶汽油。按规定,结账时要换回空油桶,但吴黎宏结账时有一只空油桶没归还。登记册上记录的这只未归还的油桶,与在"海瑞"号上发现的油桶在式样、型号、大小规格等方面均一致。另外,吴黎宏与胡志瀚(男,23岁,淳安县千岛湖镇人)、余爱军(男,24岁,建德市新安江镇人,从事个体摩托艇营运)过往甚密,经常在一起吃喝玩乐。

4月15日下午和晚上,专案组先后传唤余爱军、吴黎宏,16日又传唤胡志瀚。4月17日,3人相继供出在"海瑞"号游船上作案经过,所供情节与现场勘查得到的情况完全吻合。

专案组当即对3名案犯的处所依法实施搜查。从吴黎宏住处查获摄像机1台、各种型号的照相机6架、戒指1枚。从胡志瀚住处查获手表2块、玉镯1只、戒指5枚、项链1条、美元1727元、台币50220元。从余爱军住处旁边的锅炉房顶上等处查获戒指2枚、手表1块、美元1996元、台币5100元、港币110元以及500美元信用卡、中国信托信用卡各1张。同时查获摩托艇、猎枪、子弹、炸药等作案工具。

吴黎宏又交代,4月6日,他将这次作案告诉了哥哥吴黎明,并将抢劫所得的部分台币51600元、美元1527元及外汇兑换券20元等交吴黎明窝藏。17日,公安人员查获上述全部赃款。18日,依法逮捕吴黎明。震惊国内外的千岛湖特大抢劫、故意杀人案,经过17个昼夜的艰苦战斗终于破获。

4月20日,吴黎宏、胡志瀚和余爱军3名案犯被依法逮捕。4月28日,杭州市公安局将案件移送杭州市人民检察院审查起诉。

吴黎宏、胡志瀚和余爱军作案的经过是:1993年9月,吴黎宏因为用于购买摩托艇的贷款还贷期限快到急需钱财,与胡志瀚预谋抢劫。他们两个人又找到余爱军,一拍即合。1994年3月29日,吴黎宏、胡志瀚、余爱军携带作案工具乘摩托艇到千岛湖水域,伺机作案。当天只有一艘无底舱的船经过,没有动手。

3月31日17时30分许,"海瑞"号游船驶入千岛湖。这时天色已暗,又下着雨,湖面弥漫着水雾。一直在千岛湖猴岛附近水域窥伺的吴黎宏和胡志瀚、余爱军驾着摩托艇,紧紧尾随"海瑞"号游船。19时许,"海瑞"号游船到达阿慈岛附近水域。他们见周围已无过往船只,便将摩托艇靠上"海瑞"号游船。他们用丝袜蒙面,手持猎枪和斧头登上"海瑞"号游船。余爱军冲进驾驶室,朝天开了一枪,胁迫驾驶员进入底舱。胡志瀚冲进客舱,将斧头往桌上一剁,高声叫:"把钱拿出来,不伤害你们的性命!"逼迫、诱骗游客交出钱物后进入底舱。胡志瀚、余爱军将唯一出入底舱的铁梯子抽出扔入湖中。吴黎宏关闭底舱的门,并用铁丝缠住。

余爱军将游船开往预谋地点黄泥岭水域。吴黎宏等3人犯按照原计划,试图打开船底消防栓放水沉船,但未能成功。他们即向底舱扔炸药。第一次扔下,没有爆炸。这时,底舱有人叫喊着要冲出来,也有人向外扔压舱石,他们又扔下两包炸药,底舱顿时爆炸起火。接着,他们用猎枪向底舱射击,又从摩托艇上搬来一桶备用的汽油倒入底舱。火势迅速蔓延,越烧越旺。吴黎宏和余爱军的头发和眉毛也被烧焦。余爱军本想将汽油桶取走,不料被烫伤了手。于是,在"海瑞"号上留下这唯一的犯罪证据。

3人劫得游客钱物后于22时许驾艇逃离现场,将3把匕首、1把斧头等作案工具丢入湖中,当晚在胡志瀚住处分赃。第二天早上,吴黎宏、余爱军到理发店,修理烧焦的头发和眉毛。

1994年6月3日,杭州市人民检察院对吴黎宏、胡志瀚、余爱军以抢劫罪、故意杀人罪向杭州市中级人民法院提起公诉。12日,杭州市中级人民法院一审以抢劫罪、故意杀人罪依法判处3犯死刑,剥夺政治权利终身。13日,以窝赃罪判处吴黎明有期徒刑3年。17日,省高级人民法院核准杭州市中级人民法院对3犯的死刑判决。19日上午,杭州市召开公判大会,3犯被处以极刑。

至此,"三·三一"千岛湖特大抢劫、杀人案宣告终结。

(朱健 执笔)

99. 乌溪江引水工程竣工

1994 年 8 月 4 日,乌溪江引水工程衢州段全线通水。清澈的滔滔江水,欢腾涌入衢州南部久旱龟裂的土地,并继续向金华地区奔涌。引乌溪江水,扫千年旱魔,是金、衢人民的一件大喜事,也是浙江的一件大喜事。

乌溪江古称东溪,又称周公源,为衢江一级支流,发源于衢州南部仙霞岭山脉,流经龙泉、遂昌进入衢州境内,在衢州市东 3 公里处汇入衢江,全长 160 公里。流域集雨面积 2683 平方公里,年均降水量 1800 毫米,平均流量为 94.5 立方米 / 秒。乌溪江引水工程是利用乌溪江、黄坛口两座大型水库(蓄水量 17 亿立方米)的发电尾水,拦江筑坝,开渠引水,集农业、工业、生态、发电、旅游和人民生活用水于一体的大型综合性水利工程。工程干渠起自乌溪江电厂下游,经柯城、衢县、龙游、金华,止于兰溪的高潮水库,横跨衢州、金华两市的五个县(市、区),总长达 82.7 公里,其中衢州市境内 53 公里,引水流量 38 立方米 / 秒,金华段引水流量 11 立方米 / 秒。工程浩大艰巨,被称为"江南红旗渠"。

建设乌溪江引水工程,是金、衢盆地特别是衢南人民长期的愿望。衢州自古多苦难,岁岁洪涝岁岁旱。唐代大诗人白居易曾写下:"是岁江南旱,衢州人食人",真实地记录了衢州大地遭受干旱的严酷情景。新中国建立后,衢州人民在党和政府的领导下,建成了一批山塘水库,大大改善了水利条件,但由于受财力和水资源的限制,没有从根本上解决干旱问题。20 世纪 70 年代,原中共衢县县委经过调查和论证,决定上马乌溪江引水工程,得到省和水利部的批准。后因经济调整,未能将计划付诸实施。

党的十一届三中全会后,随着农村联产承包责任制的推行和农民生产积极性的高涨,对水利条件进行根本性改善的呼声越来越高。省人民政府在规划、构想全省经济战略格局时,要求加紧开发金、衢盆地黄土丘陵,把它建成全省第二个商品粮基地,决定对解决金、衢盆地黄土丘陵缺水问题给予全力支持。1984年,省水利厅就乌溪江引水工程规模等问题,组织有关市、县进行磋商。1985年5月,金华、衢州分设为两个省辖市。新组建的中共衢州市委、市人民政府雄心勃勃,开始描绘新衢州的蓝图,乌溪江引水工程重新被提上了议事日程。1986年4月,省水利厅召集金华、衢州两市有关人员开会。1988年7月,副省长许行贯召集省和衢州市、金华市及衢县、柯城、龙游、金华、兰溪等县(市、区)有关部门负责人在衢州开会,专门研究乌溪江引水工程建设问题。1988年9月,省水利厅遵照省委、省政府领导的指示,在杭州召开乌溪江引水工程项目论证会议。同月,省委、省政府批准乌溪江引水工程建设项目。

乌溪江引水工程获批,衢州市各级领导机关和广大干部群众迅速行动起来,市、县(区)都相继成立了工程指挥部,争分夺秒地做好前期准备工作。1989年8月9日,乌溪江引水工程渠首枢纽工程破土动工。1990年1月2日,衢州市委在渠首工地召开常委扩大会议,在全市范围内实行全党动员,全民发动,全力以赴地投入工程建设。衢州市委、市政府连发两个一号文件,号召全市人民发扬艰苦创业精神,党员干部带头,有钱出钱,有力出力,有物出物,勒紧裤带,背水一战。一次次会战、攻坚在总干渠全线展开,市、县、乡、村各级领导带头上阵,柯城、衢县和龙游的广大干部群众,市直机关和企事业单位的干部职工,人人争着为工程建设出钱出力。"自力更生,艰苦奋斗,团结协作,无私奉献"的"乌引精神"不断被发扬光大。

乌溪江引水工程建设自始至终得到了省委、省政府和有关部门的大力支持。省委、省人大、省政府、省政协的领导多次深入工地,视察和指导工作。李泽民先后四次到工地视察,许行贯10多次来到工地。省政府除按民办公助的性质及时拨给补助经费外,还在物资、技术等方面给予帮助。省水电勘测设计院的工程师们到工地现场设计;省政府办公厅、省计委、省水利厅、省财政厅、银行、省电力局、省物资局等部门领导多次深入工地,为工程排忧解难。建设工程还得到了驻浙人民解放军的大力支持,人民子弟兵奋战在工地上不下1万人次。

得民心、顺民意,乌溪江引水工程得到了当地人民群众的大力支持。工程建设需征地6000多亩,拆房160多户,涉及的乡村、农民顾大局、识大体,从不提过分要求,做到了渠道通向哪里,土地就征到哪里,房屋就拆到哪里,从没碰到"钉子户"。不仅如此,在工程遇到资金缺口时,当地群众又纷纷集资、捐资或以劳代资。

风雨兼程战山河,双手凿开千层岩。经过四年多的艰苦奋斗,衢州人民投入

1000 余万个劳动日,建设资金 9000 多万元,在 53 公里的总干渠上,开凿了 18 个隧洞,总长 9863 米;架设了六条渡槽,总长 1468 米;建成了五处倒虹吸,总长 708 米;还完成了 430 多处小型建筑物,挖填土石方总量达 730 余万立方米,基本完成了衢州市范围内工程总干渠的建设任务。工程实际总投资达 2.88 亿元。

1992 年 8 月,从渠首至龙游犁园段总干渠试通水成功,在农田抗旱中发挥了重要作用。1994 年 8 月初,衢州市范围内的 53 公里总干渠全线贯通。8 月 4 日,省政府在龙游举行了隆重的乌溪江引水工程衢州通水到金华典礼,以后又陆续将水送到金华两县(区)。

乌溪江引水工程建设的规模之宏伟,施工速度之快,工程质量之好,经济、社会、生态效益之显著是少有的。工程的建成,每年可向灌区供水 9000 万立方米,从根本上解决了金华、衢州五县(市、区)70 多万亩农田严重干旱缺水的问题。同时,也解决了金、衢地区五个县(市、区)20 多个乡镇的工业用水及生活用水,改善了生态环境,达到了综合利用水资源的目的。如今的乌溪江引水工程,犹如一条绿色的巨龙蜿蜒在衢南大地,它头枕石室,畅饮乌溪江的琼浆玉露,然后一路吐哺、滋润着金、衢盆地数十万亩良田和数十万人民的心田。它是浙江水利史上划时代的丰碑,更是一曲人与自然和谐的颂歌。

乌溪江引水工程是新中国成立以来浙江水利事业发展的缩影。60 年来,浙江水利建设高潮迭起,成就辉煌。到 2008 年底,全省水利总投入达 1620 亿元,建成了 10 万方以上水库 4057 座,总库容量相当于 3800 个西湖。这些大大小小的水库,防洪保护面积达 1000 多万亩,灌溉农田 1400 多万亩,为 70%以上的城镇提供优质水源,每年向工农业及城镇居民生产生活供水 90 多亿立方米,年发电量 60 亿度;农田水利基础设施中有乌溪江引水这样的大型灌区 11 处,修造水闸 3100 多座,全省有效灌溉面积达到 2100 多万亩,占耕地面积的 85%,其中旱涝保收田达 1500 万亩。全省水利建设正以民生水利为重点,按全面构筑防洪保安、水资源、水环境三大保障体系的要求,切实抓好千万农民饮用水、千库保安、万里清水河道及水资源保障百亿等工程建设,进一步加强水行政管理,努力发挥水资源的最大效益,为我省经济社会又好又快发展提供服务和保障。

(曾林平 执笔)

100. 新中国首祭大禹

1995 年 4 月 20 日,新中国第一次祭祀大禹陵活动在浙江绍兴举行。

大禹以治平天下洪患的盖世奇功而赢得万民景仰,被奉为神灵,四时祭祀。规模最大、时间最早的,当属浙江绍兴会稽。会稽大禹陵为天子祭祀之地,启令使臣每年春、秋到会稽祭禹,于南山建宗庙。禹以下六世,少康即位后,怕祭禹之事中断,将其庶子封于越,名无余,其子孙均以守护禹陵为业。

会稽山大禹陵是绍兴市乃至浙江省历史最悠久、最具知名度和影响力的历史文化遗产之一。除此而外,绍兴还有众多的大禹遗迹,大禹姒姓后裔至今生活在绍兴禹陵村。现今大禹陵区由禹陵、禹庙、禹祠三大部分组成。禹陵面临禹池,前有石构牌坊,过百米甬道,有明人题写的"大禹陵"碑亭。禹庙在禹陵的东北面,是宫殿式建筑,始建于南朝梁初,背间"地平天成"四字为清康熙皇帝题跋。禹祠位于禹陵左侧,为二进三开间平屋,祠前有"放生池"。

中华民族对大禹的祭祀从无间断。大禹陵的祭祀活动主要有官方祭祀、姒氏宗族祭祀、民间祭祀三种形式。据文献记载,夏启派使臣于岁时春秋到禹陵祭祀,是最早的官祭。禹之后裔无余后建越国,至公元前 222 年秦灭越,1900 余年祭禹祀祖。公元前 210 年,秦始皇亲赴会稽祭禹。汉时朝廷亦建严格祀禹制度并建立祀所。司马迁"登会稽,探禹穴",是文人墨客将"禹穴"作为寻胜探幽的先行。汉灵帝建"汉禹庙碑",赵明诚《金石录》有详述。萧梁大同年间,禹庙重新修建,遂成后世之规模。宋元时期,将保护禹陵和祭祀禹列为国家常典,地方长官春秋奉祀。元代蒙人为政,对汉民族多有压迫,但修葺禹庙,祀禹立碑依循不衰。明清时代,祀禹制度更加完备,祭典隆重。将禹列为王师之首,与三王、五帝、汉唐创业之君同于京师立庙,岁八月择日致祭。明制还规定,凡遇皇帝登极等事,必遣使向大禹陵告祭。清代,祭禹特隆,康熙、乾隆帝亲赴大禹陵祭禹,并留下许多诗文楹联。1877年和1900年,相继大修禹庙,立碑纪事。

20世纪以来,孙中山、周恩来、蒋介石、鲁迅、俞平伯、章太炎、陆俨少、潘天寿、舒同、沙孟海、匡亚明、钱君、陈叔亮等均到过大禹陵。1930年,浙江省省长张载阳提出祀禹事,又有社会各界名流发起"尊禹学会",倡导大禹精神。1933年起大修禹庙、禹祠,乃有今日之规模。1935年10月16日,社会各界举行了民国时期规模最大的一次公祭大禹活动,浙江省政府主席黄绍竑主持典礼。1936年,绍兴县政府定每年9月19日为绍兴祭禹之期。

中华人民共和国成立后,人民政府保护大禹陵庙,大小维修每年不绝,大禹陵先后被列为县、省文保单位,继而进行了三次大规模的修葺。"文革"中虽遭浩劫,幸有哲人保护,力挽狂澜,免于毁灭。十一届三中全会后,禹陵再展雄姿,重现光辉。

1995年春,浙江省和绍兴市政府联合举行公祭大禹陵典礼,距民国的那次隆重公祭整整六十年。

1995年4月20日,公祭典礼在大禹陵举行。浙江省暨绍兴市各界代表和来自台湾、香港、澳门的同胞,韩国、美国、波兰、意大利、印度、伊朗等国家的驻华外交官,日本、法国、丹麦等国的友人共1000余人参加了典礼。在象征"九五至尊"时刻的9点50分,典礼司仪宣布公祭典礼开始。在断发文身、赤膊赤足,着古代装束青年的引导下,主祭人浙江省省长万学远、全国政协副主席钱正英、孙孚陵和八位陪祭人,先后来到殿前天井中央,盥手后登上大典,拜厅外随即鸣铳九响,象征着大禹治理洪水、平定九州的不朽功绩;祭殿两侧的鼓手擂鼓33响、钟手撞钟12下,表示全国31个省、市、自治区和香港、澳门地区的12亿炎黄子孙对立国之祖的敬仰之情。

随后,在启人追思的祭乐声中,陪祭人、绍兴市市委领导向大禹塑像献上三酒爵百年陈酿,全体参祭人随司仪的口令向大禹塑像行三鞠躬。礼毕,万学远代表浙江人民和海内外来宾宣诵祭文。祭文热情歌颂了大禹焦身劳思、舍己为公的崇高精神,表达了浙江人民弘扬大禹精神,励精图治,继往开来,再创神功的决心和信心。

万省长祭词:

维公元一千九百九十五年,岁次乙亥,季春之月,谷雨良辰,浙江省省长万学远等谨代表全省四千三百万人民,偕同台湾同胞、港澳同胞、海外侨胞、华人代表,敬具香花牲礼,奉祭于大禹陵前,曰:

巍巍大禹,轩辕裔孙。克绳祖武,继烈扬芬。受命治水,披山通泽。劳身焦思,民始安宅。

　　八年于外,夙夜在公。车橇驱驰,沐雨栉风。精勤敏给,寸阴是惜。心系苍生,过门不入。

　　平成底定,茅山计功。万方执帛,九州攸同。一沐三握,一饭三起。虚怀从善,谨严律己。

　　卑宫菲食,克俭克勤。举贤授能,区宇以宁。东巡吾浙,崩葬会稽。千秋俎豆,瞻拜灵仪。

　　缵绪务本,疏湖筑塘。良田沃土,鱼米之乡。东南竹箭,挺生英裔。志士仁人,前赴后继。

　　百年中土,历尽沧桑。鸡鸣风雨,多难兴邦。改革开放,擘划万端。图强大业,尚多艰难。

　　励精图治,惩腐清埃。汲古鉴今,继往开来。民族团结,侨旅同心。河山一统,大旗共擎。

　　凡我同胞,血浓于水。国运昌隆,举世称美。缅怀祖德,豪气如虹。艰苦奋斗,再创神功。

　　值此阳春,风和日丽。赫赫我祖,鉴临天地。稽山苍苍,浙水泱泱。神州大同,共荐馨香。

　　尚飨。

　　诵毕,乐队奏起古乐《朝天子》,64位身着原始服装、头戴日月饰物、手执木锸、柳枝的少年男女跳起粗犷豪迈的祭舞,表达了人民群众对先祖最虔诚的敬意。

　　在新中国首祭大禹陵不久,中共中央总书记江泽民亲临大禹陵视察,并亲笔题写了"大禹陵"坊额。大禹陵被中央宣传部命名为全国百个爱国主义教育示范基地,被国务院公布为全国重点文物保护单位。自1995年以来,祭禹已成为绍兴市的一个常设节会,5年一大祭。祭日确定在4月20日,有一套相对稳定的程式。2006年,祭祀大禹陵典礼被国务院列入国家级非物质文化遗产名录,"祭禹陵"与"祭黄陵"同为国家级非物质文化遗产的代表作。

　　2007年的祭禹典礼,由国家文化部和浙江省政府主办、绍兴市政府承办。其规格升为国家级祭祀活动。这是新中国成立以后的首次国家级祭祀活动,也是公祭大禹陵成为国家级非物质文化遗产之后的第一次祭祀活动。这次祭禹典礼采用"禘礼"(古代最高礼祭)形式。仪程13项:肃立雅静、鸣铳、献贡品、敬香、击鼓撞钟、奏乐、献酒、敬酒、恭读祭文、行礼、颂歌、乐舞告祭、礼成。全国政协副主席罗豪才等国家、省、市及外省市有关领导和有代表性的港澳台来宾等近百人担任主参祭人,还有13个方队的参祭人队伍,参祭4000人左右,人数为历年之最。典礼后,祭祀人员前往大禹陵举行谒陵仪式。

大禹不仅属于绍兴,属于浙江,更属于每位华夏儿女。举行公祭大禹陵活动,大力宣传大禹的丰功伟绩,弘扬大禹公而忘私、甘于奉献的精神,是推动和谐社会建设的重要措施。今天,以大禹为祖先的华夏民族遍布世界,公祭大禹,激发了中华儿女包括广大海外侨胞、港澳台同胞的爱国爱乡热情,调动各方面的积极性,更好地推动了祖国发展。

公祭大禹陵带给绍兴的无形资产效益日益彰显。自1995年公祭大禹陵后,绍兴的影响力迅速提高。公祭大禹陵引来了海内外人士到绍兴寻根,由此形成了以"大禹风"为纽带的华夏寻根情。这些人来绍兴参观,了解了绍兴,回去又宣传绍兴,扩大了绍兴历史文化的影响。公祭大禹陵活动的过程,既是对优秀文化遗产抢救、继承的过程,也是一个创新、发展的过程,公祭活动推动了文化产业和文化事业的发展,给绍兴带来了巨大的经济效应。大禹陵的游客逐年上升,大禹陵已成为绍兴的一个重要景点。

(姜卫东 执笔)

101. 横店影视城横空出世

1996 年 8 月 8 日,由著名导演谢晋执导的为庆祝香港回归的献礼巨片——《鸦片战争》,在横店影视城正式开机。横店,这个浙中地区名不见经传的小镇惊现影视界。

横店影视城,位于浙中地区的东阳市横店镇,这里既没有风景名胜,也非交通枢纽,只是中国众多普普通通乡镇中的一个。但就是它创造了年接待游客 500 万人次的成绩,惠及了相关产业,促进了义乌、金华等地区的旅游业发展。

20 世纪 90 年代中期,由于影视拍摄基地的高利润,全国各地兴起建设影视拍摄基地的热潮。横店集团掌门人徐文荣也看到了商机,并开始运作。1995 年,谢晋筹拍《鸦片战争》,尚未敲定拍摄地点。徐文荣闻讯后立刻与谢晋商谈,由横店集团全额投资修建重要场景"广州街",并保证在半年内全部完成。四个月后,由横店集团出资 4000 万元、占地 319 亩,有 150 座各类建筑、施工面积达 6 万多平方米的《鸦片战争》拍摄基地落成,拉开了横店集团进入影视文化产业的序幕。

1998 年,陈凯歌拍《荆轲刺秦王》也没有找到合适的外景地。谢晋对陈凯歌说,到横店去找徐文荣。不久,这部大片中主要的场景——秦王宫,在横店影视城拔地而起。影视城建设进入快速发展期。截至 2005 年,横店集团累计投入 26 亿元,建成广州/香港街、秦王宫、清明上河图、江南水乡、梦幻谷、屏岩洞府、大智禅寺、明清民居博览城等 13 个影视拍摄基地和两座超大型现代化的摄影棚。

横店影视城的横空出世,引起了大洋彼岸的注视。1999 年,美国影视界最权威的期刊《好莱坞报道》刊发了一篇长文,并配发照片,详细介绍了横店影视城,"这里曾经是一个默默无闻的山村小镇,如今已经成为'中国的好莱坞'"。"中国好莱坞"的称号由此而来。

但是在 2000 年前后,横店影视城多个影视拍摄基地的建成,却没有获得相应的效益。难题摆在了横店人的面前:如何经营才能支持这么大的摊子、带来效益。横店集团认为,只能进行产业化经营。

2000 年 3 月,横店影视城打出一记重拳:凡是来横店影视城拍摄的海内外剧组,免费使用基地内所有场景。对剧组而言,拍摄成本中很大的一笔开支是场地租金,这个承诺就像是别人往你口袋里塞钱啊!实际上,横店影视城做的是借鸡生蛋的生意:不收场地费,但可以提供场地搭建、道具制作、演员中介到餐饮、住宿等一系列服务。

如期所料,国内外大量剧组纷至沓来,横店影视城的人气直线上升。横店影视城在这个过程中,利益链拉长,效益不断上升。旗下各宾馆、酒店的生意越来越好。一个长期蹲点拍摄的剧组,其在吃、住、购物等方面的消费能力同样巨大。影视管理中心的成立,是针对剧组的各类需求,提供专业化服务。剧组没有了后顾之忧,心中更会感念影视城的好处。其他如发电车提供、马匹和车辆租赁、特约演员和群众演员的输送等,只要剧组需要,横店影视城就想方设法给予满足。在向剧组提供服务的同时,横店影视城强化了制度建设,决不允许各种不合理收费行为,一旦发现,从严查处。影视城与剧组的关系日益融洽,实现了双赢。许多剧组在横店拍摄结束后,明确表态:下次还来。如胡玫在横店拍了《雍正王朝》,数年后又赴横店拍摄了 59 集历史大剧《汉武大帝》,之后又有《乔家大院》、《望族》等,一部接着一部。

在成绩面前,横店影视城并没有停下脚步。他们认识到,横店影视城若仅仅作为拍摄基地,其所能带动的只有餐饮、宾馆以及为剧组提供置景、道具等低层次的服务业。电影《英雄》在横店拍摄完成,可横店人只拿到 400 万元人民币,而用于后期高科技制作的 800 万美元却被澳大利亚拿走了,相当于横店的 17 倍。他们下决心提升横店影视城的科技含量,让更多的影视产业的生产要素在此集聚,继而形成产业高地。

2004 年,浙江横店影视产业实验区正式挂牌。实验区一成立,马上在国内外影视界产生巨大反响。国内有六家影视机构要求入驻横店:华谊兄弟、光线传媒、保利博纳、香港唐人电影等著名电影公司;先力电影器材、万象影视、天梯公司等涉及设备租赁、后期制作、影视后产品开发的机构也都纷纷加盟。横店影视城实验区的专业化、集约化、规模化优势,扩大了经营规模,激活了生产要素,拉长了产业链,先后启动多个大型拍摄基地的建设,形成了集上下五千年历史题材、现代题材、高科技题材于一身的影视拍摄基地。实验区内,有影视服务中心、演员公会、行政服务中心、电影审查中心、电视剧审查工作站等,为人区企业提供各种服务。2005年5月,横店集团与中国电影家协会共同发起成立中国影视文学创作中心,尝试为投资者提供剧本。至此,基本涵盖了从投资到剧本创作,再到拍摄、后期制作等,形成了相对完整的影视产业链。

由于在横店影视城设施比较齐全,而且费用比较低,所以很多香港、台湾,乃至海外的导演都纷至沓来。香港著名影视制作人李国立,在横店连续拍摄了《书剑恩仇录》、《天下无双》、《仙剑奇侠传》,还把他的香港唐人电影国际有限公司的内地制作中心设在横店。1999年11月,韩国导演金英俊在横店拍摄了《飞天舞》。随后,韩国很多电影都在横店完成。2005年6月,美国电影《生死有命》也在横店开机。

迄今为止,在横店影视城诞生了《鸦片战争》、《荆轲刺秦王》、《汉武大帝》、《英雄》、《无极》、《满城尽带黄金甲》、《黄石的孩子》、《投名状》、《功夫之王》、《木乃伊3》等600多部影视剧。

影视产业的崛起,带动了横店休闲旅游业的发展。横店影视城通过打造国内一流的影视旅游主题公园来积极发展旅游业。《荆轲刺秦王》公映后,横店的知名度更上一个台阶。东南亚有许多人知道,中国浙江有个横店,横店有座秦王宫。2000年,横店影视城成为全国首批4A级旅游区。

横店影视城跟每一家前来拍戏的剧组签订一个协议,每周都要派出明星参加"见面会"活动,并且没有任何出场费。于是每到周日,大批游客都会聚集在明清宫苑的承天门广场前等待明星的亮相。很多周边城市如杭州、宁波、上海的影迷都会专门赶过来。这个活动成为横店最受游客欢迎的节目之一。"DV游"项目:利用横店现有的场景、服装、拍摄器材等优势,让游客拍自己喜欢的剧本,并由专业的后期制作人员进行剪辑等处理,游客手中就是一张专业的DVD大片了。"DV游"受到热烈的欢迎,每天都能够在影视城看到这些"山寨版"剧组。另外,横店"探班游"项目:可以在横店的网站查看剧组的具体档期,提前免费申请成为该剧组的群众演员,有机会和自己喜欢的明星一起对戏。"探班游"把游客带到影视中去,又充分利用了影视城的资源,旅途价值大大提升。到了2009年,横店影视城已经是国内投资规模最大,经营业绩最好的"影视基地"旅游企业。

横店旅游从无到有,迅速发展。到2007年,横店接待游客已突破500万人次;2008年达600万人次,入区企业营业收入18.2亿元。2009年接待游客数预计达到700万人次。

横店影视城实景规模跃居亚洲第一,拥有国内最大、现代化水平最高的摄影棚,成为国内最大的影片生产基地和亚洲最大的影视剧拍摄基地。2009 年 6 月 7 日,中共中央政治局常委李长春视察横店,对横店影视文化产业的发展情况给予了高度评价,"希望横店集团进一步探索影视制作基地化、社会化、专业化、产业化发展的新路子,促进影视业生产方式的变革"。

（姜卫东 执笔）

102. 杭甬高速公路开通

　　历史将记住这一时刻:1996年12月6日下午3时16分，宁波杭甬高速公路段塘互通立交,中共浙江省委书记李泽民向全省人民宣布:"杭甬高速公路全线开通!"浙江第一条全长145公里的高速公路开通试运行,标志着浙江公路迎来了"高速"时代,为浙江经济和社会加速发展,提供了一条坚实的、现代化的"经济起飞跑道"。

　　"要想富先修路",这句被无数人念叨的老话在浙江被无数次印证着。20世纪90年代初,正在经历"大堵车"阵痛的浙江人,把改变浙江交通基础设施落后面貌的目光落在了高速公路上。经过多方调研论证,省委、省政府决定,首先在浙江经济最发达、车流最密集的萧甬、杭嘉湖平原,建设沪杭甬高速公路,把杭州、宁波、绍兴、嘉兴等浙江经济发达城市与中国经济发展的龙头上海更顺畅地联系起来。1990年6月8日省委召开常委会议,明确把沪杭甬高速公路作为建设中的重点。

　　沪杭甬高速公路途经嘉兴、杭州、绍兴、宁波四个地市,全长248公里。1991年开工兴建,当年11月20日杭甬高速公路杭州至萧山段建成,实现了浙江省高速公路零的突破。1995年12月起分段陆续建成交付使用,1998年底全线建成通车,素有"浙江第一路"之称。它不仅是浙江接轨大上海的"黄金通道",还是"宁波——舟山港"、绍兴中国轻纺城货物集疏运输的"主渠道"。沿线还分布着萧山、海宁、慈溪等浙江2/3的全国社会经济综合百强县(区)。

　　沪杭甬高速公路在浙江省境内分为杭沪高速公路浙江段和杭甬高速公路两段。杭沪高速公路浙江段起于杭州彭埠,终于浙沪交界的枫泾,全长102.6公里;杭甬高速公路西接杭沪高速公路,起于杭州东郊彭埠镇,东到大朱家宁波轻纺城,全长145公里,路肩宽26米,双向4车道,全封闭、全立交,设计时速120

公里。它宛如一根金线,将浙北和浙东的富庶之地联成一体。

杭甬高速公路是浙江第一条高速公路,从 1991 年 5 月 30 日浙江省沪杭甬高速公路指挥部宣布向国内外实行招标到 1996 年全线通车,整整用了 5 年时间。为筹集建设资金,浙江决定走一条前人未曾走过的路:向国际金融贷款,把这项重大项目推向世界。1991 年 9 月,经过紧张的谈判,世界银行决定贷款 1.8 亿美元用于杭甬高速公路建设。1992 年 6 月 19 日省财政厅与世界银行签订杭甬高速公路项目利用外资 2.2 亿美元协议。

1992 年春节将临之际,杭甬高速公路国际招标开始,按国际惯例,世界银行对标书进行最后的审查。1992 年 5 月 15 日,可容纳 300 余人的大会场内座无虚席,国外与国内企业的老总们,在此公平参与竞争招标并举行开标仪式。

除了国际招标,杭甬高速公路根据"菲迪克"条款,建立了一支有 150 多人的监理工程师队伍,并聘请 3 位丹麦专家作外国监理,对工程实施进行质量、工程、投资三大控制。建设中的每一块石料、每一根桩基、每一寸路面都得过"菲迪克"这一关,稍有差错,就要不留情面地遭到返工,大大提高了施工单位的质量意识。

杭甬高速公路是国内第一条建在沿海水网地带的高速公路,沿线穿越软土地基平均深度在 18 米以上,最大含水量达 70%,有人称这是在"豆腐脑"上搞工程,给施工带来极大的困难。杭甬高速公路 125 公里处,由于施工者对软土地基情况没有充分掌握,路基刚填到标高,就产生大面积滑坡,经过专家勘察和论证,这段路基被推倒重建。类似这样的情况,在杭甬高速公路建设中时有发生。平整宽阔的路基一米米在延伸,1996 年底杭甬高速公路如期全线通车。1999 年 6 月 26 日杭甬高速公路通过国家竣工验收,工程综合评价等级为优良。这是浙江省第一个通过国家竣工验收的公路建设项目。

杭甬高速公路的建成通车,对于完善浙江公路布局,缓解交通运输紧张状况,加快集疏运网络建设,发挥北仑港优势,促进上海国际航运中心的形成;对于进一步改善浙江投资环境,扩大对外开放,促进全省经济和社会的发展,都具有十分重要的影响。

为了加快接轨上海浦东,在杭甬高速公路紧张施工的同时,1994 年 1 月沪杭高速公路也提前进入施工建设。1997 年 5 月沪杭甬高速公路 H 股在香港上市,筹集 36 亿多元资金,加速了沪杭甬高速公路的建设。

1998 年 12 月,沪杭甬高速公路如期竣工通车,它将沪杭甬高速公路和沪宁高速公路连在一起,带动着长江三角洲经济的进一步发展。

随着浙江高速公路网络的扩张，人们发现，城市间经济的交流、生产要素的流动日趋活跃。尤其是那些与高速公路紧密相依的区域，"道口经济"体现得淋漓尽致。几个事实表明了沪杭甬高速公路对沿线经济发展的强大"引擎"作用：在"沪杭甬"全线通车后的第一年，沿线的杭嘉湖宁绍当年吸引外资的规模占全省 90% 以上；"宁波—舟山港"2006 年集装箱吞吐量突破 700 万标准箱，其中近 60% 通过沪杭甬高速公路集散；绍兴中国轻纺城国际物流中心，2006 年物流中心货物中转量达到 210 多万吨，其中 2/3 以上通过沪杭甬高速公路输送。

自 1998 年全线通车以来，沪杭甬高速公路车流量一直以每年约 15% 的速度递增。2006 年底沪杭甬日全程交通量已达 4.7 万辆，其中部分路段的实测日混合交通流量折合小汽车约为 16 万辆。

随着经济社会的快速发展和车流量的急剧增加，对沪杭甬高速公路进行拓宽的要求越来越强烈。通车不过 3 年多，绍兴段首先出现拥堵现象。以杭州管理处为例，1997 年，这里的日均进出口车辆数为 4.67 万辆次，而到 2006 年已近 11.5 万辆次。2000 年，沪杭甬高速公路开始了全线拓宽工程。

沪杭甬八车道拓宽工程是国内第一条在不中断交通、不对车辆进行分流的情况下，按照"边营运、边施工"方式实施拓宽改造的高速公路。

沪杭甬高速公路拓宽工程分三期实施：一期工程为杭甬红垦至沽渚段，全长 44 公里，于 2003 年底建成通车；二期工程为沪杭枫泾至大井段，全长 95.612 公里，于 2005 年底建成通车；三期工程为杭甬沽渚至宁波段，全长 80.82 公里，于 2007 年 12 月 6 日建成通车，完成了省政府拓宽工程提前一年全线通车的目标。

车道增加后，通行能力大大提高，设计车流量可从日均 5 万辆提高到 10 万辆，同时还增设了长安服务区、桐乡互通、宁波绕城互通、余姚肖东枢纽。沪杭甬高速公路上海段因为是六车道，上海也专门在沪浙交界处新修亭枫高速公路接线，以分流沪杭甬浙江段八车道的车流。

一期拓宽工程中，增设港湾式停车带，利用已征六车道土地建了八车道高速，节省土地 600 多亩；在二、三期拓宽工程中，长山河大桥和姚江大桥在不影响通航、通车的情况下，老桥和新桥的左、右幅实施灵活的"拆三建三"方案，在全国高速公路施工中树立了典范。省交通厅有关负责人在接受记者采访时说："沪杭甬高速拓宽，为浙江乃至全国高速公路的改扩建积累了代表性经验，在浙江交通建设史上留下浓墨重彩的一笔！"

沪杭甬高速公路是浙江第一条高速公路，也是第一条连通省外的高速公路,是国内通行车流量最大的高速公路之一。作为浙江首个引进世界银行贷款的高速公路工程,沪杭甬高速公路的建设,对工程招投标制、施工项目监理制等现代工程建设体制在浙江工程建设市场的确立,起到了开创性的示范作用。浙江沪杭甬高速公路股份有限公司是浙江首家在境外上市的省属企业,已在中国香港、纽约、柏林、伦敦、法兰克福、斯图加特等地上市交易或上柜交易,它的投资者遍布世界各地,成为世界投资者投资、观察浙江经济的重要窗口。

（王祖强 执笔）

103. 避险防台,百万群众大转移

8月16日晚,1997年11号台风一步步逼近浙江,省政府召开紧急会议,提出了"防、避、抢"的抗台要求,即台风到来之前,要全力做好一切抗台准备工作,重点确保钱塘江海塘;台风登陆时,沿海群众要避开凶险,撤到安全地带;台风过后,要以最快速度抢险救灾,恢复生产。会议要求,把减少人员伤亡作为抗台工作的首要任务。17日下午,台风基本确定将在苍南至象山一带登陆。"当前压倒一切的是尽快转移群众!一定要坚决、及时、全部!火速命令各地把尚未撤离的群众转移到安全地带。传真、电话同时通知!"省委、省政府领导发出紧急命令。人民的生命安全高于一切,各级党委和政府责任重于泰山,大动员、大转移在沿海各地十万火急地展开。全省共安全转移群众145万人。可以想象,在这么短的时间里,让上百万人来个大转移,谈何容易!即便是军队调动,也要耗费巨大的人力、物力、精力。但各地各级党委、政府和广大基层干部坚决执行省委、省政府的决策,在超强台风来临之时,最大限度地减少了人员伤亡和财产损失。

1997年11号台风于8月18日晚9时30分在温岭市石塘镇登陆。其时适逢农历七月十六大潮汛,全省沿海地区出现了特高潮位,有10个潮位站的潮位超过历史最高纪录。12级以上的飓风挟着5米多高的狂浪猛击海塘,风、雨、潮"三碰头",沿海塘堤基本被冲毁,部分江堤亦遭损毁。沿海、沿江地区大面积受淹,许多城镇房屋进水、企业停产,公路、电力、通讯线路均遭严重损坏,农作物倒伏,树木折断。这次台风成灾范围之广、强度之大,为历史所罕见,上海实测黄浦江潮位为300年来最高。它的主要特点是"四大"、"两高"和"三碰头",即:台风范围大、强度大、风力大、雨量大,水位高、潮位高,风、雨、潮"三碰头"。台风登陆时的10级风圈半径、中心气压、最大风力,有历史记录以来仅次于1956年在象山登陆的特大台风。尽管台风登陆前,省委、省政府指导方针正确,及早部署,精心决策指挥,尽可能减少了灾害损失。但由于这是当代历史上登陆浙江的罕见强台风,风暴潮共损毁海塘 776 公里,沿海堤防几乎全线崩溃,全省因灾造成直接经济损失达 193 亿元,236 人死亡。全省一年地方财政收入还不够台风这一"吹"(当年地方财政收入为 157.32 亿元)。

浙江抗台指导方针的转变始于 80 年代末。1988 年第 7 号台风之后,引起省委、省政府对气象灾害防御体系存在薄弱环节的重视。1994 年第 17 号和 1997年第 11 号强台风的教训更为深刻。此后,省委、省政府的防灾理念和指导思想工作发生根本转变,即从"抗击台风"到"躲避台风"的转变,提出"砸锅卖铁也要建设高标准海塘",着重强调要以人为本,防台应急预案更加重视生命安全,更加突出避险意识。以民为本,以民为先,科学决策,周密部署,靠前指挥,成了抗击台风,取得胜利的重要法宝。"把群众生命放在防台工作首位!"成了抗台工作座右铭。在每次台风来临前,全省各级党委、政府组织广大干部深入基层,逐村、逐户、逐个工地,耐心细致地开展说服动员工作,将易受台风威胁的人员及时撤离转移到安全地段,组织出海船只回港避风,有效地减少了人员伤亡。不断加强预警预报,把握风云变幻的主动权,为科学决策和及时组织群众转移赢得了宝贵时间,在防御台风和暴雨洪水过程中发挥了重要作用。

从 1998 年到 2001 年,浙江先后建成 1100 多公里高标准海塘。2004 年省政府出台了《浙江省洪涝台旱灾和水利工程险情应急措施预案》等多项应急预案,提出立足预防,主动防范;分级负责,加强督查;科学调度,保障安全;果断处置,全力抢险的工作要求。预案的启动、处置程序和实施等有关问题都有了定规。省政府还组织实施了预案演练,使得台风来临时能及时启动,尽可能减少损失。健全的应急指挥体系,统一指挥、分工协调和社会联动的工作机制是做好防台风工作的关键。

对比新中国成立后两次超强台风情况,防台指导方针和方法不同,结果迥然。

1956 年浙江遭遇新中国成立后的第一次强台风,它造成的人员伤亡是新中国成立迄今最多的一次。1956 年 8 月 1 日,12 级台风在三门湾登陆,致使海水倒灌,山洪暴发,江河猛涨,受淹农田 600 余万亩,全省有 62 个县市受灾。全省伤亡两万余人,其中死亡 4926 人,倒坍堤防 3143 处,冲毁堰坝、涵闸等防洪工程 2.33 万余处。

2006 年 8 月 10 日,超强台风"桑美"登陆浙江苍南县,最大风力达到 17 级。在防御"桑美"的过程中,全省在按常规防御方案转移 52.9 万人的基础上,又紧急转移 47.2 万人,转移总人数达 100.1 万人,极大地减少了经济损失和人员伤亡。这次超强台风造成直接经济损失达 127.37 亿元,死亡 193 人,失踪 11 人。

如果说,前面两次台风的对比基本情况差异较大,那么综合对比几次时间相近、强度相似台风——1997 年第 11 号台风与 2004 年"云娜"台风、2005 年"麦莎"台风的有关情况,明显反映出经济损失、人员伤亡双下降与时间推移成正比的特点。2004 年 8 月 12 日 20 时第 14 号超强台风"云娜"在温岭市石塘镇登陆,这是 48 年来登陆浙江最强的台风,它横扫浙江全境,造成直接经济损失 181.28 亿元,死亡 164 人,失踪 24 人。虽然两次台风造成的经济损失差距不大,但考虑经济快速发展的因素,实际经济损失下降幅度更为明显,并且后一次台风强度和破坏力更大,人员伤亡数量却减少近 20%。2005 年袭击浙江的台风次数多、强度大、范围广、持续久、间隔短,多项台风要素破纪录,灾害严重。但是,全省各级各地执行正确的防台方针,依靠科学防台,应用机制抗灾,取得了全省没有一座水库垮坝,没有一处标准海塘决口,人员伤亡与灾害损失大幅度下降的实绩。2005 年 8 月 6 日 3 时 40 分,台风"麦莎"在玉环县干江镇登陆。尽管这次台风的路线、强度与 1997 年 11 号台风非常相似,但由于预报信息及时准确,各地防台措施周密到位,台风来临前,全省共转移人口 124 万,4.13 万艘海上船只回港避风,有效降低了风暴潮灾害造成的损失。这次台风造成直接经济损失 65.6 亿元,2 人死亡。

由于浙江位于中纬度、低纬度过渡地带,它又处在欧亚大陆的最东端、太平洋的西北岸,是世界最大陆地和最大水体的交界面,同时受西风带和低纬度天气系统的影响,夏季常有台风活动,是全国台风、洪涝、干旱等气象灾害高发地区之一,其中台风灾害尤为严重。1949 年—2008 年浙江受热带气旋影响(包括登陆)共有台风 309 次,其中 14 个强台风、2 个超强台风,造成较大或重大损失的有 89 个,有 43 个成灾年份。

浙江经济发达,经济要素和人口不断向沿海集聚,80 年代末以来,浙江省台风灾害呈逐年快速上升趋势。90 年代开始,由于防台理念趋于科学,指导思想逐步转化为主动及时避险,每次台风来临前准备充分,部署周密,人员伤亡明显减少。新世纪开始,由于千里海塘和城市防洪等基础设施发挥了重大减灾作用,特别是 2004 年和 2006 年两个超强台风,是新中国成立以来登陆浙江强度最大的台风,相对而言灾害造成的人员伤亡和直接经济损失均大幅下降。

人类不能消除台风,但可以预测台风,可以避险减灾,还可以加强防灾基础设施的建设,保证人民生命财产的安全,保证经济社会的平稳发展。

(王革新 执笔)

104. 冯根生"300万元持股"风波

1997年10月,在正大青春宝药业有限公司改制中,总经理冯根生能否"持股300万元",曾引发了一场媒体关注、众人热议的风波。讨论促进了"青春宝"改制的进程,更为中国国有企业的股份制改革作了有益的探索。

在党的十五大关于加快国有企业改革的精神鼓舞下,10月6日,国内中药行业经济效益最好的企业——正大青春宝药业有限公司董事会全票决定:从公司现有的净资产中划出15%作为个人股卖给员工及经营者,通过"工者有其股",把员工、经营者和企业的长远利益紧密地捆在一起,更快更好地发展壮大"青春宝"。

但是,这项被"青春宝"员工视为"第二次合资"的重大举措,在操作中遇到了一个无法回避的难题:冯根生的股份该如何算?他的经营智慧、对企业作出的贡献及由此带来的知名度,算不算是他个人的无形资产?如果算,又该由谁来评估?可否作为经营业绩的奖励,折算为其个人股的一部分?

原先,董事会全票决议:在这次内部股份制改造中,冯根生作为主要经营者至少要认购2%的股份——计300万元。对此决议,冯根生直言:"我买不起。"冯根生说的是实话。合资前,他的月工资是480元;合资后,每月也才几千元。财务科的工资单上均有据可查。

冯根生当年63岁,自14岁起就当上了胡庆余堂的"关门弟子",积50年中药生产之经验,被国内外新闻媒体誉为中国中药行业的"国宝"。"青春宝"的职工们公认,"青春宝"的发展一直与冯根生的经营才能紧密相连。1972年,冯根生接收原杭州胡庆余堂一个只有26万元固定资产的驴皮膏车间,带领职工书写"青春宝"的创业史。26个春秋,在没有要国家一分钱投资的情况下,"青春宝"发展壮大成拥有7亿元资产、国内外知名的现代化中药集团企业。毫无疑问,"青春宝"的今天是全体"青春宝人"艰苦创业的结果。但这里同样也凝聚着冯根生的经营智慧和奉献。那么,冯根生作为一名优秀的经营大师,他的才华、经验、实绩,该不该在这次股份制改造中,客观公正地把它体现出来呢?

国外的大企业早就开出了价码要挖走这位"国宝"。此前不久,马来西亚"一号财团"——金狮集团的董事长亲自来杭请冯根生"出山"。他的开价是:"你到我这里来组建中国的中药集团,先付你100万美元安家费,至于年薪,由你自己定。"据"青春宝"公司领导层说,此类国外出高价"买"冯根生的事,早已不是什么新闻了。

因此,冯根生能否购股留任成了公司上下关注的焦点。职工们说:"要我们认股,你冯厂长要认大头,你带了头,说明是决心把个人利益和企业捆紧了,我们没得说。"面对职工们的议论,冯根生深刻地反思了自己的处境及面临的选择,他表示:"'青春宝'如今的一切,首先是全体员工创造的,更得益于党的改革开放好政策。作为一名共产党员,我对企业的付出是不值一谈的。但问题是,我今天所面临的难题有一定的代表性。在杭州、在全国,有一大批国有企业的优秀经营者不计个人报酬,把发展民族工业作为自己的毕生追求。对他们是一味鼓励作奉献、作牺牲呢,还是应制定相应的政策、措施,在公平合理地处理好职工的受益分配的同时,也公平合理地处理好经营者的受益分配。现在是认真对待这个问题的时候了。"

企业家是干什么的? 冯根生的看法是:企业家应该是在合理合法的前提下,将各种生产要素实行最佳组合,实现资本最大化增值的企业优秀经营者。优秀的企业家,是中国现阶段最缺少的人才资源之一。三资企业、民营企业无不睁大眼睛,搜寻、挖掘,每发现一个,便许以重金,务必得之。而在国有企业,对经营者的激励机制却迟迟未能建立起来,长此以往,对企业发展和调动经营者的积极性不利。

冯根生说,党的十五大关于加快国有企业改革的精神,其中重要的一条就是要通过调整企业现有的分配关系来充分调动积极性。谁都知道,企业经营者的精神状态会对企业带来什么样的影响。对邓小平"让一部分人先富起来"的观点,我的理解是:"也应让有突出贡献的企业家们先富起来。"提出这样的主张,绝非为了自己,而是从"三个有利于的标准"加以衡量,事关国有企业顺利改革大计。

对于"青春宝"中的难题,10月15日《钱江晚报》刊登《冯根生,该不该持300万元股?》一文。一石激起千层浪,社会各界纷纷关注,展开了一场热烈的讨论。引发争议的焦点是：如果冯根生持股300万元的经验被普及，会不会引发一轮抢购国有资产"大风潮"？一位老人甚至说："冯根生是不是共产党员？是党员，就要讲奉献。我们当年干革命的时候，谁计较过自己的利益？"当时，这是一种颇具代表性的看法，构成了个人持股的最大压力。然毕竟时代在前进，人们对社会主义市场经济有了更多的理性认识。浙江省软科学研究所所长、经济学教授陆立军提出了"持股有道理，操作要规范"的看法。他认为，一位优秀的国有企业经营者，对企业有形资产和商誉、品牌等无形资产的形成、增值起关键作用。按照十五大报告中关于"按劳分配和按生产要素分配相结合"的精神，经营者不论作为从事复杂劳动的高级劳动者，还是作为生产要素(经营谋略、生产技术管理等)的提供者，都有充分的理由按其经营成果取得应有的报酬。在市场经济发达国家，这种报酬往往通过赠送"干股"(主要作为分红的依据，一般不得继承和转让)的形式来实现。"持股有理"的"理"是建立在经营者的经营业绩之上的。对优秀经营者有待入股的无形资产，先要进行合理评估，不能简单地搞"毛估估"。否则，转制改革也会变"味"。

陆立军教授说，国有企业要转好制，合理解决员工及经营者的收益分配这一步，一定得迈出去。但在实际操作时，不同的国有企业各有不同的情况，务必因企制宜、规范进行，切不可乱"刮风"。《钱江晚报》的这组报道，有助于人们启发思路，从本地区、本企业的实际出发，探索国有企业转制改革的最佳"实现形式"。

浙江省经济体制改革委员会主任章荣高在接受记者专访时说："《钱江晚报》针对正大青春宝公司改制中遇到的难题，围绕'冯根生该不该持300万元股'进行的报道，已经引起了社会各界的热切关注。我认为，这对我们贯彻党的十五大精神，扎扎实实推进国有大中型企业转制改革有现实意义，我们对此表示赞同与支持。"

章荣高认为，伴随着学习贯彻党的十五大精神，必然带来全社会的第三次思想大解放。十五大理论上的重大突破之一，是第一次提出把按劳分配和按生产要素分配结合起来，允许和鼓励资本、技术等生产要素参与效益分配，就是给资本、技术等生产要素定了位。即：人才资本化，资本社会化，解决姓"社"姓"私"的疑惑，这就为改革、特别是国有企业改革的突破指明了路子。讨论"青春宝"这个国企转制中无法回避的话题，引导人们放开思想畅所欲言，有助于政府部门在制定相关政策时能多方听取社会各界尤其是广大群众的意见，把政策制定得更完善，更合理。这个题破得好。

《冯根生,该不该持300万元股?》的讨论持续了半年多,成为人们学习、贯彻十五大精神,解放思想的热点事例。"青春宝"的转制最终有了圆满答案。杭州市委、市政府对青春宝人的改革思路给予肯定,多次召开会议专题讨论和论证,省体改委也给予大力支持。1998年6月初,改制方案确定,杭州市政府同意将"正大青春宝"国家股的50%有偿优惠转让给职工持股会(不涉及外方所持的60%的股权),转让价将在资产评估的基础上优惠折让10%,一次性付款的再予以10%的优惠,是对全体青春宝人多年来为国家、企业作出重大贡献的奖励。企业内部职工股的分配适当向经营者、科技、销售骨干倾斜。全体职工将以现金形式购买企业股权。

　　冯根生购股问题也终于有了答案。他用银行贷款买下300万元股,个人持有总资产的2%。冯根生认为,这是一个符合党的十五大精神的深化企业改革方案,改制后职工的命运和企业的发展捆得更紧,人人都有紧迫感,进一步激励了全体青春宝人更好地为国家、为企业作出贡献。

　　1999年,经浙江省浙经资产评估事务所评估,冯根生对企业27年的贡献价值达2.8亿元。这也算是对冯根生持股有理的一个事后佐证。

(徐斌 执笔)

105. 南存辉当选全国人大代表

　　1998 年 3 月，浙江正泰电器股份有限公司董事长南存辉当选为第九届全国人大代表。在京出席全国人大会议期间，南存辉频频就中国民营企业发展问题建言，引起海内外媒体的广泛关注，被称为中国民营经济的代表人物。而南存辉的成长历程确可称为中国"老板"发迹的缩影。

　　南存辉是土生土长的温州乐清柳市人，16 岁初中毕业后选择补鞋为生。20 世纪 80 年代初家庭工业勃兴，他先与友人合伙租柜台做了一段电器生意。1984 年，与同学胡成中兄弟合伙创办家庭小工坊，名曰"乐清求精开关厂"，资产总额 5 万元，职工 5 名，年销售收入不足万元。当时柳市的低压电器正经历着高速发展与假冒伪劣的并存期，在许多人没有意识到质量和信誉的重要性时，富于远见的南存辉、胡成中通过努力，于 1988 年首批领取了 3 张国家机电部颁发的电器产品生产许可证。当时所有的电器产品的质量都不是很高，"求精开关厂"领取生产许可证并不意味着它的产品质量比市场上的同行高多少。然而，由于电器产品的质量问题，1989 年国家有关部门多次联合当地政府对柳市的假冒伪劣产品进行整顿和打击，最后像"求精开关厂"这样领过许可证的企业被保留下来，并且得到政策上的许可和鼓励。而没有取得生产许可证的小企业生存下来的还不到原来的五分之一。"求精开关厂"利用"整顿"的契机做大做强，暴发式增长，当年盈利 10 多万元，到 1990 年产值增长到 1000 多万元。1991 年"求精开关厂"分家，南存辉与胡成中分道扬镳，成为最大的竞争对手。当年 9 月，南存辉用老厂和美国的亲戚合资，又与上海浦东一家企业联营，通过用他们的品牌，组建了中美合资正泰电器有限公司。到 1993 年，正泰的年销售收入达到 5000 多万元。

　　在企业做大的过程中，南存辉始终视产品质量如生命。"宁可少做亿元产值,也不让一件不合格品出厂"是正泰的承诺。1994年,正泰集团在全国同行业中率先通过了ISO9001质量体系国际国内认证。为了不污染环境,正泰的每个区域工厂都投入百万巨资建立污水处理设备,并对处理后的污水进行回收利用。又相继通过了ISO14001环境管理标准体系认证和OHSAS18001职业健康安全管理体系认证,并取得了入世后低压电器行业的第一张中国强制性认证证书。2000年8月29日,国家质量技术监督局授予正泰集团公司为全国质量管理先进企业。

坚持科技创新是正泰长盛不衰的基本经验。正泰拥有200多项国家专利,投资5000万元的荷兰KEMA实验室,形成了以温州为基地、上海为中心、北京和美国硅谷为龙头,相关科研院(所)为依托的信息网络和技术开发体系。2007年9月下旬,正泰告全球500强之一———施耐德电气专利侵权案,以施耐德一审败诉而告一段落,施耐德需向正泰集团支付高达3.3亿多元的赔偿,并被勒令停产侵权产品。这是正泰多年坚持科技创新的结果。

不断突破私营企业家族制局限,探索适合中国国情的现代企业制度,是南存辉追求的又一目标。1998年,南存辉突破阻力,决定弱化南氏家族的股权绝对数,对家族控制的集团公司核心层(即低压电器主业)进行股份制改造,把家族核心利益让出来,在集团内推行股权配送制度,将最优良的资本配送给企业最为优秀的人才。正泰的股东由原来的10个增加到100多个,南存辉的股份下降至20%多,资产却膨胀了数十倍,同时数十位百万"知本"富翁诞生了。对此,南存辉认为:"分享不是慷慨,对创业者来说,分享是一种明智。"1993年7月,温州正泰电器有限公司党支部成立。1998年12月,成立温州市第一家非公有制企业党委。2000年5月11日,集团党委书记颜厥忠在杭州向中共中央总书记、国家主席江泽民等领导汇报正泰党建工作,受到中央领导的肯定。

南存辉还是民营企业履行社会责任的先行者。南存辉认为,向山区扶贫、希望工程等公益事业捐款是回馈社会,合法经营、遵章纳税、办好企业、创造更多的就业岗位和社会财富,也是回馈社会。南存辉为公益事业总计捐款超过1亿元,2007年为"浙江省青年创新创业基金"捐款1000万元。依法经营,诚信纳税,企业连续多年名列温州民企纳税榜第一位,在全国民营企业纳税排行榜中亦位居前列。

正泰自1984年7月创办后的20年时间里,总资产从5万元扩张到20多个亿,产值从原来的1万元到突破100个亿,成为电力行业名副其实的低压电器行业最大企业,规模在全球同行中跻身前三甲。正泰的产品不光应用于国内主要配套工程,还在国际竞争中频频胜出。近几年全国工商联公布会员企业调查结果,正泰集团综合实力连年名列全国百强民营企业前几位。

正泰的成功以及南存辉的企业家风范给南存辉带来一系列荣誉:九届、十届、十一届全国人大代表,全国工商联常委、中美企业家协会副会长、中国质量协会副会长、中国青年企业家协会副会长、中国国家认证机构认可委员会副主任、中国十大杰出青年、"世界青年企业家杰出成就奖"、"2002CCTV 中国经济年度人物"、"中国十大创业领袖"、"首届中国优秀民营企业家"、"中国时代十大风云人物"、"首届浙江商人年度风云人物资深贡献奖"、"温州市改革开放十大风云人物"等。

连任三届全国人大代表的南存辉,年年有声音、有提案,与时俱进,不断超越本阶层的局限,以全局的视野考虑问题。南存辉当选九届全国人大代表后的前三年,媒体对他在人大会上的报道主要集中在"为民营企业的'国民待遇'鼓与呼"上,期间他和其他代表一起提出了关于抓紧制定《中小企业促进法》、《中小金融企业法》等议案。但从九届全国人大四次会议开始,南存辉代表转而关注社会弱势群体,2003 年十届全国人大代表会上,南存辉提供了一份关于"加快《社会保障法》立法进程"的建议,"市场经济主要是由规范的市场机制、法制体系、社会保障体系三大柱石支撑。中国社会主义市场经济的市场机制日趋成熟,但法制体系、社会保障体系还相对薄弱。虽然改革开放以来国力大幅度提升,但仍有 18%的人生活水平处在联合国贫困线标准以下。广大农村基本上没有开展养老保险,全国至少有 3000 万城市人失业,近 2000 万城市居民生活贫困。加快《社会保障法》的立法进程,强化社会保障体系,有利于社会的稳定,确保现代化建设的顺利进行"。南存辉在建议中提到,我们可以充分吸收西方完善社会保障体系方面的精华,如美国早在 20 世纪 30 年代就制定了社会保障方面的法律法规,经过七八十年的实践已形成了完善的社会保障体系和法律体系;欧美其他发达国家也都有相当完备的社会保障体系和法律体系。南存辉还多次向全国人大建议强化民营企业的社会责任。2003 年他再次提交建议,呼吁政府尽快制定民企社会责任考核标准和评估体系,引导、支持和鼓励企业践行社会责任。在接受记者采访的时候,南存辉谈得最多的,就是"责任"二字。

对于南存辉"从表达同类型企业发展的狭隘诉求,到为完善社会法制和保障制度鼓与呼"的转变,曾有记者提问,"你似乎逐渐偏离了你所代表的'老板阶层'利益",南存辉回答说,作为人大代表,我不仅代表我的企业,也不仅仅代表我们这些先富起来的一帮人,而要代表社会上方方面面的群体发言。

南存辉系浙江民营企业的杰出代表,在这个群体中还有许多成功人士。曾与南存辉并肩创业的胡成中兄弟,同样怀有超群的创业热望和市场眼光。在他们的推动下,柳市建立了第一家企业自设的"热继电实验室",其对求精开关厂产品质量的保证功能,得以在1988年拿到了3张国家机电部首批颁发的生产许可证。1990年又成为政府扶持的28家企业之一。随着企业规模的扩张以及发展思路的差异,1990年胡氏兄弟与南氏兄弟协商分厂,胡成中获得相当于60%的股份资产及2张生产许可证。也是通过合资之路,迅速发展为与正泰集团齐名的德力西集团。

浙江台州飞跃集团董事长邱继宝,也是浙江民营企业家中的佼佼者。其产品飞跃牌缝纫机成为国际驰名商标,据《2005中国制造业民营企业竞争力50强蓝皮书》,浙江台州的飞跃集团以92.917的品牌竞争力指数高居榜首,拥有缝纫机产品五大类型:包缝机、绷缝机、平缝机、特种机和多功能家用缝纫机,年产各类缝纫机300万台,其中超高速包缝机、绷缝机一度占据了国际缝纫机市场50%的份额。邱继宝亦因此以浙江民营企业家代表的身份,当选中国共产党第十六届、十七届全国代表大会代表。在两次会议期间,邱继宝十分活跃,成为记者招待会上引人关注的人物。受2008年金融危机影响,飞跃集团遭遇困境,政府采取积极措施支持其摆脱危机,再续辉煌。

（徐斌 执笔）

106. 金温铁路大功告成

1998年6月11日清晨7时，随着一声长长的汽笛声，首列金温铁路列车"海鹤号"缓缓驶出温州站，向杭州进发，这标志着中国第一条合资铁路——金温铁路全线正式开通运行。浙西南人民听到了企盼已久的火车汽笛长鸣声，百年"铁龙"梦想终于变成了现实。

浙西南人民企盼铁路开通的梦想，要从中国民主革命的伟大先行者孙中山说起。1912年4月，孙中山乘船来到温州，而后在其著名的《建国方略》中，他这样描述此行观感："温州在浙江省之南，瓯江之口，此港比之宁波，其腹地较广，周围地区皆为生产甚富者，如使铁路发展，必管有相当之地方贸易无疑。"他随之提出了要兴建温辰(今湖南辰溪县)铁路的设想，勾画出一幅将福州、温州、金华、杭州联线建造一条铁路的宏伟蓝图。

孙中山的伟大设想，开启了浙西南人民的铁路梦。1915年，浙江省长公署向北洋军阀政府报告，要求兴建宁波至温州的甬嘉铁路，并进行了选线踏勘和工程估算。然而在混乱的旧中国，这只能是一纸空想。抗战时期，日本侵略者为了掠夺武义砩矿，修建了金华至武义约40公里的军用铁路，日本投降前拆毁了这段铁路。1947年，浙江省政府希望利用美援兴建金温铁路，再次进行选线、踏勘和工程估算。而此时的国民政府正忙于内战，对于兴建金温铁路自然无暇顾及。

新中国成立后，金温铁路建设三上三下。1958年经国务院批准，金温铁路列入全国第二个五年计划。当年年底，铁道兵和民工共计2.6万人的施工大军浩浩荡荡地开进了金华至黄碧街段，拉开了78公里长的战线。沿线群众欢欣鼓舞，主动让房，运粮送水。次年4月，因国家经济困难，压缩基建项目被迫下马。1974年，金温铁路又进行了方案研究，并请铁道部第四勘测设计院重新勘测设计，因资金缺乏而不了了之。1984年春天，温州被列为全国14个对外开放的沿海城市之一。温州人首先想到的便是金温铁路,然而鉴于"六·五"期间国家财力有限,必须符合上马快、投资省、周期短、效益好的要求,建设金温铁路资金需求量大,难以立项,再一次放弃。自孙中山提出修建金温铁路,过去了大半个世纪,浙西南人民的铁路梦还是难圆。

浙西南,本是浙江这个资源小省的矿产集中区,丽水的金矿,缙云的砩石,青田的叶蜡石、花岗石等,不仅在浙江乃至在全国也占有相当重要的地位,此地还有浙江最丰富的林木、水电、经济作物资源。然而,由于运输不便,巨大的资源优势难以转化为经济优势。浙江的 5 个国家级贫困县全部集中在这里。因此,金温铁路成了"浙西南的脊梁"、"浙江头号扶贫工程"。金温铁路迟迟建不起来,浙西南人民心急如焚。从 1983 年 4 月召开的浙江省第六届人大起,人大代表几乎年年都要提出建设金温铁路的提案。1989 年 4 月,出席省七届人大二次会议的温州 100 多名代表,联名向大会提交了"关于尽快建设金温铁路"的提案。但正如有人形容的,铁路的钢轨是用钱铺成的。没有钱,一切美好的设想都只能是纸上谈兵。

省委、省政府对金温铁路建设始终充满热情。1990 年 6 月 8 日,省委常委会议把金温铁路的建设问题作为浙江扩大对外开放的重要战略举措提及。1992 年,得风气之先的温州人大胆提出新思路:发动社会力量,借鉴中外合资经验及到海外筹资等办法,建设中外合资的金温铁路。省领导立即予以肯定和支持。祖籍乐清,在港台地区影响很大的国学大师、著名企业家南怀瑾闻讯,表示愿投资建设金温铁路。1992 年 1 月,副省长柴松岳率团赴香港,与联盈兴业有限公司签订了《合资兴建金温铁路合同》,并很快得到国家外经贸部的批准。

1992 年 12 月 18 日,金温铁路开工仪式在浙江缙云仙都隧道工地隆重举行。9 时 40 分,金温铁路建设的第一声炮响,全场 6 万多名群众的欢呼声、掌声和炮声,直冲云霄,浙西南人民苦苦期盼的金温铁路终于破土动工了。

开工后,数万名建设者和沿线广大群众义无反顾,勇于拼搏,无私奉献。动工后没多久正赶上过春节,许多工人为了抢进度,放弃了同家人团聚的机会。沿线群众舍小家为"大家",主动拆除住房,让出良田,毫无怨言。多少建设者为金温铁路奉献了青春,贡献了智慧,甚至献出了宝贵的生命。为了鼓舞建设者们的斗志,1993 年 10 月 13 日至 14 日,省委书记李泽民赴金华市、丽水地区考察时强调:金温铁路建设只能上不能下,只能进不能退,必须统一思想,齐心协力确保质量,加快工期。

经过广大建设者的艰苦拼搏,钢铁巨龙一步步向南延伸:1995 年 3 月,金缙段铺轨；1996年9月，缙丽段铺轨。1997年2月16日，从丽水火车站发出第一趟列车，这是特意为在丽水的省人大代表、省政协委员赴杭州参加"两会"安排的专列，金温铁路建成初现曙光。1997年4月，丽青段完工；7月，金温铁路提前5个月全线交付使用。8月8日，省委、省政府在新落成的温州火车站站前广场举行庆祝大会，这是一次圆梦的大会，与会人员的兴奋与喜悦溢于言表。

金温铁路始自金华新东孝，经武义、永康、缙云、丽水、青田等市县，终点于温州龙湾港。全长251.5公里，总投资近30亿元。全线铺轨289公里；路基断面土石方2351.13万立方米；桥梁135座计14.92公里，占线路总长的6%；隧道96座计37.6公里，约占线路总长的15%；涵洞930座计1.7万横延米。沿线地形复杂，多为崇山峻岭，桥隧相连。全程平均每两公里有一座桥梁，每4公里有一座隧道，其建设难度，不亚于成昆铁路。1994年5月，铁道部决定参股建设金温铁路，不但解决了加大建设投资的问题，而且将这条线路纳入全国铁路网。在中国的铁路建设史上，金温铁路成为中国第一条由地方、铁道部和香港三方合资兴建的铁路。

金温铁路的兴建还起到意想不到的宣传作用。南怀瑾出资与浙江省政府共同兴建金温铁路的消息传开，立时引起海内外舆论的广泛关注，纷纷认为金温铁路的动建，标志着"中国的对外开放水平达到了一个新的高度"。

作为浙江内陆通往沿海的交通大动脉，金温铁路的建成和开通，填补了铁路浙赣线以东至沿海10万平方公里的铁路网空白，打开了华东地区内地到沿海的通道。金温铁路途经的地区占浙江省57%的土地面积和49%的人口，使全省的投资环境进一步改善，极大提高了沿线森林、农副产品、矿产品、旅游资源等的开发和利用，对于推动浙西南地区的经济发展，加快贫困地区群众奔小康步伐，具有重要意义。

金温铁路投入运营后，突破了国家铁路"先货后客"的旧规，采取了"先客后货"的运营新方式。金温铁路建立了中国第一个规范化的股份制企业——浙江金温铁道开发有限公司，"以市场为导向，以客货运需求为核心"，全面导入了市场化的运行机制，建立了一套有别于国有铁路的全新机制。

经过几年时间的努力，金温铁路最大的客运站温州站已成为日均到发旅客2万人次以上的客运一等站，并获得"全国精神文明建设先进单位"的称号。金温铁路最大的货运站温州西站年货物吞吐量达1280多万吨，具有整车运输、零担运输、集装箱运输、五定班列和行包快运等多种运输产品，并在经营模式上积极探索从装卸型货场向物流型货场的转变。据统计，从1998年6月至2008年底，金温公司已累计发送旅客 5870 多万人,到发货物 7530 多万吨,运输收入 57 亿元,并实现连续安全行车 3352 天和第九个行车、人身安全年,取得了良好的社会效益和经济效益。金温铁路的建成开通,有力地促进了温州市和浙西南地区经济与社会的发展,并为完善东南沿路网建设奠定了良好的基础。

（王祖强 执笔）

107. 四校合并——新浙大诞生

1998 年 9 月 15 日,是中国高等教育史上值得纪念的日子。这一天,由浙江大学、杭州大学、浙江农业大学、浙江医科大学合并组建的新浙江大学宣告成立。合并后的浙江大学是中国学科门类最齐全、办学规模最大的高水平综合性大学之一。

浙江大学坐落于世界著名的风景游览胜地、中国历史文化名城——杭州市,已经有一百多年的历史。其前身是 1897 年创建的求是书院。1928 年定名为"国立浙江大学"。20 世纪三四十年代,在校长、著名地理气象专家竺可桢的带领下,浙江大学历经辉煌,到 1948 年,已发展成为一所拥有文、理、工、农、医、法、师范七个学院的全国知名大学,成为当时中国最好的 4 所大学之一,被英国科学史家李约瑟博士称之为"东方剑桥"。

新中国建立后,浙江大学进入了一个新的发展时期。1952 年全国高校进行院系调整。原浙江大学的文、理、农、工、法、医、师范等学院和 20 多个系分离出来。浙江大学以原工学院和理学院的一部分为基础,组成一所多科性工科大学;以老浙大的文、理、农、医、师范等学院为基础,先后创建了杭州大学、浙江农业大学和浙江医科大学。经过 40 多年的发展建设,这四所学校的办学规模不断扩大,办学实力明显增强,办学水平居国内前列,形成各自鲜明的办学特色,分别成为国家和省级重点大学。浙江大学成为在国际上有较大影响的、以工为主、理工结合、人文经管协调发展的全国重点高校,1995 年成为首批列入国家"211 工程"建设计划的重点大学之一。杭州大学成为一所具有相当规模,基础比较雄厚,综合实力较强,总体水平较高,办学效益显著,在国内外享有良好声誉,同社会经济发展密切联系的文、理、商、法、工管学科齐全、体系完整的综合性大学。浙江医科大学已经是一所以医为主,理工医学科相结合,医药卫专业协调发展的省属重点大学。浙江农业大学的特色专业也居于国内同类高校前列,在海内外有一定影响。

四校合并是多种因素综合推动的结果。20世纪50年代的高校调整,是为了满足国家建设对专门化人才的需求,但也带来了学校专业划分太细等弊端。这不利于学校的发展,也影响到中国高校参与世界一流大学的竞争。江泽民总书记在1997年5月4日庆祝北京大学建校100周年大会上宣告:“为了实现现代化,中国要有若干所具有世界先进水平的一流大学。”四校合并是高校之间的强强联合,有利于优化资源配置,发挥整体优势,提高办学效益,学科相互交叉和渗透,建立新的边缘学科,有利于综合集成,增强科研开发的能力,更好地为浙江和全国培养各类高级专门人才,更好地为浙江和全国的经济建设与发展服务。改革开放、特别是21世纪以来,由于经济发展和社会转型,复合型人才日益引起社会的重视,要培养复合型的人才,必须办好综合性的大学。

最早提出合并设想的是原浙大党委书记、名誉校长刘丹。1979年,刘丹率浙大代表团赴美访问,看到国际上大学向综合型发展的趋势,认为中国这种单科性的大学,已经不能适应现代科技和社会发展的需要,于是提出了从老浙大分离出去的学校要联合起来的大胆设想,并着手推动浙大、杭大、农大、医大四校联合办学。

1996年初,在全国人大八届四次会议上,人大代表、浙江农业大学校长朱祖祥院士代表一些老浙大人,向主管教育的中共中央政治局常委、国务院副总理李岚清表达了四校联合的愿望。李岚清非常重视这一建议,当即指出国家教委要抓紧办,并多次向原国家教委、浙江省领导了解情况,希望尽快将设想变为现实。

1997年初,著名科学家苏步青、王淦昌、谈家桢、贝时璋等四位德高望重的老科学家又给江泽民写信,对四校合并培养高素质人才的改革措施给予高度肯定,推动了这一重大改革的实施。

在此基础上,国务院相关部门领导多次来杭州,就四校合并工作进行调查研究,并与浙江省委、省政府领导反复交换意见,达成共识。

1998年3月23日,国务院正式批复教育部和浙江省的联合报告,四校合并筹建新的浙江大学。4月30日,教育部和浙江省联合召开大会,陈至立到会并讲话,新浙大筹建工作正式启动。同时成立了四校合并领导小组,组长为教育部(1998年3月,国家教委更名为教育部)部长陈至立。新浙江大学筹建小组由张浚生任组长,潘云鹤任副组长。

浙江省委对四校合并很重视。6月12日,省委召开书记办公会议,听取新浙大筹建小组组长张浚生汇报一个多月来筹建工作的进展情况。省委书记李泽民,省委副书记、省长柴松岳等领导同志参加了会议。省委、省政府领导在肯定筹建小组工作的同时作了重要指示,最近一段时间要抓紧做好三项工作:首先是早日进行新浙大领导班子考察工作;第二是尽快制定新浙大组织架构和院系设置方案;第三是抓紧筹备新浙大成立庆典活动。

6月22日,教育部党组和浙江省委联合召开了新浙大领导班子考察组建工作动员会。国家教育部党组和中共浙江省委决定,为组建新的浙江大学党政领导班子,由教育部和省委组织考察组,从6月24日起进驻四校,进行干部考察工作。这是四校合并工作的又一重大步骤。

8月12日,李岚清在北戴河接见四校合并工作领导小组和筹建小组全体成员。他认为,四校合并是一件改革力度大、影响也大的重大举措,希望全体师生员工一定要同心同德,齐心协力,办好这件大事,推动全国高教管理体制的改革。

同日,四校合并工作领导小组在北戴河召开会议。张浚生在会上汇报了三个多月来筹建工作的进展情况,提出了需要领导小组解决的一些问题。领导小组会议基本同意新浙大机构设置初步方案,要求机构设置要有利于四校的融合,有利于人、财、物和教学、科研的统一。同时考虑到四校地理位置分散的实际情况,实行校区管理将是长期的,但其功能不介入人、财、物、教学、科研这些方面。会议明确,在机构调整过程中,四校干部的级别、待遇保持不变。在院、系设置问题上,领导小组会议认为,院或系为实体,可有一段时间混合,最终过渡到院为实体。学科的设置必须符合教育部最近下发的专业目录,成熟一个调整一个,不急于求成。财务方面,新浙大成立后,要逐步统一内部分配政策。

1998年9月15日,合并后的新浙江大学揭牌仪式在各校区举行。江泽民总书记为新浙江大学题词:"办好浙江大学,为科教兴国作出更大贡献。"李鹏委员长的题词是:"发扬优良校风,培养建国人才。"李岚清亲临新浙江大学成立大会并讲话,称新浙江大学的成立"不但是浙江大学历史上的一个新的里程碑,而且也是中国高等教育历史上的重要一页"。

新浙大共有玉泉、西溪、华家池、湖滨、之江五个校区,占地4300亩。有在校全日制学生3万人,其中硕士研究生3500余人,博士研究生1500余人,外国留学生300人。全校教职员工1万余人,其中教授800人。新浙江大学的建成,将使学科覆盖到除军事学以外的所有学科门类,这不仅对学校自身的发展,而且对全国高等教育的改革与发展都产生重大影响。

四校合并有利于推动中国高等教育资源的优化配置，推动中国高等教育事业迈向更高的层次，将对中国"科教兴国"战略的实施产生推动作用。同时，四校合并也在中国开创了重点大学合并的先河，为其他院校的合并提供了借鉴，之后的山东大学等三所高校的合并、吉林大学等五所高校的合并，都在不同程度上借鉴了浙大四校合并的成功经验。浙江大学等四校合并被国家教育部誉为中国高等学校改革和发展的一面旗帜。

（姜卫东 执笔）

108. 雷峰塔遗址等重大考古发现

　　世纪之交，浙江省境内以杭州雷峰塔遗址为代表的一系列重大考古发现，引起国内外的极大关注，并得到考古界的高度评价。雷峰塔遗址与绍兴印山越国王陵、慈溪林湖寺龙口越窑窑址、萧山跨湖桥新石器时代遗址、杭州老虎洞南宋窑址、杭州南宋恭圣仁烈皇后宅遗址等，先后被列为全国年度十大考古成果。数量之多，价值之高，国内无有其匹。

　　西湖雷峰塔建于公元977年，之后历代曾数次修建。1924年9月25日雷峰塔倒塌形成废墟堆积。2000年2月至2001年7月，为配合雷峰塔重建，浙江省文物考古研究所对雷峰塔遗址、地宫进行考古发掘。两次发掘基本搞清了雷峰塔初建时塔身的形制、结构、大小、层数等相关问题。表明雷峰塔的塔基、地宫保存基本完好，历代遭破坏的仅仅是塔院及塔体的木构部分，砖砌塔身未动。遗址的天宫和地宫中出土了两座纯银阿育王塔以及鎏金银器、小型金铜造像、石菩萨头像、铜镜、铁镜、铁函、玉观音及漆木器、玻璃瓶、丝织品、铜钱3000多枚，还有石经1100多件、铭文砖、建筑构件等文物。许多塔砖模印有五代纪年。

　　出土的文物具有极高的研究价值，帮助学者澄清了许多过去的疑惑。《华严经跋》残碑和盛放金棺的纯银阿育王塔出土，证明雷峰塔是一座供养舍利的佛塔，结束了700年之久的塔名之争。雷峰塔地宫发掘填补了五代十国时期佛塔地宫考古的空白。地宫内出土的文物等级高、制作精，代表了吴越国金银器、玉器、铜器制作的最高工艺水平。雷峰塔是吴越国王崇佛的集中体现。

　　价值最高者无疑是一对纯银阿育王塔。地宫中的银制"阿育王塔"，在万众瞩目下出土亮相，完好如同新造，声动一时。但很多人不知道，"阿育王塔"还有一座"姊妹塔"——即天宫中的阿育王塔，此塔因雷峰塔倒塌时受挤压，已严重变形,塔里的"舍利金瓶"也被压扁,所幸基本部件没有缺失。浙江博物馆邀请包括北京工艺美术研究所所长杨统环在内的文物修复专家,在确保原状和历史信息准确性的前提下进行修复。费时七年,最终使该塔重现千年旧貌。考古专家经多方考证,确认天宫、地宫两座银阿育王塔的形制、装饰题材、质地均相同,通高36厘米,由基座、塔身、山花蕉叶、塔刹四部分组成。塔身方形,四面刻有佛祖生前行善的故事画面,四角各有一只金翅鸟;塔身四角用山花、蕉叶,正面镂刻反映佛祖一生事迹的故事画面。两座塔的不同在于,地宫出土的阿育王塔内有金制容器,即"金棺",存放当年钱俶供奉的"佛螺髻发"舍利;天宫的阿育王塔内悬挂4厘米高的葫芦状金瓶,内含舍利。

据曾主持雷峰塔地宫考古的浙江省博物馆历史文物部主任黎毓馨介绍,"此前发现的阿育王塔铜塔居多、铁塔略少,还没发现银制的,更何况一下子发现两座。全国也仅此两座"。成功修复后的雷峰塔天宫银质鎏金阿育王塔,在浙江博物馆专门举办的《天覆地载——雷峰塔天宫阿育王塔特展》上,首次与世人见面。

杭州雷峰塔遗址入选2001年度全国十大考古成果。

绍兴印山越国王陵,1996年9月—1998年4月,由浙江省文物考古研究所和绍兴县文物保护管理所进行发掘。整个墓地占地面积10万平方米,四周设有隍壕围护,规模宏大。墓葬是带宽大长墓道的长方形竖穴岩坑木椁(室)墓,墓上有巨大封土堆。墓坑从山顶岩层中挖凿而成,平面呈东西向长方形,现存坑口长46米,最宽处19米,坑深14米,墓道设在东壁正中。墓室呈长条两面斜坡状,横断面三角形,规模巨大,内设前、中、后三室,均用巨大枋木构筑,枋木三面髹漆,加工极其规整平直,构筑严丝合缝。墓室前设2.5米长甬道以连接墓道。大型独木棺置于中室,棺长6.04米,宽1.12米,内高0.4米,内外髹漆。此外,墓葬的填筑采取了防水、防腐的方法。墓葬中室出土石剑、玉镞、玉镇、龙首形玉件、长方形玉饰、微型玉管珠、漆木杖、残漆木器等精美随葬品30多件。墓坑青膏泥填土中出土的保存完整的青铜铎和木质夯具,十分珍贵,为了解当时的夯筑工具提供了宝贵的实物资料。陵区规模巨大,木室墓和墓内巨大的独木棺构成了越国王陵的鲜明特色,这种特殊形制的墓室和木棺的发现,对深入认识越国的埋葬制度、推动越文化的研究具有特殊的价值。

绍兴印山越国王陵入选1998年度全国十大考古成果。

慈溪林湖寺龙口越窑窑址,1998年9—12月由浙江省考古研究所、北京大学考古系、慈溪市文物管理委员会联合发掘。清理出龙窑窑炉一座,作坊遗迹一处,获得自唐末五代至南宋初期的各类瓷器 3 万余件(片)和大量窑具标本。其中南宋龙窑窑炉、作坊遗迹系越窑遗址中首次发现。窑炉由窑床、窑墙、火膛、火膛前工作面等部分组成,作坊遗迹发现于窑炉北侧堆积中,平面呈方形,有东西、南北各一道匣钵墙,残高近 1 米。这两处重要遗迹的揭露,为展示越窑制瓷工艺的整个生产流程提供了极重要的实物样本。发掘首次确定的南宋地层内,出土了月白、天青釉瓷器,釉面温润而含蓄,呈半失透状。器类有觚、炉、玉壶春瓶、花盆等,其风格与北方汝官窑颇为接近,应为供器或宫廷用器。此外,南宋层还出土一外底阴刻"官"字的匣钵,证实了此地为宫廷用瓷的产地。五代地层中,出土大量秘色瓷和众多带铭文的匣钵或瓷片,铭文一般刻在匣钵外壁或碗内外底心,计有姓氏类、方位类、纪年类、用途类等,是研究五代瓷手工业的重要资料。本次发掘是建国以来对越窑中心窑场的第二次大规模揭露,再现了越窑从唐末五代到两宋时期发展演变的历史轨迹。为解决贡窑、秘色瓷等学术问题提供了可靠的实物资料,并进一步提出了越窑与汝官窑、南宋修内司窑的关系等一系列学术问题。

慈溪林湖寺龙口越窑窑址入选 1998 年度全国十大考古成果。

浙江杭州老虎洞南宋窑址。据记载,南宋定都临安(今杭州)以后,共建造了修内司官窑、郊坛下官窑两座官窑。修内司官窑在哪里,一直是个不解之谜。1996 年,杭州老虎洞窑址的发现使修内司官窑浮出水面。杭州市文物考古研究所经过三次较大规模的考古调查和发掘,共清理出龙窑窑炉 3 座,小型素烧炉 4 座,作坊 1 处,澄泥池 4 个,釉料缸 2 个,瓷片坑 24 个,发现了南宋至元代 3 个时期的遗存,出土一大批完整的和可复原的瓷器和窑具。这些遗物品种丰富,造型优美,制作精良,尤其是南宋时期的文物,代表了当时制瓷业的最高工艺水平。

从 2001 年起,杭州历史博物馆对老虎洞出土文物进行了长达 5 年的整理、研究,整理出 4000 多件出土文物,包括碗、盏、盘、洗等 20 类、53 型器物,使人们看到了令人惊叹的南宋官窑瓷器。其中一件在制作陶器过程中所使用的"荡箍",更令专家兴奋,上面清晰地写有"修内司官窑置庚子年"的字样。根据纪年,南宋时期有两个庚子年,分别是孝宗淳熙七年(公元 1180 年)和理宗嘉熙四年(公元 1240 年)。由此可以断定,杭州老虎洞(南宋)窑址就是以前的南宋修内司官窑。中国古陶瓷学会会长、著名古陶瓷专家耿宝昌连连称"荡箍"为"国宝"。他说,修内司官窑的问题终于解决了,学术界持续了数十年的争论也可以平息了。

老虎洞窑址入选 2001 年度全国十大考古新发现。

杭州南宋恭圣仁烈皇后宅遗址,由杭州市文物考古研究所发掘,清理出南宋恭圣仁烈皇后宅遗址主体建筑正房、后房、庭院、东西两庑和夹道等遗迹,是杭州乃至全国首次发现的保存完好的南宋时期古代园林。遗址保存之好,为历年宋代园林考古所未见,为研究南宋时期的园林布局和营造法式提供了重要的实物资料。

出土遗物包括建筑构件、瓷器和铜钱等。建筑构件主要有板瓦、筒瓦、鸱吻、脊兽残件和望柱柱头等。瓷器窑口主要包括南宋官窑、龙泉窑等。所发现的百余枚铜钱,主要有熙宁、元丰、建炎、淳熙、开禧、嘉定等各个时期的铜钱。

此次考古发现的南宋建筑遗迹的位置和《咸淳临安志》所附南宋皇城图、京城图上恭圣仁烈皇后宅的位置相符。从出土遗迹的规模和出土遗物的质量,也可以确定这组遗迹应是南宋恭圣仁烈皇后宅遗址的一部分。此处南宋时期的建筑,房屋台基和地面基础都经过夯筑,台基周围均有砖砌护墙,地面全部用砖铺成。尤其是庭院中的方池和有完善排水设施的夹道,非常考究。房屋开间和庭院中的假山,规模宏大,为古代园林少有。

南宋恭圣仁烈皇后宅遗址入选 2001 年度全国十大考古新发现。

(徐斌 执笔)

109. 舟山大陆连岛工程启动

1999 年 9 月 26 日，舟山大陆连岛工程的第一座桥——岑港大桥破土动工，标志着舟山大陆连岛工程正式启动。

舟山群岛古称"海中洲"，有 1390 个岛屿。从唐代开始，舟山的海上贸易繁荣，历史上一度成为重要的外贸商埠和海上"丝绸之路"的重要通道。舟山港域是中国东部沿海港口资源最为丰富，地理位置最为优越，港口发展最具潜力，建设大型深水港最为理想的地区。经过多年的开发建设，有各类生产性泊位近 400 个，其中万吨级以上泊位 15 个，包括 25 万吨级石油、矿砂中转码头，形成以油品、煤炭等大宗货物中转为主，杂件货运输为辅的海运进出口货种体系。随着舟山港不断地开发建设，已逐步成为以水水中转为主要功能的综合性主要港口。舟山港与日本、美国、俄罗斯、朝鲜、马来西亚、新加坡等世界主要国家均有外贸运输往来，并开通了国际集装箱班轮。

舟山虽拥有得天独厚的海洋资源优势，且区位优势十分明显，但因海岛与大陆交通的局限性，使这些优势得不到充分发挥。同时，海岛与大陆分离，也给人民群众的日常生活带来了极大不便。岛屿分散于海中，经常受到水运交通的限制，特别是每逢台风和多雾季节，船舶无法正常航行，各个岛屿之间的海上交通运输常常因此中断，人流和物流难以畅通，海岛资源难以得到充分利用，交通成了舟山发展的"瓶颈"。

构筑一条全天候的舟山——大陆通道，使舟山从孤悬海中的岛屿变成与大陆的浑然一体。"一定要通过建跨海大桥，实现与大陆的全天候相连！"加快建设连岛大桥，改变交通格局，使群岛"连网"、岛城弃水"登陆"直抵彼岸，成了舟山人的一个世纪之梦。

20 世纪 80 年代，舟山撤地建市后，市委、市政府就提出过建跨海大桥的设想,但囿于当时的财力及技术水平,这一设想无法付诸实施。进入 90 年代,随着普陀山民航机场的动工建设以及全长 2706 米的朱家尖海峡大桥因势而建,成为实施大陆连岛工程的成功试点,为跨海大桥建设迈出了坚实一步。1995 年,舟山市人大代表首次提出要通过建设大桥连接宁波的建议。次年,该建议成为省人代会的第一号议案。在浙江省委、省政府的高度重视下,1997 年 9 月,舟山市决定建桥登陆,连岛工程被提上了重要的议事日程。经过一系列科学的论证和准备,1999 年 9 月 26 日,舟山大陆连岛工程的第一座大桥——岑港大桥正式开工,宣告连岛工程全面开工建设。

舟山大陆连岛工程,是浙江省重点工程和"五大百亿"工程之一,根据一次规划、分期实施原则,有计划有步骤地组织实施。工程起于舟山本岛,途经里钓岛、富翅岛、册子岛、金塘岛,于宁波镇海炼化厂西侧登陆,按高速公路标准建设,全长约 50 公里,其中桥长约 25 公里,总投资 111.5 亿元。整个工程包括岑港大桥、响礁门大桥、桃夭门大桥、西堠门大桥、金塘大桥等五座跨海大桥和九座谷桥、两条隧道、六处互通立交及接线公路。该项目分一期和二期两个阶段实施。一期工程包括岑港大桥、响礁门大桥、桃夭门大桥和其间的接线公路。于1999 年底动工建设,至 2004 年底主体工程建设完成,2006 年 1 月 1 日全部建成通车。二期工程包括西堠门大桥、金塘大桥和其间的接线公路,于 2004 年 5月开工建设,至今尚在建设中。

连岛工程自 1999 年开工后,进展顺利。岑港大桥:跨越岑港水道,连接岑港和里钓岛,桥长 793 米,桥面宽 22.5 米,双向四车道,通航等级为 300 吨级。1999年 9 月开工,2006 年 1 月 1 日通车;响礁门大桥:跨越响礁门水道,连接里钓岛与富翅岛,全长 951 米,桥宽 22.5 米,双向四车道,主桥单跨 150 米,通航净高21 米,可满足 500 吨级船舶双向安全通航。1999 年 12 月动工建设,2003 年 4 月完工;桃夭门大桥:跨越桃夭门水道,连接富翅岛和册子岛,桥长 888 米,桥面宽27.6 米,双向四车道,通航等级为 2000 吨级。2000 年 3 月开工,2006 年 1 月 1日通车;西堠门大桥:跨越西堠门水道,连接册子岛和金塘岛,全长 5.452 公里,行车道跨度 24.5 米,双向四车道,通航等级为 30000 吨级,主跨采用悬索桥方案,跨径在目前悬索桥建设中位居世界第二、国内第一。2005 年开工,2007 年 12月 16 日,大桥主桥贯通,金塘岛从此与舟山本岛连在一起;金塘大桥:起于金塘岛上雄鹅嘴,接在建的西堠门大桥,与规划中的宁波沿海北线高速公路相交,终于宁波市绕城高速公路,全长 26.54 公里,其中:金塘侧接线长 5.511 公里,引桥长 1.007 公里,跨海大桥长 18.27 公里,镇海侧引桥长 1.752 公里,行车道宽度为

26米,双向四车道,设置三个通航孔道,是继东海大桥、杭州湾跨海大桥后国内第三长的跨海大桥,在舟山大陆连岛工程五座大桥中规模最大,也是最为关键的一座大桥。金塘大桥自开工以来,正按2009年10月建成的既定目标顺利进行。

彩桥架通迢迢银汉,一座座连岛大桥在碧波激扬的大海中巍然伫立,已成为舟山人心中一座座引以为傲的丰碑。到连岛工程正式竣工的那一天,将构筑出一条全天候的舟山至大陆通道,结束隔海相望、舟楫往来的历史,使舟山从孤悬海中的岛屿,变成同大陆相连的半岛,成为大陆伸向海洋的港口城市。连岛工程把发展海岛屿特色经济与大陆比较完整的基础设施网络密切结合起来,把中国最好的深水岸线资源与广大腹地密切结合起来,将成为浙江发展海洋经济和港航强省建设的助推器,使舟山与宁波的港口岸线连接成有机的整体,对加快宁波—舟山港口一体化进程,建设国际贸易中转储运基地,推动浙江省、长江三角洲乃至中国经济发展都具有深远的意义。

舟山大陆连岛工程是浙江省"三大陆海对接工程"之一。除舟山大陆连岛工程之外,另两项陆海对接工程是杭州湾跨海大桥建设和温州半岛工程。杭州湾跨海大桥已于2008年5月建成通车。

温州半岛工程也是浙江省五大百亿工程之一,它是以桥梁、海堤及促淤造地等工程形式,将洞头本岛和温州市区陆域相连。该工程主要依托瓯江口外温州湾得天独厚的密布沙滩和林立岛屿的自然优势而规划建设,涵盖水利、道路、港口等建设项目,主要有浅滩工程、洞头五岛连桥工程、灵昆大桥等,其中浅滩工程是整个半岛工程的控制性工程。半岛工程的设想早在20世纪70年代就已提出。经多番论证,于2003年4月正式开工建设。2006年4月,全长14.5公里、国内最长的跨海大堤——温州灵霓北堤正式开通,温州半岛工程建成通车。自此,昔日孤悬海上的洞头,因为大堤通车,结束了与大陆隔海相望的历史,"天堑变通途"。同时也把温州的整体发展格局从"瓯江时代"带入"东海时代",为打造"海上温州"迈出扎实一步。

浙江省"三大陆海对接工程"的竣工,宣告了浙江将迎来陆海联动时代。

（曾林平 执笔）

110. 许运鸿案警钟长鸣

1999年10月13日,原宁波市委书记许运鸿涉嫌职务犯罪,被浙江省人民检察院依法逮捕。此案由最高人民检察院向浙江省人民检察院交办。省检察院初步调查,认定许运鸿已经涉嫌职务犯罪,于9月29日依法决定立案侦查。这桩多年来浙江省查处的级别最高的职务犯罪案件,公之于媒体后,震动甚大,影响甚广。

许运鸿在主政一方的宁波市委书记位置上落入职务犯罪的陷阱。在他走上高位之前,是一位从基层起步、以精明强干和政绩突出受到赏识而平步青云的政坛明星。许运鸿生于1945年3月5日,江苏高邮市人,同济大学城市建筑系毕业后,一直在浙江省工作。1983年任杭州市中东河综合治理总指挥部副总指挥兼工程处处长,中东河综合治理工作的成功让许运鸿赢得社会好评,也得到上级领导的关注。1983年8月,许运鸿担任杭州市城市建设委员会党委书记、主任,1984年12月擢升杭州市委常委,1986年7月任杭州市委常委、副市长,1990年3月提任浙江省计经委副主任、党组副书记,1993年1月被任命为浙江省副省长。学有所长的建筑专业知识、丰富的市政建设管理经验以及出色的工作实绩,加上少壮年华,使许运鸿成为浙江省内令人瞩目的年轻干部。1993年11月,许运鸿被任命为宁波市委书记,1994年2月提任中共浙江省委常委、副省长、宁波市委书记、市长,中国共产党十四大、十五大代表,并在十五大上被选为中共中央候补委员。在一般人眼中,许运鸿的政治生涯前程似锦。

然而,许运鸿却栽倒在宁波这块改革开放的热土上。宁波是闻名海内外的港口城市、国务院计划单列市。20世纪90年代中期,在大连、青岛、厦门等计划单列市中,宁波的城市建设规模相对落后。许运鸿到任后,宁波市制定了快速"变新、变高、变大"的发展战略。大规模的市政建设,最缺乏的是资金。通过正规金融机构融资困难重重,向省级、国家张口更是几无成算的事。而通过非正规银行系统金融机构向社会融资,有可行性但与风险并存。对此,许运鸿提出了著名的"虎狼经济"理论:将正规金融机构融资渠道称为"虎",把非正规银行系统融资渠道视作"狼",关键在于将"可行"控制在不发生"风险"的临界点上,将"风险"化解在可控制的"度"之内。"虎狼经济"无异于"与狼共舞",却能立竿见影地解决一些市政建设资金的燃眉之急,推动城市面貌的迅速更新。许运鸿案发后,上海《新民周刊》记者赴甬采访,耳闻宁波百姓对许运鸿政绩的客观评价,目睹已领先于杭州的宁波市政建设,在报道中称许运鸿"造桥修路还是有点政绩的"。问题是"与狼共舞"中的许多违规及"擦边球"的做法,越过了党纪国法的边界,而私心贪欲的膨胀更把权钱交易者引入犯罪的深渊。

许运鸿的不法行为早已被纪检部门察觉,中央纪检部门立案后,初步确认了几项主要的犯罪事实:

许运鸿在担任宁波市委书记期间,徇私渎职,支持和纵容宁波国际信托投资公司江东营业部违规经营。截止 1997 年 11 月底,造成国家资产损失及经营亏损总额达人民币 11.97 亿元。期间,许运鸿之子许斌先后收受江东营业部负责人吴彪所送人民币 14 万元、港币 12 万元、美金 2.5 万元及劳力士手表一块。

许运鸿还施加压力,一次一次的批示,指示宁波日报社购买港商钟圣宏投资兴建的宁波华宏国际中心大楼,此楼因存在质量问题,无法交付使用而引发纠纷,严重影响了宁波日报社工作,并造成了巨额经济损失。许运鸿之子许斌先后收受钟圣宏人民币 105 万元, 价值人民币 85 万元的别墅一幢以及劳力士等名牌手表三块。

在任职期间,许运鸿还要求金融机构和有关单位给宁波五洲有限公司提供资金支持。现五洲公司因资不抵债已进入破产清算程序。中国银行宁波市分行对五洲有限公司的 1800 万元人民币和 540 万美元的贷款均无法收回。另两家单位的 767 万元借款仅收回人民币 17 万元。其间,许运鸿妻子傅培培及儿子许斌先后收受五洲有限公司总经理胡教华所送人民币 450 多万元。

中央纪委常委会议认为,许运鸿身为党的高级领导干部,为了使其妻子、儿子得到好处,一再应他们的要求,利用职务上的便利,为他人谋取私利,其妻子、儿子从中收受他人钱物,数额特别巨大,给党和国家造成了严重的经济损失和恶劣的政治影响,其行为严重违反了党的纪律。许运鸿已完全丧失了共产党员的条件。依据《中国共产党章程》和《中国共产党纪律处分条例(试行)》的有关规定,中央纪委常委会议建议中央全会撤销许运鸿的中央候补委员职务,给予其开除党籍处分;并建议依照法律程序,罢免许运鸿宁波市人大代表、浙江省人大代表职务。鉴于许运鸿的有些问题涉嫌触犯刑律,由司法机关对其依法审查。

1999年9月22日,党的十五届四中全会通过了撤销许运鸿中央候补委员职务、开除其党籍、移交司法机关处理的决定。

1999年9月23日,浙江省宁波市人大常委会依法罢免了许运鸿浙江省和宁波市人大代表资格。

1999年9月29日,最高人民检察院决定将许运鸿涉嫌滥用职权罪、受贿罪一案移交浙江省人民检察院查处。浙江省人民检察院以涉嫌滥用职权罪、受贿罪对许运鸿案立案侦查。同日,许运鸿被依法刑事拘留。

1999年10月13日,浙江省检察院依法决定对涉嫌职务犯罪的许运鸿实施逮捕。

2000年5月17日,侦查和补充侦查终结,依法移送许运鸿案至杭州市检察院审查起诉。

2000年6月16日,杭州市检察院以滥用职权罪,对许运鸿提起公诉。

2000年10月17日,杭州市中级人民法院以滥用职权罪一审判处许运鸿有期徒刑十年。

许运鸿案与后来在北京开庭审理的广西成克杰案、江西胡长清案,均为跨世纪中国反腐倡廉风暴的焦点大案,震惊大江南北。

许运鸿案以其巨大影响成为浙江反腐倡廉中长鸣的警钟,汲取教训,昭示后人。许运鸿本人的忏悔公布后,成为警示干部的活教材:

在宁波工作的这几年,由于我在指导思想、具体指导和使用干部等方面的错误,使宁波在经济上酿成的风险和造成的损失是巨大的;在队伍建设上,我毁了一批干部,带坏了一大批干部,这种损失,特别是对广大干部情绪的影响,将在今后很长时间内对工作造成内伤;在对外形象上,使党和政府的威信受到影响。所有这些,使我感到痛心,我负有全局的责任,领导的责任。

我犯错误的思想根源和主要教训是:第一,最根本的问题,是放松主观世界的改造,这是我非常深刻的体会,绝不是老生常谈;第二,党内的民主集中制是个"法宝",没有执行好民主集中制,是我的又一条重要教训;第三,千万不能放松对家庭成员的教育和家庭家务的管理,这也是我走上犯罪道路的一个十分深刻的教训。痛定思痛,承认错误、承担责任、接受教训、痛改前非,这是我应当有的态度和决心。

对许运鸿案的查处,在起到警世作用的同时,亦促进了反腐倡廉工作力度的增强。2006 年 9 月 18 日，浙江省反腐倡廉成果展开幕，浙江省委书记习近平等领导参观了展览。展览全面展示了党的十六大以来，浙江各级党委、政府贯彻落实党风廉政建设和反腐败工作的重要部署、重要举措以及取得的主要成果。自 2002 年 1 月至 2006 年 6 月，浙江省纪检监察机关共立案查处党员干部违纪违法案件 36321 件，挽回经济损失 12.08 亿元；全省检察机关共立案查处贪污贿赂犯罪案件 5425 件、6170 人，其中厅级以上干部 23 名、处级干部 433 名，贪污贿赂 100 万元人民币以上的 191 件；全省公安机关立案查处各类经济犯罪案件 1.22 万余起、涉案 1.51 万余人，挽回经济损失 35 亿元；全省各级法院共审结领导干部贪污、受贿、挪用公款等犯罪案件 3402 件，其中涉及县处级干部 222 人、厅局级以上干部 32 人。2006 年党风廉政建设问卷调查结果显示，75% 左右的群众对近年党风廉政建设和反腐败斗争成效表示认可。

（徐斌 执笔）

111. "浙江精神"提出

经过 20 年的改革开放,浙江取得的成就令人瞩目,从一个经济社会发展均处于全国中游水平的资源小省,迅速发展为经济总量、人均收入和社会发展水平均处在全国前列的经济大省,在实践中走出了一条富有浙江特色的发展道路。浙江的迅速崛起及所走的路子,引起了全国的关注,被媒体和一些经济界、理论界人士称作"浙江现象"。

"浙江现象"的背后是什么? 究竟是什么因素在支撑着浙江人民创造奇迹? 人们在思考、在探索。1998 年 10 月,张德江从吉林调浙江任省委书记。调研中发现,同样是邓小平理论的指引,同样是生活在十一届三中全会以来党的路线方针政策之下,为什么浙江的经济会如此活跃,充满了生机和活力? 为什么浙江的个体私营经济"一遇雨露就发芽,一见阳光就成长"? 他认为这是一种精神因素、精神力量在起作用,并在省社科联大会上提出,要总结浙江经验,提炼"浙江精神"。他把这一任务交给了省委宣传部和省社科联,要他们组织力量,进行研究。

根据省委的指示,省委宣传部和省社科联组织全省理论工作者和处在改革开放第一线的实际工作者,广泛深入地研讨。省和各市地先后召开了几十次座谈会、研讨会,对浙江经验和"浙江精神"的概括,前后也有几种不同的表述和提法。经过一年多的讨论乃至争论,反复梳理、综合,专家、学者和一线工作者的提法渐趋一致,认为"自强不息、坚韧不拔、勇于创新、讲求实效"这 16 个字,能够比较精炼又比较恰当地概括"浙江精神"。

"自强不息",是指浙江人不等不靠,依靠自己的勤劳和智慧,闯出了一条脱贫致富走向现代化的独特发展道路。新中国成立以来,国家基本上没有在浙江安排大的工业项目。面对自然资源匮乏、工业基础薄弱的不利条件,浙江人不等不靠,坚持自力更生,艰苦奋斗,依靠自己的力量建设现代化。自强不息的执著追求,使浙江人经受住了各种艰苦环境的磨炼和激烈的市场竞争的考验。为了实现创业目标,浙江人什么苦都能吃,什么脏活、苦活、累活都肯干。"白天当老板,晚上睡地板。"靠着含辛茹苦的资本积累和对市场机遇的敏捷把握,一批默默无闻的能工巧匠和外出打工者,成长为社会主义市场经济的开路先锋和企业家。浙江人正是靠着这种自强不息的奋斗精神,焕发出巨大的积极性、主动性和创造性,为浙江的经济建设和社会发展注入了无限生机和活力。

"坚韧不拔",是指浙江人一旦确立了奋斗目标,就百折不挠,坚持不懈地干下去。为了摆脱贫穷,早在20世纪50年代末,浙江永嘉人民就尝试过包产到户,虽然这一尝试很快遭到严厉批判,但浙江人对富起来的追求从未泯灭。在"左"的思潮盛行,取消家庭副业的年代,浙江农村许多地方仍然想方设法地发展家庭副业,"资本主义尾巴"长了割,割了长,不屈不挠。这样一股志在必得、不达目的誓不罢休的韧劲,一遇上改革开放的春风,脱贫致富奔小康的创业激情就不可遏制地迸发出来。几乎每一个成功的创业者,都有一部艰辛的创业史。他们对于认准了的事,绝不半途而废。一个地方打不开局面,就换个地方干;一种办法行不通,就另找一条路子。在创业过程中,浙江人从不言败。失败了,也不怨天尤人,放下包袱,从头再来。破产了,并不灰心丧气,打工赚钱,东山再起。没有放不下的架子,没有抹不开的面子,有的是一股愈挫愈勇的韧劲。

"勇于创新",是指浙江人敢于冲破各种僵化观念和陈规陋习的束缚,敢闯敢冒,敢为人先。他们具有弄潮儿的无畏气概,第一个"吃螃蟹"的冒险精神,"争喝头口水"的超前意识。敢走天下还没有的路,敢做别人还没有做的事。一批批连普通话都不会讲、双脚沾满泥巴的农民,就这样义无反顾地闯天下,走四方,以致"浙江村"、"温州街"遍布长城内外、大江南北。哪里有市场,那里就有浙江人;哪里有浙江人,那里就有市场。浙江人还大胆走出国门,漂洋过海,勇闯国际大市场。凭着这股勇往直前的开拓精神,浙江人的聪明才智在社会转型、体制创新的历史大变革中得到了充分发挥,创造了许许多多可以载入改革史册的全国第一:全国第一批发放个体工商户执照,办起第一批闻名全国的农村专业市场,兴建全国第一座农民城,创办全国第一批股份合作制企业……正是这样一种敢为天下先的创新勇气,使浙江人在发展社会主义市场经济的大潮中勇立潮头,抓住了一个又一个发展机遇。

"讲求实效",是指浙江人在艰苦创业过程中,坚持埋头苦干,少说多做,不图虚名,但求实效。重视学习别人的先进经验,但不盲从;符合本地实际、能带来实效的发展路子,无论外界有什么议论,坚持试,不争论,不辩解。正是这种务实精神,使浙江在探索工业化道路过程中,形成了符合自身实际的多种发展模式。国有企业可以大胆借鉴私营企业的管理经验,私营企业也可以积极移植国有企业的做法。"先生孩子后起名",重要的是做出成绩,以成绩说话。即使富了,也不张扬,善于藏拙不露富。

"自强不息、坚韧不拔、勇于创新、讲求实效"的浙江精神,不是凭空产生,而是发育于浙江的自然环境和社会条件,成长于建设中国特色社会主义的伟大实践之中,是改革开放的时代精神在浙江的深刻体现,又是浙江深厚的历史文化底蕴在新时代的迸发和激扬。浙江人多地少,资源短缺,生存压力大,以及国有经济薄弱等省情,决定了浙江人易于摆脱对土地的依恋、对计划经济的依附和对政府的依靠心理,勇于走出家园,到广阔天地去闯荡,寻求生存与发展的新路;也迫使浙江人必须比别人更勤于思考,花更多的心思去寻觅和捕捉商机,必须比别人先行一步,以敢为人先的创新实践,去赢得市场竞争的优势。

浙江精神是中华民族精神及浙江区域性优秀文化传统在当代的体现。在长期的生产实践和社会实践中,涌现了一批强调事功、鼓吹"工商皆本"、主张"义利并重"、提倡个性自觉和主体能动、宣扬"兼容并蓄"的杰出思想家。他们的学说和著作,影响着一代代浙江人的性格、意志、情感、思维和价值取向,浙江孕育了悠久的商业文化,为现代浙江精神的滋生提供了丰富的营养。

浙江精神又是改革开放伟大时代结出的丰硕成果。浙江精神的发扬光大,离不开邓小平理论和党的改革开放政策的滋养,离不开新时期宽松、宽容、宽厚的社会政治环境。在改革开放大潮中,浙江各级党委、政府顺应时代潮流,坚持实事求是的思想路线和"一切从群众中来,到群众中去"的工作路线,把党的路线、方针、政策同浙江的实际紧密结合,逐步形成了一整套保护人民群众积极性,适合浙江实际的措施和办法。

2000 年 7 月,省委召开十届四次全体(扩大)会议,审议并通过了由省委宣传部和省社科联联合提交的由全省理论工作者和实际工作者共同研究总结得出的理论成果,以决议的形式,正式确认"自强不息、坚韧不拔、勇于创新、讲求实效"为"浙江精神"。通过总结浙江经验,提炼浙江精神,全省上下形成了弘扬浙江精神、树立浙江形象、开拓浙江未来的强烈意识。

"浙江精神"提出后,在浙江人民中间引起强烈共鸣,上上下下对文化软实力的认识有了提升。2007 年 1 月省委书记习近平在"科学发展观在浙江的实践丛书"的总序中,强调了区域文化精神对浙江精神和浙江发展的滋育:"浙江经济社会持续快速健康发展的深层原因,就在于浙江深厚的文化底蕴和文化传统与当今时代精神的有机结合,就在于发展先进生产力与发展先进文化的有机结合。今后一个时期浙江能否在全面建设小康社会、加快社会主义现代化建设进程中继续走在前列,很大程度上取决于我们对文化力量的深刻认识、对发展先进文化的高度自觉和对加快建设文化大省的工作力度。我们应该看到,文化的力量最终可以转化为物质的力量,文化的软实力最终可以转化为经济的硬实力。"

"浙江精神"取得认同与实效的另一主脉,正是"浙江精神"的创造者和主要载体——浙商群体。20世纪90年代末宣扬"浙江精神"的主要声音集中于理论界,新世纪之初,各种大小不同的"浙江精神"研讨会、报告会上,民营企业家渐成主角,他们从历史文化资源中汲取丰富的养分,引为精神动力,更将自身创新创业的实践,上升到理论层面,积淀为理性精神,使之发扬光大。"浙江精神"的诠释结合着民营企业家亲身的创业经历,生动活泼,有血有肉,产生了广泛的影响,引起了社会广泛的认同。

2006年2月5日《浙江日报》发表习近平题为《与时俱进的浙江精神》的文章。文章指出,浙江精神作为中华民族精神的重要组成部分,是以爱国主义为核心的民族精神、以改革创新为核心的时代精神在浙江的生动体现,是浙江人民在千百年来的奋斗发展中孕育出来的宝贵财富。浙江精神世代传衍,历久弥新,始终激励着浙江人民励精图治,开拓创新,显示出强大的生命力和创造力。在新的历史起点上,大力培育和弘扬与时俱进的浙江精神,进一步激发浙江人民无穷智慧和伟大创造,必将有力推进"十一五"规划起好步、开好局,推动浙江实现又快又好发展,开辟更加和谐美好的未来。文章要求全省人民要坚持和发展"自强不息、坚韧不拔、勇于创新、讲求实效"的浙江精神,与时俱进地培育和弘扬"实事求是,诚信和谐,开放图强"的精神,以此激励全省人民"干在实处,走在前列"。

(徐斌 执笔)

112. 台州推广"民主恳谈会"

2000年8月,台州市温岭市委在松门镇召开现场会,把松门镇实行"民主恳谈会"的做法推广到全市各乡镇(街道)、村、非公有制企业和市政府部门。从此,"民主恳谈会"这一做法渐渐在温岭、台州直至全省推广。

1999年6月,浙江全省开展农业农村现代化教育,温岭市松门镇是台州市的试点镇。为了使试点真正取得实效,松门镇首次采用了"农业农村现代化教育论坛"这种新形式,变"干部对群众的说教"为干群面对面沟通交流。论坛的具体操作为:镇里提前五天在每一个村以及镇里的闹市区等处张贴公告,告知群众何时、何地召开何种主题的论坛,请群众自愿参加,自由提问。论坛召开时,镇里的主要党政领导、职能部门如财税、工商等负责人在台上与群众面对面交流,群众就他们关心的一些问题提出意见,干部解答。主题一般比较宽泛,如发展经济、社会治安等,这就是民主恳谈的雏形。

松门镇第一次"农业农村现代化教育论坛"召开后,引起了巨大的社会反响,在温岭市委的号召下,向松门镇学习的活动在短短一个半月时间里在全市铺开,如灵山镇的"便民服务台"、泽国镇的"便民直通车",还有"村官承诺制"、"民情恳谈"、"民情夜谈"等等,名称各式各样,都是搞干群对话,解决群众的实际问题。为了规范这种民主议政形式,并不断推广、深化,温岭市委宣传部决定统一采用"民主恳谈"这个名称,并一直沿用至今。

初期阶段的"民主恳谈"是一种对话机制,在民主恳谈会上群众对政府工作提出意见和建议,或者就群众个人、某企业的问题等提出具体操作、给予解决的回应。

2001年初,温岭市委开始了对"民主恳谈"的深化、完善和发展,把"民主恳谈"由思想政治工作的载体转向基层民主。

"民主恳谈"保留了初期的对话形式,着重探索如何扩大基层民主,引导和组织群众广泛参与对公共事务的决策、管理、监督,在镇、村和市政府职能部门建立民主决策、民主管理、民主监督机制,逐步使之制度化、规范化、程序化,使"民主恳谈"成为镇、村和市政府职能部门重要事项决策的必经程序,成为人民群众管理、监督基层社会公共事务的平台。

镇(街道)一级的"民主恳谈",参与者主要是当地人大代表、相关的各社会利益群体和与决策事项有关的群众,其他群众可自愿参加。恳谈会上政府提出初步意见、方案,在认真听取群众的意见、看法和要求后,班子集体研究作出初步决定,立即向群众反馈,再次征求群众意见。对于多数群众反对或不同意见较多、较集中的事项,暂缓决策,经重新论证,充分考虑和吸收群众合理的要求和建议,并作出相应的修改或调整后再作公示。最后决定结果及实施过程由镇人大主席团监督。

村级"民主恳谈"是对全村重要的村务和公益事业作出决策。参加恳谈会的对象是村干部、村民代表和其他村民群众。基本程序是村两委提出需要作出决定的事项和初步意见,经村民代表和其他村民共同讨论、修改后,由村民代表以适当的方式表决,作出符合多数村民意愿的决策。对涉及全村村民利益的重要事项,则召开由全体村民(或每户派代表)参加的恳谈会进行公议公决。

市政府职能部门"民主恳谈"的内容包括,制订出台新的政策或调整原有的管理制度、管理方式和办事程序,调整或增加新的服务、收费项目,以及其他涉及公众权益的政务或公共事务。

2001年,台州市委出台了《关于推进村级民主政治建设的若干意见》,"民主恳谈"在全市全面推广。在市委和各级地方党委的推动下,全市各地出现了形式多样、名目繁多的民主沟通、民主对话、民主监督活动,比较典型的有玉环的"民主听证会"、路桥的"民情夜谈会"、天台的"民主决策五步法"、临海汛桥镇的"五个一活动"、仙居的"村务大事公决制"以及各地普遍开展的"企业民主对话会"活动等等。

2003年下半年,温岭市开始探索"民主恳谈"与基层人大工作的结合。通过"民主恳谈"与镇人大的结合,将游离于体制外的"民主恳谈"纳入现行的制度框架之内,并使之逐步走向制度化、程序化、规范化,通过"民主恳谈"与人大制度的结合,促进基层人大和人大代表在履行其法定职权方面更好地发挥作用。

2005年7月,温岭市新河镇将"民主恳谈"引入镇人大对预算的审查和监督,促进了"民主恳谈"与基层现行体制相融合。同年11月,该镇组织"民主恳谈"讨论镇财政预算执行情况,被视为中国社会基层组织公共财政预算改革的一次突破。温岭市"参与式预算民主恳谈"受到广大干部群众的普遍认同,省内外有关专家学者和上级领导亦予以高度肯定。

2006年10月下旬,台州市委、市政府印发《关于在全市实施"恳谈日"制度的通知》,要求组织市、县(市、区)、乡镇街道三级领导干部和机关干部开展面对面的交流恳谈,倾听群众呼声,关心群众疾苦,畅通民意沟通渠道。

"民主恳谈"是台州干部群众在探索基层民主政治建设实践中产生的、具有原创性的基层民主形式。经过多年的深化和完善,"民主恳谈"已由最初的乡镇党委、政府与群众平等对话、沟通交流、共同协商,发展成为广大人民群众自觉参与民主决策、民主管理、民主监督公共事项的新型基层民主形式,被赞誉为"中国21世纪基层民主政治建设的一道新曙光"。2004年,温岭市政府荣获第二届"中国地方政府创新奖"。

"民主恳谈"丰富了基层民主形式,扩大了基层民主,为广大群众自由、广泛、有序、直接参与基层社会公共事务的决策和管理提供了新的渠道,为基层群众监督基层政府的权力行使提供了新方式,为农村基层的社会主义民主政治建设提供了新思路,开辟了新途径。

"民主恳谈"在加强沟通、融洽关系,强化服务、转变作风,集聚民智、促进发展,化解矛盾,维护稳定等方面发挥了积极、有效的作用,促进了台州的改革和经济、社会发展。

"民主恳谈"促进了决策的民主化。"民主恳谈"制度,改变了以往由少数领导拍板的决策方式,在各多元利益主体和公众的广泛、平等参与下,通过各种看法和主张的激烈碰撞、交锋,通过公众的利益诉求和民意的公开、自由、充分表达,以影响或修正政府决策,使政府的决策更能体现民意,代表当地大多数人民群众的利益和意愿。同时决策过程也由原来的"暗箱操作"变为"阳光决策",提高了透明度,促进了决策的民主化。

"民主恳谈"建立了基层民主管理、民主监督的新平台。对乡镇政府行政权力的制约和监督,是确保基层政府依法行使权力,防止权力腐败的关键环节。"民主恳谈"在基层民主建设方面的实践,提高了人民群众对基层社会事务的知情度、参与度、选择度和监督度,一定程度上防止和约束了权力利益化和利益特权化。

(俞红霞 执笔)

113. 西湖博览会恢复举办

2000 年 10 月 20 日至 11 月 10 日,由国家建设部、国家旅游局、国家国内贸易部、国家轻工业局、浙江省人民政府、中国国际贸易促进委员会、中国文学艺术界联合会主办,杭州市人民政府承办的"中国杭州——2000 西湖博览会"在杭州市举行。中共中央政治局委员、国务院副总理钱其琛,乔石同志,全国人大常委会副委员长吴阶平,全国政协副主席孙孚凌,王芳同志;中央和国家有关部委领导俞正声、蒋民宽、陈士能等同志,联合国人居中心执行主任安娜女士等国外重要来宾出席了西博会开幕式。

2000 西湖博览会以"千年盛会聚嘉宾,西湖博览汇精品"为主题,把展示、交流、贸易、研讨、旅游和文化活动有机地结合在一起,推出了 39 个项目(其中会展 23 个、会议 7 个、活动 9 个),有 30 多个国家的近 300 家境外企业参加了博览会,1000 多名国内外代表出席"伊斯坦布尔+5"亚太地区筹备会等会议。西博会安排了商品贸易、经济技术和投资洽谈、人才交流、高层次的研讨会和系列旅游文化活动。直接参与西博会项目活动的人数达到 573.72 万人次,总成交(营业)额 69.61 亿元,门票收入 1471.75 万元;招商引资项目总投资 137.3 亿元和 3.11 亿美元,其中引进内资 121.9 亿元,引进外资 2.08 亿美元。

此次西湖博览会,是对 71 年前民国时期西湖国际博览会的承继与恢复。杭州市恢复举办西湖国际博览会始于 20 世纪 80 年代建设浙江世界贸易中心的契机,成于 1999 年后办会思路的创新。80 年代初,浙江省、杭州市的对外发展取得了建国以来最快的速度,十分需要建设一座综合性的、多功能的、具有现代化水平的博览会建筑,为各种类型的国际、国内展览会、交易会、会议等提供场所和良好的服务。考虑杭州的秀丽风景,在国际上具有较大的吸引力,1929 年西湖国际博览会的辉煌,将这一建筑暂名为"西湖博览会",选址在杭州著名风景点黄龙洞对面。

1984年8月3日，浙江省委书记王芳、省人大常委主任李丰平、省长薛驹、省委常委和副省长张兆万、徐启超、杭州市委书记厉德馨、杭州市长钟伯熙在杭州分别会见了香港华润（集团）有限公司副董事长兼总经理张建华一行，浙江省对外经济贸易厅厅长兼中国浙江国际经济技术合作公司代总经理庄育民遵照省人民政府的指示，与香港（华润）集团签订合作兴建"西湖博览会"建筑协议。

1984年10月29日，杭州市政府与浙江省对外经济贸易厅成立中国杭州西湖国际博览会筹备处。由中国杭州经济技术开发总公司，中国浙江国际经济技术合作公司，中国出口商品基地建设总公司，香港华润集团隆源贸易有限公司四方合作运作该项目，并经国家经贸部批准同意，确定企业名称为"中国西湖国际博览会有限公司"，又称"浙江杭州国际贸易中心"，一套机构两块牌子。1987年12月23日，浙江省政府专门发文《关于建设西湖国际博览会的批复》，明确西湖国际博览会的职能是为省市开展对外经济贸易和举办国际展览、会议服务的中心，为利于对外工作，将经贸部核定的西湖国际博览会有限公司，更名为浙江国际贸易中心（又称杭州西湖国际博览会）。

浙江国际贸易中心（后又改称浙江世界贸易中心）主要由五星级浙江世界贸易中心大饭店和世贸中心展厅组成，净面积达12800平米，为浙江省和杭州市会展中心。

1998年7月2日，市计委向市政府提交了《关于建议开发"西湖国际博览会"品牌的报告》。报告分析了会议展览业作为新经济增长点的发展趋势，提出发展会议展览业，培育品牌。报告提出，杭州历史上曾经辉煌的"西湖国际博览会"是杭州一笔宝贵的无形资产，应大力开发拓展，在新世纪来临之际，举办新一届博览会，把"西湖国际博览会"品牌打响。报告建议，设立专门机构负责策划和实施工作，把在杭州已举办数届，有相当影响力的观潮节、游船节、桂花节、艺术节、烟花节等纳入西博会，市场化运作，"以会养会"，使西博会成为展示新产品、开发新技术、捕捉新机遇、结交新朋友、谋求新发展的盛会，成为杭州走向世界，世界了解杭州的重要窗口和桥梁。

1999年下半年起，杭州市组织力量开展2000西博会的筹备工作，先后在报章上刊出西湖博览会主题创意方案招标公告，确定了"千年盛会聚嘉宾，西湖博览汇精品"的主题思想。

西湖国际博览会还推出具有特色的会标和吉祥物。2000年西博会恢复举办之际，通过《杭州日报》、《都市快报》发布征集公告，罗国强设计的吉祥物金鱼欢欢,叶萌设计的荷叶水珠入选。2003 年根据社会各界的建议,组委会全体会议决定再次征集西博会的吉祥物设计,通过专家评审,曾昕设计的"三潭印月"卡通造型成为新的吉祥物。

2000 西博会的成功,坚定了杭州市委、市政府每年举办西博会的决心。2001年以后,杭州每年都举办一届西湖博览会。为了把西博会越办越好,杭州市把西博会组委会办公室作为常设机构,负责西博会的日常事务。在以后的历届西湖博览会中,又以 2006 年的第八届和 2008 年的第十届,最为引人注目。

2006 年 4 月 22 日至 10 月 22 日,第八届中国杭州西湖博览会与首届杭州世界休闲博览会在杭州成功举办。这次活动的一大亮点,就是将传统的知名会展品牌——西博会与首创的世界级休博会相结合,共享会展资源。西博会倡导"和谐生活、和谐创业",休博会提出"休闲——改变人类生活",两个主题相互衔接,两个盛会统筹实施。项目联动,共同推广,整体包装,使本届博览会成为一场休闲的盛会,开放发展的盛会,"亲民、节俭、文明、安全"的盛会;成为杭州历史上规模最大、时间最长、影响最大、参与人数最多、办会水平最高的展会。2006 休博会和第八届西博会历时半年,共举办 233 个会议、展览、活动项目,来自 26 个国家和地区的 88 个休闲特色城市、组织机构和 27 个企业在休博园内设立展馆。为期 6 个月的博览会期间,名品荟萃、名家云集、名企集聚、万民参与,极大促进了休闲理念的传播和休闲产业的发展。据统计,2006 休博会和第八届西博会共吸引 2040.55 万名中外游客参与;实现贸易成交额 137.38 亿元人民币,协议利用外资 10.17 亿美元,引进内资 108.34 亿元人民币。

2008 年 10 月 18 日至 11 月 8 日,第十届中国杭州西湖国际博览会在杭州举行。这届西博会第一次获批冠名"国际博览会"。这届西博会实现办会形式和办会规模的突破,是一届关注民生,凸显关怀、亲民的盛会。西博会扩大群众参与,凸显人文关怀,创新发展办会形式,成功推出永不落幕的网上西湖国际博览会,使西博会精彩内容和老百姓线上线下互动,开通 20 天点击人数就达 134.1万次;开幕式文艺晚会在钱江新城广场为老百姓免费举办专场演出,观众达 2万人之多;与中国移动 12580 和中国绿线 10101010 合作推出"掌上西博会"和"西博绿线"等资讯服务新平台,拓展市民和游客了解西博信息的方式和渠道;关注民生,向困难群众、外来务工人员、老干部、老职工、劳模、社区工作者以及战斗在杭州各条战线一线代表等各类群体代表赠票 230 万张;对西博会开幕式文艺晚会、烟花大会等重大活动进行电视直播、网络直播和数字电视点播,方便群众观看;构建大杭州西博会办会新格局,在 13 个区、县(市)举办富有当地特色的节庆文化活动。进一步扩大办会规模,共举办 102 个会议、展览、节庆活动项目,数量为历届西博会最多,共接待国内外观众 1020 万人次,把西博会打造成为杭州全体市民、外来务工创业人员和广大中外游客的盛大节日。

这届西博会还实现了办会理念和办会目标的新突破,是一届接轨奥运,提升成效,发展的盛会。西博会以"接轨奥运会,办好西博会"为主题,积极组织举办斯坦科维奇杯篮球赛、国际马拉松比赛、横渡钱塘江游泳比赛、国际围棋赛、汽车飘移赛等体育竞技项目。围绕提升人民群众身体健康水平,举办国际健康城市市长论坛、东西方医药保健论坛等。西博会解放思想,提升理念,打造平台,增进交流,扩大合作,邀请世界旅游组织、亚太经合组织、美国《福布斯》杂志、世界手工艺协会、香港贸发局等国际机构参与举办西博会,大力提升西博会的国际化水平,加快推进杭州城市的国际化步伐,这届西博会境外展位比例超过22.55%。进一步拉高西博会办会目标,围绕杭州现代产业体系的发展重点,策划举办创意产业博览会、中国演出娱乐博览会、西湖艺术博览会等,加快杭州文创产业的升级发展;举办首届西博会国际旅游节、国际休闲论坛、国际休闲产业博览会等,推进国际旅游休闲中心建设;结合宏观形势,举办西湖国际中小企业研讨会、APEC 工商咨询理事会亚太中小企业峰会等,为中小企业缝制"过冬"的棉袄;举办网商大会、金融信息技术研讨会等,加快杭州"电子商务之都"建设;举办南宋文化周、吴越文化交流活动等,深入挖掘城市文化底蕴,充实城市发展内涵。据初步统计,这届西博会共实现贸易成交额 108 亿元,协议引进外资 10.49亿美元,协议引进内资 127.78 亿元人民币,为完成杭州全年经济社会发展目标和推进杭州实现新一轮跨越发展发挥了重要作用。

(王祖强 执笔)

114. 宁波港跨入世界级亿吨大港行列

2000 年 11 月 8 日上午 6 时，宁波港调度室内爆发出一阵欢呼声。实时反映生产进度的电脑终端屏幕显示：当前宁波港年货物吞吐量达到 1.0048 亿吨，这标志着宁波港跻身世界上为数不多的亿吨大港行列。第二天，浙江省人民政府致电祝贺宁波港货物吞吐量跨过亿吨新台阶。省政府同时要求：紧紧抓住国际航运业向大型化、专业化、集装箱化方向发展这一历史机遇，充分发挥宁波得天独厚的深水良港优势，积极参与国际航运市场竞争，再接再厉，奋勇拼搏，在巩固和发展已取得成绩的基础上，早日突破集装箱吞吐量百万标箱大关，为浙江经济和社会发展作出新的贡献。

这一历史性的突破，是宁波港几代人的梦想。

宁波港地处中国沿海和长江黄金水道"T"型航线交汇点，地理位置十分优越，历来是中国对外贸易的重要港口和海运中转枢纽。早在唐宋时，宁波港与广州港、泉州港并列为中国对外贸易的三大港口。至宋代，宁波港进入鼎盛时期。新中国成立后，由于历史的原因和各种条件的制约，港口通航条件和港口设施一直发展不快。到 20 世纪 70 年代，宁波港仍然只是一个内河港。1973 年，国务院总理周恩来提出"三年大建港，改变港口落后面貌"的目标。1973 年 7 月，新成立的国务院港口建设领导小组负责人粟裕亲临宁波港视察，并决定在甬江口门外依托镇海县城开辟新港区。1974 年 1 月，国家计委批准建设镇海新港区一期工程，包括 2 个煤炭专用码头和 3 个深水杂货码头。宁波港由此开始镇海港区的建设，这也标志着宁波港由内河港向河口港的历史跨越。1976 年 10 月，第一个万吨级煤炭接卸泊位建成投产，结束了宁波港无深水泊位的历史。

1978 年 1 月 10 日，为改变中国钢铁工业的传统结构，国家决定引进国际先进技术，投资兴建以进口优质矿砂为主要原料的宝山钢铁厂，宁波北仑以其得天独厚的港口条件,成为宝钢首选的配套港口。1981年5月,北仑10万吨级矿石中转码头竣工并通过考核验收,成为中国第一个10万吨级的大型深水泊位,宁波港也由此完成了由河口港到海港的第二次历史性跨越。1982年5月北仑矿石中转码头迈出综合利用的第一步,散装进口化肥灌包试生产一次成功。到1985年底,宁波港北仑、镇海和宁波老港3个港区已拥有500吨级以上泊位25个,其中万吨级以上深水泊位7个,货运量跻身全国十大港口之列。在此基础上,北仑港区二期建设工程纳入国家"七五"计划。20万吨级矿石码头、北仑三期建设工程,以及油品、煤炭、粮油等一批货主码头相继建成投产。

1989年国家确定宁波港的北仑港区为中国大陆重点开发建设的四个国际深水中转港之一。在此基础上,宁波港加快进口铁矿中转、国际集装箱远洋中转、大型原油成品油中转、大型煤炭储存中转、大型液体化工产品储存中转5个基地的建设。

随着北仑三期的建成投产以及宁钢、台塑等一批货主码头的开工建设,北仑港区17.5公里海岸线的开发基本告一段落。宁波港建设的重点转向开发条件更好的大榭港区、穿山港区和梅山港区。1998年3月,国务院批复同意中国国际信托投资公司开发大榭岛,实行经济技术开发区的政策。十年间,建成集装箱、原油及油品、煤炭和多用途泊位11个。到20世纪末,宁波港率先在国内建成了10万吨级、20万吨级矿石码头;建成25万吨级原油码头;建成最先进的国际集装箱码头。一大批具有国内外领先水平的深水泊位群,为宁波港的发展,提供了坚实的保证。

从2000年宁波港正式跨入世界级亿吨大港后,宁波港得到飞速发展。

2001年,全年累计完成货物吞吐量12852.3万吨,同比增长11.3%,继续位居中国大陆沿海港口第二位;集装箱吞吐量突破百万标准箱大关,达到121.3万标准箱,同比增长34.4%。2002年,宁波港货物年吞吐量完成15398万吨,其中本港完成吞吐量10217万吨,分别为同期的119.8%和109%;装箱吞吐量185.9万标箱,为同期的153.3%;全港客运量完成612.7万人次,为同期的107.1%。

2004年4月8日,宁波港务局实行政企分开,成立了宁波港集团有限公司。这一年,宁波港实现货物吞吐量2.2亿吨,首次进入世界集装箱港口前20强,并以全年34.7457亿元的营业收入位居中国服务企业500强的第188位。

2005年12月,浙江省政府对外宣布,自2006年1月1日起正式启用"宁波——舟山港"名称,同时成立宁波——舟山港管理委员会,在不改变行政隶属关系的前提下,根据"统一规划、统一建设、统一品牌、统一管理"的原则,协调两港一体化重大项目建设。这意味着宁波港——舟山港的发展进入一个新的时期。2008年7月，经国家交通运输部评审通过的《宁波——舟山港总体规划》提出，宁波——舟山港将发展成为世界顶级货港。两港资源整合，强大的港口承接能力凸显，仅次于上海港。

2006年，宁波——舟山港完成货物吞吐量4.2387亿吨，居全国港口第二位，居世界港口第四位；集装箱吞吐量达到713.54万标准箱，比上年增长35.58%，居全国第四位，世界第13位，其中国际中转箱比例近15%。国际港航界权威杂志——英国《集装箱国际》于2006年举行了第一届港航界颁奖典礼，宁波港因其集装箱港口经营的杰出表现，成为"世界五佳港口"，是中国大陆港口中唯一入围的港口。2008年3月31日，宁波港集团有限公司联合七家单位发起创立了宁波港股份有限公司，在建立现代企业制度方面迈出了重要的一步。这一年，宁波——舟山港全年货物吞吐量突破5.2亿吨，集装箱达到1092万标箱，位居世界港口第八位。

到2008年底，宁波港拥有各类生产性泊位300多座，其中万吨级以上的大型泊位60多座，5万至25万吨级的特大型深水泊位30多座。宁波港已成为拥有10万吨级、20万吨级矿石中转泊位(可靠泊30万吨级特大型货轮)、25万吨级原油码头、8万吨级国际集装箱泊位和煤炭专用泊位及通用泊位等多座深水泊位组成的大型泊位群体和综合性的深入大港。至2009年，宁波港已与全球100多个国家和地区的600多个港口有了贸易往来，其集装箱航线已达190条，月均航班810班，最高月航班达844班。

（姜卫东 执笔）

115. 镇海炼化原油加工量
跃居全国第一

2000 年,随着新世纪钟声的敲响,中国石化镇海炼油化工股份有限公司原油加工量率先超越千万吨级大关,位居全国第一。此后,镇海炼化原油加工量一直蝉联全国第一。

镇海炼化的前身是始建于 1975 年的浙江炼油厂,隶属于浙江省政府。1983 年,归属中国石油化工总公司。1984 年 1 月 1 日,更名为中国石油化工总公司镇海石油化工总厂。1994 年 6 月进行重组,成立镇海炼油化工股份有限公司;2000 年,更名为中国石化镇海炼油化工股份有限公司;2006 年,更名为中国石化镇海炼化分公司。镇海炼化是中国石油化工股份有限公司控股的特大型企业,是中国最大的原油加工基地、进口原油加工基地、含硫原油加工基地、成品油出口基地和重要的原油集散基地,居世界最大炼厂第 18 位,亚太十大炼厂之一,中国炼油工业的一面旗帜和"排头兵"。

回顾镇海炼化的艰难创业历程,还得从 35 年前说起。1974 年 1 月 30 日,为了解决全省燃料供应严重不足的困难,浙江省向国家计委报送了《关于要求批准浙江炼油厂计划任务书的报告》。国家计委于 1974 年 7 月 9 日下达了《关于浙江炼油厂计划任务书的批复》,同意在宁波镇海新建规模为年加工山东胜利油田原油 250 万吨的炼油厂。炼油厂由 250 万吨 / 年常减压蒸馏、120 万吨 / 年催化裂化、15 万吨 / 年催化重整和加氢精制、5 万吨 / 年氧化沥青及三废处理利用等主要装置组成。

1975 年 5 月 23 日,第一根钢筋混凝土预制桩打入海涂地基,浙江炼油厂建设工程大会战拉开了序幕。不久,一座座炼油装置奇迹般地矗立起来。到 1980 年,第一期工程基本建成投产。

20 世纪 70 年代末,浙江炼油厂动工兴建中国第一套国外引进的油渣制氨型合成氨装置和第一套国产化大型尿素装置。1984年，大化肥装置建成投产，实现了从燃料型炼油厂到炼油化工联合企业的大跨越。

1983年，浙江炼油厂在国内率先加工高价原油，迈出了走向市场的第一步。自1988年开始，企业从承接国外原油来料加工业务，到通过代理自营加工，直至拥有外贸自主权进料加工，走出了一条外向型经营之路。

到1993年，镇海石油化工总厂的主要经济技术指标已有6项在全国领先。原油加工量比上年增长12.5%，创历史最高水平；尿素56万多吨，在中国石化总公司十大化肥厂中名列榜首；销售收入增长54%以上，实现利税5亿多元，增长13.6%，利润超过税金，达2.65亿，比上年增长20.5%。中国石化总公司领导多次称赞镇海石油化工总厂"成绩非常突出，总公司非常满意"。

1994年，镇海石油化工总厂被中国石化总公司确定为股份制改革试点单位，并获准在香港上市。历史将镇海石油化工总厂推到了中国企业改革的最前沿。

股份制改组是一项全新的工作，香港上市公司有十分严格的规定，股份制改组过程中所有的步骤都必须合乎规范，再加上大陆与香港在法律、财会制度等方面有很大不同，更增加了上市企业改制的困难。镇海石化人知难而进，在国家部委、中国石化总公司和浙江省的大力支持下，改制工作紧张而有序地展开。1994年8月28日，镇海炼油化工股份有限公司宣告成立。12月2日，公司股票在香港成功上市。企业改制成功，使镇海炼化股份有限公司在建立现代企业制度道路上迈出了关键的一步，给企业带来迅速发展的机遇。镇海炼化利用上市筹集的资金，完成了炼油700万吨改造工程，建成国家重点建设工程——扩建800万吨/年炼油工程第一步的主体装置，原油加工能力在2000年一举突破千万吨，实现了中国炼油工业历史性的突破。

进入新世纪，镇海炼化抢抓机遇，大胆开拓，改革迎新，保持了跨越式发展的好势头。企业先后完成扩建800万吨/年炼油工程第二步主体装置暨"十·五"项目、完善2000万吨/年炼油综合加工能力等项目，原油综合加工能力实现了由1200万吨到2000万吨的大步跨越，下游化工方向产业亦有良好的延伸发展，技术、质量、环保水平均有提高。

2006年11月6日，这是一个注定载入中国石油化工发展史册的日子。投资达220亿元的中国石化镇海炼化100万吨乙烯工程正式开工，这是浙江省的"一号工程"。工程投产后，可增加200多亿元的年销售额，带动1000多亿元的下游产业值，油气资源加工后的价值最大化，炼油与乙烯的深度联合，向国内

"炼化一体化"标志性企业迈进,向世界级、高科技、一体化的石油化工基地迈进。

在规模不断做大、能力不断提升的过程中,镇海炼化在管理体制和机制上不断创新,努力实现规模与管理水平的同步提升。镇海炼化还围绕构建"资源节约型、环境友好型"企业,建立并完善了以"高利用型内部产业链"、"废弃物零排放"为基本构架的内部循环经济模式,推动了节能减排整体水平的持续提高,实现了"企业规模做加法、污染物排放做减法",炼油耗水、吨油废水排放达到世界先进水平。企业先后荣获"全国工业污染防治十佳企业"、全国首批"国家环境友好型企业"、"全国绿化模范单位"、"中华环境优秀奖"等称号。

作为一家特大型国有企业,镇海炼化时刻不忘应该承担的社会责任。2008年初,针对国内成品油供应持续紧张的局面,企业坚持顾大局、守纪律,全力以赴提高生产负荷,尽管面临政策性亏损,仍坚持最大限度地增产、保供市场急需的汽柴油。全年累计加工原油 1935.6 万吨, 占中石化炼油板块加工总量的11%,加工量居全国炼化厂第一位。而亏损额不到中石化炼油板块的 5%,实现了"多炼少亏"的目标,为维护市场稳定作出了贡献。温家宝总理在视察镇海炼化时,高度肯定了他们在履行国有企业"三大责任"中的重大贡献,给予"顾全大局、贡献最大"的高度评价。

经过 30 多年的艰苦创业,镇海炼化从一个年原油加工量 250 万吨的炼油"小弟弟",发展成为国内规模领先、成本领先、效益领先、竞争力领先的炼油标志性企业。2008 年实际原油加工量占到了中石化的 12%、全国的 6%左右,并向社会提供了汽油、煤油、柴油、沥青、液化气、苯类、尿素等各类石油化工产品。建厂以来累计销售收入超过 4047 亿元,总利税 467 亿元,利润近 468 亿元。公司正全力推进 100 万吨/年乙烯工程建设,并同步开展 2300 万吨/年炼油能力完善与提升,朝着世界级炼化一体化标志性企业迈进。

(曾林平 执笔)

116. 天荒坪抽水蓄能电站全面投产

天荒坪抽水蓄能电站建设创造了许多第一:世界上落差水位最高;单厂房容量亚洲第一;华东地区第一座大型抽水蓄能电站,也是全国同类电站综合效率达到80%以上的电站。该电站上下水库落差607米,共安装6台300MW机组,总容量1800MW,其中1号机组于1998年9月30日投产,最后一台机组于2000年12月发电。

该电站为"八五—九五"期间国家重点建设工程,是利用世界银行贷款引进外资、采用国际竞争性招标管理建设的项目。电站的建设工程总投资为90.11亿元,资金分为两个部分:外资主要用于机电设备国外采购及部分土建工程的国际招标;其余由国家开发银行、华东电力集团公司、上海市、江苏省、浙江省及安徽省共同筹集。电站建设施行了新的建设管理体制——业主负责制、招标投标制、建设监理制,电站的环境保护工作在设计、世行评估和施工期都得到了各方全程、高度重视。

华东电网的抽水蓄能电站规划选点工作,始于20世纪70年代,1984年2月原水电部水电总局下文,将天荒坪电站列为可行性研究项目。1986年6月完成《天荒坪抽水蓄能电站可行性研究报告》。1988年7月原国家能源投资公司和三省一市(浙江、江苏、安徽和上海市)在杭州签订《关于集资建设天荒坪抽水蓄能电站协议书》。1991年8月国家计委批复《天荒坪抽水蓄能电站项目建议书》。1993年8月国家计委批准利用世界银行贷款3亿美元引进主机等关键设备,至此天荒坪抽水蓄能电站的前期工作及立项圆满完成。

1991年11月,电站着手通路、通电、通水和平基工程。1992年6月,国家计委下文批准天荒坪抽水蓄能电站开始进行施工准备工作。1994年3月,主体工程——地下厂房开挖正式开工。

天荒坪电站主体工程开建后,来自全国各地的5000余名工程建设者,聚集在天荒坪镇沉睡多年的山谷中,放炮挖石,机器轰鸣,往日安宁的小镇一夜之间沸腾了。紧张的施工期间,省委书记李泽民每年都会召开重点工程协调会议,还数次来到工地蹲点调研。那时候条件简陋,食堂是原三合造纸厂临时改建的,领导来指导工作,就和建设者一块儿吃食堂。

　　天荒坪抽水蓄能电站枢纽包括上下水库、输水系统、500kV开关站和地下厂房洞室群等部分,设有电梯的排风兼交通竖井和500kV电缆竖井,为地下厂房洞室群和地面500kV开关站、中控楼间的两个竖直向的联系通道,进厂交通洞则是地下厂房洞室群与地面联系的水平通道。其中,1996年1月29日1号机组肘管下基坑的建成,是机电安装正式开始的标志。1号机组于1998年7月21日首次并网成功,往上库抽水,9月30日投入试生产。从主厂房开始开挖到1号机组投入试生产,历时55个月。

　　天荒坪抽水蓄能电站自1998年9月首台机组发电至今,为华东电网提供高峰电量,可减少系统其他同等容量火电机组的投资。按动态总投资计,天荒坪电站单位造价比同期火电机组的单位造价低853元／kW。在用电高峰时段发电,缓解用电压力,在用电低谷时段则反向运行,发挥填谷作用,有效地调节了华东电网峰谷差。电站建成后,6台机组高峰发电能力为1800MW,低谷填谷能力为189万千瓦,调峰填谷能力达到369万千瓦,占年华东电网平均最大峰谷差1299.8万千瓦的28.39%,极大地改善了华东电网原来基本由火电机组调峰的局面。由于晚间抽水运行,还减少了火电机组的调停和压负荷的次数,按照每台30万千瓦容量的火电机组调停成本50万元测算,天荒坪电站的运行每年将为华东电网节约10亿元的调节成本。华东电网大容量的火电机组较多,一台或多台大机组跳闸现象时有发生,在电网系统发生事故时,天荒坪电站可在两三分钟内紧急开机发电,为系统稳定担当良好的备用角色。抽水蓄能电站具有启停快、可逆操作、调节幅度大、环保污染小等优点。天荒坪电站的建成投产,极大改善了以火电为主的华东地区发电结构单一、调峰备患能力差的状况,为电网的安全稳定运行起到了积极作用。天荒坪抽水蓄能电站还具备黑启动能力。当电网瓦解,全部停电情况下,可帮助系统恢复电力供应,大大提高了系统安全运行的水平,提高了抵抗系统事故的能力。电站的运营在调频调相、紧急事故备用等方面作出了巨大贡献,为华东电网的安全稳定运行发挥了无可替代的作用。

　　天荒坪抽水蓄能电站从规划选点开始到2000年12月6台机组全部投产,历经约20年,工程技术人员在工程勘测设计中付出了他们的聪明和才智,取得了丰硕的技术经验,解决了不少抽水蓄能建设的关键技术问题。

天荒坪抽水蓄能电站的建成投产,开创了中国集资办电的先河,也是国内新型能源工业建设的一个成功典范。按现代企业制度组建和运作的股东会、董事会、监事会在决策和监督模式上,为电站的高效运作和经营管理提供了体制保障。10年来,华东天荒坪抽水蓄能有限责任公司生产经营持续稳定。截至2008年8月底,公司共纳税14.27亿元,成为省级纳税大户。

2006年6月21日,省发改委与中国长江三峡工程开发总公司,就天荒坪第二抽水蓄能电站项目的合作开发事宜召开了专题会议,明确了三峡总公司为该项目投资业主。事前,三峡总公司已先后与国家电网公司和浙江省人民政府签订了战略合作协议,并就投资开发建设该项目达成一致。7月,天荒坪第二抽水蓄能电站项目被列入浙江省"十一五"规划,该项目动态总投资预计为62亿元,建成后将为"西电东送"提供配套,工程装机容量为2100兆瓦。二期建成后,加上一期的容量,总装机容量将达到4200兆瓦,居世界同类电站的第一位。

7月11日,安吉县政府与长兴三峡总公司和华东勘测设计研究院正式签署《天荒坪第二抽水蓄能电站工程规划、预可性研究及可行性研究勘察设计合同关系转换协议书》,工程的可研报告、组织评审、项目申报和开工建设,将由三峡公司具体实施。现二期工程已完成了选址规划评审,通过了项目预可研报告审查,列入了华东电网2015年至2020年抽水蓄能电站布点规划报告。

坐落在海拔900多米山巅的天荒坪抽水蓄能电站气势宏伟,巧夺天工,湖光山色,相得益彰,堪称天下一绝。电站建成后,形成了现代工业和山区资源相结合的"安吉天荒坪风景名胜区",上水库江南天池景区已打造成为一个集人文效益、经济效益、社会效益和生态效益于一体的精品旅游度假区。景区还拥有华东地区唯一野外滑雪场,高尔夫练习场,江南地区海拔最高的山地天文台和拓展训练基地,以及一个以高档旅游度假酒店为主体的度假区。

天荒坪是一个美丽的地方,天荒坪的未来将更加美丽。

(王革新 执笔)

117. 杭州萧山国际机场通航

2000年12月30日,杭州萧山国际机场正式通航,浙江航空运输翻开了新的一页。

杭州萧山国际机场是华东地区第二大国际机场、国内重要干线机场、重要旅游城市机场和国际定期航班机场,也是上海浦东国际机场的主备降机场。机场位于钱塘江南岸,距杭州市中心27公里。

萧山国际机场工程按照"一次规划、分期建设"的原则,分近、中、远三期实施建设。第一期工程于1997年7月动工,占地7260余亩。这期工程是按满足B747—400型飞机起降及年旅客吞吐量800万人次、货邮吞吐量11万吨的使用要求建设,飞行区指标为4E级,建有一条长3600米、宽45米的跑道。航站楼按高峰小时旅客3600人次的使用要求设计建设,建筑面积约10万平方米(其中地下停车场2.2万平方米),候机大厅共设36个办票柜台,其中国际厅12个,进出港流程顺畅快捷;楼内设置有航班动态显示、离港系统等12大弱电系统,整体功能和技术水平国内领先;服务设施齐全,候机厅座位数达2900个,并设有贵宾厅和多个头等舱休息室。其中候机楼内的国际联检厅部分面积9500平方米,边防、海关、检验检疫、外汇兑换、免税店等口岸配套设施完善。站坪面积34万平方米,共有12座登机桥,18个远机位,并设有飞机泊位引导系统和双环航空加油管线系统。机务维护具备了所有机型的二类维修能力和波音737、757的三类维修能力。

萧山国际机场于2000年通航运营后,为适应快速发展的运输生产要求,不断加大建设力度,完善基础设施。2004年7月,新扩建的34万平方米停机坪投入使用,机位增加到30个。2007年11月,机场二期工程开工建设。该工程总投资近70亿元,分两个阶段实施。工程直接用地为7707亩,新建第二跑道、第二国内候机楼、国际候机楼及相应的配套设施。将于 2010 年竣工的国际候机楼建成后可满足年国际旅客吞吐量 380 万人次的需求。第二阶段为第二国内航站楼和第二跑道工程,预计 2011 年投入使用。扩建后的机场航站楼整体由三座航站楼呈"门"字形围合而成,拥有起降目前世界上最大型客机 A380 的双跑道系统,年旅客吞吐量为 2560 万人次,货邮吞吐量 50 万吨,航班起降量 26 万架次。

萧山国际机场自通航以来,运输生产迅猛增长,航线网络日趋规模化。年旅客吞吐量、货邮吞吐量从 2001 年的 298 万人次、7.3 万吨,迈进到 2008 年的 1267.3 万人次和 21 万吨,航班起降架次从 2001 年的 3.64 万架次,增加到 2008 年的 11.9 万架次,规模已是通航初期的 4 倍。2007 年,萧山机场成为中国内地第八个年旅客吞吐量超千万级别的机场,跻身世界繁忙机场行列。年客运量在中国民航 152 个通航机场中排名第八位,在华东地区仅次于上海的浦东、虹桥机场。

2008 年底,在大陆与台湾海峡两岸开启直航包机的历史性时刻,萧山国际机场捷足先登。12 月 15 日,由厦门航空公司执飞的杭州至台北航班,首先由杭州飞往台北松山机场。与此同时,台湾中华航空公司的航班于当天飞抵杭州,台湾长荣航空的台北至杭州航班也于当天抵达杭州。12 月 16 日,台湾复兴航空公司从高雄机场起飞的航班顺利降落在杭州机场。12 月 20 日,国航浙江分公司一架满载旅客的飞机从杭州起飞,直飞台北桃园机场。12 月 21 日,由台中清泉岗机场起飞的台湾华信航空航班满载着旅客飞抵杭州萧山国际机场。大陆两家航空公司和台湾四家航空公司,于一周内便实现了杭州至台湾的两岸直航客运包机的常态化。杭州机场与台湾之间有四个通航点,是大陆机场中最多的,直航航班总量和台湾航空公司飞行班次仅次于上海,位列大陆机场第二。

杭州萧山国际机场的快速发展,吸引了业内外和国内外越来越多的关注目光。为抢抓新一轮国有企业改革发展的难得机遇,实现可持续发展,做大做强杭州机场,亟需与国际先进机场建立战略合作伙伴关系。2001 年开始,先后有美国休斯敦机场、英国机场管理公司(BAA)、新加坡樟宜机场、香港国际机场和丹麦哥本哈根机场(CPH)前来洽谈合资合作。其中尤以新加坡樟宜机场、香港国际机场和丹麦哥本哈根机场(CPH)的合资意愿最为迫切。经浙江省政府研究同意、省国资委授权,杭州萧山国际机场董事会向新加坡樟宜机场、香港国际机场和丹麦哥本哈根机场发出邀请书。最终香港机场管理局脱颖而出。2006 年 12 月 18 日,萧山国际机场与香港机场管理局正式成立合资公司,成为国内第一家内地与香港合资的机场。

萧山国际机场的发展,是浙江 60 年来民航事业发展的缩影。

浙江民航事业始于 20 世纪 50 年代,1956 年在杭州笕桥机场筹建中国民航杭州站,揭开了浙江省民用航空业的序幕。1957 年元旦首辟上海至广州经停杭州和南昌航线。1960 年 5 月 25 日,在民航杭州站的基础上,扩编成立了民航浙江省管理局,1987 年成立中航浙江航空公司。

改革开放以来,浙江民航事业得到了迅速的发展。除杭州新建了萧山国际机场外,宁波、温州民用机场也开始兴建。1984 年 9 月,国务院、中央军委批复宁波庄桥机场为军民合用机场。当年 11 月 16 日,中国民航上海管理局的安 –24 型客机由上海飞往宁波,降落在庄桥机场,由此开启了宁波民航的发展史。1985 年 8 月,国务院、中央军委批准立项建设宁波民用机场。1990 年 6 月 30 日,耗资 1.26 亿元的浙江省第一座民用机场——宁波栎社机场正式投入使用。到 2006 年,栎社机场旅客吞吐量已达到 298 万人次。

1984 年温州被国家列为 14 个沿海开放城市之一,但交通的落后严重阻碍了温州的对外交流和经济发展。温州市委、市政府在地方财政十分困难的情况下,响亮地提出"砸锅卖铁也要建机场"的口号。经市政府的不懈努力,温州机场终于在 1987 年动工修建,一期工程由市政府和民航总局共同投资 1.32 亿元,占地 1900 亩,历时三年建成,并于 1990 年 7 月 12 日正式通航。2006 年,温州机场旅客吞吐量首次突破 300 万人次大关。

与此同时,由地方政府出资兴建的台州机场、义乌机场、衢州机场和舟山机场分别于 1987 年 12 月、1991 年 4 月、1993 年 11 月和 1997 年 8 月通航。浙江航空业的兴旺发达,有力地促进了地方经济的快速发展,优化了投资软硬环境,提升了城市的知名度、美誉度。

（曾林平 执笔）

118. 杭州构建大都市框架

　　2001 年 3 月 12 日,杭州市委、市政府在新侨饭店举行新闻发布会,通报杭州市行政区划调整情况。经国务院、省人民政府批准,杭州市扩大市区行政区域,撤销所辖萧山、余杭两县级市,设置萧山区、余杭区。区划调整后,杭州市区的面积从 683 平方公里扩大到 3068 平方公里,人口由 173 万增加到 373 万。从全国 15 个副省级城市比较来看,调整前后,杭州市区面积由倒数第一上升到第五位,人口由第十三位上升到第六位。

　　改革开放以来,特别是进入 20 世纪 90 年代以来,随着城市化进程的加快,杭州城市空间过小的矛盾越来越突出,已成为杭州提升城市竞争力的"瓶颈"。杭州经济总量一直处在全国省会城市前列,但市区面积却倒数第一。杭州原有的城市发展空间与省、市提出的到 2010 年全市基本实现现代化的宏伟目标要求很不适应;杭州作为国家级历史文化名城和国际著名风景旅游城市,在狭小的城市空间内加以保护的难度很大, 由于杭州旅游景点主要集中在西湖周围,人口的密集使旅游业的进一步发展受到了严重制约,特别是西湖风景区接纳游客的容量已到极限,常常人满为患;与此同时,周边城市发展迅猛,长三角大都市圈正趋于形成,而杭州市作为长江三角洲南翼的大城市,由于市区空间的限制,人口密度过高,影响了中心城市集聚和辐射功能的进一步发挥,特别是削弱了对周边县(市)的带动和辐射作用;行政区划分割,也造成了城市建设规划不统一,基础设施布局不合理,城市空间与城市资源不能得到合理配置和有效利用。因此,杭州调整行政区划,构建大都市框架,加快城市化步伐,是大势所趋,完全符合经济社会发展的客观规律,完全符合世界城市化发展的潮流。

　　早在 1996 年 4 月, 杭州市已进行过行政区划调整,将时为萧山市的三个镇——浦沿、长河与西兴划入杭州市区,并以此为基础设立了滨江区;将时为余杭市的三墩、九堡、下沙三个乡镇划入杭州市区,杭州市区面积由 430 平方公里扩展到683平方公里,人口由142万增加到161万。但是,随着经济和社会的进一步发展和城市建设步伐的加快,杭州城市发展空间狭小的矛盾又显突出。而萧山、余杭撤市设区后,长期困扰杭州的这一问题在很大程度上得到了解决,为杭州调整城市空间布局、加快城市化进程提供了难得的机遇。

2002年召开的杭州市第九次党代会作出"构建大都市、建设新天堂"的决策,提出推进"城市东扩、旅游西进,沿江开发、跨江发展"。高起点编制好新一轮城市总体规划,高标准建设好包括"交通西进"、钱江新城、市区道路建设两年大会战、运河(杭州段)和市区河道综合整治与开发、市区西部保护与发展、江东和临平工业区、良渚遗址保护与开发、地铁一号线、大学城、商业特色街区等"十大工程"在内的70余项重点工程,加大城市建设投入,提高城市管理水平,形成"一主三副、双轴六组团、六条生态带"(即一个主城,江南城、临平城、下沙城三个副城;东西向以钱塘江为轴线的城市生态轴、南北向以主城——江南城为轴线的城市发展轴,临浦、瓜沥、义蓬、塘栖、余杭、良渚六大组团;在中心城区、外围组团之间设置6条生态隔离带,保持组团之间的相对独立性,防止城市建设"摊大饼")、"东动西静南新北秀中兴"("东动"是江东和临平工业区要建成现代化大型制造业基地,为构筑大都市东部产业带、发展新世纪杭州加工业提供充足空间,并带动义蓬组团;下沙城要增强科教和城市服务功能,临平城要建成承东启北的城市副中心。"西静"是城市西部地区要调整产业结构,加强基础设施建设,提升综合服务功能,建成城市旅游扩展区和生态保护区,并辐射余杭组团。"南新"就是江南城要接纳主城的部分市级功能和人口,拓展城市发展空间,建成具有大都市新功能的城市副中心,并辐射瓜沥和临浦组团。"北秀"就是要贯彻"积极保护"方针,妥善保护和利用好良渚文化遗址,良渚和塘栖组团要增强休闲度假、旅游观光和科教产业功能。"中兴"就是西湖核心景区要整合南线资源,改造北山路,实施"西湖西进",建设湖滨商业特色街区,使西湖这颗明珠更秀美、更靓丽;运河(杭州段)和市区河道要实施综合整治和开发;钱江新城一期两年打好基础、五年基本成形、八年全面竣工,建成城市新中心)的城市新格局,推动杭州从以西湖为中心的"西湖时代",迈入以钱塘江为轴线的"钱塘江时代",构筑以市区为中心、县城为依托、中心镇为基础,资源共享、功能互补、协调发展的市域网络化大都市,建设生活居住、旅游购物、求知创业的新天堂。

杭州区划调整乃至杭州大都市框架的构建,对杭州新世纪的发展产生积极而深远的影响。

增强了城市综合竞争能力,有利于发挥城市资源优势。扩大行政区域,有利于杭州与萧山、余杭资源共享，品牌共树，生态共保，设施共建，优势共扬，相互促进，共同发展。有利于合理调整城市布局，调整经济结构，增强中心城市的集聚和辐射功能，带动包括萧山、余杭在内的周边地区更快发展。萧山、余杭对外交通便捷、区位条件较好，经济发展也有相当规模，撤市设区后，使得杭州的经济社会发展更具优势。城市空间扩展后，杭州成为长江三角洲地区仅次于上海的第二个区域性大都市。作为浙江省的政治、经济、文化中心和上海经济区内核圈南翼城市带的中心城市，杭州在长江三角洲发挥越来越重要的作用。

优化了城市布局结构，构筑现代化大都市的条件日臻完善。受自然地形的限制，杭城沿江、跨江、向东、向南发展势在必行。城市东扩、旅游西进、沿江开发、跨江发展是杭州历史性的跨越。萧山位于杭州东南，是杭州沿钱塘江南岸发展的主要腹地。余杭从东、北、西三面拱卫杭州，是杭州沿钱塘江北岸发展的主要纵深地。萧山、余杭撤市设区后，杭城沿江、跨江、向东、向南发展的地域广阔，形成以钱塘江为轴心，包括若干个中心区块的多核组团式特大城市结构形态，使杭州在原来富有特色的湖、山、河基础上加入了江的要素，城市形态更加丰满和完美。

改善了生活与发展环境，为塑造天堂新形象创造了条件。撤市设区扩大了杭州市域范围，降低了人口密度，减少了环境污染，改善了市民物质文化生活条件。有利于更好地保护、挖掘和利用历史文化遗产，有利于引进和建设大型文化设施、文化项目，有利于增强都市意识，整体提升文明程度、市民素质和文化品位。

加强了杭州经济社会发展后劲，促进共同繁荣。撤市设区将促进新老城区经济社会发展和管理的大融合。老区雄厚的工业能力和先进技术加快向新区扩展，增强新区经济发展的后劲；老区先进的农业形态加快向新区推进，带动新区农业由远郊型农业向都市型农业转变；生产要素市场相互渗透；老区的人才资源加快向新区流动。环城公路、钱江新城、钱江四桥、信息港基础设施工程、城市轻轨系统、天然气输配工程等重大项目的启动建设有效促进新区建设，提升城市整体功能，提高人民群众生活水平。与此同时，也给老区的环境改善、基础设施建设、市民生活质量的提高带来新变化。

从"西湖时代"大步跨向"钱塘江时代"的杭州，国际化大都市框架日益清晰地显现，在新的发展环境和新的空间地域中，杭州人民必可凭借自己的勤劳和智慧，锐意进取，开拓创新，谱写新的辉煌。

（沙勋 执笔）

119. 李书福实现造车、办学梦

2001年,在国家经贸委发布的中国汽车生产企业产品公告上,浙江吉利集团生产的四款轿车榜上有名,这标志着"吉利"已成为中国首家获得轿车生产资格的民营企业。李书福也因此圆了自己的轿车之"梦"。

李书福,1963年出生于浙江台州市路桥区。哈尔滨工业大学毕业,燕山大学工程硕士学位,经济师职称,浙江省劳动模范,全国政协委员,现任浙江吉利集团董事长。

在家乡浓郁的商业氛围下长大的李书福,19岁开始做小生意——从废品中提炼金银,开过照相馆,做过电冰箱,生产过建材铝塑板等。在接下来制造摩托车的过程中,李书福表现出商人敏锐的嗅觉。他生产了中国第一辆踏板式摩托车,1998年吉利踏板式摩托车产量达到65万台,产值连续几年高达二三十亿元,出口到22个国家,跻身全国民营企业前四强。就在吉利踏板式摩托车如火如茶之时,李书福萌生了造汽车的念头。然而,当地主管部门却给了他一个善意告诫:国家政策不允许。

转机出现在1997年,李书福通过收购四川德阳一家濒临破产的国有汽车工厂,获得了汽车生产牌照,并设法解决了汽车不能异地生产的限制,吉利的汽车项目获得批准。

1998年,"吉利"在临海建成了第一个生产基地,第一辆"吉利·豪情"下线。吉利进入计划部门划定的轿车"3+6"格局中,成为第一家民营汽车企业。

吉利和李书福蹒跚起步。李书福自一开始就明白要走自主研发的路,但起步只能始于模仿,"豪情"两厢车发动机采用夏利配套,车型也是那位钣金工出身的设计师用手工敲出来的,它的设计图纸是在几年后,豪情早已批量出厂时,由新加入的专业技术人员补齐的。不过,车的质量尚可,通过了国家强制性安全检查。在低价的推销下,第二年生产的 1600 多辆销售一空。2000 年,"吉利"的汽车销售量跃至万辆。但效益并不如想象那样好。

李书福并不退却,反而加紧扩大基地,到 2001 年,吉利拥有了临海、宁波和上海浦东 3 个汽车生产基地,完成了吉利进入汽车工业的基本战略架构。3 个基地各有各的车型:豪情、美日和华普,档次有所差异。但是,它们之间具有一个共同点:原型车都是在模仿的基础上靠钣金工敲出来的。

直到 2001 年吉利豪情和美日系列的 4 款车登上国家经贸委发布的中国汽车生产企业产品公告,使吉利集团成为中国首家获得轿车生产资格的民营企业。虽然背负着自主品牌的名义,但吉利距离自主研发,还差得太远。插手核心技术。所谓核心技术,普通意义上来讲,就是变速箱和发动机技术。李书福说:"国内大厂哪个自主研发出了轿车自动变速箱?还不是由我们吉利造出来了?"

多年前,国家计委就把它列为重点科研攻关项目,并在上海和天津两地进行研发,其中,仅上海的项目就安排了 5.5 亿元人民币。但并没有进行下去。李书福请来了已经下马的天津自动变速箱项目组的负责人,用了一年多的时间,花了几千万元,研制成功了自动变速箱,并形成年产 3 万台的生产能力。让李书福更加满意的是,吉利自主研发生产的变速箱价格便宜得多,一台 6000 元,而进口一台要 10000 多元。

吉利号称研发出国内第一套具有自主知识产权的电子智能助力转向器,还开发出从 1 升到 3 升全系列轿车发动机。2005 年 6 月 17 日,我国首家民营汽车研究院——吉利汽车研究院在临海落成,占地 40 亩,拥有专家和技术人员 400 多人。

和丰田打过一场自主知识产权仗的李书福深知,吉利的壮大最缺人才。网罗技术人才,是李书福多年来最孜孜以求的工作。先后加入吉利的有:原天津汽车集团技术部的副部长,原武汉工业大学的副教授乐易汉,原天津华利公司总经理余卫原,原天津汽车集团齿轮厂工程师徐滨宽等;吉利员工的形象也在改观,在临海市设有吉利学院和技工学校。在吉利汽车研究院现有的 200 人中,有三分之一是吉利学院的毕业生,都已经成长为各领域专才。生产线上的关键操作岗位均由大专以及多年前的中专毕业以上工人负责。

一业内专家分析:"在国有企业技术研发人才流失的同时,他们都流向了吉利、奇瑞这样的民营企业,原因很简单,在这些企业里,他们有更多的自主权和自由度,更能发挥自己的特长。"

2002 年"吉利"销售汽车 4.78 万辆,开始实现盈利。2007 年销售近 21.8 万辆,居全国轿车销售前十位。

2003 年 8 月,首批"吉利"轿车出口海外。2006 年取得突破性进展,出口近 1.5 万辆。2005 年 9 月"吉利"参加了法兰克福车展,这是"吉利"第一次参加国际顶级车展,也是中国汽车企业第一次参加这一车展。

自第一辆"吉利·豪情"诞生后,2000 年"吉利·美日"汽车下线;2003 年中国第一辆跑车"吉利·美人豹"面世,被国家汽车博物馆永久收藏。"吉利"拥有吉利自由舰、吉利金刚、吉利远景、上海华普、美人豹等八大系列 30 多个品种整车产品。从 2002 年"吉利"第一款自主研发的 479Q 发动机下线以来,"吉利"已陆续开发出 8 款不同的发动机。2005 年 5 月研发成功的中国首台 CVVT 发动机、CVVT—JIAGl8 全铝发动机,其主要指标达到了国际水平。这些系列产品全部通过国家的 3C 认证,并达到欧 Ⅲ 排放标准,部分产品达到欧 Ⅳ 标准,拥有这些产品的完全知识产权。

"吉利"汽车不仅在技术水平和产品质量上有了很大的提高,在品牌形象上也有了显著的提升。2005 年,"吉利"中文商标被认定为中国驰名商标,2006 年,"吉利"汽车的图形商标也被认定为中国驰名商标,这是国内汽车自主品牌首次被认定为中国驰名商标。2008 年 5 月,80 辆"吉利远景"汽车作为开道车见证了杭州湾跨海大桥的开通。一个月后,在宁波举行的"博鳌现代物流与自由港国际论坛"活动中,40 辆"吉利远景"为各国贵宾政要服务。

吉利集团已经在浙江的临海、宁波、路桥和上海、兰州、湘潭建成 6 个汽车整车和动力总成制造基地,拥有年产 30 万辆整车、30 万台发动机、变速器的生产能力。吉利集团连续五年进入中国企业 500 强,连续三年进入中国汽车行业十强。被评为"国家创新型企业试点单位"、首批国家级"汽车及零部件出口基地企业"和"中国汽车工业 50 年发展速度最快、成长最好的企业",已经成为中国自主品牌汽车的主力军之一。

吉利集团现有员工近 1 万人,其中工程技术人员 1800 余人,拥有院士 4 名、外国专家 10 多名、博士数十名、高级工程师数百名。建立的"吉利"汽车研究院,具备较强的整车、发动机、变速器和汽车电子电器的研发能力,是国家级的"企业技术中心"和"博士后工作站"。吉利集团还先后创办了北京吉利大学、海南大学三亚学院、浙江汽车职业技术学院等,为中国的汽车工业输送了大量的人才。

"造老百姓买得起的好车"和"让吉利汽车跑遍全世界",是李书福造汽车的两大目标。第一个目标已基本实现,而第二个目标也不再是遥不可及的梦想。

"吉利"造车的突出意义在于:第一,它突破了民营企业进入汽车领域的行政壁垒,破除了"民营企业造车等于自杀"的陈腐观念。第二,它冲破了国外汽车厂家的技术壁垒和市场垄断,中国民营企业在资金和技术密集型领域也能走出一条自力更生、自主创新的发展之路。第三,它示范和带动了浙江一大批汽车及零部件制造企业的成长和发展,优化了浙江制造业产业结构,也改变了浙江"小企业、小商品"的传统产业形象。

另一件让人惊讶的事情是,一个民营企业家竟然去办大学。其实,在"吉利"汽车初创时,李书福就将厂区规划为教育区、生活区、工厂区三部分,同步建设。"吉利"投资近亿元,征地270亩,创办了浙江经济管理专修学院。同时,在北京创办吉利大学,成为全国十大民营大学之一。"吉利"的技术人才基本由"自己的"大学提供。李书福的"吉利"逐渐从学习走向超越。

李书福坦承,最初准备制造轿车仅仅出于市场的考虑:"这个市场大呀!"但当他真正涉足并了解汽车产业之后,另一种感情开始上升——"造中国自己的汽车"成为一种理想。

当李书福听到日本称"中国一定成为世界工厂"时,提出一系列问题:世界工厂由谁下订单?假如中国市场汽车被外资控制,世界工厂是不是变成世界加工车间?如果变成世界加工车间,还有没有民族品牌?还需要企业家吗?还是只需要车间主任?他认定:"别人没做,我们更应该做。即使无力回天,也可留下一个时间点上的一个思考。"

李书福把完成这一理想的过程形容为:"一股力量在风中回荡。"这个目标对李书福如此重要,以至于其他的一切都无足轻重。拥有巨额财富的李书福住的仍然是十年前的旧房子,吃职工食堂,开"吉利"汽车,穿"吉利"皮鞋、"吉利"工作服。"李书福对物质享受几乎没有要求。"

（朱健 执笔）

120. 跨湖桥文化遗址出土

　　2001 年杭州萧山跨湖桥新石器时代遗址的新发现,将浙江新石器时代人类活动的时间提早了一千年,而随后发掘的浦江上山文化遗址和嵊州小黄山文化遗址,再次将此时间前推两千年。三项重大的考古发现,共同展示了浙江新石器时代的新画卷。

　　跨湖桥遗址位于萧山城区西南约四公里的城厢街道湘湖村,靠近钱塘江、富春江与浦阳江三江的交汇处。因古湘湖的上湘湖和下湘湖之间有座跨湖桥而得名。跨湖桥遗址经过 1990 年、2001 年和 2002 年三次考古发掘,发掘面积达 1000 平方米左右,出土有大量的陶器、骨器、木器、石器以及人工栽培水稻等文物,经碳 14 测定和热释光测定,其年代在距今 8000—7000 年之间。

　　在诸多的出土文物中,有五样东西考古发掘最为世所关注。一、木制弓箭。人类制造、使用弓箭有着悠久的历史,但木制弓箭最早始于何时,一直不甚明了。跨湖桥遗址出土的一只木弓,是迄今为止所发现的最早的木弓。二、慢轮制陶术。跨湖桥遗址出土的"黑光陶"的罐口布有 7 条环状平行弦纹。一个木质陶轮底座的出现解开了其如何制作的谜底:跨湖桥人已经掌握了慢轮制陶的技术。陶轮的出现是制陶业的一场革命,使得陶器形状更好,厚度均匀,弦纹则能大大增加陶器的美观。据考古资料认定,此前,世界最早的陶轮出现于西亚两河流域,距今 5700 到 5300 年。在中国距今 7000 年左右的半坡遗址发现过陶轮加工特征,但没有发现陶轮。此次发现证实了中国的陶轮技术先于西亚两河流域 2000 多年。三、海水制盐。跨湖桥的"黑光陶"表面异常黑亮,经测试,发现陶片属夹碳陶,氧化钾和氯化钠的含量非常高。氧化钾并不完全来源于陶器的胎土,还来源于草木灰。说明人为加入了盐的成分。实验数据表明,通常海水的食盐含量大大低于黑光陶表面所测出的食盐含量,由此推断,古人制黑光陶时有意识地加入一些利用古老海水制盐法制作出来的原始食盐。四、最早的独木舟。船现长5.6米,船身最宽处为52厘米,船体深15厘米,船帮有部分被损坏,因而宽窄不一。独木舟标本经碳14测定,其年代达8000年左右。在此之前,江苏武进曾发现距今2000多年的独木舟,在很长时间内被视为中国最早的古船。河姆渡遗址也曾出土过7000年前的船桨,但并没有发现木船的整体。从世界范围看,最早的古船是埃及墓穴出土的"太阳船",距今约5000年。英国约克郡曾出土过距今9500年的船桨,但也未发现整船。跨湖桥古船的发现,把全国纪录和世界纪录向前推了2000多年。五、水稻种植技术。对跨湖桥遗址植物硅酸体分析结果显示,除第11层外,其他各层都有来自稻叶片运动细胞的遗存,并且形状较大,与现代栽培的粳稻相似。稻物遗存调查显示,跨湖桥遗址中有大量的稻谷、米和谷壳等古稻遗存,谷粒型与现代栽培稻的籼稻相似。专家认为,这些古稻可能是尚未完全分化的群体。虽然,跨湖桥人以狩猎为主,并没有创造河姆渡人那样辉煌的农业文明,但他们已经掌握了水稻种植技术。同时出土的农用工具骨耜,也证明了这一点。

由于跨湖桥遗址的文化面貌非常独特新颖而被评为"2001年度全国十大考古新发现"。

2004年12月16-17日,在杭州市萧山区召开的"跨湖桥考古学术研讨会暨新闻发布会"上,著名的考古学家、中国考古学会副理事长、国家文物局专家组成员、北京大学教授严文明先生代表与会的40多名考古专家,向新闻媒体宣布了"跨湖桥文化"的命名。

跨湖桥文化遗址要早于河姆渡遗址1000年,是当时发现的浙江省境内最早的新石器时代文化遗址。跨湖桥遗址的文化面貌非常独特,是一种独立的文化类型。这一发现,把浙江的文明史提前到了8000年前的新石器时代早期,是浙江悠久历史和深厚文化积淀的重要证据,也再次证实了长江流域也是中华文明的发源地之一。

首先,跨湖桥遗存距离浙江境内的河姆渡文化、马家浜文化和良渚文化都很近,但其面貌又如此迥异,是一种独特的文化类型——跨湖桥文化。它的发现表明,浙江境内新石器时代文化的情况绝非以前认识的那么简单,而是由多个源流谱系组成。它们之间的相互关系就成为今后史前考古研究中的一个重要课题。

其次,针对跨湖桥遗存和长江中游文化有较多相似因素,这为探讨两地的文化关系提供了重要线索,也为研究当时整个长江流域文化格局以及此后的变迁问题提供了重要线索。

其三,由于跨湖桥遗存和长江中游文化有比较密切的联系,又地处浙江中北部,和本地文化也有一定关系,因此,它的发现,第一次把长江中下游地区的考古学问题直接联系起来了,对日后整体上研究长江流域的文化起到了重要的中介作用。

跨湖桥遗址尚在深入发掘、研究之际,一项新的考古发现——浦江上山遗址——又把栽培稻的出现年代前移了两千个春秋。上山遗址位于浦江县黄宅镇渠南村,2001年—2006年,浙江省文物考古研究所和浦江博物馆对上山遗址进行了三期发掘,共揭露遗址面积1600平方米,获得了丰富的实物资料。发现出土的夹炭陶片表面,有较多的稻壳印痕,胎土中羼和大量的稻壳、稻叶,遗址还出土了稻米遗存,发现了成排木柱构成的建筑基址。碳十四夹对炭陶标本作年代测定的结果是:10000年。而专家对稻壳的测试,亦初步确定该稻壳遗存属于栽培稻范畴。2003年11月,《中国文物报》发表《浙江浦江县发现距今万年左右新石器时代早期遗址》,向世人宣告:世界上最早稻米遗存在上山出土。之后,考古专家又通过对遗址中挖掘出来的各个土层的大量样土的认真浮选,找到了一粒万年以前的新石器时代早期的米和多粒晚期的米。

经过数年的研究,考古学界认为,从遗存的丰富性看,无论是稻谷还是陶器、石器,或者是遗址的建筑规模,上山遗址在为数不多的万年前后的早期新石器时代遗址中都处于领先水平。尤其稻作文明方面,上山采集到了新石器时代早期的米粒,大量稻作遗存的发现,把长江下游的稻作历史比河姆渡提早了3000年,比跨湖桥提前了2000年,表明长江下游在水稻栽培史上毫不逊色于长江中游地区,是世界稻作和栽培稻最早的起源地之一。上山遗址的文化内涵具有鲜明的地域特色,上山遗址是中国长江下游及东南沿海地区迄今发现的年代最早的新石器时代遗址,为长江下游地区新石器时代文化的源头。上山遗址的发现,是中国新石器时代考古的重大突破,相对于国内其他遗址而言,上山还是一个全新的文化,代表了一种新发现的、更为原始的新石器时代文化类型。这种新发现的考古学文化可以命名为"上山文化"。

较上山遗址稍晚,嵊州小黄山遗址的重要考古发现,被评为2005年度全国十大考古新发现。小黄山遗址文化内涵分成四个阶段,第四阶段堆积遗物显示为良渚文化晚期遗存,前三阶段遗存为小黄山遗址堆积的主体。2005年3月,省文物考古研究所开始挖掘,历时2年,发掘面积3000多平方米,发现壕沟、房基、灰坑、墓葬等一大批遗迹,出土陶器、石器2000多件。小黄山遗址新石文化早期遗存保存之完好,出土文物储藏坑发现之多,石磨盘、石磨石出土数量之丰富,在江南新石器时代遗址中十分罕见。其中出土的石雕人首距今 9000 年以上,应是中国新石器时代遗址考古发现的时代最早的石雕人首,具有很重要的研究价值。遗址中大量的牛骨等动植物遗存,表明采集、狩猎是小黄山先民主要食物来源。地层中稻属植物硅酸体的大量发现,表明小黄山先民已经栽培或利用水稻。大量储藏坑及相关建筑遗迹的发现,表明小黄山先民已进入定居阶段。考古学家认为, 小黄山遗址是长江中下游地区距今 9000 年前后规模最大的聚落遗址,已形成"比较稳定的大型村落型遗址"。

　　小黄山遗址第一阶段与上山遗址相近, 第二阶段相当于跨湖桥文化阶段,第三阶段内涵与河姆渡文化存在某种联系,为进一步认识和把握浙江乃至整个东南沿海地区新石器文化源流及其发展演变提供了可靠的地层学依据、丰富的实物资料。

（徐斌 执笔）

121.《浙江省最低生活保障办法》出台

2001年,浙江省颁布并实施了《浙江省最低生活保障办法》,该办法规定:"凡家庭人均收入低于其户籍所在县市最低生活保障标准的城乡居民,除本办法有特别规定的外,均有从当地政府获得基本生活物质帮助的权利。"该规定给予城乡居民以平等的生存救助权,被国内誉为农村低保的"浙江模式"。这是中国首部省级城乡一体的最低生活保障办法,使浙江省低保工作迈入法制化、制度化进程。

长期以来,中国实行的是城乡有别的社会保障制度,大量的社会保障资金投入城市,农村却被长期忽视。在社会保障的法律制度建设方面,农村远落后于城市,随着1999年9月《城市居民最低生活保障条例》的出台,城市居民的最低生活保障权利以立法的形式得到保障。而农民的最低生活保障却依然是空白。

改革开放以来,浙江经济的快速发展,使得社会各阶层的收入差距进一步拉大,社会上出现了相当一部分弱势群体,如何保证社会健康稳定发展成了浙江省必须解决的问题。因此,浙江省考虑建立和规范浙江省城乡最低生活保障制度,来解决经济快速发展与社会群体之间收入差距进一步拉大这一矛盾。浙江省委、省政府认识到,最低生活保障与失业保险、养老保险两项社会保障制度相比,在对象上有其特殊性,它关系到贫困线以下群众的生存问题,是三条保障线中的"底线"和"生命线"。所以,浙江省的最低生活保障制度提出"统筹考虑城镇居民和农村居民基本生活的需要,实行城乡联动、整体推进,抓紧建立面向城乡居民的最低生活保障制度"。从一开始,浙江省就把农民当作了重点保障对象。

浙江农民最低生活保障权利的获得可以追溯到1996年。是年中央提出了城镇居民要有最低生活保障,浙江省考虑,贫困人口主要在农村,如果搞最低生活保障,农民也应该享受这个权利。因此,浙江省政府先后于1996年、1997年下达《关于在全省逐步建立最低生活保障制度的通知》和《关于加快建立最低生活保障制度的通知》两个文件,在 30 多个县建立了农民最低生活保障制度。

随着浙江省城乡最低生活保障制度的推进,这两个文件的局限性逐步显露,集中反映在各地民政部门普遍感到保障资金的来源不明确。城乡最低生活保障资金的审批发放没程序可循,"暗箱"操作严重。1999 年,国务院《城市居民最低生活保障条例》出台,浙江省政府参考了该条例,经过反复论证,于 2001 年 8 月 15 日通过了《浙江省最低生活保障办法》(以下简称《办法》),10 月 1 日起正式实施。

《办法》在全国各省、自治区、直辖市中,率先以省政府规章的形式,确认农民最低生活保障标准和申报程序的规范,同时规定了激励就业的相关政策。家庭人均收入低于当地最低生活保障线标准的农民,拥有"从当地人民政府获得基本生活物质帮助"的权利。贫困人口在向乡镇政府申请并审查通过后,所属村委公布申请人名单及收入情况,实行公开化、透明化。《办法》实施以后,申请人申请最低生活保障一般分为三步:一是个人申请。贫困户向乡镇政府的民政部门提出最低生活保障的书面申请。二是初步审核。由村民委员会和农村低保评审小组调查核实。在这期间,低保申请首先要提交村民代表会议进行民主评议,通过后再进行公示。公示期一般不少于七天。三是民政审定。县民政局最后把关,对符合条件的及时批准;不符合条件的书面通知申请人,并说明理由。批准后,再次进行公示。为增加工作透明度,接受群众的监督,县(市、区)、乡(镇)都设立了公告栏,县(市、区)民政局设立举报监督电话。《办法》规定,申请人在向其户籍地的街道办事处或镇(乡)人民政府提出后,核查期限不得超过 12 个工作日,审批工作应在 7 个工作日完成。申请人如果认为政府部门的行为侵犯其合法权益,可以申请行政复议和提起行政诉讼。同时规定,在享受低保期间,"有正常劳动能力但尚未参加工作、生产"的,应参加所在地的"公益性社区服务",浙江省各地农民的经济收入差距目前还比较大,根据这个低保办法,农民的最低生活保障标准在参考各县市上年商品价格指数、经济发展状况、财政承受能力、社会整体生活水平、周边地区保障标准等因素后确定。

浙江省农村低保一般为现金救助,个别地方(主要是城郊)采用实物救助,以超市消费卡形式发放。少数地方采取粮款结合的方式,首先满足人均口粮的救助,以粮抵款,差额部分发给现金。除了定期定量救助外,浙江省还从住房、就业、医疗、教育、税收、水电等方面扶助困难群众,如发放"教育券"、免交农村合作医疗个人出资费、实施大病援助等。

《办法》在全国具有超前性。用法律形式将农民群众纳入了社会保障制度的保护范围,以法律的形式对最低生活保障制度实施城乡一体化规范,在全国属于首创。对浙江省经济发展、社会稳定,乃至对全国城乡一体化最低生活保障制度的建立都产生了积极影响。

从 2002 年起,浙江省最低生活保障实现应保尽保,低保资金的使用管理纳入"年度预算、定期拨付,年终决算、结余留转"的良性轨道。2003 年,省政府办公厅印发了《关于进一步做好最低生活保障工作的通知》,要求各地根据经济社会发展适时调整保障标准,加大对最低生活保障对象的扶持。2006 年全省有 62.9 万人领取了低保金。

除了最低生活保障之外,浙江省于 2003 年在全国率先建立了被征地农民基本生活保障制度。至 2008 年,全省有 310 万名被征地农民纳入保障范围,其中参加基本生活保障的有 260 万人,参加职工基本养老保险的有 50 万名,有 118 万名符合条件的参保人员,已按月领取基本生活保障金或养老保险金。

此外,覆盖城乡的新型社会救助体系建设全面推进,全省形成了包括城乡医疗救助,困难家庭学生助学,农村"五保"和城镇"三无"对象集中供养,住房、司法等专项救助在内的社会救助体系。努力解决关系群众切身利益的突出问题,建立与价格指数挂钩的困难群众生活补贴机制,提高企业最低工资、企业退休人员基本养老金、各类重点优抚对象抚恤补助标准和困难群众生活补助标准。农村从 2003 年开始建立新型农村合作医疗制度。

其他的如全省基本养老、基本医疗、失业、工伤、生育五大保险覆盖面不断扩大,保障水平稳步推进。2008 年,省政府出台《浙江省人民政府关于建立健全覆盖城乡居民的养老保障制度的意见》,呈现出一个"惠及全民"的养老保障制度,不仅在城市不分居民职业、年龄、地位等身份差异,而且打破城乡界限,真正做到"应保尽保",人人享有养老保障。2008 年年底,全省所有统筹地区全部建立城镇居民基本医疗保险制度,参保人数突破 300 万,预计到 2010 年达到 500 万人,基本实现全省城镇居民人人享有基本医疗保障。

浙江社会保障体系建设实现了由"单一突破"向"整体推进"转变,由"政策调整"向"法律规范"转变,由"城镇保险"向"城乡统筹"转变,一个具有浙江特色的覆盖城乡、功能完善、多层次的"大社保"制度框架和政策体系初步形成。

(俞红霞 执笔)

122. 西湖综合保护工程见成效

　　2002年10月25日,雷峰塔前人头攒动,热闹非凡。白天,杭州市隆重举行雷峰塔重建落成典礼。晚上,上演"雷峰夕照"音乐大典。重建雷峰塔、恢复"雷峰夕照",复原了初评的"西湖十景",促进了西湖核心景区"南旺北热"格局的形成。

　　雷峰塔是由吴越国王钱俶为祈求国泰民安,于北宋太平兴国二年(公元977年)在西湖南岸夕照山上建造的佛塔,塔基底部辟有井穴式地宫,存放着珍藏有佛螺髻发舍利的纯银阿育王塔和龙莲座释迦牟尼佛坐像等数十件佛教珍贵文物和精美供奉物品。雷峰塔在黄昏时与落日相映生辉的景致,被命名为"雷峰夕照",被选为西湖十景之一。1924年9月25日,年久失修的雷峰塔轰然坍塌,"雷峰夕照"胜景从此名存实亡。

　　雷峰塔倒坍后,各界人士一直企盼重建这座著名古塔。1999年,杭州市决定重建雷峰塔。9月,重建工程正式启动,2002年10月竣工,前后历时三年。

　　雷峰塔景区占地面积近90亩,由主体建筑、文物陈列馆、游客中心、观景台和其他配套辅助设施组成。新塔建在遗址之上,保留了旧塔被烧毁前的楼阁式结构,以南宋初年重修时的风格、设计和形制建造。新塔兼具遗址文物保护罩的功能,通高71.679米,由台基、塔身和塔刹三部分组成。塔身的设计沿袭了原雷峰塔平面八角形楼阁式制型,外观是一座八面、五层楼阁式塔。各层盖铜瓦,转角处设铜斗拱,飞檐翘角下挂铜风铃,风姿优美,古色古韵。同时二至五层还有外挑平座可供观景。塔刹高16.1米,顶部采用贴金工艺。它的外形具有唐宋时期江南古建筑的风格,一派金碧辉煌的气象。塔内为保护遗址而建的保护罩呈八角形,建筑面积3133平方米,外饰汉白玉栏杆。保护罩分上下两层,将雷峰塔遗址完整地保护起来。

雷峰新塔建成后,以崭新的风貌和丰厚的内涵在西湖名胜古迹中大放异彩。游人登上雷峰新塔,站在五层的外观平座上,西湖山水美景和杭州城市繁华尽在游人的远望近看之中。作为西湖南线的制高点,极目眺望,碧波荡漾的西子湖、秀美端庄的汪庄、绿意葱茏的湖心三岛一览无余。而站在西湖东岸的湖滨路远眺,雷峰塔敦厚典雅,保俶塔纤细俊俏,两座塔一南一北,隔湖相望,西湖山色找回了往日的和谐与美丽。

重建雷峰塔,是新世纪杭州市实施西湖综合保护工程的一部分。该工程于2002年初正式启动,要求在充分展示西湖景区原有风貌和特色的基础上,把它装扮得更靓丽和谐。让西湖成为自然景观优美、人文景观丰富、服务设施一流、交通便捷通畅、环境整洁卫生、管理科学合理的世界级风景旅游胜地,名副其实的世界景观文化遗产。在此后的五年多时间里,主要实施了以下几大工程:

新湖滨景区建设工程。把湖东的湖滨路改造成融旅游、休闲、购物为一体的繁华街区。建设工程本着"似曾相识"的原则,坚持历史与现代柔性结合,城市与西湖完美融合,强化湖滨地区的生态功能、旅游功能、休闲功能与商贸功能,弱化交通功能、居住功能。通过功能置换,将西湖的自然空间、山水景观引入城区,降低街区建筑密度和人口密度。保护湖滨路历史文化遗存,重建老百姓曾经熟悉的骑楼。同时控制湖滨建筑的高度,保护西湖的优美天际轮廓线,保持"三面云山一面城"的城市特色,使湖滨旅游商贸特色街区成为"西湖的大门"、城市的客厅,游客休闲观光购物的乐园。

环湖南线景区整合工程。在沿湖南翼构筑一道文化与景观相结合的艺术长廊。本着"还湖于民、还湖于游客"的宗旨,按照"开放性、通透性、可进入性"的要求,拆除围栏、调整树木、绿化引水、辟建河埠、建设步行道、配置灯光和音乐等,打破了独立建园组景的老概念,对原少儿公园、老年公园、长桥公园、柳浪闻莺公园进行资源整合,成为免费开放的景观廊道。同时根据园林文化的要求,采用拱桥、河埠、雕塑、景观小品、文物建筑、古典楼台亭阁等,适度体现景区的民俗文化、园艺文化、名人文化、历史故事和民间传说,提升文化品位,成为一条展示西湖文化内涵和文化特色的文化廊道,从而改变西湖风景区"南冷北热"的格局。

湖西综合保护工程。在西湖以西地段恢复生态环境,使之充满古趣野味。本着还西湖历史原始性、生物多样性原则,按照"整治、引水、美化、造景"的方针,动员非农人口外迁,推动农居点适当集中,降低人口密度和建筑密度,提高景区环境容量。利用水塘密布河港交错的地形条件,在使现有地表水、溪涧水在入湖前得到净化的基础上,加大钱塘江向西湖的引水量,改善和恢复湖西生态湿地,打造江南水乡风情。改进绿化结构,保持四季花开。突出明代文化特征,适度造景,力求幽静自然,野趣横生,达到返璞归真的效果。

北山路保护与改造工程。在保护的大前提下整治北山路,保持高雅精致的特色。本着尊重历史、挖掘文化、营造环境、追求特色的原则,搬迁安置原住居民,拆除违章建筑,清洁环境卫生;去除围墙,敞开庭院,连接园林;整修别墅,让不同年代、不同风格的历史建筑互相映衬;修缮菩提精舍、玛璃寺等,辟建具有宗教文化特色的休闲场所;沟通道路,扩绿建绿,营造幽雅的生态环境;修复西湖博览会工业馆旧址,设立杭州西湖博览会收藏馆。使北山路沿线成为品位高雅、风貌别致、特色鲜明的宝石花园。

湖区"三岛三堤"整治与恢复工程。通过整治,使西湖景区锦上添花。根据各景点的历史成因和现有格局,以不同的功能定位,强调各自的景观特色。三潭印月充实文化内涵,整合码头资源,形成主游览线;湖心亭完善植物配置,突出"风月无边景观",恢复观赏西湖美景的最佳位置;对阮公墩注重生态功能,完善植物种类,营造自然的宁静氛围;白堤突出朗艳风格,保持十里花堤特色;对苏堤维护幽野风格,烘托西湖艳丽色彩;杨公堤与湖西综合保护工程配套,再现明代杨公堤"里六桥"的历史风貌。

2002年"西湖南线整合工程"实施后,各大公园免费开放,在全国引起轰动。2003年建成杨公堤、新湖滨和梅家坞茶文化村"三大景区"。同年取消环湖的六家博物馆(纪念馆)收费,再次全国瞩目。2004年开放"一街二馆三园四墓五景点"。2005年完成两堤三岛修缮等八大项目。2006年完成灵隐景区综合整治一期、吴山景区综合整治一期和"龙井八景"恢复整治三大项目。2007年实施灵隐景区综合整治二期等七大项目。2008年完成了九溪—杨梅岭综合整治工程、三个"西湖十景"纪念标志项目、西湖夜景亮灯优化工程等八大项目。至此,西湖圆了"一湖两塔三岛三堤"的全景之梦,重现了"一湖映双塔,湖中镶三岛,三堤凌碧波"的美景,形成了西湖"东热南旺西幽北雅中靓"的新格局,西湖综合保护工程告一段落。

(曾林平 执笔)

123. 省内"四小时公路交通圈"建成

"晨饮西湖龙井,日喝绍兴老酒,夜尝温州海鲜⋯⋯"2002 年 12 月 28 日,随着杭金衢、金丽温高速公路开通,浙江境内皆成短线游。驱车高速公路,从杭州到浙江 10 个地级市的主城,四个小时均可到达,备受百姓关注的"四小时公路交通圈"终于梦圆。

"汽车跳,浙江到",曾是浙江公路交通的真实写照。1949 年刚解放时,全省公路通车里程仅 3675 公里。到 20 世纪 90 年代初,全省公路仅有 5000 多公里,浙江全境"大堵车、大堵航"时有发生。从杭州到绍兴不到 100 公里路程,往往要跑上大半天,到宁波需一天,到温州有时要两天。交通的落后,给老百姓出行带来极大的不便,更严重阻碍了浙江经济的快速发展。落后的公路基础设施与蓬勃发展的国民经济的矛盾日益突出,交通成为社会关注的热点,政府工作的难点。迅速改变浙江公路基础设施的落后状况,已是关系到国计民生的一件大事,刻不容缓。

为突破交通"瓶颈",从 1996 年起,浙江开始组织实施"三八双千"工程,即用三年时间,全线拓宽省内干线 1000 公里,形成杭州向各市辐射的一级或二级加宽路网;同时用八年时间,建成 1000 公里高速公路,形成杭州向各市辐射的高速路网。自实施"三八双千"工程以来,十万平方公里的浙江大地上,七年间新建、改建了近 3000 公里的高等级公路。1998 年省第十次党代表大会进一步确定了"建设大交通,促进大发展"的方针。省有关部门提出到 2002 年年底,要建设 1000 公里高等级公路,基本建成沪杭等一批高速公路,使杭州与陆上各市均有高速公路相连,形成省会至各市之间的"四小时公路交通圈"。

为了保证"四小时公路交通圈"按时开花结果,浙江省在交通建设资金投入上年年上"档次"。自 1998 年首次突破 100 亿元,达到 143 亿元以来,逐年增加,

2000 年为 160 亿元,2001 年达到 168 亿元,连续两年名列全国第三位。"九五"期间,浙江全社会交通建设完成总投资达 600 亿元,是"八五"时期的 4 倍。

浙江多年来交通建设资金不断"加码"得益于一个好的机制。"国家投资、地方筹资、社会融资、引进外资"和"贷款修路、收费还贷、滚动发展"的投融资体制,加上省、市、县共建和分别建的建设体制的实施,让资金的筹集如"百川归海",其中,"四自公路"模式发挥了最重要的作用。

所谓"四自公路"模式,就是建设单位自行贷款、自行建设、自行收费、自行还贷,吸纳社会资本参与公路建设的模式。这一创新模式的推出,为全省公路建设注入了强大的活力。各级政府积极响应,社会各界广泛参与,把公路建设作为带动经济发展的重要举措,把"四自"方针作为筹集公路建设资金的"法宝"。1992 年 4 月省政府批准兴建绍兴"四自公路"工程之后,全省已批准的"四自工程"约 200 项,至 2000 年年底完成 123 项,完成投资 200 多亿元,改建公路 2550 公里,约占全省现有二级以上等级公路的 48%。到 2002 年底,浙江建成 3509 公里高等级公路,其中高速公路达到 1307 公里,从杭州到全省大陆上所有地级市都通上高速公路,浙江"四小时公路交通圈"正式建成。

自此,从省会城市杭州出发到 10 个地级市,最近的绍兴只要半个小时,最远的温州、丽水,也在四个小时之内,一张由高速公路编织的大网在浙江大地铺就。

东线——沪杭甬高速公路。沪杭甬高速公路是浙江第一条高速公路,境内全长 248 公里,贯通上海、杭州、宁波、绍兴、嘉兴等区域中心城市和经济发达市县,连接吞吐量达全国第一、二位的上海港和宁波港。

南线——主线:杭金衢高速公路、上三高速公路、甬台温高速公路、金丽温高速公路。其中:杭金衢高速全长 289 公里,设计时速 120 公里,从杭州途经金华到衢州,全程行驶两个半小时;上三高速全长 141 公里,设计时速除新昌段为 60 公里外,其余为 100 公里,从上虞途经嵊州、新昌、天台到三门;甬台温高速全长 367 公里,是浙江最长的高速公路,也是浙江省首条采用股份制形式建造的高速公路,设计时速 100 公里,从宁波途经台州到温州;金丽温高速全长 244 公里,设计时速 100 公里,从金华途经丽水到温州。

北线——杭宁高速公路、乍嘉苏高速公路。其中:杭宁高速(浙江段)全长 99 公里,设计时速 120 公里,从杭州途经湖州到南京;乍嘉苏高速(浙江段)全长 53.83 公里,设计时速 120 公里,从平湖乍浦经嘉兴到苏州。

"四小时公路交通圈"的建成,标志着浙江的交通建设完成了历史性的飞跃。它不仅大大方便了城乡居民的出行,更拓展了浙江经济社会发展的空间,改变了区域间的经济格局,对全省经济的发展产生了重大而深远的影响。

"四小时公路交通圈"建成后,从 2003 年开始,全省实施了交通"六大工程",包括高速网络工程、干线畅通工程、水运强省工程、乡村康庄工程、绿色通道工程、廉政保障工程。其中,高速网络工程以每年新增三四百公里的速度迅速扩张,五年内累计建成 1566 公里,超额完成了省政府 2003 年提出的五年确保建成 1000 公里高速公路的总体目标。杭(州)新(安江)景(德镇)、杭(州)千(岛湖)、甬(宁波)金(华)、台(州)金(华)、龙(游)丽(水)、丽(水)龙(泉)、杭(州)浦(东)、诸(暨)永(嘉)、黄(山)衢(州)南(平)等多条高速公路通车。到 2008 年底,浙江高速公路里程达到 3073 公里,全省大环网基本形成。浙江公路网络建设的历史性突破,为浙江的城市化、经济国际化、区域协调发展和长三角一体化战略的全面实施,提供了强有力的支撑。便捷的公路交通带来了大量人流、物流、资金流与技术流,造就了一条条不断向前延伸的"高速公路经济带"。

（曾林平 执笔）

124. 宁波海曙区社区直选成功

　　2003年3月至11月,宁波市海曙区辖区内全部59个社区居民委员会实行了社区居民委员会直接选举,诞生了浙江省第一批直选产生的居民委员会主任。这次社区直选为全国首例县级行政区实行全行政区社区居民委员会直选,历时8个多月,参与选民167693位,参选率88.5%,创造了当时国内设计最科学的基层选举制度。新华社、《人民日报》、中央电视台、《南方周末》等各大媒体纷纷给予关注、报道。

　　在海曙区社区直选现场观摩的专家说,这次直选"是中国基层民主从农村走向城市的根本标志","对中国城市基层民主政治建设的借鉴作用不可低估"。

　　2003年3月23日,是海曙区月湖街道平桥社区居民委员会换届选举的日子,丁雨梅大妈比平时早起了整整1个小时,7点差5分就到了社区里的教育学院。学院门口"珍惜民主权利,积极参加选举——平桥直选点"的大红横幅,两三天前就挂起来了。丁大妈摸出两张选民证和一张委托证,为自己和老伴换了两份选票。她就被引到了"秘密划票"处,依照她"心里早就决定好"的9个人选,在选主任的红票上划了一叉一勾,在选居民委员会成员的黄票上划上了二叉八勾。她把四张选票轻轻放进投票箱,成为了平桥社区的第一位投票人。人们络绎到来,有一位89岁的竺老先生,也为自己投上了神圣的一票。这其中,还有12位特殊的投票者——社区候选人。在19日之前,他们已多次在社区居民面前亮相并"推销"自己。此次直选,凡是18周岁以上者,无论是本社区常住居民,还是在本社区居住半年以上的外来务工人员,都有选举权和被选举权;只要本人自愿报名并有社区选民10人以上联合推荐的,都可以成为初步候选人;投票前,候选人要与居民见面、发表竞选演说、接受群众质询,并允许候选人到选民家上门沟通;制定严格的投票选举办法,采用无记名投票,设立秘密划票处,当场计票和公布选举结果等。社区居民委员会成员,由全体选民"一人一票"选举产生,取代了原先由上级部门指定候选人和等额选举的办法。38 岁的胡建萍经选举续任平桥社区居民委员会主任。

与平桥社区同时选举的还有海曙区白云街道联南社区。在联南社区,"现在开始投票!"主持人刚宣布完毕,69 岁的退休教师杨菊芬起身离座,走上主席台,将手中的红色选票轻轻放进投票箱。接着,其他选民也陆续给自己心目中的"小巷总理"投票。一陈姓残疾人坐着轮椅车来到选举现场,他要亲手投下自己的一票。91 岁高龄的董大爷,在工作人员的搀扶下来到现场投上一票。在甬打工的安徽籍青年小郑也兴高采烈地赶来投下一票。当天下午 4 时,按照计票结果,联南社区 54 岁的罗静菊当选为主任,成为浙江省首位直接选举产生的居民委员会主任。同时选举产生的还有 8 名社区居民委员会委员。

由于前期宣传工作到位,公开、民主、规范的选举活动引来了社区居民积极热情地参与,试点直选取得成功。3 月 30 日,南门街道澄浪社区也直选出新的居民委员会班子。

这以后,海曙区的所有社区都严格按照《选举工作细则》开展社区居民委员会的直选。至 11 月,随着郡庙社区居民委员会直选的结束,海曙区辖内 59 个社区居民委员会,全部实行了社区居民委员会直接选举。

海曙区的这次社区居民委员会直选活动,极大激发了广大居民关心社区、参与社区建设的热情,对手中一票的民主含义更有切身体会,增强了社区主人翁意识。据统计,在直选活动中,社区居民平均参选率达到 88.5%,最高的参选率达到了 98.6%。新产生的社区居民委员会老中青结合,平均年龄 49.1 岁,具有良好的政治素质和文化修养,其中既有机关干部、也有企事业单位工作人员、离退休干部、普通住户等,78% 为党团员,大专以上文化程度占 46.8%,他们的最大共同点是热衷于社区公益事业,关心社区建设,志愿为社区建设服务。社区直选之后,组建了"选聘分离"的社区组织体系,完善了社区治理结构。

所谓"选聘分离",指的是由义务的自治组织(居民委员会)与付酬的专业社工相结合,居民委员会代表社区民意,而社工贯彻居民委员会的意志,负责完成社区日常事务包括政府指定事务,聘用社工的费用由政府财政支付。社工的招聘,由各区政府、街道办统一操作前期甄选考核工作,各居民委员会则出面签订年度劳动合同。居民委员会掌握"用人权",如果社工绩效考核不达标,可依法终止或解除其劳动合同。另外,社区党组织是社区的政治核心,社区成员大会是社区权力机构。

直选社区居民委员会,是社区真正实现居民自治的第一步,它体现了中国城市基层民主政治建设的一大进步。拓宽了居民参与社区自治的渠道,加快了基层民主政治建设的制度创新,通过引进竞争机制,吸引了高素质人才进入社区工作。

这种直选模式在浙江省的其他地方逐步展开。2003年9月,杭州市上城区湖滨街道东坡路社区实行了全民直选,紫阳街道候潮门社区实行户代表直选。这两者的最大区别是社区居民委员会工作站专业人员的用人方式不同。前者是由社区居民委员会选聘,后者则是由街道负责聘任。这两种社区居民委员会的选举方式和社区工作站的聘用方式,成为杭州城区社区改革的方向。

至2004年,全省完成的1169个居民委员会换届选举中,实行直选的有244个,占换届总数的20.87%。

在总结海曙区直选的基础上,2007年举行的宁波市第七届社区居民委员会选举中,全市11个县(市)区的235个城市社区全部实现直选,平均参选率达到92.6%,宁波市也成为全国首个城市社区全部直选的城市。促进了城市基层民主的扩大,创新了社区管理模式,规范了城市社区选举程序,全国有良好的示范及借鉴作用。

在城市社区居民委员会进行民主选举的同时,浙江农村的基层选举也不断创新。为保证换届选举中的公平与民主,2004年,在总结实践的基础上,浙江省人大常委会重新修订了《浙江省村民委员会选举办法》,并在村党组织换届选举中,普遍实行了农村党组织班子成员党员民主推荐、群众推荐测评、党内民主选举的"两推一选"办法。

2005年3月,杭州市余杭区塘栖镇唐家埭村以"自荐海选"的方式选出村委会成员,首开全国基层民主选举之先河。所谓"自荐海选",是指村民向本村选举委员会自荐报名参加竞选,选民可以选举"自荐"人,也可以另选其他选民的选举方式。明确"自荐"人不是候选人,"自荐海选"属无候选人的直接选举。"自荐海选"的创新意义主要体现在:一是避免了"海选"无目标、得票散的情况,弥补了"海推直选"环节多、成本高的不足。二是通过"毛遂自荐"的报名方式,拓宽了农村基层群众选好当家人的渠道,搭建了农村优秀人才发挥才干的平台。三是将原候选人的"无序"竞争变为现在"自荐"人的"有序"竞争,改"暗"争为"明"争,降低了不正当手段出现的概率。四是"自荐海选"的选举,正常情况下选举次数不超过两次,而"海推直选"的选举,选举次数至少要两次。

此外,竞职演说、竞选承诺等制度也在浙江许多地区推行。2008年,在村级组织换届中,村党组织实行"两推一选"的村有 23553 个,占 79.4%,其中实行村党组织书记直接选举的占 20.6%。村委会换届实行"自荐海选"的占 57%。有条件的市除了开展候选人竞职承诺以外,还积极推行了口头竞职演说。在村委会选举中,专门设立妇女委员职位,实行女委员专职专选,全省村两委班子基本实现村村都有女委员。浙江的基层民主选举,在创新中不断深化。

（俞红霞 执笔）

125. "千村示范、万村整治"工程实施

2003年6月5日至6日,省委、省政府在杭州召开全省"千村示范、万村整治"工作会议,提出用五年时间,从全省近4万个村庄中,选择1万个行政村进行全面整治,把其中1000个中心村建设成全面小康示范村。声势浩大的"千村示范、万村整治"工程由此推开。

"千村示范、万村整治"工程,是省委、省政府根据党的十六大提出的全面建设小康社会目标和统筹城乡经济社会发展要求,着眼于尽快改变农村建设无规划、环境脏乱差、公共服务建设滞后等问题而做出的战略决策。"千村示范、万村整治"工程以农民自愿、因地制宜,规划先行、统筹安排,保护生态、协调发展,以民为本、整体推进,各方支持、密切协作为原则。示范村以全面建设小康为目标,按照"村美、户富、班子强"的要求,实现物质文明、精神文明与政治觉悟的协调发展,建成农村新社区。其他整治村除了在村级组织建设、发展集体经济、文化社会事业、村务民主管理等方面要达到一定的标准外,还要根据各村区位特点、经济条件和社会发展水平,因地制宜地开展以治理"脏、乱、差、散"为重点的环境整治。与此相配套,省委、省政府把"十五"期间规划实施的"五大百亿"工程项目,统一纳入"千村示范、万村整治"工程中,统筹城乡建设规划,统筹村庄整治的规划、水利、供水、交通、绿化、污水治理,整体推进农业和农村基础设施建设。

"千村示范,万村整治"工程启动后,各地结合实际,创造性地开展整治工作。东阳市以创建"八个十"特色示范村(10个绿化示范村、10个水源净化示范村、10个生态村、10个文体健身示范村、10个环境卫生管理示范村、10个整体搬迁和下山移民示范村、10个污水处理示范村、10个旧村改造示范村)与"绿化通道"活动为载体,建立了被征地农民社会保障制度、农村"五保户"集中供养制度,实现了新型农村合作医疗全覆盖,真正落实农村九年制免书费、免学杂费的

义务教育。东阳市南马镇花园村"以工富农、以工强村、共同富裕、全面小康"的发展模式得到了广泛认同，并在全国产生重要影响，成为全国村官培训基地和全国新农村建设 A 级学习考察点，在 2007 中国名村综合影响力排行榜中，位居第五位，同时被评为中国城乡一体化发展十佳村，位居第四位。

欠发达地区则注重发挥自身优势，积极探索符合实际的新农村建设路子，打造村庄整治建设的特色亮点，把发展生产与农民增收相结合，使广大农民得到了实惠。衢州市柯城区石梁镇张西村是一个典型的欠发达地区的山村，村容村貌不整，基础设施落后，全村始终难以摆脱贫困。"千村示范、万村整治"工程实施后，张西村从完善基础设施建设入手，加宽了 4.7 公里的进村公路，对村内道路进行了硬化，村民住宅也按照徽派民居风格修葺。在此基础上，张西村结合自身生态环境优美的有利条件，大力发展"农家乐"休闲旅游，拉动了本村土特产的销售，带动村民共同致富，实现经济效益、社会效益、政治效益、生态效益的有机统一。

"千村示范、万村整治"工程，按照山区、丘陵、平原、沿海、岛屿等不同区域条件，以规划科学、生活富裕、文化繁荣、环境优美、服务健全、管理民主、社会和谐的农村新社区为目标，实行改路、改水、改厕、改电、改房和农村垃圾集中处理以及污水处理，使村容村貌和农村环境发生了显著变化。浙江省实施"千村示范、万村整治"工程的五年，是农村面貌得到改善，城乡差别大大缩小的五年；是农民增收来源增多，社区服务能力大大加强的五年；也是党群关系、干群关系得到明显改善的五年。

"千村示范、万村整治"工程把各有关部门承担的惠农、支农项目建设，如"农村基层组织'先锋工程'"、"千里清水河道"工程、"万里绿色通道"工程、"千万农民饮水"工程、"乡村康庄"工程、"生态家园富民计划"都有机结合起来，再把各项任务分解落实到相关职能部门，把以往分散在各个口子的专项建设资金及其他资源整合使用，整体推进农业和农村基础设施建设。水利部门通过扶持改善水环境，主动接轨新农村建设；交通部门在全省打造"乡村康庄工程"，全面推进城乡公交一体化，让城乡交流更便捷；农业部门结合实施"生态家园富民计划"，以治理农村生活污水、生产污水为切入点，推广了"猪、沼、菜（果、林、桑）"等生态种养模式。

按照"村美、户富、班子强"的总体要求，全省编制完成了县域村庄布局规划，体现了注重村庄合理布局和土地资源合理利用的要求，体现了把村庄建设与基础设施相结合的要求，创造了各具特色的村庄整治模式。绍兴市修编、制订了中心城、中心镇、中心村三位一体的城市化规划体系,着力建设绍虞、嵊新、诸暨三大城镇组群。义乌市出台了"城乡一体化行动纲要",按照市域一体规划理念,编制全市统一的产业布局和社区布局规划,以及交通、排水、电力、通信、环保、供气等专项规划,分区推进村庄改造和新社区建设,为最终实现城乡一体化的生产生活环境奠定了基础。宁波市鄞州区筛选了 12 家符合资质要求的设计单位从事村庄规划设计,注意从挖掘文化内涵上下功夫,保留有特色的传统民居。

在经济发达地区,许多县(市、区)按城乡一体化的要求规划建设新农村,上虞、东阳、余姚等十多个县(市、区)每年仅财政扶持"千万工程"的资金都在 1000 万元以上。慈溪市设立了农村基础设施专项补助资金,财政每年安排 1 亿元扶持新环境百村改造工程。经济欠发达地区的丽水市莲都区立足量力而行,把老百姓密切关心的事作为村庄整治的重中之重来抓,把有限的钱花在刀刃上。天台、仙居、宁海、余姚等不少县(市、区)把村庄整治与下山移民、异地安置紧密结合起来,在县城和中心镇建设移民小区(新村),促进山区劳动力转移,优化村庄布局,保护生态环境。

至 2007 年,累计完成示范村 1181 个,整治村 1.03 万余个,全省村庄整治率达到 35.39%,超额完成"千村示范、万村整治"工程建设目标,一大批传统村落改造成为文明和谐、生活舒适的农村新社区。在全省近 12 万个自然村中,基本实现农户改厕的达到 6.18 万个,占全省自然村总数的 53.62%,受益农户 633.41 万户,占全省农户总数的 58.94%。

2007 年 8 月 30 日至 31 日,全省"千村示范、万村整治"工作现场会在衢州举行。计划到 2012 年,力争使全省绝大部分村庄环境得到整治,农村基础设施显著改善,缩小城乡之间在人居环境、基础设施、公共服务、社会事业等方面的差距,使农村面貌焕然一新,经济持续发展,社会全面进步,推动浙江省社会主义新农村建设继续走在全国前列。新一轮"千村示范、万村整治"工程启动。

农业丰则基础强,农民富则国家盛,农村稳则社会安。浙江在"前无经验可鉴,后无榜样做参"的前提下,在全国率先提出进行以"千村示范、万村整治"为核心的社会主义新农村建设。这一长效机制的"民心工程"、生态环境建设的"生态工程",将使浙江成为一个村容村貌洁净、人居环境优美、基础设施配套、公共服务完备、农民生活幸福的省份。

(徐才杰 执笔)

126. "八八战略"的提出与推进

2002 年 11 月,中国共产党召开了第十六次全国代表大会,会议确定了今后 20 年全面建设小康社会的宏伟目标,同时要求"有条件的地方可以发展得更快一些,在全面建设小康社会的基础上,基本实现现代化"。根据党的十六大精神和省第十一次党代会的部署,2002 年 12 月,省十一届二次全会作出加快全面建设小康社会,提前基本实现现代化的决定。为此,从 2002 年底到 2003 年上半年,省委主要领导深入省直部门和市、县(市、区)进行调查研究,广泛听取各方面意见,形成了清晰的发展思路。2003 年 7 月,省委十一届四次全体(扩大)会议围绕如何实现浙江加快全面建设小康社会、提前基本实现现代化的目标,提出发挥"八个方面的优势",推进"八个方面的举措"的重大决策和部署。在当年 12 月召开的省委十一届五次全体(扩大)会议上,再一次提出要充分发挥"八个优势",深入实施"八项举措",扎实推进浙江全面、协调、可持续发展,并把贯彻落实"八八战略"作为一个时期工作的主线。

"八八战略"的具体内容:一是进一步发挥浙江的体制机制优势,大力推动以公有制为主体的多种所有制经济共同发展,不断完善社会主义市场经济体制;二是进一步发挥浙江的区位优势,主动接轨上海,积极参与长江三角洲地区合作与交流,不断提高对内对外开放水平;三是进一步发挥浙江的块状特色产业优势,加快先进制造业基地建设,走新型工业化道路;四是进一步发挥浙江的城乡协调发展优势,加快推进城乡一体化;五是进一步发挥浙江的生态优势,创建生态省,打造"绿色浙江";六是进一步发挥浙江的山海资源优势,大力发展海洋经济,推动欠发达地区跨越式发展,努力使海洋经济和欠发达地区的发展成为全省经济新的增长点;七是进一步发挥浙江的环境优势,积极推进以"五大百亿"工程为主要内容的重点建设,切实加强法治建设、信用建设和机关效能建设;八是进一步发挥浙江的人文优势,积极推进科教兴省、人才强省,加快建设文化大省。这八个方面的优势和举措是一个有机的整体,相互联系,相互促进,相辅相成。"八八战略"既是对浙江发展实践的总结整合,又是对未来浙江发展思路的创新;既体现了工作的继承性和连续性,又体现了工作的开拓性和创造性。

"八八战略"的实施,使得浙江经济发展再上台阶。自 2003 年省委十一届四次全会、五次全会以后,全省各地按照省委、省政府的要求,把思想和行动统一到中央对宏观经济形势的分析和判断上来,统一到中央一系列宏观调控政策上来,统一到科学发展观的要求上来,统一到"八八战略"的思路和举措上来,着力深化体制改革,优化经济结构,转变经济发展方式,积极克服土地、电力、水、资金、劳动力等资源要素紧张带来的困难,各方面工作取得了明显成效,经济社会保持了平衡协调较快发展的良好态势。突出表现在:经济社会发展增添了新活力;对内对外开放开创了新局面;产业升级构筑了新平台;统筹城乡发展出台了新举措;打造"绿色浙江"形成了新氛围;"山海并利"培育了新基点;社会稳定开创了新局面;文化大省建设又上了新台阶。

2006 年,全省实现生产总值 1.56 万亿元,比上年增长 13.6%;全社会固定资产投资 7593 亿元,增长 13.8%;社会消费品零售总额 5325 亿元,实际增长 14.1%;进出口总额 1392 亿美元,其中出口 1009 亿美元,分别增长 29.6%和 31.4%;财政总收入 2568 亿元,其中地方财政收入 1298 亿元,按可比口径分别增长 15.1%和 15.3%;人均 GDP 为 31648 元,增长 11.6%;城镇居民人均可支配收入 18265 元,农村居民人均纯收入 7335 元,实际分别增长 10.9%和 9.3%,居民消费价格总水平上涨 1.1%,新增城镇就业 67 万人,城镇登记失业率 3.51%;人口自然增长率 4.87‰;万元生产总值综合能耗预计下降 3.5%,化学需氧量和二氧化硫排放量分别下降 3.1%和 3.4%。浙江的经济与社会发展达到了一个高度,站上了新的起跑线。

实践证明,"八八战略"的提出,涵盖了浙江经济与社会发展的各个方面,既是对浙江改革开放 20 多年来的经验总结,更是在正确认识与把握浙江全面建设小康社会、提前基本实现现代化目标的前提下,结合新时期新任务的创新,表明省委、省政府在浙江经济与社会发展的战略上,更加注重统筹兼顾,更加注重经济增长的质量和效益,更加注重实现和维护广大人民群众的切身利益,充分体现了以人为本,全面、协调、可持续发展的要求,体现了统筹发展的要求,是科学发展观在浙江的具体实践。

浙江经济社会的发展对"八八战略"的深入实施提出了新的要求。2007年，浙江经济社会发展再一次跃上新的历史平台，正处在转型、转轨、爬坡、越坎的关键时期。浙江，站在了转型升级的紧要关头。2007年6月省第十二次党代会又作出了"创业富民、创新强省"的重大决策。"创业富民、创新强省"总战略，是浙江省第十二次党代会提出、省委十二届二次全会具体规划的落实科学发展观、全面建设小康社会的重大战略决策。其基本内涵是：按照科学发展观的要求，在新时期新阶段，全面推进个人、企业和其他各类组织的创业再创业，全面推进理论创新、制度创新、科技创新、文化创新、社会管理创新、党建工作创新和其他各方面的创新，形成全民创业和全面创新的生动局面，使全省人民收入水平持续提高，家庭财产普遍增加，生活品质明显改善，走共同富裕道路；使全省综合实力、国际竞争力、可持续发展能力不断增强，加快建设富强民主文明和谐的新浙江。"创业富民、创新强省"是"八八战略"的深化，是今后一个时期推动浙江发展的总战略。

（王祖强 执笔）

127. 浙商——中国第一商帮崛起

2003 年首届浙江全国民营企业峰会在杭州召开。同年,由全国工商联公布的全国民营企业 500 强榜单中, 浙江企业入选数高居榜首, 这也是浙江连续 5 年居全国首位。"中国第一商帮"的地位为世所公认,而浙商的概念亦在此前后浮出水面。

从 20 世纪 80 年代初独具一格的温州模式的崛起, 到 90 年代后期引人注目的"浙江现象"的形成,浙江的现代化建设一直以中国民营经济最发达的省份、民营企业乐土的特色,备受国内外的关注。20 世纪八九十年代,浙江个私、民营经济一直以规模偏小为特征,在发挥其灵活经营、掉头快之优点的同时,也限制了其技术进步,取得规模效益的能力。21 世纪初,民营企业家彻底抛却后顾之忧, 投资创业展现出规模大、领域新、起点高的新走向,使浙江省域经济发展势头更加强劲。浙江省工商局 2007 年底回顾五年来民营经济发展状况:"过去五年,全省非公经济生产总值、出口交货值年均增长 45%以上。目前,全省有个体工商户 181.4 万户,私营企业 45.2 万家,个私企业注册资本金达 9201.3 亿元, 分别比 2002 年末增长 18.6%、83%和 327 %。2002 年, 非公经济生产总值 4906 亿元,占全省 GDP 比重为 61.3%,2006 年,非公经济生产总值达 1.12 万亿多元,占全省 GDP 的比重为 71.4%,预计今年全省非公经济生产总值占全省的70%以上。个私经济总产值、销售总额、社会消费品零售额、出口创汇额等经济综合实力指标继续位居全国前列。目前,全省个体工商户户均资金为 3.6 万元,私营企业户均注册资金达 189.1 万元,分别比 2002 年末增长 53.2%和 116.8%。全省注册资本金超过百万元的私营企业达 12.1 万家,总资产亿元以上的私营企业 1500 家,分别比 2002 年末增长 2.25 倍和 3.2 倍;私营企业集团 1132 家,同比增长 2.3 倍。中国社会科学院公布的全国民营企业综合竞争力 50 强中浙江占

23 席。"

"2007 年由全国工商联公布的全国民营企业 500 强榜单中,浙江有 203 家企业入选,这也是浙江连续 9 年居全国首位。在这份最新的名单中,进入全国前 100 强的浙江民营企业就有 31 家,其中广厦、金田铜业入选前 10 强,而在纳税 10 强中,浙江民企也表现得相当抢眼,娃哈哈、广厦、正泰集团纷纷上榜。浙江民企在全国民营企业经济发展中的'领头羊'地位得到充分显现。"历年《福布斯》推出的中国内地富豪榜,浙江籍富豪人数均居第一。浙江个私企业的注册资本、实现工业总产值、销售总额、社会销售品零售总额、出口创汇额和上市公司户数等六项指标,连续十年居全国之冠。在浙江的 4000 多万人口中,已有大大小小老板 400 多万,并涌现出鲁冠球、冯根生、徐冠巨、徐文荣、楼忠福、马云、汪力成、宗庆后、南存辉、邱继宝等一大批善于经营、不断创新的全国知名企业家。

浙江民营企业家不仅做为一个阶层得到社会的承认,其贡献也备受称道:1979—2003 年,在浙江 GDP 增量中,约 55% 的份额来自于非公有制经济。到 2004 年,个私企业累计为社会提供劳动就业岗位 824.26 万个,占全部工业的 2/3 强。2005 年,在全省生产总值中,非公有制经济增加值 9556 亿元,占 71.5%,其中个体私营经济增加值 7618 亿元,占 57%;外资和私营企业的出口比重占 65.8%,出口增量占 85.6%;在全社会投资中,非国有投资占 65% 左右。在 2005 年,浙江进入全国百强县的 30 个县(市、区)中,绝大多数县(市、区)民营经济占生产总值的比重超过 80%,占工业总产值的比重超过 90%。

当代中国已有"无浙不成商"的盛誉。在上海,新浙商达 50 多万人,浙籍企业在沪投资总额、企业总数和资产总额,均居全国各省市之首。不仅仅是北京、上海等大城市,从通都大邑到穷乡僻壤,到处都有浙江口音的投资者和生意人。仅在中国西部省份,就有 300 万浙商。《新财富》杂志 2003 年 4 月号列出的国内媒体首份有关中国富人排行榜 400 名富人中,有 63 位是浙江人,占了 15.75%。全国工商联公布的 2003 中国民营企业综合实力 500 强中,浙江占了 183 家,几近于全国总数的五分之二,在营业收入总额前 20 强中,浙江占了半壁江山。据 2004 年《中国民营企业蓝皮书》,在"最具竞争力中国民营企业"名单中,浙江企业占据了 50 强中的 26 席。中国社科院公布的全国民营企业自主创新 50 强,浙江占 19 席;全国民营企业自主创新十大领军人物,浙江有 4 位。数据显示,中国民营企业的平均寿命为 2.7 年,而浙江民企的平均寿命是 7 年,全国存在 10 年以上的民企只占民企总数的 10%,而浙江,生存 15 年以上的民营企业占总数的 45%。第三届中国民营企业峰会公布的"2005 年浙江市场十大消费品消费者公认品牌调查名单"和"中国商品专业市场竞争力 50 强"中,有 18 家浙江市场入选,并全部集中在前 20 位。浙江义乌中国小商品城名列榜首。

浙江民营企业家的成绩,为他们赢得了社会的佳评与尊重,社会地位大为提高。浙江省委书记习近平在 2002 年底听了正泰集团董事长南存辉的创业历程后说:"正是有了一批像正泰这样的企业,才有了浙江民营经济的品牌,你们是改革开放的佼佼者。"省长吕祖善在民营企业代表大会上讲:"全省个私民营经济为浙江经济迅猛发展、发生翻天覆地的变化所作的贡献功不可没。"上海市委书记俞正声呼吁上海人思考"上海为什么没出马云"?广东省委书记汪洋也颇有感慨,专门率领一个庞大的考察班子到杭州探访阿里巴巴总部。

浙江民营经济前 20 多年的腾飞中,正式的称谓叫个体私营经营者,俗称浙江老板、浙江民企等不一而足。随着他们经济社会地位的日益显赫,"浙商"概念逐渐萌芽、明晰,浮出水面。

1999 年,浙江日报报业集团下属的《经济生活报》,开出了名为"浙商名流系列访谈"的专栏,这是具有现代内涵的"浙商"概念首次提出,该报以每周一期,每期一个整版的篇幅推出。2000 年,在这组报道基础上再创作而成的《财富与未来——走近浙商》一书,由浙江人民出版社出版。这是第一本"浙商"概念的专著,吴敬琏先生为该书作序。《中华工商时报》等全国十多家媒体刊发了大篇幅书评。"浙商"概念向社会发出第一波影响。

2003 年 4 月 20 日,由浙江人民出版社出版的杨轶清的《浙商制造——草根版 MBA》正式上柜,徐王婴的《对话浙商》同期由西泠印社出版社推出,激起了各界热烈反响。在搜索引擎 Google 上,2003 年 4 月份键入"浙商"二字,只有几百条新闻,三个月以后达到了 7000 多条,"浙商"现象开始为人关注。新华社发出了近 5000 字的长篇电讯稿;《南方日报》则以整版的篇幅对两本图书和作者进行了介绍;《香港经济日报》等海外媒体也专门刊文报道。

几本浙商主题专著的出版,使得解读浙江活力之谜有了一个清晰具体的视角。社会对"浙商"概念迅速认同,"浙商"成为一个热门词汇。当最新的浙江省非公企业百强揭晓报道出笼,各家媒体几乎都用了"浙商"概念。引起广泛社会影响的"风云浙商"评选,亦在这一年启动。

由民营企业家、政府官员和专家学者共同商议发起,浙商研究会的筹备从 2003 年 4 月份提出设想,逐步明确了宗旨、研究方向、工作设想,聚集起一支以多学科的学者为骨干、包括企业家、政府部门官员和新闻媒体等社会各界人士组成的"官产学"研究队伍。2004 年底,浙商研究会在杭州正式成立,浙江工商大学校长胡祖光教授当选为首届会长,龙安定、陈香梅、蔡惠明、冯根生、汪力成、南存辉、胡成中等受聘为名誉会长,一批知名企业家和学者当选为副会长。由此,人们将2003年视为"浙商"概念的确立年,浙江民营企业家开始以浙商群体的称谓亮相历史舞台。

随后,冠以"浙商"名称的论坛频现于人们的视野,全国各地的浙籍民营企业家出入其中,均有极深的认同感。2004年7月,《浙商》杂志创刊。这本杂志由浙江日报报业集团、浙江广电集团和浙江省民营企业协会三家共同发起创办,定位准确,执行有力,社会反响热烈。2006年,浙江人民出版社推出"浙商书系"。数年间全省已出版了十数本浙商、浙企和区域经济类图书。2005年浙江经视《对话浙商》节目推出,特别邀请知名浙商厉玲女士主持。2007年,两大电视栏目同时面世,浙江经视的《天下浙商》和浙江卫视的《风云浙商》。三档浙商主题电视栏目均为周播节目,交叉播映,一时颇为热闹,浙商品牌深入人心。

（徐斌 执笔）

128. 中国首所中外合作大学
——宁波诺丁汉大学

  2004年3月23日,教育部办公厅正式发文批复,同意筹备设立中国第一家具有独立法人资格的中外合作大学宁波诺丁汉大学。4月15日,学校奠基典礼在宁波市高教园区隆重举行。出席奠基仪式的有英国驻华大使韩魁发爵士(Sir Christopher hum),英国驻上海总领事毕晓普女士(Ms.Sue Bishop),英国诺丁汉市市长布伦特先生(Councillor Brent),英国诺丁汉大学执行校长柯林·坎贝尔爵士(Colin Campbell),英国诺丁汉大学校长、中国科学院院士杨福家等。

  宁波诺丁汉大学由浙江万里学院与英国诺丁汉大学合办,宁波市人民政府主办。中英双方的合作者共同在宁波宣布,2004年首届学生的招生计划确定,除原定的通过高考招生方式在浙江省招收240名学生外,还将通过提前单独招生的方式在浙江等地招收60名本科生,并计划招收50名硕士预科生。学校将提供全日制的本科生教育和研究生教育。第一个阶段的招生规模为4000人,包括3000名本科生和1000名研究生。课程设置以国际商务、国际文化交流与传播和国际关系研究等3个跨学科专业为主,其中四分之一学生面向海外招收国际学生。

  英国诺丁汉大学(The University of Nottingham)建于1881年,曾培养过多名诺贝尔奖获得者,2003年,该校两位教授分别获得了诺贝尔医学奖和诺贝尔经济学奖。诺丁汉大学现有2.5万名学生,在全英排名第六位,在世界200强高校中名列第56位,系世界上有影响的综合性高校之一。2003年3月,浙江万里学院与英国诺丁汉大学经多次协商,决定投资6亿元人民币在宁波高教园区(南区)筹建"宁波诺丁汉大学",所有教材、教学体系与英国诺丁汉大学完全一致,骨干教师由英国本部派遣,并向中国毕业生颁发诺丁汉大学的统一文凭。教育界专家认为,以宁波诺丁汉大学创办为标志,西方的高等教育体制首次整体引入国内。"不出国门,也能充分享受到国外名校的优质教育资源",宁波高等教育在办学体制上的突破性探索,是中国吸收引进国外优质教育资源,高端起步,加快中国高等教育与国际名校接轨的开创性尝试,给中国高等教育界带来不小的震动,成为中国高等教育对外开放的一座里程碑。

此番成功,离不开两位关键人物的执著追求。一位是浙江万里教育集团董事长、浙江万里学院理事长徐亚芬。徐亚芬作为浙江万里学院的创办人,素有先进的教育理念和实干精神。她在2003年1月做出决定,必须突破现有办学模式,千方百计寻找与国际知名大学合作办学的途径,让中国高等教育尽快与国际接轨,全面提升办学质量。世界顶尖高校何止百所,经过反复比较、筛选,她把目光锁定在世界百强的英国诺丁汉大学。徐亚芬说:"这是因为国家教育部有规定,引进国外优质教育资源,必须由中国籍人士担任校长。我们当初对世界上综合实力排名前200名的高校,在电脑上进行了检索,发现只有英国诺丁汉大学的校长、中科院院士杨福家是中国公民。巧的是,杨福家院士虽然出生在上海,但他的故乡是宁波镇海骆驼镇河角村杨家。他怀有深深的故乡情结,还曾担任过万里学院的顾问。我想,这样双方谈起来会更加亲近一些,因此我们把英国诺丁汉大学列为第一合作对象。"2003年1月5日晚上,徐亚芬来到杨福家处,请求与英方合作在宁波办一所诺丁汉大学。

杨福家院士原任上海复旦大学校长,2001年7月6日出任英国诺丁汉大学校长。在他的眼里,经济全球化必然带来教育的国际化,把英国诺丁汉大学的优质教育资源引到中国,成为杨福家上任后始终考虑的问题。但此前他做梦也没有想到会跟宁波方面合作。从理念上讲,他颇为赞成:"与英国诺丁汉大学合作,把学校办在故乡宁波,让家乡学子在家门口就能上世界名校,那是非常好的事情。"至于可行性如何,他思考一番后说了三句话:"这个事情我无权决定,我们要校务委员会讨论,但是我可以说,这个可能性很大";"非赢利,求平衡,追求卓越";"我可以保证,我们办学不会拿一分钱到英国去"。

没过多久,杨福家院士便来到万里学院考察。让人意想不到的是,他进学校的第一站是厕所。杨福家说:"以小见大,从一个个细节来考察一个学校的整体办学水平,往往比看一大堆汇报资料更实在。如果一个学校连厕所也搞不好,办学水平肯定不会好。"

杨福家带着满意的结果向诺丁汉大学校务委员会汇报,获得初步认可。2003年3月1日晚,英国前首相布莱尔中国问题研究顾问、英国诺丁汉大学执行校长柯林·坎贝尔,在杨福家的陪同下来到宁波。他原计划在宁波略停,然后就去上海,因为上海方面也在争取中国的诺丁汉大学。然而这短短 2 小时的考察,让柯林最终选择了宁波,万里学院诸多"以生为本"的细节深深地吸引了他。比如,万里学院校园内的建筑设施都以走廊相连,免去了学生晒烈日、淋雨之苦。徐亚芬总结道:"万里学院办学中的公益性、以生为本的校园设计以及倡导师生快乐教育、快乐学习的理念,都与英国诺丁汉大学有许多相同之处,双方有合作的基础。"

政府部门的大力支持,也是宁波诺丁汉大学之所以创办成功的重要原因。浙江省对这次合作办学显出很高的热情。省政府领导专门召集有关部门开会讨论合作事宜,宁波市成立了由市委副书记任组长的宁波诺丁汉大学规划建设领导小组。省政府和市政府分别拨给专项资金 5000 万元和 1 亿元。最终浙江省政府的态度发挥了决定性作用。

根据中英双方最终达成的协议,宁波诺丁汉大学成为第一所依据中国政府颁布的有关中外合作办学条例筹办的,具有独立法人资格、独立校园的中外合作大学。英国诺丁汉大学校长、中科院院士杨福家教授兼任宁波校区的校长,执行校长则由诺丁汉大学副校长高岩(Ian Gow)博士担任。

新成立的大学将使用英国诺丁汉大学的优质教育资源和万里集团管理模式。学位课程根据 21 世纪中国全球化和国际化的需求而设计。开设有国际商学院、国际传播学院、国际问题研究学院、计算机科学学院、英语语言研究学院、工程学院和可持续发展学院等七个学院文理本硕共 30 个专业。

学校采用全英文教学,教材由英国诺丁汉大学引进,师资全部由英国诺丁汉大学选聘,采用英国诺丁汉大学教学质量评估体系,共享英国诺丁汉大学网络及教学资源,颁发英国诺丁汉大学文凭(经教育部验证与英国诺丁汉大学本部文凭完全相同)。

考虑到宁波方面资金上的困难,在双方已谈妥条件、签订协议的情况下,英国诺丁汉大学主动在协议条款之外,拿出 5000 万元人民币,用于学校建设。此外,还为两个实验室的建设拿出 2400 万元人民币。杨福家说,英国诺丁汉大学有两条原则:"教育不是做生意";"教育是一个使命",宁波诺丁汉大学从诞生之初起就不以赢利为目的。

从 2003 年 1 月徐亚芬上海夜访杨福家,到 2004 年 9 月 17 日宁波诺丁汉大学的第一届本科生开学典礼,满打满算正好 20 个月。

宁波诺丁汉大学自开办始便体现出新的教育理念。柯林·坎贝尔说,我们要建立起一所崭新的"中西合璧"大学,这在国际上也是一种创新。将英国和中国教学体制中最好的理念和实践结合起来；把学生培养成真正意义上的"世界公民"，让他们在扎根于本国文化的同时，理解、尊重其他文化；开展国际合作研究，所研究课题既要有益于诺丁汉大学科研人员，又要有助于中国的经济社会发展。

杨福家认为，"大校园"不等于"一流大学"，因此宁波诺丁汉绝不会办成大型的综合性大学，而会是小而精的，既有英国的教育特色，又保持中国的文化精髓。一流大学要对学生有责任感。宁波诺丁汉大学 22 个人的班级还被教师认为太大，结果 11 人一组分成了两批，这样教师才可以和每一个人交谈。杨福家说："不希望从宁波诺丁汉大学出来的学生只会英文，而应该是有素养、有理想、有探究精神的人。"教育不是简单传授知识，而是要点燃每个人思想中的火花。教学的目的是让学生"学会如何去学"。一所高校只有真正把人放在第一位，那么它距一流的目标才更近。

宁波诺丁汉大学的成功创办得到了中英两国领导人的高度关注，温家宝总理访英期间两次问及宁波诺丁汉大学项目，回国后又在中南海接见了杨福家校长。英国首相布莱尔和副首相普雷斯科特均与宁波诺丁汉大学的学子进行过对话，同学们流利的英语和敏捷的思维得到了他们的高度赞扬。

（徐斌 执笔）

129. 国内第一家民资商业银行
——浙商银行

2004 年 8 月 18 日，被金融界人士称为中国第一家"货真价实的民营银行"——浙商银行正式开业。"浙商银行"是经中国银监会批准设立的第 12 家全国性股份制商业银行，全称为"浙商银行股份有限公司"，英文全称为"CHINA ZHESHANG BANK CO., LTD."，英文简称"CZB"。浙商银行总行设在杭州，办公地点位于西子湖畔的杭州市庆春路 288 号。注册资本 27 亿元，股东 16 家，其中 15 家民营股东占股 85.71%。一时间，民营商业银行成为金融业的热门话题。

浙商银行前身为"浙江商业银行"，是一家经中国人民银行批准，由中国银行、南洋商业银行、交通银行和浙江省国际信托投资公司四家共同出资 4000 万美元，于 1993 年 3 月 20 日设立的中外合资银行，总部设在宁波。2004 年 6 月 30 日，中国银监会批准同意浙江商业银行从外资银行重组为一家以浙江民营资本为主体的中资股份制商业银行，并更名。

这家"货真价实的民营银行"诞生于浙江，是在浙江经济高速发展，民营经济领先于全国，民间金融需求持续高涨，而现有官方金融制度无法给予满足的背景下，所孕育的重大制度创新。据温州市 1998 年的统计，国有部门的产值不到总产值的 6%，然其贷款占合法金融机构贷款总额的比率却在 80%左右。同时，占 90%以上产值的非国有企业所得融资却不曾超过 7%。由于国有银行企业倾向于"大客户"，造成中小企业融资困难。在这种情况下，与民营企业相伴而生的非正规金融体系蓬勃发展，为民营企业家提供了原始积累时期重要的资本支持。温州、台州地区，类似于"地下钱庄"的民间借贷形式十分活跃。一项统计显示，温州有中小企业 16.7 万家，资金来源 60%靠民间借款，台州地区的民间融资占到企业资金总量的 50%左右。有些民营企业资金过剩，希望从单纯做产业转向产融结合,然因种种限制难以获得合法身份。现有的金融制度已严重不适应市场经济发展的需要。

在金融改革过程中,国家有关部门也一直在探索民间资本投资商业银行的问题,一些有实力的民营企业已获准参股中小商业银行。但由于金融行业比其他行业影响更大,担心民营银行不具备完善的公司治理机构,无法控制关联交易与关联贷款,银行成为大股东的提款机。所以国家的决策颇为谨慎。批准浙商银行成立,是个突破,也是一次试验,期望搭建一个真正与市场机制相匹配的金融平台。

肩负着使命的浙商银行在改制、创建中,特别注意定位上的制高点:制度规范,理念先进,定位准确,特色鲜明。

按照现代企业制度和金融监管的要求,浙商银行建立了规范而有特色的公司治理结构:浙商银行全体股东组成股东大会作为最高权力机构,股东大会选举产生董事会和监事会,并由董事会聘请行长。1.股东大会:公司最高权力机构,享有重大决策和选择管理者的权力。2.董事会:董事会有董事15人,其中独立董事3名。下设战略委员会、审计委员会、风险与关联交易控制管理委员会、提名与薪酬委员会。3.监事会:监事会有监事10人,其中股东监事4人,外部监事2人,职工监事4人。下设提名委员会和监督委员会。4.行长:负责组织经营班子,进行日常经营管理。

浙商银行以服务优质中小企业为市场定位,按照"扬长避短,创造优势,虚实并举,有效管理,先进技术,优秀文化"的经营战略,"以公司业务为主体,小企业银行和投资银行业务为两翼"的"一体两翼"经营思路,沿着"在学习中发展,在发展中创新,在创新中领先,在领先中逐步做强做大"的路径,分步推进,逐步实现资本、规模、特色、质量和效益的协调与快速发展,最终成为国内一流商业银行。

按照"统一法人,授权经营,集约化管理"的管理原则,统一文化理念,统一形象标识,统一规章制度,统一业务系统,统一服务标准,统一财会核算。"浙商银行"标志寓意为:以玉琮与算盘为基本元素,融合稳健与灵动、儒雅与严谨、明礼与诚信、雍容与节俭,彰显浙商银行传承深厚的历史文化,继往开来,求实创新的理念;图案呈向上腾跃的姿态,象征浙商银行锐意进取,奋发向上;主题图案的黄色代表吉祥与丰裕,背景图案的红色则蕴含激情与希望;图案中的方形,意为"方行天下,至于海表",表示浙商银行将不断扩展,名扬誉驰;六条通道象征浙商银行六合通达、规范有序;方框中的"一"寓意浙商银行追求卓越,争创一流。

浙商银行建行之初便确立了特色企业文化的内容框架。

浙商银行愿景：到 2020 年左右，成为经营有方、富有特色、业绩优良、具有一定国际影响的国内一流商业银行。

浙商银行使命：让每个客户从我们的金融服务中得到更多价值。更多的渠道：根据客户融资需求，为客户提供灵活快捷的融资渠道。更高的效益：通过提高综合金融服务，帮助客户降低融资成本，增加收益。更好的服务：通过建设顺畅、高效的服务链，让服务更加贴近市场和客户。

浙商银行价值观：创造价值，追求更好。通过优质的金融服务为客户创造价值，进而为组织创造价值，并从中实现员工自身的价值，三位一体，共同发展。作为一家新兴的银行，始终追求更优的团队、更好的服务、更佳的效益，不断追赶同行、超越同行、领先同行。

浙商银行精神：负责、诚信、学习、专业、沟通、创新。

按照上述新的运行机制和经营理念，浙商银行在实践中连获佳绩。建立了全面、统一而又垂直的风险管理体系，实行了富有特色的风险监控官委派制度，资产质量持续保持上乘。2006 年率先全面实施了经济资本管理，建立了以经济增加值和经济资本回报率为核心的绩效考核体系。按照"一体两翼"经营思路和"专业化经营、近距离设点、高效率审批、多方式服务"的小企业银行业务经营方针，致力于探索和培育小企业业务，连续荣获 2006、2007 年度全国小企业金融服务先进单位。成功发行了全国第一单中小企业信贷资产支持证券，同时也是国内第一单基础资产完全由抵押企业贷款构成的资产支持证券，丰富了中小企业金融服务方式；重视发展电子银行业务，荣获"2008 中国网上银行功能创新奖"。"沿着浙商投资路径布局"的发展思路如期落实，至 2008 年末，已在天津、上海、南京、成都、西安、杭州、宁波、温州、绍兴、义乌等地设立了 31 家分支行，北京分行等机构正在筹建。

截至 2008 年末，浙商银行总资产 834 亿元，各项存款 714 亿元，各项贷款 507 亿元，不良贷款率和资本利润率等主要相对经营指标和监管评级，均居全国性商业银行中上水平。

浙商银行十分重视和积极履行社会责任，2004 年成立时，即以资助"雏鹰起飞——浙商银行千名贫困学子助学计划"替代开业仪式；建立了浙商银行慈善基金，热心公益事业；"5·12"汶川大地震后，浙商银行以多种方式开展赈灾活动，全行累计向地震灾区捐款 300 多万元。专项援建的希望小学——浙商银行

(陕西)接官亭镇中心小学,于 2008 年 11 月 9 日揭牌投入使用;积极支持体育事业, 组建浙商银行乒乓球俱乐部征战全国乒超联赛并蝉联联赛亚军;2008 年岁末,开展了"金融送温暖、银企度时艰"活动,为中小企业客户出台了积极提供授信支持和多方式提供金融服务等两大类共十条帮扶措施 。

(徐斌 执笔)

130. 第七届中国艺术节举办

2004年9月10日，随着一位九旬老翁和一位5岁女孩共同敲响巨大的铜锣，国家级艺术盛会——第七届中国艺术节在浙江杭州拉开了帷幕。

中国艺术节是国家级的综合性艺术活动，以弘扬民族优秀文化，繁荣社会主义文艺，丰富人民群众文化生活为主旨，各界艺术节充分展示了文化艺术事业在党的文艺方针指引下取得的辉煌成就，中外文化交流的艺术成果，热情讴歌社会主义现代化建设欣欣向荣的景象。从1987年至2000年，中国艺术节已经举办了六届。

浙江悠久的历史造就了灿烂的文化。特别是改革开放以来，浙江的文化事业取得了长足发展。但是作为一个文化大省，浙江还没有举办过一次真正意义上的全国性的文化艺术盛会。1997年6月，文化部党组副书记、副部长李源潮来杭时，向省委副书记刘枫建议由浙江申办第七届中国艺术节。1999年3月，文化部在杭州召开全国文化系统会议。省委书记张德江、省长柴松岳向文化部部长孙家正提出了浙江省申办2003年中国艺术节的愿望。1999年6月，浙江省人民政府正式向文化部递交了2003年在浙江省举办第七届中国艺术节的申办报告。2000年7月3日，文化部复函浙江省人民政府："经报国务院批准，同意由浙江省人民政府承办2003年第七届中国艺术节。"

2000年9月14日，中共浙江省委办公厅发出《关于成立第七届中国艺术节浙江省筹委会的通知》，省委、省政府决定成立第七届中国艺术节浙江省筹委会，省委副书记李金明任第七届中国艺术节浙江省筹委会主任。

2000年10月13日，在江苏南京举办的第六届中国艺术节的闭幕式上，副省长鲁松庭代表浙江省人民政府从文化部副部长潘震宙手上接过了中国艺术节节旗。第七届中国艺术节筹备工作正式开始。

作为21世纪第一次筹创的"艺术的盛会,人民的节日",文化部和浙江省委、省政府高度重视。经过三年的筹备,"七艺节"已是"万事俱备,只欠东风"的时候,上天和浙江人民开了一个玩笑。由于"非典"疫情的原因,经国务院批准,原定于2003年10月举行的第七届中国艺术节延期至2004年9月举行。

2004年9月10日晚,第七届中国艺术节在浙江黄龙体育中心体育馆隆重开幕。中共中央总书记、国家主席胡锦涛为七艺节发来贺信。他说,中国艺术节作为中国文化艺术的盛会,是优秀文艺作品争奇斗艳的园地和文艺家展示才华的舞台。胡锦涛勉励中国的文艺家深入生活,焕发创作激情,用丰富多样的艺术形式,描绘中国这个伟大时代的灿烂画卷,创作人民群众喜爱的艺术精品,为中国文艺事业发展和人类文明进步作出贡献。中共中央政治局委员、书记处书记、中宣部部长刘云山、全国人大常委会副委员长李铁映出席开幕式。七艺节组委会主任、文化部副部长陈晓光致开幕词。他说,举办中国艺术节的目的,就是要向人民群众汇报近年来全国文艺创作的丰硕成果和文化事业的崭新成就。从这个意义上说,中国艺术节是艺术的盛会、人民的节日。浙江省委副书记、省长、七艺节副主席吕祖善致欢迎辞。

在当晚的开幕式中,来自中国各地四十个文艺团体的近千名演员,献演了名为《洒满阳光的天堂》的文艺晚会,晚会由《风荷音诗》、《竹影舞韵》、《水乡社戏》和《神技天幻》等章节组成,彰显了此届艺术节的中国气派、时代特征、艺术品位和浙江特色。除了气势恢弘的开幕式晚会之外,杭州主会场和浙江宁波、温州、嘉兴、绍兴等地的分会场,共有十台剧目同时开演亮相。

第七届中国艺术节以发展先进文化,振奋民族精神为主题,以"艺术的盛会,人民的节日"为宗旨,借鉴历届中国艺术节的经验,结合浙江实际,发挥浙江优势,强化创新,体现特色。

在9月10日至26日为期十七天的"七艺节"期间,在杭州、宁波、温州、绍兴、嘉兴5个主、分会场,51台全国第十一届文华奖参评剧目共演出102场,评出文华大奖12台、文华大奖特别奖1台、文华新剧目奖38台、文华单项奖150个;艺术节特别奖2台。主办方邀请了41台省内外、港澳台地区和外国祝贺演出剧目近130场,其中港澳台地区的4台剧目获"七艺节"组委会特别奖。安排了全国第十三届"群星奖"音乐、舞蹈、戏剧、曲艺、美术、书法、摄影7个门类和成人、少儿、老年3个组别的16场评奖决赛演出和3个终评展览,评出群星奖111个、优秀作品奖103个。举办各类展览展示、学术研讨会及交流项目24个。

全省各地举办了丰富多彩的群众文化活动,各分会场和有关市县也举办了

50 余次展演。本届艺术节参加各类演出、展览和研讨活动的人员达 1.5 万人,直接参与艺术节各项活动的观众近 100 万人次,接待国内重要嘉宾 400 人、港澳台地区嘉宾和海外侨领 145 人,接待外国嘉宾 198 名。全国 30 个省、自治区、直辖市派出代表团前来观摩,中国文联所属各艺术家协会的负责人和一批著名艺术家参加了艺术节活动。

第七届中国艺术节的各项筹备、承办工作,得到了党中央、国务院领导以及中央各有关部门、各兄弟省市自治区代表团、各参演艺术表演团体、国内外来宾的充分肯定和高度评价。同时,七艺节的举办也受到了社会的高度关注,"七艺节"举办期间及前后,海内外 200 余家新闻媒体 500 多名记者对艺术节进行了广泛的报道,媒体报道量超过 1 万条。第七届中国艺术节的成功举办,是庆祝中华人民共和国成立 55 周年的重要项目之一,实现了浙江省委、省政府关于通过承办"七艺节"推动文化大省建设和促进经济社会协调发展的预期目标,完成了党中央、国务院交给的光荣任务。

"七艺节"对浙江文化事业的发展产生了积极影响。首先,推动了浙江艺术创作生产和演出。为迎接"七艺节",浙江省共创排了 40 余台新剧目,奉献了一批艺术精湛的优秀作品,其中的 7 台分别获得了文华大奖、文华大奖特别奖及文华新剧目奖。其次,加速了浙江文化基础设施的建设。全省共新建、改建 43 个演出场馆,初步形成了全省现代文化设施建设的新格局。再次,"七艺节"群众文化活动更加活跃。全省各级党委政府积极促进文艺面向基层、面向群众,组织开展了各类群众自主参与的群众文化活动,广场文化、社区文化、校园文化、村镇文化、军营文化、企业文化等广泛兴起,全省 11 个市 90 个县(市、区)举办各类群众文化活动 600 余场次。最后,还使浙江的文化体制改革进一步深化。浙江在筹备工作机制、剧目演出机制、艺术创作生产机制、项目运作机制等方面都有一系列创新,充分体现"政府引导、社会参与、市场运作"的办节思路,成为浙江文化体制改革的一次成功尝试。

(姜卫东 执笔)

131. 在全国率先普及十五年教育

2004年9月8日,在浙江省委、省政府举行的庆祝第二十个教师节暨表彰优秀教师大会上,省委书记习近平宣布:浙江教育已经实现了基本普及从学前三年到高中段的十五年教育,成为全国第一个基本普及十五年教育的省份。9月11日,《人民日报》以《浙江基本普及十五年教育学前三年到高中段普及率均逾八成五》为题进行了报道,称"与国家规定的普及九年制义务教育相比,浙江省的这一改革可以说是全国首创"。

浙江自古有耕读传家、重教兴学的传统。党的十一届三中全会以后,浙江把教育摆在优先发展的地位。1992年确立科教兴省战略。2002年6月,省委在第十一次党代表大会上提出了建设教育强省的战略目标,构建与全面建设小康社会相适应的现代国民教育体系。在迈向教育强省的历程中,浙江的基础教育一直走在最前列。1989年全省普及初等义务教育,1997年提前三年率先实现了基本普及九年义务教育、基本扫除青壮年文盲(简称"两基")的奋斗目标,并通过了原国家教委的"两基"总验收,成为继江苏、广东之后第三个通过验收的省份。

浙江基本普及九年义务教育后,如何更好地满足人民接受更高教育的需求?如何促进基础教育的更快发展?2001年,浙江省委、省政府富有远见地提出了在2005年基本普及从学前三年到高中段的十五年教育的目标,明确了"保中间(高质量高标准普及九年义务教育)、活两头(幼儿教育和高中教育)、促全局(整个基础教育)"的发展思路。

普及十五年教育,必须强化发展教育的政府行为。就在浙江1997年基本"普九"后,一些地方政府曾出现了"松口气、歇歇脚"的想法,义务教育发展缺乏新的动力和机制。针对这些现状,1998年,浙江省委、省政府决定在全省开展创建"教育强县"活动,把创建"教育强县"作为加快教育发展的主要抓手。为建设

"教育强县"，省里从战略地位、依法治教、深化改革、确保投入、办学条件、教师队伍等十个方面，规定了评比条件。到2004年，全省有"教育强县"53个，占县(市、区)总数的近60%。实践表明，创建"教育强县"过程成了一个教育大投入、大加强、大发展的过程，有力推动了全省基础教育迈上新台阶。

要优先发展，就必须优先投入。为了普及十五年教育，采取多种措施，多渠道筹措教育资金，教育投入大幅度增加。1999年，全省教育经费总投入173.03亿元，2000年达到224.2亿元。2002年至2004年，全省教育投入增幅均在20%以上，2005年达到574亿元。教育经费的大幅度增长，换来了办学条件的极大改善。从2002年到2005年，全省中小学校舍面积增长10.8%，全面完成了"中小学危房改造工程"和"中小学布局调整工程"。2003年，又全面启动实施了"万校标准化工程"，用了5年时间，投资100亿元，把九年义务教育阶段的每一所学校建成布局合理、结构安全、功能配套的标准化学校。同时，教育信息化程度不断提高。全省中小学共配备计算机52万台，生机比为11.6∶1。全部高中、绝大多数初中和80%以上的乡镇中心小学都开设了信息技术课程，98%以上的县(市、区)建立了教育城域网，有3935所学校建立了校园网。

基本普及十五年教育的重点在于提高幼儿教育和高中段教育，而扩大高中段教育尤其重要。为发展高中段教育，通过几种模式激活了高中办学机制，扩大高中段教育规模，增加优质高中教育资源。模式之一：初高中分离，把初中部划归县(市、区)或乡镇管理。模式之二：地处城市中心的公办高中，利用地租级差进行校产置换，异地新建校舍，从而扩大学校办学规模，改善学校办学条件。模式之三：进行公办高中"国有民办"体制的改革尝试。在确保"公办存量不变"的基础上，通过吸纳民间资金，改造薄弱高中，改善办学条件。模式之四：由政府或教育行政部门出面组建教育发展公司，再由教育发展公司通过校产置换、向银行贷款、向社会融资等办法筹措资金，新建、改扩建高中校舍等等。通过一系列改革，使高中数量得到了长足发展。2004年，全省已有独立设置的普通高中近400所，占全省普通高中学校数的65%，民办高中在校生11万人，占全省普通高中学生人数的16%；职高招生数一直占到高中段招生总数的50%以上，保持了普高与职高1∶1的比例。

与此同时，幼儿教育也在蓬勃发展，发展思路趋于多元。各地在确保公办幼儿园发挥骨干示范作用的基础上，大力支持各地政府和公办幼儿园通过合法渠道融资开设公有民办的幼儿园；支持乡镇政府因地制宜，通过财政拨款、社会集资、股份合作等多种渠道筹措资金，多种形式开办乡镇中心幼儿园；扶持民间办园,对民办幼儿园在划拨土地、基建等方面提供各种优惠政策。2004年,全省有幼儿园11500所,其中社会力量举办的幼儿园有9200所。

普及十五年教育,对于农村等欠发达地区而言,对于家庭经济困难的学生和外来务工人员子女等群体而言,难度无疑是巨大的。政府加大投入力度,确保农村和欠发达地区教育经费需求。2001年以来,仅农村校舍危房改造一项就投资11亿元。2002年农村税费改革后,教育投入出现资金缺口,每年省本级财政安排4亿元,主要补充经济欠发达地区的教育经费缺口。从2002年起,省政府每年安排欠发达地区学校布局调整、扶困助学、师资培训三个专项经费各1000万元。2004年,省政府又作出决定,将原对欠发达地区师资培训、学校布局调整的两项专项经费增加到每年2000万元,资助欠发达地区贫困学生入学的专项经费增加到每年3000万元。同时还决定,从2004年到2007年每年安排1000万元专项经费,用于欠发达地区农村中小学现代远程教育工程。这无疑是促进城乡教育均衡发展的又一重要举措。

为普及十五年教育,全省不让一个学生因贫困而失学或辍学,通过财政补助、学校减免杂费、争取社会资助等方式,力求保证家庭贫困学生接受义务教育的权利。2002年12月,省人大通过《浙江省少数民族权益保障条例》,少数民族小学生和初中生免交杂费。2003年省政府作出决定,对低保家庭等五类困难家庭的学生实行从小学到高中的免费教育,并在全省推广长兴县"教育券"的做法,对贫困学生进行资助。2004年,全省资助家庭经济困难的中小学生已达25万人,资助总额为1亿元。

从1998年到2004年,经过7年的努力,浙江教育走上了发展的快车道:全省学前3年幼儿入学率达85%,列全国第一位;全省初中毕业生升入高中比例达到87.5%,列全国第一位;全省小学入学率达到99.99%,小学毕业生升初中比例为99.98%,初中入学率达到98.49%,初中巩固率为99.85%;全省视力、听力、智力三类残疾儿童少年入学率达97.35%;全省58万义务教育阶段流动儿童少年入学率达96.9%。由此,在全国省区中,浙江第一个实现了基本普及从学前三年到高中段的十五年教育。

(曾林平 执笔)

132. 国家科学技术奖励丰收年

    2006年1月9日,2005年度国家科学技术奖励大会在北京召开,浙江省获得国家科学技术进步奖、自然科学奖共14项,其中张慧廉领衔的"印水型水稻不育胞质的发掘及应用"项目,获得国家科学技术进步奖一等奖。这是国家设立科学技术大奖以来,浙江省收获最多的一年,是浙江省广大科技工作者长期潜心探索、服务社会得来的珍贵果实。

    国家科学技术进步奖一等奖,代表着国家最高科研水平,每年仅设两项,竞争异常激烈。"印水型水稻不育胞质的发掘及应用"项目能够脱颖而出,登上最高领奖台,表明其科技含量和应用价值的难能可贵。该项目的团队成员有张慧廉、邓应德、彰应财、沈希宏等。主持人张慧廉,1940年2月出生。中国水稻研究所研究员,浙江省政协委员。张慧廉从事杂交水稻科学研究30多年,是中国印水型杂交水稻的创始人。他创造了一种从野败型恢复品种中筛选不育细胞质的方法,发掘出印水型不育胞质,培育出了优良性状聚集较多的三个新质源印水型系列不育系列,创造了中国杂交水稻一个新的类型,即印水型杂交水稻。该品种具有制种产量高、杂种产量高、米质评分较高和种子生产成本低等特性。2005年,国家推荐的19个籼型超级杂交稻中,印水型杂交水稻就有九个(占47%)。通过一个新品种的培育、推广,有效地促进了中国水稻生产的质量。

    浙江省获得2005年度国家科学技术进步奖二等奖共十项,分别为:

    1.年产3000吨高质量毒死蜱技术开发与应用。   徐振元、许丹倩等人

    2.禾谷多黏菌及其传播的小麦病毒种类、发生规律和综合防治技术应用。陈剑平等人

    3.大肠癌高危人群防治的基础与临床应用研究。   郑树、张苏展等人

    4.LR6数码王电池和生产线的研发及产业化。   谢红卫、钱靖等人

5.乳链菌肽(NisinZ)的研究与开发。 还连栋、沈颜新等人

6.提高织针性能和寿命的关键技术研究。 朱世根、丁浩等人

7.全自动电脑调浆系统。 许光明、柴展等人

8.在役重要压力容器寿命预测与安全保障技术研究。 高增良等人

9.大型精对苯二甲酸生产过程智能建模、控制与优化技术。 钱锋等人

10.环孢菌素 A 生产新工艺关键技术及其应用。 陈代杰、吴晖等人

获得国家自然科学奖二等奖三项,分别为:

1.掺氮直拉硅单晶氮及相关缺陷的研究。 杨德仁、马向阳等人

2.工程气固两相流动中若干关键基础问题的研究。 樊建人、岑可法等人

3.高等植物株型形成的分子基础。 李家洋、钱前等人

借 2005 年国家获奖丰收的东风,浙江省在综合历年成果的基础上评选产生 2005 年度浙江省科学技术奖重大贡献奖。浙江省科学技术重大贡献奖共有 19 位候选人。经省评委会评审,报省政府批准,张慧廉、徐振元、汪槱生等三人获省科学技术重大贡献奖。

徐振元,男,1938 年 7 月出生。浙江工业大学教授、博士生导师,省特级专家。徐振元教授在开发农药及其中间体和绿色合成技术方面取得了开创性的成果,有突出贡献。他从 1993 年起主持研发高效广谱杀虫杀螨剂毒死蜱及其产业化项目,获得了国家发明专利;他还主持研发了杀菌剂青枯灵和灭锈胺、除草剂二甲戊乐灵和双草醚等农药,为取代高毒农药、调整农药产品结构作出了积极贡献。近 10 年来,已获得 3 项国家科技进步二等奖、4 项省部级科技进步一等奖,获授权发明专利 10 项。

汪槱生,男,1928 年 8 月出生。浙江大学教授、中国第一位电力电子技术专业博士生导师、首批中国工程院院士。1958 年,他作为主要成员参加双水内冷电机研究,在国际上首创双水内冷大型汽轮发电机,形成 30 万千瓦以下系列产品,其成果获国家发明一等奖、国家科技进步一等奖。20 世纪 60 年代后期,他开始从事晶闸管中频电源的研究开发。1970 年,他领导并负责研制成功全国第一台 100 千瓦/1 千赫中频感应加热电源。此后 20 多年来,他持续不断地致力于中频、超音频、高频电源的研究、工程化开发与推广工作。据 1992 年统计,其技术已先后辐射到全国 200 多家中频电源制造厂,形成了全国 3 亿—4 亿的中频电源年产值。他在感应加热电源方面的成就曾先后获全国科学大会奖、国家教委优秀科技成果奖、浙江省科技成果奖、中科院科技成果奖等。

自国家评选科技大奖以来,浙江省不断有科学家摘得挂冠,老一辈科学家有毛江森、苏纪兰、阙瑞麟、陈子元等。1995 年,浙江省农业科学院中青年科学家陈剑平主持的项目:大麦和性花叶病在禾谷多粘菌介体内的发现和增殖的证

明,荣获国家科学技术进步奖一等奖。这个项目既属基础研究亦具应用价值。真菌传播植物病毒病是农业生产上一类重要而长期未解决的病害,其中病毒与真菌介体的内在关系还是个谜,也是国际值保领域基础理论方面的重大课题之一。自 60 年代以来,美、加、意、日等八国 14 个实验室广泛合作,30 年努力未有突破性进展。该项目总结前人经验,选择为害严重的大麦和性花叶病毒春介体禾谷多粘为研究材料,进行近万个体超薄切片的标记和观察,取得了突破性发现。经文献检索和 12 国同行专家证实,这是国际上真菌传播植物病毒的第一个直接证据,并修正了病毒不能在真菌体内增殖的学说。研究结果自 1991 年在英国 Annals of Applied Biology 118 卷上发表后,被许多文献引用。法国同行应用本项目技术成功地观察到甜粘菌中的甜菜坏死黄脉病毒。一直在从事植物病毒与病毒病基础研究的陈剑平,于 2001 年和 2005 年又两次获得国家科学技术进步二等奖。

获得国家大奖数的增多,表明了浙江省整体科研实力的提升。在省科技厅"加强基础研究,开发知识产权,增强科技综合实力和区域创新能力,增强浙江科技竞争力和经济竞争力"政策的引导下,通过计划项目的实施,取得了一大批自主知识产权,仅据 1999—2003 年统计,共有 1458 项科技成果获国家和省政府科学技术奖,其中有 45 项优秀成果获国家科学技术奖。2001—2004 年,浙江列入国家各类科技计划项目 1372 项,获得国家项目经费 10.65 亿元。据对中小企业技术创新、重大高新技术产业化、农业科技成果转化和高新技术研发中心 4 个专项的绩效考评统计,科技计划项目实施后获专利 l584 项,其中发明专利 357 项。

基础理论和应用理论研究取得新进展,科技原始创新能力有了很大的提高。1999—2003 年间,浙江先后有 229 项原创性科研成果获国家自然科学奖、技术发明奖、省科技进步奖(自然科学类、技术发明类)。企业自主创新能力明显增强,企业逐渐成为技术创新的主体。据对省科技进步奖的统计,工业企业获奖成果占获奖成果总数的 34.2%。目前浙江区域创新能力和科技综合实力分别居全国第 6 位和第 7 位。

在艰难而有效的科研探索中,造就了一大批优秀的科技人才,其中 32 位先后当选为两院院士。他们是:

唐孝威	1980	中科院	试验物理	浙大物理系教授
毛江森	1991	中科院	病毒学	浙江医学科学院院长
苏纪兰	1991	中科院	河口、陆架动力学	海洋二所所长

阙瑞麟	1991	中科院	半导体材料	浙大半导体材料研究所所长
陈子元	1991	中科院	核农学	浙大核农所
沈家骢	1991	中科院	高分子化学	浙大材料与化学工程学院院长
曹楚南	1991	中科院	腐蚀科学和电化学	浙大化学系教授
许根俊	1991	中科院	生物化学	浙江工程学院
刘新垣	1991	中科院	分子生物	浙江工程学院
巴德年	1994	工程院	医学	浙江大学医学院
汪槱生	1994	工程院	电子电力技术	浙大电机系教授
高从堦	1995	工程院	功能膜及其他工程技术	海洋局水处理技术开发中心研究员
孙优贤	1995	工程院	现代控制工程	浙大石油化工学院副院长
沈之荃	1995	中科院	高分子化学	浙大高分子系教授
岑可法	1995	工程院	热能	浙大热能工程研究所所长
董石麟	1997	工程院	土木工程结构	浙大结构工程研究所教授
金翔龙	1997	工程院	海底科学	海洋二所研究员
方肇伦	1997	中科院	分析化学	浙大理学院教授
韩桢祥	1999	中科院	电力系统及其自动化	浙大电机系教授
徐世浙	2001	中科院	计算地球物理	浙大地科系教授
郑树森	2001	工程院	器官移植	浙大医学院附属第一医院院长
潘德炉	2001	工程院	环境与轻纺部	海洋二所
杨卫	2003	中科院	固体力学	浙大校长
黄宪	2003	中科院	有机化学	浙江大学
朱位秋	2003	中科院	力学专家	浙江大学
陈宗懋	2003	工程院	茶学	中国农科院茶叶研究所
叶奇蓁	2003	工程院	核电	核电秦山联合有限公司
程泰宁	2005	工程院	土木建筑	杭州中联程泰宁建筑设计研究所
李兰娟	2005	工程院	医学	浙江大学医学院附属第一医院

李大鹏　2007　　工程院　中医药　　浙江中医药大学
许庆端　2007　　工程院　管理科学　浙江大学管理学院
谭建荣　2007　　工程院　机械　　　浙江大学机械与能源工程学院

（徐斌 执笔）

133.杭州世界休闲博览会

　　2006 年 4 月 22 日,国务院副总理吴仪在杭州萧山休博园宣布:"2006 杭州世界休闲博览会"正式开幕。这是世界休闲史上的首届世界休闲博览会。"休闲——改变人类生活","休闲:社会、文化和经济发展不可分割的组成部分",以其鲜明的主题和不可估量的影响力,开启了中国的"休闲元年"。休博会"党政主导、企业主体、社会参与、实现共赢"的实践,创造了中国世界级博览会办会的成功模式。

　　世界休闲博览会从世界休闲大会发展而来。杭州 2006 世界休闲博览会的申办工作始于 2000 年 7 月。2001 年 11 月,杭州正式向世界休闲组织提出申办要求。2002 年 8 月,国务院副总理钱其琛、国务委员吴仪分别作出批示,同意杭州举办 2006 世界休闲大会及其相关活动。在当月召开的世界休闲组织理事会上,杭州成功取得举办权。三个月后,世界休闲组织与杭州市政府、萧山区政府、宋城集团签署了《2006 世界休闲博览会和世界休闲大会协议备忘录》,正式确立了联合举办的合作关系。

　　2006 年 4 月 22 日至 10 月 22 日,首届杭州世界休闲博览会和第八届中国杭州西湖博览会在杭州如期举办。这次活动的一大亮点,就是将传统的知名会展品牌——西博会与首创的世界级休博会有机结合,共享会展资源。休博会提出"休闲——改变人类生活",西博会倡导"和谐生活、和谐创业",两个主题彼此衔接,互相辉映,两大盛会统筹实施,项目联动,共同推广,整体包装,使本届博览会成为一场休闲的盛会,开放发展的盛会,"亲民、节俭、文明、安全"的盛会;成为杭州历史上规模最大、时间最长、影响最大、参与人数最多、办会水平最高的展会。

　　中央和国家有关部门领导、休博会和西博会主办和主持单位领导,浙江省、杭州市领导、世界休闲组织官员、国内外友好城市代表、港澳台地区和侨界知名人士、中外来宾和市民 3422 万人直接参加了休博会(含各分会场)的各项活动。

博览会期间,共举办了 240 个会议、展览、文体和商旅活动项目。其中包括世界休闲大会、休闲高层论坛等 17 个会议项目和百城馆、工美展、汽车展等 26 个展览项目。同时举办的世界休闲博览园、世界休闲风情园、世界休闲用品博览会、世界休闲大会、世界休闲峰会、世界休闲奖评选、世界休闲研究和培训以及中国杭州西湖国际狂欢节、烟花大会等活动,加上开幕式、闭幕式和各分会场举办的各种活动项目等等,使得这次展会精彩纷呈、高潮不断,真正成为杭州市民和中外游客休闲、旅游、娱乐并伴随参加会议、观摩展览、参与大型活动的国际性盛会。

除杭州主会场外,这次博览会还在周边地区设立了 10 个分会场,实现了博览会空间上的跨越。仅参加各分会场组织的 151 个活动项目的观众就达 657 万人次,极大地促进了当地休闲产业的联动发展。发展省会经济,充分利用省内会展、旅游、文化、媒体等资源,吸引宁波、温州等省内大城市到"百城馆"建馆。在省内的绍兴、诸暨、安吉等地设立休博会分会场,实现品牌共享、客源互送、宣传互动,进一步扩大了"山水浙江、诗画江南"的知名度。

这届博览会热情邀请兄弟城市参加。如在安徽的黄山、江苏的周庄设立休博会分会场,邀请上海、武汉、南京、苏州、烟台、开封以及台湾地区城市参加"百城馆"活动。博览会还加强与世界休闲组织和世界旅游组织、世界旅游和旅行协会、亚洲太平洋旅游协会、国际旅游合作伙伴协会等国际会展旅游机构的合作,利用这些组织的全球网络宣传拉动休博会,加大国际推广力度,提升国际影响力。为努力发展与各国官方及民间旅游机构的伙伴关系,博览会邀请了 49 个境外城市到"百城馆"建馆。共有 25 个国际性会议、展览加盟休博会,博览会全部 19859 个展位中,境外展位占 22.5%。

举办这届休博会的另一重要成果,就是加强了城市建设和管理的结合。围绕举办这次休博会,杭州市完成了西湖综合保护、西溪湿地综合保护、运河(杭州段)综合整治与保护开发、背街小巷改善、市区道路交通整治等工程;建设了一批高质量的景观、交通、接待服务设施。进一步推进了城市管理的"美化、洁化、亮化、序化",杭州城市面貌焕然一新。休博会的举办,还使杭州旅游业实现了从观光游"一枝独秀",向观光游、休闲游、会展游"三位一体"的转变;从单一国内游"一轮独大"向国内游和入境游"两轮驱动"的转型。同时,以举办休博会为契机,杭州市积极开展休博会志愿者行动、市民文明礼仪教育和"当好东道主、办好休博会"等活动,极大地改善了服务质量,优化了社会秩序,提升了市民素质。博览会的成功举办,还培育了一批杭州会展专业队伍和休闲会展的项目品牌,形成了一套会展综合服务体系。

博览会取得良好的经济和社会效益,推动了杭州和全省休闲产业、旅游产业、会展业等产业的共同发展。主会场全部会展活动项目累计观众 2765 万人次,实现贸易成交额(营业收入)120.8 亿元人民币和 1.64 亿美元,协议利用外资 10.17 亿美元,引进内资 108.34 亿元。

休博会的成功举办,扩大了世界休闲博览会的国际影响,促进了世界各国尤其是发展中国家休闲学的交流与传播。期间举办的以"休闲社会、经济和文化发展不可分割的组成部分"为主题的世界休闲研讨会,国内外知名专家学者齐聚一堂,研讨休闲与创业、休闲与环境、中国的休闲发展经验等议题,发表了《世界休闲杭州共识》,传播了先进的休闲观念,为休闲产业的发展提供了理论支持。

休博会的成功举办,提高了浙江省和杭州市的国际知名度,引领了中国休闲产业发展,促成了杭州"一湖三园"(湘湖、休博园、风情园、杭州东方文化园)的开发,推动了西溪国家湿地公园、淳安县千岛湖、萧山湘湖等"十大休闲基地"的建设,实现了杭州会展产业、休闲产业的提升与发展。博览会的举办,还加快了钱塘江区域的沿江开发、湘湖的保护和开发,推动了滨江、萧山第三产业的发展。烟花大会主观礼台移师滨江,宣传和展示了滨江新区的新面貌、新成就。休博会成为萧山旅游业发展的强大"引擎"。

博览会坚持开放办会,使之成为一次"没有围墙的博览会"。休博会、西博会全面整合了杭州现有的自然、历史、文化、产业等资源,集聚了国内外知名企业、知名产品、知名品牌,汇聚了商流、物流、技术流、人才流、信息流、资金流,吸引了国内外权威机构和著名展览公司到杭州来举办大型会展项目。休博会成功举办以来,已有许多有影响的大型会展活动在杭州市举办,促进了杭州会展业整体水平的提升。

博览会给人民群众创造了许多参与机会,给杭州人带来了大量的就业岗位、创业机会、市场商机,休博会、西博会已成本地老百姓和中外游客的节日。杭州市坚持把办会与精神文明建设相结合,围绕争创文明城市、创建中国最佳旅游城市和迎接国家卫生城市复评活动,在全市广泛深入开展环境卫生整治,深化文明教育,先后组织了 34 万人次志愿者和 2000 多支社区志愿者队伍及驻杭部队官兵服务于休博会,打响了"礼仪之都、人文杭州"的品牌。

休博会的成功举办,对中国乃至世界休闲业发展作出了创造性贡献。特别是杭州首次以博览会的方式对休闲大会加以扩充和延伸,实现了休闲领域从单一的学术研究向研究休闲理论、传播休闲理念、普及休闲文化、组织休闲活动、开发休闲旅游、发展休闲产业的综合性休闲发展方向转变。同时,杭州通过举办休博会,获得了富有东方特色的休闲活动的经验,展示了发展休闲产业的美好前景,杭州也因此确立了国际、国内休闲城市的地位,打响了"东方休闲之都"的品牌和"金名片"。

在《世界休闲组织和杭州人民政府关于共同举办第二届世界休闲博览会的备忘录》中,双方商定,第二届世界休闲博览会举办时间为 2011 年,主园区仍将设在杭州市萧山区,主题是"休闲,提升生活品质"。

(常晓莉 执笔)

134. 安吉荣膺全国首个 "国家生态县"称号

　　2006年6月5日,第35个世界环境日表彰大会上,国家环保总局授予安吉县"国家生态县"光荣称号,这是全国首个国家生态县,也是浙江省自2003年开展生态省建设以来所取得的重要成果之一。

　　2002年6月,浙江省第十一次党代会把建设"绿色浙江",确定为全省在新的历史阶段的战略目标。12月,省委十一届二次全会明确提出,要"积极实施可持续发展战略,以建设'绿色浙江'为目标,以建设生态省为主要载体,努力保持人口、资源、环境与经济社会的协调发展"。2003年1月,经国家环保总局批准,浙江省成为继海南、吉林、黑龙江、福建之后的全国第五个生态省建设试点省份。5月,由省委书记习近平亲自挂帅的浙江生态省建设工作领导小组成立。6月,省十届人大常委会第四次会议通过了《关于建设生态省的决定》。7月10日,省委十一届四次全体(扩大)会议做出了实施"八八战略"的决定,其中就提出要进一步发挥浙江的生态优势,创建生态省,打造"绿色浙江",努力把浙江建设成为具有发达的生态经济、优美的生态环境、和谐的生态家园、繁荣的生态文化,人与自然和谐相处的可持续发展省份。11日,全省生态省建设动员大会举行,省委书记习近平做动员讲话,省长吕祖善分别与11个市的市长签订了生态省建设任期目标责任书。

　　坚持规划先行,加强政策引导是浙江创建生态省的一大特色。2003年8月,省政府正式印发了《浙江生态省建设规划纲要》。《纲要》阐明了生态省建设的现实基础和条件,明确了浙江生态省建设的总体目标、重点工程、主要任务等内容。在全省规划纲要的指导下,浙江各地、各部门结合自身实际开展了规划的编制工作。2003年,衢州市制定的《衢州生态市建设规划纲要》,在全省生态市建设中率先出台。衢州开化县制定的《开化生态县建设总体规划》,是全省乃至全国第一个提出并通过生态县建设总体规划的县。2004年5月,绍兴所辖的5个县(市)全部完成了规划编制和专家评审,成为全省第一个全面完成生态县(市)建设规划工作的城市。到2004年底,全省11个设区市编制了生态建设规划。目前,全省90个县(市、区)全都编制了生态建设规划,各乡镇也进行了生态乡镇建设的规划或实施方案的编制。在此基础上,各级政府还加强政策引导,出台了相应的配套政策,从统筹规划、分类指导、强化考核、健全机构等入手,逐步建立了"党委决策、政府实施、人大政协监督、群众参与","分级负责、上下联动、部门互动"的工作机制和管理体系。随着生态省建设工作的不断深入推进,责任内容逐步细化,考核要求逐步提高。

在创建生态省的过程中,浙江坚持防止新增污染与大力治理老污染并重、城市污染治理与农村污染治理并重、推行清洁生产与建设环境保护工程并重、污染防治与生态保护并举、工业污染防治与生活污染及农业面源污染防治并举、水污染防治与大气污染防治并举的"三并重、三并举"环境保护工作方针,整治环境污染。各相关部门相继联合开展了整治违法排污企业专项行动、清查放射源专项行动、清洁饮水源执法检查、海洋环境保护执法检查和矿山生态环境专项检查等,严厉打击各种环境违法行为。2004年起,浙江针对重点流域、重点区域、重点行业存在的突出问题,部署开展了全省八大水系及运河、平原河网,11个设区市,11个省级环境保护重点监管区为主要对象的"811"全省环境污染整治行动。

为给环境执法提供更加完备的法律依据,浙江省加快了地方环保立法进程。省委、省政府先后出台了《浙江省固体废物污染环境防治条例》、《浙江省环境污染监督管理办法》、《浙江省自然保护区管理办法》;制定了《关于落实科学发展观加强环境保护的若干意见》等文件。在执法工作上,采取领导蹲点督查,人大、政协与省级相关部门联合滚动检查,连续专项执法等方式。省、市、县三级重点污染源的在线监控装置建设快速推进,1452家纳入国家环境统计范围的重点排污单位,已全面完成在线监控装置的建设和改造任务,基本形成了省市县三级联网、全天候实时监控的环境质量和重点污染源在线监测监控系统。

通过"811"环境污染整治行动,使得全省环境污染和生态破坏趋势得到基本控制,突出的环境问题基本得以解决,全省的环境质量有了明显改善。至2007年底,全省设立的11个省级环保重点监管区、5个准重点监管区,全部通过现场验收。据中国环境监测总站的权威发布,2008年浙江省生态环境质量总体评价为优,继续保持全国前列。2008年,全省八大水系、运河和湖库总体水质基本稳定,水质类别主要为Ⅰ至Ⅲ类,占70.8%;68.4%的监测断面,满足水域环境功能要求。

自开展生态省建设以来,浙江各地还大力加强水土流失治理、清水河道整治、矿山生态修复、生态公益林建设等工作,使生态保护和恢复工程有序推进。2003年,省里出台了《万里清水河道建设管理办法》,对全省主要河道进行清理建设,在发挥河道行洪、航运、灌溉等功能的同时,着力恢复和提高河道生态功能,充分体现生态性、自然性和亲水性。整治过的河道基本消除"脏、乱、差",水环境面貌得到了明显改善,在"万里清水河道"工程的实施中,完成清水河道建设1.38万公里,整治村庄河道约2000公里,对已整治的河道实施河道保洁长效管理超过1.5万公里,完成水土流失治理面积4223.6平方公里。在矿山生态修复方面,全省累计完成废弃矿山生态环境治理项目,占全省废弃矿山治理率的65%以上。在生态公益林建设方面,出台并实施了《浙江省生态公益林管理办法》,全省规范化管理重点生态公益林3000万亩,80%以上的平原县基本达到高标准平原绿化水平。与此同时,浙江积极推进城市、县城绿地的覆盖,推进下山搬迁生态移民。植树绿化工作卓有成效,最终森林覆盖率达60%以上。

浙江省率先在全国出台了《进一步完善生态补偿机制的若干意见》、《钱塘江源头地区生态环境保护省级财政专项补助暂行办法》、《浙江省生态环保财力转移支付试行办法》等生态补偿政策;启动了生态环境功能区规划的编制工作,实行了差别化的区域开发和环境管理政策,严把建设项目环境准入关;加大了生态环境的资金投入,5年间累计投入上千亿元,高于全国环保投入平均水平。

生态省建设全面推进了循环经济工程,浙江省先后实施了125个循环经济重点项目。围绕节能、节水、节材、节地和资源综合利用等项目,稳步发展循环型产业。

在环境基础设施建设上,以城市污水处理厂建设为重点,统筹城乡生活垃圾、工业危险废物、医疗废物的处理,开展城市环境综合整治,进一步巩固和扩大全省"烟尘控制区"、"噪声达标区"、"禁燃区"的面积和数量;开展农业生态环境建设和保护规划、有机食品生产基地建设;围绕"千村示范、万村整治"工程,加快实施生态乡镇(村)建设,全面开展农村环境综合整治。开展"绿色学校"、"绿色社区"、"绿色企业"、"绿色医院"、"绿色家庭"等千万绿色细胞的创建工作,逐步把公众的环境教育融入社会教育的各个方面,建立起公众参与环保的有效途径。

经过努力,浙江省的生态建设取得了明显成效。安吉县创建成为国家首个生态县,同时被国家环保总局批准为"全国新农村与生态县互促共建示范区"。全省 43 个县(市、区)获得"国家级生态示范区"称号,已创建 138 个国家级环境优美乡镇、2 个国家级生态村、450 个省级生态乡镇和 3999 个生态村。临安市、宁波市镇海区、余姚市、洞头县、德清县、诸暨市、武义县、磐安县、开化县、嵊泗县、天台县被省政府命名为省级生态县(市、区)。浙江正在通过建设生态省实践"绿水青山"就是"金山银山"。"绿色浙江"呼之欲出。

(俞红霞 执笔)

135. 温州烟具行业代表团
赢得打火机案

2006年8月,以欧盟打火机制造商联合会撤诉为标志,温州市烟具行业协会取得了应对欧盟反倾销法案的实质性胜诉。这是入世以来,中国民营企业反倾销领域打赢欧盟的第一案。

打火机制造业属于典型的劳动密集型产业。对于这个不到百年的产业来说,其在国际市场上的制造中心几经变迁。20世纪50年代以前,欧洲一直占据世界打火机制造技术的霸主地位。60年代,日本、韩国和中国台湾地区取代了欧洲。而到90年代,温州人看准商机,又经过多年努力让温州成长为世界上最大的金属外壳打火机生产基地,全地区拥有打火机生产企业500多家,年产金属外壳打火机6亿多只,销量占世界市场份额的80%以上。

面对中国打火机业的激烈竞争,欧美纷纷采用知识产权壁垒、反倾销等贸易限制措施,企图将中国打火机产业挤出欧美市场。2001年的10月至2006年8月,可谓温州打火机行业发展史上的多事之秋。

2001年10月,欧盟标准化委员会拟定并将通过CR法案,要求2欧元以下的打火机必须设置防止儿童开启安全装置,而这方面的技术专利大多掌握在欧美企业手里,温州打火机行业进退两难。CR法案显然是不公平、不合理的,也违反了WTO公平贸易的规则。为此,温州打火机协会马上做出反应,并于2002年3月组成中国"民间第一团",在当时外经贸部公平贸易局及有关领导的支持下,出访欧盟,分别与欧洲标准化委员会、欧盟健康和消费者保护委员会以及欧洲打火机进口商协会、鼓动制定CR法案的法国BIC总公司等进行交涉。经过严正交涉,欧盟有关官员表示将尽快启动修改方案。

一波未平一波又起。2005年,欧盟又决定对中国出口欧盟的打火机进行反倾销立案调查,这使温州打火机产业雪上加霜。温州打火机行业的特点是企业多(达 500 多家),规模小,都是民营企业。面对这样的打击,大部分企业惊慌,无力应对,觉得小产品要打赢国际官司难度很大。

关键时刻,有关部门派出专家指导、帮助,温州打火机协会组织会员企业研究对策。经讨论分析后认为,温州打火机有充分的理由证明并非属于"低于成本销售"的范围,且对欧盟内部产业没有造成损害。于是,协会决定筹集资金,聘请律师应诉,由浙江大虎打火机有限公司等 15 家企业提出无损害抗辩,温州东方打火机有限公司申请"市场经济地位"。2002 年 9 月和 12 月,应诉企业先后两次接受了欧盟核查官员近于苛刻的实地核查,终于在 2006 年 8 月以欧盟打火机制造商联合会撤诉为标志,取得了应对欧盟反倾销的实质性胜诉。这是入世以来,中国民营企业打赢欧盟反倾销的第一案,浙江大虎打火机有限公司董事长周大虎也因此胜"战"而成名。

浙江大虎打火机有限公司目前是温州市鹿城区一所重点企业。董事长周大虎是当地的传奇人物。1992 年,他用妻子下岗一次性买断工龄的 5000 元安置费起家,经过十多年的努力,把一个家庭小作坊做成了全国金属外壳打火机的龙头企业。他用自己的名字命名公司,注册了商标,让自己的名誉和企业捆绑在一起。他从对世界市场的茫然无知,到团结温州同行一起走出国门打一场洋官司,历时一年多,最终赢得了这场中国加入世贸组织以后中国民营企业打赢的反倾销第一案。该公司被中国五金制品协会授予全国打火机行业首个唯一最高荣誉"中国防风打火机最强生产企业",当选为中国轻工业联合会常务理事单位、中国五金制品协会副理事长单位、温州市烟具行业协会会长单位。"虎"牌被评为中国名牌、商务部重点培育和发展的"中国出口名牌"、中国打火机十大知名品牌。此外,该公司还被国家工商总局授予全国"守合同重信用"单位,第三届"中国优秀民营企业"、全国首批工业经济旅游示范点、全国轻工行业先进集体、浙江省"五个一批"重点骨干企业、浙江省首批诚信示范企业、浙江省文明单位、温州市首届"活力和谐"企业创建工作先进单位等 200 多项荣誉。在种种荣誉面前,周大虎十分清醒,他的下一个目标就是争创世界品牌,成为世界打火机一流企业。

通过中国入世以后打火机行业经历的这场国际官司,业内人士醒悟到:在"三流企业卖力气、二流企业卖产品、一流企业卖技术、超一流企业卖标准"的知识经济时代,任何人还像以前那样不顾他人的权利、免费使用别人的知识产权,关起门来当皇帝的做法已经行不通了。中国已成为世界制造业大国,在融入世界经济一体化、中国产品走向国际市场的今天,中国的中小企业正面临着前所未有的发展机遇,同时也面临着严峻的挑战。因此努力学习和运用知识产权,提高知识产权的保护意识就显得非常重要。

大虎打火机打赢中国入世后民营企业反倾销第一案,对中国民营企业特别是传统产业中的民营企业的借鉴意义还在于:民间行业协会的积极作用,绝不可忽视。

首先,温州打火机反倾销的胜诉,是中国民间行业协会组织中小企业积极应诉的第一例,充分体现了中国民间行业协会的积极作用,说明温州民间行业协会已走在全国的前列。民营经济对行业协会的需求是内在的、本能的、自发的,其本质是需要形成一个"行业代言人",以代表行业的整体利益,协调行业内外的各种经济社会关系。在温州这样一个市场经济活跃的地方,民间行业协会成为温州企业的共同家园。例如《温州市行业协会管理办法》赋予行业协会(商会)的16项职能,就为民间行业协会的发展提供了很大空间。自治性、服务性、专业化是其三大特点。自治性是活力之源;服务性是基本工作方式,也是赢得威信的基础;专业化是发展趋势,也是强化功能的必然选择。

其二,在WTO的框架下,政府的职能受到较大的限制,出现了很多政府难管、企业难办的矛盾和问题,作为民间社团的行业协会,则可发挥其独特优势和作用。一是协会可以在政府与企业之间及时沟通、传达有关政策措施和指令,并将企业的问题、困难和需求反映到政府;二是在遇到国际贸易纠纷时,对内牵头组织协调骨干企业结成应诉主体出面应对,在外注意寻找国际同盟军,搞好与国外共同利益的商会的关系。温州打火机企业从怕打、不会打国际官司,到初步学会了在世贸组织法律框架下,运用法律来解决贸易争端。协会起到了引导、团结、凝聚人心的作用。尤其是中国的协会与欧盟的打火机进口商协会建立了密切的关系,出于共同的利益,他们同中国人站在一起,对欧盟相关政府部门进行游说,反对欧盟政府对中国进行反倾销。

其三,民间行业协会因市场而生,依市场而运作。这次为反倾销应诉,在温州市烟具行业协会组织下,各企业共出资200多万元,聘请国际律师,派出协会交涉团。以协会为主体参与应诉,既节约了企业单独应诉的成本,又提高了成功的概率。民营企业尤其像温州打火机制造业这类中小型民营企业,大多规模较小,经济实力不强,并且像一盘散沙。这就需要行业协会充分发挥自我管理、自我服务、自我协调的作用。胜诉之后,温州打火机、眼镜等好几家行业协会都提出,要打破贸易壁垒,需要巨额的应诉资金,今后有必要建立行业应诉基金进行专项补助。

　　总之,温州民间行业协会的经验,为中国民间自发型的商会成长提供了宝贵的借鉴,为带有"准政府部门"性质的行业协会的改革与转轨,提供了可供参照的目标模式。

（朱健 执笔）

136. 良渚文化的新发现

2006年11月29日,浙江省文物局与杭州市政府联合宣布:经过18个月的努力,浙江省考古人员在位于浙江余杭的良渚遗址莫角山四周,发现了良渚文化时期完整的古城墙基址。著名考古学家、北京大学教授严文明等专家一致认为,这是目前所发现的同时代中国最大的城址,可称为"中华第一城",是继20世纪河南安阳殷墟发现之后,中国考古界在古城方面的又一重大发现。

良渚文化的类型最早在1934年在浙江吴兴被发现,1936年于浙江余杭良渚镇发掘了具有代表性的良渚遗址。良渚的陶器中有引人注目的黑陶,当时被认为与山东龙山的黑陶相类似,因此,也称作龙山文化。1939年,有人把龙山文化分为山东沿海、豫北和杭州湾三区,并指出杭州湾区的文化与山东、河南的有显著区别。1957年,有专家认为,浙江的黑陶干后容易褪色,没有标准的蛋壳黑陶,在陶器、石器的形制上有其自身的特点,于1959年提出了良渚文化的命名。

从考古挖掘看出,良渚文化大体可分为早、晚两期。早期以钱山漾、张陵山等遗址为代表,陶器以灰陶为主,也有少量的黑皮陶;晚期以良渚、雀幕桥等遗址为代表,陶器以泥质黑皮陶较为常见。轮制陶器在当时已较为普遍。良渚文化居民以农业生产为主,主要农作物是水稻。手工业也很兴旺,有的可能已形成专业性的生产部门。玉器制作在全国同时期的原始文化中,显得十分突出。手工纺织业也有迅速发展,从钱山漾遗址中发现有国内早期的丝麻织物。因此推测,良渚文化居民已过上相对安稳的定居生活。

考古界认为,良渚文化是中国长江下游、太湖流域一支重要的古文明,距今约5250—4150年。经半个多世纪的考古调查和发掘,初步查明遗址分布于太湖地区。

在余杭市良渚、安溪、瓶窑三个镇地域内,分布着以莫角山遗址为核心的50余处良渚文化遗址,有村落、墓地、祭坛等各种遗存,遗址密集。20世纪80年代以来,反山、瑶山、汇观山等高台土冢与祭坛遗址相继面世,内涵丰富,范围广阔。在中国史前文明的各大遗址中,良渚遗址的规模最大,水平最高。良渚文化因此被誉为"文明的曙光"。

2006年6月至2007年1月,为配合良渚遗址重点保护区域内农民住宅外迁安置点基建项目,浙江省文物考古研究所在瓶窑葡萄畈遗址一带发掘时,发现了一条良渚文化时期的南北向河沟。考古人员以这一发现为基点,顺藤摸瓜,开始沿河沟进行延伸钻探调查和试掘。经过18个月的努力,考古人员在莫角山四周发掘出了良渚文化时期完整的古城墙基址。

这座古城位于莫角山四周,略呈圆角长方形,正南北方向。古城东西长约1500—1700米,南北长约1800—1900米,总面积达290多万平方米。约有400个足球场那么大,相当于颐和园的面积。城墙底部普遍铺垫石块作为基础,宽度约40—60米,石头基础上用黄土堆筑,部分地段地表还残留4米多高城墙,为中国现存最宽的上古城墙。城内还有莫角山遗址,30万平方米的面积中,残留有10米高的建筑基址,可以推测,原来上面应该有宫殿一类的恢宏建筑。根据城墙外侧叠压的堆积物中出土的陶片判断,良渚古城使用的年代下限不晚于良渚文化晚期。专家们认为,这里很可能曾是一个"良渚古国",如果没有强大的组织力,不可能修筑起来。

尽管古城的始筑年代还有待于判断,但考古人员发现,古城建城的位置是经过精心勘察与规划的。良渚古城遗址发现者之一、浙江省文物考古研究所研究员刘斌介绍说,良渚古城的南面和北面都是天目山脉的支脉,南北与山的距离大致相等,东苕溪和良渚港分别由城的南北两侧向东流过,凤山和雉山两个自然小山,则分别被用来作为城墙西南角和东北角的制高点。

这是一座令考古界期待已久的古城。在良渚遗址40多平方公里的范围内,多年来已相继发现墓地、祭坛、制玉作坊、建筑基址、防护工程、聚落遗迹等各类遗迹135处。遗址分布密集、规模宏大、类型齐备、级差明显,显示出一个庞大而完整的带有史前都城性质的空间形态和聚落布局。但由此多年来也给考古学界一个疑惑:"遗址规模这么大,反山、瑶山上又有高规格的墓地,难道没有中心吗?"

良渚古城被认为是良渚文明的"都城"。其发现串连起良渚遗址中多年来的一系列重要考古发现,令良渚文明最核心区域格局更为清晰。关注良渚文明多年的严文明教授介绍说,古城所环绕的莫角山一直被推测是良渚遗址的中心。其西北角是反山,其中发掘的12号墓,出土过刻有神人兽面纹的大玉琮等500

多件玉石制器,据推测是王一级的墓葬;莫家山的东北角是马金口,出过六七米长的大方墓遗址;山的东南面是钟家村,出土过大玉璧。这些建筑遗址都在古城内,城外则分布着祭坛、高级陶器作坊、玉器作坊、码头等遗迹。

之前,考古界一直认为,良渚文化发展水平属于即将进入文明或者文明的初期阶段。如果进入早期文明社会,则应该有个初步的国家组织,以区别于以血缘为单位的氏族社会。都城正是其重要标志。

考古学者认为,有明显职能分工与布局规划的良渚古城的发现,改变了考古界对良渚文化"文明曙光初露"的原有认识,标志良渚文化时期已经进入了成熟的史前文明发展阶段。良渚古城的发现,不仅改变了对良渚文化文明发展阶段的认识,对中国乃至世界史前文明研究也产生了深远的影响。

在此之前,中国已经发现了60多个史前古城,面积一般为10万至20万平方米,其中大型古城只有两个,一座位于湖北天门,面积约120万平方米,一个是山西南部的陶寺古城,面积约280万平方米。国家文物局明确表示,在已发现的代表中国早期文明的大遗址中,良渚遗址的规模最大,水平最高,是实证中华5000年文明史的最具规模和水平的地区之一。

据目前的考古发现,有关专家提出,良渚文化可分为三个层次。主体范围在环太湖流域,政治中心就是莫角山、古城以及外围的良渚文化遗址群;扩张区则北至江苏北部,南到浙江南部,西至江西、安徽;影响区则从山西南部的陶寺古城,南到广东。其影响范围达半个中国,并部分被后世中国的主体文化明显继承,如果没有比较高的经济文化发展水平,则不可能有这么大的影响。在这个大背景下,古城的意义得以充分凸显。

良渚古城的发掘尚未结束,考古工作人员下一步将继续勘探古城的秘密。原来只知道有土台、墓地,但对城内的功能区分布等了解有限。如,城门在哪儿?道路如何布局?当时城内外的关系是怎样的?从已有的发现看,古城的下限可以确定,是在良渚晚期,约4300年前,那么上限呢,也就是古城是什么时候开始建的?这些都还是未知数,都还需要时间、需要考古学家的继续发掘和研究来加以论证。

(朱健 执笔)

137. 平湖成立全国首个 "新居民事务局"

　　2007年6月1日,平湖市成立了全国首个"新居民事务局"。不久,平湖市所有镇、街道都按照"有牌子、有场所、有机构、有网络、有队伍、有制度"的"六个有"的要求,成立了新居民事务所,形成市、镇(街道)、村(社区、企业)三级服务管理组织体系。在平湖工作的25万多名外来务工、经商、创业等非平湖市户籍但有固定住所的人员,有了一个亲切的称呼:新居民。

　　"新居民"的称谓,让所有非平湖籍人员感到亲切和友善。从2007年11月20日起,由平湖市新埭镇作为试点,在平湖工作的新居民们开始陆续领取"居住证",取代使用了20余年的"暂住证",这表明平湖市成为全国首个给外来就业人员发放居住证的城市。新"居住证"与社保、就业、教育、居住等挂钩,根据不同类型的"居住证",新居民们可以享受不同的优惠政策,共享平湖市经济社会发展成果。

　　人口流动推动了经济发展,但人口流动也给社会治安带来了巨大压力,如何夯实基层的平安,切实维护社会和谐稳定,是浙江一直在探索的重大课题之一,也是"平安浙江"建设的重要内容之一。平湖"新居民事务局"的成立,是浙江在建设"平安浙江"中的一项具体实践。

　　2004年5月,省委十一届六次全会审议通过了《关于建设"平安浙江",促进社会和谐稳定的决定》,并就建设"平安浙江"的各项工作作出部署。

　　为确保"平安浙江"建设这一宏大的系统工程顺利实施和扎实推进,省委总揽全局、科学谋划,把它作为经济、政治、文化、社会"四位一体"建设的重要内容,放到"创业富民、创新强省"总战略中去谋划。全省各级都成立了由"一把手"任组长的平安建设领导小组,建立了上下贯通、左右协调的平安创建网络,形成了主要领导亲自抓、分管领导具体抓、其他领导配合抓、相关部门共同抓、干部群众参与抓的工作格局。各级党委、政府认真落实社会治安综合治理、安全生产、信访工作责任制及预防处置群体性事件领导责任制和责任追究制,建立健全明察暗访、情况通报、警示谈话、黄牌警告等制度,将平安考核结果与政绩评定、干部任用、表彰奖励及责任追究相挂钩,促进了平安建设工作责任和措施的落实。

解决民生问题,促进社会发展,是"平安浙江"建设的重要内容。全省各级党委和政府坚持发展为了人民,坚持"平安不平安,老百姓说了算",从解决人民群众最关心、最直接、最现实的利益问题入手,加强和改进为人民群众办实事工作。省委、省政府为此出台了《关于全面改善民生促进社会和谐的决定》等,重点解决关系群众切身利益的劳动就业、社会保障、医疗卫生等问题,使为民办实事工作进一步规范化、制度化。几年来,就业和社会保障水平逐年提高。全省城镇登记失业率从 2004 年的 4.1%下降到 2008 年的 3.49%;仅 2008 年,全省养老保险、城镇职工基本医疗保险、失业保险和工伤保险参保人数分别新增 217 万、199 万、146 万和 259 万,省级财政对城镇居民基本医疗保险补助标准提高 1 倍。全面免除了义务教育阶段学生课本费、作业本费和外来民工子女借读费。地方财政用于民生方面的支出力度明显加大,2008 年全省财政支出增量的 72.2%用于改善民生。城镇居民收入连续八年居全国第三位,农村居民收入连续 24 年位居国内各省区首位。

自提出建设"平安浙江"以来,各地各部门注重从解决影响社会和谐稳定和影响群众安全感的突出问题入手,多策并举,标本兼治,全力确保社会稳定和人民群众的生命财产安全。在社会治安方面,坚持一手抓打击整治,一手抓防范控制。坚持贯彻"严打"方针不动摇,精心组织开展了"打黑除恶"专项斗争和反"两抢"、禁毒、禁赌等专项行动,以反邪教、反偷渡、扫黄打非、非法卫星电视接收设施等为重点的一系列专项斗争和集中整治,不断增强社会治安工作的主动性、针对性和实效性。把严打、严管、严防、严治紧密结合起来,因地制宜落实人防、技防、物防措施,全面启动社会治安动态视频监控系统建设,加强群防群治队伍建设,最大限度地挤压犯罪空间。认真实施宽严相济的刑事司法政策,积极探索流动人口服务管理的新途径、新方法,深入开展"未成年人零犯罪社区"创建活动和社区矫正活动,最大限度地化消极因素为积极因素。

在安全生产和公共安全方面,扎实推进安全生产、环境污染等隐患专项治理。切实加强食品安全"三网"和农村药品安全"两网一规范"建设,使全省乡镇连锁超市和行政村放心店覆盖面达到 100%。积极推进政府应急管理办事机构建设,完善各类公共事件应急预案,公共安全应急管理体系进一步完善。全面实施疾病控制、卫生监督、医疗救助、应急指挥和信息报告等"五大体系"建设,公共卫生服务体系不断健全。在全国率先探索避灾工程建设,救灾应急机制和灾民救助制度不断完善。

各级党委、政府始终把有效化解矛盾纠纷,统筹协调社会各方利益关系作为平安建设的重点内容,采取有力措施,正视矛盾、走进矛盾、破解难题。省委、省政府召开全省人民调解工作会议,对加强人民调解、行政调解和司法调解相结合的"大调解"体系建设提出了明确意见。各地各部门认真组织开展县委书记大接访,创新群众工作机制,完善党政领导干部和党代表、人大代表、政协委员联系群众制度,落实信访工作责任制,完善维护群众权益机制、预防化解矛盾纠纷长效机制,不断畅通联系群众渠道,搭建多种形式的沟通平台。坚持源头预防、标本兼治,大力探索完善重大决策、重大项目社会稳定风险评估机制,明确责任要求,规范工作程序,积极开展"平安边界"创建活动,正确处理资源权属、经济开发等各类涉界矛盾纠纷。

基层是整个社会和谐稳定的基础。各地各部门学习并创新发展"枫桥经验",把平安建设的重点放在基层,努力夯实平安建设的根基。按照健全组织、整合资源、完善机制、提高实效的要求,扎实推进以乡镇(街道)综治工作中心为平台的基层维稳机制建设,并以"综治进村居、进社区、进民企"为突破口,推进平安工作网络向基层延伸。至2008年,全省乡镇(街道)综治工作中心建成率达到了96.4%,社区、较大村、规模企业综治工作站(室)规范化建成率分别达到95.6%、86.4%、89.5%。深入开展平安乡镇(街道)和平安村、平安社区、平安家庭、平安企业、平安校园、平安渔场、平安路段等系列创建活动,不断扩大平安创建工作覆盖面。认真抓好基层平安宣传,先后组织开展了"平安浙江"大型图片展、"平安浙江千里行"和"安全生产千里行"等大型主题采访活动,举办了"平安浙江"文艺汇演颁奖晚会暨"法治浙江"宣传活动,开办了平安建设网站,提高了平安建设在人民群众中的影响力,营造了浓厚的共建共享平安和谐的氛围。

五年的"平安浙江"建设成效显著,实现了"三个下降"、"三个零增长"、"一个提高",即全省信访总量、群体性事件、刑事发案持续下降,全省安全生产事故总量、死亡人数、直接经济损失持续实现"零增长"。人民群众安全感满意率持续高于全国平均水平,据国家统计局的抽样调查,2004年有92.3%的受访群众认为浙江是安全的,2008年这一比例上升到95.65%。

（俞红霞 执笔）

138. 浙商《企业社会责任倡议书》

2007 年的浙商大会上,代表们共同推出了一份《浙商社会责任倡议书》,这是浙商发展中的标志性事件:浙商转型迈入新阶段,从"功利"浙商向"公利"浙商转变,浙商开始塑造全新的社会形象。

浙商社会责任意识的成长,经历了一个漫长而艰难的过程。个私经济起步的头十年间,个体为主,私营企业不多,规模微小,再加上"拾遗补缺","充当配角"的定位,使企业社会责任素质滋生迟缓,多数人对信誉、信用的追求,尚处于沉睡状态,与之背道而驰的假冒伪劣行为屡禁不止,经营上流行短期行为,防治污染尚未感觉,也就谈不上自觉改善生态环境。对社会公益事业无动于衷者是多数,少数行动者也带有扬名得利的动机。参政议政中,关注点局限于个私阶层的自身利益,几乎没有对整个社会的公共利益提出过要求。

个私群体企业社会责任感的成长是一个从无到有的过程。90 年代间,随着谋生性冲动上升为致富性冲动,社会人格亦相应提升,但总体情况并不平衡,假冒伪劣情况仍然严重。浙江产品声誉不佳,引起了浙江各级政府的重视,市场拒绝进入的惩罚,也让不少具有远大目标的民营企业家意识到货真价实和品牌信誉的至关重要。1992 年后,政府与一些民营企业家联手,开展了长达十多年的打击假冒,营造品牌行动,进展之艰巨,过程之曲折,见效之缓慢,教训之深刻,构成了浙商成长史中惨痛的一页。

进入新世纪后,浙商在新一轮发展中,对企业社会责任的认识有所觉醒,与此同时,国际上成熟的企业社会责任理论传入中国,为有眼光的企业家逐步认知,使浙商的企业社会责任意识渐渐形成几点共识:一,浙商履行社会责任能更好地适应国际市场竞争的要求。二,浙商履行社会责任可使国内市场经济的环境改善。三,浙商履行社会责任是企业自身可持续发展的要求。

在共识的基础上，浙商发展的轨迹出现了注重提高产品质量、树立企业品牌和实施社会贡献的新动向。浙江省经济贸易委员会 2005 年的报告指出，全省个体私营经济发展呈现以下几个特点：一是总量持续扩张，增长速度放缓。二是结构逐步调整，三产比重增加。三是质量明显提升，增长方式转变，由块状经济向品牌经济发展。四是社会贡献提高，促进和谐发展。省工商局 2006 年度的《浙江省民营经济发展报告》中，专门总结、表彰了企业社会责任表现：以经济主体和社会主体的双重构架为引领，做经济建设和社会责任的生力军，是我省个私民营企业新一轮发展的价值取向。在资助教育、扶贫筑路、赈灾救灾、安置就业等方面，充分展示了我省民营企业的社会责任。一是参政议政意识显著增强。二是热心公益事业扶贫济困，关爱社会能力显著增强。三是关注民生，奉献社会责任显著增强。

随着浙商对于"企业公民"身份认同的深化，他们对"社会责任"以及"和谐"的理解随之深刻而丰富起来。履行企业的社会责任，不仅用浙商的智慧为社会创造了财富，还需把一部分财富奉献给需要帮助的人，勇担社会责任。在 2006 年 6 月 3 日开幕的"2006 浙商大会"上，组委会推出全社会第一份浙商"社会责任"奖。社会责任奖项的评选标准，主要从行业领先、纳税与就业、环境友好、社会公益活动以及劳资关系等方面考量，获奖者不完全是根据企业纳税多少以及捐款多少衡量，而是根据劳资关系、环境保护、社会公益活动以及纳税、就业等多项数据的权重关系来综合评定。其中劳资关系、环境保护以及社会公益活动所占权重突出。而在环境保护上则实行一票否决制。组委会决定共设四个社会责任奖项，即：2006 浙商社会责任大奖；2006 浙商社会责任特别奖；2006 浙商社会责任奖；2006 省外浙商社会责任奖。获得 2006 浙商社会责任大奖的有：郭广昌、宗庆后、邱建林、王振滔、楼永良、朱张金、沈国军、楼国强、蔡开坚、凌兰芳等人；获得 2006 浙商社会责任奖的有赵治辉等 15 人；获得 2006 省外浙商社会责任奖的有陈旭荣等 11 人。

在 2007 年度浙商大会上，丝绸之路集团公司董事长凌兰芳的发言代表了与会者的共同意愿：浙商要实现"三个转变"。第一，要完成财富浙商向人文浙商的转型。第二，要完成从地域浙商向天下浙商的转型，以天下为己任。第三，要完成境遇浙商向境界浙商转型。

以"科学发展与浙商责任"为主题的 2007 浙商大会推出的关于社会责任的系列评选，在更大范围上得到了浙商的全力支持和踊跃响应。本着"公平、公正、公开"的原则，此次评选通过四次严格审核，从自行申报到初审到复审到终审，最终评选出 50 家获奖企业，其中荣获 "2007 浙商社会责任大奖" 的有 10 家，"2007 浙商社会责任单项奖"22 家，"2007 省外浙商社会责任奖"14 家，"2007 浙商社会责任特别奖" 的有 4 家企业（国有或者国有控股企业）。评审专家之一的省工商联副会长郑明治说："我们以前对于社会责任的理解还是聚焦在一些基本的企业责任上面，比如说纳税、慈善捐助和解决就业等等。但是今年的责任奖获得者以他们的身体力行给我们更深刻地诠释了社会责任的意义。"

2007 年浙商大会的中心内容是正式推出《浙商社会责任倡议书》。经过充分的酝酿和讨论，代表们取得共识，从而代表全体浙商向社会郑重承诺：

一、改革创新，做强做大。把企业做强做大，提供更多的就业岗位，创造更多的财富，是浙商的天职。天职在肩，唯有不断进取，不断改革，不断创新；唯有遵循规律，科学决策，健康运营；唯有技术创新，制度重建，文化再造；唯有掌握核心竞争力，勇创属于自己的、民族的品牌。

二、关爱员工，诚信守法。商道即人道，获取人心比赚取金钱更重要。关爱员工，培养员工，维护员工的权益，构建 "和谐企业"。诚信守法，遵从商业规则，规范纳税，维护消费者以及所有与企业相关者的合法权益，做一个负责任的企业。

三、保护环境，节约资源。企业是环境里的企业。企业赚钱，要 "取之有道"。节约资源，保护环境，是企业必须自觉承担的责任；治污减排，降低能耗，是企业应该努力做到的基础 "功课"；与自然为邻，交自然为友，是企业与自然和谐相处之道。地球只有一个，她是我们唯一共同的家园。

四、扶贫济困，热心慈善。个人财富过多，会成负累，会奴役人性；热心扶贫济困，就是为自己减 "负"，就是给自己 "治病"。予人玫瑰，手有余香，给予总比索取带给人更大的幸福。财富积累再多，并不给个人价值增加几分；乐善好施越多，则个人实现的价值越大。超越自我，从 "功利" 浙商向 "公利" 浙商转变，从企业家迈向慈善家。

五、修身立业，传承文明。浙商精神名闻天下，但我们不可自满、自傲。善于学习，修身养性，塑造品格，才能长久立业助天下。浙江文化，工商优先，义利并举，先义后利，天下浙商有责任在科学发展的大潮中创造出新时代的商业文明，有责任成为传播新商道的使者。

承担社会责任意味着更高的成本投入，但只有当企业目标和社会发展目标相一致时，企业发展才有持久的竞争力。浙商在转型，浙商在超越。哪里需要有人承担社会责任，哪里就有社会责任感的浙商群体。天下浙商，一起努力，让我们的企业更健康，让我们的社会更和谐，让我们的国家更富强！让浙商成为一个最富有社会责任感、最受人尊敬的企业家和商人群体！

通过倡议书的形式，浙商把个人和企业的行为，演化为更大范围的社会行为，"如果大家都来这样做，我们一定能够做更多！"很多获奖浙商，表明了这样的心声。

《浙商社会责任倡议书》是中国民营企业第一份正式的企业社会责任宣言，它的诞生，乃是浙商社会人格成长的里程碑。表明浙商转型已经迈入了一个全新阶段，日渐成长为一个成熟的企业家群体。

（徐斌 执笔）

139. 阿里巴巴问鼎港股新股王

2007 年 11 月 6 日,香港联合交易所有限公司主板买卖开盘。阿里巴巴首日挂牌,开盘价 30 港币,较发行价 13.5 港元涨 122%。尾盘收于 39.5 港元。阿里巴巴此次发行 8.59 亿股,其中 6.315 亿为旧股,其余为新股,融资约 15 亿美元。上述业绩,创下香港股市有史以来多项新纪录:打破了此前新鑫(3833.HK)首日劲升 1.2 倍的纪录、冻结资金最高纪录(1600 亿美元)、国内互联网公司融资之最(15 亿美元)、国内最大市值互联网公司(200 亿美元左右),问鼎 2007 年港股新股王。

阿里巴巴公司管理团队、18 位创办人及 100 多名嘉宾,出席了阿里巴巴的上市仪式,见证了阿里巴巴股份开盘交易。阿里巴巴董事局主席马云当天在港交所宣布,对阿里巴巴的股价很满意,准备执行超额配股,计入 13.2% 的超额配股后,融资规模接近 17 亿美元。一跃成为中国互联网首个市值超过 200 亿美元的公司,考虑到收市后行使的超额配股权的集资额,阿里巴巴成为全球第二大互联网融资集团。马云在上市仪式上向嘉宾表示:"我们欢迎来自香港和全球的新投资者加入,与我们共建一个世界级的电子商务公司。今天是阿里巴巴的一个重要里程碑,象征着电子商务的发展将迎来一个新时代,令全球的中小型企业受益。我们希望率先建构电子商务的生态系统及基础设施,让中小型企业壮大他们在中国乃至全世界的业务。"

自 1999 年创业于浙江杭州的湖畔花园算起,阿里巴巴公司用了短短八年时间即荣登港股新股王,被视为世界新经济走势中的一个亮点,媒体将马云的成功称之为"马云神话"。而马云在讲到公司的发展时,总不忘强调创业环境的重要。可以说,阿里巴巴是浙江省实施"两创战略"的典型范例。

1999 年 3 月,马云和他的团队离开北京回到他熟悉的创业基地杭州,以 50

万元人民币起步,开发阿里巴巴网站。他根据长期以来在互联网商业服务领域的经验和体会,明确提出互联网产业界应重视和优先发展企业与企业间电子商务(B2B),他的观点和阿里巴巴的发展模式很快引起国际互联网界的关注,被称为"互联网的第四模式"。到 1999 年底,网站的点击率上升至 8 万。1999 年 10 月和 2000 年 1 月,阿里巴巴两次共获得国际风险资金 2500 万美元投入,马云以"东方的智慧,西方的运作,全球的大市场"的经营管理理念,迅速招揽国际人才,全力开拓国际市场,同时培育国内电子商务市场,为中国企业尤其是中小企业迎接"入世"挑战,构建一个完善的电子商务平台。阿里巴巴的快速成长,引起国际上关注,2000 年 7 月的《福布斯》,50 年来第一次把中国企业家做封面人物。《福布斯》的文字介绍是:"凸出的颧骨,扭曲的头发,淘气的露齿而笑,拥有一副 5 英尺一百磅重的顽童模样,这个长相怪异的人有拿破仑一样的身材,同时也有拿破仑一样的伟大志向。"

第一步的成功让马云加快了创新的脚步。2003 年 5 月 10 日,阿里巴巴集团投资 1 亿人民币推出个人网上交易平台淘宝网(Taobao.com),致力于打造全球最大的个人交易网站。为了解决网络支付的信用难题,2003 年 10 月,淘宝网创造性地发明了第三方支付平台——支付宝,正式进军电子支付领域。它以阿里巴巴为交易的担保中介,解决了资金欺诈的问题,也让企业间接地进入了金融服务领域,将网络交易的危险性降低到最小化。2004 年 5 月 8 日,在艾瑞咨询 3 月的电子商务类网站月均网民覆盖数调查中,淘宝网首次超越国内外同行,跃居第一。淘宝网的业务跨越 C2C(个人对个人)、B2C(商家对个人)两大部分,积极完善中国个人网上交易的支付平台,与工商银行、招商、银行等银行进行全方位的合作,在两年时间内战胜全球最大的同业公司 eBay 易趣,取得 75% 的市场份额。

国际媒体对这家奇迹般崛起的电子商务公司格外关注:《福布斯》杂志从 2000 年起,连续 4 年将阿里巴巴评为全球领先的 B2B 网站,3 次报道它的业绩。在 2001 年的报道中评价说:阿里巴巴是来自中国的著名网络公司和一个各种商品聚集的网上市场。阿里巴巴提供基于许多行业分类的信息服务,仅电脑和软件一类就有 11000 多条信息。它刚与邓白氏等资信管理公司合作为客户提供一个名为"诚信通"的新服务。哈佛商学院两度将阿里巴巴列入它的企业案例库。日本的《朝日新闻》评价:阿里巴巴商务网站一直致力于帮助中国的中小型企业通过互联网在世界范围内做成生意,现会员总数已超过 100 万,其中约有九成左右是中小型企业。阿里巴巴商务网站正是其有力中介,他们从阿里巴巴网站上获取的交易信息,从农产品到小型巴士,无所不包。世界各地的商人通过阿里巴巴进行着活跃而自由的贸易活动。国内媒体同样为阿里巴巴所吸引,马云被评为 2004 年 CCTV 中国经济年度人物。

2005 年 8 月,阿里巴巴和全球最大门户网站雅虎达成战略合作,阿里巴巴兼并雅虎在中国所有资产,成为陷入困境的雅虎中国的实际控制人,而雅虎加投 10 亿美元,得到阿里巴巴 40% 的股权。这迷局般的合作,引发业界的无尽猜想,但有一点是世人公认的,此番合作使得阿里巴巴从一个技术应用型公司变成了掌握一流技术的公司。阿里巴巴因此成为由四大业务群——阿里巴巴(B2B)、淘宝(C2C)、雅虎(搜索引擎)和支付宝(电子支付)——组成的中国最大的互联网公司。

2005 年后,阿里巴巴加速度发展。2007 年,阿里巴巴先后推出阿里软件和阿里妈妈两项独立的业务线。阿里巴巴在集团内部搭建起了一条"内部支持"的产业圈。2007 年底,淘宝网的交易额实现了 433 亿元,比 2006 年增长 156%。根据 2007 年第三方机构调研,淘宝网占有中国 C2C 市场 70% 以上的市场份额,消费者之间市场交易额占据了 80% 以上的份额。2007 年,阿里巴巴实现净利润 9.678 亿人民币,全年营收超过 20 亿人民币。这一年,马云入选了胡润 IT 富豪榜前五强,并被评为 2007 风云浙商。给马云的颁奖词写道:"他用一个源自神话的名字,创造了互联网界的一个神话。阿里巴巴让商人挑选整个世界,淘宝让购物的快乐在网上延伸。而此番上市,不仅让中国民企首次触动 200 亿美元的标线,更创造了 4000 个百万富翁携手共富的风景。世上没有神话,那份坦荡那份温暖,传递的不正是万家灯火中的至情。"

2008 年,在整个世界和中国遭遇经济危机的情况下,淘宝成交额不降反升,上半年就已达到 413 亿元。2008 年 9 月,注册用户超过 8000 万,拥有中国绝大多数网购用户。从 2003 年成立以来,淘宝搭建的电子商务生态圈,使超过一百万的网络卖家感受着中国网络购物用户的急速增长。阿里妈妈是中国最大的网络广告交易平台,2008 年 9 月与淘宝合并。在中国,有超过一百万的中小网站创造着超过 80% 的互联网流量,阿里妈妈帮助这些中小网站销售和变现他们的网络广告资源。2008 年上半年总营业收入增至人民币 14.152 亿元,较 2007 年同期增长 47.8%,净利润(股权持有人应占溢利)为人民币 6.972 亿元,较 2007 年同期增长 136.2%。

马云名满天下:IT 业的领军人,改革开放 30 年功勋企业家,三次获得风云浙商的荣誉称号,被世界多所著名大学聘用为专家。媒体更有"马云现象"之说,

"马云何以成功"成为长盛不衰的话题。马云说，其实我们也在反思吸引我们的是什么，我想最主要的是杭州市有一批真想干事业的政府官员。我们曾在北京、上海和杭州三地创业，最后在杭州生根。公司创办的七家企业中有六家在杭州，干一家成一家。这是因为杭州有创业创新的好环境，是文化、人文、政府和服务等综合的一流环境。在当今信息化、城市化的过程中，古老的杭州市避免了"边缘化"。

杭州市委书记王国平这样理解"创业富民，创新强省"发展战略，"一流环境吸引一流人才，一流的人才创办一流的企业"。他说，马云决定将阿里巴巴淘宝城项目落户杭州，证明了杭州无愧于"中国投资环境最佳的城市"第一名，杭州有能力实现马云的梦想：成为10万亿元销售收入的企业。

（徐斌 执笔）

140. 杭州湾跨海大桥通车

彩虹飞来为天桥,巨龙卧波笑海风。2008年5月1日,世界上最长的跨海大桥——杭州湾跨海大桥,比计划时间提前8个月展示出她的绝代风姿。下午3时40分,中共浙江省委书记赵洪祝宣布杭州湾跨海大桥通车。180辆仪仗车南北双向对开驶向彼岸。这一长江三角洲一体化进程中的重要时刻,将永留史册。

杭州湾跨海大桥全长36公里,横跨整个杭州湾,工程总投资约118亿元。大桥按双向六车道高速公路设计,时速每小时100公里,设计使用年限100年。大桥北起嘉兴市海盐郑家埭,止于宁波市慈溪水路湾,是中国"五纵七横"国道主干线中同江——三亚沿海大通道跨越杭州湾的便捷通道,亦是浙江省东部沿海地区与上海之间的快捷通道。大桥通车后,上海到宁波的陆路距离将缩短120多公里。杭州湾跨海大桥的建成,不仅是世界建桥史上的伟大创举和建设奇迹,也是中国改革开放30年经济社会发展的缩影。

宁波人的"上海缘",可以上溯到19世纪,成千上万的宁波人背井离乡、辛勤打拼,造就了著名的"宁波帮"。然而,车马劳顿,风浪颠簸,个中艰辛难以言表,总以为是一种无奈。"接轨大上海,融入长三角"既是政府的目标,也是如雨后春笋般涌现出来的民营企业的心声。改革开放带来了思想的解放:不到200公里的直线距离,为绕一个海湾,硬生生地拉长到400公里,每年得多花几十亿元的"绕道费"。既然如此,为什么不能穿越海湾直达彼岸呢?20世纪90年代在杭州湾上建桥的念头开始萌发。

1993年,宁波市计委经济研究所起草了一份建设杭州湾通道接轨浦东的调研报告,为市委、市政府出台《关于建设杭州湾大桥的建议》提供了依据,大桥项目正式启动;1994年,宁波市计委开始进行杭州湾大桥的可行性研究;1998年杭州湾交通通道工程筹建处设立;2001年6月杭州湾大桥工程指挥部正式成立;2001年9月,由投资股东组成的宁波市杭州湾大桥发展有限公司成立;2003

年 2 月,国务院批准杭州湾跨海大桥工程可行性研究报告。历经 10 年"长跑",跨海大桥梦想终成蓝图。

思想解放只是成功的萌芽,自主创新才是胜利的基石。2003 年 6 月 8 日,杭州湾跨海大桥建设工程在慈溪举行奠基仪式;2003 年 11 月 17 日,跨海大桥在离海盐县西塘桥镇郑家埭 6 公里的海面上打下首根钢管桩;2007 年 6 月 26 日,全桥贯通;2008 年 5 月 1 日,全线通车。杭州湾跨海大桥建设者在一无现成模式、二无成熟经验可借鉴的情况下,群策群力,攻克一个又一个世界性难题,共获得 250 多项技术创新成果,形成了九大系列自主核心技术,创造了一个又一个奇迹。

杭州湾是世界三大强潮海湾之一,潮差大、潮流急、风浪大、冲刷深。在这样的海域架桥,世界上没有先例。这座世界最长的跨海大桥,其规模令人吃惊:整个工程混凝土用量约 245 万立方米,用钢总量可以再造 7 个"鸟巢"。这么庞大的工程,完全由中国人自己设计、制造,是史无前例的。没有可供借鉴的桥型、技术规范和质量标准,更没有相应的施工设备。

正是建设者的创新精神,成就了杭州湾跨海大桥一项项的世界纪录。

——杭州湾跨海大桥全长 36 公里,其长度在当年世界上在建和已建的跨海大桥中位居第一。

——杭州湾跨海大桥 50 米箱梁"梁上运架设"技术,架设运输重量从 900 吨提高到 1430 吨,刷新了目前世界上同类技术、同类地形地貌桥梁建设"梁上运架设"的新纪录。

——杭州湾跨海大桥深海区上部结构采用 70 米预应力砼箱梁整体预制和海上运架技术,为解决大型砼箱梁早期开裂的工程难题,开创性地提出并实施了"二次张拉技术",彻底解决了这一工程"顽疾"。

——杭州湾跨海大桥钢管桩的最大直径 1.6 米,单桩最大长度 89 米,最大重量 74 吨,开创了国内外大直径超长整桩螺旋桥梁钢管桩之最。

——杭州湾跨海大桥南岸 10 公里滩涂底下蕴藏着大量的浅层沼气,对施工安全构成严重威胁。在滩涂区的钻孔灌注桩施工中,开创性地采用有控制放气的安全施工工艺,为世界同类地理条件之首创。

——凭着国际领先的自主创新技术,杭州湾跨海大桥再创一项国内纪录,设计使用寿命 100 年。

不仅如此,杭州湾跨海大桥在设计中首次引入了景观设计的概念,借助西湖苏堤的美学理念,确定杭州湾大桥的最终桥型为"长桥卧波";独创了面积达 1

万平方米的海中平台,作为海中交通服务的救援平台和旅游观光台。另外,这座海上"长虹"还是中国第一座"数字化大桥";国内第一家以地方民营企业为主体,投资超百亿的国家特大型交通基础设施项目。杭州湾跨海大桥不仅仅是中国桥梁史上的一座丰碑,也是世界桥梁史上的一座里程碑。

杭州湾位于中国改革开放最具活力,经济最发达的长江三角洲地区。建设杭州湾跨海大桥,对于整个地区的经济、社会发展都具有深远、重大的战略意义。

第一,直接促进宁波、嘉兴经济社会的发展,带动周边地区杭州、绍兴、台州、舟山、温州等地的发展,并对全省、乃至长江三角洲南翼地区的整体发展产生积极影响。

第二,有利于发挥以上海为龙头的集聚和辐射作用,进一步提升浙江省的综合实力和国际竞争力。大桥的建设,将大大缩短浙东南沿海与上海之间的时空距离,使浙江省可在更大范围、更高层次、以更优越的地理优势,融入国际大都市经济圈。对于辐射浙江省广大腹地,优化提升产业结构,改善投资和发展环境,吸引外资,提高浙江省综合竞争力,具有十分深远的积极作用。

第三,有利于推进城市化发展战略。大桥建设将进一步密切嘉兴、宁波、绍兴、台州等城市的联系,促进杭州湾城市连绵带和沿海对外开放扇面的形成,将这一区域提升为以上海为龙头、具有国际竞争力的都市群的最重要组成部分。同时,大桥建设对周边县市的城市化发展也将产生深远影响。

第四,作为中国沿海大通道中的第一座跨海大桥,突破了杭州湾的瓶颈,优化了国道主干线的路网布局,改变了宁波交通末端状况,有利于实施环杭州湾区域发展战略网,大大提升了宁波这一极具发展潜力的经济中心城市的竞争力。大桥建设也有利于支持上海国际航运中心建设,促进宁波、舟山深水良港资源的整合开发和利用,有利于旅游业的发展和国防建设,有利于缓解杭州过境(沪杭甬高速)公路交通的压力。

跨海 36 公里,上百亿元的投资,短短 43 个月竣工,规模、效率与速度让人叹喟:没有雄厚的国力,就没有这人间奇迹。横亘在杭州湾的跨海大桥昭示世人:勤劳智慧的中国人民有志气、有胆魄、有能力不断创造奇迹,屹立于世界先进民族之林。

(沙勋 执笔)

141. 援助四川汶川抗震救灾

2008年5月12日14时28分,四川省汶川发生里氏8级特大地震。这场地震的震级、强度和范围都超过了新中国成立以来的任何一次地震,其破坏程度之严重、救灾难度之大旷世罕见。灾情牵动党中央和全国人民的心,也震惊了浙江。全省人民迅速行动起来,全力投入援助四川各地抗震救灾行动中。

地震发生后,浙江省委、省政府领导高度重视对口支援救灾工作。省委书记赵洪祝、省长吕祖善在第一时间分别与四川省委书记、省长通电话,表示浙江要全力支援灾区抗震救灾工作。5月13日一早,省委召开紧急常委会,要求全省各地、各部门切实把支援灾区抗震救灾工作作为当前最重要、最紧迫的任务。接着,省委又于5月19日和23日两次召开常委会,再次要求继续把支援抗震救灾作为政治任务和头等大事,一切为了灾区,全力支援灾区。为加强组织领导,省委、省政府还成立了支援四川抗震救灾工作领导小组,赵洪祝、吕祖善分别担任组长、常务副组长。各市县也成立了支援灾区抗震救灾工作的相应机构。在省委、省政府的领导和组织下,全省支援灾区的各项工作有力、有序、有效地开展起来。

紧急行动,迅速向灾区派出救援队。省交通厅在短短的四个小时之内,组织了全省公路系统的32名突击队员奔赴灾区修路架桥,至6月6日,先后派出五批架桥、通路突击队员和技术专家共计163人,还准备了1000人的技术工程后备力量,随时准备支援前方;省卫生厅在地震发生的当天就组织了第一支医疗救援队,至6月4日共派出包括医生、护士、疾控等各类人员12批次670人次,救治伤员332例,救治病人6493例;省公安厅于13日凌晨发出指令,要求杭州、宁波两地各调遣100名特警赴灾区,当天两地206名特警到达成都,以最快的速度投入灾区抢险救灾工作;浙江消防派出240名官兵,从14日开始就在灾区开展搜救工作,累计搜救出遇难遇险群众 61 人,救助 2 人,疏散 66 名。其他各部门的行动也同样迅速高效:省发改委、省经济动员办,对抗震救灾急需的帐篷、绒衣、棉被、净水器、发电机组、药品、消素剂等 16 种物资的库存和生产能力进行紧急调查,积极组织企业捐赠灾区急需的水处理设备等物资;省经贸委紧急筹集并发运价值 2100 多万元救灾药品,500 多吨 100 平方米以上的篷布及一批手电筒等物资;浙江移动、浙江联通、浙江电信、浙江网通、浙江卫通等通信企业分别派出应急通信车赴灾区,抢修线路,提供设备,开通"灾区寻亲查询热线"等。据统计,浙江先后向灾区派出消防特勤、地震应急、交通抢险、医疗救护、教育支教等救灾专业队伍 43 支 2426 人。此外,浙江的民间组织和志愿者也在行动。杭州的民间消防队员、温州的民间反扒志愿者、户外俱乐部的勇士们、大学生志愿者、农民志愿者、企业家志愿者、医疗卫生志愿者都挺身而出,奔向最需要他们的地方。

全民动员,全社会开展募捐活动。5 月 13 日一早,全省各级民政部门、慈善机构都在第一时间通过报纸、电视和网站发布捐赠账号,设立捐赠点,接收社会各界捐赠款物。从机关大院到偏远山村,从企业社区到大专院校,从白发老人到儿童,从事业有成的企业家到为生活奔波的农民工……在浙江大地上,社会各界迅速行动起来,有力出力,有钱出钱,涓涓细流汇成浓浓深情:德清一位平时以拉煤饼为生的 78 岁老人捐出万元善款,温州一位 77 岁的拾荒老人义捐万元积蓄,杭州一位幼儿园小朋友捐出 1000 元压岁钱,桐庐一位白血病女孩捐出别人捐赠给她的 10 万元善款,慈溪一位初一女生捐出原打算去澳大利亚参加夏令营的 18 000 元费用,杭州一位女大学生匿名捐出万元奖学金。企业更是成为捐赠款物的主力,全省共有千余家企业为灾区捐款捐物,其中捐助 1000 万元以上企业 25 家,捐助 500—1000 万元企业 19 家,捐助 200—500 万元企业 45 家,捐助 50-200 万元企业 97 家。在地震发生后的一个多月时间里,全省各地日均捐款捐物近 1 亿元。

在这场爱心捐赠活动中,共产党员带头行动。全省共产党员除了向民政部门和慈善部门积极捐款外,还踊跃交纳"特殊党费"。省委组织部在短短半个小时内,就有 139 名党员交纳"特殊党费"29.28 万元;安吉一位 84 岁的农村老党员,将平时省吃俭用的 1000 元交纳"特殊党费";临海一位 70 多岁的老党员,家中刚遭了大火,也凑了 100 元钱交纳特殊党费。

浙江还通过周密安排,认真做好灾区伤病员来浙治疗工作。5 月 19 日,当得知四川伤员已经开始向外省转运的消息后,浙江省卫生厅迅速向卫生部和省委、省政府汇报：浙江完全有能力接收伤员。省委、省政府高度重视并指示省卫生厅：全力做好准备，随时准备接收灾区伤员的到来。消息传出后，全省所有的三级医院都要求接治病人。5月26日，来自地震灾区的首批281名伤员抵达杭州，以后又陆续有伤员来到浙江，全省九个市的40多家三级以上综合性医院共接收了1020名地震灾区伤员。省委书记赵洪祝、省长吕祖善等省领导前往医院看望伤病员。收治伤员的医院进行全院总动员，专门设立爱心病房，调配全院最好的医生对病人检查和诊治。总务后勤部门作好伤员的膳食、日常生活用品的供应以及家属住宿等工作，努力为灾区伤员创造良好的就医环境。省志愿者协会面向社会招募地震灾区来浙治疗伤员陪护志愿者，一天之内就有700多名热心市民报名，希望加入陪护志愿者队伍，用实际行动让灾区的伤员在浙江感受到家的温暖。在浙江各级党委、政府和医务界、社会各界的关心下，灾区伤员得到了及时、良好的治疗。

在开展抗震救灾工作的同时，根据党中央、国务院关于四川灾后恢复重建工作"一省帮一重灾县"的要求，省政府制定了《浙江省支援青川县灾后恢复重建方案》，建立省支援青川恢复重建办公室，在青川建立了援建指挥部，承担援建任务的市县也都建立了援建指挥部。全省计划用三年时间，投入60多亿元资金，建设211个项目，支援青川县的恢复重建工作。目前，各援建项目建设均呈快速推进态势：酒家垭隧道于2009年8月份正式通车；40个中小学在2009年9月新学年开学前建成投入使用；35个卫生院建设项目2009年9月全部建成投用……截至2009年5月，浙江省组织实施的121个全额援建项目现场施工人员达6435人，已完成9个援建项目，累计完成实物工作量约10.4亿元。

（曾林平 执笔）

142.胡锦涛视察浙江

2008 年 5 月 12 日 14 时 28 分,在四川省汶川县发生里氏 8.0 级特大地震,损失惨烈,举世震惊。为全力做好抗震救灾工作,5 月 22 日,中共中央总书记、国家主席、中央军委主席胡锦涛赶赴浙江省湖州市,实地考察救灾帐篷生产情况。这是胡锦涛担任中共中央政治局常委后的第六次浙江之行。

下午 3 时 30 分许,胡锦涛乘坐飞机到达湖州,在省委书记赵洪祝、省长吕祖善等陪同下,驱车前往湖州市银格户外旅游用品有限公司。这是一个生产帐篷的专业厂家,承担了救灾帐篷生产任务中的 3.6 万顶。胡锦涛走到工人们中间,与大家亲切握手,代表党中央、国务院,向救灾帐篷生产企业的广大干部职工表示亲切慰问。总书记对企业干部职工说,当前,四川等灾区抗震救灾工作正在有序推进,但救灾任务依然艰巨,特别是安置受灾群众急需大量帐篷。努力生产出更多高质量的帐篷,就是对受灾群众的最大关爱,对抗震救灾的最大支持。

离开银格公司,胡锦涛又来到浙江泰普森休闲用品有限公司考察。位于湖州市德清县的这家企业,已向灾区捐赠了 2000 多顶帐篷,这次又承担了 5 万顶帐篷和 20 万套帐篷钢架的生产任务。胡锦涛走进车间,边看边问,深入了解企业生产救灾帐篷情况。离开时,胡锦涛对企业负责人说,中央对生产救灾帐篷的企业寄予厚望,希望你们抓紧生产,保质保量,争取提前完成任务。

胡锦涛随后在德清县召开了部分救灾帐篷生产企业负责人座谈会。会上,民政部、浙江省、江苏省有关负责同志和江苏阿珂姆野营用品有限公司负责人,先后汇报了全国和本省、本企业生产救灾帐篷的情况。胡锦涛要求所有具备生产能力的企业积极主动承担帐篷生产任务,承担帐篷生产任务的企业要大力发扬"一方有难、八方支援"的精神,为国家分忧,为受灾群众解难,开足马力生产救灾帐篷,尽全力帮助受灾群众解决燃眉之急,积极为夺取抗震救灾斗争胜利贡献力量。他强调：一是要加紧生产。二是要确保质量。三是要积极抢运。四是要加强协调。胡锦涛最后说，大灾当前，时间紧迫。各级领导干部务必以身作则、深入一线，及时解决工作中遇到的实际问题，确保中央下达的帐篷生产和调运任务如期完成。

总书记始终把人民的利益放在首位，亲临浙江生产一线指挥救灾物资的生产，给予浙江人民以巨大的鼓舞。全省有关部门全力以赴，在一个多月的时间里，18家企业累计生产帐篷31.3万顶，全面完成民政部下达的救灾帐篷生产任务，比原定计划提前1天。6月24日，胡锦涛在省委、省政府《关于提前完成救灾帐篷生产任务情况的报告》上作出重要批示：浙江省委、省政府高度重视、精心组织，提前完成了救灾帐篷生产、调运任务，有力地支持了灾区人民。请向参与帐篷生产的所有企业和为此作出贡献的干部职工致以衷心感谢和亲切慰问。

胡锦涛对浙江的改革和发展一直给予了热切的关心，并寄予了殷切的期望。此前他已经5次到浙江视察和出席全国性会议。

第一次视察浙江是在1993年11月20日至26日，时任中共中央政治局常委、书记处书记的胡锦涛在省委书记李泽民、省长万学远等陪同下，先后到宁波、绍兴、杭州等地调查研究，他深入企业车间，走访乡村农户，同工人、农民和基层干部促膝交谈。他参观了北仑港，实地考察了宁波、绍兴经济技术开发区、保税区和柯桥大型轻纺批发市场。他还多次召开座谈会，调查了解乡镇企业改革和发展的情况，和大家一起研究探讨新形势下加强党的建设特别是乡镇企业党的建设问题。

再来浙江是8年后的2001年4月30日至5月3日，时任中共中央政治局常委、中央书记处书记、国家副主席的胡锦涛在省委书记张德江、省长柴松岳等陪同下，先后到温州、杭州和嘉兴考察。他深入基层，看工厂、走社区、访农户，同各级领导、基层干部和群众座谈，就新形势下加强党的建设进行调查研究。

胡锦涛在温州考察了夏梦服饰有限公司、正泰集团公司和德力西集团公司等几家非公有制企业，他说，在非公有制企业等新经济组织中加强党的建设，开展党的工作，对于加强党同广大职工的联系，巩固和扩大党的群众基础；对于引导非公有制经济健康发展，坚持和完善中国社会主义初级阶段的基本经济制度，都具有重要意义。

胡锦涛在杭州到天水街道社区、采荷小区、湖畔花园居民小区了解情况。他指出，随着社会主义市场经济的发展，社区的地位和作用越来越重要。要加强社区干部队伍和社区志愿者队伍建设，充分发挥社区党组织的领导核心作用，协调各方面力量共同搞好社区服务和社区党建工作。

在嘉兴市，胡锦涛先后到秀城区新丰镇和民丰村进行调研，走访企业和农户，详细了解农村开展"三个代表"重要思想学习教育活动的情况，并在嘉善县魏塘镇召开座谈会。他说，在全国农村分期分批开展"三个代表"重要思想学习教育活动，是农村基层组织建设的重中之重，各级党委一定要毫不松懈、一抓到底，把这项工作不断引向深入，使学习教育活动取得实实在在的效果。

在考察过程中，胡锦涛瞻仰了嘉兴南湖红船并参观了南湖革命纪念馆，还亲切会见了浙江省委和共青团中央举办的"党在我心中——南湖红船圣地行"活动的代表。

胡锦涛第三次视察浙江在 2002 年。6 月 23 日，胡锦涛在省委书记张德江、省长柴松岳、中核集团公司总经理李定凡等陪同下，到秦山核电基地视察。胡锦涛参观了秦山核电二期和三期工程现场。在三期工地现场，他与前来欢迎的一、二、三期职工亲切交谈，发表了热情的讲话。他说，秦山核电是中国立足于自主创新建造的第一座核电站，建成发电 10 年多来，保持了安全运行，取得了良好的经济效益和社会效益，同时为中国核电事业的发展打下了技术基础，积累了经验，锻炼了队伍，培养了人才，也为中国核工业的再次创业和国防事业的发展发挥了重要作用。现在，二期工程第一台机组也已并网发电，三期工程正在加紧建设。实践证明，党中央关于建设秦山核电站、发展中国民族核电的战略决策是英明的、正确的，也表明中国的核电建设队伍是一支勇于开拓、自觉奉献、能打硬仗的队伍。

6 月 24 日，全国农村"三个代表"重要思想学习教育活动总结表彰大会在杭召开。胡锦涛出席会议并作重要讲话，还向受到表彰的全国先进集体代表和标兵颁奖。

2006 年 6 月 12 日，胡锦涛在上海考察期间，视察了舟山市嵊泗县洋山地区的洋山深水港区，这是他第四次踏足浙江，也是担任总书记以后的首次浙江之行。在港区管委会，胡锦涛仔细询问港区总体建设规划和工程建设的情况，并来到码头实地察看。

胡锦涛第五次视察浙江在 2007 年 7 月 28 日至 29 日。胡锦涛在省委书记赵洪祝、省长吕祖善等陪同下，冒着酷暑，深入杭州的企业和社区，就贯彻落实科学发展观、加强党的建设进行调查研究。

在重点国有企业杭州制氧机集团有限公司，胡锦涛走进正在紧张生产的塔器制造车间，详细询问企业生产经营情况。当得知这家有 50 多年历史的老国有企业通过技术创新和管理创新，已经发展成为全国同行业的龙头企业时，胡锦涛十分高兴。他说，国有企业要增强在国内市场乃至国际市场上的竞争力，就必须进一步发挥自身优势，更加积极主动地推进自主创新，加快科技成果向现实生产力转化，不断提高企业发展质量和效益。

在民营高技术企业中控科技集团有限公司，数个自行研发的先进自动化控制系统，吸引了总书记的目光。胡锦涛边看边问，对这家企业取得的业绩表示赞赏。他强调，要坚持和完善中国基本经济制度，毫不动摇地巩固和发展公有制经济，毫不动摇地鼓励、支持、引导非公有制经济发展，促进多种所有制经济共同发展。民营经济是浙江经济发展的生力军，要按照转变经济发展方式的要求，在提高发展质量、提高自主创新能力、提高市场竞争力上多下功夫，不断取得更大成绩。

在中外合资企业西子奥的斯电梯有限公司，胡锦涛饶有兴味地参观了能源再生电梯等一批节能新产品，并同企业负责人和科研人员深入交谈。胡锦涛对这家企业重视把节能降耗的理念贯穿产品设计和生产过程的做法十分满意，他叮嘱大家，要坚持把节能减排作为调整经济结构、转变发展方式的重要抓手，大力发展循环经济，积极开发和推广应用资源节约、替代、循环利用的先进适用技术，确保实现节能减排目标，真正做到可持续发展。

考察途中，胡锦涛听取了浙江省委和省政府的工作汇报，充分肯定了浙江省经济社会发展取得的成绩。他希望浙江广大干部群众深入贯彻落实科学发展观，切实抓好转变经济发展方式，切实抓好社会主义新农村建设，切实抓好节约能源资源和保护生态环境，切实抓好和谐社会建设，为率先全面建成小康社会而不懈努力。

（王祖强 执笔）

143. 国内首个"法治指数"出炉余杭

　　2008 年 6 月 15 日,浙江余杭对外发布 2007 年度"法治指数":71.6 分。这是继 2005 年中国香港特别行政区推出"法治指数"后,中国内地首次运用量化评估考评区域法治水平,开创了全国地方法治建设的先河,标志着中国的法制建设在指标量化和价值评价体系科学化方面迈出了重要一步。

　　早在 2005 年,杭州市余杭区积极响应中央与省委号召,作为一个县级行政单位在全省率先提出了"法治余杭"设想。2006 年 2 月 23 日,余杭区委出台《关于建设"法治余杭"的意见》,提出总体目标,明确了任务。2006 年 10 月 24 日,余杭区委与浙江大学法学院合作建立了法治余杭量化考核评估体系专项课题组。课题组向已发布"法治指数"的中国香港特别行政区取经,先后与香港廉政公署、香港律政司、香港大学法学院等进行交流。经过一系列的考察、调研、论证,《法治余杭评估体系研究报告》出台。2007 年 11 月,余杭区委举行了"法治余杭量化评估体系论证会",来自全国和省内法学界的著名专家对评估体系进行了认真细致的论证。同月,余杭区委以正式文件下发法治余杭评估体系,将其作为法治余杭建设的主要依据。2008 年 6 月 15 日,余杭"法治指数"正式发布。

　　指数来自四个方面,由政府机构中直接参与法律工作的成员组成的内部组占 17.5%;非政府机关的教授、企业家、记者等组成的外部组占 17.5%;16 位国内法学界一流专家组成的专家组占 30%;余杭区内的百姓满意度占 35%。可以说,该指数是在对相关部门的工作进行考评和经过广泛的群众调查之后得出的数据,参与该指数打分的主体相当广泛,保证了打分的公平公正,从另一个侧面也调动了全社会关注和参与法治建设的积极性,有助于法治环境的建设。引入"法治指数"这一具体的数字来描述、衡量、考评法治环境的水平,可以把抽象的法治环境具体化、数字化。在量化之后,法治建设的各个环节就有了目标。不仅做到有法可依、执法必严,引入"指数"还做到了法治建设有"尺"可量。这样,党政机关、相关部门做起法治建设工作就有了具体的方向,也会有的放矢。另外,"指数"高低的直观判断,必将形成法治建设相互借鉴的氛围,推进法治环境建设。

"法令行则国治,法令弛则国乱。"一个和谐的社会,必定是有序的社会、法治的社会。余杭推出"法治指数",是在贯彻落实建设"法治浙江"过程中所取得的重要成果,也是"法治浙江"建设的一个缩影。

2006年4月26日,中国共产党浙江省第十一届委员会第十次全体会议通过《中共浙江省委关于建设"法治浙江"的决定》,决定建设"法治浙江",促进物质文明、政治文明、精神文明和和谐社会建设协调发展。《决定》科学地回答了为什么要建设"法治浙江"、建设什么样的"法治浙江"、怎样建设"法治浙江"等重大问题,明确提出了建设"法治浙江"的总体要求、基本原则和主要任务,把坚持和完善人民代表大会,坚持和完善共产党领导的多党合作和政治协商制度,加强地方性法规规章建设,加强法治政府建设,加强司法体制和工作机制建设,加强法制宣传教育,确保人民的政治、经济和文化权益得到切实尊重和保障等八个方面,作为建设"法治浙江"的主要任务,从而把广大干部和群众的思想统一到社会主义法治理念上,把各方面的力量凝聚到推进"法治浙江"建设的行动上。

省委十一届十次全会以后,省委领导带头开展调查研究,督促和指导全省法治建设。省委成立了建设"法治浙江"工作领导小组及办公室,并明确工作职责、建立工作机制,举办了政法委书记社会主义法治理念教育培训班,部署了"五五"普法工作,出台了关于加强和改进政法工作的意见等文件。省人大常委会作出了建设"法治浙江"的决议,省政府制定了建设法治政府的实施意见,省政协提出了服务建设"法治浙江"的工作意见。11个市先后召开了市委全会或法治建设工作会议,明确任务,制定措施,成立领导小组,形成了党委领导,人大、政府、政协分口负责,各部门分工实施,全社会共同参与的法治工作格局。

在实际操作中,各级党委认真抓好领导干部的社会主义民主法制教育培训,深入开展对建设"法治浙江"的新闻宣传,全面落实党风廉政建设责任制和党内十项监督制度,提高了各级党组织依法执政的素质。省人大进一步加强地方立法工作,注重浙江特色,提高立法质量。并坚持经济立法和社会立法并重,在立法的同时,修订修改原有法规。各级人大常委会以学习贯彻监督法为契机,规范监督形式,积极开展执法检查和工作监督,提高了依法监督水平。开展教育收费和药品采购的专项治理工作,把征地拆迁、食品质量、安全生产、环境保护作为人大执法检查和监督的重点,推动了群众关心的热点问题的解决。各级政府以推进依法行政为重点,规范行政许可和行政执法行为,清理非行政审批事项,推进政府管理创新和职能转变。围绕为民办实事,制定出台了加强就业、社会保障、医疗卫生、文化教育等方面的规章和规范性文件,推进行政服务中心规范化建设,构筑公共服务平台,方便了群众办事,促进了民生改善。

从 2006 年起,省政府在实施依法行政情况报告制度基础上,开始施行对省直部门和各市依法行政工作考核,逐步建立健全依法行政导向的评价考核机制。2007 年,省委进一步开展法治市、法治县(市、区)创建活动,法治政府建设取得了明显进展。各级政协从提高专题调研质量做起,围绕党委中心工作,抓好重点专题调研,积极开展民主监督,提高了参政议政的水平。各级司法机关以社会主义法治理念教育为主线,认真落实司法体制改革措施,加强审判和执行工作,强化法律监督,加大大案要案的查办力度,依法打击各类刑事犯罪,维护了司法的公正高效权威。积极落实诉讼费减免缓政策,推行巡回审判制度,实行司法救助制度,法律援助工作进镇入村,困难家庭"打不起官司"的问题有所缓解。各地普法部门从落实"法律六进"活动着手,突出重点普法对象和学法重点内容,全面实施"五五"普法规划,提高了公民的学法用法守法意识。

不仅如此,各地各部门还把加强基层民主法治建设,作为贯彻落实建设"法治浙江"决策部署的基础性工程加以推进,积极创建"民主法治村"、"和谐社区"和"劳动关系和谐企业",提高了基层群众的民主法治意识,增强了基层群众依法自治能力。同时,扩大群众自治范围,落实基层群众民主权利,加强对村(居)公共事务的管理,维护了群众的切身利益。认真落实信访工作条例,下移信访工作重心,引导群众理性合法地表达利益诉求。黄岩区把推进信访工作规范化、法治化作为法治工作的重点,积极引导群众理性合法地表达利益诉求,信访秩序明显好转。余姚市、武义县分别创造了"阳光村务八步法"和村务监督委员会制度,提高了村务公开和民主监督、民主管理水平。乐清市开展了"十佳法治建设村(居)"、"十佳法治建设站(所、庭)"、"十佳法治建设企业"的评选活动,并在机关部门、企事业单位、乡镇、村(社区)中创建了 100 个法治建设示范点。桐乡市在农村开展了"法制宣教文化示范户"活动,提高了普法教育的实效。

(沙勋 执笔)

144. 千里海塘筑成

2008 年 10 月,全省 6600 多公里海岸线已经建成海塘 2000 多公里,其中抵御 20 年一遇以上的高标准海塘就有 1400 多公里,全省人民万众一心,终于圆了几代人的梦想。

浙江是经济大省,也是历来饱受洪涝台灾害之苦的省份。快速发展的经济社会,日益集中的人口和财富,使得每次洪涝台灾害给浙江的影响日趋严重,浙江变得越来越淹不起,涝不起。每次大灾对浙江经济发展都是一次刺痛,都会迟滞经济社会的发展步伐。特别是当强台风损毁一线海塘堤坝,造成房屋大量倒塌,便会导致人员伤亡和财产损失陡增。浙江人民由此明确一条信念:修建高标准海塘,代价再大也值。

浙江标准海塘建设始于 1978 年,最早的一条标准塘在宁海县长街镇三门湾畔的伍山建成,具有良好的防御风潮的效果,保护了滨海丘陵平原的 10 万亩农田。为此,省水利厅在宁海召开了现场会议予以推广。从 80 年代开始,全省开始逐步兴起修建标准塘,提高沿海堤坝的防台防汛能力。但由于海塘设防标准较低,当遭遇 1997 年 11 号强台风时,几乎全面崩溃。

1997 年第 11 号台风过后,省委、省政府即作出了用三四年时间建设沿海千里高标准海塘的决定,发出"全民动员兴水利,万众一心修海塘"的号召。1997 年 9 月,在党的十五大期间,国务院副总理朱镕基听取了省委、省政府领导关于 11 号台风灾害的汇报,对浙江遭受的重大灾害深表关切,十分支持建设标准海塘的设想。1998 年 1 月,省九届人大一次会议一致通过决议,把建设千里高标准海塘,列为新一届政府要完成的第一个"一千"工程。"砸锅卖铁,也要把海上长城修起来",这是省委副书记、省长、省海塘建设领导小组组长柴松岳在全国人大会议期间表达的坚定决心。1998 年省政府提出"海塘建设是百年大计、千秋大业",必须全面推行设计审批制、施工招投标制、工程监理制、质量监督制、检查督办制,坚决杜绝"豆腐渣"工程。

省水利厅创新海塘结构设计理念,提出了海塘建设以"冲而不垮、漫而不决"为原则,制定并全面推广了"三面光"结构,即使遇到超标准的风暴潮,海水越过塘身,海塘也不会溃决。

1999年8月,当海塘建设进入攻坚阶段时,省委书记张德江等专程考察,并再次向沿海人民发出动员令:务必再接再厉,不获全胜,决不收兵!

建设高标准海塘的决策深受全社会的热烈拥护。省级有关部门和地方各级党委、政府都把它作为民生、民心工程来抓,做到特事特办、急事急办。沿海各市、县、乡镇领导深入现场,常抓不懈。全省形成了全社会关心支持海塘建设的氛围。沿海各市、县集中财力办大事,多渠道筹措资金,保证了建设需要。

浙江海塘建设总投资达50亿元,几乎相当于新中国成立到80年代末国家对浙江农田水利建设投入的总和。为此,省委、省人大常委会、省政府、省政协领导身体力行,党员干部带头捐款,公务员纷纷捐出自己的工资,沿海干部、群众、驻地官兵有钱出钱、有力出力,动员全社会力量修建标准海塘。同时,各地按"谁受益、谁负担,多受益、多负担,不受益、作贡献"的原则,广泛筹集社会资金。在3年多时间里共筹集海塘修筑资金逾45亿元。浙东沿海构筑起了"千里长城",许多海塘被命名为"连心塘"、"爱心塘"等。

在省委、省政府的领导下,经过三年艰苦奋斗,北起杭州湾,南至浙闽交界以及舟山等海岛的巍巍海塘,犹如坚固的海上长城。千里海塘大部分达到50年一遇标准,人口密集的城镇重要地段更是达到了100年一遇标准。

到2000年12月底,建成高标准海塘1020公里,大陆和海岛多数重要闭合区已基本形成。海塘建设结合城市防洪和城市发展、观光旅游、渔港建设、绿化造林等,发挥了海塘的综合功能和效益。已建海塘均经受了多次强台风的考验,减灾效益十分显著。

建千里海塘,保万千生灵。千里海塘大大提高了防台御潮的能力,经受了世纪之初几次强台风的检验,发挥了巨大的经济社会效益。

象山是饱受台风暴潮灾害的地区之一。自1997年起,该县累计投入5.5亿元,建成了148.4公里标准海塘,经受了十余次台风考验,未出现重大险情。但经过多年的运行,部分海塘仍出现沉降、渗漏等安全隐患,抗台能力已达不到原定标准。为此,该县水利部门从2006年起用3年时间完成了27条共93.3公里海塘和沿线闸门的维修加固工作,总投资额达3.3亿元。根据省委、省政府的部署,全省其他地方也开始全面维修加固海塘、水库工作。

为了建设防灾减灾抗灾的系统工程,2008年初,省委、省政府多次在各种会议上明确提出各级、各有关部门要充分认识全面实施"强塘固房"工程的重要性和紧迫性,按照省委、省政府的决策部署,扎扎实实把各项工作落到实处。这是一项防灾减灾抗灾、保障全省经济社会又好又快发展的重要基础工程,是一项推动社会主义新农村建设、扩大农村投资和消费需求的实事工程,是一项坚持执政为民、保障人民群众切身利益和生命财产安全的民生工程。总体目标是以保障人民群众生命财产安全、促进全省经济社会又好又快发展为核心,率先建成布局合理、标准适宜、体系完备、功能完善、管理规范、保障有力的防灾减灾工程体系,海塘、江塘(堤)、水库、山塘等水利工程防护能力达到国家标准,城市防洪工程全线闭合,城市排涝全面达标。制订和完善农村住房标准,加强住房建设指导,提高抗御台风、暴雨和地震等自然灾害能力;以改造农村现有危旧房为重点,着力加强农村困难群众住房救助,加强新建农房规划建设管理,加强农房防灾救灾体系建设,全面提升全省农房综合抗灾减灾能力和建设水平,为实现广大农民群众"住有所居、安居乐业、有灾无虞"打下坚实基础。

省委、省政府认真贯彻落实科学发展观,高度重视水利基础设施建设和农村住房安全工作,先后实施了千里标准海塘、城市防洪、千库保安、农村困难群众住房救助、下山脱贫、地质灾害避险搬迁、灾后重建等一系列"民心工程",全省防洪、御潮、排涝等工程建设取得了很大成绩,农房防灾减灾能力稳步提高。继续组织实施"强塘固房"工程:将完成982座小(二)型以上水库的除险加固任务,其中大型6座,中型53座,小型923座;加固平均沉降量大于30厘米及存在严重变形的海塘321公里,加高加固非标准海塘和标准较低的海塘215公里,配套加固隐患严重的病险水闸346座;加固保护面积万亩以上或人口万人以上的干堤309公里,加固保护人口千人以上的小流域堤防773公里;争取完成4100座屋顶病险山塘的除险加固;五年完成总投资136亿元。

(王革新 执笔)

145. 甬台温铁路贯通运营

2005年10月27日,随着省委书记习近平一声令下,甬台温铁路台州站打下了第一根水泥桩。这条铁路全长282.4公里。2009年5月16日全线贯通,工程总投资162.8亿元,铁道部和浙江省按8:2的比例出资。浙江省所占20%投资,由省和有关市县按3:7的比例分摊。

甬台温铁路起自宁波南站,经宁波市的海曙区、江东区、鄞州区、奉化市、宁海县,以及台州市的三门县、临海市、黄岩区、路桥区和温岭市,抵达温州市。该铁路东临东海,西靠天台山和雁荡山,北端经萧甬线与沪杭线、浙赣线连通,南端同在建的温福线连接。经温州后分别与金温铁路、福马铁路(福州至马尾)和福厦铁路(福州至厦门)相连,将甬台温地区与长三角、珠三角紧密地联接在一起,形成贯穿国内东南沿海的便捷大通道。

甬台温铁路里程不长,但沿线山多、河多、软地基多、人居密集,技术复杂,施工难度大。全线建隧道59座,总长为88.075公里,占总长度的31%;建桥梁123座,共计89.728公里,占线路总长度的31.8%。另外,建涵洞321座,上跨公路桥6座,小桥91座。

这条铁路桥梁和隧道的长度之和超过铁路总长的一半,施工难度相当大。宁波特大铁路桥的全长12043米,为全线最长的桥梁,跨越鄞州和奉化两地。在台州境内就有16座特大桥梁,20余座隧道,临海市的灵江特大桥在集深水、高墩、长桩、大跨于一体的同时,还要抵御台风和潮汐的强烈影响,难度之大在全国铁路设计中尚属首次,7项单位工程均属全线的样板工程及冲刺国优的重难点控制性工程,科技含量高,技术工艺新、工程单价低、建设标准高、施工难度大同创工程建设之最。

软土路基处理是客运专线铁路建设的一大难题。台州车站中路基土石方达80万立方,它又是甬台温全线最大的车站,CFG桩、预应力管桩大面积群桩软基处理技术在中国铁路建设史上首次应用,实现了软土路基处理"零沉降"的要求。

2007年8月30日,甬台温铁路全线最长也是浙江省最长隧道——凤凰山隧道贯通了,经过建设者19个月的努力,比计划工期整整提前135天。隧道全长7979米,平均截面120平方米。这个隧道地质条件复杂,Ⅱ级围岩占全长的86%。隧道又位于乐清市境内,紧邻村庄,民居密集,只能采取独头掘进,而大断面长距离掘进超4000米,在国内隧道施工领域极为罕见。

全长7006米的太坤山隧道位列全线第二长隧道,也是全线地质复杂程度、施工难度最大工程之一,被列为全线的重点控制性工程。围岩类型差、断裂带和浅埋地段多,中间有6条断裂带、隧道上方有两条大河和一个较大的村庄,进口还有一处最小埋深只有8.9米的地上河流,极有可能随时出现涌水突泥,犹如给隧道顶倒扣上了一个硕大无比的水漏斗。工程指挥部坚持以科技为先导,投入巨资配置TSP203预报设备、采用超前地质预测预报系统进行综合"扫描式"探测。高科技有效规避了高风险。采用新奥法原理施工,光面爆破、无轨运输,锚、喷、网、钢架联合支护,按照少扰动、早进洞、先套拱、稳掘进、铺底先行、衬砌紧跟、衔接紧凑的原则整体推进,成功制服"地下苍龙",做到隧道不塌方,衬砌不渗、不漏、不裂,质量内实外美。这条隧道于2005年10月底开工,至2008年4月27日贯通,历时2年半。

2009年4月9日上午,在甬台温、温福铁路即将开通之际,温州各县(市、区)铁路指挥部、相关建设单位举行两条铁路的首次大规模试乘活动。5月8日,甬台温铁路雁荡山特大桥正在进行吊杆张拉,这是该桥建设的最后一道工序,16日,甬台温铁路在这里铺通接轨,全线闭合。根据铁道部安排:甬台温铁路6月15日起调试,7月1日试通货车,8月1日正式运营货车,货运连接全国各地;10月1日开通动车组客运。

甬台温铁路是铁道部、浙江省共同投资的"十一五"重大项目,也是浙江省"五大百亿"工程项目,对完善全省铁路网布局、促进区域经济发展具有重要意义。

甬台温铁路的建设给浙江大陆所有地级市全部开通铁路的历史,书上了最后一笔。宁波、温州将由铁路终端成为铁路枢纽,浙江沿海和内陆之间的铁路运输将变得更加顺畅。其作用和意义重大:一是有利于发挥甬台温地区的港口资源优势,为浙江建设海洋经济强省创造良好的基础条件;二是有利于增强甬台温地区的产业特色优势,带动外贸出口的增长,带动国际性产业集群和沿海城市群的发展;三是甬台温铁路与金温铁路、浙赣铁路、萧甬铁路连成环状,在省内与沪杭线、宣杭线、浙赣线南段、温福线形成"一环四射"的总体格局。

建设甬台温铁路是全省经济社会发展的需要。实施"八八战略",铁路等基础设施建设必须先行。但浙江铁路建设基础较差,人均拥有铁路里程仅为2.7厘米,不到全国平均水平的一半,且路网布局不完善,港口后方通道不足,台州未通铁路。全省铁路客、货发送量和客、货周转量的比重很低,直接导致了全省交通运输物流费用占GDP的比重偏高,单位燃油消耗比发达国家高出40%。浙江只有大幅度地提升全省铁路运输能力,才能促进区域经济的协调发展和优势互补。

兴建高标准的甬台温铁路,还将带动刺激浙江现代化铁路网的建设步伐。根据铁道部和浙江省签署的浙江铁路建设会谈纪要,在2010年前,浙江境内将争取完成沪杭线电气化改造、浙赣线电气化改造、萧甬线电气化改造、金温铁路改造和杭州铁路枢纽部分改造工程,建成宣杭铁路复线、温福铁路、甬台温铁路、湖嘉乍铁路、衢常铁路和宁沪杭城际客运系统等11个项目,并适时开工建设九(九江)景(景德镇)衢(衢州)铁路、杭(杭州)长(长沙)客运专线、杭甬城际客运系统和金台铁路。这个铁路网络建成之后,浙江将拥有全国最先进的铁路路网,可以满足未来30年浙江经济发展的需求。

建设甬台温铁路也是国家的需要。按照国家关于铁路跨越式发展的总体思路与《中长期铁路网规划》,甬台温铁路是全国"四纵四横"铁路快速客运通道的重要组成部分,是连接国内最具经济活力的长三角、珠三角地区的重要纽带。建设甬台温铁路,有利于完善全国路网布局,有利于区域经济的协调发展,对完善沿海综合交通运输体系,增强沿海战备交通能力,促进沿海经济社会的发展意义重大。

(王革新 执笔)

后　记

今年 10 月 1 日,新中国将度过自己的第一个甲子,其旅程诚如书名所云:光荣而艰辛。浙江 60 年的道路,既是共和国的一个缩影,亦打有浙江人民生活与创造的"本土"烙印。值得总结,值得纪念,也值得反思。

过去的 60 年里,浙江省初步实现了从传统农业社会向现代社会转型这一历史性的跨越,各方面的变化可以翻天覆地喻之。其间发生过许多重要的历史事件,正是这些事件及其产生的后续影响,左右着社会的走势,成为历史轨迹的标识。中国史学素有三大体例:编年体、纪传体、纪事本末体。本书取名"要事录",大抵依循纪事本末体。以代表性事件为切入点,研究、总结浙江半个多世纪的发展脉络和经验教训,一册在手,历史风云尽现眼中,自有其独到学术价值与现实意义。

浙江省委宣传部和省社联非常重视这项工作,数次召集专家论证会,议定的编撰原则为:正面总结、展示新中国成立 60 年来浙江省在社会、经济、文化方面所取得的成就,重点诠释改革开放 30 年的光辉历程和宝贵经验;在总结成果的主旋律中,亦不回避曾经发生过的曲折与苦难,以示直面历史,牢记教训。编撰体例为:以具有重大影响的历史事件为纲。以时间为序,选取浙江 60 年间留有长远印迹的历史片段。有的属于富于划时代意义的重要事件;有的则以点展面,以点连线,通过某个事件引申说明某一方面或某一过程,如以"新登许桂荣农业生产合作社"为例进而展示浙江的整个合作化运动,从"全国头一份个体工商户营业执照颁发"延至全省个私经济的成长情况,以"永康五金城勃兴"连带叙述全省"块状经济"概貌等等。

课题的完成进程可谓"紧迫而艰辛"。今年 3 月,省社联委托我承担此项任务时,我曾犹豫再三,感到期限太短,深恐质量得不到保证。多亏省委党史研究室副主任王祖强等同志给予了大力支持。省委党史研究室近几年正在集中力量编写《中国共产党浙江历史》第二卷(1949年至1978年)并且已经完成了省级重点课题《浙江改革开放史》等成果,几个处室的研究人员均积累有这一段"要事"方面的资料。随着曾林平、王革新、朱健、俞红霞、姜卫东、沙勋、徐才杰、常晓莉、余昕等人携带"存货"参加课题组,项目的开展方成为可能。

尽管如此,"紧迫"仍伴随始终。课题组成员皆有自己繁忙的日常事务,对这份加出来的"爬格子",多数情况下只能利用晚间。奋战3个月拿出初稿后,我和祖强、林平抓紧审读,经过几轮上上下下的打磨,总算于8月底如期完工。

省社联高度关注课题的质量与进度,多次聘请参与并见证过这段历史的老同志以及有关专家,对选定的条目和写出的书稿认真审议,提出修改意见。这道程序对课题内容的确定帮助甚大,可以说,没有他们的补充、把关与认可,在一些条目的内容上,我们自己是难以把握的。省社联最后决定将书稿交付人民出版社出版,人民出版社编辑严谨的编校水平,让本书的质量更上一个台阶。

本书的出版,凝聚了多人的心血与汗水,这里向各位深表谢忱。

徐 斌

于杭州

2009 年 8 月 31 日

图书在版编目（CIP）数据

光荣与艰辛——1949-2009 浙江要事录/ 徐 斌主编 王祖强 曾林平副主编.
– 北京:人民出版社,2009 年 10 月
ISBN 978-7-01-008347-6
I.光… Ⅱ.徐… Ⅲ.浙江省 – 地方史 – 大事记 – 1949-2009 Ⅳ.K295.5
中国版本图书馆 CIP 数据核字(2009)第 178979 号

光荣与艰辛——1949-2009 浙江要事录
GUANGRONG YU JIANXIN 1949-2009 ZHEJIANG YAOSHI LU

主　　编：徐　斌
副 主 编：王祖强　　曾林平
责任编辑：张秀平
封扉设计：徐　晖
版式设计：陈　岩

人民出版社 出版发行

地　　址：北京朝阳门内大街 166 号
邮政编码：100706　www.peoplepress.net
经　　销：全国新华书店经销
印刷装订：北京昌平百善印刷厂
出版日期：2009 年 10 月第 1 版　2009 年 10 月第 1 次印刷
开本：787 毫米 × 1092 毫米 1/16
印张：34
字数：600 千字
书号：ISBN 978-7-01-008347-6
定价：88.00 元